U0827346

“好好‘珍爱’莉莉贝特？我觉得这个词都不够形容我对她的爱。”

1947年11月20日，伊丽莎白公主与菲利普王子于大喜之日在白金汉宫。

图片来源：TopFoto/The Image Works

伊丽莎白二世也感觉到了这份责任的“沉重”——在她娇小的身躯上，王袍、王冠和权杖的总重量超过了20公斤。

1953年6月2日，坎特伯雷大主教为她戴上王冠，随后伊丽莎白二世头顶5磅重的“圣爱德华王冠”、手持黄金权杖坐在王座上。

图片来源：Hulton Archive/盖蒂图片社

他们冒着大雨在伦敦巡游了7英里，坐在马车里的女王，鼻子和手都冻得冰凉。

1953年6月2日，加冕礼过后，伊丽莎白二世和菲利普亲王乘坐7米多长的、造于18世纪的“黄金国家马车”返回白金汉宫。

图片来源：Reginald Davis MBE (London)

查尔斯将母亲描述为自己悲伤童年里的远观者，而父亲是一个专横、傲慢、麻木不仁的人。

1957年，伊丽莎白二世与菲利普亲王在白金汉宫花园里，看着两个孩子——查尔斯王子和安妮公主。

图片来源：拍摄者为斯诺顿，Camera Press London

议会开幕式前一天晚上，女王往往戴着饰有3000颗钻石的紫色天鹅绒王冠去办公，以适应其近1.4公斤的重量。

1958年10月，女王在议会开幕式上朗读讲稿，菲利普亲王坐在她的左侧，其内廷女官侍立在右侧。

图片来源：EMPICS Archive/Press Association Images

伊丽莎白二世仍不习惯拥抱和亲吻等亲昵举动，但她很爱跟安德鲁、爱德华一起玩闹。

1964年6月13日，女王与菲利普亲王在皇家军队阅兵典礼之后与两个儿子在白金汉宫阳台上向群众挥手致意，站在前面的是4岁的安德鲁王子，女王怀里抱着的是3个月大的爱德华王子。

图片来源：Fox Photos/盖蒂图片社

“过着如此繁忙的生活，能稍稍休憩一下真是太好了。”

1965年，伊丽莎白二世在巴尔莫勒尔城堡的山丘上骑马，身边陪伴她的是几只柯基犬。

图片来源：Camera Press London

在乡间传统生活的氛围中，父母与孩子其乐融融。在猎杀了生平第一只鹿之后，他们还按照旧例，将鹿血抹在了自己脸上。

1972年8月22日，女王一家在巴尔莫勒尔庄园进行每年一度的度假。图中从左至右分别是：安妮公主、查尔斯王子、爱德华王子、安德鲁王子、女王、菲利普亲王。

图片来源：Lichfield/盖蒂图片社

“设计这件长袍的人没有考虑到它的实用性，”有一次女王如此评论道，“就是在当时也不会有人穿这种衣服的。”

1975年6月，女王与菲利普亲王步行前往圣乔治大教堂参加感恩节布道，以彰显“嘉德骑士”的荣耀，嘉德勋章是女王最为显赫的骑士勋章。

图片来源：Reginald Davis MBE (London)

“人总是有所期盼的，
也许是都有赌博的天性。
我总盼着自己的马能比别人的更好，
所以就停不下来了。”

1980年6月，女王和菲利普亲王乘坐四轮马车出席传统的皇家阿斯科特赛马会。

图片来源：Reginald Davis MBE (London)

女王在此次事件中的应变还让民众首次直观地见识到她无畏的勇气和沉着，而这些品质平时只有她的朋友和廷臣才有缘一见的。

1981年6月13日，伊丽莎白二世侧坐马鞍与菲利普亲王在皇家军队阅兵典礼上检阅军队。就在典礼之前，一位持枪歹徒从人群中朝她开了6枪，幸好都是空弹。

图片来源： Reginald Davis MBE (London)

戴安娜当天也是神采照人，但实际上她正遭受产后忧郁症的困扰，她后来把这段时期称作“黑暗的日子”。

1982年8月4日，女王、菲利普亲王、王太后、查尔斯、戴安娜与威廉王子在白金汉宫，此前威廉王子刚刚受洗。

图片来源：Kent Gavin，Royal Photographer

“在来加利福尼亚之前我就知道，英国曾向美国输入了很多传统，但没料到恶劣的天气也是其中之一。”女王面无表情地读着讲稿。

1983年3月3日，伊丽莎白二世与菲利普亲王访问加利福尼亚州，在致辞中她抱怨了一下连续6天的暴雨天气，美国总统罗纳德·里根大笑不止。

图片来源：Diana Walker/Time Life Pictures/盖蒂图片社

菲姬常常跟女王一同骑马，她觉得“受到女王的垂青，很有福气……我爱好运动、性格开朗，不是那么神经紧张”。

1986年7月23日，约克公爵与公爵夫人——安德鲁王子与新娘（莎拉·菲姬·弗格森）——在婚礼之后一同乘坐马车前往白金汉宫。

图片来源：Tim Graham/盖蒂图片社

“她在肯塔基非常轻松自在，”一位廷臣如此说道，“这里的气氛也是欢快、不拘礼节的，我在英国从未见过。”

1991年5月，伊丽莎白二世第4次到肯塔基州列克星敦的养马场里进行私人度假，招待她的是威廉·法瑞施（图左）及妻子萨拉（图右一），还有女王的赛马经理，亦即第7代卡那封伯爵亨利·珀切斯特（右二）。

图片来源：David Perry/Lexington Herald—Leader

曼德拉与赞比亚总统肯尼斯·卡翁达是世界上仅有的两位称呼女王教名而没有冒犯之忧的国家领袖。

1996年7月9日，南非总统纳尔逊·曼德拉首次对英国进行国事访问，女王与他一同乘坐马车前往白金汉宫。

图片来源：Tim Graham/盖蒂图片社

“‘不列颠尼亚号’不仅仅是一个公务使用的交通工具，还是他们水上的家。”

1997年11月11日，皇家游艇“不列颠尼亚号”在服役了43年之后在朴次茅斯退役，伊丽莎白二世与菲利普亲王（图右）、查尔斯亲王（图左）向其告别，她抬起手擦去眼里的泪水。

图片来源：Tim Graham/盖蒂图片社

“苏菲首先是把她当成女王，对她怀有崇敬之心，其次才把她看作婆婆。除此以外，她还明白女王也是个凡人，并以这样的心态来对待她。”

1999年6月19日，爱德华王子与妻子苏菲·里斯-琼斯——韦塞克斯伯爵与伯爵夫人——在温莎堡的圣乔治大教堂举行婚礼之后乘坐马车游行。

图片来源：Tim Graham/盖蒂图片社

因为肖像画这件事，卢西安有大量时间与女王共处一室。他们聊的全是赛马和马匹的事。

2001年，卢西安·弗洛伊德在圣詹姆斯宫的“修道院画室”为女王画肖像画。

图片来源：David Dawson, courtesy of Hazlitt Holland-Hibbert

“这对‘新人’终于赢得了比赛。”女王说道。

2005年4月9日，婚礼仪式过后，查尔斯亲王与卡米拉·帕克·鲍尔斯（受封为康沃尔公爵夫人）与女王在一起。

图片来源：Bob Collier/Press Association Images

“她看我的样子就像是一位母亲在看着孩子似的。”

2007年5月7日，美国总统乔治·W.布什在白宫南草坪为伊丽莎白二世举行欢迎仪式，在仪式上他一时口误，将女王1976年访问美国说成了1776年，随后向女王使了个眼色。

图片来源：Anwar Hussein/EMPICS/Press Association Images

婚礼上洋溢着两个年轻人的幸福和快乐，他们彼此相爱、相互理解。

2011年4月29日，威廉王子和凯瑟琳·米德尔顿（现已受封为剑桥公爵及公爵夫人）在威斯敏斯特大教堂。

图片来源：Ian Jones Photography

女王微微颔首，向新人表达了自己的认可。

婚礼仪式结束后，新郎和新娘向伊丽莎白二世分别行俯首礼和屈膝礼。

图片来源：Kirsty Wigglesworth/Press Association Images

ELIZABETH the QUEEN

The Life of a Modern Monarch

伊丽莎白女王传

〔美〕萨利·比德尔·史密斯 著　吴果锦 译
Sally Bedell Smith

北京联合出版公司
Beijing United Publishing Co.,Ltd.

图书在版编目（CIP）数据

伊丽莎白女王传 /（美）萨利·比德尔·史密斯著；吴果锦译. — 北京：北京联合出版公司，2018.5（2022.9重印）

ISBN 978-7-5596-1066-9

Ⅰ. ①伊… Ⅱ. ①萨… ②吴… Ⅲ. ①伊丽莎白二世(Elizabeth Ⅱ 1926-)—传记 Ⅳ. ①K835.617=5

中国版本图书馆CIP数据核字（2017）第248442号

著作权合同登记　图字：01-2017-7200号

Elizabeth the Queen: The Life of a Modern Monarch
By Sally Bedell Smith
Copyright © 2012 by Sally Bedell Smith
This translation published by arrangement with Random House, an imprint of The Random House Publishing Group, a division of Random House, Inc. through Bardon-Chinese Media Agency
Simplified Chinese translation copyright © 2018 by Beijing Xiron Books Co., Ltd.
ALL RIGHTS RESERVED

伊丽莎白女王传

作　　者：（美）萨利·比德尔·史密斯
译　　者：吴果锦
责任编辑：李　伟

北京联合出版公司出版
（北京市西城区德外大街83号楼9层　100088）
河北鹏润印刷有限公司印刷　新华书店经销
字数552千字　710毫米×1000毫米　1/16　31.75印张
2018年5月第1版　2022年9月第2次印刷
ISBN 978-7-5596-1066-9
定价：88.00元

未经许可，不得以任何方式复制或抄袭本书部分或全部内容
版权所有，侵权必究
本书若有质量问题，请与本公司图书销售中心联系调换。电话：010-82069336

谨以此书献给我的丈夫斯蒂芬

下页诗句节选自《议会开幕大典》，作者为玛丽·威尔逊（Mary Wilson）。她是英国前首相哈罗德·威尔逊（Harold Wilson，在1964—1970年以及1974—1976年期间任英国首相）的妻子。

They love her for her wisdom and her pride,
Her friendship and her quiet majesty;
And soon the streets of Britain will be thronged
With crowds rejoicing in her Jubilee

But as the cool unfaltering voice reads on,
A different picture forms upon the air——
A small quick figure, walking all alone
Across a glen studded with standing deer…

She notes a crumbling wall, an open gate,
With countrywoman's eyes she views the scene;
Yet, walking free upon her own estate
Still, in her solitude, she is the Queen

人们爱着她的才智和风范,
仰慕她的友善和无声的威严;
英国的街道即将洋溢着欢庆,
她已在位五十周年。

当她冷静坚定的语声响起,
另一番景象凭空而生——
那是一个娇小敏捷的身影,
独自在鹿群肃立的幽谷里穿行……

一堵破败的墙、一扇开着的大门,
这是一幅乡间的景象;
她安闲地在庄园里漫步,
孑然自若,是为女王。

“她笑的时候，脸部会舒展开来，她整张脸都在笑。”

2002年10月女王登基50周年期间，伊丽莎白二世和菲利普亲王（爱丁堡公爵）在加拿大的新不伦瑞克省。

图片来源：诺姆·贝茨（Norm Betts），Rex USA

序

2011年4月29日，当威廉王子和凯瑟琳·米德尔顿（Catherine Middleton）的婚礼接近尾声时，这对光芒四射的新人走过威斯敏斯特大教堂的通道，来到王子的祖父母——女王伊丽莎白二世和丈夫菲利普亲王面前。这对新人的结合以其浪漫的自由恋爱而闻名，人们更为年轻王子对爱情的执着而赞叹——他决定迎娶自己的心灵伴侣，全然不顾她的“平民”身份——既没有王室血统，又不是贵族出身。新郎和新娘向女王分别行俯首礼和屈膝礼。女王已经85岁了，精神矍铄且镇定自若。她微微颔首，向新人表达了自己的认可。

72年前，女王也是一意孤行选择了自己的爱情。她13岁时，在一个下午邂逅了18岁的希腊王子菲利普。后者当时帅气凌人，却只是一个囊中羞涩的英国海军军官，其时正在部队参加训练。伊丽莎白爱上了他。8年后，也是在这个有着哥特式尖拱的威斯敏斯特大教堂里，他们结婚了。莉莉贝特（女王的小名）生命中的一切都是早已安排好了的，但她在人生最重要的事情上，却违背了母亲的意愿，没有嫁给某位身有爵位的英国贵族，而是遵循了自己的决定。对此，女王的表妹玛格丽特·罗德斯曾说过：“她对别的男人看都不看一眼。”

对当时的伊丽莎白公主来说，这件事只是她非凡自信的一个表现，更不消说她在如此小的年纪就表现出的魄力和信心。但是，我在这位在位60年的“英格兰、威尔士、苏格兰及北爱尔兰联合王国”及15个国家[1]、14块海外领土[2]的女王身上发现，当初毫不犹疑地嫁给菲利普王子这件事只是她令人惊讶的方面之一。她的“角色”以及她对这个角色的“演绎”，在我看来是无法用常理解释的：奉上帝之名而世袭的王位，她所统治的多文化、多信仰的联合王国与千年以来其祖辈所统治的英国君主制下同根同源的领土已截然不同。我了解到，她的大部分人生都是仪式性的，其恒久不变的固定例程甚至可以追溯到维多利亚女王时期。作为一个独一无二又国际化的名人，伊丽莎白二世也是当今世界在位时间最长的国家元首——她看上去并不陌生，也并不难懂，但始终如一且恪尽职守。

在她史诗般的一生中，女王就像一位演技高超的演员在演绎着自己的角色，她也是唯一一个可以把世界称作“舞台”的人。数十亿人眼看着她从一位天真无邪的美丽少女成长为一位有条不紊的职业女性，再变成一位睿智的祖母。28岁时，她刚刚即位3年，那时，她的第一位私人秘书阿兰·拉塞尔爵士（Sir Alan Lascelles）就曾说过：“人们真正明白她的聪慧，还需要好几年时间……她的聪明才智最终会变得举国皆知。”她在公众面前的形象是庄严而不可侵犯的，这也掩盖了她大部分的聪慧、个性和幽默感。在她神秘而高贵的光环下面，却是一个不为人所知的女人。

“我完全被她展现出的个人的一面镇住了。”霍华德·摩根（Howard Morgan）如此说道，他是一位艺术家，20世纪80年代曾为女王画肖像，“她说话时像个意大利人。她的手挥舞摆动着，是一个很有表现力的人。”朋友和家人经常能够见到她在公共场合罕见的生活乐趣——在伦敦水族馆的生日宴会上吹泡泡；在外赫布里底群岛[3]的一个小岛上，站在木屋上引吭高歌；在温莎堡一个餐厅的餐桌上突然跳起来给艺术家乔治·“弗洛里克”·韦茅斯[4]端上饭菜。“她把盘

---

[1] 这15国原为英国殖民地，现已独立，但仍将英国君主奉为国家元首。包括澳大利亚、新西兰、巴布亚新几内亚、所罗门群岛、图瓦卢、加拿大、伯利兹、巴哈马、巴巴多斯、牙买加、安提瓜和巴布达、圣基茨和尼维斯、圣文森特和格林纳丁斯、圣卢西亚、格林纳达。

[2] 包括安圭拉、英属南极领地（其在南极洲声称的英属领地并不被其他国家所承认）、百慕大群岛、英属印度洋领地、英属维尔京群岛、开曼群岛、福克兰群岛、直布罗陀、蒙特塞拉特、圣赫伦那（包括阿森松岛和特里斯坦-达库尼亚群岛）、特克斯与凯科斯群岛、皮特凯恩群岛、南乔治亚岛与南桑威奇群岛和塞浦路斯英属基地区。

[3] Outer Hebrides，位于苏格兰西部。

[4] George“Frolic” Weymouth，弗洛里克是其昵称。本书后文中还出现了很多类似的人名形式，即在名字上加了引号，大多数是其昵称或绰号。

子堆起来了！”韦茅斯回忆道，“我们从小到大一直被告诫不能这样做。”

在非正式的交谈中，她的眼睛会闪烁着光芒，她的声音也是悦耳而温和的。“有时候，整个房子里都能听到她的笑声，”桑德林汉姆宫[1]的前领班托尼·帕内尔（Tony Parnell）说道，“她笑得很欢快。”

对那些首次亲眼见到女王的人来说，她娇小的身材也颇令人惊讶。女王的身高只有1.63米，然而，跟她只有1.5米的高祖母维多利亚女王一样，她的姿态令其身高显得无关紧要。她的威严在行走时就能渗透出来，正如长期担任女王服装设计师的诺曼·哈特奈尔（Norman Hartnell）所说：“她迈出的每一步都经过周详的考虑，整齐匀称而从容不迫。”

与此相对的是女王的谦逊——她幼年时就培养起来的优雅特质。“她能把女王的身份和温文尔雅融合起来，”女王的表妹玛格丽特·罗德斯说道，“这种发自内心的谦和品质使她远离了骄纵。”女王去剧院的时候，不会事先打招呼，而是尽量在灯灭之后进场。有位前私人秘书就曾说“看她悄悄溜进房间里……甚至连出场仪式都避开”是多么古怪。若庆会的主角另有其人，她都能悄悄地把自己隐藏起来。2007年12月，当女王的表姐玛丽·克莱顿夫人（Lady Mary Clayton）举办90岁生日宴会时，一位漫画家就曾将当时的场景绘制下来。画中玛丽的形象是最大的，并且位于画的中央位置；而戴着眼镜的女王则“藏”在画中最后一排，与其他宾客挤在一起。

伊丽莎白二世的小心谨慎是众所周知的，然而，她却拒绝在骑马时戴安全帽。就事论事的温莎堡工作人员由此编了一个笑话：“决定王储是否会提前即位的，只有一条爱马仕[2]头巾而已。”同样，她在车上也不系安全带，当她在庄园里的私家车道上开车时——用玛格丽特·罗德斯的话说——“跟飞似的。”

女王的眉毛未经修剪，大胆十足。25年前，传记作者伊丽莎白·朗福德（Elizabeth Longford）首先注意到了她“原生态”眉毛的真实和完整，说这样的眉毛“为她的面容增添了趣味和个性”，本身就是一个“生动的例证，远胜那些毫无意义的语言陈述”。

伊丽莎白二世拒绝整容手术，而是选择随着时间的流逝优雅地变老，她的发型也几乎从未变过。因在2006年拍摄的《女王》一片中饰演了女王一角而获得奥斯卡奖的海伦·米伦女爵（Dame Helen Mirren）就曾说过：“这么长时间保持

---

[1] Sandringham，英国王室位于诺福克（Norfolk）的皇家庄园。

[2] Hermès，世界著名奢侈品品牌。

形象的始终如一是令人极其宽慰的，它体现的是女王的‘稳定可靠’，她不会左右摇摆不定。这是一种自律。我认为这种品质是发自内心，而不是外界强加给她的。”

女王有每天写日记的习惯，但日记的内容只有在她去世之后才会透露给历史学家以供研究。“只是流水账罢了，”她有次如此说道，“我的日记跟维多利亚女王的日记不一样……也不像她的日记那样详细。只是一些琐碎小事。”朋友们或许曾见识过她对问题精辟的见解，以及她对某些人的犀利的评析，他们都猜测女王或许会把这些内容真实地记录在日记里。

为了保持君主身份的威严和神秘，伊丽莎白二世必须超凡脱俗；而臣民对她的期望决定了她也得是一个“凡人”，却又不能过于“平凡”。作为一个君王，她不得不在这两点之间寻求一种平衡：如果她过于神秘矜持，就会失去对人民的亲和力；而若是过于平民化了，又会丢掉女王这一身份的神秘性。

在2007年的一次白金汉宫（Buckingham Palace）露天招待会上，女王向来宾询问如“你是从很远的地方过来的吗？”这样“标准化”的问题。在引见一位女士时，她问了女王一个问题：“您是做什么工作的？”几天后，伊丽莎白二世跟几个朋友讲述了那次简短的交谈，她回忆道：“我不知道该怎么回答。”多年的接见经历中，这是她第一次遇上这样的问题。

在英国，权力和荣耀是彼此分开的。伊丽莎白二世是英国的元首，却并没有实权。她遵循着祖辈的承诺，直到离世才能卸任。女王的第一任首相温斯顿·丘吉尔在1953年[1]曾对此做出如下阐述：“一次惨败：议会罢免了政府；一场大胜：人们为女王登基而欢呼。”那些真正手握实权的人——领导所属党派赢得议会多数席位的首相——在大选中来来去去，而女王作为国家的最高元首却屹立不动。她没有权力管辖政府，但她拥有一种掣肘威势。因为有了她的存在，首相就永远不能成为国家第一人。“她使得独裁的难度更大了；她使得军事政变的难度更大了；她使得专制的难度更大了，”索尔斯伯利第7代侯爵（7th Marquess of Salisbury）罗伯特·盖斯科因-塞西尔（Robert Gascoyne-Cecil）是一位保守党政治家，亦是前上议院议长，他如此说道，“以上情况很难出现，因为她已占据了国家元首的位置，而所有政治军事的变动都有正当程序可循。”

当然，女王也有外在的影响力：“她有咨询权、褒奖权及警告权。”对公众

[1] 伊丽莎白二世于1953年6月2日加冕，丘吉尔所率的保守党其时当政。

而言，她通过以身作则为公众施加影响，为政府和公民立下高标准，对臣民取得的成就进行奖励，并用心地履行自身的职责。托尼·布莱尔是女王在位期间的第10位首相（迄今为止，其在位期间共有12位首相），他把她称作“在动荡的世界中团结统一的象征……是英国的最佳人选”。

自从登基的那一刻开始，伊丽莎白二世就永远无法脱离“女王”这个身份，这也把她放在了一个“孤独”的位置上，影响着周围所有人的言行举止，包括她的家人在内。她没有护照，没有驾照，不能参加投票，不能出庭做证人，还不能改变信仰（从英国国教“圣公会”换为罗马天主教）。由于她代表的是国家的统一，不能疏远自己的国民，所以她不得不小心翼翼地保持中立态势——不仅是政治上的中立，甚至包括一些无伤大雅的小事，如喜欢什么颜色、什么歌曲、什么电视剧等；但她也会偶尔表露一些自己的喜好和观点。

女王身上一个吸引人的特质是直接和坦率。“她从不信口雌黄。公众了解到这一点，对她十分钦佩。”盖伊·查特里斯（Gay Charteris）如此说道。她是马丁·查特里斯（Martin Charteris，埃米斯菲尔德查特里斯勋爵）的遗孀，而后者曾为女王担任过30年的高级顾问，也是我曾采访过的与王室关系密切的人物之一。

每当想起下面这件事我就兴奋不已：从19世纪中期到21世纪第一个10年，在过去的174年中，有123年里英国的王位上面坐着的是两位令人敬畏的女性君王——维多利亚女王和伊丽莎白二世。在她们之间有4位男性君王，但其在位时间却远远不能与她们二人相比。女性君王所面临的要求更加苛刻，对伊丽莎白二世而言，她要履行的职责是双重的。

作为一名职业女性，伊丽莎白二世不论是在她所属的时代，还是在英国的上层阶级看来，都可以算得上是一个个例。在身兼君王、妻子和母亲三职这件事上，她并没有先例可供借鉴。工作需求，再加上她根深蒂固的使命感常常使她无暇顾及身为一个母亲的职责。她对抚养子女所持的放任态度也酿下了些许苦果，她的儿女们带给她很多酸楚和心痛。有时候她会表现出自己的苦恼，但更多时候她是把这一切藏在心底，仅仅是通过长时间遛狗散步来缓解和发泄心中的负面情绪。女王的表妹伊丽莎白·安森夫人（Lady Elizabeth Anson）就曾说过：“有一种苏格兰人称作‘臭威利’（Stinking Willie）的草，它的根扎得很深。我曾见到女王走到一片草地里，把这种草连根拔起来，拔了很多。”

菲利普亲王曾说过，“效忠女王”这句话决定了他将成为英国历史上任期最长的女王夫婿。当他们出现在公共活动场合时，其默契程度就像是王室的“弗雷德和琴吉尔”[1]，配合得天衣无缝却轻松自如。当然，菲利普亲王也会用其刻薄的长篇大论来抱怨女王的温莎堡奶酪，其尖酸率直的评论常常显得十分无礼。“菲利普亲王是世界上唯一一个能把女王当作常人对待的人，”马丁·查特里斯说道，“当然，女王也会告诉菲利普亲王让他闭嘴。因为她是女王，这种话可不是她能随便对亲王以外的人说出口的。”

女王的生活安排常常是在一年之前就已经制定好，并提前半年拟定细节，所以她的日程计划是讲究实效且安心可靠的。女王的一位朋友、诺维奇第2代子爵（the 2nd Viscount Norwich）约翰·朱利叶斯·库珀（John Julius Cooper）曾开玩笑说，女王之所以如此镇定自若，其秘诀是“她永远不需要费心去找停车位”。在她的一位私人秘书看来：“女王有两个优点，一是她的睡眠非常好；二是她的站功很厉害，能不间断地站很长时间……女王结实得像头牦牛。”每年，女王都会拿出4个月的时间到她的田庄里休憩。每次她回到桑德林汉姆宫，那里的工作人员都会“把一座原封未动的房子交给她”。托尼·帕内尔曾在桑德林汉姆宫工作了50年之久，他说：“假如女王离开时，有些零碎东西放在了椅子上面，等她回来时仍然如此，纹丝未动。”

伊丽莎白二世的故事是围绕一个主题展开的，那就是她如何处理这天降的大任和由此而来的生活。我想弄明白，在她的性格、个性和成长经历中，有哪些因素帮助她履行身负的独一无二的职责。她是谁？她的生活是什么样子的？她在工作中是怎样学会跟政客、国家首脑、矿工、教授等各色人等打交道的？生活在一个看不见的“蚕茧”中的她，是怎样体验周围世界的？她的统治策略是什么？是否有过改变，如果有的话，是怎么改变的？她是如何应对错误和挫折的？她的家庭是什么情况？她是怎样保持均衡又维持自己的基本价值的？她是怎样最大限度地生活在公众视线之内却又保护了自己的隐私的？她会让位给长子查尔斯王子甚至是长孙威廉王子吗？在她一生中最为艰难的时期，她是怎样维持了英国君主制的安稳和活力的？

2007年5月，在华盛顿英国驻美大使的住宅内所举办的露天聚会上，我第一次亲眼见到了伊丽莎白二世。那天天气温暖，晴朗无云。大概有700位华盛顿市

[1] Fred Astaire，弗雷德·阿斯坦；Ginger Rogers，琴吉尔·罗杰斯。二人是荧幕上的黄金搭档，曾共同出演过多部剧作。

民参加了集会——男士们穿着他们最好的西服，有些女士还戴了帽子[1]。

行动高效的军人把我们分成相隔9米的两列。约定的时刻到来时，王旗升起，意味着女王陛下已经驾到。当时81岁的女王跟她的丈夫菲利普亲王走出露台，从两名身穿红色军装、头戴熊皮高帽的英国近卫步兵第一团（Grenadier Guards）的卫兵中间穿过。冷溪近卫团（Coldstream Guards）的军乐队开始演奏《天佑女王》[2]，接着女王夫妇二人从一小段台阶上走下来。

我丈夫斯蒂芬和我恰好在菲利普亲王这边的队伍里，而伊丽莎白二世走在对面那一列。

女王的身影消失在庭院的远处，我们仍然站在原地不动，最后，女王折了回来，沿着我们这一列队伍向房子走去。英国大使大卫·曼宁爵士（Sir David Manning）每隔大约12个人就为女王做一次引见。他向女王耳语着什么，同时向我们示意他将在我们前面停下。当他把我介绍给女王时，伊丽莎白二世向我伸出戴着白色手套的手，而我则按照规程向她表达问候："您好，女王陛下。"下一个是我的丈夫，女王说她知道我丈夫正负责一家报纸的编辑工作。跟她的丈夫菲利普亲王一样，女王对媒体并不热心（她在位的60年里，从未接受过任何采访），却并未流露出来。

女王的耐心并未给她带来"好报"，因为斯蒂芬接下来一下子犯了两个忌讳：一是问了女王一个问题；二是提到了她是不是在赛马比赛中下了赌注。"丘吉尔园马场（Churchill Downs）的比赛中，您是不是把赌注下在了'Street Sense'那匹马身上？"他如此问道，指的是女王上个周六首次驾临肯塔基赛马会（Kentucky Derby）的事，而那匹马是比赛中的胜者。女王的外交技巧十分娴熟，她对这个问题避而不答，但并未转身离开。斯蒂芬话中的一些内容引起了她的兴趣。我跟斯蒂芬是在电视转播中看到那场比赛的。他是多年的赛马迷，懂得如何"阅读比赛"，对赛场上的动向观察得细致入微，而我却常常不得要领。他对那场比赛做了简要评论，伊丽莎白二世回答说看到获胜的马匹身上沾了太多泥巴而感到惊讶，因为那场比赛中的跑道是土路，这跟她在英国时常见的草皮跑道上的赛马大不相同。

---

[1] 英国上流社会的女性将戴帽子视作身份和礼仪的象征。

[2] *God Save the Queen*，又译《上帝保佑女王》，传统上被用作英国及其他英联邦成员国的国歌，同时也是英国王室的颂歌。当在位的英国君主的性别为男性时，此歌唱作《天佑国王》；性别为女性时，唱作《天佑女王》。

因为谈论的是她喜欢的话题，女王的心情明显放松了下来，她跟我丈夫你一言我一语地回顾起比赛的冲刺阶段，“Street Sense”从第19位不断赶超，并一举夺魁。“大家都盯着那个戴黄帽子的骑手[1]呢！”她兴奋地说道。斯蒂芬则告诉她说自己的报纸《华盛顿观察家报》（*The Washington Examiner*）负责预测赛马胜负的记者预测到了比赛的前三名。“那真是太了不起了。”女王答道，然后转身离开了。

先前我未曾料到，自己竟然能如此近距离地看到女王生动的身体语言、富有表现力的蓝眼睛和灿烂的微笑。在那几分钟里，我见识到了她表露快乐的样子，而这种真我的展现往往被她女王身份的尊贵光环所遮掩，难得一见。而且，后来我才意识到，我同样见识到了女王的控制力和社交技巧：她对我丈夫关于赌马的问题避而不答，却并未让他感到不安；她只是轻轻地绕过了问题，而把对话引领到一个和缓的状态中。

伊丽莎白二世在位期间，她总能使自己浮于政治之上，更多时候是让自己远离争论的风口浪尖。她不是好莱坞明星，却是一位大名人。长期以来，在谷歌的搜索统计里，她是王室成员里最受人关注的；而她的孙子威廉王子和哈里王子（再加上因与威廉王子订婚而开始受人关注的凯瑟琳·米德尔顿）则紧跟其后，只是从2004年开始在“谷歌趋势”[2]的统计中每隔一段时间会超过她。女王甚至出现在了动画情景喜剧《辛普森一家》[3]中，由喜剧演员艾迪·伊扎德（Eddie Izzard）为其配音。

女王的健康状况很好，也十分懂得保养，也许能够继续在位10年甚至更久。这就留给她的继位者查尔斯王子不多的在位时间了，因为2012年他的母亲即将在位60周年，而那时他已64岁了。

2009年6月，在伦敦圣詹姆斯宫（St.James’s Palace）举办的一次觐见聚会

---

[1] 指的是获胜马匹的骑手。

[2] Google Trends，谷歌趋势是谷歌所推出的一款基于搜索日志分析的应用产品，通过图形化的方式展示最热门的关键词，同时还展现各种搜索关键词的历史走势及与此相关的新闻报道。用户可直观地看到每一个关键词在谷歌的全球搜索量和相关新闻的引用情况的变化走势，并有详细的城市、国家地区、语言柱状图显示。

[3] 《辛普森一家》是美国福克斯广播公司的一部动画情景喜剧，由马特·格勒宁创作。该剧通过展现霍默、玛琦、巴特、莉萨和玛吉一家五口的生活，讽刺性地勾勒出了居住在美国心脏地带人们的生活方式。该片从多个角度对美国的文化与社会、人的条件和电视本身进行了幽默的嘲讽。该片被许多评论家评为有史以来最伟大的动画片。

上，我有了第二次跟女王交谈的机会，其时机也十分合适。当时大约有600名亲朋宾客，我是跟一群致力于发展英美伙伴关系的清教徒一起觐见女王的。[1]那时我开始撰写这本传记已有一年多的时间。我的准入卡里有一张纸条，凭它我可以进入深红和镀金色的皇宫觐见室[2]。我被分在了第5组，由当时的英国陆军总参谋长（上将）理查德·丹纳特爵士（General Sir Richard Dannatt）负责引见。

在大型接见会上，来宾常常会被提前遴选并分成小组，然后等着女王接见。这次，她首先将要接见大约100名清教徒代表，然后由丹纳特将军负责引见我们这一组。轮到我们时，她伸出的手上戴着黑色手套，而另一只手上则挎着时刻不离身的“劳纳”牌（Launer）手提包。我先前已经知道，有人曾向女王简单介绍过我这本书的情况，而她的新闻秘书就在近旁，后者也早已知道我会参加本次接见。然而，直到好几个人过后，女王才把目光放在了我的身上。

我告诉她，能够再次在一个英美友好交流的环境中见到她我很高兴，上一次见到她是在华盛顿。“你是专门为了这个而来的吗？”女王问道。“不是的，我的女儿要在伦敦结婚。”我答道。“婚礼在什么时候？”女王又问道。“7月4日。”我答道。这时我又一次见到了她眼中闪动的神采：“哦，”她说道，“那可有点儿危险咯。”[3]“希望我们都能冰释前嫌吧。”我答道。她朝我又笑了一笑，然后继续接见下一个来宾。

---

[1] 清教徒与近代英美两国历史大有渊源。最早移居北美建立殖民地的英国人大多是在本国受到排挤和迫害的清教徒。

[2] Throne Room，又称王座室、正殿。

[3] 每年7月4日为美国独立日。独立日是美国的主要法定节日之一，以纪念1776年7月4日大陆会议正式通过《独立宣言》，宣告美利坚合众国脱离英国而独立。

目录

父亲的“坚毅态度”一直是她的表率。

1942年4月，伊丽莎白公主正看着父亲批阅政务文件箱中的文件。

图片来源：Lisa Sheridan/盖蒂图片社（Getty Images）

第一章　皇家教育

1936年12月10日，一位男仆给当时10岁的伊丽莎白·亚历山德拉·玛丽·温莎（Elizabeth Alexandra Mary Windsor）带来一个消息——她的伯父爱德华八世为了迎娶一位离过两次婚的名叫沃利斯·沃菲尔德·辛普森（Wallis Warfield Simpson）的美国女人而选择退位，使得她的父亲在距离41岁生日只有4天的时候意外地成了国王。爱德华八世是在父亲乔治五世去世后继承了王位，却仅仅当了9个月的国王，也使得他成了如一则尖酸的笑话中所说的“历史上首个放弃了国家巨舰而去美国巴尔的摩港的小货船上当三副[1]的君王”。

“这是不是说你就得当下一个女王了？”伊丽莎白的妹妹玛格丽特·罗斯（Margaret Rose，此为其幼时称谓）问道。“嗯，有一天吧。”伊丽莎白答道。“你真倒霉。”玛格丽特·罗斯说道。

两位公主一直是媒体和公众所关注的焦点，却过着一种无忧无虑且与世隔绝的生活，周围有女家庭教师、保姆、女仆、宠物狗和小马的陪伴。一年中的很多个月份里，她们都是在英格兰、苏格兰的乡下过着田园诗般的日子，还爱玩像“抓日子”那样的游戏——当秋天的树叶落下时，在空中抓住它们。负责照看她们的是一位精力充沛的苏格兰保姆，名叫马里恩·“克劳菲”·克劳福德（Marion“Crawfie” Crawford）。她偶尔会带两位公主乘地铁或公交车在伦敦逛一逛，体验一下平民的生活，但大多数时候她们都是深居简出。

伊丽莎白出生在1926年4月21日那个雨夜，在玛格丽特出生之前的4年时间里

[1] 三副，船员的职务名称。次于大副、二副，一般掌管航用仪器、图书等，航行时轮流值班驾驶。此处讽刺爱德华八世是辛普森的第三任丈夫。

一直是家里的独生女，稍显早熟。温斯顿·丘吉尔在她两岁时见过她一次，当时就惊讶于“在这个幼儿身上散发着一种威严和沉稳的气势”。克劳菲则说伊丽莎白“干净利落、有条不紊……像她的父亲一样”。她热情亲切、做事用心，忙碌的时候最感到快乐。她很早就具有了区分能力——这将在她以后应对自己的职责需求时颇有帮助。比伊丽莎白大8岁的表姐玛丽·克莱顿夫人回忆道：“她喜欢把自己想象成一匹马。她这样做的时候，当有人叫她的名字她不会立刻就答应，过后会说：‘我是小马，不会说话。’”

爱德华八世的退位危机使整个王室陷入混乱，不仅仅因为它是一则丑闻，还因为它给王位的继承带来了巨大麻烦。大家之前称伊丽莎白的父亲为“伯蒂”[1]，他选择用“乔治六世”作为自己的称谓，目的是让外界知晓王室的稳定，以及对自己父亲乔治五世的继承（乔治六世的妻子也因其登基而获封，是为“伊丽莎白王后”）。然而，伯蒂之前并未被当作王储培养。当他跟他母亲谈起刚刚落在肩上的重任时哭了起来。他告诉表弟路易斯·“迪基”·蒙巴顿勋爵（Lord Louis“Dickie” Mountbatten）：“我从来都不愿意发生这种事。我从没批阅过政务文件，我只是一个海军军官，我只知道这点儿事。”新国王生来拘谨，身体稍显虚弱，还常常被焦虑所困扰。他患有严重的口吃，因此常常陷入沮丧和挫折之中，心里承受不住时就会爆发出“咬牙切齿”似的暴躁脾气。

然而，乔治六世的责任感极强，尽管不情愿，他还是坚强地挑起了国王的重担。同时，还要保证他的小“莉莉贝特”（Lilibet）——伊丽莎白在家里的昵称——不会再像自己那般毫无准备地继承王位。于是，在乔治六世登基时，伊丽莎白就成了“准继承人”而不是“女王储”，以备万一乔治六世夫妇再生下一个儿子。但伊丽莎白和玛格丽特·罗斯姐妹俩都是剖宫产生出来的，以当时的医学水平来说，如果再做第三次剖宫手术对王后而言就太危险了。按照传统，莉莉贝特在公共场合应该称呼她的父母为“国王和王后陛下”，但在私下仍叫他们爸爸妈妈。

海伦·米伦在备演2006年的《女王》一片时，曾反复观看一段20秒钟的影片，因为她觉得这段影片颇有意味。“那是在女王十一二岁时拍摄的，”米伦回忆道，“她从一辆很大的黑色轿车中走下来，外面迎接她的是一些高大的男士，

[1] 其全名为Albert Frederick Arthur George Windsor，艾伯特·弗雷德里克·阿瑟·乔治·温莎，伯蒂是艾伯特的昵称。

她伸出手，表情庄重而从容。她心里明白该怎么做，她的表现也非常得体。”

“我觉得有太多的问题可以通过培训来解决，”女王在她登基40周年前夕如此说道，“只要经过恰当的培训，就能做很多事情。我真希望自己曾有过这样的教育经历。”用今天的标准来衡量的话，女王所受的正式教育可谓参差不齐。在她所处的时代和阶层中，女孩子基本上都是在家里“上学”，并且，其所学的知识也更多地强调实用性而不是理论性。“女孩子很少会去上大学，除非她们非常聪明。”女王的表姐帕特里夏·蒙巴顿（Patricia Mountbatten）如此说道。“王室保姆克劳菲能教授历史、地理、文法、文学、诗歌和作文，但她数学很差。”同样是克劳菲“学生”的玛丽·克莱顿说道。于是，王室从外面请来别的女家庭教师，给她们讲授音乐、舞蹈和法语。

伊丽莎白的父母并未打算让她在学习上有多么优秀，也没想过让她成为一个博学的人。她没有同学以供比较学习上的进步与否，也无须参加各种考试。克劳菲在1932年加入王室这个大家庭时，伊丽莎白和她的妹妹分别是6岁和2岁，乔治六世对克劳菲的要求只是让其教会两位公主“写一手好字”。伊丽莎白的字曲线平滑而干净，跟她母亲和妹妹的字迹十分相似，只是笔画稍粗犷一些。克劳菲对自己的职责则要求更高，她觉得应该“又快又多地”给两位公主灌输各种知识。她让伊丽莎白阅读《儿童报》（*Children’s Newspaper*），这是一份时事荟萃，为她以后对《泰晤士报》（*The Times*）和BBC[1]广播中时政新闻的青睐打下了良好的基础。对此一位王宫顾问曾有过观察，他惊讶于伊丽莎白在17岁时就“对国家时事有着一流的见解”。

在她的整个少女时期，伊丽莎白有时间为自己每一天的“安静阅读”制订计划，她读斯蒂文森（Stevenson）、奥斯丁（Austen）、吉卜林（Kipling）、勃朗特三姐妹（The Brontes）、丁尼生（Tennyson）、斯科特（Scott）、狄更斯（Dickens）、特罗洛普（Trollope），以及其他经典作家文集。从小到大，她的最爱始终是历史小说，特别是关于“英联邦的各个角落里的人和事”，英联邦基金会（The Commonwealth Foundation）的董事马克·柯林斯（Mark Collins）如此说道。几十年后，“哈利·波特系列”小说的作者J.k.罗琳（J.K.Rowling）受邀与女王共进午宴，她告诉J.k.罗琳自己幼年时的广泛阅读

[1] 英国广播公司，全称为British Broadcasting Corporation，成立于1922年，是英国一家由政府资助但独立运作的公共媒体，长久以来一直被认为是全球最受尊敬的媒体之一。

“令我受益匪浅，因此现在的我阅读速度非常快。我必须读得很快，因为我要读的东西太多了”。

成为王位的第一继承人之后，伊丽莎白的课程强度和广度都大大增加了。她的家庭教师里最为重量级的是亨利·马汀爵士（Sir Henry Marten）、伊顿公学[1]的副教务长。马汀是学校标准教材《英国简史》（*The Groundwork of British History*）的合著者，但他不是一个老学究。亨利·马汀当时66岁了，仍然单身，他长着一张大圆脸和一颗锃亮的脑袋；他常常喜欢把手帕的一角放在嘴里咬着；他在书房里养着一只大乌鸦当宠物，其书房里一摞一摞地堆满了书，克劳菲把它们比作“石笋”。亚历克·道格拉斯-休姆爵士（Sir Alec Douglas-Home）是日后伊丽莎白女王的第4任首相，他回忆说：“马汀是一位很有个性、精力充沛、满腔热情的老师，他能把历史人物讲得栩栩如生。”

从1939年伊丽莎白13岁开始，她会跟克劳菲一起乘马车到马汀的书房，每周两次，去学习历史和复杂的英国宪法。伊丽莎白开始时还很害羞，频频用哀求的眼神看看克劳菲以寻求安慰。马汀则从不直视伊丽莎白的眼睛，而且总是称呼她为“先生”，因为他总觉得自己仍是在给伊顿公学的男生们上课。据克劳菲回忆，不久之后，伊丽莎白就觉得“跟马汀在一起很轻松自在”了，他们很快就建立起一种惬意的友情。

马汀围绕威廉·安森爵士（Sir William Anson）所著三卷本《宪法的制定法与习惯法》（*The Law and Custom of the Constitution*）制定了一套精严的课程。他给伊丽莎白开出的阅读书目还包括G.M.特里维廉（G.M.Trevelan）所著的《英国社会史》（*English Social History*）、艾尔顿勋爵（Lord Elton）所著的《帝国联邦》（*Imperial Commonwealth*）、沃尔特·白芝浩（Walter Bagehot）所著的《英国宪法》（*The English Constitution*）——这是英国宪法解释的“黄金标准”，她的祖父和父亲都曾学习过。马汀所讲授的课程中甚至还包括美国历史。艾伦·“托米”·拉塞尔斯爵士（Sir Alan “Tommy” Lascelles）是乔治

[1] 伊顿公学，Eton College，坐落在温莎堡山下，地处白金汉郡的泰晤士河河畔，是一所历史悠久的男生寄宿学校，也是英国最著名的贵族中学，由亨利六世于1440年创办。伊顿公学以“精英摇篮”“绅士文化”闻名世界，也素以管理严格著称，学生成绩大都十分优异，被公认是英国最好的中学，是英国王室、政界、经济界精英的培训之地。这里曾造就过20位英国首相，培养出诗人雪莱、经济学家凯恩斯，同时也是英国王子威廉和哈里的母校。在伊顿每年250名左右的毕业生中，70余名进入牛津、剑桥，70%进入世界名校。伊顿公学的毕业生被称作“Old Etonians”（伊顿老男孩）。

六世的私人秘书，当马汀问他给伊丽莎白讲授王室在宪法中的角色时该如何把握尺度时，他答道："毫无保留地全部讲给她就行。"

与完全是白纸黑字的美国成文宪法不同，英国宪法是积累的法例和不成文的惯例、判例的合成体。它固有的可塑性取决于事件发生后人们的判断和对条文的修改。安森将其称作"一个与时俱进的结构……就像一栋房子，随着主人的改变而进行装修和布置"。英国宪法所规定的王室的职责和特权也是模糊的，它更倾向于规定"国王不应做什么"而不是"国王应做什么"。国王需要在议会通过的法律上面签字，虽然他拥有否决权，但他基本上不去行使这项权力。

伊丽莎白花了6年时间学完安森的《宪法的制定法与习惯法》，费心竭力地在那些晦涩难懂的文本中用铅笔画线，做注解。传记作家罗伯特·莱西（Robert Lacey）曾见过珍藏于伊顿公学图书馆的那三本褪色的书，书中有段内容是作者安森主张用一个更为复杂的宪法更好地维护自由，而伊丽莎白对其做了笔记。书中还有一段叙述，说英国的君主专制制度是"一种协商性、试探性的专制"，伊丽莎白在"协商性"和"试探性"两个词下面画了线。马汀给她讲授英国的立法程序，以及议会权力的全面性。伊丽莎白潜心学习"立法程序的细枝末节"，在莱西看来，"好像她要去下议院做议长，而不是去当女王一样"。而在她成为女王之后，其首相们也都惊讶于她对宪法条文的精通，每每提出让他们料想不到的犀利问题。

伊丽莎白16岁时，她的父母请来玛丽-安托瓦内特·德·贝尔莱格子爵夫人（Marie-Antoinette de Bellaigue）为两位公主讲授法国文学和历史。她是一位见多识广的比利时人，曾在巴黎上学，两位公主称她为"托尼"。她对两位公主的要求很高，甚至要求她们在跟她一起用餐时也要说法语。由此，伊丽莎白的法语说得很好，她在1948年22岁时去巴黎访问，巴黎人民对此深感钦佩，夸她的法语"清晰而精准"。

德·贝尔莱格与马汀当时共同承担着两位公主的教育工作，而后者常常布置题目让伊丽莎白用法语写作文。德·贝尔莱格后来曾说，马汀教会未来的女王"用自己的判断力去权衡问题的正反两个方面"。在贝尔莱格看来，伊丽莎白"从一开始就养成了一种极有把握的判断力。她似乎有种直觉，知道什么是正确的。她拥有一个'单纯的自我'，或用法语说是'très naturelle'[1]。她的性格

[1] 法语，意为非常自然。

中混合了生活乐趣和极强的责任感”。

伊丽莎白在性格和个性的发展方面受母亲的影响很大。她的母亲原名是伊丽莎白·鲍斯·莱昂（Elizabeth Bowes Lyon），是斯摩尔伯爵和伯爵夫人（the Earl and Countess of Strathmore）的女儿，他们共有9个孩子，女王的母亲就是在这个苏格兰和英格兰联姻的贵族家庭里长大的。1929年，《时代》杂志曾评论“她是一个精力充沛、体态丰盈、快乐的小女公爵”。她如饥似渴地广泛阅读各种书籍，尤其喜欢P.G.伍德豪斯（P.G.Wodehouse）的作品。有些令人难以置信的是，她竟然还喜欢读戴门·朗尼恩（Damon Runyon）所写的关于纽约的男女黑社会人物的小说，有一次她甚至用戴门的写作风格给一个朋友写信：“The way that Dame Pearl gets a ripple on，there was a baby for you—Oh boy.”[1]

伊丽莎白5岁时，伊丽莎白王后就开始教她读书，并让她用相当多的时间去大声朗读各种儿童经典图书。伊丽莎白刚刚学会写字，她的母亲就鼓励她每天晚上都把当天的经历和感想写成日记，而写日记也成了伊丽莎白一生的习惯。1937年，在父亲乔治六世的加冕仪式期间，11岁的伊丽莎白就有生动的“亲笔”描述，她在日记中这样写道：“爸爸加冕时，（威斯敏斯特大教堂的）拱顶和屋梁似乎都笼罩在一种奇异的迷蒙气氛之中。”当她的母亲戴上王冠的时候，手戴白色手套的女贵族们也都在同一时刻戴上了她们的冠冕，“那一刻真是太奇妙了。那么多的胳膊同时举起冠冕，接着那些胳膊又魔术般在眼前消失。”

在很小的时候，伊丽莎白的父母就开始安排画师为她画坐姿肖像画。而在她的一生中，这种作画共有140多次，也使得她成为英国历史上肖像画最多的君主。对王室成员来说，肖像画是长久以来王室形象设计的重要组成部分，用于塑造王室在公众眼中的形象。当被问及是否保留有自己的肖像画时，伊丽莎白答道：“没有，一幅都没有，都送人了。”

匈牙利人亚历克西斯·德·拉兹罗（Alexius de László）是一个广受赞誉的社会名流肖像画家，伊丽莎白的首幅油画肖像就是他画的。当时伊丽莎白只有7岁。拉兹罗发现，伊丽莎白“聪明而个性十足”，同时也承认“她总是犯困并且坐立不安”。贵族妇女都喜欢跟这个64岁妙语连珠的老头在一起，而伊丽莎白

[1] 此处模仿戴门·朗尼恩的写作风格，若是译出，就丢失了原文的风采；另外，本句是凭空出现，毫无上下文可供参考，无从译起，因此保留原文。

却觉得他“很讨厌”——几年之后回忆起来，她扮了个鬼脸如此说道：“他总让你长时间一动不动地坐着，还得眼睛望着他。”这幅肖像画是她母亲极为喜欢的——画中的小公主身着褶裙，一头金色的卷发，大大的蓝色眼睛，手捧一篮鲜花。然而，画中伊丽莎白严肃的表情却透露出一丝恼怒。

第二位为伊丽莎白画像的画师也是匈牙利人，是一位名叫齐格蒙德·施特罗布尔（Zsigmond Strobl）的雕刻家，从1936年到1938年，他共为伊丽莎白画过18幅肖像画。其时伊丽莎白已经年长许多，也已经身为准王储，她很喜欢在画像期间跟在场的匈牙利记者谈话，在聊天中消磨时间。在现场为作画和雕塑摆造型也锻炼了伊丽莎白的耐性。成为女王之后，她还发现，这种摆造型的“苦差事”也可算得上是一件乐事，因为她可以有一整段时间用于放松，还能在一种清静而平和的气氛中跟一位陌生人进行交流，坦率而谈，有时候可以说点儿私事，甚至可以开个玩笑。“这样很好，”在即将迎来18岁生日时，一次摆造型的过程中伊丽莎白如此说道，说话时脸上闪过一丝顽皮的微笑，“我就是坐在这里，别人就纳闷不已，因为我正忙着，看上去却是什么事都没做。”

在施特罗布尔为伊丽莎白塑像的过程中，他们最喜欢谈的话题就是马。伊丽莎白对马有着高昂的热情，这也是她另一个学习的机会。她的父亲继承了王室的传统，饲养并用纯血马参加比赛，他将伊丽莎白带入马的世界，而伊丽莎白第一次学骑马时只有3岁。到了1938年伊丽莎白12岁时，她开始学着侧坐马鞍骑马——这是每年为纪念国王诞辰所举行的“皇家军队阅兵典礼”（Trooping the Colour）时所必需的骑马技巧。在阅兵典礼上，伊丽莎白需要身穿红色的军装、海军蓝色的骑马长裙、头戴黑色三角帽骑行在1400多人的游行队列前端。

伊丽莎白每周有两次马术课，骑马不仅培养了她对体育运动的热爱，还强健了她的体魄，此外还教会了她在面临危险时保持清醒的头脑。她骑着马越过障碍，在田野和树林里穿行，感受着那种无拘无束的快乐和从公务的束缚中暂时逃离的自由。伊丽莎白在10多岁时曾接触过猎狐活动，第一次是在伯克郡（Berkshire）的加斯猎狐大会（Garth Foxhounds），第二次是在格洛斯特郡（Gloucestershire）的博福特猎狐大会（Beaufort Hunt），但她早就被养马和赛马迷住了。

在少女时期，伊丽莎白曾跟父亲到他在汉普顿宫（Hampton）和桑德林汉姆宫的马厩里去过，对养马的基本知识有了了解。她开始掌握不同血统马匹的气质性格和体型结构，这一点对繁殖优秀马匹至关重要。她见过优秀的种马、母马以及它们的马驹，还观察过威尔特郡（Wiltshire）的跑马场上幼年赛马训练的情况，那里的马场建在起伏的山丘上面，有大片的松软草皮，其跑道也是模仿正规赛马场的直线和曲线跑道。她结识了一些马夫、马童、驯马师和骑师，他们是一群十分质朴的人，总是把马放在第一位，所以对生活有着与常人不同的视角。几年之后伊丽莎白曾对艺术家弗洛里克·韦茅斯这样说道：“马是世界上最好的平等主义者。”

此外，伊丽莎白还对狗有种天生的亲和感。1933年，她的父亲迷上了威尔士柯基犬——一种尖鼻子、大耳朵、短腿的品种，还送给伊丽莎白一只名叫“道基”的柯基犬。它是伊丽莎白所养的柯基犬大家族中的第一只狗，而柯基犬也成了她的“标志”。伊丽莎白有时会同时养10多只柯基犬，它们则经常如威尔士王妃戴安娜所说的——“像一张移动的地毯”一样浩浩荡荡地走在伊丽莎白的身前。对伊丽莎白来说，这些柯基犬是她的“开心果”，却常常因其暴躁的脾气吓到王宫的工作人员或来访的客人。“它们是牧羊犬，”有一次伊丽莎白如此解释道，“也是牧牛犬，所以它们会咬人，”说着，她露出一个狡猾的笑容，“它们还爱追人。”

即使是在1937年乔治六世即位、他们一家搬入白金汉宫之前，对伊丽莎白这位年轻的公主来说，交朋友也是件很复杂的事。在成为准王储之后，来王宫的那些女孩就必须向她行屈膝礼，并称她为“女士”[1]。“那种感觉十分拘束。”小时候曾被邀请到白金汉宫来玩耍、喝茶的伊丽莎白·卡文迪什夫人（Lady Elizabeth Cavendish）回忆说。有一次，王室一家受邀去第12代艾尔利伯爵和伯爵夫人（the 12th Earl and Countess of Airlie）所在的科塔基堡（Cortachy Castle）做客，伯爵的儿子杰米·奥格威（Jamie Ogilvy）在闹着玩时把伊丽莎白公主抱起来扔在沙发上。片刻之后，他的父亲就走上前来一拳捶在他的肚子上，说：“不许对王族成员这么无礼。”“其实公主自己并不在意，”奥格威回忆道，“但她身在那些规矩里，身不由己。”

正如克劳菲所说的那样，王宫的生活就像“一面玻璃屏障，把你跟外面的世界隔绝开来”。白金汉宫是一座富丽堂皇的宫殿，共有775个房间，对国王一家来说，它更像是个“总部”，而不是他们的家。伊丽莎白曾长久地看着窗外的世界，无法理解“正常人”的生活究竟如何。

---

[1] 英国对女王及王族贵妇的尊称，已婚或年长的则称为“夫人”。

为使伊丽莎白不被局限在王室的生活之中，也为了缓解她“被孤立”的感觉，克劳菲在皇宫里组织了一支“女童军”[1]。开始时女童军一共有20人，包括像帕特里夏·蒙巴顿这样的王族亲戚，在伊丽莎白眼里，她是翠鸟巡逻队（the Kingfisher patrol）“凶悍”的队长，而准王储也不得不听从她的指挥；另外，女童军里还有一些贵族朋友，如卡米拉·“米奇”·沃乐普夫人（Lady Camilla“Micky” Wallop，第9代朴次茅斯伯爵的女儿），还有就是宫里的司机和其他工作人员的女儿们。

女童军的总部或者是白金汉宫里指定的某个房间，或者是40英亩[2]的花园里的凉亭，她们的活动有搭建篝火、观鸟，还有团队游戏。未来的女王在这些事情上勉强能够应付过去。帕特里夏·蒙巴顿回忆道：“她从小就知道自己不能在公众面前哭泣，这是她必须遵守的行为方式。从小她就被告知‘哪怕是摔倒了也不能在脸上表现出来’。”

来拜访国王和王后的显要人物也会被引见给两位公主，她们需要能在与客人们共同进餐时表现出得体的交谈和应答。伊丽莎白跟她的母亲一样，喜欢跟人交流，但她无法像她母亲一样从中获得乐趣。于是王后帮助伊丽莎白克服这个弱点，跟她做角色扮演的练习——在练习中，王后会扮作坎特伯雷大主教[3]或其他贵客，然后教伊丽莎白如何应对。王后对自己母亲的座右铭——“要是你觉得一个人很无聊，其实问题是出在你身上”——深信不疑；她还教伊丽莎白在白金汉宫的花园宴会上面对3000人的注视时该如何应对，怎样才能在走动时表现得从容不迫。就像伊丽莎白后来在教导妹妹的时候所说的那样：“我们绝不可以匆匆地穿过人群走到茶几旁，那样太失礼了。”

王后与乔治六世二人在海外访问期间，她会给女儿写来内容翔实的信，描述海外的见闻，以开阔女儿的视野，为她灌输王室的职责。1939年6月，国王与王后去加拿大和美国访问，而伊丽莎白和玛格丽特·罗斯就从挂在教室里的地图上追踪父母的行迹。在信中，王后这样描述美国人——“特别随和可亲……在发现我们只是做着一份重要工作的普通人，我们也很谦和礼貌时，他们表现得特

---

[1] Girl Guides，跟美国的女童子军（American Girl Scouts）相仿。

[2] 1英亩≈4046.86平方米。

[3] Archbishop of Canterbury，坎特伯雷大主教，又称为坎特伯雷圣座，是全英国教会的主教长，又是全世界圣公会的主教长，普世圣公宗精神领袖。

别高兴。”她还透露道：“当看到他们脸上的表情时，我有时会忍不住眼里含着泪水。”她还承认：“不间断地参加各种集会……有时觉得自己的抵抗力都耗尽了。”这带给她很多担心和焦虑。

在母亲的引领下，伊丽莎白还养成了对基督教的虔诚信仰。王后为女儿读《圣经》中的故事，还为她讲解《公祷书》[1]中的祷文和圣咏。“王后对公祷书的内容烂熟于心。”第103任坎特伯雷大主教、后来的克利夫顿勋爵（Lord Carey of Clifton）乔治·凯里（George Carey）如此说道。王后的虔诚表现在她每晚都会跪着祈祷，而伊丽莎白也继承了母亲的这个习惯。“她们那一代人，跪在床边祈祷是一件很自然的事，”凯里说道，“祈祷时的态度至关重要。跪在地上会让你产生对全能的神的谦恭感。”

王后还教给女儿一些实际的事情。克拉丽莎·艾登（Clarissa Eden）是安东尼·艾登爵士（Sir Anthony Eden）的遗孀，而后者是亚芬第1代伯爵（the 1st Earl of Avon），也是伊丽莎白女王的第2位首相；她曾惊讶于伊丽莎白女王“坐在椅子上时，她的后背稍稍离开椅背。她能保持这种坐姿，一坐就是几个小时”。这种坐姿是她小时候跟王后学的，后者坚信“一个高贵的女士的后背永远都不能靠在椅背上”。

小时候，伊丽莎白脾气很急躁。这是家族遗传的，不仅她的父亲如此，她的祖父乔治五世、曾祖父爱德华七世也是这样。而她母亲则通过亲身示范和谆谆教导，用她和缓的性格梳理着女儿的脾气。王后的母亲是斯特拉斯摩尔伯爵夫人（Countess of Strathmore），“她以及她的孩子们在抚养子女时会教他们控制自己的脾气和情绪，从不会被个人情绪所支配。”玛丽·克莱顿夫人如此说道。王后开明的教育理念是以理解和鼓励为基础的：避免嘲笑、不许炫耀、和声细语，以及“从不吼叫和吓唬”，否则“你就会失去他人对你的信任”。正如她在给伊丽莎白的一封信里所写的那样：“时刻要记着，控制好自己的情绪，赢得他人的爱戴。”

伊丽莎白有150个玩偶，她还有30个30厘米高的玩具马，都配有马鞍和缰绳可供玩耍。她的物质需求可谓应有尽有，她吃饭时都是身着红色制服的男仆在旁边服侍。在这样的条件下成长，伊丽莎白为什么没有变得娇惯倨傲呢？“她是由严厉的保姆带大的，”一位从伊丽莎白5岁起就是她朋友的人如此说道，“我记

[1] *The Book of Common Prayer*，英国国教圣公会的祈祷用书。

得有一次伊丽莎白公主和玛格丽特公主来喝茶，伊丽莎白公主的胳膊肘放到了桌面上。奈特太太就对她说：‘把手放下去！’我从来都没想过，有人竟然可以教训公主；但她的家教非常严格，有一位保姆时刻在身边对她进行管教，而女王也从来不坏了规矩。”

克拉拉·“阿拉”·奈特（Clara“Allah” Knight）是赫特福德郡人（Hertfordshire），她是王室的婴儿保姆，她跟伊丽莎白的育婴女佣玛格丽特·“波波”·麦克唐纳（Margaret“Bobo” MacDonald）一起管理着公主们每日课堂外的生活细节，她们跟两位公主在一起的时间，甚至大大超过了国王和王后。用贴身男仆约翰·迪安（John Dean）的话说，波波“身材短小，非常聪明，也非常专横”。她一直在伊丽莎白身边服侍着，直到1993年去世。“女王很喜欢跟一个明白事理的苏格兰农妇交谈。”玛丽·克莱顿夫人如此说道。

为养成伊丽莎白整洁、节俭的好习惯，阿拉和波波教她把自己的东西整齐摆放，在封包裹和卷轴时要格外仔细以节省纸张和缎带，还要把多余的灯关掉。公主们每周会有5先令[1]的零花钱，这只是一个培养她们金钱意识的措施，因为伊丽莎白每年的收入有6000英镑[2]。她脱衣服时，会把衣服整齐叠好摆放，从不把衣物留在地板上或搭在椅子上。阿拉和波波还帮伊丽莎白改掉了咬指甲的坏习惯，但她们却未能帮助她克服海伦·米伦所说的，其恬静的举止下面“内心的狂躁”，这一点在她成年后总是不停地摆弄手上的订婚戒指或结婚戒指就能看出来。

在伊丽莎白的生活中，另一个“严师”就是她的祖母玛丽王太后（Queen Mary）——英王乔治五世的妻子。她是一个正经而“死板”的人，每天晚餐时都会佩戴王冠，甚至在只有她和丈夫一起用餐时也是如此。“她从不直视别人。”摄影师塞西尔·比顿（Cecil Beaton）如此说道。而德文郡公爵夫人黛博拉·米特福德（Deborah Mitford）则回忆说：“玛丽王太后戴王冠，就像戴托克帽[3]一样。好像王冠就是她身体的一部分。”玛丽王太后的举止十分得体，她的责任感毋庸置疑。在她85岁离世之前，还颇为令人感伤地说自己很想爬一次篱笆，哪怕一次都好。

玛丽王太后是一个对礼节十分拘泥的人，她要求伊丽莎白和玛格丽特在见到

---

[1] 原英国货币单位，12先令为1英镑。1971年英国货币改革时被废除。按当前汇率，5先令约合人民币4元。

[2] 按当前汇率，6000英镑约合人民币5.8万元。

[3] 托克帽，16世纪时的窄边或无边女绒帽，圆顶，常插有羽毛。

她时要行屈膝礼。她把自己的情绪深深地压抑在心底，在感到高兴时最多也只是翘一下嘴角而已。这一点对伊丽莎白的影响很深，她从中明白，对一个君王而言，在公众面前笑出来是不合适的。而在一次音乐会上，伊丽莎白说了一句“所有在外面等着看我们的人”，玛丽王太后就觉得她这句话太过高傲，作为惩罚，她立刻把伊丽莎白带回了家。伊丽莎白克服各种困难，毫无怨言地吸收着祖母的教导，也是因为她跟玛丽王太后有着相同的个性：沉默寡言、专心致志、勤奋刻苦。在后来的岁月里，她还常常引用严厉的祖母的话。

丘吉尔说过，尽管玛丽王太后性格刚直，不喜欢做出改变，但“她并不惧怕新的思想和看法”。伊丽莎白王后在女儿的培养上秉持的是和缓的教育理念，她认为女儿们“应该有一个值得回忆的快乐童年”，而玛丽王太后那种看似矛盾却很有道理的开放思想为伊丽莎白的教育注入了苛刻的成分。她在私下建议克劳菲提高伊丽莎白所选文学作品的质量，还鼓励她用心学诗，权当“记忆力锻炼”。她让伊丽莎白和玛格丽特涉猎各种文化，带她们去各种博物馆、美术馆，还有英国皇家造币厂（the British Mint）、英格兰银行（the Bank of England）、格林威治宫（Greenwich Palace）、伦敦塔（the Tower of London）等地方。

玛丽王太后对历史，特别是皇家的宗谱传承情有独钟，而对伊丽莎白来说，祖母就是一扇通往过去的窗口。玛丽王太后的外公是剑桥公爵（the Duke of Cambridge）阿道弗斯王子（Prince Adolphus），是乔治三世的儿子；维多利亚女王（Queen Victoria）是她的教母；她认识英国历史上两位最著名的首相：威廉·格拉斯顿（William Gladstone）和本杰明·迪斯雷利（Benjamin Disraeli）。她给公主们讲1911年德里杜尔巴[1]的盛况，当时乔治五世和她作为印度的国王和王后出席了那次盛会。她还能说出任何一件皇家珠宝的来源和细节，

[1] Delhi Durbar，杜尔巴是一个源自波斯的词语，原意是“波斯统治者的宫廷”。在印度和尼泊尔，它则是指土邦王侯的宫廷、仲裁所或是役所。在英属印度时期的德里周边地区，杜尔巴的含义引申为“正式的社交聚会”，这些社交聚会统称为德里杜尔巴，它也是社会名流公开对大英帝国表达效忠和支持的场合。历史上最盛大的德里杜尔巴是在1911年12月为祝贺乔治五世登基而举行的杜尔巴，乔治五世和玛丽王太后亲自出席聚会现场，并且穿着加冕典礼的礼服，这在印度和帝国历史上是史无前例的，他们也是英国统治印度期间唯一以君主身份到访印度的王室成员，几乎所有在当时受册封的王族和贵族成员都出席了这次杜尔巴。

她乐意向人们展示这些珠宝，有时甚至把华丽的库里南一号和二号钻石[1]当作胸针别在胸前。

在伊丽莎白的众多导师和家庭教师之中，她的父亲占有举足轻重的席位。乔治六世能够亲自教给女儿身为一国之主是什么样子、有何挑战以及如何应对。伊丽莎白比父亲聪明，在记忆精确资料时不需像他一样费力，她的性情比父亲更为平和，却跟他一样腼腆，乐于奉献。她怀着崇敬的心情看着父亲在每年的圣诞节广播致辞上与自己的口吃顽疾做斗争，她注意到父亲吃饭时还会在手边的便条簿上匆匆记下一闪而过的想法。伊丽莎白后来曾说，父亲的“坚毅”一直是自己的楷模。

“二战”期间，伊丽莎白从父亲的表现中学到了毅力、勇气和责任感，父亲是她永恒的榜样。1939年9月3日，英国在希特勒入侵波兰之后向德国宣战，当时伊丽莎白只有13岁。6个星期之后，正当她跟克劳菲、妹妹玛格丽特·罗斯在苏格兰读着约翰·弥尔顿的《闻庄严的音乐有感》（*At a Solemn Music*）时，消息传来，纳粹击沉了英国“皇家橡树号”（Royal Oak）战列舰。这是英国士气最初遭受的打击之一。乔治六世在苏格兰高地的巴尔莫勒尔庄园（Balmoral）对外开放，收留那些在纳粹的轰炸到来之前撤离格拉斯哥港市的妇孺。克劳菲指导两位公主为难民们端茶倒水，还陪妇女们聊天，谈论她们在军队服役的丈夫和儿子。

1940年5月10日，德国军队占领荷兰、比利时、卢森堡，随后进攻法国，内维尔·张伯伦（Neville Chamberlain）辞去了英国首相职务，由温斯顿·丘吉尔接任。在广播中听到张伯伦的辞职演讲时，伊丽莎白哭了。很明显，在经过了近9个月的惴惴不安之后，战争真的要打响了。[2]两天之后，两位公主被送到了距离伦敦市中心21英里[3]的中世纪城堡温莎堡（Windsor Castle）中。战争期间，她们一

[1] Cullinan，又译库利南，是世界上最大的钻石，1905年在南非的普列米尔矿山被发现，重达3106克拉。由于体积太大，当时没有人能买得起。后由南非的德兰士瓦地方当局用15万英镑收购，并在1907年，为祝贺英王爱德华七世的生日而赠送给英国皇室。1908年库利南被送往荷兰进行加工切割，切割后的库里南共有9粒大钻石和96粒小钻石。9粒大钻石中最大的一粒名叫“非洲之星”，也就是“库里南一号”，重530.2克拉，为水滴形，共磨了74个面，它也是现今世界上最大的钻石，镶在英国国王的权杖上。第二大的叫作“库里南二号”，重317.4克拉，外观方形，磨有64个面，它是世界上第二大的钻石，镶在英帝国王冠下方的正中间。

[2] 英国对德宣战后的最初9个月，英军与德军并无实质的交战行动。

[3] 1英里≈1.61千米。

直待在这个占地13英亩、四周都是厚重城墙的皇家庄园里，直到1945年5月德军被打败。尽管她们能够走出城堡，但为了安全起见，她们的所在地被严格保密。

战争期间，乔治六世和王后或者在白金汉宫，或者乘坐十车厢的皇家专列在境内巡查，视察军队、工厂、医院以及被炸的居民区。有时晚上，他们也会到温莎堡跟女儿们一家团聚，睡觉却是在城堡的布伦瑞克塔（Brunswick Tower）下面又黑又深的防空工事里，或是在维多利亚塔（Victoria Tower）一楼一间有防御工事的房间里。国王和王后决定坚持在伦敦工作，这使他们自己处在相当大的危险之中，却也赢得了英伦百姓的爱戴。1940年夏天，德国空军开始对英国的城市和军事目标实施大规模轰炸，白金汉宫就被炸弹袭击过9次。9月中旬白金汉宫第二次遭到空袭时，炸弹炸毁了宫里的小教堂，国王和王后与死神擦肩而过。

跟她的同代人一样，伊丽莎白也被战争带入了一个险峻的境地，这对她的青春期造成了极深的影响。但她并不像有些观察家所说的那样“在公众面前销声匿迹”，也不是处在蛰伏的状态。相反，因为她在温莎堡的日子里常常与负责保护王室安全的英国近卫步兵第一团[1]的年轻军官们一起相处，这使她对男性世界有了较早的了解，对其登基为女王之后在男性为主导的领域里工作打下了基础。“我是在男人的世界里长大的。”伊丽莎白的妹妹玛格丽特后来如此说道。

16岁的伊丽莎白是近卫步兵第一团的荣誉上校，首次对其巡查时就十分严苛。她严厉的批评促使一位少校建议克劳菲“委婉”地提醒一下公主“一位好军官首先要做到恩威并重”。

军官们会过来喝茶或参加正式午宴，而此时伊丽莎白就负责安排座位，锻炼自己作为宴会女主人的技巧。来访的军官们之中就有鲁伯特·内维尔勋爵（Lord Rupert Nevill）和休·尤斯顿（Hugh Euston），即后来的格拉夫顿公爵（Duke of Grafton），而他们也成了伊丽莎白一生的好友。其他来客则包括正在养伤恢复或休假的军官们，有些是新西兰、澳大利亚、加拿大和美国的空军士兵。伊丽莎白也从“一个羞怯的小女孩变成一位魅力十足的年轻人，可以毫无尴尬地应对

[1] the Grenadier Guards，又称掷弹兵近卫团，创建于1656年，是负责保护王室安全的皇家师（the Household Division）中最负盛名的7个团之一。其他4个近卫步兵团是冷溪近卫团、苏格兰卫队、爱尔兰卫队和威尔士卫队。另有2个皇家骑兵团（Household Cavalry），分别是皇家内近卫骑兵团（the Life Guards）、由皇家近卫骑兵团（the Royal Horse Guards）和皇家龙骑兵（the Royal Dragoons）合并后组建的皇家近卫骑兵团以及第一龙骑兵（the Blues and Royals）。

各种境况”，克劳菲如此说道，“她是一个杰出的谈话高手。”

伊丽莎白和妹妹“从没忘记正身处战争之中”，安托瓦内特·德·贝莱格（Antoinette de Bellaigue）说道：“但她们并不觉得前景黯淡。”温莎堡的窗户都贴上了遮光纸，城堡周围也布上了铁丝网和一些高射炮，宽敞的房间里只用低功率的灯泡照明。因为热水奇缺，温莎堡所有浴缸的5英寸（约12厘米）处都画了一条线。她们吃得还算不错，因为有别的皇家庄园送来的肉和野味。公主们也开始习惯了她们母亲所说的“炸弹的呼啸声”，但王后也因“公主们看起来跟以前不一样了”而烦恼，因为“枪声太响了”，并且有太多炸弹落在附近——到战争结束时温莎堡附近被投下近300枚高爆弹。王后在给婆婆玛丽王太后的信里这样写道：“尽管公主们都很乖、很沉着，但时常听着炸弹呼啸而至或感到门外地面的震动，实在是让人提心吊胆。”

战争期间，国王全家有几次去了巴尔莫勒尔庄园过个短暂的假期以作休整，王后很高兴看到女儿们在这里恢复了生气，每次从开满杜鹃花的、空气清新的小山上散步回来，她们“脸蛋变红了，胃口也很好”。这些山丘位于皇家迪赛德河谷（Royal Deeside）之上，而这个位于迪伊河畔（River Dee）的山谷从维多利亚女王和阿尔伯特亲王那时起就是王室一家的情感港湾。[1]维多利亚女王和阿尔伯特亲王是伊丽莎白的曾曾祖父母，他们被苏格兰高地的魅力所倾倒，于1852年买下了巴尔莫勒尔庄园。维多利亚女王曾在日记中这样写道：“在这里，呼吸到的是自由和安宁，让人忘记了外界的烦恼忧伤。”

维多利亚女王和阿尔伯特亲王把原先的建筑物拆掉，按照阿尔伯特亲王根据苏格兰角塔式风格所制定的方案，另建了一座巴尔莫勒尔城堡。城堡是用光滑的灰白色花岗岩建成，在久经风吹日晒之后变成了灰色，另外还修建了角楼和城墙。城堡内部的装饰使用了绚丽多彩的格子呢小地毯、窗帘、大地毯、油毡、蓟花图案的墙纸、埃德温·兰西尔爵士（Sir Edwin Landseer）的风景画，门厅里还挂着鹿头。透过巨大的窗户向外望去，草坪、花园、松林以及迪伊河畔的小山——那里是王室一家远足的户外天堂——尽收眼底。

1901年维多利亚女王去世，之后40年里巴尔莫勒尔城堡几乎没有什么改变，女王的子孙们也能真切地感觉到它的魔力。这里是王室神圣的别院，“二战”之

[1] 1852年维多利亚女王和阿尔伯特亲王买下了巴尔莫勒尔庄园，1854年对其进行扩建后称为巴尔莫勒尔城堡，1861年阿尔伯特亲王去世后，维多利亚女王长时间幽居于此。

前他们每年秋季都会来这里住两个月，战争接近尾声时他们又把这个传统继续了下去。“二战”时他们也曾到这里稍作休憩，其间伊丽莎白第一次猎到雄鹿，也第一次捉到鲑鱼（不算小，有8磅[1]重）。国王、王后、公主和廷臣们会在晚饭后玩“我来比画你来猜”的游戏，直到半夜。有一次国王的私人秘书托米·拉塞尔斯模仿圣伯纳犬的吠声，声音太大以至于嗓子都喊哑了。

“二战”初期，国王和王后仍在白金汉宫和温莎堡周期性举办舞会，以保持他们的社交生活。1943年9月，在温莎堡为“青年男女”所举办的一次舞会一直持续到凌晨4点才结束。乔治六世以“当世最好的华尔兹舞者”而闻名，他毫无拘束地在舞池里跳舞，甚至领着一支康茄舞[2]队伍在熠熠生辉的大厅里穿行。“二战”后期，伊丽莎白偶尔会偷偷溜进伦敦市，有时是去参加宴会，有一次是去看生平第一场歌剧——由莎德勒·威尔斯剧团在伦敦新剧院所表演的《波希米亚人》。

克劳菲想办法让城堡里的气氛变得轻松一些，所以她组织了一些游戏，如捉迷藏、滚斜坡、跟军官们玩藏宝游戏，等等。她还组织了一场牧歌大会，让女孩们跟卫兵和伊顿公学的男生们一同唱歌。圣诞节时，两位公主跟当地的学生们一起参加了在温莎堡的滑铁卢大厅里举办的一年一度的大型哑剧演出。伊丽莎白受邀上台，在500多人（包括市民和士兵）的观众面前表演了唱歌和踢踏舞。克劳菲夸她的表现十分镇定；她的马术教练贺拉斯·史密斯（Horace Smith）则惊讶于她的“自信和活力”，还有她对喜剧台词的滑稽演绎。

战争的噩耗不断传来，伊丽莎白所认识的军官们不断有人在战场上牺牲。1942年，她的叔叔——当时正在英国皇家空军服役的肯特公爵（the Duke of Kent）乔治王子（Prince George），也在一次空难中丧生了，留下3个孩子，最小的才刚刚出生7个星期。“在一个人的成长历程中，这是多么残忍的一段时期啊，”王后在1943年给兄长大卫的一封信中如此写道，“莉莉贝特在温莎堡认识了很多年轻的近卫军战士，而他们却陆续在战场上牺牲了，这对一个如此年轻的孩子来说太恐怖了。”在成为女王之后，她的朋友们发现伊丽莎白很难下笔为与自己亲近的人写悼词；但在“二战”期间，她还是很愿意为阵亡士兵的家人写慰问信的，在一封写给一位军官母亲的信中，伊丽莎白“向她讲述了自己对她儿子在温莎堡的工作心怀感激，还告诉她自己跟她儿子曾说过什么话”，克劳菲回忆道。

---

[1] 1磅≈0.45公斤。

[2] 一种源于古巴的舞蹈形式，节奏欢快而热烈，由众多舞蹈者列队进行。

"二战"期间，安托瓦内特·德·贝莱格、马里恩·克劳福德和亨利·马汀的授课并未停止。马汀坐着狗拖车从山下来到城堡，他的轻型旅行袋里鼓囊囊地装着公主的课本。欧文·莫西德爵士（Sir Owen Morshead）是皇家图书管理员，他常常带着伊丽莎白去参观温莎堡的收藏品，给她的课程增添了额外的内容。那些收藏品中包括查理一世被砍头时所穿的衬衫，还有在特拉法加海战[1]中杀死纳尔逊勋爵的铅弹（为躲避战火，那些无价的名画已从画框里取出送往安全的地方保存）。未来的女王后来说，她把温莎堡当作自己的家，因为它代表着"童年所有的快乐记忆"。

女童军的活动也在继续，伦敦东区[2]饱受战火摧残，有些难民投奔温莎庄园的亲戚而来，随着他们的加入，伊丽莎白也得到了意料之外的平等待人的体验。女童军的女孩们在温莎堡的一位女管家的指点下，学习烘制蛋糕和烤饼（伊丽莎白后来曾在一位美国总统来访时露过一手），烹制炖肉和汤类，并赢得烹饪徽章。东区来的女孩们说话带着很重的伦敦口音，言行举止也很粗俗，她们对未来的女王并无尊敬之心。她们管伊丽莎白叫"莉莉贝特"，而这个昵称即使是贵族家的女孩也都是禁止用来称呼她的。她们还强迫伊丽莎白在满是油腻的水池里刷盘子，以及清理篝火的余烬。

1945年伊丽莎白18岁的时候，她在由女子后方勤务部队[3]所辖的机械运输培训中心（the Mechanical Transport Training Centre）接受了3个星期的培训，这是她所接受的最不寻常也是最难忘的培训。她在这里所学到的技术，在海伦·米伦主演的《女王》影片中得到了重点展现：影片中"女王"自信地驾驶着一辆"路虎"[4]在巴尔莫勒尔的山地里行驶，却在驶过迪伊河时在一块石头上搁浅。"她"于是打电话给她的侍从长托马斯："我的汽车传动轴坏了。"她快速说

---

[1] Battle of Trafalgar，1805年10月21日，英国海军司令纳尔逊和拿破仑所率舰队在西班牙特拉法加海面相遇，战斗持续5小时，英军获胜。法西联合舰队遭受重大打击，主帅和21艘战舰被俘。英军主帅霍雷肖·纳尔逊海军上将也在战斗中阵亡。此役之后，法国海军精锐尽丧，从此一蹶不振，拿破仑被迫放弃进攻英国本土的计划，而英国海上霸主的地位得以巩固。

[2] East End，又译东伦敦，英国首都伦敦东部、港口附近地区，在历史上就被看成是贫民区，这里临近码头，居民大多是卖苦力出身的穷人和外来移民。在第二次世界大战中，大部分建筑遭受轰炸破坏，后重建。

[3] the Auxiliary Territorial Service，简写为ATS，隶属英国陆军。1938年9月9日成立，1949年2月1日并入英国皇家陆军女子军团。"二战"期间主要从事炊事、文书、仓管等后勤工作。

[4] Land Rover，英国著名越野车品牌。

道。“你确定是传动轴吗，女士？”他问道。“是的，我确定。”女王答道，“是前面那个，不是后面那个。我的车不能四轮驱动了。你忘了，我在“二战”时可是个机械师啊。”

尽管这一幕镜头是虚构出来的，但伊丽莎白二世在汽车方面的经验的确是她值得自豪的地方。战争结束20多年后，她曾告诉工党的政治家芭芭拉·卡素尔（Barbara Castle），她在女子后方勤务部队所受的培训是她唯一一次能跟同龄人平等比较的机会。跟她同时接受培训的还有另外11个女人，都比她大几岁，但伊丽莎白·亚历山德拉·玛丽·温莎少尉[1]跟她们穿一样的浅褐色军装，也接受相同的培训：在伦敦拥挤的车流中驾驶3吨重的卡车，更换车轮和火花塞，学习汽车点火系统的运行原理，更换刹车油，拆卸发动机，等等。她的手上、脸上沾满油污，还要向上级军官敬礼。但这段经历培养了她的自信，也带给她专业的驾驶技巧。“我一生中从未如此刻苦，”她告诉一位朋友，“我学的都是之前一无所知的东西——汽车内部那些千奇百怪的事物。”

1940年，在经过多次排练、掌握了演讲时的呼吸和措辞技巧之后，伊丽莎白用她满怀深情的少女的声音为因战争而无家可归的孩子们做了生平第一次广播读稿讲话。除此之外，战争结束前她所参加的官方活动很少。1944年，她跟国王和王后一起访问了威尔士，他们探望了那里的矿工，伊丽莎白还在伦敦的伊丽莎白女王医院（the Queen Elizabeth Hospital）为“英国全国防止虐待儿童学会”（Children and the National Society for the Prevention of Cruelty to Children）做了生平第一次公共演讲。此外，她第一次参加了战舰下水仪式；在白金汉宫为英国自治领[2]的首相们举办的宴会，也是她出席的第一次官方宴会。

1945年5月8日，在英国人庆祝“欧洲胜利日”[3]这一天，伊丽莎白跟全家人以及温斯顿·丘吉尔首相一起走上白金汉宫的阳台，接受人群的欢呼。当晚，她和妹妹玛格丽特·罗斯在克劳菲、托尼·德·贝尔莱格以及国王的侍从武

---

[1] Second Subaltern，1941年至1949年英国皇家女子后方勤务部队曾用的女兵军衔，对应陆军少尉军衔。

[2] British Dominion，自治领是大英帝国殖民地制度下一个特殊的国家体制，是从殖民地迈向独立国家的过渡。在19世纪，所有实行自治或半自治的英国殖民地，尤其那些已具有自身宪政体制的，如加拿大、澳大利亚、新西兰、纽芬兰、南非、爱尔兰自由邦都是英国的自治领，并于20世纪30年代后各自取得独立。

[3] Victory of Europe Day，1945年5月8日午夜，纳粹德国宣布无条件投降，宣告了“二战”欧洲战场战事的结束。

官的陪伴下悄悄走出王宫，随行的16个人里还有伊丽莎白的表妹玛格丽特·罗德斯（Margaret Rhodes），另有几个近卫军军官，亨利·珀切斯特（Henry Porchester）就是当时的近卫军军官之一，他后来成了伊丽莎白一生的好友和养马、赛马方面亲密的顾问。未来的女王自豪地身穿女子后方勤务部队的军装，跟朋友们手挽手在人群里穿梭。她们在圣詹姆斯大街（St.James's Street）上飞奔，还快乐地跟人们一起跳着康茄舞、兰贝斯走步舞[1]、霍基科基舞[2]。公主们回到白金汉宫的围栏前，跟人群一起大喊："我们要见国王！我们要见王后！"在她们的父母出现在阳台时跟人们一起欢呼。随后伊丽莎白和玛格丽特·罗斯从一个花园门悄悄回到王宫里。王后"给我们吃她亲手做的三明治"，托尼·德·贝尔莱格回忆道。

第二天晚上，欢庆仍在继续。伊丽莎白在日记里写道："我们又跑出宫去了。从堤岸区（Embankment）到皮卡迪利大街（Piccadilly），再到蓓尔美尔街（Pall Mall），走了好几英里的路。半夜12点30分看父母在阳台上露面，然后是吃饭、聚会，3点才睡觉！"玛格丽特·罗斯则这样写道："这是一次独特的释放自由的体验，就像是把灰姑娘的故事反了过来——我们是公主，却假扮成了平民百姓。"

3个月后，他们这伙人在庆祝日本投降时又去做同样的冒险。他们又一次"走了好几英里"，伊丽莎白在日记里如此写道："在里兹大饭店里跑来跑去……在多切斯特喝酒，看到父母在阳台上两次露面，隔着好几英里，人太多了。"但这一次伊丽莎白被人认出来了，人们纷纷向她欢呼，即使警察告诉欢庆的人群"公主们希望被当作常人看待，大家可以继续"，也未能阻止人们的热情。

"二战"结束时，伊丽莎白已近19岁，尽管她多数时间里都是在温莎堡的高墙内度过，但是，假如她能以一个年轻的王室成员传统的方式度过她的青春期的话，她一定不愿以现有的方式来体验这段人生。她从一个英勇而全新的角度目睹了父母身上所展现出的无畏的责任感和义务感；她亲身体会到被战争夺去亲友的伤痛；她经历了与王室之外人们的交流和接触。她承担了一些新的责任，也窥见自己人生接下来将会是什么样子——不仅仅是作为准王储，更有她的个人生活。后者是她谨慎守护的一个秘密，将会影响到她今后几十年的行为举止。战争开始时她还只是个懵懂的小姑娘，现在她已经是个年轻的女人了。

[1] 20世纪30年代后期在苏格兰流行的一种舞厅慢步舞。

[2] 一种英国传统民间舞。

“那一刻，人们心中一定在暗叹：‘啊哈！’”

1946年10月，在他们表姐帕特里夏·蒙巴顿夫人的婚礼上，伊丽莎白公主和菲利普二人颇有意味的对视。

图片来源： TopFoto / The Image Works

第二章 爱的历程

安妮·格林康纳夫人（Lady Anne Glenconner）的父母是莱斯特伯爵和伯爵夫人（the Earl and Countess of Leicester），他们是乔治六世国王和王后在诺福克桑德林汉姆宫的好友和邻居。安妮·格林康纳夫人曾回忆说："活力四射的小伙子那么多，但莉莉贝特发现了自己的'真命天子'，也是天缘巧合吧，她在很小的年纪就已把芳心暗自许给了菲利普王子。菲利普这个帅气的外国王子就是莉莉贝特的梦中情人。"

伊丽莎白的这个选择在某方面来说还算是符合传统的，因为她和菲利普是亲戚，但其血缘关系较远，还不至于骇人听闻。[1]他们二人是五服之外的表亲，其曾曾祖父母都是维多利亚女王和阿尔伯特亲王。其实菲利普的贵族血统比伊丽莎白更为纯正一些，因为伊丽莎白的母亲只是与英格兰国王和苏格兰国王沾点儿远亲，几乎算不上英国贵族。而菲利普的母亲巴腾堡公主爱丽丝（Princess Alice of Battenberg），是维多利亚女王的重孙女；他的父亲是希腊王子安德鲁（Prince Andrew of Greece），19世纪中期应诏继任希腊国王丹麦王子的后裔。伊丽莎白和菲利普与欧洲国家的王室都有血缘关系，在贵族和王室家庭中，近亲通婚在几百年里十分普遍。维多利亚女王和她的丈夫阿尔伯特的血缘关系更近：他们是表姐弟，其共同的祖母是科堡公爵夫人（the Dowager Duchess of Coburg）。而阿尔伯特的父亲欧内斯特（Ernest）与维多利亚女王的母亲（名字也是维多利亚）是亲兄妹。

从别的方面来看，菲利普并不显赫的背景令他毫无竞争优势。对伊丽莎白那

[1] 欧洲王室近亲通婚比较普遍。

些出身与自己的斯摩尔家族门当户对的贵族朋友们，王后毫不掩饰她的喜爱，比如未来的格拉夫顿公爵、拉特兰公爵、布克莱公爵，还有未来的卡那封伯爵亨利·珀切斯特，等等。菲利普没有以上贵族小伙子们的大面积领地，他的财产也少得可怜。

菲利普出生于1921年6月10日，尽管他生在科孚岛[1]，但在他还未满周岁的时候，希腊王室就因为政变被驱逐出境。[2]他的父母带着他以及4个姐姐去了巴黎，免费住在一个富有亲戚的一栋房子里。他的父亲安德鲁亲王是军人出身，性格外向、机智聪明，在那里他觉得有些无所适从；而他的母亲爱丽丝（婚后被称作希腊的安德鲁王妃）无法操持整个大家庭的生计，更别说她还有先天性耳聋的身体障碍。尽管如此，流亡的前些年里，在这个女性人数居多的家庭里，菲利普可谓集全家人的宠爱于一身。后来他去了巴黎郊区圣克卢（St. Cloud）的一所美式学校上学，不仅学会了一口流利的法语，还养成了坚定自信的个性。

在菲利普8岁那一年，他的父母把他送到了英格兰一所名为奇姆（Cheam School）的寄宿学校，在此期间，他的童年也发生了天翻地覆的变化。一年后，他的母亲患上精神分裂症，被送到疗养院一住就是好几年，造成了他们夫妇二人的永久分居。出院后，她最终选择了前往雅典，建立了一个希腊正教的修女会，把自己的宗教热情用在行善上面。

安德鲁亲王也几乎从儿子菲利普的生活中消失了。他跟一个情妇住在摩洛哥的蒙特卡洛市（Monte Carlo），过着“花花公子”式的生活，仅靠微薄的年金度日，连菲利普的学费也是由好心的亲友支付的。他的4个姐姐都嫁给了富裕的德国王子，跟纳粹党有些牵连。她们在弟弟学校放假时会邀请他去家里做客，后来由于希特勒的穷兵黩武，他无法再去德国与姐姐们团聚。少年时代的菲利普也曾两次遭遇人生悲剧：他的姐姐塞西尔（Cecile）一家在一次空难中丧生；一年后，他最亲近的舅舅兼他的监护人米尔福德黑文第2代侯爵（the 2nd Marquess

---

[1] Corfu，位于希腊西部伊奥尼亚海中的岛屿，希腊语称克基拉岛。

[2] 1922年，希腊在与土耳其的战争中惨败，国内发生政变。希腊国王康斯坦丁一世于9月27日宣布退位，流亡意大利西西里岛，其长子乔治继位。安德鲁亲王与5名政府大臣和军队总司令被希腊革命军政府关押在雅典监狱中等待枪决。1922年12月，英国海军1艘轻巡洋舰前往雅典进行交涉，希腊革命军政府慑于英舰的武力威胁，被迫同意释放安德鲁亲王一家。英国舰长用装橘子的木头箱子把1岁大的菲利普及其父母和4个姐姐从希腊带了出来，送到法国。

of Milford Haven）乔治·蒙巴顿（George Mountbatten）因癌症去世。

菲利普就像个流浪者一样过着漂泊不定的生活，既没有家，也没有父母的照料。数年之后，当被问及成长历程中无所依靠的感觉时，他说道："我的家垮了……我就得去适应那种生活。换作是你也得这样。任何人都会这么做。"1933年，他离开了奇姆学校，到德国一所名为塞勒姆（Salem）的寄宿学校上了一年学。这所学校是由一位思想进步的犹太教育家开办的，他的名字是库尔特·哈恩（Kurt Hahn）。他被纳粹扣押了一段时间，1934年逃了出来，在苏格兰的北海海滨建立了高登斯顿学校（Gordonstoun School）。很快，菲利普又进了这所学校上学。

高登斯顿学校的教育理念是建立在"领导"和"服务"基础上的，学生们除了要完成知识学习之外，还要锻炼身体的忍耐力（包括严酷的训练、冷水澡等）。菲利普无惧这些挑战，他很快成了学校里的"学生头儿"（同学们叫他"头领"）。"他这种孩子，从很小就能表现出公正无私的品德，也从不因为自己的出身而觉得该有什么特权。"哈恩回忆道。在菲利普的毕业评语中哈恩写道，菲利普是"天生的领导者，必能在更广阔的领域施展自己的才能"。在菲利普身上，这位校长看到了"智慧和气魄"，还有"鲁莽"，他还提到，菲利普的领导力"有时会因为不耐烦和偏执而大打折扣"。

回到英国，菲利普同样是在这里亲戚们的护佑下生活，其中最主要的就是他的外婆米尔福德黑文侯爵夫人，后者当时住在肯辛顿宫（Kensington Palace）一个优雅而舒适的房子里。另一个照应菲利普的人是他母亲的弟弟路易斯·"迪基"·蒙巴顿（Louis "Dickie" Mountbatten），亦即后来的第1代缅甸蒙巴顿伯爵（the 1st Earl Mountbatten of Burma），他尽心尽力地培养自己的王室亲戚们。

菲利普长大了，他身高1.82米，有着一双深蓝色的眼睛、轮廓分明的外表、一头金发；他是个美男子，体格健壮、颇富魅力，身上散发着自信，还带点儿鲁莽和冒失。他是个做事主动的人，善于随机应变；同时又有些孤僻，幼年时的情感剥离使他的性格中带着一种乖戾的防卫意识。"菲利普王子要比你想象的敏感得多，"迪基的大女儿，也是菲利普的表姐帕特里夏·蒙巴顿如此说道，"他的童年过得很艰辛，为了生存下去，他给自己包上了一层坚硬的外壳。"

因为是表亲的关系，菲利普和伊丽莎白曾见过两次面，一次是在1934年家里的一次婚礼上，另一次是在1937年伊丽莎白的父亲乔治六世的加冕典礼时。但二人真正相处是在1939年7月22日，国王和王后带伊丽莎白到位于达特茅斯[1]的皇家海军学院访问期间，那时伊丽莎白13岁，而菲利普作为海军士官正在这里受训。

迪基·蒙巴顿当时是海军上校，在他的邀请下，菲利普有机会受邀与王室成员共进午餐和下午茶。克劳菲注意到了二人之间迸出的火花，她后来写道，“莉莉贝特的目光始终在菲利普身上流连不去”，然而菲利普“却从未对她有什么特别的关注”。这并不奇怪，因为当时菲利普早已成年，而伊丽莎白却只是个刚刚步入青春期的小姑娘。此时更多的只是伊丽莎白对他深切而持久的迷恋，一厢情愿要嫁给他。

“二战”期间，菲利普偶尔会到温莎堡拜访他的表亲，当他出海时也与伊丽莎白互相通信。当时菲利普在部署于地中海和太平洋的英国皇家海军服役，并且，由于他在1942年对意大利海军的马塔潘角海战[2]中的英勇表现而得到了通令嘉奖。1943年12月，菲利普休假时去温莎堡过圣诞，其间他观看了17岁的伊丽莎白所表演的哑剧《阿拉丁》，就在那时亲友们隐约发现了他们二人之间的某些浪漫情愫。玛丽王太后在其后给她的朋友艾尔利伯爵夫人玛贝尔（Mabell）的信中写道，这对表兄妹“的恋情已经有18个月了。我觉得，远非18个月”。乔治六世很欣赏菲利普，他告诉母亲玛丽王太后这个小伙子“很聪明，有幽默感，言行举止也很得体”。但是，他和妻子仍觉得伊丽莎白太小，还不到考虑婚嫁的年纪。

1944年夏天，菲利普拜访了巴尔莫勒尔庄园，他写信给王后说自己很喜欢“与家人在一起时的简简单单的快乐，也为国王一家愿意邀他共享这份快乐而高兴”。这年12月，当菲利普出海执行任务时，他的父亲因心脏病去世了，终年62岁。他就死在蒙特卡洛大都市酒店自己的房间里，留给23岁儿子的所有遗产只是几箱衣物、一把象牙修面刷、几个袖扣，另有一个图章戒指[3]，菲利普一生都把它戴在手上。

菲利普在远东服役期间，伊丽莎白正在享受战后的自由和快乐。1945年8

---

[1] Dartmouth，英格兰西南部港口城市。

[2] 怀疑此处原文有误，马塔潘角海战发生在1941年3月，而非1942年。the Battle of Matapan，马塔潘角海战，是“二战”期间英国地中海舰队与意大利舰队在地中海伯罗奔尼撒半岛马塔潘角附近海域的一场遭遇战。此役意舰5艘被击沉，1艘遭重创；英方损失飞机1架。意大利海军力量受损，有利于英军在北非的作战行动。

[3] 又称作印章戒指，欧洲古代写信用蜡或软黏土封口，为了防止信件内容被泄露或篡改，就发明了这种戒指用于封笺，政治家、贵族、宗教领袖或大家族都会有自己独特的徽章。

月，她在巴尔莫勒尔庄园里陶醉于田园生活之中——猎鹿、在沼泽地野餐、跟父母一同欢歌笑语。其间她意外地经历了一件伤心事：1945年12月，桑德林汉姆宫在因战封闭了6年之后再次启用，国王一家人来这里度过桑德林汉姆宫的首个圣诞节，而她的保姆阿拉这时得了病，并很快就去世了。

这年秋天，在回到伦敦之后，伊丽莎白在白金汉宫有了自己的一间套房，透过窗户可以看到大本钟[1]，房间里装饰着“粉红和浅黄褐色”的绘花织物。她还有了自己的一个小“服务组”：两个内廷女官、一个男侍、一个女仆，还有波波。波波现在是伊丽莎白的贴身女侍，负责伊丽莎白的生活琐事。伊丽莎白邀请玛丽·坎布里奇夫人（Lady Mary Cambridge）、前内廷女官维卡里·吉布斯夫人（Mrs.Vicary Gibbs），还有几个侍卫参加了在桑德林汉姆宫举办的家庭聚会，他们听收音机，共进晚餐，还一起玩游戏。

1946年2月，格林菲尔一家在他们位于贝尔格莱维亚区[2]的家里举办了一次聚会，庆祝和平的到来。其间劳拉·格林菲尔（Laura Grenfell）对伊丽莎白印象深刻：“她轻松自如，一点儿都不做作……不论是讲笑话还是发表评论，都十分大方友善……她说到一个哨兵在举枪致敬时掉了帽子，令大家一阵大笑。”伊丽莎白“把聚会上的舞蹈都跳了一遍”，她“过得很快乐”，而身穿制服的侍卫们则“排队等着邀她跳舞”。

1946年3月，菲利普终于返回伦敦。他在切斯特大街（Chester Street）上蒙巴顿的家里住了下来，却需要舅舅的男管家帮忙归置自己破旧的衣柜。他常开着一辆黑色的“名爵”跑车从侧门进入白金汉宫，到伊丽莎白的起居室里跟她一同吃晚餐，而克劳菲则在一旁看护陪伴。伊丽莎白的妹妹玛格丽特总是在场，菲利普就跟她们一起玩：打球、在长长的走廊里东奔西跑……克劳菲也很喜爱菲利普轻松活泼的魅力和坦率随意的性情，他跟整日围绕在王室左右的那些古板迂腐的廷臣截然不同。

1946年夏天，菲利普在巴尔莫勒尔庄园待了一个月，其间他向伊丽莎白求婚了，而伊丽莎白当场就答应了他，甚至没有跟自己的父母商议一下。乔治六世也

---

[1] Big Ben，又称威斯敏斯特宫报时钟，建于1859年。由当时的工务大臣本杰明·霍尔爵士监制，安装在议会大厦东侧高95米的钟楼上，钟楼四面为圆形钟盘，直径6.7米，耗资2.7万英镑，重13.5吨。为了纪念他的功绩，以本杰明的昵称取名为大本钟，是伦敦的标志性建筑。

[2] Belgravia，英国伦敦中西部的上流社会住宅区。

同意了他们的婚事，但条件是将他们订婚的消息保密，直到第二年4月伊丽莎白过完21岁生日才能对外发布。菲利普跟伊丽莎白一样，都不喜欢在公共场合流露情感，这样就能轻松地掩饰自己的感情，不被察觉。但在私下，在一封写给王后的感人肺腑的信中，他表达出了心中所想——他感慨自己何德何能“有如此好运”，特别是“如此彻底而毫无保留地坠入爱河”。

宫里的廷臣、王室的贵族朋友和亲戚们却是用一种猜疑的眼光去看菲利普，觉得他只是一个穷困潦倒的“外来户”。他在面对长辈时似乎不够顺从，这一点让他们感到厌烦。但总的来说，他们是把菲利普看作一个“外国人”，尤其是一个“德国人”。在他们不甚友好的时候，甚至把他称作“德国佬”，这是刚刚结束的“二战”流血冲突所带来的一个极为轻蔑的称呼。菲利普的母亲出生在英国温莎堡，菲利普本人也是在英国接受教育，并在英国海军服役期间有良好的表现，但他身上无疑散发着来自欧洲大陆的味道[1]，还缺少伊顿公学毕业的英国贵族子弟身上那种“圈内人”的认同感。另外，这个统治希腊的丹麦王族其实是德国人，他的外公巴腾堡路易斯亲王也是德国人，他姐姐们的德国丈夫更是一个长久的敏感话题。

其实，无须掩饰，从18世纪开始德国血统就与英国王室紧紧交织在一起。1688年光荣革命[2]之后，信奉天主教的詹姆斯二世逃离英国，他的女儿、信奉新教的玛丽二世继承了英国王位，与丈夫威廉三世共同统治英国。他们二人死后，玛丽二世的妹妹安妮女王（Queen Anne）继承王位，并于1714年去世。安妮并无子嗣以继承王位，于是英国议会通过了《1701年王位继承法》（*the Act of Settlement of 1701*），以保证王位的继承人是新教徒。《王位继承法》规定，安妮女王的王位只能由汉诺威选帝侯[3]夫人、詹姆斯一世的孙女索菲亚（Sophia）

---

[1] 喻菲利普的德国背景很深。

[2] the Glorious Revolution，1688年，英国资产阶级和新贵族发动的推翻詹姆斯二世的统治、防止天主教复辟的非暴力政变。辉格党和托利党邀请詹姆斯二世的女婿威廉亲王来英国，保护英国的宗教、自由和财产。1688年11月1日，威廉率军队在托尔湾登陆，詹姆斯二世逃往德国，但途中被截获送回伦敦。后经威廉同意，詹姆斯二世逃亡法国。1688年12月，威廉进入伦敦，议会重掌大权。1689年1月，议会宣布詹姆斯二世逊位，由威廉和玛丽共同统治英国，并通过《权利法案》。政变之后，英国逐渐建立起君主立宪制。因为这场革命没有人伤亡或受伤，故史称“光荣革命”。

[3] the Electress of Hanover，选帝侯是德国历史上的一种特殊现象，指的是那些拥有选举罗马人民的国王和神圣罗马帝国皇帝的权力的诸侯。1806年，神圣罗马帝国被拿破仑勒令解散，选侯权已失去意义，仅在后来的德意志帝国以一种荣誉爵位的形式存在。

的后代继承。安妮女王驾崩之后，英国王位的继承者就成了索菲亚的儿子——乔治·路易斯（George Louis），亦即后来大英帝国的国王乔治一世，也是汉诺威王朝（the House of Hanover）的首个君主。乔治一世和他出生于德国的儿子乔治二世都不会说英语，1760年继承英国王位的乔治三世，才是首个生于英国的汉诺威君主。

19世纪，德国血统在英国王位继承里的分量更重了，因为乔治三世的第4个儿子、肯特公爵爱德华（Edward the Duke of Kent）娶了德国萨克森-科堡-萨尔费尔德公主（the Princess of Saxe-Coburg-Saalfield）为妻，并生下了维多利亚公主。她在伯父威廉四世去世后继承了英国王位，是为维多利亚女王。而她再次强化了德国血统在英国王室的比重——嫁给了萨克森-科堡-哥达的阿尔伯特王子（Prince Albert of Saxe-Coburg-Gotha），婚后随了夫姓，宣告了汉诺威王朝的终止。他们的孙子乔治五世的妻子是玛丽王后，后者的父亲也是德国人，是特克公爵（the Duke of Teck）弗朗西斯亲王（Prince Francis）的女儿。尽管出生在英国的肯辛顿宫（Kensington Palace），特克公主维多利亚·玛丽说话时还是带着轻微的德语口音。

一战时期，英国国内反德气氛十分强烈，为了摆脱英国王室形象中长久笼罩的日耳曼影响，乔治五世做了一个战略性决策：1917年他颁下诏书，将王朝称号从萨克森-科堡-哥达王朝改为温莎王朝（借用英国一座古老城堡的名字）。与此同时，他将王室旁系亲属的德语名字英语化——巴腾堡改为蒙巴顿，特克改为坎布里奇（或剑桥）或阿斯隆。

对所有批评菲利普的德国血统及其无赖态度的话语，伊丽莎白都毫不在意。菲利普是一个满脑子充满新奇古怪的想法、复杂迷人的小伙子，他对伊丽莎白这位准王储来说，是一股新鲜的空气。与母后所选择的那些女婿候选人相比，菲利普是绝无可能唯唯诺诺，也不可能让她感到乏味。他会跟她一起分担她的责任和义务，他的桀骜还能帮她在疲倦的一天结束时，卸下国事的负担。他的人生是毫无拘束的，正如她的人生是按部就班的一样。并且，菲利普没有什么产权负担，无须像那些拥有地产的英国贵族一样为资产操劳。用他们的表姐帕特里夏·蒙巴顿的话说，伊丽莎白还发现，在菲利普外部的保护壳下面“其实紧锁着他的爱，等待有人开启。伊丽莎白打开了他的心扉”。

伊丽莎白公主“是个极惹人爱的人”，帕特里夏·蒙巴顿说道：“她漂亮、有趣，性格欢快，她喜欢跳舞和看戏。”从菲利普和伊丽莎白二人第一次相见到现在已经7年了，莉莉贝特（菲利普现在也称呼她的小名了，前面还要加上“亲爱的”）的确已经长成了一位美人儿，而娇小的身材更增添了她的吸引力。她没有古典美的特质，却如《时代》杂志[1]所述，有种海报女星的魅力：丰满的胸部（继承自她的母亲）、窄窄的肩膀、纤纤的细腰、匀称的长腿；陶瓷般的肌肤衬着褐色的卷发，再加上塞西尔·比顿所讲的“糖果粉色”的双颊，一对蓝色的眼睛，嘴角轻扬即是一个嫣然的笑容，而她的笑声也格外有感染力。“她笑的时候，脸部会舒展开来，整张脸都在笑。”伊丽莎白的表妹玛格丽特·罗德斯如此说道。

在服饰打扮方面，伊丽莎白并不喜欢前卫的衣服，甚至连稍微时髦点的衣物都没有。在她10多岁之前，一直是跟妹妹穿着同样的童装，这么做主要是为了缓和玛格丽特的攀比心理，因为“她什么事都要跟姐姐一样”。玛格丽特的好友安妮·格林康纳如此说道。伊丽莎白19岁时才开始为自己选衣服，即使如此，她还是偏向于选择母亲所喜欢的保守款式以及柔和淡雅的色彩，任何袒胸露背的设计都被她拒之门外。为了劝她穿上一套上身是白色丝绸衬边的紧身短衫、下身是百褶裙的艳红色晚礼服，克劳菲可谓是费尽了口舌。“那是她最好看的一身打扮了。”克劳菲如此说道。伊丽莎白对皇家女服装设计师诺曼·哈特奈尔（Norman Hartnell）选择定做衣物的过程很感兴趣——绘制草图、设计图样、试穿……但她对照镜子没什么耐心，顾盼自怜远非她的本性。

1946年10月，在帕特里夏跟布拉伯恩勋爵（Lord Brabourne）在罗姆塞教堂（Romsey Abbey）举办的婚礼上，媒体察觉到了菲利普与伊丽莎白这对表兄妹的恋情。菲利普是婚礼的男傧相，当王室一家到来时，他把他们接下汽车送进礼堂。伊丽莎白在门口脱掉裘皮大衣时转过身来，这时照相机捕捉到了二人充满爱意的对视。“那一刻，人们心中一定在暗叹道：‘啊哈！’”帕特里夏·布拉伯恩回忆道。但随后并没有任何官方声明证实此事，他们二人也继续保持着活跃的社交活动。伊丽莎白去外面的餐馆吃饭或去“400”这样的时髦俱乐部里玩时，都有侍卫朋友陪同；而菲利普也会带伊丽莎白和玛格丽特去参加聚会或去剧院消遣。但在所有的小伙子里面，菲利普是唯一一个能跟准王储跳舞的人。

伊丽莎白的公务与日俱增，她的父亲乔治六世也戏谑地将王室称作“皇家公

[1] *Time*，美国新闻周刊，全球最有影响力的杂志，由亨利·卢斯创办，1923年3月3日首刊。以报道国际、国内新闻为主，并大量使用图片。

司”（后来简称为“公司”）。1945年7月，国王夫妇带她去爱尔兰北部访问，这是伊丽莎白第一次坐飞机。8个月后，伊丽莎白再次单独访问了爱尔兰北部的6个信奉新教的郡，这几个郡都是1922年英国政府拆分了爱尔兰之后所建立的。从12世纪英王亨利二世入侵爱尔兰以来，爱尔兰一直是英国的殖民地。在经历了英国8个世纪之久的残酷统治之后，爱尔兰的民族主义者于1916年爆发起义，经过6年的独立战争之后，爱尔兰最终一分为二。爱尔兰的北部地区（亦被称作阿尔斯特地区）仍留在大英联合王国属内，而南部26个信奉天主教的郡则成立了自治的爱尔兰自由邦，仍留在英联邦内，勉强承认英国国王为其君主。[1]

乔治六世仍是女儿最好的导师。跟女儿在桑德林汉姆庄园、巴尔莫勒尔庄园、温莎家庭公园散步时，他会为她提供建议，教给她对政府和政治的真知灼见。

乔治六世此时深受国民爱戴，但战后的最初几年对他来说也颇为艰难。1945年7月，工党赢得议会大选。在英勇地带领英国人民度过“二战”之后，温斯顿·丘吉尔这位国王的密友和珍视的伙伴在唐宁街10号[2]的位置被工党领袖克莱门特·艾德礼（Clement Attlee）取代。克莱门特·艾德礼是一个拘谨寡言的人，他的社会主义政策——他要在英国建立一个工党的平台，以把英国改造成一个普遍福利的国家，实现工业国有化，财富重新分配——是国王和王后深感厌恶的（王后曾敏锐地对克莱门特·艾德礼迅速做出判断，说他是“一个很实际的矮个子……非常谨慎……很难相处，但他很容易心软”）。私下里国王毫不掩饰对克莱门特·艾德礼的愤怒，但在公开场合，他还是严守自己的中立立场。伊丽莎白能够看出紧张的工作对父亲的消磨，他患上了动脉硬化，这个病影响了他腿部的血液循环，带给他相当大的痛苦。但他并没有放缓下来，仍常常熬夜办公，其间一根接一根地吸烟。

1947年2月1日，乔治六世、伊丽莎白王后、伊丽莎白公主、玛格丽特公主开始了他们一家的首次海外访问，在接下来的3个月里，他们要去南非和罗德西亚（Rhodesia）访问英国的殖民地，还要有1个月花在海上的双程航行上。他们乘坐的是4万吨重的英国皇家海军舰艇“前卫号”战列舰（HMS Vanguard），船上舰队司令的房间被改造成了套间和睡舱，房间里挂有伦敦风景油画，还有象牙色、蓝色、米黄色图案的沙发和椅子，还有椴木家具。在10个随从人员的陪伴

[1] 1948年12月21日，爱尔兰议会通过法律，宣布脱离英联邦。1949年4月18日，英国承认爱尔兰独立，但拒绝归还北部6郡。

[2] 10 Downing Street，唐宁街10号，英国首相官邸。

下，他们从朴次茅斯[1]出发了。当天是个阴天，而英国也正遭受多年不遇的严冬天气，国内食物定量供应，燃料短缺。

这次出行标志着伊丽莎白作为王室成员的重要亮相，同时把她介绍给英国统治范围的偏远地区。20世纪早期，英联邦[2]的构想开始成型，它是大英帝国的殖民地寻求独立的一个过渡阶段，但仍将英国国王视为自己的君主。此时，最终的1949年“现代英联邦”尚未形成，但乔治六世想让他的准王储看看，他对以前强盛的大英帝国的成员是多么专注。从个人层面来讲，伊丽莎白离开菲利普的这些日子，可以看作是对她能否承担王室义务的最终考验，也是“我们四个”（乔治六世对一家四口充满深情的称呼）共度的最后时光。

出航后的前几天里，王室一家都备受晕船的折磨。另外，海上的大风和巨浪也把他们限制在了船舱里，不能外出走动。风浪太过猛烈，以至于皇家旗帜（the Royal Standard）——王旗，旗面有红、金、蓝三种颜色，四个象限里分别是向前直走的狮子、跃立的狮子、金色竖琴的图案——都被撕成了碎片。进入热带之后，终于见到了太阳。两位公主或者不戴帽子，身穿印花裙子倚靠在军舰的栏杆上看风景；或者在用于射击比赛的步枪靶场甲板上躺着；或者到处乱跑，跟兴高采烈的军官们玩捉人游戏。国王上身只穿衬衣，下身穿着露出长腿的短裤，跟见习军官们玩甲板网球[3]，而女士们则在一旁观战。军舰越过赤道时，船员们举行了一个“穿越赤道”庆会，水手们头戴假发，胸前塞上乳罩衬垫充当乳房，还要穿上裙子，而尼普顿神父（Father Neptune）则手拿三齿鱼叉负责监督。首次越过赤道的“新手”会受到浸水等花样百出的作弄，而两位公主只是被特大号的粉扑轻轻地拍了拍脸就算了。

此次出行，伊丽莎白随身带着未婚夫菲利普的照片，也跟他一直保持着通信，给他讲述途中的奇异经历。两位公主为南非的美丽景色所倾倒，而相比于伦敦的物资短缺，这里丰盛的食物和商店橱窗里丰富的货物都令她们惊讶不已。当

[1] Portsmouth，英格兰南部港口城市。

[2] British Commonwealth，是一个以英国为主导的国家联合体，由54个主权国家（含属地）组成，成员大多为大英帝国之前的殖民地或附属国。英王是英联邦的名义元首。

[3] 甲板网球是一种在轮船甲板上玩的游戏，现在也在体育馆内或体育场上举行。比赛用球是一个充气或海绵橡胶的球环，选手将球环来回掷过场地中间的球网。在球环落地前必须用一只手接住，并在原地迅速将球低手或水平回掷过网。如果选手没能按规则接住球或回球，对方就获得发球权（下轮比赛首先掷球），或者（如已经发完球）得一分。

她们俩坐在英国领土祖鲁的一个机场里，看着5000名身穿缠腰布或兽皮、戴着珠子项链、头插羽毛的半裸的部落勇士挥舞着长矛和盾牌，边唱边跺脚地表演大型部落舞蹈时，她们太过吃惊，眼珠子都快掉出来了。她们惊讶于维多利亚大瀑布[1]的雄伟壮丽；为克鲁格国家公园（Kruger National Park）富饶的野生生物而赞叹；她们在纳塔尔国家公园（Natal National Park）的德拉肯斯堡山脉（Drakensberg mountains）的山路上远足；剪鸵鸟羽毛……然而伊丽莎白却总是“感觉很愧疚，我们跑来晒太阳，而别人却在挨冻”。她在给祖母玛丽王太后的信中如此写道：“我们听说了很多关于家里的恶劣天气和燃料短缺的惨事……我真心希望您没有受太多苦。”

王室的日程安排相当紧凑，其中包括35天的火车旅程，他们乘坐的是有14节空调车厢的“白色专列”，因为火车的外表是象牙色和金色的。伊丽莎白看着自己的父母四处巡视，忍受着没完没了的迎宾队列和致敬，观看各种表演和典礼时还要表现出兴致勃勃的样子。不断地参加各种活动负担实在太重，让人“觉得有时候都要被榨干了”——这是她的母亲在途中写给一位侄女的话，而伊丽莎白现在能亲眼见到了。她看到父亲在疲惫和紧张之下的火暴脾气，也看到了母亲只轻轻拍触父亲的胳膊就能让他平静下来的本事。或者是因为身上的病，或者是因为他在公务上耗费了太多心血，国王明显瘦了很多。

当时南非的形势比较紧张。南非是一个以黑人为主的国家，但其统治阶层是占人口少数的白人。而这些白人又分成两派：一方是被称作“布尔人”[2]的荷兰人后裔，另一方是说英语的白人。这种现状是19世纪“布尔战争”（Boer wars）所遗留下来的问题，在布尔战争中，英国人残忍地镇压了荷兰裔居民的反抗，并在此建立了英国殖民地。从某种程度上来说，英国王室的此次访问，乔治六世的目的是促进双方关系缓解，以及表示对扬·史末资（Jan Smuts）的支持——他是布尔人，曾在英国上过学，是南非的首相和陆军元帅。

1948年史末资面临大选时，很多布尔人都觉得他跟英国的关系太近，对黑人也过于心软。他反对给予黑人政治权力，但他愿以家长式作风的政策来改善黑人的生活条件。南非国民党（Afrikaner National Party）是史末资的反对党，他

---

[1] Victoria Falls，位于非洲赞比西河中游、赞比亚与津巴布韦接壤处。宽1700多米，最高处108米，世界著名的瀑布奇观之一。1855年11月，苏格兰传教士兼探险家戴维·利文斯敦是第一个到达维多利亚瀑布的欧洲人，并用英国女王维多利亚的名字为它命名。

[2] Afrikaners，现称“南非白人”。

们主张实行种族隔离政策，将不同种族的人口隔离开来，并镇压人民的反抗运动。赞成种族隔离政策的极端主义者在大选中战胜了史末资和他的党派，然而因为其种族隔离政策遭到国际社会的谴责和制裁，使得南非在近半个世纪里与世隔绝。伊丽莎白目睹了在集会活动中，群众因人种不同而被相互隔离，她也了解到了南非白人中的政治分歧。她对南非和邻国罗得西亚的压制性政策有了深刻的理解，这也促使她日后在处理可能会导致英联邦分崩离析的种族问题时胸有成竹。

对伊丽莎白而言，此次出行在4月21日达到了顶点——这一天是她21岁的生日。南非为向她表示庆祝，宣布这一天为国家法定假日，还举行了阅兵式，另有以她的名义组织的舞会、焰火表演，史末资还送给她一条由21颗钻石穿成的项链。伊丽莎白则是用一次动人的演讲为这个里程碑式的时刻锦上添花，在演讲中，她向那些跟自己一样经历了“艰难而辉煌的“二战”岁月”的年轻人致意。演讲稿是由德莫特·莫拉（Dermot Morrah）撰写的，他是一位对王室深有好感的历史学家，也是《泰晤士报》的社论作者。为演讲稿修改润色的是托米·拉塞尔斯，他觉得这次演讲“既有伊丽莎白一世‘蒂尔伯里演讲’[1]的震撼力，又有维多利亚女王‘我能行的’[2]那种不朽的朴实无华”。

伊丽莎白第一次被演讲稿的内容感动哭了。虽然这些话不是她自己写的，但她深深地被其内容所触动，这就是为什么她能如此真切地把演讲稿蕴含的感情表达出来，也是直到今天她的演讲仍能打动听众心弦的原因。拉塞尔斯曾告诉她：“要是其他2亿人听到你这次演讲也能感动而泣的话……这就是我们想要的效果。”

她的这次演讲是在南非的开普敦市（Cape Town）向“所有英联邦和帝国的人民广播的”，时长6分钟。伊丽莎白用一种平和的语调说英联邦国家是她的“家”；她对她的同龄人说，父辈的“抗争、奋斗和苦难只为保护我们的童年”，鼓励他们挑起父辈们的“重担”，勇敢面对战后的所有挑战。“只要我们怀着坚定的信念、高昂的勇气和平静的心态携手前行，”她讲道，“就能把悠久的英联邦……发扬光大——更自由、更繁荣、更幸福，成为世界上一个永恒而强

[1] 1588年8月19日，英国陆军在英格兰东南部埃塞克斯郡的蒂尔伯里集结，准备抵抗西班牙无敌舰队的进攻。伊丽莎白一世亲自来到前线为士兵们做了战前演讲。

[2] 1830年维多利亚11岁时，得知自己将会是下一任英国君主，她噙着泪水对自己的女家庭教师说：“我能行的！”后于18岁即位。

大的力量。”这些话后来成了伊丽莎白对英联邦的信条，而正如她的父亲所希望的那样，在非洲的3个月里，这个信条在她心里扎下了根。

然而，真正成为伊丽莎白的北极星、为她指引方向的，是她在演讲结尾时“庄重的个人宣誓”——“我想现在就许下这个誓言，”她动情地说道，“我要说的话很简单。我向你们所有人发誓，我要用我的一生——无论它是长是短，为你们服务，为我们伟大的帝国大家庭服务。”这句话里，除了“帝国”二字，其他一切都经受住了时间的考验。印度即将独立，而其他英国殖民地也动荡不安，很明显大英帝国已经到了落幕的时候。

伊丽莎白做到了。她真的让“数百万听众为之流下泪水”，甚至包括她的祖母玛丽王太后。“我真哭了。”她在给王后的信中写道。准王储已经成了英国王室未来的新面孔，“值得信赖，引人爱慕”，托米·拉塞尔斯对她如此评价，她有着“快乐的天性”，还有“如她母亲一般”的本领，能“从容化解枯燥和乏味”；他还发现，“伊丽莎白总是能为他人着想，这种无私的品质可不是王室成员的常见性格”。

总的来看，此次南非之行对英国王室来说是个巨大的胜利。它向外界展示了，即使是在动荡的年代里，王室仍是一个传承不息、团结稳定的力量。他们尽量走遍这片土地上的每个角落，当专列在偏远村落停下时，两位公主有时会身穿常礼服[1]，佩戴首饰，给人留下美好的印象。不论是城市还是乡村，每到一处，都有大批人群热情洋溢地欢迎他们的到来，媒体的报道也是清一色的正面评论。4月底，王室一家登上前卫号战列舰启程回家。“我们四个”站在舰首的炮塔前，向人们挥手告别；而岸上的人群则齐声唱着一位新闻播音员所说的“希望的歌曲”。伊丽莎白这一去就是48年，直到1995年南非种族隔离政策终结、纳尔逊·曼德拉当选总统时，才再次来到南非。

而在伦敦，菲利普此时正在位于格林威治[2]（Greenwich）的英国皇家海军参

[1] 常礼服曾经是欧洲上流阶层出席英国阿斯科特赛马场金杯赛时的服装，因此也被称为“赛马礼服”。后来用作白天参加庆典、星期日的教堂礼拜、婚礼以及正规的日间社交场合的正规礼服。如今，常礼服仍是欧洲男士礼仪的一部分，尤其是参加一些有贵族传统的体育赛事。常礼服上装为灰、黑色，后摆为圆尾形，其上衣长与膝齐，胸前仅有一粒扣，一般用背带。配白衬衫，灰、黑、驼色领带均可，穿黑袜子和黑皮鞋。

[2] Greenwich，英国大伦敦的一个区，位于伦敦东南、泰晤士河南岸。

谋学院（Naval Staff College）担任讲师。在迪基·蒙巴顿的帮助下，他放弃了希腊菲利普王子的头衔，于1947年2月得到了英国公民身份。又因为他没有自己的姓氏，所以选择了蒙巴顿——他母亲的姓“巴腾堡”的英语化单词——作为姓氏。其实，他的“归化”全无必要，因为所有汉诺威选帝侯夫人索菲亚的后代生来就拥有英国公民身份，而菲利普正是索菲亚的后裔。

久被延迟的订婚消息终于在1947年7月9日对外发布了。第二天，这对快乐的未婚夫妇就携手出现在了白金汉宫的露天招待会上。菲利普的母亲从银行金库里取出了一个王冠，菲利普用上面的几颗钻石制作了一个订婚戒指，制造者是伦敦一家名为“菲利普·安特罗伯斯股份有限公司”（Philip Antrobus，Ltd.）的珠宝商。几个月之后，菲利普在坎特伯雷大主教面前完成“坚信礼”，加入了英国圣公会。

1947年7月，伊丽莎白有了自己的第一个私人秘书，一个聪明而活力四射的文职人员。他的名字是约翰·“乔克”·科尔文（John “Jock” Colville），“二战”期间曾担任过内维尔·张伯伦和温斯顿·丘吉尔的助理私人秘书。科尔文在扩展伊丽莎白的眼界方面有宏伟的计划。另一方面，颇有远见的玛丽王太后在科尔文上任后不久就建议他筹划一下伊丽莎白的出行安排，使她多与现有的社交圈之外的人接触，甚至可以结交一些工党政客。科尔文发现，伊丽莎白对政治的热心并不像自己希望的那样强烈，但他觉得伊丽莎白“贵在真实”。在他的安排下，伊丽莎白去读外交部（the Foreign Office）的电报，观看下议院（the House of Commons）关于外交政策的辩论，花一天时间观察少年法庭，还到唐宁街10号的首相官邸参加晚宴、结识势头正劲的工党领袖。

菲利普现在也有了自己的贴身男仆和警卫。9月20日婚礼之前，他大多数时间是跟王室一家在一起，前一年夏天到巴尔莫勒尔庄园休假也是如此。“享受，阳光，快乐，”乔克·科尔维尔写道，“每天都在沼泽地里野餐；在满是玫瑰花、大树和金鱼草的花园里舒适地午休；大家载歌载舞。”

然而，在英国的其他地方，情况却极其暗淡，用财政大臣休·多尔顿（Hugh Dalton）的话说是“多灾之年”——高失业率、闲置的工厂、食物短缺……政府财政危机导致税额的上调和进一步的财政紧缩政策。在如此困境之下，王室与工党政府协商要提高伊丽莎白的年俸，从她21岁开始，把原来的每年1.5万英镑提高到每年4万英镑，外加菲利普的1万英镑。这些金额是根据名为《王室年俸》（*the Civil List*）的协议划拨给王室成员的，其渊源可以追溯到18世纪。

1066年威廉一世[1]成功占领英国之后，掌握了大量的英国土地，而后来的国王也聚敛了大片苏格兰、威尔士和爱尔兰的土地，即使他们不断将大片封地赐予忠诚的子民作为奖赏，也毫不影响王室财富的增长。王室名下的地产被称作“皇冠地产”[2]，包括大片城乡土地。1760年乔治三世登基后，因为皇家地产的收益并不理想，所以他与议会达成协议，将王室名下的土地收益移交给英国财政部，换来每年给予王室的定额俸金，这些钱就被称作王室年俸。同时，乔治三世及其身后的英国国王还拥有一份单独的地产收益，名为“兰开斯特公爵领地”[3]。

“皇冠地产”与“兰开斯特公爵领地”这两处收入用于皇室及国王一家的开支。1947年，英国政府从“皇冠地产”的商业及住宅物业、矿产、农场、森林及渔业的“盈余”中共获得近100万英镑收益。这一年，议会授权财政部将其中41万英镑作为王室年俸拨给乔治六世，另有16.1万英镑拨给国王的家人，其余近40万英镑用于政府的日常开销。

在女儿婚礼前夕，乔治六世授予未来的女婿一系列堂皇的头衔——爱丁堡公爵（the Duke of Edinburgh）、梅里奥尼思伯爵（Earl of Merioneth）、格林威治男爵（Baron Greenwich），并颁旨允许他使用“殿下”（His Royal Highness）作为称呼。菲利普其后的主要称谓是“爱丁堡公爵”，但更为人所熟知的称谓是“菲利普亲王”，他将继续使用自己的教名作为签名（他的官方头衔“英国亲王”10年后才正式颁布）。乔治六世还授予菲利普“嘉德勋章”（the Order of the Garter），这是国王可以授予的最高个人荣誉，源于1348年。而伊丽莎白获得嘉德勋章的时间比菲利普早一个星期，只为表示她比丈夫的地位更高

[1] William the Conqueror，法国诺曼底公爵，1066年向英格兰开战并于同年9月引兵渡海，10月打败了英格兰国王哈罗德。威廉在威斯敏斯特大教堂加冕为英格兰国王，即威廉一世，史称“征服者威廉”。

[2] the Crown Estate，指的是英国国王名下的地产，由王室拥有并继承，但现在已经不是私人财产，不可私自买卖，其收益也不归于国王。据2011年的数据，皇冠地产的总价值为70亿英镑，年收益2.3亿英镑，其中大部分收益来自位于城市、特别是伦敦市中心的地产，另有近36万英亩的农田、森林，还有英国一半多的海滩等，由皇家地产理事会领导负责经营管理。

[3] the Duchy of Lancaster，兰开斯特公爵领地，属于英国国王，是英国两大皇室公爵领地之一。另一个是康沃尔公爵领地，属于王储。兰开斯特公爵领地共有土地4.6万英亩，据2010年的数据，兰开斯特公爵领地的总价值为3.48亿英镑。

一点。

11月18日，乔治六世和王后在白金汉宫举办了一个庆祝舞会。剧作家诺埃尔·科沃德（Noel coward）称其为“一个极好的夜晚……每个人看上去都是兴高采烈的”。伊丽莎白和菲利普“容光焕发……整个场面就像在画中一样，令人喜悦、令人陶醉”。作为老习惯，国王领着一队人跳了一支康茄舞。整个欢庆持续到午夜才结束。菲利普负责给未婚妻的随从们发放礼物，每人一个纯银小化妆盒，盒上是缠绕在一起的新郎新娘名字的首字母和一排五粒圆形的蓝宝石，其上方装饰着一个金皇冠。伊丽莎白·朗曼夫人（Lady Elizabeth Longman）是八位伴娘中非王室成员的两个人之一，她回忆说菲利普跟平时一样满不在乎地分着礼物，“好像是在玩扑克牌游戏”。

两天后的婚礼日早上，菲利普把烟戒了。他的吸烟习惯常常令他的贴身男仆约翰·迪恩“忙不迭地往香烟盒里装烟”。菲利普知道伊丽莎白对其父亲烟瘾的苦恼，所以他戒了，而据迪恩的说法：“突然一下子就不吸了，一点困难都没有。”帕特里夏·布拉伯恩当天早上跟她的表弟在一起，她说尽管菲利普毫不怀疑自己对伊丽莎白的爱，但他还在纳闷结婚“究竟是太勇敢还是太傻”。另外，他还对即将放弃原先生活中的很多乐趣而感到苦恼。“伊丽莎白无须改变，”帕特里夏回忆道，“但对菲利普来说，一切都将不同。”在离开肯辛顿宫的前一个晚上，菲利普是在他外婆的公寓里度过的，他按王室的惯例享受了一杯冲调的杜松子酒。

尽管寒气逼人，但威斯敏斯特大教堂的外面还是聚集了数万人，准备迎接乘坐“爱尔兰国家马车”[1]到来的国王父女。婚礼于11：30在教堂内举行，有2000名宾客参加了此次盛典，而温斯顿·丘吉尔将其称作“我们必经之路上掠过的一道缤纷色彩”。伊丽莎白所穿的礼服是由诺曼·哈特奈尔设计的，用的是点缀着珍珠和水晶的象牙色丝绸，身后4.5米长的裙裾由两个5岁的花童提着，他们是格洛斯特王子威廉（Prince William Gloucester）和肯特郡迈克尔王子（Prince Michael of Kent），身穿斯图亚特王朝的苏格兰式格子裙和丝绸衬衣。伊丽莎白头上戴的是蕾丝镶边的头纱，用玛丽王太后的钻石王冠固定。菲利普则身穿海军军装，胸前佩戴着闪闪发光的嘉德勋章。参加婚礼的男嘉宾们都身穿常礼

[1] the Irish State Coach，英国王室的一辆封闭式马车，由四匹马牵引。一般用于将英国君王从白金汉宫送到威斯敏斯特大教堂去主持议会开幕式。原马车建造于1851年，后遭大面积损坏，1911年修复完毕。马车外表主色为蓝、黑两色，配有镀金花饰，车厢内部为蓝色锦缎。

服或军装，而女士们则身着华美的长裙，戴齐肘白手套，配上华丽的珠宝首饰，不论戴王冠还是帽子，很多人都插上了羽毛装饰。婚礼由约克大主教[1]西里尔·加贝特（Cyril Garbett）主持，他告诉两位新人要“矢志不渝，同心同德，严于律己”。

婚礼持续了4小时，之后新郎新娘带领一大队人走下教堂中殿，跟在新人身后的包括5位国王、5位王后、8位王子和公主，其中就有挪威、丹麦、罗马尼亚、希腊和荷兰的君主。菲利普的母亲也在场，但他的3个姐姐及她们的德国夫婿显然未受到邀请。另外，缺席的人物是乔治六世的哥哥——前任国王爱德华八世，亦即现在的温莎公爵，还有他为之放弃王位的妻子温莎公爵夫人。温莎公爵夫妇现在住在法国巴黎，只是在定期探望家人时才回到国内。对他们二人的“放逐”看似残酷，但乔治六世、王后和谋臣们也别无选择，因为两位前任、现任国王同在英国境内可能会有分裂隐患。

威斯敏斯特大教堂的钟声响起，伊丽莎白和菲利普乘坐“玻璃马车”[2]前往白金汉宫。马车前后分别由身穿军礼服的两支皇家骑兵团护卫：皇家近卫骑兵团穿的是蓝色长袍，皇家内近卫骑兵团则是红色军装，他们都穿着白色皮质马裤和黑色过膝高筒靴，上身是闪闪发光的胸甲，头戴锃亮的头盔，上插红色或白色羽毛。这是战后最为壮丽的典礼仪式，围观的群众报以欢呼和雷鸣般的掌声。10万多人越过警戒线涌到白金汉宫的栏杆前高呼着：“我们要见伊丽莎白！我们要见菲利普！”当王室一家出现在皇宫的阳台上向大家微笑挥手时，他们顿时“被嘈杂的祝福声淹没了”。

考虑到英国当时的艰难境况，“婚礼早餐”只邀请了150名客人，说是早餐，其实是午宴，它是在白金汉宫的宴会厅里举行的。宴会的菜肴也很朴素，有牛里脊、砂锅鹌鹑和拱顶冰激凌，用的器皿是镀金银器，由身穿深红色制服的男仆负责服务。餐桌上摆放着粉色和白色的康乃馨，每个餐位上还有小束的桃金娘和白色石楠花花束作为纪念品。婚礼蛋糕共4层，近3米高，新郎新娘一同用菲利普的蒙巴顿佩刀切开蛋糕。

---

[1] Archbishop of York，英国国教圣公会的两大主教之一，在圣公会中的地位仅次于坎特伯雷大主教。

[2] the Glass Coach，王室马车之一，建造于1910年，车厢镶有玻璃。多次用于国事场合，但主要用于王室婚礼，在婚礼前负责将待嫁新娘送到教堂，婚礼完毕后负责把新郎新娘从教堂接走。由两匹或四匹马牵引。

因不堪婚礼致辞的紧张感，乔治六世只是举起一杯香槟向“新娘”表示祝贺。在白金汉宫的前院接受了玫瑰花瓣的洗礼之后，这对新人坐在一辆由四匹马牵引的敞篷马车里前往滑铁卢车站（Waterloo Station），“新娘舒适地安坐在热水袋包围的‘小巢’里。”途中从威斯敏斯特大桥上越过泰晤士河，一路沐浴在黄昏的路灯光辉里。当他们踏上滑铁卢车站的红地毯时，伊丽莎白心爱的柯基犬“苏珊”欢快地从马车上跳了下来。随后，伊丽莎白把狗绳递给了男侍从西里尔·迪克曼（Cyril Dickman），他将跟约翰·迪恩、波波以及一位便衣警探一起陪同这对新人去度蜜月。

蜜月的第一周是在蒙巴顿家族在汉普郡的布罗德兰度过的。其后两周是在白雪覆盖的伯克豪宅邸，这是一座建于18世纪早期的白色石头住宅，位于巴尔莫勒尔庄园慕克河畔的树林中。其装饰风格是维多利亚时期的——松木家具、格子呢地毯，墙上挂着兰西尔的名画和间谍漫画，对伊丽莎白来说，这里承载着她父母成为国王和王后之前所有夏天的童年回忆，是她当成“家”的安乐窝。在这里，她身穿羊毛衬边的无袖皮夹克，脚踏军靴，跟丈夫一起去猎鹿。感觉自己“像是一个俄罗斯突击队长，率领一队忠诚的特种兵，个个装备着步枪，武装到牙齿”，她在给表妹玛格丽特·罗德斯的信中如此写道。

伊丽莎白还给父母写了温情的感谢信，谢谢他们所给予的一切，也谢谢他们为自己树立的良好楷模。“我只是希望自己的孩子也能有一个像我跟妹妹那样的成长环境”，她如此写道，还补充说她跟自己的新婚夫婿“就像相处多年的眷侣一样！菲利普是个天使！他心肠是那么好，那么体贴周到”。而菲利普在写信给他的岳母时却无意中透露了他的心声——“好好‘珍爱’莉莉贝特？我觉得这个词都不够形容我对她的爱。”他说他的新婚妻子是“整个世界对我而言唯一真实的‘东西’，我的梦想就是跟她融为一体，能够经受任何冲击，共度美好的人生”。

“女王是极其仁慈的，但她能跟家人相处的时间太少了。”

1948年11月，伊丽莎白公主跟她的第一个孩子，亦即王储查尔斯王子在一起。

图片来源：塞西尔·比顿（Cecil Beaton），Camera Press London

第三章　使命召唤

12月14日，度完蜜月的伊丽莎白和菲利普及时赶回伦敦，庆祝乔治六世的52岁生日，并开始婚后的新生活。他们选择住在克拉伦斯宫（Clarence House），这是一栋19世纪的建筑，与圣詹姆斯宫毗邻，跟国王夫妇的居处同在“林荫大道”（the Mall）上。但是克拉伦斯宫需要大规模翻修，所以他们俩临时搬到白金汉宫的一套公寓里居住。而周末他们则去租来的位于温莎附近的温德尔沙姆沼泽庄园（Windlesham Moor）休憩。菲利普在“林荫大道”另一端的英国海军部做着例行公事般的工作，平日里就步行去上班。伊丽莎白则被乔克·科尔维尔催得团团转，而乔克的指导也有了明显的成效。埃莉诺·罗斯福在1942年访问英国时曾见识过伊丽莎白“问出严肃问题”的能力，时隔6年，当他来到温莎堡时，又高兴地发现这位公主“对社会问题及其解决之道”产生了浓厚的兴趣。

科尔维尔的“大手笔”是安排伊丽莎白和菲利普于1948年5月对巴黎的首次正式访问。在巴黎的4天，这对迷人的新人给机警谨慎的法国人留下了善意的印象。聚集在香榭丽舍大街[1]的人群热情欢呼着，伊丽莎白的眼睛里“洋溢着泪水”。英国驻法大使奥利弗·哈维爵士（Sir Oliver Harvey）说，即便是傲慢轻蔑的共产主义报纸也“对此次访问发表了正面的照片和赞同的文字”。

英国人和法国人都不知道的是，此时伊丽莎白已经怀有4个月的身孕，暗暗忍受着妊娠反应的痛苦。即使如此，她和菲利普仍积极地参加各种社交活动。他们去埃普索姆赛马场（Epsom）和阿斯科特赛马场（Ascot）观看赛马，跟朋友

[1] Champs-Elysées，法国首都巴黎的一条大道，位于城市西北部，被誉为巴黎最美丽的街道。香榭丽舍大道起始于协和广场，由东向西延伸1915米直到戴高乐广场。“香榭丽舍”原意是希腊神话中圣人及英雄灵魂居住的冥界。

在餐馆聚餐，去夜总会，参加各种舞会……在肯特公爵夫人科平思（Coppins）的家里举办的一次化装舞会上，伊丽莎白“身穿黑色的花边裙，头戴一个大梳子和头纱，像一个郡主一般，”日记作者奇普斯·香农（Chips Channon）如此写道，“每支舞蹈都跳，直到快要到凌晨5点。”菲利普也“肆意欢乐”，香农写道，他看见菲利普“头戴警帽，身配手铐，他跳来跳去，一下子跃入空中向大家问好……他和伊丽莎白公主似乎很兴奋，经常结伴而舞”。跟一些朋友在一起的时候，比如鲁珀特·内维尔（Rupert Neivill）夫妇、米基，还有她在女童军的“战友”卡米拉·沃鲁普（Camilla Wallop）、约翰·布拉伯恩、帕特里夏·布拉伯恩等，伊丽莎白夫妇则流露出二人之间的浓情蜜意。有一次去肯特郡布拉伯恩家做客，约翰对菲利普说：“我从未发现原来伊丽莎白的皮肤是那么好看。”“是的，”菲利普答道，“的确是这样。”

1948年11月14日傍晚，伊丽莎白即将分娩的消息传出来了。她当时住在白金汉宫二楼的卧室里，为了迎接孩子的到来，这里早就安置好了一间产房。妇科医师威廉·葛里叶特爵士（Sir William Gilliatt）带领4位医师负责值班，另有一位助产士，还有海伦·罗维护士在旁帮忙。在等待分娩的时间里，菲利普跟3个廷臣打壁球，逐一把他们打得落花流水。大约晚上9点，王宫工作人员中的高级成员聚集在侍从武官休息室里等待消息。这个房间是位于王宫一层的一个客厅，有一个琳琅满目的吧台为大家提供饮品。随后他们被告知，伊丽莎白于9点14分生下了一个6斤6两重的男孩，他们立刻行动起来，在发往各地的电报上写下“王子”二字，还要给内政部、艾德礼首相、在野党领袖温斯顿·丘吉尔打电话。乔治六世的新闻秘书理查德·科尔维尔中校（Commander Richard Colville）为这个男性王储的到来而欣喜若狂，他说：“我就知道她能行的！她从未让大家失望过。”

王室的家人陆续聚集在侍从武官休息室里，白金汉宫的管家安斯里（Ainslie）用电话通知“所有手上没活儿的男侍都别傻站着”。81岁的玛丽王太后带着他的弟弟阿斯隆伯爵（Earl of Athlone）和弟媳阿斯隆伯爵夫人（Countess of Athlone）爱丽丝公主（Princess Alice）也赶过来了。“真高兴孩子生下来了，”老伯爵嘟囔着，“终于圆满结束了，这事儿太吓人了。”他们3位“元老”看过新生的婴儿后，与国王、王后以及医生们一起走了回来，跟大家一起喝香槟祝贺。约翰·威尔爵士（Sir John Weir）是王室御医之一，他偷偷向王后的私人秘书托马斯·哈维少校（Major Thomas Harvey）透露说，他

“这一辈子还是头一次因为看到一个‘小雀雀’而这么高兴”。王后“喜气洋洋”，乔治六世则“很高兴一切顺利”。玛丽王太后“坐在我们能找到的最高的直背椅上”，忙着向妇科医师威廉·葛里叶特爵士询问分娩前后的“所有细节”。菲利普的运动服和运动鞋都没来得及换，在妻子的麻醉药劲儿过去后就去陪她了，还给她献上了一束玫瑰和康乃馨，外加一个吻。

刚近午夜，小家伙就被抱到了舞厅里给廷臣们看看。托马斯·哈维如此描述他的所见：“他躺在一个简易的婴儿床上，裹着白色的毯子，从襁褓里伸出一个橡皮泥捏成的小脑袋瓜。罗维护士在一旁骄傲地守护着他。可怜的小家伙，刚刚出生两个半小时就被抱出来让外人观看，我们都满怀着对他的喜爱和祝福。”在白金汉宫外面祝福的人已经从警察那里得到了婴儿降生的消息，他们现在还在欢呼着，经过国王的新闻秘书理查德·科尔维尔和菲利普亲王的侍从武官迈克尔·帕克（Michael Parker）二人的劝说，他们才各自回家。

伊丽莎白和菲利普给孩子起名叫“查尔斯·菲利普·亚瑟·乔治”（Charles Philip Arthur George）。“我真不知道，原来一个人在床上也能这么忙碌，好像随时都会有事等着你！”生完孩子两周之后，伊丽莎白在写给表姐玛丽·克莱顿夫人的信中如此说道，“我到现在都不敢相信，我真的有一个孩子了！”初为人母的伊丽莎白极为喜爱儿子的小手，在她给以前的音乐老师梅布尔·兰德尔（Mebel Lander）的信中写道：“又细又长的小手指头，不像我，也不像他的父亲。”头两个月里，伊丽莎白让孩子吃母乳，但随后她得了麻疹——这是小孩子的常见病，因为她没有在学校上过学，所以以前没得过——查尔斯就暂时跟她分开了，因为怕传染给幼小的他。

伊丽莎白和菲利普一边沉浸在初为人父母的快乐之中，一边一起忙着克拉伦斯宫的装修。菲利普负责设计和选择墙上挂画的位置等事项（在他们二人的婚姻生活中，菲利普总是负责做这样的事），还发挥了他对电子技术的热情，在卧室里安装了一套扬声器系统。而伊丽莎白则负责提出实用性的建议，据传记作家萨拉·布拉德福德（Sarah Bradford）叙述：“要是有人抱怨屋里有油漆味道时，她就会说：‘放一桶干草在这儿就行了。’”伊丽莎白深知，需要给自己的丈夫一个空间执行他的主张。“菲利普是一个非常独立的人。”在度蜜月时她就写信给母亲如此说道，还补充说，自己希望“丈夫在家里的事儿上做主”。

1949年夏天，他们就提前住进了克拉伦斯宫，很高兴终于有了自己的家。他们的卧室是相连的，中间有一道门。菲利普的卧室是木质镶板，很有男子气概，而伊丽莎白的卧室则是柔美的粉色和蓝色色调，双人床上挂着“从屋顶垂到地面的”帷幔。“在英国上流社会，夫妻二人分居两个卧室是很普遍的，”他们的表姐帕米拉·蒙巴顿夫人（后为帕米拉·希克斯夫人）如此解释道，“这样就不用担心对方打鼾，也不会被对方不当的睡姿干扰。有时候同床缠绵，有时候分床各睡各的，有选择才好。”

他们家里的工作人员也补充完整了——伊丽莎白的私人秘书乔克·科尔维尔；她的内廷女官们，包括玛格丽特·艾格顿夫人（后来嫁给了科尔维尔）；侍从武官迈克尔·帕克，一个冒失的澳大利亚人，是菲利普海军服役时的好友；弗雷德里克·“小子”·勃朗宁爵士将军（General Sir Frederick“Boy” Browning），公主一家的财务主管；菲利普的贴身男仆约翰·迪恩；伊丽莎白的贴身女官波波·麦克唐纳；另有一些男管家、男仆、女仆、司机、便衣警探、一个厨师和几个厨房帮手。按照家族传统，查尔斯王子由两位苏格兰保姆照看，一位是海伦·莱特博迪（Helen Lightbody），她负责管教；另一位是梅布尔·安德森（Mabel Anderson），她负责生活。查尔斯王子还有自己的男仆，名叫约翰·吉布森（John Gibson），他负责侍候用餐和保养婴儿车（就像司机呵护汽车一样）。

大家都清楚，被王室雇用的人其工作是需要保密的。所以，当1949年年初得知克劳菲打算出版一本描述她在王室家庭工作岁月的回忆录时，伊丽莎白和她的父母都惊愕不已。虽然书中的描述充满了温情，细腻而敏锐地记录了往事，但她背叛了他们的信任。他们和她彻底断绝了关系，还用“跟克劳菲似的”来定义所有类似背信弃义的行为（在此后的岁月里，这种事还发生过很多次）。

菲利普一心想要在海军领域开展自己的事业，所以他用了一年多的时间在格林威治的海军参谋学院上课，课程的缘故，他的很多个周日夜晚是在学院度过的。而作为一位新生儿的母亲，伊丽莎白那些包括偶尔演讲在内的公务也保持了较小的工作量。在1949年秋季的一个母亲联合会（Mother's Union meeting）上，她的演讲招来了提倡将婚姻法现代化的人士的批评，因为她在演讲中谴责离婚现象——离婚造成了“今日社会一些最为黑暗的罪孽”。跟往常一样，这份演讲稿是由廷臣撰写的，但它透露出的是王室家族的普遍意见：无论在什么情况之下，都需要保持家庭的完整性。尽管如此，对伊丽莎白这位总是深藏个人意见的年轻女士来说，与人辩论的这一刻是很少见的。

1949年10月，菲利普被任命为英国皇家海军舰艇“契克斯号”驱逐舰（HMS Chequers）的副指挥，也再次开始了他的军旅生涯。契克斯号驱逐舰部署在位于地中海的一个小岛国——马耳他。马耳他从1814年起就是英帝国的殖民地，一直是英国的重要航运中心和地中海舰队的前哨。对一位海军军官的妻子来说，这样一个职位是不出所料的。据约翰·迪恩透露，有人向公主夫妇建议“马耳他的条件不适宜小王子生活”。伊丽莎白本可以留在伦敦跟儿子在一起，但她决定尽可能地跟丈夫在一起。她在成长过程中早就习惯了父母不在身边的情况，所以她离开查尔斯的决定并不算耸人听闻。家里有专业的保姆，更不用说还有她的父母了，他们巴不得陪在外孙左右呢。所以，伊丽莎白长时间待在马耳他，隔段时间会回到克拉伦斯宫。

查尔斯的1岁生日刚过了6天，伊丽莎白就及时赶到菲利普身边跟他共度两周年结婚纪念日。但一开始她还是先圆满完成了自己身为准王储的职责：游览历史古迹，出席工业展览会，参观医院，还出席了一个匾牌的揭幕仪式，以纪念马耳他人在“二战”中抵抗轴心国[1]围攻的英勇壮举。

在完成了王室公务之后，伊丽莎白得到了罕有的自由和微服生活。“我认为她最幸福的时光就是在马耳他，仅仅把自己当作一个水手的妻子，”伊丽莎白的表妹玛格丽特·罗德斯说道，“那是她最接近普通人的生活。”伊丽莎白跟别的军官妻子们来往，去美发沙龙，喝茶聊天，还自己带着现金消费——而店老板们“发现她在钱的使用方面很迟钝”。其实伊丽莎白夫妇的生活远超普通人，他们住在蒙巴顿伯爵的加德曼伽别墅里（Villa Guardmangia）。这是一栋宽敞的砂岩房子，坐落于一条狭长山路的尽头，依山而建，周围是露台、橘子树和花园。迪基·蒙巴顿当时正指挥第一巡洋舰中队（the First Cruiser Squadron）执行任务，于是，在伊丽莎白第一次坐飞机去马耳他时，是迪基·蒙巴顿的妻子埃德温娜陪伴的。

1949年的圣诞节，菲利普和伊丽莎白是在马耳他度过的，而他们的儿子是跟外公外婆在桑德林汉姆宫。12月底，契克斯号赴红海执行任务，于是伊丽莎白就飞回了英国。她先是在伦敦待了几天，其间绕道去了赫斯特公园（Hurst Park）观看蒙那温（Monaveen）越野障碍赛马，她的马赢得了比赛。然后去了诺福

[1] Axis，指在第二次世界大战中结成的法西斯国家联盟，领导者是纳粹德国、意大利、日本，及与他们合作的一些国家和占领国。

克，跟分别了5个星期的儿子团聚。

菲利普从红海回来后，伊丽莎白于1950年3月底到马耳他跟丈夫会合，二人一起度过了6个星期田园诗般的生活。伊丽莎白不用司机，自己驾驶着她那辆戴姆勒Saloon汽车，这辆汽车是当初父亲送给她的18岁生日礼物。当他们俩不想被人认出来的时候，出门时就开着菲利普的希尔曼Minx车。

令他们的舅舅迪基高兴的是，公主夫妇二人大多时候都成双成对地活动。他们坐着小艇在海岛游玩，或晒太阳或野餐；他们去看蒙巴顿的小女儿帕梅拉（Pamela）在马术俱乐部的比赛，在她赢得女子组冠军时为她欢呼；晚上，他们就去腓基尼大酒店（the Phoenicia Hotel）吃晚餐、跳舞。

菲利普的舅舅迪基在他的生活中有着显著的位置，而在那几周里，伊丽莎白跟迪基的关系也近了很多。迪基送给伊丽莎白一匹马球小型马，还跟她一起去骑马，鼓励她加强自己侧坐马鞍的骑马技术。而伊丽莎白“讨厌”侧坐马鞍，帕梅拉回忆：“因为她觉得那样好像跟身下的马匹失去了联系，让她觉得很不自在。所以她更喜欢跨坐马鞍的骑法。”部分由于迪基舅舅的“坚持”，“她成了一个出色的侧坐骑手”。

同样是因为迪基的说服，菲利普学会了打马球，迪基猜自己的外甥一定会喜欢这种“速度快、危险十足又充满刺激的游戏”。但真正懂得“用计”劝服菲利普的人还是伊丽莎白：“什么都别说，也别逼他。不要唠叨，听其自便就行了。”菲利普果然从起初的观看比赛转而加入了比赛，而伊丽莎白则拿起新摄影机开始了拍摄，这也是她持续一生的摄影乐趣的开始。

5月9日，伊丽莎白飞回了伦敦，此时她已再次怀孕，胎儿已经有6个月大了，她也准备重拾一些王室公务。伊丽莎白的私人秘书乔克·科尔维尔已于上一年秋季离开王宫去了外交使节团工作。接替他的是36岁的马丁·查特里斯（Martin Charteris），他在与伊丽莎白的首次见面时就被她的魅力打动了。

查特里斯是伊顿公学的毕业生，后在桑德赫斯特[1]受训，在军队中获得了陆军中校军衔。他是第12代威姆斯伯爵（the 12th Earl of Wemyss）的弟弟，而威姆斯伯爵是苏格兰最为显赫的头衔之一。查特里斯身上有一种令人耳目一新的、非传统的气质。他闲暇时候喜欢雕刻，还沉迷于老式鼻烟，在王室出行的旅途中，有时候他会让累得萎靡不振的女士们也吸上一口。查特里斯娶了马杰森

[1] Sandhurst，英国皇家陆军军官学校所在地。

子爵（Viscount Margesson）的女儿为妻，他的岳父是保守党的前任首席“党鞭”[1]，还是丘吉尔任下的国防部长。查特里斯聪明、老于世故、正派得体、毫不浮夸。在其后近30年里，他对伊丽莎白的生活产生了启迪性的、稳定的影响。80多岁的时候，每当跟伊丽莎白交谈，他的眼里还是闪烁着光芒。

乔克·科尔维尔从来都不喜欢菲利普，他曾写道，菲利普言语“粗俗”，对待伊丽莎白公主的方式也“欠考虑”。而马丁·查特里斯所具有的文雅的智慧和随和大方的风度就是王室成员身边的“缓冲剂”。他还设法拓展伊丽莎白对公共事件的认识，在他的安排下，从1950年6月起，伊丽莎白开始阅读内阁会议的备忘录和会议记录，还有议会的每日会议记录和外交部的文件。

1950年8月15日上午11：50，伊丽莎白生下了她的第二个孩子安妮·伊丽莎白·爱莉斯·路易斯（Anne Elizabeth Alice Louise）。菲利普在分娩前两周多就返回了伦敦，也有时间跟21个月大的儿子团聚，他们已经近一年没见面了。但随后他被任命为英国皇家海军舰艇“喜鹊号”护卫舰（HMS Magpie）的指挥，并晋升为海军少校，在9月初就返回了马耳他。伊丽莎白跟当初生完查尔斯时一样，在最初几个月也是用母乳喂养女儿。她为查尔斯过完两岁生日，随后就起身去了马耳他。这一年的圣诞节一家人又是分开过的，伊丽莎白和丈夫在马耳他，两个孩子跟乔治六世和王后在桑德林汉姆宫。孩子的外公外婆十分宠爱两个孩子，王后定期会给伊丽莎白写信报告孩子们的情况，信里会说“查尔斯紧搂着自己”“安妮那么漂亮、整洁、娇柔……大家都爱他们，他俩给我们带来的欢乐无法用语言描述”。

第二年春天，伊丽莎白第一次去了意大利和希腊，菲利普带她游览了故乡的巴特农神庙[2]等景点。菲利普对自己的体重十分在意，也让伊丽莎白放弃了土豆、酒、甜点等饮食，帮她恢复了苗条身段。但他们二人在地中海的悠闲生活马上就要结束了。从1948年起，乔治六世的健康状况就一直在下降，常常为动脉硬化所引起的疼痛和麻木所困扰。1949年3月，他动了一次手术以改善腿部的血液循环。他仍然忙于公务，但形容已现憔悴。1951年5月，他又得了重病，症状是

---

[1] “党鞭”是政党名词，起源于英国，是指议会内的代表政党领袖，政党纪律主管，功能是为了确保议员出席并按照政党立场行事。“党鞭”一般是一人，也可以是多人。

[2] Parthenon，巴特农神庙是雅典卫城的主体建筑，为了歌颂雅典战胜波斯侵略者的胜利而建。外观呈长方形，庙内有前殿、正殿和后殿，代表了全希腊建筑艺术的最高水平。

发烧和慢性咳嗽，治疗也没有什么效果。

伊丽莎白赶回伦敦，代替父亲出席各种典礼。其中最为显著的就是6月的皇家军队阅兵式，在阅兵式上她第一次代表国王接受敬礼。她是阅兵队伍里唯一的女人，骑着一匹名叫“温斯顿”的栗色警用马走在昂首挺胸的队伍前面。她身穿近卫步兵第一团（在长达1小时的复杂仪式中，这支部队的旗帜始终高举）的红、金两色束腰长袍，头戴三角帽，上插鹗羽——这是模仿1745年近卫步兵第一团一位上校的戴帽方式。24岁的伊丽莎白十分沉着，她左手轻握短鞭和缰绳，右手抬起敬礼，庄重而自信。还有一大队人站在皇家骑兵卫队阅兵场上方的窗前观看阅兵式，其中包括王后、王太后、查尔斯王子、查尔斯王子的教父挪威的哈康国王，还有蒙巴顿伯爵，他把小王子举起来放到窗台上，还教他正确敬礼。菲利普亲王此时还在马耳他，而乔治六世身体过于虚弱未能参加仪式。

很明显，公主夫妇需要随时候命代表国王参加各种活动，所以菲利普在这一年的7月返回了伦敦。他从海军请假回来，归期待定。而事实上，这位30岁的公爵的军旅生涯就此结束了，这11个月的海军服役是他乐此不疲的美好时光，用他自己的话说是“最为快乐的水手生活”。后来，菲利普曾对此做过颇含哲理的评论：“我原想在海军有所成就，但很明显没有可能了……我没有选择的余地。事情就这么发生了，我就得做出妥协。这就是人生。我接受了现实，再尽力而为吧。”

9月，乔治六世做了一次活组织切片检查，发现了恶性肿瘤。医生给他做了3小时的手术，移除了他的左肺。国王的诊断并未公开讨论，当然也没有向媒体透露，但是王室一家都明白他健康状况的严重性。作为预防措施，王后和两位公主被任命为“国务顾问”[1]，代表国王行使权力，王宫的公告则对外表示国王的身体正在好转。

伊丽莎白和菲利普原计划前往加拿大和美国进行国事访问，但原计划被延期了两个星期，直到他们确信国王近期没有生命危险才动身。他们没有乘坐远洋客轮“不列颠皇后号”（Empress of Britain），而是选择搭乘英国海外航空公司（BOAC）的高空客机首次飞越大西洋。这架客机是双层设计，被布置成皇室蓝色以表示对他们二人的敬意，飞行途中，他们可以睡在一个下拉的白色亚麻布铺

[1] Counsellors of State，国务顾问，代表君主行驶其职权的人，根据《1937年摄政法案》，国务顾问建议由君主的配偶或王位继承排名最前的4个人（王储必须为18岁或以上，而其余人等必须大于21岁）出任。

位上。1951年10月8日午夜，在跟王后和玛格丽特公主在机场告别后，伊丽莎白夫妇二人动身了。在经过了16小时的飞行之后，他们到达了加拿大的蒙特利尔（Montreal）。这是他们此次访问的起点，在接下来的35天里，他们要从东海岸前往太平洋沿岸再返回来，行程超过1万英里。途中，他们将乘坐一列10车厢的皇家专列，专列上有镶板的起居室和卧铺车厢，有专为伊丽莎白提供的印花面料，还有为菲利普定做的座套。

从说法语的魁北克省（Quebec）（在那里伊丽莎白检阅了“魁北克省历史上最大规模之一的一次阅兵式”），到温哥华岛（Vancouver Island）（伊丽莎白夫妇二人坐了80英里的船才到达温哥华岛），每到一处他们都受到人们热情的欢迎。在多伦多市的一个体育场里，3.8万名学生为他们献歌；在多伦多市的河畔公园（Riverside Park），聚集了10万人。他们俩也尽量让公众能看得见他们，即使是在冰雪天里，他们也是常常坐在敞篷汽车中，身上只是裹着旅行毛毯保暖。对他们来说，旅行毛毯是一个简单的装备，它“柔软、舒适、方便易用”，即使在热带地区也用得上。然而，在温尼伯市访问时，由于天气太冷，他们的敞篷车安装上了一个透明塑料制成的圆形罩。开始时，只有贵宾人物才能得到他们的私人接见，其中就包括著名的7岁“狄昂五胞胎”，她们是5个同胞女孩，穿着同样的衣服，戴着同样的配套帽子。后来伊丽莎白和菲利普设法会见了一些普通人，主要是孩子，还有“二战”时受伤的老兵。

在之后几十年里，伊丽莎白和菲利普在公众场合露面时似乎保持着同一个模式，而这个模式就是在此次访问中成形的：伊丽莎白是一个很端庄的形象，笑得很浅很少，而这也招致媒体的评论，当她听说新闻报道批评她刻板的举止时，她向马丁·查特里斯抱怨说：“我的脸笑疼了。”而菲利普则常常跟在伊丽莎白身后，保持一段微妙的距离，是一个轻松滑稽的形象，他会咧着嘴笑或跟周围人调侃。他们俩在卡尔加里市（Calgary）观看驯野马和马车竞赛等竞技表演时，身上都披着电热毯，即使这样看上去也是冻得很不舒服。但是菲利普的情绪一直很高昂，他向人们炫耀他的新大檐牛仔帽，在看赛马时还一个劲地挥舞着它。有一次他表现得过了火，这是他传奇性的“口无遮拦”的第一次上演：他开玩笑般评论加拿大是“一个很好的投资对象”，这句话因隐含着新大英帝国的霸权思想而使加拿大人如鲠在喉。

此次出行的范围很广，密度又大，很折磨人。路途中他们共停留了70多次，仅仅在安大略省的1天里，他们就访问了8个城镇。一路上，伊丽莎白始终为3400

英里之外父亲的健康而牵肠挂肚。他们此行也做了最坏的打算：马丁·查特里斯携带着伊丽莎白登基所需要的文件，伊丽莎白则在衣柜中放入了黑色的丧服。王后会定期给她打来电话报个平安，只有这时伊丽莎白才会振作起来，感觉“精神振奋，身上也有了劲儿”。

在火车上，私下里菲利普会尽量使气氛轻松一些，但他也明显发现此次出行压力重重。“他不大有耐心，很焦躁。”马丁·查特里斯回忆道，“他还没有找准自己的位置……对老式的王室廷臣那一套很不耐烦。我认为，有时候他觉得公主对廷臣们的关注比给他的还多。他不喜欢这样。他偶尔会叫伊丽莎白‘大笨蛋’，那只是他的言语风格，我认为外人听了会感到很震惊，但伊丽莎白并不会放在心上。”

此次访问的大多数时间里，菲利普都是穿着海军军装，而伊丽莎白则更喜欢穿庄重一些的女式西服和无檐贴发帽，有时候会戴上头纱，外穿皮毛大衣和披肩。访问期间，他们去了尼亚加拉大瀑布[1]，站在水花飞溅的瞭望甲板上，大家都穿上了油布雨衣，而伊丽莎白紧紧地扯着帽兜，喊道：“我的发型保不住了！”

加拿大之行的大多数时间里他们都是在观光，伊丽莎白还用自己的摄像机做了拍摄。观光之余，他们还参观了钢厂和造纸厂。在安大略省的温莎市[2]，伊丽莎白第一次看到了美国——在底特律河（Detroit River）的对面就是“汽车城”[3]的天际线[4]。几周之后，伊丽莎白和菲利普登上了飞往华盛顿的飞机，并于10月1日第一次踏上了美国的土地。这是与美国建立重要纽带的开端，而在其后的岁月里，这个纽带将变得越发巩固。

在机场迎接他们的是美国总统哈利·S.杜鲁门（Harry S.Truman）、他的妻子贝丝（Bess）和女儿玛格利特（Margaret），仪仗队鸣炮21响向他们表

[1] Niagara Falls，尼亚加拉大瀑布，位于加拿大安大略省和美国纽约州的交界处，是北美东北部尼亚加拉河上的大瀑布，也是美洲大陆最著名的奇景之一。“尼亚加拉”在印第安语中意思是“雷神之水”。

[2] Windsor，世界上以“温莎”为名的著名城市有两个，一个位于英国英格兰东部，现被称为“新温莎”；另一个温莎市位于加拿大东南部。此处的温莎就是后者。

[3] Motor City，美国底特律市，世界最大的汽车工业中心，美国通用汽车公司、福特汽车公司和克莱斯勒汽车公司总部都在此地，号称“世界汽车之都”。全美1/4的汽车产于底特律，全城442万人口中约有91%的人靠汽车工业为生。

[4] 天际线是西方城市规划的定型理念，指的是建筑物等在天空映衬下的空中轮廓线。

示致敬。杜鲁门总统对乔治六世“健康恢复得很快”表示欣慰，并告诉伊丽莎白说女儿玛格利特去英国时曾与她见过面，女儿“告诉我说，跟你相识之后，任何人都会立刻爱上你”。67岁的杜鲁门总统说自己也是为之倾倒的人之一，他赞美伊丽莎白是“一位优雅的公主”。伊丽莎白的答话吐字清晰，她尖细的贵族英语发音字正腔圆，她赞叹说：“各处自由的人民都满怀深情和希望地看着美国。”后来她对马丁·查特里斯说自己很喜欢杜鲁门总统自然而毫不做作的举止。

他们随一列敞篷汽车进入首都华盛顿，有60万人夹道欢迎，大声欢呼。菲利普和伊丽莎白跟杜鲁门一家住在国宾馆布莱尔大厦（Blair House）里，随后杜鲁门带伊丽莎白穿过宾夕法尼亚大道（Pennsylvania Avenue）去游览正在彻底翻修的白宫。

伊丽莎白夫妇在美国紧凑的日程安排以一个大型的接见会开始，共有来自“报刊、电台、电视台和新闻片”行业的900名代表参加，地点是位于第16大街的斯塔特勒酒店（后来的首都希尔顿酒店）。伊丽莎白先是发表了简短的评论，随后他们两人接见了少量的记者，这时菲利普自娱自乐般偷看两位女记者手里的笔记簿——这也是他以后跟新闻媒体打交道时惯用的伎俩。

第二天，他们参观了国会大厦，在国会图书馆里观看了《独立宣言》和《美国宪法》的原稿；去弗农山庄（Mount Vernon）瞻仰了乔治·华盛顿[1]的墓地；到阿灵顿国家公墓[2]为无名烈士纪念碑（Tomb of the Unknown Soldier）献了花圈；又花了两个小时在使馆宴会上跟1500名客人握手交谈。在一个玫瑰花园举行的庆祝会上，他们送给杜鲁门总统一个饰有花卉油画的壁炉饰镜，供其挂在翻修一新的“蓝房”[3]中，作为“标志着双方友谊的饰品”（后来被转移到私人居住的粉红色卧室套房里）。他们在加拿大使馆为杜鲁门总统一家举办了“白领结

[1] George Washington，美国首任总统，美国独立战争大陆军总司令。两届任期结束后自愿放弃权力不再续任，隐退于弗农山庄园。被尊称为美国“国父”。

[2] Arlington National Cemetery，建于1864年，占地170公顷，由陆军部管理，只有美国荣誉奖章获得者、为国殉职的现役军人、长期服役的退伍老兵、在联邦政府担任过高级职务的退伍老兵以及他们的遗孤才有资格在此安葬。

[3] Blue Room，蓝房，白宫的第二大房间，是白宫中的会客室，是总统夫妇经常款待贵宾的地方，同时也是正式餐会的会场，一次可容纳140人。房间呈椭圆形，故又名“椭圆形沙龙”，墙壁原本是白色，肯尼迪夫人将其改为蓝色，故此得名。

宴会”[1]，为此次访美之行画上了句号。

他们乘坐“苏格兰皇后号”（the Empress of Scotland）穿越北大西洋返回英国，一路上非常辛苦。只有伊丽莎白一人没有晕船，定期出现在餐桌上，而航海经验丰富的水手菲利普则为自己不堪其苦而恼怒不已。他们在查尔斯王子3岁生日后3天到达了利物浦造船厂（the Liverpool Dockyards），然后乘坐皇家专列前往伦敦的尤斯顿火车站（Euston Station）。王后、玛格丽特公主、查尔斯王子在月台等候他们的归来，小王子已经有1个多月没有见到父母了。小家伙一方面很淘气，他问一个卫兵“你的剑呢”，一方面又很听话，跟随王室成员与一排显要人物握手。

伊丽莎白和菲利普走下火车之后，快步走到母亲身前，与她拥抱，并亲吻了母亲的双颊。而对小查尔斯，她只是俯下身在他的头顶上轻轻一啄，然后转身去亲吻妹妹玛格丽特了。“英国的准王储总是把职责放在首位，”一位新闻片的播音员如此解释道，“母爱也要等回到克拉伦斯宫的私人环境里才能表露。”菲利普则更加收敛一些，他只是拍了拍儿子的肩膀向他示意一起走向等待的大型豪华汽车。一行人走过火车站的时候，查尔斯王子再次跟外婆走在一起，而让他的父母走在前面。

伊丽莎白夫妇出国期间，英国国内举行了一次大选。1951年10月25日，保守党以微弱的优势赢得了议会的多数席位，送走了艾德礼，把76岁的温斯顿·丘吉尔迎回了唐宁街10号，此时距离上次保守党大选落败已经过去了6年。伦敦市为欢迎伊丽莎白和菲利普的归来，在市政厅为他们二人举办了一次午宴，在宴会上，丘吉尔举杯祝二人身体健康。

这一年的圣诞节，国王与王后跟两个女儿、女婿菲利普、外孙和外孙女、玛丽王太后，还有一大群亲戚在桑德林汉姆宫一起度过，这是整个王室大家族第一次在一起过节。跟每到秋天王室一家就会到巴尔莫勒尔庄园度假一样，冬天在圣诞节期间到诺福克的桑德林汉姆庄园住上6个星期也是王室由来已久的传统，甚至可以追溯到爱德华七世及其母亲维多利亚女王时代，而桑德林汉姆庄园就是维

---

[1] 白领结宴会是欧美国家最正式的宴会场合，常为国宴、授勋宴会、宫廷宴会等，只在晚上6点之后举行。对着装的要求极为苛刻：一般男士要穿黑色燕尾服，扎白领结，穿白色上浆硬翻领衬衫、白色马甲，裤子不用皮带而用吊带，穿黑皮鞋黑袜子；女士要穿曳地长晚礼服。

多利亚女王买来送给爱德华七世的，当时他还是威尔士王子，尚未继承王位。

1870年，未来的爱德华七世国王在桑德林汉姆庄园新建了一栋大房子，房子是詹姆斯一世建筑样式的，共有300多个房间。房子的红砖墙面都有石头镶边，外面点缀着阳台和飘窗，屋顶上耸立着很多山形墙、烟囱、洋葱形圆顶。宽敞的房间里都镶有墙裙，墙壁精心粉刷了灰泥，还有拱门、立柱、方格天花板。进入正门，几步开外就是房子的中心装饰品——一间宏伟的双层大厅。一层是詹姆斯一世建筑风格的大厅，二楼是楼厅，两边各有一个巨大的石头壁炉。卧室套房同样十分宽敞，内部的家具用作家大卫·塞西尔（David Cecil）的话说是“朴实且结实”。德文郡公爵夫人（the Duchess of Devonshire）黛博拉（Deborah）在发现自己房间的卫生间里竟然有三个大理石水盆时大吃了一惊：第一个上面雕刻着“洗头洗脸专用”，第二个上面是“洗手专用”，“谢天谢地第三个水盆上什么字都没有，它是干什么用的？”她在给一个朋友的信中如此说道。

1951年的这个圣诞节仍然延续了维多利亚女王的传统，他们按德国人过节的习俗，在圣诞前夜打开礼物。一家人聚在宴会厅里，铺着桌布的搁板桌上堆满了送给家人的礼物。打开礼物之后，大人们就去换衣服准备晚宴，男士穿黑领结礼服，女士穿长晚礼服。晚宴上他们喝香槟、吃圣诞饼干，还快乐地包扎纸帽、小装饰品等聚会礼品。第二天早上，王室一家去附近的圣玛丽教堂（St.Mary Magdalene）做礼拜，回来后一起吃了午宴。12月26日是节礼日，这是英国人的传统节日，很久之前地主或贵族会在这一天送给雇工或仆人礼物以感谢他们的劳作。节礼日这天，在吃过一顿丰盛的早餐之后，王室的男人们去参加传统的猎雉活动。乔治六世当天感觉身体挺好，就拿了一把轻型猎枪加入了他们的行列。

乔治六世早就计划在第二年跟王后一起去英联邦的澳大利亚、新西兰和锡兰进行国事访问，但是他的健康状况急剧恶化，已无法成行。所以，他委托伊丽莎白和菲利普代他进行这次为期半年的出行。伊丽莎白夫妇决定在行程之初先花几天时间去访问英国的殖民地肯尼亚，后者将肯尼亚山山脚下一处名为“撒加那”（Sagana Lodge）的别墅送给二人作为结婚礼物。

1952年1月31日，国王和王后与其他王室成员一起到机场为伊丽莎白和菲利普送行。站在机场跑道上，乔治六世看上去十分憔悴，但他装作若无其事的样子，在女儿女婿登上英国海外航空公司的“阿格诺号”专机时向他们挥手告别。5天之后，在撒加那安顿完毕，伊丽莎白和菲利普先在“树顶旅馆”（Treetops Hotel）过了一夜。“树顶旅馆”是一个有三间卧室的小屋，建在禁猎区内盐碱地上的一棵巨大无花果树的树枝间。伊丽莎白身穿卡其布裤子，披着一条粗线围巾，拿着摄像机拍摄大象、犀牛、猴子及其他动物。太阳落山时，她和菲利普看到一个大概有30头大象的象群。“菲利普，快看！它们是粉红色的！”伊丽莎白说着，却不知道这些原本灰色的厚皮动物刚刚在红色土地上打过滚。伊丽莎白几乎一夜未睡，黎明时分，她跟菲利普的私人秘书迈克尔·帕克一起站在室外，看着一只白色的鹰在他们头顶上俯冲盘旋。

回到撒加那，下午3点左右，帕克接到马丁·查特里斯从附近的奥特斯班酒店（Outspan Hotel）打来的电话。后者向帕克传达了一个无情的消息：56岁的国王刚刚去世了，25岁的伊丽莎白·亚历山德拉·玛丽·温莎公主即时成为英国女王。早些时候，乔治六世度过了快乐的一天，他在桑德林汉姆庄园里猎兔，又跟妻子和女儿玛格丽特公主共进了晚餐，晚上10：30去了一楼的卧室里休息。2月6日早晨，他因心脏血栓在床上去世。帕克立刻将这则消息告诉了菲利普。菲利普默默说道，对自己的妻子来说，这是个“可怕的噩耗”。他走进妻子休息的卧室，将消息告诉了她。伊丽莎白并没有落泪，但是看上去“脸色煞白，坐立不安”。菲利普带她穿过花园的小路走到撒加那河边散步，两个人沿着河岸走了很长一段路。

帕梅拉·蒙巴顿（Pamela Mountbatten）是伊丽莎白的表妹，当时是伊丽莎白的内廷女官。当她向伊丽莎白表示她的哀悼之情时，后者只是说道：“哦，多谢你。咱们得回英国了，我很抱歉把大家的计划都打乱了。”

对伊丽莎白即位的时间和地点，事后存在很多评论，尤其是因为它跟之前的一件事有惊人的历史相似性：伊丽莎白二世是在非洲的一棵无花果树上即位的；而在1558年，伊丽莎白一世也是在哈特菲尔德宫（Hatfield House）的一棵橡树旁听到了姐姐玛丽女王的死讯，随即成了英国女王。更巧的是，伊丽莎白一世当时也是25岁。

带着令人不可思议的镇定，伊丽莎白二世作为20世纪中期的继任者开始着手处理眼前的事务：写信，发电报，写备忘录……正如查特里斯后来回忆当时情景时所说的那样，这是一个生动的证明——“她全力以赴地抓住了自己的命运。”

“这是最为打动人心的时刻了，她看上去是那么年轻，头上一点装饰都没有，身上也只是穿着裙子和无袖衬衣。”

1953年6月，26岁的伊丽莎白二世在威斯敏斯特大教堂的加冕典礼上准备受膏。

图片来源：盖蒂图片社（Getty Images）

第四章　“准备好了吗？”

“您的头衔里打算用什么名字？”伊丽莎白着手处理父王的后事时，马丁·查特里斯如此问道。“当然是用我自己的名字，还能是什么呢？”她答道。这样的话就需要做出一些澄清了，因为她的母亲一直是被称作“伊丽莎白王后”[1]的。所以，新登基的女王将使用“伊丽莎白二世”作为自己的头衔（沿用了16世纪英国女王伊丽莎白一世的叫法），简称“女王”；她的母亲将使用“女王的母亲伊丽莎白王后”作为称谓，而不是古板的“王太后”[2]。伊丽莎白二世是“当朝女王”，她的皇室徽号为EⅡR。

“一切都太突然了。”伊丽莎白二世在40年后如此回忆道。她说：“重任落在了肩上，那就竭尽所能把它干好，慢慢地就会习惯了。事已至此，我就得接受现实。这就是我的命运，王室的传承性才是最重要的。”

伊丽莎白二世仍乘坐一周前把他们送到肯尼亚的“阿格诺号”专机返回英国。在飞机上，菲利普的贴身男仆约翰·迪恩看到“前公主”好几次在自己的座位旁边走过，他说“她看上去好像哭过”。菲利普的侍从武官迈克尔·帕克说：“菲利普表现得坚强而值得信赖，尽最大努力安慰她。”

1952年2月7日，在经过19个小时的飞行之后，伊丽莎白一行于黄昏时分到达

---

[1] 英语中Queen有多重含义，可根据身份不同译作“女王”“王后”“王太后”等。而伊丽莎白母亲的名字为Elizabeth Angela Marguerite Bowes-Lyon，一直被称作“伊丽莎白王后”。所以，当伊丽莎白登基成为Queen Elizabeth时，与其母亲Queen Elizabeth的名字是一样的，容易混淆。

[2] 本书将依照中国古代对帝王母亲的尊称，将伊丽莎白二世母亲的称谓译作“王太后”，而将伊丽莎白女王的祖母称作“太王太后”。

了伦敦机场。伊丽莎白走下飞机，身着朴素的黑色外衣，头戴黑帽，保持着镇定。在机场等待他们的是一个小代表团，他们身穿深色大衣，头戴礼帽，由伊丽莎白的叔叔格洛斯特公爵[1]和首相温斯顿·丘吉尔率领。伊丽莎白边慢慢前行，边跟大家一一握手，外交大臣安东尼·艾登（Anthony Eden）和其他政府大臣们则摘帽向其深鞠躬。一辆顶部饰有王室盾徽的戴姆勒汽车将伊丽莎白载到克拉伦斯宫。因为伊丽莎白现在已是女王，所以84岁的玛丽太王太后反而向她行屈膝礼并吻了她的手，却忍不住补充道："莉莉贝特，你的裙子太短了，大丧期间穿这个不合适。"

第二天，新女王来到了国王官邸——圣詹姆斯宫。圣詹姆斯宫是亨利八世于16世纪建造的，位于伦敦市中心，由红砖建成，是一座角塔复合式建筑，在维多利亚女王将国王官邸迁往更大的白金汉宫之前，这里一直是王室的居所。在圣詹姆斯宫，伊丽莎白二世与登基理事会（Accession Council）的几百名成员会面，历时20分钟。登基理事会是一个由枢密院[2]和英国、英联邦的一些重要官员所组成的团体，负责国王登基的仪式安排。根据《1701年王位继承法》，伊丽莎白二世在乔治六世去世那一刻就已经是英国女王，但此刻需要向理事会宣布即位并进行宗教宣誓。在16个月之后的加冕礼之前，她还不能算是正式登基，但她已经可以履行国王的一切职责。

理事会的全体成员一起向伊丽莎白二世鞠躬致敬。从1066年"黑斯廷战役"[3]之后"征服者威廉"得到英国王位算起，她已经是英国的第40位君主了。伊丽莎白二世一字一句地说道："因为亲爱的父王突然离世，我应召承担起英国君主的责任和义务。今天，我有太多话想对大家讲，却不知该如何表达。我将像父王一样忠于职守，促进我们民族的幸福和繁荣兴旺，并将其发扬光大……这个重任太早地压在了我的肩上，我祈祷上帝能够助我履行好这一职责。"

会议结束后，她在丈夫的陪同下走出圣詹姆斯宫。据几个媒体报道，她当时哭了。他们坐车回到桑德林汉姆宫，跟王太后和玛格丽特公主一起到先王的棺材前单独哀悼。其后乔治六世的棺材将会被火车运往伦敦，放置在议会大厦

[1] Duke of Gloucester，即亨利王子，乔治六世的弟弟。

[2] Privy council，由政客、神职人员和法官中的精英所组成的一个重要的王室智囊团。

[3] the Battle of Hastings，1066年10月14日，黑斯廷战役打响。法国诺曼底公爵威廉在英国登陆后，在黑斯廷遭遇英格兰国王哈罗德二世军队的拦截，英军全面溃败。威廉乘胜占领伦敦，并于圣诞节在伦敦的威斯敏斯特教堂加冕为英国国王，即威廉一世。

的威斯敏斯特宫（Westminster Hall）以供吊唁。2月15日将在圣乔治教堂（St. George's Chapel）举行葬礼和下葬仪式。其间有一幅照片将永存史册：3位女王王后——玛丽太王太后、伊丽莎白王太后、伊丽莎白二世——再加上玛格丽特公主，全都身披齐腰的黑纱，站在乔治六世的灵车旁边。

王太后向同胞们发表了一次前所未有的讲话，她说女儿“服从命运的召唤，承担起如此艰巨而孤独的职责”，呼吁大家“给她护佑和爱戴”。私底下，她在写给太王太后的一封信里说道：“我禁不住为莉莉贝特担心，她这么小的年纪却要扛这么重的担子。”

丘吉尔首次见到伊丽莎白二世的时候，后者还只是一个蹒跚学步的小孩。他为乔治六世的去世而悲伤，同时似乎对新的君主心存疑虑。乔克·科尔维尔这时已重回丘吉尔身边担任私人秘书，他回忆说：“我试着给他鼓劲，说他会跟女王相处得很好。但他总是在说自己对女王不了解，她还只是个孩子。”

然而，据丘吉尔的小女儿玛丽·索姆斯（Mary Soames）回忆：“我的父亲很快就发现，女王绝不是那么简单。”马丁·查特里斯也说：“丘吉尔对女王印象很深刻。她谨慎细致，她见多识广，她认真尽责。刚刚登基几天，就开始接见各国首相、总统、大使和高级专员[1]……她做得毫无纰漏。”伊丽莎白也注意到了自己的巨大变化，她曾向朋友透露：“太神奇了。我不再担心、忧虑。我不知道是什么原因，但我已经不再胆怯了。”

丘吉尔利用自己出色的口才和对时机的敏锐把握，为媒体所乐观预测的“新伊丽莎白时代”打下了基础。然而，英国仍深陷物资短缺的困境之中，像茶、糖、黄油等食品仍需定量配给。与此同时，伦敦的大街小巷因“二战”的轰炸遍地碎砖石，一片狼藉。大英帝国的衰落似乎已经不可避免，而全世界范围内共产主义的扩张也导致了冷战[2]的开始。

伊丽莎白二世登基后第5天，丘吉尔在下议院的一次演讲中说她是“一位美丽而充满朝气的人……是我们传统和荣誉的继承人”，在一个“人类在世界灾难

---

[1] High commissioner，高级专员：指英联邦各国之间互派的大使级外交代表或殖民地、托管领土的行政长官。

[2] Cold War，冷战，即1947—1991年间以美国为首的西方资本主义国家和苏联为首的社会主义国家两个阵营除直接交战以外，在经济、政治、军事、外交、文化、意识形态等各方面都处于对抗状态的时期。“冷战”一词起源于1947年4月16日参议员伯纳德·巴鲁克的一次演说。

和黄金时代二者之间痛苦而犹豫”的时刻勇挑重担。丘吉尔还表达了自己对新女王的希望：“她的继位是一个兆示……拯救人类于水火之中。”当时十分年轻却前程远大的保守党政治家玛格丽特·撒切尔（Margaret Thatcher）对此也持有乐观的观点，她在一篇报纸专栏文章中写道：“如果真像我们所期盼的那样的话，长久以来对女性的最后一点歧视、认为她们不能独当一面的偏见，都将随着伊丽莎白二世的继位而烟消云散。”

2月27日上午11点，伊丽莎白二世在白金汉宫巨大的宴会厅里主持了她登基以来的首次授勋仪式，对那些为国效力的市民和军人楷模予以表彰。政府每年会甄选出2500个模范人物供女王颁发骑士勋章。相比以前，英国在国际上的影响力已经大大衰退，而授勋仪式能够帮助维持人们的国家自豪感，所以女王在主持这些庆典仪式时非常严格谨慎。伊丽莎白二世在位的60年里，一共授出404 500个头衔和奖励，亲自授勋超过610次。“人们有时候需要表扬和鼓励，”她曾说道，“否则这个世界就太灰暗了。”

每次授勋仪式，伊丽莎白二世都会单独接见100多位受勋人，为他们颁发奖章或胸针。若受勋者是骑士的话，他们会单膝跪地，而女王用宝剑轻拍其肩膀。在授勋过程中，她还会与每位受勋人稍作交谈。整个令人敬畏的授勋仪式大概持续1小时，出席授勋仪式的是身着红、金两色军装的“自耕农近卫队”[1]，以及女王的廓尔喀传令官（Gurkha Orderly Officers）。

2月27日这一天，伊丽莎白二世所颁发的首个勋章是“维多利亚十字勋章”，它是英国军队的最高荣誉，颁给临阵极端勇武的军人。受勋的人是“皇家直属苏格兰边境团”（the King's Own Scottish Borderers）的威廉·斯皮克曼（William Speakman）。“二战”后的60年时间里，只有15个英国国民得到过维多利亚十字勋章，斯皮克曼即是其中之一。

作为军队的最高统帅，颁发这个勋章对新女王来说有着特殊的意义。因为英国军队是向王室效忠，而不是向政府效忠。政府的政客们来来去去，但军队对王

[1] Yeomen of the Guard，又被称作皇家近卫军仪仗卫队，是现存的英国历史最为悠久的部队，由亨利七世于1485年建立。共60名士兵、6名军官，全部选自陆军、海军陆战队、空军的退伍士兵。原先成员中不准包括海军，因为海军跟前三者不同，他们不向王室效忠，而是向海军部效忠，但2011年解禁。自耕农近卫队的队长由上议院的副总党鞭担任。现在的自耕农近卫队已没有作战任务，只是参加某些庆典仪式。

室的忠诚是始终不变的。在其后的岁月里，伊丽莎白二世还会为军队的最高军衔授衔，签署军官的委任状，还担任王室私人军队“皇家师”的荣誉团长。

4月，王室一家已经全部搬到了白金汉宫。从此，新的女王有了自己的作息安排，在60年的在位时间里，几乎没有更改过。伊丽莎白二世每天早上7：30起床，这时一个女仆会到她一楼卧室里把窗帘拉开。随后波波[1]会用盘子托着“格雷伯爵茶”[2]和“玛丽饼干”[3]走进卧室，从她身后蜂拥而入的是女王的一群柯基犬。女王的柯基犬们在走廊尽头一个房间里睡觉，就在侍从餐具室的隔壁，每只狗都有自己的柳条狗篮子。在它们来到女王的卧室之前，早有男仆带它们到花园里遛了一圈。

在洗澡（水温大概70℃[4]）、穿衣、做头发并定型之后，伊丽莎白就会穿过起居室，去挂有几幅18世纪名画的私人餐厅吃饭，一路上她通过便携收音机收听BBC的广播。早上送来的报纸已经摆在餐具柜上，她首先要看的是《运动生活》（*Sporting Life*）[后来换成了《赛马邮报》（*The Racing Post*）]，看看赛马场上又有什么新闻，然后她会看《每日电讯报》（*Daily Telegraph*）（上面的两道填字游戏是她每天必做的，还不查词典）和《泰晤士报》，此外还会读一下《每日快报》《每日邮报》和《每日镜报》。早些年，她的早餐是一个水煮鸡蛋、烤面包，外加一小块产自温莎牛奶房、上面刻有她姓名首字母的黄油，她会边吃边把面包屑投给脚下的小狗。后来，她的早餐食谱改成了茶和烤面包，面包上面抹一层薄薄的橘子酱。

每天上午9点整，一位苏格兰风笛手就会在她的窗下一边正步走、一边吹奏耳熟能详的苏格兰高地的里尔舞曲和斯特拉斯佩舞曲，历时15分钟。这是从维多利亚女王时期沿袭下来的一个传统，在国王的每个王宫里都是如此。上午10点，伊丽莎白二世已经坐在了起居室的办公桌旁，书桌边上是一扇大窗，窗外就是白

---

[1] 她是所有王宫工作人员中唯一可以称呼女王“莉莉贝特”的人，常常还在其前后加上“亲爱的……小姐”。

[2] Earl Grey tea，格雷伯爵茶。一类调和茶的通称，以红茶为茶基，用芳香柑橘类水果中提取的油加以调味而成的一种具有特殊香气和口味的调味茶。其名字源于曾担任过英国外交大臣和首相的格雷伯爵二世。

[3] Marie biscuits，由Peek Frean饼干公司在1874年为庆祝俄罗斯大公爵夫人玛丽亚·亚历山德罗与维多利亚女王的次子、阿尔弗雷德亲王二人结婚而发明的圆形饼干，并迅速风靡欧洲。由小麦粉、糖、植物油、香草调味剂做成，味道清香平淡，被视为喝茶时的最佳点心。

[4] 此处原文如此。洗澡的适宜温度应在40℃左右，70℃的水会烫伤皮肤。

金汉宫的花园。她坐在一个“齐本德尔”[1]红木椅子上办公，椅子的坐垫还是她父王绣的（乔治六世的爱好之一就是针线活儿）。她的四周全是书和文件，还有加框的全家福照片和油画，其中就有一张她的爱犬苏珊的肖像画。房间里还有一个“赫伯怀特”红木书架，一个椴木多屉橱柜，几个舒服的沙发，几个插着玫瑰、水仙或其他鲜花的花瓶。“我喜欢把房间布置得充满活力。”她如此说道。

在她的办公桌上，有两部电话和一个内部通话设备，内部通话设备上的按钮用于呼叫她的私人秘书们——托米·拉塞尔斯、托米的副手迈克尔·阿迪恩（Michael Adeane）、马丁·查特里斯、爱德华·福特（Edward Ford）。听到伊丽莎白二世的召唤后，他们会依次走进起居室，先干净利索地向她微微鞠躬，然后从随身的公文箱里拿出需要签署和讨论的文件开始汇报。在女王的会见过程中，私人秘书们始终是站着的。并且，他们每个人都负责不同的领域，他们的议事日程包括国内外的出行安排、教会和军队的任命、议会、即将讨论的立法以及当天的其他事项。爱德华·福特说：“女王是官员们梦寐以求的‘上司’。跟她在一起工作感觉非常好，她很亲切……你可以像跟来家里过周末的朋友那样交谈……比如‘首相有些事耽误了，需要把会面改到明天吗？’……汇报工作的过程非常轻松，不拘礼节，跟原先乔治六世在位时的情况截然不同。”

在处理平民百姓的来信方面，伊丽莎白二世也非常认真谨慎。她会迅速阅读公文箱里的一摞信件，一边读一边简要地写下需要回复的话语，以供内廷女官或私人秘书们代写回信时参考。她解释说，自己一直认为人民的来信“对他们每一个人都很重要，他们写了信，心里想的是我会读到”。她说这些信“有助于了解民情民意”。

伊丽莎白二世每个月都需要跟枢密院的4位政府大臣进行10分钟的会面。会谈中他们都是站立的，以保证会谈不会拖沓。其间他们会向她宣读政府的各种政策和行为，她回答“批准”，而对法规条例和政府任命则格外关心。

除了圣诞节和复活节这两天，无论是在国内——在伦敦或是在温莎、桑德林汉姆庄园或巴尔莫勒尔庄园度假，周末时拜访朋友，在英国境内视察……还是在海外访问，伊丽莎白二世每天都会处理红皮公文箱里的公务文件。这些公文箱需要她和3位私人秘书手里的4把钥匙一起打开，里面装满了外交部的电报、政府预算文件、内阁会议记录、需要签署的决议以及分门别类的情报报告。

[1] 指汤玛斯·齐本德尔，与下文中的乔治·赫伯怀特都是英国著名的家具大师。

另外，在每天晚餐之前，她都会接到一个小一点儿的公文箱，里面装的是总党鞭送来的当天议会活动的简报。她喜欢“300到900个字的简报……内容简明扼要”。议会的记录员们会把当日议会上的“低功率”讨论、“吵嚷和揶揄”记录下来，还包括对“充满智慧和激情、尖锐的”演讲的赞美之词。根据一位观察家所说，在接待政客们共进晚餐时，伊丽莎白二世“掌握的情况一点都不比他们少”。

女王每天还会收到一份当天的“宫廷公报”（Court Circular），这是一份当日王室活动的清单，由王宫的新闻官员编写，在经过她的审查之后，第二天会刊登在《泰晤士报》和《每日电讯报》上面。她在政府文件上也会做类似的修改和评论，女王签署过的文件全部会在第二天早上8点之前送到其私人秘书办公室里。据迈克尔·阿迪恩估计，伊丽莎白二世每天用于处理文件的时间大概有3个小时，而熬夜办公也是司空见惯的事。

到了周末，女王的公务文件箱就更大一些，里面装满了需要处理的文件，而她则常常会在周末工作到凌晨，迅速而彻底地阅览所有文件。有一次，伊丽莎白跟几个好朋友聚会，她突然说：“我得去办公了。”“必须得去吗，夫人？”有人这样问她。“要是有一天不看，以后就很难再搞清楚那些事了。”女王答道。

伊丽莎白二世的工作日程中还有最重要的一环，那就是在王宫一层起居室里进行的私人接见。“这是我接见大臣的方式，在谈话中不会有第三者在场。”她曾这样解释道。这样的会谈能让她“清楚地了解到政府和行政部门的真实状况……由于没有第三者在场，我们就可以畅所欲言，无须忌讳”。她说这种私密性和由此而生的坦白尽言“是我获得信息的基础”。

在大多数情况下，伊丽莎白二世每天上午都会用大约90分钟接见身穿常礼服或民族服饰的新任大使，接受他们递交的国书[1]；接见前来辞别回国的外交使节；接见神职人员、政府官员、军队官员、名人；有时候也会利用这个时间单独授勋，而不是固定于大型的授勋仪式上进行。以上所有情况中，被接见者都需要严格遵循传统的觐见规矩：先是在宽敞镀金的“甲戟厅”（Bow Room）等待召唤，女王按响蜂鸣器后门会打开，被接见者通名，先迈一步走进室内，然后行屈

[1] 国书，国家间往来或共同议定的文书。亦专指一国派遣或召回大使、公使时，由国家元首署名的递交给所驻国元首的文书。

膝礼或鞠躬礼，再往前走三步，再行屈膝礼或鞠躬礼，然后跟女王握手谈话。谈话期间可能是站着，也可能由女王赐座。觐见之前，会有内廷女官、侍从武官或私人秘书对来客进行礼仪规矩方面的指导，而女王也会提前阅读每位觐见者的简介。会谈中，女王就像一架精准的生物钟一样，总是能在确切的时刻终止谈话，此时她会伸出手与来客握手表示会谈的结束。然后，她会再次按响蜂鸣器，召唤王宫的高级工作人员送客。

即使只有她和菲利普亲王两个人进餐，女王私人套房内起居室的餐桌也是精心布置的，负责这项工作的男侍管理着三个独立的餐具室：玻璃器皿、银器和瓷器。另有一个男侍负责推着装有食物盘子的古老的木质手推车，穿过长长的走廊，将食物从王宫另一侧地下室的厨房送到起居室来。在午餐之前，伊丽莎白二世会先饮用一点儿用杜松子酒和杜本内酒调制成的开胃酒（按1：1调制，配上冰块和柠檬），在晚餐前则会喝较烈一点儿的杜松子马提尼。她喝的杜松子马提尼是纯的，而菲利普则会把自己那一份调成鸡尾酒。他们用餐时会有一位男侍负责服务，一般情况下饭菜也比较简单，常见的也就是烤肉、鸡、鱼（经过去刺处理）、温莎庄园里种植的蔬菜、奶酪，等等。伊丽莎白二世不喜欢放多了调味料的饭菜，还不喜欢大蒜、酱汁意大利面，还有像牡蛎、蚌这样的贝类食物。另外，她不喜欢太甜的食物，但是在吃草莓和奶酪时，她会像个小孩子一样把它们碾成泥再吃。

“她对食物并不挑剔，”一位曾在王宫工作的人说道，“对她来说，食物就是燃料。若是吃牛排，我们会给她最小的那一块，还得是全熟的。”伊丽莎白二世的日常必需品之一是“莫尔文矿泉水”[1]，除饮用之外，还用来制冰。女王在海外访问期间也会随身携带，以防饮用当地自来水染上疾病。

女王的午饭很少会超过1个小时，午饭之后，她下午要做的事比上午更繁杂一些：她会先在室外接见来宾，再伏案工作，然后还有一次接见，之后牵着柯基犬在王宫花园里长时间散步，接着去洗澡、做头发，或在更衣室里试衣服。她的更衣室里有几面镜子，还有一个套着桌罩的梳妆台，梳妆台上是金发刷，还有几个装有照片的相框。

下午茶时间是雷打不动的，每天下午5点，女王的男侍就会用铺着蕾丝饰边

[1] Malvern water，出自英格兰赫里福郡和伍斯特郡交界处莫尔文山，是天然矿泉水，一直是英国王室的御用饮用水。

罩布的手推车给她端来几盘三明治，三明治用半圆形薄面包做成，中间夹着黄瓜、鸡蛋和豆瓣菜，一同端来的还有烤饼、姜饼和小松饼。女王在茶壶里泡格雷伯爵茶或大吉岭茶[1]，每个茶杯倒一勺左右的茶水。她喜欢喝微温的茶，并且只吃三明治，其间把烤饼掰碎喂给脚下的柯基犬。

伊丽莎白二世继位时，查尔斯刚刚3岁，而安妮只有18个月大。所以，他们的主要活动地点就是白金汉宫二楼一个有6个房间的儿童套房，或是在外面广阔的花园里，其间由两位保姆负责照看。作为王室迈向现代化的第一个举措，伊丽莎白二世免去了小王子、小公主见到她时要行正规鞠躬礼和屈膝礼的老规矩。工作日期间，用完早餐之后，查尔斯和安妮会在9：30下楼来跟父母玩一会儿。直到下午茶时间他们才会再次见到父母，这时会由保姆把他们带下楼“在睡觉前好好玩玩”，在这段时间里，有时候查尔斯会跟父亲在游泳池里泼水玩。

查尔斯和安妮下午6点就准备睡觉了，女王不得不因此调整了自己的工作时间安排。乔治六世在世时，每周二下午5：30会接见首相。伊丽莎白二世刚刚继位时，也是按照这个时间接见首相，但查尔斯和安妮抱怨：“为什么妈妈今天晚上不陪我们玩？”所以，她把接见时间改到了6：30，这样她就可以先到儿童套房里陪孩子们洗澡，给他们盖好被子，在安顿好儿子女儿之后再去跟温斯顿·丘吉尔商议国是。

对菲利普来说，适应“女王的丈夫”这个角色不是件容易的事。“对一个积极活跃的人来说，很难一下子就适应这个角色。”帕特里夏·布拉伯恩如此说道。伊丽莎白二世的一切事务都有现成“体例”，只需按部就班就可以了；而菲利普却需要在妻子的廷臣监督下工作生活，还没有先例可供借鉴。

利顿·斯特莱切（Lytton Strachey）在其所著的维多利亚女王传记中曾说过：“阿尔伯特亲王对英国王室的影响是无法界定、无法衡量的。他是王室家庭的领导，是王室生活的主管，是女王私人事务的负责人，是女王独一无二、深信不疑的政治顾问，是女王与政府官员会谈时唯一的助理……他还是王室孩子们的导师，是女王的私人秘书，是她的终生大臣。”1857年，维多利亚女王正式赐予阿尔伯特“王夫”称号，以彰显后者在与女王成亲之后的70年里独特而

[1] Darjeeling，大吉岭茶，印度大吉岭地区产的一种红茶，源于中国。冲泡后光泽呈浅金色，口感香高味浓，被誉为“茶中香槟”。

卓越的地位。

然而，反观菲利普这边，一方面，他不能干涉妻子的政务，不准接触她的政务文件箱；另一方面，女王和菲利普都认为，在20世纪，“王夫”这一称号的任命既不可取，又不合适。“王室已经发生了变化，”菲利普后来对传记作家格雷斯·布兰德瑞斯（Gyles Brandreth）说道，“它已经变成了一种制度。我只能去适应它……总是有人对我说不能做什么。‘这件事您无权干涉。’‘请不要插手。’我得尽力帮助女王，还不能碍事。最难的是如何想办法帮得上忙。”

与阿尔伯特亲王一样，菲利普亲王也被内廷的资深大臣们看作“外人”。“我就是一个‘上门女婿’。”有一次他如此自嘲道。长久以来经历的怠慢和轻视使他深受伤害。“菲利普总是遭遇排挤、冷落、训斥、谴责。”约翰·布拉伯恩如此说道。对菲利普的戒心大多是由于他跟迪基·蒙巴顿的亲密关系所引起的。“我的父亲被认为是一个‘左派’人物，很激进。”帕特里夏·布拉伯恩回忆道，“他们担心菲利普会给王室带来激进的思想，会令人感到不安。”

对菲利普最大的打击发生在乔治六世刚刚去世的那几天里。其间玛丽太王太后听说迪基·蒙巴顿曾耀武扬威地宣称“蒙巴顿王朝的到来”，她与儿媳伊丽莎白王太后对迪基·蒙巴顿的放肆傲慢极为生气，伊丽莎白二世同意了她们俩的意见，决定延续祖父和父亲所使用的“温莎王朝”作为本朝称号，而没用丈夫的名字。丘吉尔和内阁也同意了。菲利普对此给丘吉尔写了一份备忘录，言辞激烈地反对首相的建议，坚持要使用“蒙巴顿王朝”的称号。这件事倒颇有讽刺意味，因为蒙巴顿是菲利普母亲娘家的姓，他的父亲并未留给他姓氏。

其实，就先例来看，道理是在菲利普这一边的。维多利亚女王就是放弃了“汉诺威王朝”的称号，而采用了丈夫的姓氏，她的儿子爱德华七世就是“萨克森-科堡-哥达王朝”的首个国王，其后乔治五世因政治原因才将其改为“温莎王朝”。事实上，伊丽莎白二世完全有权力为朝代改名。她不愿这样做的原因，一是不愿与丘吉尔在此事上对立，二是不想违背祖母和母亲的意愿。然而，她未能预见到这个决定将会给菲利普带来多么深远的影响，也导致了他们婚姻关系的紧张。“她当时太年轻了，”帕特里夏·布拉伯恩说道，“而丘吉尔却老于世故，阅历极深，他的建议符合宪法规定，所以她就答应了。我想，如果时间再稍晚一点儿，她就可能会说‘我不同意’。”

“我是全国唯一一个孩子不跟自己姓的男人，”菲利普曾对朋友们发泄道，“我不过是个该死的变形虫而已，不断改变自己迎合别人。”迪基·蒙巴顿对此事则更是直言不讳，谴责“醉鬼丘吉尔”“胁迫”了女王的立场。丘吉尔对蒙巴顿伯爵心存猜疑和怨恨，很大程度上是因为他是克莱门特·艾德礼（Clement Attlee）首相所任命的最后一任印度总督，而在他的任期内印度获得了国家独立。“丘吉尔一直不能原谅我父亲‘丧失了印度’。”帕特里夏·布拉伯恩说道。

在菲利普的默许下，迪基·蒙巴顿继续暗中策划，企图改变女王的决定。与此同时，菲利普也找到了自己的事业来支持妻子的工作。在接下来的几十年时间里，他积极地赞助了800多个不同的慈善团体，包括体育运动、青少年成长发展、野生动物保护、教育、环境保护，等等。在王室内部，他负责管理所有的皇家庄园，这就“为女王节省了大量时间”，他如此说道。但更值得注意的是，根据查尔斯王子的官方传记作家乔纳森·丁布比（Jonathan Dimbleby）在1994年所述，女王在涉及孩子们的决策上面“完全听从菲利普的意见”。

丁布比还写道，伊丽莎白二世让菲利普担当家庭的最终决策者，因为“她不是对儿女漠不关心，而是保持一种超然的态度”。身为报纸编辑兼保守党政客的威廉·迪兹（William Deedes）与自己的儿女也不算亲近，他认为女王很少介入孩子的事情是因为“她努力成为一个称职的国家元首，对她来说这个担子太重了。女王是极其仁慈的，但她能跟家人相处的时间太少了。我完全理解这种情况，但它会产生这样那样的问题”。

特别是在刚刚继位的那段时间里，伊丽莎白二世总是想表现出君王的威仪。“前5年时间里，她的举止特别庄重。”一位资深的内廷女官如此回忆道。原先作为年轻公主的自由和快乐——比如说，有一次她去参加在美国大使官邸举行的舞会，打扮成爱德华七世时代的女仆样子，而菲利普则打扮成男服务员——几乎一去不复返，至少在公共场合她再也不能像以前那样无拘无束了。时刻保持尊贵的样子是至关重要的，即使她的年轻和美丽给了她先天的优势，她也会遵照玛丽太王太后的劝告，极少露出笑容。“比起沉闷的乔治六世而言，由一位年轻的女王担任英国的元首是多么好啊！”小说家南希·米特福德（Nancy Mitford）如此写道。伊丽莎白二世另一个优点在于，她在公共场合的言谈往往惜字如金，这样就使她保持了一种神秘色彩。

伊丽莎白二世必须处理好与自己的母亲、51岁的国王遗孀之间微妙的关系。正如当时她曾写到的那样，伊丽莎白二世明白自己的生活将变得越发充实丰富，而她的妹妹和母亲的未来则是空虚单调的。王太后善于在公众面前表现出恰当的情绪，但她曾跟朋友们倾诉过内心的悲伤。她曾对伊迪丝·希特维尔（Edith Sitwell）说“自己被悲伤和苦恼的巨大阴云吞没了”。王太后失去了自己的丈夫，失去了白金汉宫的房子，也不再是王室的主角。她同意搬到克拉伦斯宫去住，但搬走之前仍在白金汉宫居住了1年之久。

其间，王太后曾到苏格兰荒凉的北部沿海地区拜访住在凯斯内斯郡（Caithness）的朋友们，她一时心血来潮买下了当地一个又小又破的城堡。这个城堡位于一片小树林之后，树木由于常年受强风吹打而长得又矮又歪，从城堡望去，奥克尼群岛（Orkney Islands）尽收眼底。“它看上去真凄凉，”王太后如此说道，“就像我一样。”她把这座城堡命名为“梅伊堡”（the Castle of Mey），并打算“每当生活不如意的时候就到这里来躲一躲”。王太后购买梅伊堡只花了象征性的100英镑，但伊丽莎白二世斥巨资对其进行整修，整个工程包括修建浴室和通电，耗时3年。

在阿尔伯特亲王去世之后，维多利亚女王在服丧期间远离了王室的大小公务，但伊丽莎白王太后却不能这样。所以丘吉尔于1952年秋季与她会面，力劝王太后继续从事其广受赞誉的分内公务，同时帮助她的女儿履行君主的职责。王太后同意了，恪尽职守地承担起“国家的祖母”这一角色，担任各种慈善事业的赞助人、国家和英国王室的友好大使。她始终面带微笑、神采奕奕，奉行着自己的信条：“人生和生活的关键是给予，是不断做出新的善行。”

王室摄影师塞西尔·比顿说王太后是“我们伟大的母亲和保姆……她的仁慈和善让人如沐春风”。罗伊·斯特朗（Roy Strong）曾是“国家肖像美术馆”（National Portrait Gallery）和“维多利亚与阿尔伯特博物馆”（Victoria and Albert Museum）的馆长，他说王太后有种在一瞬间把握人心的亲和力和戏剧天分，她出场时“就像20世纪30年代的音乐喜剧明星走下楼梯一样”。若是她戴着珍珠首饰在苏格兰的河边钓鱼，或是像比顿描述的那样，在约会时“如一片粉色的云彩”翩翩来迟，都不会有人感觉不满。

王太后不能再嫁，不能对别的男人再生爱意，但几乎没有人能预测到，她人生的一半时间都将孑然孀居。在王室的公务之外，她需要一些情感的补偿。所以，女王允许甚至慷慨地资助母亲去过一种无忧无虑而奢侈的私人生活。于是，王太后几乎过着天天宾客满门的日子，身边时刻围绕着活力四射的朋友。

王太后和女王几乎每天都通电话。当王太后拿起话筒时，王宫的接线员会对她说：“早上好，陛下。陛下正在等陛下接电话。”这个称呼冲突的尴尬趣事长期以来在朋友圈里、王宫廷臣们中间都是个不衰的笑柄。在电话中，她们二人常常会谈论马匹和赛马，还会说些八卦消息、家庭事件。“她们母女二人是‘知心朋友’，”王太后身边的资深内廷女官弗朗西斯·坎贝尔-普雷斯顿夫人（Dame Frances Campbell-Preston）回忆道，“女王可以向王太后倾诉遇到的问题，而王太后也十分清楚女王肩负的巨大责任。她和前国王曾经经历过这些事情，所以她知道女王的压力有多么大。”

坎贝尔-普雷斯顿回忆说，王太后在某种程度上“属于爱德华七世时期的贵族，其观点有些刻板”。一位前王室官员也曾说过：“女王做事恪守传统、按部就班的风格大部分是受到了她母亲的影响。”而由此所产生的结果就是，每当菲利普亲王和其他高级顾问想要对王室现状做出改变时，王太后始终是一个阻碍。“不论什么问题，都需要考虑到王太后的看法，”另一位前王宫官员如此说道，“女王总是会问：‘王太后知道这件事吗？’”

虽不是出于奉承，但对她们二人的比较却总是存在的：年轻的女王稳重沉着、克己守礼；而王太后则是精神饱满，洋溢着欢乐的气息。私下里两位女士互相尊重，但王太后在见到女王时需要行屈膝礼。另外，王太后的侍从武官理查德·莫利纽克斯（Richard Molyneux）发现，在1952年6月王室一家去温莎堡时，“女王更有君主的气势。进入房间的时候，她走在丈夫和母亲前面10米的距离。”

伊丽莎白二世即位的第一年里，大多数时间是在准备将在1953年6月2日举行的加冕典礼。其中最大的问题是让不让电视台对加冕礼进行转播。她最初的想法是不让灯光和镜头打扰这个神圣的典礼，对此丘吉尔也持同样的意见。但是，当禁止电视转播的消息在10月对外发布之后，广播电视公司和广大群众对被排除在如此盛典之外而向王宫强烈抗议。

女王了解到自己的国民渴望看到自己加冕，所以她做出了让步，答应对加冕礼进行电视直播，但除去典礼过程中最为神圣的时刻，如受膏[1]和领圣餐等，另外还不许拍摄特写镜头。在她继位后的首个圣诞演讲中，伊丽莎白二世心怀满意地宣布，在加冕礼过程中，“威斯敏斯特大教堂外面的无数人都能听到教堂内的宣誓和祈祷，都能看到大部分古老的仪式……我请求大家，不论你信奉哪种宗

[1] 受膏，亦称傅油，是将油倾倒或抹在受膏者的头等身体部位，为许多宗教和种族所采用。基督教最早将受膏视为使人或事物摆脱魔鬼的影响或疾病的一种精神慰藉，也标志着受膏人引入了神圣的能力，获得完成神的使命的资格。

教，请在当天一起为我祈祷——祈祷上帝赐予我智慧和力量助我实现誓言，我将虔诚地为上帝和子民奉献终身。”

这年秋季，伊丽莎白二世还对菲利普亲王进行了安抚，她宣布今后在国会开幕大典时菲利普亲王的“地位将仅次于女王本人”。11月，在女王主持国会开幕大典时，菲利普亲王坐在上议院的宝座上，就在女王的王座左手下方几英寸的地方，跟当初阿尔伯特亲王的待遇一样。伊丽莎白二世的演讲稿是由丘吉尔首相撰写的，跟她父王结结巴巴的演讲不同，伊丽莎白二世这次11分钟的演讲十分完美流畅。摄影师塞西尔·比顿是个善于观察的人，他注意到女王的眼神“丝毫没有忙碌和疲倦的痕迹”。

菲利普亲王在议会所受到的待遇在第二年6月的加冕礼上是行不通的。在女王的建议下，菲利普亲王被任命为观礼会的主席，但不能走在女王的身边。“女王就是应该独自完成加冕礼，”盖伊·查特里斯回忆道，“菲利普亲王一定很难接受这件事。但历来如此。她是女王。如果反过来，女王是个男人的话，那么做妻子的就可以陪同他参加加冕礼了。”1937年，伊丽莎白一世是先在裸露的头部受膏，然后与丈夫一同加冕；但根据传统，女王的配偶既不受膏，也不加冕。

在离伊丽莎白二世的加冕礼还有两个月的时候，1953年3月24日，玛丽太王太后在睡梦中去世了，终年85岁。她的遗体在议会大厦的威斯敏斯特宫里接受人们的瞻仰，然后葬于温莎的圣乔治教堂。她的儿子温莎公爵[1]赶来参加了她的葬礼，但伊丽莎白二世并未邀请他参加当晚的宴会，也没有邀请他参加自己的加冕典礼。她同意丘吉尔的建议，认为“让一个退位的国王参加这个典礼是不合适的”。心怀怨恨的温莎公爵在给妻子的信中写道：“我的亲戚们都是些自鸣得意、令人讨厌的人啊。”

英国此时正慢慢从战后的物资定量配给和经济停滞中复苏过来，而对女王加冕礼的舆论宣传也把英国的人心聚拢到一起，他们的爱国主义热情和对典礼的期待之情空前高涨。玛格丽特公主说这就“像是凤凰涅槃一样。一切都在灰烬中重生。这个美丽的年轻女士就在我们身边，情况好转的势头已经不可阻挡”。先前丘吉尔所鼓吹的“新伊丽莎白时代”也许不太现实，但它暂时把握住了公众的想象力，并强调了英国王室的重要性。用瑞贝卡·韦斯特（Rebecca West）的话说：“王室是国家的象征，是国民生计的象征，是我们自尊的保证。”

[1] 即退位的前国王爱德华八世。

几个星期里，女王一直在努力学习长达3小时的典礼中的各种细节问题。她与第99任坎特伯雷大主教杰弗里·费舍尔（Geoffrey Fisher）数次会面，后者给她讲解每个仪式的精神意义，还教她祷文。女王每天都在白金汉宫的宴会厅里练习“台词”和各个步骤。她把床单缝在一起系在肩膀上，还额外增加了重量以模拟她在典礼当日要穿的沉重的礼服和裙裾。她还头戴重达5磅（约2.27公斤）、查理二世在加冕礼时戴的“圣爱德华王冠”（St.Edward's Crown）坐在桌旁，听她父亲加冕典礼时的录音。

第16代诺福克公爵是一个身材矮小、面色红润、工作高效的人，他是世袭的宫廷典礼大臣[1]，负责筹划女王的加冕典礼。这个安排颇具讽刺意味，因为他是一个罗马天主教徒，却要负责一个正统的新教仪式。在威斯敏斯特大教堂的典礼排练中，由他的妻子诺福克公爵夫人拉维尼亚（Lavinia）担任女王的角色。有好几次排练，女王都在一旁专心地观察其中的细枝末节。典礼过程中，女王将由6名内廷女官陪同，她们都是英国高级世袭贵族——公爵、伯爵、侯爵——的未婚女儿，她们负责提着女王的王袍。她们也在威斯敏斯特大教堂参加反复排练，还到白金汉宫跟女王排练过一次。当问到是否需要在典礼过程中稍停片刻休息一下时，女王答道：“没事儿。我壮得像头牛一样。”

据估计，大约有100万人涌入伦敦来观看此次盛事，其中还包括4万名美国人。美国的官方观礼团由乔治·马歇尔将军（General George Marshall）带领，成员包括加利福尼亚州州长厄尔·沃伦（Earl Warren）和奥玛·布莱德利将军（General Omar Bradley）。24岁的杰奎琳·布维尔（Jacqueline Bouvier）也在人群之中，此时她是《华盛顿时代先驱报》（*Washington Times Herald*）的记者，日后成了美国总统约翰·F.肯尼迪的夫人。她对伦敦的盛况做了即兴报道，在新闻稿中她写道：“所有参加观礼的宾客都住在克拉里奇大酒店”，在加冕礼当日，参加仪式的贵族女士们需要在凌晨3：30之前就把头发做好，这样才能头戴王冠在6：30赶到教堂里坐下，“的确是颇费周折”。

加冕日前夕，成千上万的人忍着反常的低温、猛烈的寒风和倾盆大雨在典礼队伍的行进路线上占好位置。第二天，典礼于9点开始了。典礼队伍包括29个方队和27辆四轮马车，还有代表50个国家的1.3万名士兵，其中包括印度、巴基斯坦、马来西亚、斐济、澳大利亚和加拿大，等等。汤加（Tonga）是英国在

[1] Earl Marshal，英国宫廷典礼大臣，兼任纹章院院长，是诺福克公爵的世袭职位。

南太平洋的一个保护国，汤加女王是萨洛特·图普三世（Queen Salote），她是队伍中最引人注目的人，毫不在乎寒冷的天气坐在敞篷马车里，“她是一个体型庞大、开朗热情的人[1]，她身穿紫色的丝绸衣服，王冠上华丽的羽毛在寒风中摇曳着”。

伊丽莎白二世乘坐7米多长的“黄金国家马车”[2]前往威斯敏斯特大教堂。“黄金国家马车”全身镀金，门板上是画于18世纪的经典油画。马车由八匹灰马牵引，其中一匹叫艾森豪威尔，与当时美国总统同名。伊丽莎白二世头戴她曾曾祖母维多利亚女王的王冠，身穿短袖、心形领口的绸缎加冕礼服，其紧身上衣和钟形裙上面装饰着大英帝国和英联邦国家的象征饰物：象征英格兰的玫瑰、象征苏格兰的蓟花、象征爱尔兰的三叶草、象征加拿大的枫叶、象征新西兰的桫椤等，都用淡色丝线、金银线精巧刺绣镶边，点缀着半宝石[3]、小粒珍珠和闪烁的水晶。在群众雷鸣般的欢呼声中，女王面带微笑，上下挥舞着戴着白手套的胳膊向人们致意。菲利普亲王身穿英国海军上将的军装礼服，典礼时他在外面穿上了贵族的深红色长袍，肩上披着貂毛披肩。

上午11点，内廷女官们迅速出现在威斯敏斯特大教堂的门口迎接女王的到来，她们穿着统一的白色丝绸礼服，上面是珍珠色的刺绣。“女王很放松，她看上去真是太漂亮了。”安妮·格林康纳（以后的安妮·库克夫人，是莱斯特伯爵的女儿）回忆道，“她身形娇小，腰肢纤细，面色红润，眼睛大而有神。菲利普亲王在她身边照应着，指挥我们‘这么做那么做’。”女王的一位随从对她说：“您一定很紧张吧，夫人？”“那是当然，”伊丽莎白二世答道，“但我确信‘光环’能赢的。”原来，她话里指的是4天后要参加德比赛马会的那匹马。

德文郡公爵夫人（the Dowager Duchess of Devonshire）是女王的首席内廷女官（the Mistress of the Robes），她在6位内廷女官的协助下，为女王穿好由貂毛和金饰带镶边的深红色天鹅绒王袍。内廷女官们随后抓着王袍

---

1 萨洛特身高有1.91米。

2 Gold State Coach，黄金国家马车，英国王室的御用马车之一，1762年建造。车重4吨，长7.3米，高3.7米，从乔治四世开始就是英国国王加冕礼时乘坐的马车，由于其年代久远、重量过大、操控性欠佳等，只用于国王加冕礼、皇家婚礼和国王在位50周年等庆典中。

3 在宝石学中，宝石一般分为贵重宝石和半宝石两类。贵重宝石主要有四种，即钻石、红宝石、蓝宝石和祖母绿，而其余的宝石，像水晶、玛瑙、碧玺、孔雀石、琥珀、珊瑚等属于半宝石。

边缘的丝绸提手，把18英尺[1]（约5.5米）长的王袍提了起来，这时女王回头说道：“准备好了吗，姑娘们？”接着，她们手提长长的王袍，跟随女王缓步走入教堂通道，向教堂中央铺着金色地毯的加冕礼“舞台”走去。伊丽莎白二世的加冕礼要在高高的圣坛前面进行，圣坛上覆盖着金色、深红色和蓝色的织锦，上面摆放着权杖、宝剑和王冠，它们在电视转播所用的弧光灯的照射下闪烁着光辉。

一同走进教堂的队伍中包括一些国家元首、外交官、一位身穿豹皮头戴羽毛头饰的非洲酋长、一位身穿黑色长袍的穆斯林、外国王储们，还有王室的其他成员，其中有菲利普亲王的母亲，她身穿铅灰色修女袍、包着头巾，王太后和玛格丽特公主则披着12英尺（约3.6米）长的王袍。女士们都穿着礼服，男士们穿着长袍或传统服饰（“都是从早已尘封的英国历史中胡乱拽出来的各种传统服装”，《巴尔的摩太阳报》的记者拉塞尔·贝克对此如此写道），没穿长袍和传统服饰的男士们则是选择了白领结和燕尾服，工党政客安奈林·比万（Aneurin Bevan）却毫无顾忌地穿了一套黑色西装。

女王来到圣坛跟前时，她沉重的裙裾“以优美的节奏前后摆动着”。此时威斯敏斯特学校（Westminster School）的唱诗班齐声高唱：“Vivat Regina Elizabetha！Vivat！Vivat！Vivat！”[2]这是整个典礼中仅剩的拉丁语痕迹了。[3]整个加冕礼仪式的大部分传统可以追溯到1066年圣诞节时“征服者威廉”首次在威斯敏斯特大教堂进行的加冕典礼。根据传统，加冕仪式中伊丽莎白二世需要依次坐在三个地方。“权力宝座”（the chair of Estate）位于王室观礼台的前方，正对着典礼台的中央。王室观礼台的前面是一个长长的桌子，上面密密麻麻地摆放着大盘子、酒杯、盐瓶等镀金银器和纯金器皿。橡木雕刻的“爱德华王座”（King Edward's Chair）自从1308年就在历届加冕典礼上使用，它朝向高高的圣坛。在“爱德华王座”后面庄严的高台上，还有一个正对圣坛的椅子，那就是女王的宝座，伊丽莎白二世将在受膏和加冕之后坐到上面。

---

[1] 1英尺≈0.31米。

[2] 拉丁语，意为：“伊丽莎白女王万岁！万岁！万岁！万岁！”

[3] 16世纪，英国专制王权与罗马教廷争夺英国教会最高统治权和经济利益的斗争已近白热化，再加上罗马教皇不准亨利八世与不能生育的西班牙妻子离婚，因为这样可能导致英国王位的继承权落到西班牙王室的手中，亨利八世因此在全国开展宗教改革，并最终脱离罗马教廷，将圣公会作为英国国教，教会中使用的语言也从拉丁语改为英语。

伊丽莎白二世站在“爱德华王座”旁边，在大主教的主持下，开始进行加冕典礼的“身份认可仪式”——由大主教把她引见给坐在威斯敏斯特大教堂四面的7500名贵宾。教堂内前后左右四个方向的来宾依次齐声高喊“上帝保佑伊丽莎白女王！”然后是号声齐鸣，接着伊丽莎白二世要向他们行俯首礼和半屈膝礼——这是她登上王位后唯一一次需要行这种双重礼的时刻。

接下来，伊丽莎白二世宣读了加冕誓词，她发誓尊重英国的法律、领土、领地和财产，“维护上帝的律法”。然后，加冕礼中最为神圣的时刻到来了。她站在“权力王座”前面，几位内廷女官走上前来，为她脱去深红色的王袍、手套、首饰和王冠。德文郡公爵夫人、掌礼大臣（Lord Great Chamberlain）和乔蒙德里侯爵（Marquess of Cholmondeley）随后为她穿上“受膏礼服”（Colobium Sindonis）——这是一件套在加冕礼服外面的、朴素的白色亚麻低圆领礼服，下身是宽下摆的褶裙。“乔蒙德里侯爵要在女王背后帮她穿上受膏礼服，”安妮·格林康纳回忆道，“他不会扣钩眼扣，所以女王的受膏礼服上缝的是摁扣，这样他就能很容易地把扣子扣上了。”

这时，4位“嘉德骑士”（Knights of the Garter）手举银杆，挑着一个丝绸和黄金织成的华盖走上前来，罩在“爱德华王座”的上方。伊丽莎白二世则坐在“爱德华王座”上等待受膏。这个过程是不允许摄像机拍摄的。“这是最为打动人心的时刻了，”安妮·格林康纳继续说道，“她看上去是那么年轻，头上一点装饰都没有，身上也只是穿着裙子和无袖衬衣。”接着，坎特伯雷大主教将圣膏从一个22k金的鹰形瓶子里倒在一个12世纪的镀金银勺里，随后为伊丽莎白二世涂抹圣膏，在她的双手手掌、额头和露出的胸口上画十字。“这里蛮有趣的，”据说，“伊丽莎白二世并没有像维多利亚女王一样，后者拒绝让大主教为她的前胸涂膏。”

伊丽莎白二世随后穿上了重达36磅（约16公斤）的加冕王袍。加冕王袍是金色的厚重长袍，由三个部分组成——一是束有宽腰带的“皇袍”（Supertunica），二是围在脖子上的刺绣“圣披肩”（Stole），三是“帝国斗篷”（Imperial Mantle），斗篷扣子的外形是一只金鹰。她的这些服饰，从朴素的亚麻裙到豪华的加冕礼服，再加上受膏礼的神圣性，都表明她已拥有“神之祭司”的身份。英国王室早就舍弃了旧有的“君权神授”概念，而只信奉上帝，所以他们在行使权力时无须听从“凡人”大臣和国会的建议。但作为一个虔诚的基督教徒，伊丽莎白二世相信，通过加冕礼，她就已在上帝面前承担了为臣民服务的义务，就像教皇被授予圣职一样。

约翰·安德鲁教士是王室一家的朋友，也是第100任坎特伯雷大主教属下的高级牧师，他说：“对伊丽莎白二世来说，加冕礼真正重要的地方在于受膏，而不是加冕。受膏之后，她就肩负了神的使命，也使得她真正成了英国的女王。这是她一生中最为庄严的时刻。从此，她再也不能退位，到死为止。”

接下来的仪式是授予伊丽莎白二世权力象征物，每件物品都是王权的象征。首先是两个22k金的粗手镯，象征着诚信和智慧；然后是一些金马刺、一副白色厚手套，以表示“轻赋税”；接着是“珠宝圣剑”（Jewelled Sword of Offering），帮助她惩恶扬善。她双手平端珠宝圣剑，恭敬地将其放回圣坛上。她的右手无名指会戴上一枚红蓝宝石加冕礼戒指，以表示对臣民尽职尽责，而几根饰有宝石的权杖则代表女王的权力、仁慈和统御。一个名为“归主寰宇”的王权宝球，上有用珍贵珠宝镶成的十字架，代表救世主对人的主宰。

伊丽莎白二世静静地坐在“爱德华王座”上，几乎被笨重的金皇袍淹没，双手各拿一根镶有宝石的权杖，“紧张地等待着”坎特伯雷大主教将纯金打造、镶有444颗半宝石的“爱德华王冠”（St.Edward's Crown）戴在她的头上。只见大主教双手将王冠高高举起，然后稳稳地将它戴在了伊丽莎白二世的头上。伊丽莎白的头被王冠的重量压得顿了一下，又立刻抬了起来。伊丽莎白戴上王冠的同时，威斯敏斯特大教堂内身穿深红色貂毛衬边长袍的男性贵族和佩戴珠宝首饰的女性贵族也一起换上各自的红色天鹅绒貂毛衬边长袍，戴上各自黄金为座、天鹅绒为顶、白貂毛为檐儿的王冠。他们一同高喊：“上帝保佑女王！”接着海德公园（Hyde park）和伦敦塔（the Tower of London）里礼炮齐鸣。坎特伯雷大主教缓缓吟诵道：“上帝以此象征荣耀和公正的王冠为你加冕。”而伊丽莎白二世也感觉到了这份责任的“沉重”——在她娇小的身躯上，王袍、王冠和权杖的总重量超过了20公斤。

随后，伊丽莎白二世在坎特伯雷大主教和典礼大臣的陪同下手持权杖走上台去，坐在了自己的王座上，接受“王子和贵族们”的效忠宣誓。第一个向她宣誓效忠的是坎特伯雷大主教，随后是女王的丈夫爱丁堡公爵。他头上没有王冠，身披红色长袍走上前来，登上5层台阶，跪在妻子面前，将手放在她的双手中说道：“我，菲利普，宣誓效忠我主，尽忠竭力，至死不渝。愿上帝助我。”菲利普站起来的时候，碰了碰伊丽莎白二世的王冠，亲了一下她的左脸颊，提醒她迅速正一正歪了的王冠，然后退后一步，向妻子行鞠躬礼。

在王室观礼台上，小查尔斯王子穿着白色的绸缎衬衫和深色短裤，从后门走进来，坐在王太后和玛格丽特公主之间，看着母亲受膏、接受王权象征物、接受自己父亲的效忠宣誓，他对外婆说道：“看，是妈妈哎！”王太后听了，浅浅一笑。4岁半的王储睁大眼睛看着母亲加冕的过程，又是激动又是迷惑，而王太后则倾过身为他解释。

16年前乔治六世加冕时，王太后也是在这里，在加冕仪式的台上，自始至终微微笑着。但此刻，摄影师塞西尔·比顿发现王太后的表情中掺杂了“悲伤和骄傲”。内廷女官弗朗西斯·坎贝尔–普雷斯顿夫人说道：“王太后常常说，做国王跟当神父是一样的。我猜，看着自己的女儿受膏加冕，一定是个非比寻常的经历吧。”玛格丽特公主则带着一种稍微迷醉的神情注视着。据某人描述，“在伊丽莎白二世的加冕仪式上，“玛格丽特公主的眼神从未从姐姐沉静的脸上移开过”。但在仪式最后，她哭了起来。“殿下，您看起来很伤心。”安妮·格林康纳对红眼圈的玛格丽特公主说道。后者答道：“我失去了父亲，现在我又要失去姐姐了。她以后就会忙个不停，我们的生活全变了。”

在贵族们向女王宣誓效忠之后，举行的是领圣餐仪式。女王跪地接受了酒和面包，表示自己已经领了圣餐。漫长的加冕仪式到此终于结束了。伊丽莎白二世随后跟内廷女官们到“忏悔者圣爱德华礼拜堂”[1]稍作休息。在那里，她脱去金色王袍，戴上首饰，穿上白色貂毛饰边、白色丝绸衬里、绣有金色王冠和E.R.字样的紫色天鹅绒王袍。她还摘下了“圣爱德华王冠”，换上了轻一点儿的、只有3磅（约1.36公斤）重的“帝国王冠”（Imperial State Crown），因为前者只用在加冕仪式上，而后者则在议会开幕典礼和其他重要场合佩戴。帝国王冠上镶有世界上最名贵的宝石——其中最为名贵的，一是“布莱克王子红宝石”[2]，亨利五世在1415年的阿金库尔战役[3]中曾镶在自己的头盔上；二是“斯图亚特蓝

---

[1] the Chapel of St.Edward the confessor，以忏悔者圣爱德华命名，忏悔者圣爱德华是英国的盎格鲁-撒克逊王朝君主，1042年至1066年在位，因为对基督教信仰有无比的虔诚，被称作“忏悔者”。

[2] Black Prince’s Ruby，名字来自爱德华三世的儿子布莱克王子。

[3] the Battle of Agincourt，阿金库尔战役，发生于1415年10月25日，英法百年战争中著名的以少胜多的战役。英军在亨利五世的率领下，以由步兵弓箭手为主力的军队击溃了法国由大批贵族组成的精锐部队，为随后收服整个诺曼底奠定了基础。这场战斗的结局转变了英国人之前被动的形势，此后英军节节胜利，直到圣女贞德出现再次扭转战局。此战被法国人认为是奇耻大辱。

宝石”[1]；三是重达317克拉的库里南二号钻石[2]。在离开“忏悔者圣爱德华礼拜堂”之前，坎特伯雷大主教从自己金、绿两色的法袍下面拿出一瓶白兰地，并把酒传到伊丽莎白二世和内廷女官们手里，让她们稍饮一点儿提提神，准备下面的典礼游行。

随后，女王手持2.5磅（约1.13公斤）重的王权宝球和2磅（约0.91公斤）重的权杖，穿过威斯敏斯特大教堂的中殿进入侧厅，内廷女官们则手提她那18英尺（约5.49米）长的王袍后摆跟在她的身后。在侧厅里，她和随从们一起吃了午宴“加冕礼鸡肉”——配有咖喱蛋黄酱和杏肉的凉拌鸡肉。接下来，伊丽莎白二世和菲利普亲王坐上“黄金国家马车”，在伦敦街头进行2小时、长达7英里的巡行，此时外面正下着瓢泼大雨。

回到白金汉宫的时候，因为一路上坐在毫无遮挡的马车中，女王的鼻子和手都冻得冰凉，但她的兴致很高。随后她跟内廷女官们在“绿色客厅”（Green Drawing Room）里休息。安妮·格林康纳回忆：“我们沿着走廊跑下去，一起坐在沙发上。女王说：‘真是难以置信，一点差错都没有！’听到这句话，我们都笑了起来。”伊丽莎白二世取下王冠，查尔斯王子把王冠抱了起来戴在自己头上，却被压得跌坐在地上，安妮公主则咯咯笑着在王袍的裙裾下面钻来跑去。最后还是王太后想办法让他们消停了下来，摄影师塞西尔·比顿写道：“她把两个孩子搂在怀里，低下头亲了亲查尔斯王子的头顶。”

这是一个双喜临门的日子，除了完美的加冕典礼，另一件喜事就是当天早上传来的好消息：新西兰的埃德蒙·希拉里（Edmund Hillary）和西藏夏尔巴族的丹增诺盖（Tenzing Norgay）这两位英国登山队的队员登上了珠穆朗玛峰的峰顶。“伊丽莎白二世的探险家们”站在海拔8844米高的世界之巅，在飘扬的王旗下面用白兰地向女王敬酒。

加利福尼亚州州长厄尔·沃伦向美国总统德怀特·艾森豪威尔（Dwight Eisenhower）报告说：“伊丽莎白二世的加冕典礼使得英国的团结和凝聚力达到了空前的高度。”收看了加冕典礼的电视直播的观众人数多得令人瞠目：在英

---

[1] Stuart Sapphire，斯图亚特蓝宝石，据说此宝石原先镶在苏格兰国王亚历山大二世的王冠上，然后落到了爱德华一世的手里。后来爱德华三世又把宝石作为礼物送给了苏格兰国王大卫二世。从此，这颗宝石归斯图亚特王室所有。直到“库里南二号”的出现，蓝宝石才从帝国皇冠的正面位置转移到了背面。

[2] 见前文第013页译注。

国，其总人口是3600万人，估计有2700万人收看了电视直播，而拥有电视机的人数也比典礼之前翻了一倍。1990年成为英国首相的约翰·梅杰（John Major）当时只有10岁，他仍记得在家里第一台电视机旁收看加冕典礼时的快乐。保罗·麦科特尼[1]也是如此，他说："加冕礼太令人感动了。我跟女王一般大，以为她也只是个小孩。她是那么美丽迷人。"在美国，有三分之一的人——总人口1.6亿人中的5500万——收看了此次盛事，有的是在加冕礼当天，一边看着电视里的图片，一边收听电台广播；有的是第二天看了录像转播。

在巴黎，还有一位特殊的观众，那就是前英国国王爱德华八世。他尚未经过加冕就退位了[2]——这是一个鲜明的区别，正如伊丽莎白二世的一位朋友所说的那样："他从未受膏，所以他不是真正意义上的国王。"他上一次观看加冕礼是在1911年，那时16岁的他还是威尔士王子，参加的是他父亲乔治五世的加冕礼。现在，他已不是国王，而是温莎公爵，他身穿时髦的灰色双排扣细条纹西装，在玛格丽特·比德尔（Margaret Biddle）的家里观看电视直播。比德尔是一个美国富翁，她在家中一个房间里摆了三台电视机和好几排镀金椅子，邀请100多位朋友参加"电视午餐"。温莎公爵就坐在第一排的中间位置，他看完了典礼的全过程，"没有一丝嫉妒和懊恼"。在加冕典礼的最后，他抬起胳膊，点了一根烟，冷冷地说道："加冕礼挺好，挺感人。也许因为她是个女人，所以才尤其令人感动。"

---

[1] Sir James Paul McCartney，詹姆斯·保罗·麦科特尼爵士。歌手、音乐人、音乐创作家、乐器演奏家、诗人、企业家、画家、唱片制作人、电影制作人、动物保护主义者、前摇滚乐队"披头士"的灵魂人物。

[2] 按照传统，加冕典礼是在新王登基后18个月才举行的，中间这段时间，一是为了加冕礼做各种准备，二是为先王守丧。而爱德华八世在1936年1月20日即位，到1936年12月11日退位，共在位325天，尚未经过加冕。

“她将尤其怀念与首相每周一次的会谈，丘吉尔对朝野大事的见解和处理举重若轻，她从中获益颇多。”

1955年4月，在辞去首相职位的送别晚宴之后，丘吉尔向伊丽莎白二世告别。

图片来源：美联社

第五章 国家事务

“光环”是一匹生机勃勃的3岁栗色小马，它就是伊丽莎白二世在加冕之前几个小时里还念念不忘的东西。1953年6月6日是个星期六，在伦敦东南部的埃普索姆丘陵要举办第174届德比赛马会，亦即“加冕典礼德比赛马会”，“光环”是比赛的夺冠热门。它的父亲是“太阳神”，母亲是“天使罗拉”，但“光环”这个名字却来自它的外祖父——一匹名叫“多纳泰罗”的种马。“多纳泰罗”这个名字源自意大利文艺复兴时期的一位艺术家，他喜欢在雕刻天使形象时在他们的脑后刻上光晕。

伊丽莎白二世喜欢亲自为自己的马驹取名字。她在填字游戏以及像“看手势猜字谜”等室内智力游戏上很有天赋，她想象力丰富，而且善于快速组合信息。比如说，“天使罗拉”就是“多纳泰罗”和“菲奥拉”的后代；而“丢失的大理石”的父母分别是“埃尔金勋爵”[1]和“健忘”。“她会把各种知识综合在一起，甚至包括古老的苏格兰名称。”说这句话的人是卡那封郡伯爵夫人（the Countess of Carnarvon）琼（Jean），她的丈夫是亨利·珀切斯特，亦即后来的卡那封郡伯爵，他曾担任伊丽莎白二世的赛马经理长达30多年，女王称呼他为“珀切”。

女王夫妇坐在一辆戴姆勒敞篷轿车的后座上来到埃普索姆，赛马场里聚集了50万名观众，创下了此项赛事的观众人数最高纪录。她坐在王室包厢里，用双筒

[1] 指的是驻奥斯曼帝国大使埃尔金第七世勋爵，他将希腊帕特农神庙里的大理石艺术品切割后运回英国。1816年，英国王室花3.5万英镑将其买下，放在大英博物馆，是大英博物馆最著名的馆藏品之一。

望远镜注视着自己的骑手——身穿饰有金色穗带的紫色衣服、深红色的袖子，头戴金边的黑色天鹅绒帽子——骑着“光环”在1.5英里长的赛道上飞驰，与其他26匹纯种赛马争先恐后地冲向终点。最终“光环”获得了第二名，落后第一名“品查”4个身位。女王戴着太阳镜和钟形帽起立欢呼，虽然有些失望，但仍笑着挥手致意。冠军骑师是49岁的戈登·理查兹爵士（Sir Gordon Richards），他刚刚在几天前接受了女王赐予的骑士勋位，也是首次获此殊荣的骑师。在受邀觐见了女王之后，他说：“她是一位了不起的体育运动爱好者，对于比赛结果，似乎跟我一样高兴。”

温斯顿·丘吉尔也坐在王室包厢里，在加冕庆典仪式中，他始终是女王热情的后援。在伊丽莎白二世即位后的16个月里，她与这位英国权倾朝野的政治家建立了一种亲密而独特的关系。尽管他们两人的年龄相差50岁，丘吉尔对女王父母的敬爱，以及“二战”中的深刻经历留给他们俩太多回忆，也使二人有了很多共识。女王欣赏丘吉尔的睿智、老练和口才，希望从他身上得到指点，教自己如何成为一个合格的君主。

丘吉尔也喜欢跟伊丽莎白二世相处，尤其是因为他也跟女王一样喜欢养马、赛马，这个爱好倒是在他的人生后期才养成的。每个星期二晚上，他都会身穿双排扣长礼服，头戴高礼帽，来到“甲戟厅”等待女王接见。接见首相时的会谈内容并不固定，所以，外人很少能知道他们谈话的具体内容。许多年后，有人问伊丽莎白二世她最喜欢与谁会谈，她答道：“当然是丘吉尔，因为跟他谈话太有意思了。”也有人曾问丘吉尔，他与女王会谈时最常讨论的话题是什么，他答道：“哦，是赛马。”丘吉尔的女儿玛丽·索姆斯也同意这个说法，她说：“他们大部分时间都是在说跟马有关的事。”

丘吉尔来时，会由王宫的廷臣负责陪同，一起在隔壁的房间里等候。在接见完毕之后，他们还会喝点威士忌或汽水，再聊半小时左右。“我听不到他们谈的是什么事情，”托米·拉塞尔斯在日记里写道，“但他们的谈话常常会被笑声打断，丘吉尔走出来的时候，通常会擦擦眼角笑出的泪水。有一天晚上，丘吉尔在会谈结束后用蹩脚的法语说：‘She’s en grande beauté ce soir.’”[1]

伊丽莎白二世与丘吉尔的关系和维多利亚女王与她的第一任首相、墨尔本子爵（Viscount Melbourne）威廉·兰姆（William Lamb）有些类似。维多利亚

[1] 她今晚真是太漂亮了。

女王继位时刚刚18岁，据林顿·斯特拉齐（Lytton Strachey）所述，时年58岁的威廉·兰姆“对维多利亚女王的态度是错综复杂的，既有身为政客和臣属的顺从、慎重和恭敬，又有父母一般的温柔关怀。他对维多利亚女王恭敬而温情，既是她的下属，又是她的导师”。然而，当被问及丘吉尔是不是也像威廉·兰姆对待维多利亚女王那样对待她时，伊丽莎白二世说道：“一点儿都不一样。我觉得他很顽固。”

当丘吉尔对会谈的问题并未“做好功课”而被伊丽莎白二世找出纰漏时，后者也是丝毫不留情面的。比如有一次，丘吉尔未来得及读一份来自英国驻伊拉克大使的电报，星期二女王接见他时恰好问到了这件事：“你对来自巴格达的那封有趣的电报有什么看法？”丘吉尔讪讪地回答自己还没有看到它。随后他“怒发冲冠”地回到唐宁街10号，但在找出那封电报读了之后，才意识到它的确至关重要。

“若是要给女王一些教导的话，用教训的方式是行不通的，”丘吉尔的女儿玛丽·索姆斯说道，“她对宪法所规定的君权极为精通。而我的父亲则十分了解立宪君主与首相、内阁和议会的关系。所以，女王就有了一个极大的优势，因为她的首个首相是此中行家。大多数人在此方面是比不上我父亲的，并且，他所拥有的大量政府管理经验对女王来说简直是如虎添翼。他们谈论眼前的事务，一定也会说到各种各样的人。女王尽管很年轻，却有丰富的经历，她去过很多地方，也许对一些人的了解会超过我父亲，所以她也会告诉他自己对这些人的看法。她对人对事的专注令父亲很是惊讶。她对自己所做的事极其专心。父亲从不觉得她缺少自信。”

伊丽莎白二世的自信与日俱增，在下面这件事上可见一斑：丘吉尔在写完了关于“二战”的回忆录时，曾请她允许在书中引用自己以前写给乔治六世的两封信。女王同意了他的请求，但告诉丘吉尔，他在信中“对波兰人的评述稍显粗野”，要求他“出于国际友好关系的考虑，用词应稍稍缓和一些”。丘吉尔听从了她的意见，对10多年前所写的原信内容做了修改。

在女王的加冕礼之前几周，安东尼·艾登的胆囊手术并不顺利，被迫飞往美国波士顿进行修复手术，随后在美国长时间疗养。因此，78岁高龄的丘吉尔工作量剧增。虽说艾登只是外交大臣，但他其实是丘吉尔工作上的副手。在丘吉尔的妻子克莱芒蒂娜·丘吉尔看来，“这些额外的负担”给丈夫“造成了伤害”。艾登还在美国疗养时，丘吉尔于当年6月23日为意大利首相举办了晚宴之后中风了。令人惊讶的是，他的神志仍然敏锐如初，所以，他跟副手成功地隐瞒住了自己中风的症状，只把它说成“疲劳所致”，而把病情秘不外宣。

伊丽莎白二世时刻保持对丘吉尔健康状况的关注，还写了一封安慰信给他鼓劲儿。9月，女王邀请他去唐卡斯特赛马场（Doncaster）观看圣莱杰赛马会[1]，随后还邀请他去巴尔莫勒尔庄园度周末。尽管身体仍然虚弱，但丘吉尔的健康恢复还是很迅速的。当他坐在皇家包厢的后面时，女王对他说：“观众们想看看你呢。”于是丘吉尔就走到了包厢的前面。后来他对医生说了这件事，还说自己得到的欢呼“跟女王一样多”。

随后丘吉尔去了法国南部疗养，10月返回英国继续工作，做演讲、主持内阁会议，等等。但他很容易疲劳，记忆力也不好了。很明显，他到该退休的时候了，但女王不愿在每周与他见面时给他施加退休的压力。丘吉尔曾向艾登保证自己会在某个时刻辞职，却用一个又一个借口拖延着。在艾登的妻子克拉丽莎看来，丘吉尔首相“搪塞拖延了两年之久”。

这年夏天，在应对丘吉尔的健康状况之余，年轻的女王又遇到了一个涉及宪法问题的高度敏感的家庭事件——玛格丽特公主爱上了一位深受信任的王室工作人员，并铁了心地要嫁给他。他的名字叫彼得·汤森（Peter Townsend），当时38岁，是一位空军上校，从1944年开始就在王宫工作。他比玛格丽特公主大16岁，还是一个离过婚的人，与前妻生有两个儿子。

彼得·汤森长得英俊帅气，性格温良恭谨，他在“二战”中作为一名皇家空军飞行员曾立下赫赫战功，在“不列颠之战”[2]中击落了11架德军战机，是一个大英雄。他最初只是借调到白金汉宫当3个月的侍从武官，在王室活动中帮忙，组织后勤工作，接待来访的客人，等等。拉塞尔斯发现汤森“是一个很糟糕的侍从武官，你都不能指望他按时备好汽车，却常常因顾及他在防卫战中曾三次被敌军击中坠入海里、差点儿丢了性命而对他网开一面”。然而，乔治六世很喜欢汤森的沉稳和善解人意，并把他招入正式员工的行列。开始时汤森只是一个侍从武

[1] the St.Leger，圣莱杰赛马会，是每年9月在英国南约克郡举办的3岁马赛马会。

[2] the Battle of Britain，不列颠之战，1940年5月，英法联军在欧洲大陆溃败，从敦刻尔克撤退至英国，7月，希特勒制定了从海上入侵英国的“海狮”计划。要求德国空军使用全部兵力尽快击败英国空军，夺取制空权，配合海军和陆军在英国本土登陆。战争在1941年10月12日以德国的失败告终，由于损失过多的战机和飞行员，又无法取得英伦海峡的制空权优势，更无法借由空袭瓦解英国的地面和海上战力，德国不得不放弃入侵英国的作战计划。

官，后来却成了王室的副主管，负责所有的私人应酬。

汤森进入王宫的时候，玛格丽特公主才13岁，却因其闪耀的个性而成为皇室的焦点。乔治六世曾说过："莉莉贝特是我的骄傲，而玛格丽特是我的开心果。"与姐姐相比，玛格丽特公主更像一个顽皮的小鬼头，她机灵又搞怪，知道怎样能让父亲高兴起来；但她的性格却像水银一般无常易变，对规矩拘束不屑一顾。玛格丽特公主任性而好胜，常常因姐姐所受的教育比自己好而心怀愤恨。姐姐曾要求她也去听亨利·马汀的历史和宪法辅导，后者却告诉她说"没有必要"。也许是为了补偿这份缺憾，乔治六世对小女儿就有些纵容和溺爱，而这更加剧了她反复无常的性格。"她不会乖乖听话，"她们的表姐玛丽·克莱顿夫人回忆道，"想怎么胡闹就怎么胡闹。她精灵有趣，没人舍得责怪她，要是有人能早些管管她的性子，其实是件好事。"

虽然妹妹常常惹出乱子，可伊丽莎白总是站在她这一边。玛丽·克莱顿说："玛格丽特的风趣和搞怪总能帮她姐姐解决一些棘手的情况。"她还总是喜欢在风头上压过伊丽莎白，据历史学家肯尼斯·罗斯（Kenneth Rose）所说："女王从不炫耀，而玛格丽特公主总是风光四射。"虽然二人的天性截然不同，但她们姐妹俩的幽默感是相通的，只是伊丽莎白的才智稍显温和刻板一些。她们都善于模仿，都喜欢伴着钢琴唱流行歌曲，而玛格丽特在钢琴演奏方面极具天赋。

随着玛格丽特慢慢长大，汤森被她"与众不同的魅力"所倾倒。玛格丽特公主身高1.55米，风姿绰约，汤森说她"有一双蓝紫色的大眼睛、性感的嘴唇和凝脂般的皮肤"。他被玛格丽特"惊人的情绪表现力"而吸引，她能从"圣徒似的近乎忧郁的镇静中一下子变得失控般欢闹起来"。他还发现，"在她光鲜耀眼的外表和表面的自信之下，隐藏着一丝罕有的温顺和诚恳"。

1950年8月，玛格丽特公主20岁了，而汤森的婚姻也因妻子的数度外遇而行将破裂。玛格丽特公主和这位有着蓝色眼睛、轮廓分明的侍从武官常常聊个不停，而1951年8月，在巴尔莫勒尔庄园，乔治六世无意中看到自己的小女儿正含情脉脉地注视着在石楠花丛里打瞌睡的汤森。然而，国王和王后都移开了自己的视线。这是王室自欺欺人的"惯例"——几乎是一种天性，假装无视那些令人不快的情境。

在父王去世之后的几个月里，玛格丽特公主"陷入了无尽的黑洞之中"，于是她到汤森那里寻求慰藉。这年6月，汤森申请与妻子罗兹玛丽离婚，举证她与约翰·德·拉兹罗（John de Laszlo）通奸。巧的是，约翰·德·拉兹罗正是为小时候的伊丽莎白画像的画师之子。1952年11月，汤森与罗兹玛丽离婚了，随后他告诉托米·拉塞尔斯，自己与玛格丽特公主“深深相爱”并想娶她。这个计划他们俩先前只跟伊丽莎白二世和菲利普亲王透露过。

第二天，拉塞尔斯与伊丽莎白二世讨论了《1772年皇室婚姻法》（*the Royal Marriages Act of 1772*）中所规定的“难以克服的障碍”。在其后的日子里，他们关于此事的讨论还有很多次。《皇室婚姻法》规定，在未经国王同意的情况下，拥有王位继承权的王室成员不得结婚；但在年满25周岁之后，除非议会上下两院对此婚姻持明确反对意见，那么他或她就可以在提前一年知会枢密院的情况下自行结婚。玛格丽特公主面临的问题是，她要嫁的这个人是个离婚人士，这是英国国教难以接受的；而她的姐姐正是国教的最高领袖，她必须否决玛格丽特公主的结婚要求。玛格丽特公主是目前英国王位的第三继承人，排在伊丽莎白二世的两个孩子之后，但查尔斯王子和安妮公主年纪尚小，万一伊丽莎白二世有什么闪失，玛格丽特公主极有可能会成为摄政王……这个问题一直没有解决，而由于女王的加冕礼临近，大家都忙得不可开交，这件事也就暂时被放到了一边。

玛格丽特公主打算与汤森结婚这件事除了告诉过王太后之外，对外一直是保密的。但在伊丽莎白二世的加冕礼当日，一位小报记者无意中发现玛格丽特公主正含情脉脉地为汤森拂去粘在制服翻领上的一丝绒毛。几天之后，王宫得知一家名为《人民报》（*The People*）的周末小报即将发表一篇文章披露此事。拉塞尔斯随后于6月13日将这一情况向丘吉尔做了汇报。“事关重大！”丘吉尔大呼道，“万一女王有什么事，哪怕是一场车祸，都会将玛格丽特公主送到王位上去啊。”丘吉尔担心的不仅是国教的责难，他还担心英联邦国家的议会反对此事，因为玛格丽特公主和汤森的孩子是不适合做英国君主的。于是丘吉尔“明确表示，倘若玛格丽特公主一心要嫁给汤森，她必须放弃自己的王位继承权”。

据拉塞尔斯回忆，他和丘吉尔、迈克尔·阿迪恩一致同意，此事唯一的补救办法就是“尽快安排汤森到国外工作。女王也同意了我们的意见”。对于这件事的处理过程，外界一直以为伊丽莎白二世是在袖手旁观，任由其他人将汤森“驱逐”出了英国，而玛格丽特公主也受了拉塞尔斯的误导，误以为自己一到25岁就可以自行结婚。但事实并非如此，直到2006年拉塞尔斯写于1955年的备忘录出版，人们才知道了事情的真相。拉塞尔斯在备忘录中写道：“女王跟玛格丽特公主商议过，我估计她还跟汤森谈过话。几天后女王告诉我说，让汤森去比利时的布鲁塞尔比较合适。”伊丽莎白二世还要求发布一份声明，阐明她不是禁止二人结合的“牵连”。政府的检察总长对此做了备忘录，拉塞尔斯写了一封信，阐述了“假如英联邦国家的某些议会与其他议会持截然相反的意见时”可能会导致联邦的分裂。拉塞尔斯在这一年的年底就要退休了，但在他离开之前，这位称职的私人秘书将自己所掌握的情况分别告知了女王和玛格丽特公主，后者在1954年2月向他表示了感谢。

1953年7月，汤森起身前往自己的“放逐之地”——比利时。女王和她的顾问们希望将二人分开以冷却他们之间的热情，但玛格丽特公主和汤森仍每天都保持联系，而她也自欺欺人地认为只要熬过25岁就万事大吉了，那时即使姐姐反对也对她与汤森的结合构不成威胁。这件事就这样搁置了下来，所有当事人都陷入了慢性的苦恼之中，女王的妹妹就这样不上不下地度过了两年。

现在回想起来，伊丽莎白二世对此事的冷处理其实是在情理之中的。一直以来，无论是在王宫花园还是在皇家庄园、皇家游艇等地方举办的聚会上，离婚人士都是禁止参加的。女王的祖父乔治五世首次准许离婚人士中“无过错的一方”参加皇家阿斯科特赛马会；到了伊丽莎白二世在位时，她开始允许“有过错的一方”参加皇室聚会。尽管如此，她对离婚的反感是发自内心的，她还未登上王位时，就曾在一次演讲中对此进行过猛烈的抨击。伊丽莎白·安森夫人是王太后的鲍威斯·里昂家族的成员，她是女王的表亲，她曾经说过：“她坚信离婚是有‘传染性’的。一段婚姻的终结会令其他不幸福的夫妻也走上离婚之路。”

玛格丽特公主的婚姻这件棘手的事被暂时搁置起来了，伊丽莎白二世就把自己的精力转回到加冕典礼中去，而下面的活动是整个加冕礼的顶峰：她要用5个半月的时间访问英联邦的成员国，从百慕大群岛到科科斯群岛，其间搭乘飞机或轮船，行程43 000英里。这是伊丽莎白二世登基以来的首次长途旅行，她也是首位环游地球的英国君主。据统计，她共听了276场演讲、508次《天佑女王》演奏，做了102次讲话，握了13 213次手，接受了6770次屈膝礼。

作为英联邦国家的象征性元首，伊丽莎白二世在全世界的地位得到了提高，影响范围也得到了扩大；同时，它还变成了女王自豪和快乐的源头，也是她身份的重要组成部分。加拿大前总理布莱恩·马尔罗尼（Brian Mulroney）在女王登基6年之后曾说过：“她融入了一个庞大的机构，而其前身是大英帝国。”菲利普·摩尔爵士（Sir Philip Moore）在1977年到1986年间曾担任女王的私人秘书，据他估计，伊丽莎白二世把半数时间都用在了处理英联邦事务上面，她在位期间，对大多数英联邦成员国都进行过多次访问。

1949年，《伦敦宣言》（*the London Declaration*）将原先英联邦名字“British Commonwealth of Nations”中的“British”去掉，变成了现代英联邦，而将当时的英国国王乔治六世奉为“英联邦元首”。当年，印度独立。独立后的印度虽成立了共和国，却仍留在了英联邦成员国之内，这也为其后寻求独立的英属殖民地开了一个很好的先例。之前一年，“爱尔兰自由邦”（The Irish Free State）成立共和国，结束了英国君主作为其国家元首的历史。出于对英国几百年统治的示威和反感，以及导致爱尔兰分裂的怨恨，爱尔兰共和国脱离了英联邦。尽管如此，在之后几年里，独立的国家仍很期盼留在英联邦之内。“君主，从象征统治转变为象征着自由、自愿的联盟……这是史无前例的。”登基25年之后，伊丽莎白二世如此说道。

原先英联邦只有8个成员国——英国、加拿大、澳大利亚、新西兰、南非、巴基斯坦、锡兰和印度，到了20世纪早期，已经发展到了54个国家和地区，涵盖了全世界三分之一的人口。英联邦的大多数国家是共和政体，也有一些国家——如文莱和汤加——拥有自己的君主；其中29个海外领土和殖民地都将伊丽莎白二世奉为国家元首。

英联邦中既有第一世界，又有第三世界[1]的大大小小的国家，范围涵盖除中东之外的世界各个角落。英联邦旨在让成员国之间实现平等对话，在其内部建立一种和谐的紧密关系。由于英联邦内使用英语作为通用语言，所以它的职责更像一个论坛，促进行政管理、教育、经济、人权等方面的积极发展；而其主要缺点也在于此：英联邦的庞大和统一会令人产生对其极权统治趋势的恐慌。

在首个英联邦访问旅行的准备期间，女王的女装设计师诺曼·哈特奈尔为她制作了100套新衣服，伊丽莎白二世全程“监督”其制作过程。她喜欢白天穿正式服装，在裙子的褶边上加重，以防被风掀起；衣服大多选用鲜亮的颜色，为的

---

[1] 本书所指第一世界、第二世界、第三世界，传统意义上将西欧以及在美国“影响”下的国家作为第一世界。除了北美和西欧，第一世界的国家还包括其他工业化资本主义国家，如日本、韩国，以及前英国殖民地国家如澳大利亚、新西兰和南非。第二世界指东欧国家或者其他社会主义国家。这个概念在1991年苏联解体后逐渐退出历史舞台。第三世界指的是一些经济发展比较落后的国家，它们既不属于北约组织，也不属于华约组织，绝大多数过去都是帝国主义的殖民地或附属国。1974年毛泽东主席也曾提出过中国“三个世界”的战略划分与前不同，把美苏作为第一世界，第二世界是指日本、欧洲、澳大利亚、加拿大。欧洲部分既指西欧，也包括东欧国家。第三世界是指亚洲（除了日本）、整个非洲、拉丁美洲。

是让她能在户外集会中显得醒目；她的晚礼服一般选用奢华的面料，还往往加入一些图案以表示对所在国的敬意。女王的衣柜里还放着自己的加冕礼服，在有些国家主持议会开幕式的时候会用到。

1953年11月23日晚上，剧作家诺埃尔·科沃德在电视上看到了女王启程的仪式。他当时想道："女王看上去是那么年轻娇弱，却又那么勇敢。"女王夫妇身上"散发着无与伦比的明星气质"。女王一行人需要乘坐英国海外航空公司的高空客机历经近10小时到达加拿大纽芬兰省的甘德小镇（Gander）补充燃料，然后再飞5个半小时到达百慕大群岛。其间始终与英国和加拿大的海军舰艇保持无线电通信，以跟踪其行程。

在英国最为古老的殖民地上逗留了一天之后，女王一行人访问了牙买加，又从这里乘上"哥特号"远洋邮轮（SS Gothic），开始了为期3周的航程，准备穿越巴拿马运河前往南太平洋的斐济群岛。一路上，伊丽莎白二世在自己的起居室里办公，她写的信件会在每个停靠港口发出，再装进外交邮袋[1]，由飞机运走。在一封信中，她赞扬了丘吉尔"为了全世界的福祉"所做的努力：他与美国总统艾森豪威尔、法国总理约瑟夫·拉尼埃（Joseph Laniel）在百慕大举行了首脑峰会，打算制订一个在"冷战"期间应对与苏联核弹对峙状态的策略。其余时间，伊丽莎白二世会观看王室成员玩推圆盘、套环、甲板网球等游戏，还用摄像机拍下了"穿越赤道"庆会的场面。在庆祝仪式上，菲利普亲王打扮成"理发师陶德"的样子，作为"海神法庭"的裁决者监督每一位初次越过赤道的水手被推入船上的水池。他先是把女王的内廷女官帕梅拉·蒙巴顿推入了水池之中，后来自己也被人推了进去。

女王的首次斐济之旅就考验了她对异国风俗的应对能力。一群当地的酋长登上"哥特号"迎接女王的到来，他们跳了奇怪的"迎宾舞"：盘腿坐在甲板上边拍手边咕哝着，然后很是隆重地送给她鲸鱼牙齿作为礼物。到了岸上之后，酋长们煞费苦心地准备了大量的卡瓦酒[2]：这是一种具有强烈镇定作用的饮料，是

---

[1] 外交邮袋是本国政府与驻外外交代表机构之间传递往来文件及其他重要物品的密封口袋。它是外交特权和豁免权的体现，他国不得予以开拆、检查、扣留或阻碍通过。

[2] 卡瓦酒在南太平洋群岛国家有着悠久的历史，卡瓦酒仪式是一种高规格礼节，饮用卡瓦酒是有一定仪式的，客人要先以双手击掌三下，接过椰子壳，一饮而尽，然后将空壳还给主人，再击掌三下以示程序完成。这种仪式在斐济部落中是最高礼节的象征，外交使节、迎接贵宾、重大庆典、欢庆节日、婚礼等重大场合都少不了它。卡瓦酒虽然叫作酒，其本身并不含任何酒精，喝了卡瓦酒后舌尖会先麻木，继而精神镇静、全身松弛，体验到一种从未有过的满足与舒适。

用一种名叫卡瓦的植物的根磨碎调制而成的。女王事先已经被告知了此种饮料的厉害之处，在观看了长时间的制作过程之后，有人郑重地为她端上一份盛在贝壳里的卡瓦酒，随后她小心翼翼地啜了半口。当晚，在举办了“黑领结宴会”[1]之后，伊丽莎白二世回到“哥特号”上，仍对先前的经历惊讶不已。“你们难道不喜欢这样吗？太有趣了。”她大声说着，穿着晚礼服就盘腿坐到了餐厅的地板上。“正当女王模仿酋长们拍手嘟囔的情景时，服务员走了进来，他一下子愣住了。”帕梅拉·蒙巴顿说道。

下一站是汤加岛国。女王又要与热情洋溢的汤加女王萨洛特·图普三世会面了。后者在伦敦参加伊丽莎白二世的加冕礼时，曾弄了一辆伦敦出租车回来，这次她就是开着这辆出租车来接伊丽莎白二世的，还安排了一个700人的盛大宴会来欢迎她。他们全都坐在地上，用手拿食物吃。“女王好不容易才熬了下来，”帕梅拉·蒙巴顿回忆道，“她的胃口很小，但她知道，要是自己停下不吃了，所有人就都会停止用餐。所以，为顾全大局，她不得不来回摆弄手里的食物以延长用餐时间。”

在圣诞节之前，女王一行来到了新西兰。他们的圣诞是在新西兰总督威洛比·诺里爵士（Sir Willoughby Norrie）位于奥克兰市的官邸度过的。在这里，伊丽莎白二世发表了她的圣诞演讲。在演讲中，她向英联邦的全体国民宣告“王权绝不仅仅是英联邦国家统一的抽象符号，而是你我之间个人的、充满活力的纽带”。她还提及对一个“新伊丽莎白时代”的期盼，并且承认“坦白来说，我跟都铎王朝的祖先[2]是截然不同的，她既没有丈夫也没有儿女，在位期间是个独裁者，一生都未能离开过故国”。她强调“英联邦与过去的大英帝国没有丝毫相似之处，是建立在友好、忠诚和对自由和平的向往基础之上的”。最后，她还重申了自己在21岁生日所做的演讲中的誓言，要将“自己生命中的每一天，全身心地为这个多国家、多民族的平等联盟而奋斗”。

---

[1] 黑领结宴会是欧美国家的正式宴会，其正式性仅次于白领结宴会，高于一般宴会和商务宴会，一般只在晚上6点之后举行，着装要求比较严格。一般男士要穿黑色毛料西装，西服上衣的翻领和裤子的中线需是丝绸材质，穿白色礼服衬衫，扎黑领结，穿黑皮鞋；女士要穿无袖晚礼服、披肩、齐肘手套。

[2] 此处指的是英国都铎王朝最后一位君主伊丽莎白一世，1558—1603年在位，在经过近半个世纪的统治后，使英格兰成为欧洲最强大的国家之一。英国在北美的殖民地亦在此期间开始确立。这一时期在英国历史上被称为“伊丽莎白时代”，亦称为“黄金时代”。伊丽莎白一世因终生未嫁而被称为“童贞女王”。

5岁的查尔斯王子和3岁的安妮公主也收听了母亲的这次演讲，他们这个圣诞仍是跟外婆在桑德林汉姆庄园度过的。在父母出国期间，他们会用无线电话保持联系，而出访进展的其他消息则是来自王太后定期收到的信件。王太后每到周末就接外孙、外孙女去“皇家别墅”，这是一栋粉红色的房子，“隐藏”在温莎公园（Windsor Great Park）的树林之中。就像当初伊丽莎白公主和玛格丽特公主会在地图上跟踪父母的行迹一样，查尔斯王子也在儿童套房里的地球仪上追寻着父母的行进路线。“他深深地爱着你和菲利普。”王太后在写给女儿的信中如此安慰道。

女王所到之处，到处都挤满了热情洋溢的人。在悉尼，大量前来欢迎她的船只将海湾挤得水泄不通。据统计，为了看到女王，澳大利亚四分之三的人都走出了家门。27岁的伊丽莎白二世简直成了“全世界人民的心上人”。但女王夫妇并未被人们的热情冲昏头脑，菲利普亲王回忆道：“我们所受到的欢迎程度，你是不会相信的。要想哗众取宠简直太容易了，但我做了一个清醒的决定，不能那么做。太受人欢迎也不是件好事，不能没了分寸。”王太后对这种将公共角色和私人情感一分为二的直觉很是赞赏，她在1954年3月写给女儿的信中说道：“若是一个人能够成为一个渠道，将对国家的爱传达出去，那将是多么感人而谦逊的啊。你能感觉得到吗？”

每当女王在无尽的礼貌会谈结束后，变得疲累泄气时，菲利普亲王就会帮她把心态调整好。帕梅拉·蒙巴顿回忆道：“我记得有一次女王在澳大利亚时曾抱怨说：‘那些市长们都太无趣了，他们怎么会那么无聊呢？’菲利普亲王就跟她解释说：‘你又不是在英国天天跟他们见面，我们只在澳大利亚待两个月，所以你得多陪陪他们才对。’这件事要是换了菲利普亲王来做就简单得多了，他是那种‘自来熟’的人。但女王早先并不是一个健谈、善交际的人，所以对她来说就难得多了。再说，来觐见的人都对她心怀敬畏。按规矩，觐见者是不能先开口说话的，得等着女王先开口。这样他们的谈话就更加拘谨了。”

据摄影师塞西尔·比顿观察，伊丽莎白二世的举止是十分“节制”的：“她一点儿多余的动作都没有。”只有在高兴的时候才会笑，而不像政客们那样总是笑容满面。在接待会或露天聚会上，她会接见数以千计的来客，此时她的脸上会挂着短暂的笑容；但当她在观看演出或阅兵时，她的表情就是静止的，看上去有些严肃甚至令人敬畏。为她画肖像画的迈克尔·诺克斯（Michael Noakes）说：“她的表情没有‘过渡’阶段，要么是开心地笑，要么就是阴沉着脸。”女王也曾颇为悲伤地说道："我苦恼的是没有继承母亲天生的笑脸。"而菲利普就担当起时常逗妻子开心的任务，在悉尼举行的一次活动上，他对伊丽莎白二世说道："别总绷着脸啊，腊肠。"或者，他会故意在一些古怪的时刻背诵《圣经》，引得她发笑，有一次他低声问道："那么传入我耳中的羊叫的声音都是怎么回事啊？"[1]

日复一日，伊丽莎白二世也练就了很多技巧，比如，她能够连着站几个小时而不觉得累。几年之后，她对外交大臣安东尼·克罗斯兰的妻子苏珊·克罗斯兰（Susan Crosland）如此说道："像这样分开双腿。"说着她就把晚礼服提起来，露出脚踝，"保持平行，让体重均匀分布在双脚上就行了。"她握手的方式也是因考虑到自我保护而设计的：她伸出手，握住对方的手指部位；她的手上常常戴着7号白色手套，一是以防传染病菌，二是怕被女士的戒指割伤。

伊丽莎白二世总是在左臂弯里挎着一个手提包，这引起了人们对其意义和包内物品的猜测。菲尔·布朗（Phil Brown）是赫尔城（Hull City）足球队的经理，他在2009年的一次午宴上坐在了女王旁边，得以一窥她包里的乾坤。他说："里面基本上就是些女士的必需品而已，你能想到的都有——化妆品、零钱包、咖啡方糖，诸如此类吧。我们总会觉得应该由内廷女官帮她拿包，但对女王来说，她的包是她的精神慰藉。"

女王的内廷女官负责她其余的必需品，如一副备用手套，还有针线、安全别针等物品，以防女王的衣物需要修补。而她的私人秘书负责保管她的讲话稿，并在指定的时间交给她。但是女王也是"一位现实中的人"，一位资深内廷女官如此说道："她会用到梳子、口红、面巾纸等东西，要是她不带包，那该怎么办？"也是出于同样的原因，她的包里还常常装着眼镜、薄荷糖、钢笔，却很少装现金。只有在星期天去教堂时才会在包里放上折叠好的5英镑或10英镑纸币，以放到捐赠盘里。

人们还知道，伊丽莎白二世还带着一个设计精巧、很实用的手包挂钩。有一次，女王的表亲琼·威尔斯（Jean Wills）在伯克郡的家里举办晚宴，一位客人就曾见到过。他说："我看见女王打开包，从里面拿出一个白色的小吸盘，小心地往里面吐了点唾沫，然后把吸盘按在桌子背面。吸盘另一端是个小挂钩，她就把包挂在了钩子上。"

---

[1] "What meaneth then this bleating of the sheep?"——出自《旧约·撒母耳记》。

伊丽莎白二世通过提高自己的观察能力来发现生活的乐趣。有一次，她在人群里看到一个天主教修道士，就转头对身旁的官员说："我总是对他们的脚趾很着迷，你呢？"她会把这些小段子积累起来，以后惟妙惟肖地讲给丈夫或顾问们听。一位宫里的廷臣曾说："她通过这些模仿、复述来减缓厌倦情绪，或用来打破谈话时的拘谨。"

在漫长的英联邦巡访途中，有很多个晚上，女王一行人常常聚在一起回忆在"哥特号"上举办的黑领结宴会中的趣事。他们在澳大利亚时，会去朗德维奇（Rondwich）或弗莱明顿（Flemington）的养马场和赛马场休息消遣。周末时他们会去海滩玩，而王室的顾问们已经见惯了菲利普亲王对女王的直率无礼——有一次他们去大堡礁（the Great Barrier Reef）游玩，伊丽莎白二世拒绝换上泳装，菲利普亲王劝道："到水里来啊，反正你也没事干，起码好好游个泳。"而女王答道："我怕晒。"菲利普亲王听了，恼怒地喊道："你真是个老封建！"

在公共活动中，菲利普亲王习惯说些俏皮话、开点儿轻松的玩笑以作消遣。在车队行进中，他喜欢去找那些不被人注意的围观者，并朝他们挥手致意。独自出席某些场合时，他则倾向于发表一些反映自己兴趣的演讲。有一次，在新西兰的威灵顿有个科学家集会，他就详细地谈到了科技在农业、医药、军事上的应用。伊丽莎白二世总是逐字逐句地念演讲稿，而菲利普亲王喜欢畅所欲言的即席演讲。

在此次旅程的最后一站，女王夫妇再次投入到异国的风俗之中。他们先后访问了锡兰（今斯里兰卡）、印度洋上的科科斯群岛、乌干达和利比亚。女王身穿加冕礼服，在一个户外的大帐篷里主持了锡兰议会的开幕仪式。她在阳光下的王座上一坐就是1个小时之久，身上穿的饰有各种宝石的礼服慢慢变热，几乎要把女王"烤焦"了，然而她丝毫没有露出难受的样子。女王的随从们发现，即使是在高温之中，她都几乎不会流汗，直到她80岁高龄的时候还是如此。2010年7月，女王去访问纽约的世贸大厦遗址（Ground Zero），当时的室外气温达到了创纪录的39.5℃，她就在此高温下接见那些在"9·11"事件中失去亲人的市民，长达半小时之久。一位名叫黛比·帕尔默（Debbie Palmer）的消防员遗孀说："我们都是大汗淋漓的，女王身上却连一滴汗都没有。我想，做君王的大概都是这样吧。"但是帕梅拉·蒙巴顿在60年前就真正了解了女王"离奇的耐热能力"的原因，她说："有些人热的时候皮肤会冒汗，但女王不是的。这就意味着她不能通过出汗来散热，所以她比常人要多受一倍的苦。她曾说过不出汗才更难受。尽管不出汗会令她看起来很典雅，但其中的代价却没人能体会得到。”

在利比亚的托布鲁克（Tobruk），女王和菲利普亲王转乘新造的“不列颠尼亚号”（Britannia）皇家游艇。这艘游艇长125米，通体深蓝色，是女王夫妇与造船工程师休·卡森爵士（Sir Hugh Casson）共同设计的。菲利普亲王负责管理技术方面的设计以及船的整体装饰；女王则挑选了朴素的绣花棉布，还有门把手和灯罩。游艇内有豪华的楼梯、宽敞的会客厅和国家宴会厅，适合招待国家元首、举办大型高端接见活动。船上还有一间休闲的日光浴室，内有竹椅和柳条椅以供下午茶使用。女王和丈夫各有一间舒适的卧室，分别放着一张单人床，两间卧室间有一扇门相连。他们还各有一间起居室，里面放着嵌入式办公桌。“不列颠尼亚号”不仅是王室“漂浮的使馆”（这倒是蛮具英伦特色），在今后的岁月里满世界环游；它还是一栋隐蔽的“海上别墅”，女王曾说在“不列颠尼亚号”上她能“真正放松下来”。

“不列颠尼亚号”的处女航是在1954年5月初，它载着查尔斯王子和安妮公主去跟他们的父母会合，并接他们回英国。他们已经有近半年未见了。女王很高兴能比预想的时间更早一点儿见到孩子们，却担心他们跟父母变得生疏起来。王太后写信给女王安慰她道：“见了面你就会发现，查尔斯长大了很多，更讨人喜欢了。”

当女王登上“不列颠尼亚号”时，与当初她从加拿大访问回国时一样，她再一次表现出了严格的自律和对礼仪规矩的恪守。“不，亲爱的，你得先等会儿。”说着，她先依次向船上的贵族和官员致意，然后才握了握5岁儿子伸出的小手。当只剩下一家人的时候，他们的“重聚”才真正变得温馨深情，查尔斯王子领着母亲在游艇上四处走着，带她游览这个他生活了一周多的地方。女王告诉母亲说，自己非常高兴能跟“迷人的”孩子们团聚，她在信中写道：“孩子们都非常郑重地向我们伸出手来等着握手，我想，其中部分原因是因为我们真的出现在他们跟前了，另一部分原因是他们最近见过一些大场面。他们很快就跟我们熟起来了，整个旅程都活力四射，他们不停地问到我们访问期间的事，我们连喘气的机会都没有呢。”尽管如此，初次会面时所遭遇到的母亲的冷淡态度还是给查尔斯王子带来了负面影响，40年后，为查尔斯王子写传记的安东尼·霍顿（Anthony Holden）在写到王子童年时，就用了《不，亲爱的，你得先等会儿》来作为某一章的标题。

女王一家抵达了怀特岛（the Isle of Wight），丘吉尔在此迎候。他随后也登上了“不列颠尼亚号”，然后顺着泰晤士河向伦敦驶去。女王回忆道：“走近了才能看到这条商业用途的河流是如此之脏。”而丘吉尔却“将其描述为流淌着英国历史的银带”。女王发现，她的首相总是“用一种浪漫而有吸引力的方式看待事物，也许是一个人的眼光过于世俗了吧”。她在自指的时候常常用“一个人”来代替“我”，这样听起来很不自然，也常常被人笑话，然而这却是她谦逊的表现，因为“我”这个词显得过于自我了。

丘吉尔原定于伊丽莎白二世回国后就退休的，但他又一次动摇了。女王仍希望他能够信守承诺。在7月举办的一次白金汉宫露天聚会上，接见安东尼·艾登时，她告诉后者“丘吉尔在离任这件事上已经不再那么强硬了”。然而，丘吉尔仍在首相位子上多坐了8个月。在此期间，据丘吉尔的私人秘书乔克·科尔维尔所述，首相与女王每周半小时的会谈“拖的时间越来越长……经常一谈就是1个半小时。我觉得他们谈话的内容绝不仅仅是赛马那么简单”。

1955年4月5日，这位80岁的保守党领袖终于同意辞去首相职务。即使到了离职的最后一刻，他的决定几乎又动摇了一下，因为他觉得自己可以在与苏联进行的四国峰会上担任调解人的角色。在3月29日与丘吉尔的会谈中，女王仍保持耐心，她告诉丘吉尔自己并不介意他延迟退休。两天之后，丘吉尔正式宣布将按计划退休。私人秘书迈克尔·阿迪恩回复丘吉尔说“女王个人感到十分遗憾”，并说：“她将尤其怀念与首相每周一次的会谈，丘吉尔对朝野大事的见解和处理举重若轻，她从中获益颇多。”

4月4日，丘吉尔举办了离职宴会。在宴会上，他向女王敬酒致辞，说她“在这份庄严神圣的事业上是一个年轻有为、光芒四射的明星，在生活中充满了睿智和仁慈”。当天下午，他向内阁建议“永远都不要放弃与美国的密切关系”。4月5日，在他作为首相最后一次与女王会谈时，伊丽莎白二世打算赐予他公爵爵位（公爵爵位一般只会授予王室成员），以表彰他在英国历史上所做出的突出贡献。乔克·科尔维尔曾向女王说丘吉尔可能会谢绝这个头衔，因为他曾说过“自己希望到死都是下议院的一员”。但当丘吉尔身穿礼服套装、头戴高礼帽前往白金汉宫时，科尔维尔不由得担心起来，他害怕丘吉尔突然间感情用事改变主意接受这个头衔。“我差点儿就接受了，”在回到唐宁街10号后，丘吉尔眼含泪水对科尔维尔说道，“她是那么美丽，那么富有魅力，她如此好心地赐予我一个爵位。有那么一刻，我真的想接受这个头衔。但我还是想起了我的誓言，我要从一而终，我只想做‘温斯顿·丘吉尔’。所以，我请求女王原谅我不能接受她的好意。你也许不知道，很奇怪的是，女王似乎也松了一口气。”

在其后写给丘吉尔的信中，伊丽莎白二世说道，对她而言，后来的任何一位首相“都无法替代你的地位”。她在信中向丘吉尔表示了感谢，谢谢他在“冷战”期间的英明决策和出色领导，应对和处理了之前“无论是战时还是和平时期都无法比拟的威胁和危险”。丘吉尔回信道，自己是“尽最大努力让陛下如实面对当今复杂而重大的问题”。他还透露道，在她继位伊始他就发现，她“对现代君主这一使命的领悟和其知识的储备全都来自幼年时深谋远虑而生动的教育”，其中包括“对统治和服务两种角色的理解，其本质即是执政为民”。

宪法规定，国王有权在与其政党成员商议之后选择其下一任下议院多数党的政党领袖。丘吉尔卸任之后，在他最后一次与女王的会谈中，曾被问及是否有合适的人选推荐。但此时丘吉尔已经不是国家首相，原则上来说，他是不能给出这个建议的，所以他并没有做出明确回答，只是说把这个决定留给她。而根据科尔维尔的说法，女王告诉丘吉尔“这个问题很容易，她选定的是安东尼·艾登”。

女王也许之前暗中对托利党的官员做过调查，但她并未透露这些商讨的内容和范围。她恪守宪法的程序，不愿因个人的喜好而对政党施加影响。她在位期间始终坚守这一原则。

首次接见艾登时，伊丽莎白二世显得比较随意，几乎未做什么准备。在谈了一会儿之后，艾登终于问道：“夫人，那么……”女王答道：“我想，我需要让你来组建一个政府。”

时年55岁的安东尼·艾登是伊顿公学的毕业生，其父是一位准男爵，他可谓当时“长得最帅的政治家”。艾登学识深厚、极有教养，是牛津大学的优等生，主修东方语言，其中包括波斯语和阿拉伯语。他的从政经验也十分丰富，1923年就进了议会，先后在“二战”前、“二战”中以及战后的政府中担任要职。他的性格很有魅力，却时常会感到焦虑，有时令人难以捉摸——据外交官格拉德温·杰布爵士（Sir Gladwyn Jebb）的妻子辛西娅·格拉德温（Cynthia Gladwyn）所说，他有时“变得很古怪、脾气暴躁”，还喜欢别人的赞美和奉承。他的性情较为羞涩，这就使他显得有些冷漠，从而使得女王颇费周折才跟他建立起较为密切的关系。

伊丽莎白二世为拉近与艾登的距离所做的努力在这一年夏天有了成效：艾登

和妻子克莱丽莎（Clarissa）——她是丘吉尔的侄女——陪同女王一起到温彻斯特参加了一个军界的活动。在活动过后，艾登与女王进行了例行的每周会谈，而克莱丽莎就坐在隔壁房间里休息，她听到了二人交谈的内容。“艾登跟女王说他在‘伊克士餐厅’吃的东西——他们谈得很愉快。”克莱丽莎在日记中如此写道。几年之后再次回忆当时的情形，她又说道：“他们一直是在闲聊，还伴着大笑，很吵人。我很奇怪。我原以为他们的会谈应该是一板一眼的你问我答呢。”

克莱丽莎是艾登的第二任妻子，他的第一任妻子名叫比特丽斯（Beatrice），跟一个男人私奔了。艾登成了首个有离婚史的英国首相，而这也使得艾登在下面这件事上处在了一个十分微妙的位置：1955年8月21日，玛格丽特公主年满25岁了，她与彼得·汤森——与艾登一样，同是离婚案中无过错的一方——的恋情又一次“粉墨登场”。在25岁生日前6天，玛格丽特公主给艾登写了一封信，说自己将在汤森回伦敦休年假期间继续待在苏格兰的巴尔莫勒尔庄园，直到10月为止。“只有这样我才能真正决定是否要嫁给他，”玛格丽特公主在信中写道，“我希望能让你和其他英联邦国家的首相们明白我的打算。”

媒体将这起皇室恋情大炒特炒，比如《每日镜报》就大呼：“快点吧玛格丽特！快拿主意吧！”与此同时，女王与首相艾登、私人秘书迈克尔·阿迪恩却在商议，一旦她作为国教领袖拒绝了玛格丽特的结婚请求，而她转向英国及其他英联邦议会寻求支持时该如何应对。10月初，艾登夫妇前往巴尔莫勒尔庄园去进行每年一次的首相周末度假，其间他们进行了长时间的商议，有时候菲利普亲王也加入讨论之中。伊丽莎白二世希望妹妹幸福，但还要维护王室作为国民榜样的形象。于是，她颇为痛苦地保持着中立态度，而让玛格丽特公主自己拿主意。

回到伦敦之后，艾登知道了议会的意见，他们不同意一宗违反国教规定的婚约。于是他告诉玛格丽特公主，假如她选择了世俗婚礼[1]，就必须宣布放弃作为王室成员的权利。这就意味着她将放弃王室年俸，其后裔也不再拥有王位继承权。

1955年10月20日，内阁着手准备《弃权议案》所需的条目。4天之后，《泰晤士报》的一篇社论挑明了玛格丽特公主所面临的残酷抉择：要么她继续保有自己在英联邦的“高位”而放弃汤森，要么她就得选择世俗婚礼而放弃自己的公主

[1] 即非宗教婚礼，不在教堂举行，也没有唱诗祈祷等宗教仪式，由一名政府官员或公务员充当婚礼登记员主持婚礼。

头衔，从此沦为平民。

10月31日，玛格丽特公主宣布与汤森断绝关系。她的声明是与汤森联名写的，尽管颇为悲伤地阐述了自己虔诚的宗教信仰和对英联邦的义务和责任，其决定性因素却是——她作为公主养尊处优惯了，无法面对身为平民的生活。就像历史学家肯尼斯·罗斯所说的那样，“住在小房子里，仅靠汤森那份空军上校的薪水过日子”是她无法接受的。王室才是她的根。

玛格丽特公主“挫心”的婚姻问题招来了些许轻微的批评，但人们更多的是赞扬她为了王室的义务而牺牲了个人的幸福。其后玛格丽特公主仍跟母亲一起住在克拉伦斯宫，时常在公共活动中露面，风采不减当初。但还是有人发现，如托米·拉塞尔斯所说的那样，她开始变得“自私、任性而不友好”。女王对待玛格丽特的方式跟当初自己的父亲一样，在她举止失当时也只是一味溺爱，而不愿站在她的对立面上。

在20世纪50年代中期，伊丽莎白二世的公众形象主要表现在她的两幅肖像画上，每一幅都有独特的传奇色彩。为纪念她对英联邦国家的访问之行，1954年年底，戴眼镜的澳大利亚艺术家威廉·达基（William Dargie）在位于白金汉宫一楼的“黄色会客厅”（the Yellow Drawing Room）里用了7次为她画了一幅肖像画。达基发现女王十分健谈，还惊讶于“她的后背总是笔直的……从来没有弯下过”。他还发现“女王的嘴很难画”。这幅肖像画将女王的尊贵与和蔼展露无遗，用女王自己的话说就是“很和善的形象”。这幅肖像画被送给了澳大利亚，挂在堪培拉的议会大厅里。但是女王太喜欢这幅画了，于是就让达基又重画了一幅，挂在王宫中女王的私人寓所里。伊丽莎白二世私人收藏的肖像画只有两幅，另一幅是由詹姆斯·冈恩爵士（Sir James Gunn）为身着加冕礼服的女王所画的官方肖像画，现被挂在温莎堡中。

从1954年10月到1955年2月，伊丽莎白二世一共有17次坐着供彼得罗·安尼戈尼（Pietro Annigoni）作画。安尼戈尼是意大利佛罗伦萨人，当时44岁。他的个头只有1.5米，身板很结实，长着一双热情的褐色眼睛，双手遒劲有力。他的英语十分蹩脚，所以他和女王就用法语交谈。安尼戈尼发现女王“和蔼可亲、自然大方、一点都不冷漠”，同时也被她朴实的谈吐所吸引，在说到家人时，她总是说“我的丈夫”“我的母亲”“我的妹妹”，而谈到自己的童年时，她谈到自己“站在白金汉宫的楼上，看着林荫道上的行人和汽车……”安尼戈尼从中得到灵感，将画中的女王形象表现为“孤独而遥远”却“与所爱的千百万人心心相印”。

在这幅肖像画中，伊丽莎白二世稍稍侧立，呈现的是她四分之三的侧面，她的头上没有任何首饰和王冠，身穿宽大的深蓝色嘉德骑士长袍，身后用荒凉的风景作为背景。她的形象看上去庄严而尊贵，其表情仿佛是在沉思，还稍微带点专注的神情。女王很喜欢这幅肖像画，而玛格丽特公主也夸奖安尼戈尼，说他把姐姐难以捉摸的嘴部画得惟妙惟肖。第二年，玛格丽特公主也让安尼戈尼为自己画了一幅肖像画，为此她坐着摆造型达到33次之多；而她觉得自己的肖像画实在是太美了，以至于感动地流下了泪水。当美国艺术家弗洛里克·韦茅斯问她对女王那幅肖像画的意见时，她嗤道：“我的比她的好看多了。”

1956年，伊丽莎白二世行将30岁了。她仍然沉浸在“蜜月般”的温馨之中，而首相艾登却面临着大量的国内危机。刚刚担任首相一个月，他就在1955年5月举行了全国大选，托利党在大选中轻松获胜。但是英国此时正受到劳工动荡的困扰，而原定于6月举行的女王生日阅兵大典也因为铁路工人罢工、艾登随即宣布进入紧急状态而被迫取消了。战后的工党政府试图建立一个福利国家，而丘吉尔上任后并未有效减缓其负面影响，英国现在的经济发展可谓踉踉跄跄。

为了缩短君主与国民之间的距离，伊丽莎白二世做了一些显著的努力。2月她在尼日利亚访问期间曾去过“奥济河麻风病人聚居地”（the Oji River Leper Settlement），而在当时麻风病人是被当作传染病流放者孤立起来的。对此，英国记者芭芭拉·沃德（Barbara Ward）写道：“当年轻的女王与那些病愈的尼日利亚麻风病人握手，以安慰那些对治疗失去信心的胆怯的村民时，她浑身上下都散发着优雅而慈悲的光辉。”女王此举跟后来戴安娜王妃于1987年跟艾滋病人握手的举动是完全一样的，那时人们都害怕因接触艾滋病人而被传染。

1956年5月11日，伊丽莎白二世在白金汉宫举办非正式午宴，招待来自像医药、体育、文学、艺术、宗教、教育以及商界的精英人物。这个传统一直延续至今。女王此举的灵感来自菲利普亲王，他觉得每个月招待五六个各行各业的精英人物有助于增强她与外界的联系。这些聚会的独特之处在于客人们彼此之间几乎没有任何共同点，对此有些参加者将自己比作“海难幸存者”。在宴会上，女王身前总是跑着她的柯基犬，还有柯基犬与腊肠犬杂交所生的道吉犬。她先是边喝鸡尾酒边与所有客人略作交谈，其后会与两位宴会客人到“1844会客厅”（the 1844 Drawing Room）或“中国餐厅”（the Chinese Dining

Room）进一步深谈。

跟在其他公共活动中一样，在聚会上，女王喜欢“小插曲”。有一次，她的一只柯基犬在地毯上大便，女王随后向王室总管海军中将彼得·阿什莫爵士（Sir Peter Ashmore）示意，而后者从旁边的一张桌子上抓了一张老式吸墨纸，伏在地上将狗屎清理干净，其他人则假装没有看到这一幕。

这年春天，伊丽莎白二世的外交手段在两位新就职的苏联领导人身上得到了体现，他们是苏共中央第一书记尼基塔·赫鲁晓夫（Nikita Khrushchev）和苏联部长会议主席尼古拉·布尔加宁（Nikolai Bulganin）。这两位强硬的“冷战”敌对方领导人并非作为女王的客人来英国进行国事访问，但他们很迫切地想跟她见上一面。所以女王把他们邀请到了温莎堡。在与艾登见面后，他们离开了伦敦，“身穿黑色西装、干净的衬衫，打着不同的领带，看上去非常时髦”。

苏联的两位领导人对女王自然随意的形象留下了很深的印象，赫鲁晓夫后来在回忆录中写道：“她当时身穿一件朴素的白色长裙，看上去就像一位在宜人的夏日午后漫步在高尔基大街（Gorky Street）上的年轻女士一般。”

女王让人带着两位苏联领导人游览了温莎堡，还招待他们喝俄国风味的茶。菲利普亲王向他们询问列宁格勒[1]的情况；女王则对他们所乘坐的“图－104”客机很感兴趣，问了很多相关的问题，她曾看到这架飞机在伦敦机场降落之前在温莎堡上空飞过。赫鲁晓夫对女王的印象十分深刻，他说：“她的声音温柔而镇定，十分谦逊，一点儿都没有我们想象中那种王族的傲慢……在我们眼里，她首先是一位贤妻良母，其次才是英国的元首。”在回伦敦克拉里奇酒店的路上，两位苏联领导人争得不可开交：“女王对我说……”“不，那是对我说的！”

“苏伊士运河危机”（the Suez Crisis）的爆发打破了这年春季和初夏的平静，事态从7月中旬开始升级，直到年底才平息下来。此次危机的源头是埃及总统加麦尔·阿卜杜勒·纳赛尔（Gamal Abdel Nasser）宣布将苏伊士运河收归国有，而此前苏伊士运河一直由英法两国通过“苏伊士运河公司”（the Suez Canal Company）控制着。这条长达120英里（约193 121.28米）的水道连接着地中海和红海，长久以来就是英国海军的战略通道，但其作为从中东到欧洲的石

[1] Leningrad，列宁格勒，即现在的圣彼得堡，位于俄罗斯西北部波罗的海沿岸，是仅次于莫斯科的俄罗斯第二大城市。

油运输航道也越发重要起来。纳赛尔力求摆脱英国的影响，特别是切断后者与伊拉克和约旦的密切联盟关系，而让自己成为阿拉伯世界的领袖。纳赛尔在4年前推翻了埃及法鲁克国王的统治，而艾登将纳赛尔视为一个危险的独裁者，英国需要出手制止他。

8月，英国表面上进行外交努力，呼吁国际社会对苏伊士运河进行监督，而暗地里却与法国和以色列密谋对埃及采取军事行动。他们计划让以色列于1956年10月29日从西奈半岛（the Sinai Peninsula）入侵埃及，随后英法就以保护苏伊士运河不受战争损坏为由派出数千名士兵进驻苏伊士运河。整个卑劣的行动根本就是一个诡计，以确保英法用武力夺回苏伊士运河的控制权。

行动开始后一周，入侵行动成功了。但是，艾登在这件事上犯下了一个大错，他不该把美国蒙在鼓里。美国总统德怀特·艾森豪威尔大发雷霆，因为他一直以来都秉持“特殊关系”精神与英国政府合作。这位连任的美国总统对英法所采取的行动持反对态度，他一方面担心此举会破坏中东态势的平衡，二来他还担心苏联对埃及的支持会令战争升级。美国与其他很多英联邦同盟国一起在联合国大会上谴责此次苏伊士行动并要求双方立即停火。苏伊士运河危机导致了金融市场上对英镑的大量抛售，美国首当其冲。艾森豪威尔继续行使其影响力，否决英国向国际货币基金组织的贷款申请，除非英国答应撤军。联合国的停火协议于11月6日午夜开始生效，到了12月，英法联军全部从埃及撤出，颜面全无。

伊丽莎白二世在她的公文箱中每天都能看到关于苏伊士事态的外交部文件。一位王宫的顾问说：“所有信息对女王是毫无保留的，她事先就知道了英法以的秘密协议。”在艾登看来，“女王知道我们做得还算可以。”在入侵埃及的前几个星期，女王曾与艾登进行过两次会谈，而后者被紧张的事态折磨得够呛。他开始服用“苯齐巨林”[1]，却加剧了他的失眠症和情绪的反复无常。马丁·查特里斯后来说他那时又“急躁”又“神经质”，在白金汉宫里坐立不安。“我想，女王一定以为他疯了。”查特里斯回忆道。

内阁成员之中虽然也有人心怀忧虑，但内阁对艾登的苏伊士行动还是近乎一

[1] 苯齐巨林是安非他命药品，由美国药商史克于1928年开始生产，是一种吸入式药剂。安非他命化学名苯丙胺，可使人情绪高涨，不思睡眠，机敏警觉，精神集中，体力充沛以及有健康感，从而引起个人对苯丙胺的某种药物依赖，停用之脱瘾症状包括精神呆滞、昏睡、易怒、烦躁不安、忧虑，有自杀的倾向。

致地投了赞成票。女王的私人秘书迈克尔·阿迪恩支持艾登的做法，但助理私人秘书马丁·查特里斯、爱德华·福特对此举强烈反对。伊丽莎白二世向他们提出了其标志性的问题：“你们确定这么做是明智的吗？”时隔20年之后，艾登唯一能向传记作家罗伯特·雷西（Robert Lacey）透露的就是女王并未表示不赞成他的计划，但“我也不敢肯定她是赞成的”。女王仍是在宪法规定的职责之内谨慎地保持中立态度。而马丁·查特里斯的妻子盖伊·查特里斯回忆说：“我认为女王其实是并不赞成艾登的计划的。马丁大概感觉到了这一点，所以他就强烈反对。”

苏伊士运河危机过后，艾登已是身心交瘁，据某人描述，他“整个人都傻掉了”。11月中旬，艾登坐飞机去牙买加的“黄金眼”（Goldeneye）疗养，这里也是作家伊恩·弗莱明[1]的家。艾登离开期间，其工作由R.A.“拉博”·巴特勒（R.A.“Rab” Butler）负责。丘吉尔对艾登在苏伊士行动之前未与艾森豪威尔商议而感到恼火，他给老朋友写了一封加急信件，信中强调，既然木已成舟，英美两国就应该停止对艾登行为的批评，把注意力转向建立一个对抗苏联的联合战线。艾森豪威尔于11月23日给丘吉尔写来回信，同意苏联才是“真正的敌人”，美英两国应该携起手来“达成我们在中东的正当目标”。

丘吉尔将这封信转交给伊丽莎白二世阅览，后者评论：“有幸了解到艾森豪威尔对当前形势的充分理解，我希望之前那种认为英美两国意见相左的想法能够迅速消失，取而代之的是两国之间更为坚实的纽带。”事实上，在其后的几十年里，英国与美国在国际舞台上的合作一直和睦无间，而与此同时英国作为一个世界强国的威望却在逐渐消减，它的殖民地也纷纷独立了。

尽管女王在苏伊士危机中并未背上什么责任，但此事还是给她的统治抹上了一丝污点。受打击最大的是首相艾登。他的健康状况依然不佳，于是他决定于1957年1月9日辞职。当时他59岁，刚刚担任首相20个月。女王赞扬了艾登“在风雨飘摇的时期”所做的“值得重视”的领导工作，艾登则表达了对她“对待事件明智而公正的举措”的感激。尽管如此，艾登作为一个政治家的声望已是无可恢复了。

伊丽莎白二世再次面对选择政党领袖的难题，这次她却陷入了一场政治阴谋

[1] Ian Fleming，英国小说家，007系列小说的作者。“二战”之后居住在牙买加，1945年将自己的房子命名为“黄金眼”。

之中，这场阴谋首次对她一贯的公正形象造成了很坏的影响。工党通过民主投票选出了自己的候选人；而优越感极强的保守党却通过较为晦涩的私下调查意见选出候选人，还美其名曰“顺其自然”。两个政党的候选人分别是62岁的财政大臣哈罗德·麦克米伦（Harold Macmillan）和54岁的下议院议长拉博·巴特勒，后者曾是艾登的副手，很有希望获得首相一职。

看上去巴特勒会因其长期在领导位置上的工作而获胜。他当初是反对苏伊士计划的，而麦克米伦是入侵苏伊士的策划者，却在计划惨败之后脚底抹油撇清了关系。艾登在首相一职的继任者这件事上是没有发言权的，但他曾对女王说过巴特勒比较合适。

在艾登的建议下，女王派出了两位大臣对两个候选人进行考察。他们分别是63岁的索尔斯伯利勋爵（Lord Salisbury）和56岁的议会高官、大法官兼基尔穆尔子爵（Viscount Kilmuir）、大卫·麦克斯维尔·法伊夫（David Maxwell Fyfe）。他们二人在内阁成员、前部长们和后座议员领袖中进行了民意调查，之后索尔斯伯利勋爵向女王报告说麦克米伦的呼声较高，而丘吉尔也牵扯进来，他向女王建议“选择年长的那一个”。

当女王于当年1月10日召见麦克米伦、让他组建政府的时候，托利党人对此十分惊讶，因为他们大多支持巴特勒。伊丽莎白二世没有仔细考量，而是轻信了两个墨守成规、眼光短浅的老贵族。公平来讲，女王只是顺应了保守党的临时规则而已，倘若她做出了独立的决定——考虑到她一贯谨慎的性格，这种情况几乎是不可能发生的——那么她就会被指责滥用了职权。即使如此，伊丽莎白二世还是被罩上了一个被架空且受当权派小集团操纵的形象。5年之前还令人振奋的“新伊丽莎白时代”的幻想也在一片冷冰冰的指责声中变得黯淡下来。

“耶——”看到远处曼哈顿的轮廓时，女王高兴地大喊起来，眼前的景色令她联想起“一串美丽的珠宝”。

1957年10月，女王夫妇二人乘坐渡船来到纽约。

图片来源：美联社

第六章　录制电视节目

在苏伊士危机以及首相更替这段时期，也是女王最需要精神支持的时候，却唯独没有听到菲利普亲王的声音。因为在这一年的10月15日，35岁的菲利普亲王受女王所托到国外访问了，他单独进行的这次国事访问历时4个月，他乘坐“不列颠尼亚号”巡访了诸多英联邦国家，行程达4万英里。

此次访问的主要目的地是澳大利亚的墨尔本，他在那里主持了1956年奥运会的开幕式，而据菲利普亲王后来所说：“要是乘飞机来回就简单得多了。”但女王和他都决定将此次访问的范围扩大一些，不仅要在澳大利亚多停留，还要访问新西兰、肯尼亚、冈比亚，以及很多“偏远地区的英联邦的忠实成员国”，如巴布亚新几内亚、塞舌尔、锡兰和马来亚。他还去了南大西洋的福克兰和英国在南极的考察站。

据菲利普亲王自己所说，他的“本职其实是水手”，他把自己的忠诚“归结为世界上仅有的几个真正的兄弟情谊之一，也就是水手们的情谊”。在1956年，他重现了当初在“军官起居室”中的聚会，不过与他在海军服役时相比，其内容就奢华多了：这些正式宴会有20道菜，用的餐具也是银器和水晶器皿，喝的是皇家庄园酒窖里珍藏的葡萄酒。

此次出访也使得菲利普亲王从王宫生活的束缚、宫里廷臣猜疑的目光中解脱出来。与同辈男人不同，他是妻子的附属和下级，他只有在自己一个人的时候才能做主，而这些事在其他男人看来只是些理所当然的事。他把南极探险队的“老兵”雷蒙德·普利斯特勒里爵士（Sir Raymond Priestley）带在身边以拓展自己对探险的兴趣；他蓄起满脸修剪整齐、在皇家海军中被称作“全套胡子”的胡须；他让诺福克的艺术家爱德华·西戈当自己的私人家庭教师，从年初开始就跟他学画。他在自己画作上的签名用的是希腊文的“Phi”——一个圆圈被竖线一分两半——来表达自己的乡愁。

而在伦敦，批评者们开始把菲利普拖沓的访问之旅称作“菲利普的荒唐事”，意指他在中东事件上的缺席以及未能及时回国与妻子共度第9个结婚纪念日（其实他给妻子寄来了白玫瑰，还有一张两只美洲蜥蜴抱在一起的照片），连圣诞节也是在海外度过的。圣诞期间，他正在新西兰到合恩角（Cape Horn）的途中，其间他做了一次简短的无线电圣诞致辞，说英联邦的男女老少“均乐意为他人服务，而不是只为自己着想”。

妻子登基5年了，菲利普亲王也已牢固地树立了自己的事业和热情，在其后的岁月里还将不断扩展。“他那种心理你或许可以想见，门关得越紧，他就越想一窥究竟。”一位白金汉宫的顾问如此说道，“他好奇心很强，总想了解事情的来龙去脉。这是他的天性。”

从他还是海军军官时候起，菲利普就对科技有着浓厚的兴趣，也经常说应该不断提高科技领域的教育水平。但他同时也强调性格和知识“全面发展”的重要性。他大肆宣扬心理健康、道德健康、身体健康三者的联系，还说应该给青年人机会让他们锻炼以防“亚健康”的蔓延。菲利普还是拓展培训（Outward Bound）的早期发起人。拓展培训是高登斯顿学校的创始人库尔特·哈恩所开办的一些户外生存项目，通过严格的体能挑战来培养学生的领导能力和自信心。1956年，菲利普发起了“爱丁堡公爵奖励计划”（the Duke of Edinburgh's Award），这是一个世界范围的奖励项目，表彰那些完成全部规定的社区服务和身体耐力考验的青少年。

菲利普的海外访问之旅即将结束时，他的好友、王室的私人秘书迈克尔·帕克匆匆离开他们返回了伦敦，原因是他的妻子艾琳指控他有外遇而要跟他离婚。这则消息在英国的小报上蔓延甚广，而舰队街[1]也将帕克在王宫内的显要地位与菲利普几个月的海外之旅胡乱联系，开始怀疑他与女王婚姻是否稳固。媒体注意到，菲利普几年以来一直是一个在索霍区“周四俱乐部”（Thursday Club）里不带女伴的聚会的活跃分子，其常客还包括迈克尔·帕克、男演员大卫·尼文（David Niven）和彼得·尤斯蒂诺夫（Peter Ustinov）。虽然他们在这个聚

[1] Fleet Street，舰队街，英国伦敦市内一条著名的街道，因邻近的舰队河而得名。一直到20世纪80年代，舰队街都是传统英国媒体的总部，因此被称为英国报纸的老家。时至今日，“舰队街”依旧是英国媒体的代名词。

会上只是吸烟、喝酒、讲段子，并未做出什么不雅的事情，但有人透露，其参与者之一的名流摄影师、被大家叫作“巴伦”的斯特灵·亨利·内厄姆（Stirling Henry Nahum）曾将自己的公寓提供给菲利普，供他与一位不知姓名的“美女”幽会之用。这个传闻给菲利普的婚姻造成了“裂缝”。

菲利普的长相很惹女人喜爱，他对美女的鉴赏力也颇高，而他与一些女演员或社交名媛的流言蜚语也曾多次传出，如帕特·科特伍德（Pat Kirtwood）、海琳·科黛特（Helene Cordet）、凯蒂·博伊尔（Katie Boyle）等，但女方当事人都说跟菲利普只是普通朋友或点头之交。上文所说的“聚会女孩”也是毫无根据的，菲利普对这则无中生有的传闻“非常苦恼、极其委屈、相当生气”。伊丽莎白二世也罕见地采取了措施，她授权谨慎少言的新闻秘书理查德·科尔维尔中校明确否认了此事：“女王与公爵的婚姻出现裂痕的传闻是假的。”此事就这样平息下来了。然而，每当有人看到菲利普与某位漂亮的女士跳舞或畅谈，关于他的绯闻流言就会再次死灰复燃。

帕克在离婚案审理过程中辞去了私人秘书一职，关于他的八卦流言也平息了。1957年2月16日，伊丽莎白二世与菲利普在葡萄牙会合。女王通过这次重聚巧妙地瓦解了外界对他们俩婚姻出现裂痕的怀疑。晒得黝黑、胡子刮得干干净净的菲利普登上女王的飞机，却发现女王和其他王宫成员都戴着假胡子迎接他。[1]女王夫妇先是度过了两天无人打扰的日子，接着两人继续公务之行——对葡萄牙进行为期3天的访问。回到伦敦之后，菲利普在26日的午宴上就其海外访问做了汇报，他颇为悲伤地提道，年轻时出门一去就是4个月，“感觉没什么大不了的”。可是现在，由于妻子和家庭的“显而易见的原因”，长时间不在家“有点儿承受不起了”。但他继续说道，为了英联邦的幸福康乐，“牺牲一些个人幸福”是值得的，“哪怕只换来一点点回报也值”。

就在4天之前，女王为了表彰菲利普所做出的牺牲和作为女王夫婿的尽职工作，正式授予他“英国亲王”的称号（Prince of the United Kingdom），这个头衔比起从结婚起就加在他身上的王室公爵要堂皇多了。这个主意是新任首相哈罗德·麦克米伦提出的，他预见到此举可以更加巩固菲利普与妻子的关系，在英国和英联邦国家也要树立起同样的形象。

麦克米伦是天生的忧郁性格，尽管如此，他还是满怀激情地干着首相的工

[1] 这是在拿他前阵子蓄须的事开玩笑。

作。他迅速从苏伊士危机的羞辱中走了出来，重申英国作为一个由勤劳的人民组成的大国的地位。“绝大部分国民都从未经历过如此好的政府”是他在1957年7月20日所说的名句。在他的任期内，英国的经济的确繁荣了很多。搬入唐宁街10号首相官邸之后不久，麦克米伦就精心安排了由艾森豪威尔邀请伊丽莎白二世在1957年秋季前往美国进行国事访问，以此来修复因苏伊士危机而受损的两国关系。

与神经过敏的艾登相比，麦克米伦与伊丽莎白二世相处起来就容易得多了。他虽然不如丘吉尔与女王相处时那么惬意，但与女王也算是投脾气的，尤其在女王这方面来说，尽管有时候她也会对麦克米伦的古董做派和武断恼怒不已。麦克米伦跟丘吉尔一样，母亲都是美国人（总是被描述为专横且爱出风头）；并且，据传记作家阿里斯泰尔·霍恩（Alistair Horne）所述，他们两个“对君主有种天生的敬畏之情”。麦克米伦精明、诙谐、彬彬有礼，看人的眼光特别准，所以女王很喜欢听他讲一些政治八卦。

麦克米伦的性格很复杂，他精明却脆弱，严谨而无情。他的祖父是一位贫苦的苏格兰农民，靠出版业发了财。麦克米伦在伊顿公学和牛津大学接受了高水平的教育。一战期间，他共受伤5次，这段经历使得他在工人阶级中有了非同一般的亲和力，因为他们跟他一样都在战壕里战斗过；这也在某种程度上给他带来战争幸存者的负罪感。

麦克米伦娶了第9代德文郡公爵（the 9th Duke of Devonshire）的三女儿多萝西·卡文迪什小姐（Lady Dorothy Cavendish）为妻，从此跻身英国的上流社会。而他的妻子却与一位名叫罗伯特·布斯比（Robert Bothby）的浮夸而有趣的双性恋政客有了一段10年之久的婚外情，这件事令麦克米伦痛苦不堪。更严重的是，他妻子的婚外情几乎是个公开的秘密，比如说，王太后就曾在几年后告诉一位朋友，即《泰晤士报》和《世界新闻报》（*News of the World*）的专栏作家伍德罗·怀亚特（Woodrow Wyatt）：“我们都知道这件事。”由此更加剧了他对这种耻辱的恼怒。开始时，他有些精神失常，但随着时间的推移，他给自己戴上了“一张令人费解的沉默的面具”。然而，在美国大使大卫·布鲁斯所说的“仿佛维多利亚时期的漠然”的表面之下，麦克米伦依然“有魄力、很果断，机警而敏捷”。

麦克米伦喜欢去圣詹姆士街上的“怀特酒吧”，跟一些志趣相投的朋友聚一聚。尽管伊丽莎白二世跟他社交圈子里的那些女士大不相同——她聪明，对国内外政治大事极为精通，这一点在一开始就令他惊讶不已——他也就很快和她熟络起来了。他在女王的谨慎和母性般的仁慈中受益良多，说她是“一个强大的后盾，因为你什么话都可以跟她说”。

巴特勒这位老练的中尉在周二晚上也到白金汉宫觐见女王，其时麦克米伦正在国外访问。他对女王的交谈天赋同样赞叹不已，后来他说道：“女王在谈话中极有分寸，她的用词十分谨慎。她从不会在谈话之初就表达个人观点。”与此相反，她会先征求你的意见，然后“从头到尾听完你的看法”。

麦克米伦担任首相近7年，他与伊丽莎白二世建立了一种真诚的合作关系。他经常给女王写来很长的信，评价各国领导，倾诉自己受到的挫折，以及滑稽离奇的小事和对未来情况的严峻预测。女王则回以手写的信件，给他无穷的鼓励和赞赏。麦克米伦为女王的不拘礼节和幽默感而倾倒，跟很多人一样，他也希望女王能在公共场合“多笑一点”。在得知麦克米伦的想法之后，女王说她“一直以为大家都想让她表现得庄重严肃呢”。

时隔6年，31岁的女王很想再多要个孩子，她的丈夫亦是如此。迪基·蒙巴顿说他们二人迟迟不生第三个孩子，原因是菲利普仍对女王登基时未选择他的姓氏作为王朝名称而生气。但据女王自己的说法，她也希望家庭成员能多一些，但迟迟不再要孩子的原因是她把精力都放在了公务上面。

1957年5月，埃莉诺·罗斯福（Eleanor Roosevelt）到白金汉宫拜访伊丽莎白二世，两人谈了近1个小时。此前一天，查尔斯王子刚刚动过扁桃体切除手术。美国前第一夫人发现，女王“沉着而镇定，似乎不对术后愁苦的小王子牵肠挂肚”。伊丽莎白二世回应说，查尔斯刚刚吃过冰激凌，喉咙也不那么疼了。况且现在已是晚上6：30，她需要多陪一陪美国前总统的遗孀，而不是坐在8岁儿子的床边看他入睡。

伊丽莎白二世当然爱着自己的孩子，但她对工作的执着使她难以长时间陪着他们。孩子们都是由保姆看管的，对查尔斯尤其如此，梅布尔·安德森就是他的“避风港”，同时也是一位对他溺爱有加的老外婆。而在伊丽莎白这边，因为她对工作的执着，再加上天生感情内敛和对冲突的反感，她错过了太多身为人母的挑战和由此而获得的满足感。盖伊·查特里斯曾说：“她只是放手不管，任其自然。每天她都要处理太多公务。工作要比照顾吵闹的孩子简单得多。她常常会找借口去办公室里。”玛格丽特公主未来的丈夫安东尼·阿姆斯特朗-琼斯

(Antony Armstrong-Jones) 曾在1957年拍过一幅旧式风格的照片，照片上的女王夫妇站在白金汉宫花园里的一座小石桥上，倾下身子，赞赏地看着坐在桥下石头上读书的安妮和查尔斯。

前首相艾登的妻子克拉丽莎·艾登曾见识过伊丽莎白二世作为母亲的不恰当之处。1955年4月，她与丈夫去温莎堡与王室一家一起野餐。5岁的查尔斯一屁股坐在了艾登的椅子上，伊丽莎白二世让他起来，但是查尔斯不听，女王再次让他从艾登的椅子上离开，说道："因为这是首相的座位，他累了要坐一会儿。"小王子还是不肯让步。然后，吃饭时查尔斯不肯吃东西，因为他还没有洗手。王太后娇宠地说道："哦，我知道了。给他把水端过来。"克拉丽莎对查尔斯王子的娇惯有些许惊讶，但同时惊讶于伊丽莎白二世"没有开口说'听话查尔斯，站起来'。我想她可能是不惜任何代价都要保持优雅端庄的形象吧"。

当天下午，菲利普划着平底船在附近湖里消遣。他是一个严守纪律的人，如果说伊丽莎白二世对孩子过于骄纵的话，那么他就太过严厉了。作为一家之主——在伊丽莎白二世看来，是"把家庭内部事务维持得井然有序"——他应该是规则的制定者和执行者。比如说，查尔斯应该每天早上自己叠被子并准时吃早饭，等等。菲利普负责对这位王位继承人发号施令，后者却与父亲截然不同：羞怯、畏首畏尾、内向、不善运动。用王太后的话说，查尔斯很小的时候"就是一个非常温柔的男孩，心肠非常好"。相对于哥哥而言，安妮公主尽管比他小两岁，却更加阳刚一些，她自信、严谨、有冲劲儿，像极了他的父亲。

对查尔斯最重要的决定就是他的教育问题（按照英国上流社会的传统，安妮公主会继续留在宫里由女家庭教师负责传授知识，直到13岁才会被送到寄宿学校）。为了塑造一个正常家庭的形象，女王夫妇决定将儿子送到私立小学去上学——在英国历史上所有的王储中他是第一个。菲利普选择了伦敦的山庄小学（Hill House School），这是一所五年制私立学校，其教学理念来自希腊作家普鲁塔克所说的"男孩子不是一个需要被灌满的容器，而是一团应被点燃的火焰"。对大部分时间都在保育室、在保姆的看护下长大的查尔斯来说，与别的男孩同处一间教室是个新奇的经历，他还要跟其他男孩一样拖地板、搭乘大巴到运动场……然而，查尔斯这朵"小火苗"刚刚烧了一年，就在1957年秋季被父母送到了父亲的母校——位于汉普郡的奇姆小学。此时他差两个月就满9岁了，这是上流社会的男孩们该去上寄宿学校的年纪，查尔斯当然不能"幸免"。

菲利普之所以选择这所学校，是因为它符合自己培养一个"全面发展"的孩子的观点。但他同样将其看作一个改变儿子阴柔性格的机会。几年之后，他曾如此阐述自己的想法："孩子们在家里任性一点没什么，但学校应该是一个角斗场、一个训练营，孩子们应在学校里成长为自制、缜密、独立的成年人。"

然而，从踏进宿舍的第一步，查尔斯就开始了一段痛苦的经历。虽说在其后5年里他努力适应学校严厉的规定，尽力在课堂和操场上与80多个男孩子和睦相处，却常常被大家孤立，渴望着远方家中的温馨。他也没能结交很多朋友，后来他解释说："我更喜欢独处，或只有我和另一个朋友两个人。"

在一年级结束时，查尔斯更加感觉到了自己身份的特殊性——女王赐予了他"威尔士亲王"的头衔，这也是他作为王储的明确象征。那是在1958年夏天，他和几个伙伴到校长的书房里观看女王在加的夫市（Cardiff）举办的"英联邦运动会"[1]致闭幕词的电视转播，他还不知道接下来会发生什么事。但当女王宣布对他的赐封时，查尔斯透过电视机的小屏幕看到观众们高呼"上帝保佑威尔士王子"，很是受宠若惊。

女王夫妇对查尔斯在学校过得不舒心其实是心知肚明的，伊丽莎白二世甚至还写到过儿子对假期过后返校的"恐惧"。但是他们二人都没有把对儿子的关心表现出来，而且，每当查尔斯向她抱怨时，她都会让菲利普接手处理。而菲利普性格粗率，喜欢批评多过鼓励，对儿子的苦楚无动于衷，这就使得他们父子之间产生了巨大的裂隙。

就事论事的话，其实上寄宿学校对查尔斯来说是件好事，因为他的父母总是公务缠身无暇照顾他。另外，他还可以借此躲开如苍蝇一般无处不在的媒体。此前，不论是报纸还是杂志，甚至包括在平静而无可挑剔的BBC节目中，对伊丽莎白二世的报道都是恭敬可靠的，对她的赞美接近崇拜的程度；对王室的其他人——如她的丈夫和妹妹——的报道则是大肆渲染、耸人听闻。然而，突然之间，媒体竟开始发表文章批评起女王以及王宫里的顾问们。

1957年8月是一段难熬的时间，女王与廷臣们到苏格兰高地避暑休假。此时一份毫不起眼的名叫《国家与英国评论》（*National and English Review*）出版物发

---

[1] the Commonwealth Games，原名为英帝国运动会（British Empire Games），始办于1930年，每四年举行一届，与奥林匹克运动会相间举行，限英联邦成员国或其附属国及地区运动员参加的大型综合性运动会。截至1998年9月，英联邦运动会联合会共有71个成员协会，对维系英联邦成员国以及英联邦运动会联合会各成员协会之间的关系起了一定的作用。

表了一篇题目为《当今君主》的文章。作者是这份杂志的编辑、33岁的第2代奥尔特灵厄姆男爵（the 2nd Baron Altrincham）约翰·格里格（John Grigg）。他是托利党的反对者，之前就因开展反对上议院中世袭贵族的活动而引人注目，他说上议院中的很多议员"毫不称职"。他还提议国教应向女性授予圣职，并且曾猛烈抨击安东尼·艾登的苏伊士入侵行动。

现在，他把矛头指向了那些侍奉英王的廷臣们。他说自己是效忠女王的，但有些人只是尸位素餐而已。因为格里格拥有贵族头衔，所以他的话具有很强的可信性；何况他先后在伊顿公学和牛津大学上学，还曾是英国近卫步兵第一团的军官，而这三个地方都是白金汉宫廷臣们普遍的出身地，所以他的说法显得更加可靠。他谴责那些顾问们是"游手好闲的贵族阶级中又一股另类"，他们为女王撰写的官方发言尽是些陈词滥调。他在文章中写道："他们所写的这些文字，将女王塑造成了一个自命不凡的女学生，扼杀了她独立而与众不同的个性。"格里格敦促王室更换一些多民族、多社会阶层的人在自己身边，以搭建一个"真正没有阶级局限的英联邦朝廷"，这将更富创造性地帮助女王"挑起这份看似难以担当的、平凡而非凡的重担"。

以上这些批评的话语重复了两年前马尔科姆·马格里奇（Malcolm Muggeridge）在《新政治家》（*the New Statesman*）上所发表的一篇文章的观点，后者在当时并未引起多少关注。马格里奇目睹了当时玛格丽特公主和彼得·汤森的婚姻闹剧在媒体中掀起的轩然大波，所以，他在1955年10月撰写文章提醒，过多暴露在媒体的视线之内是很危险的。他很有先见之明地建议王室"建立一个有效的公关机构"以代替"那些滑稽的廷臣们"，从而可以引导媒体舆论并"处理那些对王室不利的言论"。他在文章中还写道，好的顾问应该帮助王室避开媒体的骚扰，"而不是让他们在公众面前上演王室肥皂剧"。马格里奇是一个很聪明的辩论家，他用谨慎有礼的方式提出了以上合理的建议。他最犀利的一句评论是说"王室已经变成了一种人造的信仰"，并由此建议英国王室应借鉴挪威和瑞典王室的做法，"融入国民中去，过一种简单而自然的生活"。

格里格的观点与马格里奇差不多，本应只是在《国家与英国评论》的4500多个读者中引起一点儿唏嘘罢了，不至于掀起什么滔天巨浪。但他太过鲁莽，竟然对女王进行人身攻击，说她是一个"毫无经验的黄口小儿，对如何君临天下一无所知"。他还写道："克劳菲、亨利·马汀爵士、伦敦的社交生活、赛马、猎雉、玩纸牌、偶尔出访巡游……要是换作伊丽莎白一世，绝不会是这个样子！"

此外，他还对伊丽莎白二世的“讲话方式”挑三拣四：“坦白说，她讲话‘很不好听’。女王跟她母亲一样，要是不看着稿子的话，连几个句子都连贯不起来……即便是读稿，不论长短，她都得好好练练朗读技巧了。只要练得多了，哪怕是读稿也能产生流畅自然的效果。”在他自己标榜的“忠诚而善意的批评”精神指引下，格里格说一旦有一天“她青春不再”，那么她的魅力就只能取决于个性了。“那时她就得说一些真正能打动人心的东西才行，”他如此写道，“做的事也得不同凡响。”

此番言论在媒体上和王宫内部都引起了潮水般的抨击。英国的小报纷纷用通栏大标题报道了此次“攻讦女王事件”。《星期日泰晤士报》（*The Sunday Times*）说格里格是一个无赖、懦夫；亨利·费尔利（Henry Fairlie）在《邮报》撰文说格里格对女王的批评简直是“用一时浅见来指责数百年的积淀”。坎特伯雷大主教杰弗里·费舍尔说格里格只是一个“傻子”。“帝国忠诚联盟”（the League of Empire Loyalists）的B.K.博比奇（B.K.Burbidge）在伦敦路遇格里格，上去就给了后者一记耳光。地方法官对此袭击事件只是罚了博比奇1英镑了事，他的愤怒却仍无法平息，他后来写道：“全英国95%的人都对格里格的文章既厌恶又生气。”

在王宫内部，格里格的文章被看作一个有建设意义的批评。马丁·查特里斯私下将此事描述为“战后英国君主政体的真正分水岭”，并赞扬了格里格的忠心谏言。据说，对廷臣的做派一向心怀成见的菲利普亲王的看法也是如此。在丈夫和其他几个专业人士的帮助下，比如说BBC的大卫·阿坦伯格（David Attenborough）和安东尼·克里克斯顿（Antony Craxton）——后者是菲利普在高登斯顿学校的朋友，伊丽莎白二世的演讲风格得到了改善和提高：主要是降低声音并把原先短促的发音变得平滑；但她依然是读稿演讲，唯恐脱稿时会出现口误而违背了作为君主的中立立场。与格里格的预言相反的是，即便伊丽莎白二世失去了风华正茂的光环，国民仍对她沉稳的风格、谦逊的言行、拒绝“哗众取宠”而崇敬不已。

查特里斯对格里格的“警钟”心存感激，因为后者还使女王顺应时代潮流做出了一些改变。她在一些活动上更愿意集思广益，并最终对王宫的工作人员做了调整，使其多样化。第二年，在白金汉宫举办的“晋谒会”也画上了句号——这是一个陈腐的旧例，可以追溯到乔治三世当政时期，取而代之的是受邀人更为广泛的皇室露天聚会。

当这些改变正在悄然发生时，马尔科姆·马格里奇却在火上又浇了一勺油。1957年10月，他在一份名叫《星期六晚邮报》（*The Saturday Evening Post*）的美国周刊上撰写了一篇文章，题目是《英国真的需要一位女王吗？》。在文章中，他不仅再次提起先前所说的“王室肥皂剧”这一话题，甚至变本加厉，直言不讳地挖苦、批评起女王和那些敬重她的人。

他在文中写道，“那些跟王室有交往的人”才是“讥笑”女王的主力军。“说女王陈腐、乏味、不时髦的，不是商店里的店员，而是那些贵族夫人们。”他还说，“无论是在典礼还是仪式上，女王的一举一动都像行尸走肉一般。”更加过分的是，他说女王“是一个势利和谄谀的源头”。

与格里格相比，马格里奇在媒体上受到的抨击要猛烈得多。他在街上被人袭击，房子被损坏，收到言语刻薄的恐吓信，有的信封里甚至包着粪便和刀片。BBC甚至暂时把他封杀了。事情过去之后，他成了BBC杰出的广播员之一。

大家之所以对这篇文章如此紧张，是因为它故意选在了众所期待的伊丽莎白二世北美之行期间发表。10月12日，女王抵达加拿大，开始了为期5天的访问。其间她首次发表了电视讲话，她用英法两种语言发表演讲，加拿大1650万人中的1400万收看了此次演讲。在演讲中，女王首次使用了讲词提示器，这样她就可以直视摄像机镜头，而不必低头看稿了。她给人的印象是“羞涩、有点儿腼腆、偶尔显得笨手笨脚的，但很讨人喜欢”，因为她的形象“很自然，不做作”，《纽约时报》如此写道。

也许伊丽莎白二世已经理解了格里格和马格里奇对她的批评，因为她在7分钟的演讲开始时竟然一反常态，以这样的话语开场：“我想对大家说点儿体己的话：”接着，她贴心地讲道：“在人生中总是会有那么一段很长的时期，你觉得它是如此单调、如此琐碎而没有意义，也会在突然之间因一件大事而领悟到了生命存在的意义……”

第二天，伊丽莎白二世主持了加拿大议会的开幕式，她也是首位主持加拿大议会开幕式的英国君主。所以，加拿大人民都觉得自己“成了加拿大历史的一小部分”。女王还同意让电视台拍摄了她坐在渥太华参议院议事厅的王座上讲话的情形。

对于自己的第二次美国之行，伊丽莎白二世是十分期待的。在写给安东尼·艾登的信中，她如此说道：“我的确感觉到美国与我们的关系更紧密了一些，特别是在苏联发射了人造卫星之后。苏联的科技进步给我们的震撼太大了！”与1951年女王首次美国之行的匆匆来去不同，本次访问将是盛大的：她要在美国待6天，其间会访问华盛顿、纽约，还要去弗吉尼亚州的詹姆斯敦[1]庆祝英国在美洲的首个殖民地建立350周年。

伊丽莎白二世与时年67岁的美国总统关系十分亲密，他们的忘年之交可以追溯到“二战”时期，那时艾森豪威尔作为盟军总司令驻扎在伦敦。他与乔治六世夫妇私交很好，还总是说起他们曾安排自己在温莎堡的私人区域做过一次特殊的游览。为了保证他的游览不受打扰，国王一家决定待在公寓里不出去。但真到了那一天，乔治六世把这事给忘了，他们一家人，还有伊丽莎白的表妹玛格丽特·罗德斯坐在玫瑰花坛上面的露台上喝茶，茶桌上铺着垂到地面的白色桌布。一会儿艾森豪威尔一行人走了过来，而国王知道，要是自己这一帮人露面了，艾森豪威尔他们的游览就全毁了。“所以，我们就都钻到桌子底下藏起来了。”女王几年后回忆道。玛格丽特·罗德斯则说：“要是艾森豪威尔他们抬头看看，就会发现桌子在哆嗦，因为我们都躲在下面忍不住吃吃地笑着。”后来乔治六世曾把这件趣事告诉过艾森豪威尔，而后者“吓了一跳，因为英国国王竟然为了他而屈尊躲起来”，伊丽莎白二世说道。

10月16日，在1万名群众的欢迎之中，女王夫妇抵达弗吉尼亚州，参加在詹姆斯敦和威廉斯堡（Williamsburg）举办的为期1天的庆典仪式。女王的随员由包括英国外交大臣塞尔温·劳埃德（Selwyn Lloyd）在内的16人组成。在威廉斯堡，伊丽莎白二世在威廉玛丽学院（College of William and Mary）的阳台上做了简短的讲话，在讲话中，她高度赞扬了那些建立了美利坚合众国的“开明而练达的政治家们”。《华盛顿邮报》对此撰文：“某位爵士说得真是大错特错了。女王不是一个演讲家，但是今天这场讲话的听众都能从中听出她语调的轻快。”[2]

第二天早上，他们乘坐艾森豪威尔的“科伦芭茵3号”（Columbine Ⅲ）飞

[1] Jamestown，1607年，英国船队驶进北美洲中部东岸的切萨皮克湾，在位于今弗吉尼亚州东南部的一个沼泽地半岛登陆落脚。这是英国人在北美第一个成功的定居点。他们根据英王的名字将当地流入大西洋的河流命名为詹姆斯河，定居点就叫詹姆斯敦。整个新殖民地被称为“弗吉尼亚”，意即“处女之地”，以纪念1603年去世的“童贞女王”伊丽莎白一世。

[2] 此处是在反驳前文所述的约翰·格里格对女王演讲风格的批评。

往华盛顿。“科伦芭茵3号”是一架速度快、外形优美的螺旋桨飞机，长长的机翼上有4个强劲的发动机。在等待飞机起飞的时候，菲利普专心地读着报纸上运动版的内容，伊丽莎白二世则用一个小巧的金钥匙打开饰有美术体字母的皮质文具箱，开始给孩子们写明信片。“菲利普？”她突然开口问道。菲利普仍在读报纸，没有反应。“菲利普！”女王又叫他。菲利普吓了一跳，抬起头来看着她。女王问道：“这么大一架飞机，哪个发动机先发动起来？”菲利普一时被问住了，答不上来。“快说，”女王笑道，“别等着他们发动飞机才回答，菲利普！”于是菲利普随口猜了一个，却蒙对了（先是一边机翼上靠里的发动机发动起来，然后是外面那个；接着是另一边机翼上的发动机，也是由里而外依次发动起来）。“菲利普当时慌里慌张的，”艾森豪威尔的礼宾司司长小威利·T.布坎南（Wiley T.Buchanan,Jr.）的妻子露丝·布坎南（Ruth Buchanan）当时就坐在他们旁边，她如此回忆道，“那场景就像一个普通妻子在丈夫心不在焉的时候的做法一样。”

在16个方队的陪同之下，女王夫妇与总统及夫人梅米（Mamie）乘坐一辆透明塑料顶罩的大型豪华轿车驶入美国首都华盛顿，100多万人在沿线夹道欢迎，全然不顾断续的阵雨。他们二人在刚刚整修过的、最为高雅的白宫宾客区下榻。女王住在“玫瑰套房”（the Rose Suite），这是一间新古典主义风格的套房，后来用作女王的卧室和起居室，以英格兰国花玫瑰为名；菲利普住在“林肯卧室”（Lincoln Bedroom），内有一张两米半的雕红木大床。

女王此行的大多数活动仍然是常规的接待活动、在白宫和英使馆举办的正式宴会（宴会上用的盘子都是从白金汉宫空运而来的金器），以及对一些当地景点的游览。有几次游览活动并未限制游人出入，以给美国民众提供一览英女王风采的好机会。媒体报道将她描述为“小英王”或“小君主”。

在露丝·布坎南眼中，很明显，女王“对自己所扮演的角色很有把握、轻松自在，但她没有掉以轻心。虽然有时会被我丈夫讲的笑话逗乐，但始终保持端庄的姿态，言行都极有分寸”。有一次，露丝·布坎南等着丈夫一起陪同女王夫妇去坐车，“我听到她大笑的声音。我都不知道她也能笑得那么开怀。但是，当女王从拐角处露面看到我们在场时，立刻恢复了往常的庄严”。

英国驻美大使哈罗德·卡西亚（Harold Caccia）为2000名宾客举办了一场露天聚会，地点设置在了5个大帐篷下面，这些帐篷是用玻璃钢制成的，闪烁着丝绸一般的光芒。而在聚会之前有一个更为独特的安排——女王首先接见了80位外交官和他们的妻子。在“国家美术馆”（National Gallery）游览时，女王对导游约翰·沃克（John Walker）说自己在最近的一次伦敦拍卖会上十分渴望买下一幅莫奈[1]的作品，却“付不起那吓人的高价”。

美国副总统理查德·尼克松（Richard Nixon）设宴招待女王夫妇，午宴地点设在国会大厦里兰花点缀的最高法院议事厅，到场宾客有96名。这也是女王夫妇首次与这位头脑敏锐但不善交际的副总统会面。也许是先前留意到了某些对女王的批评言论，尼克松就跟她聊起了演讲的技巧。第二天，他还送给她一本书，说里面有些“惊人的理念”，想必能给她一些帮助。书名是《如何写出适合朗读的文章》（*The Art of Readable Writing*），其作者是语言学专家鲁道夫·弗雷奇博士（Dr.Rudolf Flesch），一位“自然而谈”讲话理论的拥护者。

第三天，女王的活动安排就稍微非正式了一些。她特别要求去看一场美式足球“比赛”。所以，白宫就安排她到马里兰大学（University of Maryland）的“伯德体育场”（Byrd Stadium），坐在中场线位置的“皇室包厢”里，观看马里兰大学与北卡大学的比赛。在前往运动场的途中，她看到路边有家Giant超市，就问是否可以安排一下，让自己“看看美国的家庭主妇是怎样购买食品的”。

当女王步入体育场的时候，全场43 000名观众都欢呼起来。她先是跟客队的队员——两位身材魁梧留着平头的小伙子交谈了几句。女王身穿一件貂皮大衣观看比赛，这件衣服是一个名为“美国变种水貂养殖协会”（Mutation Mink Breeders Association）的毛皮动物饲养组织送给她的，价值15 000美元。她专心地看着比赛，每当有球员撞在一起时她就露出“担心不安”的神态。这是一场典型的美式庆典：拉拉队员们翻着筋斗，鼓乐队员迈着高步，还有军乐队表演。北卡大学的女生跳着舞，她们的衣服上、头上都印着烟标，而广播员则在宣传北卡罗来纳州的“烟草业辉煌”。[2]

女王夫妇欣赏美式足球比赛的同时，安保人员迅速返回超市安排她的参观事宜。比赛的最终结果是21∶7，马里兰大学队获胜。下午5点，女王的车队来到“皇后镇购物中心”（Queenstown Shopping Center），这令在场的数百位顾客大吃一惊。伊丽莎白二世和菲利普亲王从未见过超市，因为当时在英国还没有

---

[1] 克劳德·莫奈（Claude Monet），法国画家，印象派代表人物和创始人之一。

[2] 北卡罗来纳州烟草业发达，其达勒姆、格林斯伯勒和温斯敦萨利姆有“烟草城”之称。

这种东西。所以，他们此次参观因其自发性和新颖性而格外引人瞩目。

女王夫妇在超市里待了15分钟，其间他们与顾客们握手，问他们一些问题，还看他们的购物车里都买了些什么。他们带着人类学家一般的好奇心，也不拘于礼节，这是在英国的公共场合里从未有过的事。“你能带着孩子来超市啊，真是太好了。”伊丽莎白二世朝一位女顾客购物车里的儿童坐架点点头说道。女王夫妇对超市里丰富的食品惊讶不已，同样令他们惊奇的还有其他琳琅满目的货物：衣服、文具、化妆品，甚至还有万圣节服装。女王对冷冻鸡肉馅饼尤其感兴趣，菲利普咬了一口供试吃的起司饼干，开玩笑说：“这可是老鼠的最爱啊！”他们二人听了制冷技术的介绍，还对收银台产生了浓厚的兴趣。他们走入付款通道，收银员大卫·菲利斯（David Ferris）为他们讲解超市收银系统的情况。参观结束后，女王对超市经理唐纳德·达万祖（Donald D’Avanzo）说：“谢谢你让我们参观你的超市，我很愉快。”达万祖过后说自己“惊呆了……这是我这辈子遇到的最好的事儿”。

女王夫妇在华盛顿的最后一天是完全的私人活动。他们在晴朗的天气里开车去了弗吉尼亚州，女王到“米德尔堡驯马场”（the Middleburg Training Track）去看了18匹1岁马。她用了1个小时观赏马匹并与马的主人以及训练师们交谈。接待伊丽莎白二世的是运动员兼慈善家保罗·梅隆（Paul Mellon），他是女王的朋友，也是一位良种马养马人。他在上谷（Upperville）有4000英亩的地产，当天下午就在那里招待女王喝下午茶。

第二天早上，伊丽莎白二世和菲利普亲王前往纽约市，在那里他们受到了更为热烈的欢迎。女王特别要求希望能走水路，这样她就能在水上看看曼哈顿，这是她从小就梦寐以求的体验。“耶——”女王站在美国陆军一艘渡船的甲板上，当她看到远处曼哈顿的轮廓时，便高兴地大喊起来，眼前的景色令她联想起“一串美丽的珠宝”。

从“炮台公园”[1]到市政厅（City Hall），再向北到达“华道夫-阿斯多里亚酒店”[2]，街旁聚集了125万群众迎接女王夫妇的到来。他们挥舞着英美两国国旗，在车队经过时大喊着：“你好，伊丽莎白！”“菲利普亲王万岁！”还有人自发唱起了《天佑女王》。他们坐着艾森豪威尔的透明防弹罩豪华轿车驶过华尔

1 Battery Park，位于美国纽约市曼哈顿区南端。

2 Waldorf-Astoria，位于纽约曼哈顿中城的一处42层豪华酒店，于1931年启用，现属于希尔顿旗下；是外国名流政要来访纽约时主要的下榻酒店。

街[1]，从雪片般的自动收报机纸条、五彩纸屑和撕烂的电话本纸页中穿过。女王抬头看着两旁高耸的摩天大楼，大声说道："没想到它们靠得这么近啊！"

伊丽莎白二世一行在纽约只能待15个小时（她自己都承认说"时间短是个大难题"），其间她不仅要完成自己的心愿列表，还要与大约300个来客握手交谈。女王身穿深蓝色绸缎做成的常礼服，头戴粉红色天鹅绒帽子，在联合国大会上向82个国家的代表发表演讲。她的演讲共6分钟，在演讲结束时，她赞扬了联合国的出色理念，并鼓励其成员国坚持对和平的追求。会场内2000名听众报以"热烈的起立欢呼"。在此之后，她花1小时参观了已建成使用了5年的联合国总部[2]，还曾问到秘书处大楼这栋39层的玻璃体建筑能够"巍然屹立"的原因。在接见代表时，菲利普亲王与苏联大使安德烈·葛罗米柯（Andrei Gronmyko）谈到了苏联近期发射的"斯普特尼克号"人造卫星，也就是前文中伊丽莎白二世在写给安东尼·艾登的信中所提到的事情。

女王夫妇二人将华尔道夫大厦（the Wardorf Towers）28楼的一间路易十五风格的套房作为他们的临时"总部"，在这座传奇酒店里，他们还受邀参加了两次宴会：一次是由罗伯特·瓦格纳市长举办的、有1700名宾客参加的午宴；还有一次是晚宴，与会客人有4500名，举办方是"国际英语联合会"（English-Speaking Union）和"美国清教徒协会"（the Pilgrims of the United States），这两个组织都致力于发展英美友好关系。在宴会期间，伊丽莎白二世又做了一个特别要求，她想站在102层的"帝国大厦"[3]顶层看一看"绝妙"的晚景。"暮色中的天空呈现出粉紫色，高楼里的办公室仍然闪烁着灯光，市中心的天际线就像一块悬挂的精美锦绣。"英国作家阿里斯泰尔·库克（Alistair Cooke）如此描述道。

[1] Wall Street，纽约市曼哈顿区南部从百老汇路延伸到东河的一条大街，全长仅1/3英里，宽仅11米，是美国大垄断组织和金融机构的所在地，以"金融中心"闻名于世。

[2] 联合国总部位于纽约曼哈顿东河沿岸，于1949年10月至1951年6月建成，包括秘书处大楼、会议厅大楼、大会厅和哈马舍尔德图书馆4栋建筑。下文提到的秘书处大楼位于中心，是联合国总部的核心建筑，是一栋玻璃面的39层板式建筑。

[3] the Empire State Building，位于美国纽约市的一栋著名的摩天大楼，是纽约的标志性建筑。帝国大厦高443米，共有102层，于1931年落成，名字来源于纽约州的别称"帝国州"（Empire State），所以英文原意实际上是"纽约州大厦"，而"帝国大厦"是其英文字面意思的直译，但沿用至今。在86楼及102楼有露天观景台，晴天的时候可远望至100公里远的地方。

在大宴会厅里举行的白领结宴会开始了，而连日来紧凑的日程安排很让人吃不消，连31岁精力充沛的女王也露出了疲态。她头戴3英寸高的钻石王冠，身穿饰有淡色金属饰片的晚礼服出现在宴会上。而毗邻的6个宴会厅的客人们可以通过一台闭路电视看到女王用餐的情形。她用餐的过程本是不能拍摄的，但大家还是在电视上看到了，只见她左手拿着餐叉，吃着香橙酱汁鲈鱼、松露酱菲力牛排、煎土豆、炒豆角和沙瓦林蛋糕。大家能够看到，女王用餐时仍恪守进餐礼仪，她在吃前两道菜时，跟左手边的前美国驻英大使路易斯·道格拉斯（Lewis Douglas）交谈，而在吃主菜时再转过头跟右手边的美国清教徒协会会长休·布洛克（Hugh Bullock）交谈。

《纽约时报》撰文道，女王的讲话“在节目中……曾露出过疲劳的样子……脸上仍挂着笑容……她的讲话出现过一次磕绊，但是只有一次而已，她的声音明显不是很顺畅”。尽管她的精神稍显萎靡，却热情洋溢地赞扬了此次宴会的两个发起组织，说他们是英美两国共有“同样的语言和历史遗产”的代言者，还赞扬了他们为使两个国家互怀感恩之心而做出的“不懈努力”。

当天晚上，伊丽莎白二世还有一个安排，那就是在“派克大街”[1]的第七军团军械库[2]参加英联邦舞会，到场的宾客达到了4500人之多。礼宾司司长威利·布坎南惊讶地发现，尽管女王已十分疲惫，但“她笔直地坐在座位上，后背像直尺一般，丝毫没有碰到椅背”。午夜过后，女王夫妇起身朝门外等候的轿车走去，一路上她不断停下脚步与老兵们交谈。一位在一战中失明的飞行员试图从轮椅上站起来向她致意，“她用手轻轻地按住他的肩膀，告诉他不必站起来了。”布坎南回忆道，“然后跟他说了会儿话，这才转身离开。”

在汽车驶往“爱德怀德机场”[3]的路上，布坎南在女王乘坐的汽车地板上放了一盏灯以便曼哈顿区和皇后区街道两旁的人们看到她。汽车行驶途中，女王的礼服和王冠在灯光下熠熠生辉。围观的群众中有很多身穿睡衣、头上满是卷发夹子的女人。伊丽莎白二世说：“菲利普，你看那些穿着睡衣的人。换作我，是绝

---

[1] Park Avenue，又称公园大街。

[2] Seventh Regiment Armory，亦称作“公园大道军械库”，坐落于美国纽约曼哈顿公园大道643号，是一栋哥特复兴式风格的砖石建筑。建于1880年，是美国唯一一个私人出资修建的军械库。开始是作为纽约第七民兵军团的总部和行政中心，由于吸纳了大量社会上层人物，被大众戏称为“丝袜兵团”。该建筑内饰精细，有大量木雕、大理石和彩色玻璃。

[3] Idlewild Airport，即今天的肯尼迪国际机场。

不会穿着睡衣跑出去看热闹的，不管车里坐的是谁。”

凌晨2点，女王夫妇登上英国海外航空公司的道格拉斯DC-7型飞机“七大洋号”（Seven Seas），踏上了14小时的返程之旅。“贵夫妇的魅力与亲和力强烈地感染了我国人民。”艾森豪威尔在写给他们的告别信中如此说道。

英美两国的报纸称女王此次美国之行“取得了非凡的成功”，是一次“收获之旅”。但最高兴的人还是首相哈罗德·麦克米伦，他打算在接下来的一周去华盛顿，与艾森豪威尔进行一轮会谈。麦克米伦在日记中写道：“女王此行将乔治三世的阴霾一挥而散。”[1]但英国国民对女王访美期间几次贴近大众生活的即兴活动有种被忽视的感觉，更不用说她竟然允许电视转播自己赴宴的情形。《每日先驱报》（*Daily Herald*）问道：“要想亲民，何须跑到大西洋对岸去？”

女王对电视的信任并非一时兴起所致，她的丈夫在其中起到了很重要的作用。考虑到菲利普对科技的迷恋程度，他能发现电视在王室宣传中的潜力也是理所当然的。早在1952年11月，他就预言广播和电视已经“不仅仅是好玩的、有趣的新生事物”。他是王室成员中首个拥有自己电视节目的人，那是一档纪录片节目，拍摄的是他的英联邦国家访问之旅。

从加冕时起，伊丽莎白二世就对无处不在的摄像机保持着警惕。在北美访问之前写给艾登的信中，她就曾袒露了内心的忧虑，“电视是最可怕的东西，但我觉得要是习惯了，也就不像第一眼看上去那么吓人了。”此前一年，她就曾打算将每年的圣诞致辞首次从广播改为电视直播，就选在她的祖父乔治五世首次发表电台广播25周年之际。在动身前往加拿大之前，她甚至还在白金汉宫的一间临时演播室里练习过用讲词提示器辅助讲话。菲利普一直在撺掇女王使用讲词提示器，女王用一份旧讲稿练习的时候，他就在一旁充当“制片人”的角色。开始时女王的声音有些单调，他就跟她一起想办法，第二次排练时，她在适当的时候加入了点头和微笑，演讲“就生动多了”。

女王的直播演讲安排在12月25日下午3点，之前她一直在加拿大广播电台进行排练，但仍感觉忐忑不安。这已经是她的第6个圣诞致辞了。圣诞致辞是一年中铁定的安排，在致辞时她要直接向国民讲话，所以从开始的准备阶段就没有政府的“建议”和干涉。在致辞中，她总是煞费苦心地去阐述自己的思想，重申对

---

[1] 在英王乔治三世统治时期，美国通过与英国的独立战争实现独立。

宗教的虔诚和对责任的理解，鼓舞大家以高标准要求自己、多做善事。演讲的内容通常都是私人秘书构思的，但主要是她和菲利普用几个月的时间来撰写其具体内容，往往是将刚刚过去的一年中的大事围绕一个主题进行阐述。

在1957年的电视致辞中，菲利普起到了积极的作用。他让自己在BBC工作的朋友安东尼·克里克斯顿前来帮忙。他们将桑德林汉姆宫的“长条图书馆”（Long Library）布置成演播室，因为这里的音响效果特别好。他们在一个书橱前面放了一张小桌子，书橱里摆的是圣诞卡和家庭照片，桌子上摆了一盆冬青，以挡住麦克风。负责拍摄的有两台摄像机，每一台都附有讲词提示器。

为了此次电视致辞，伊丽莎白二世学习了如何阅读讲词提示器上的滚动文本，此外，她还看了BBC广播员西尔维娅·彼得斯（Sylvia Peters）的一部教学片。在经过三次排练之后，她心里还是没有底，她在温莎堡的露天聚会上对一位客人说：“我丈夫似乎已经找到了轻松面对摄像机的诀窍，而我还没有，所以我很担心。”在转播前几天，克里克斯顿又花了45分钟陪她逐句练习了讲稿。

伊丽莎白二世的致辞时长7分钟，为了达到较自然的拍摄效果，其间她偶尔会低下头看讲稿或做出翻页的动作。致辞时，她会不时地微笑一下，还会紧扣双手以加强语气。电视能让她的形象“不再那么遥远陌生”，女王说道，还会让自己每年向英国及英联邦的致辞变得“更亲切、更直接”。但她也警告说新媒体的兴起使我们意识到“周围世界的日新月异……会让人产生迷失感，不知该如何取舍，不知道该怎么做才能既保有旧时精华，又能拥抱新生活的优点”。

她还补充说道，“发明”本身不是问题所在，“问题是人们会不假思索地将永恒的理想当成废旧的机器随手抛弃”。为了维护“我们基本的原则”，她呼吁大家“鼓起非凡的勇气……坚守真实、正当、公正。我们要勇于抵挡玩世不恭心态的侵蚀，向全世界证明我们对未来是无所畏惧的”。

“虽然我不能带领大家冲锋陷阵，但我可以做别的事情。我能把我的心交给你们，为英国、为所有兄弟国家而献身。”此次致辞以圣诞祝福结束，她迅速瞥了一眼站在摄像机身后的丈夫，又朝着电视机前的观众报以灿烂的微笑。

据估计，收看此次电视致辞的观众人数达到了3000万。而媒体，尤其是美国的媒体均为女王的表现而喝彩，称这次致辞是对其批评的有力反击，是“后奥尔特灵厄姆时期的王室演讲”。《纽约时报》撰文说，女王的举止“自在、自然”；《每日快报》（*Daily Express*）的评论员说此次演讲“将她优雅而朴素的魅力完全展现出来”；“真是感人泪下。”美国前总统哈里·杜鲁门（Harry

Truman）如此说道，他还夸奖伊丽莎白二世致辞中“不假思索地随手抛弃”这个说法“用得好。我们也许尚未丢弃永恒的理想，但已经对其有了忽视之心”。

50年来，任何一次圣诞致辞都未能达到如此效果，也未曾传达如此令人惊讶的潜在含义。克里克斯顿后来写道：“致辞的最终稿其实是菲利普写的。”但它是女王和丈夫交换意见之后的结果。女王一直小心谨慎，她不会去说一些自己不相信的东西，甚至连“非常”这个词都不会轻易使用，除非她真的要表达强烈的语气。致辞中忠诚的誓言和“坚守正义”的呼吁也绝对是真实可信的，因为演讲的每一句话里都闪动着她的情感。

一年之后，政府首次允许电视台转播议会开幕仪式（在1957年这个提议其实是遭到政府拒绝的。因为女王在麦克米伦及其大臣的建议之下进行了一次真正的改革，使用了“终身贵族”[1]这个头衔。这一举措首次使得女性可以凭借自己的爵位，而无须作为丈夫的附庸进入上议院）。议会开幕式是英国的盛事之一，也是很多值得进行电视转播的王室盛会之一。议会开幕式还是女王作为国家元首的标志，“君临国会”将君主和上下两院同置一室，女王则向两院议员宣读政府的施政大纲和立法计划。

议会开幕式本身就承载了几百年的传统和礼制。开幕式场地往往选在上议院的议事厅，这里有金碧辉煌的高顶、彩色玻璃窗和精雕细刻的木饰。

议会开幕式前一天，“帝国王冠”和7世纪的“国剑”（Sword of State）被从伦敦塔请到白金汉宫，女王有机会在那里重新适应一下被3磅（约1.4公斤）重的王冠压在头上的情形。晚上，她往往戴着饰有3000颗钻石的紫色天鹅绒王冠去办公，有一年男管家发现她脚上穿的竟然是粉色平底拖鞋。

议会开幕式这一天的早上，一辆马车会将“帝国王冠”“国剑”和“礼冠”（Cap of Maintenance）——一个白貂毛饰边的深红色天鹅绒帽——沿着“林荫大道”送到国会大厦。第二辆马车负责运送黄金权杖。伊丽莎白二世将这些王权象征物称作“工作装备”，她再三确认了王冠镶有“布莱克王子红宝石”和“库里南二号钻石”的正面在车厢里朝向前方。“有一件事要记牢，”女王目光一闪，对首次陪同这个无价之宝前往威斯敏斯特宫的皇家珠宝商大卫·汤玛斯

[1] life peer，又称一代贵族，英国贵族的一种。与一般贵族不同的是，终身贵族只限于个人，其爵位不能世袭。终身贵族的称呼与勋爵一样，而且都可以成为上议院的议员。成为终身贵族，可以选择封邑，但这个“封邑”只是象征式，并不会为贵族贡献税收。

（David Thomas）说道，“那就是——马总是在车厢前面的。”[1]

在皇家骑兵团的陪同下，伊丽莎白二世和菲利普亲王乘坐“爱尔兰国家马车”前往威斯敏斯特宫。女王身穿白色长袍，颈戴嘉德骑士珠宝项饰，手戴齐肘白手套，头戴钻石王冠；菲利普亲王仍穿着海军元帅服。到达挂有亚瑟王传奇壁画的礼服间之后，女王换上了18英尺长的深红色天鹅绒长袍，戴上了王冠。

上议院的议事厅里总是熙熙攘攘的。贵族们身穿白色毛领的红袍（1958年的上议院里首次加入了15名新晋的终身贵族，其中4人是女性）；法官们头戴假发、披着黑袍聚坐在红色的“羊毛坐垫[2]”上；还有军官、神职人员以及扎着白领结的外交官。

入场式上，带有古雅中世纪头衔的贵族们依次进入会场，如马尔特拉夫斯纹章官（Maltravers Herald Extraordinary）、克拉伦斯纹章官（Clarenceaux King of Arms）、胭脂龙纹章官助理（Rouge Dragon Pursuivant）等，他们都身穿红底镶金色图案的无袖上衣、齐膝短裤、丝质长袜。通道两侧站着女王的近卫队，“御前侍卫”（Gentlemen at Arms）头戴饰有一蓬天鹅羽毛的头盔，“自耕农近卫队”身穿红金两色的齐膝束腰长袍、红色齐膝短裤、白色围领、黑色都铎式呢帽。

伊丽莎白二世在4名男童侍、2名内廷女官的陪同下，由菲利普亲王手执她抬起的左手，沿着“皇家画廊”（Royal Gallery）缓慢而庄重地走进议事厅。女王前面走着两个贵族，一人双手竖执国剑，另一人用权杖挑着礼冠。另外还有两位国务重臣（Great Officer of State）走在她的身后，一位是宫廷典礼大臣，一位是掌礼大臣。11：30，女王坐在了金色华盖下精美的镀金王座上，而菲利普亲王则坐在她的左手边，但座位稍稍矮几英寸。

女王的官方代表布莱克·罗德（Black Rod）大步走到下议院门前，但门砰的一声在他眼前关上了——这个仪式代表着下议院的独立性（1642年英王查理一世曾闯入下议院试图逮捕5名议员，从此之后，英王就被禁止进入下议院）。布

---

[1] 意为不要在车厢里弄错了朝向。

[2] Woolsack，羊毛坐垫，又称羊毛袋，指上议院议长与副议长的座位，是一个填塞羊毛的红色座椅，设于议事厅正中。当议员们于上议院分别各自召开委员会时，会议主席或副主席并不坐在羊毛袋上主持议程，而是坐在议事厅内的议事桌座位上。支持政府的议员坐在羊毛袋右方的座位上，而反对派坐在左边，中立议员则坐在羊毛袋的对面座位。大法官与副议长可径自于羊毛袋上表达意向。

莱克·罗德用檀木手杖在门口重重地敲了三声，随后走进了议事厅，命令议员们“立刻到参议院觐见女王”。议员们在首相、内阁成员和反对党领袖的带领下，站在了上议院入口附近的木质围栏后面。那些政客们在这个长18英尺、宽12英尺[1]的狭窄空间里挤在一起，此种景象给整个仪式带来一点儿粗俗混乱的成分，如美国大使大卫·布鲁斯所说：“看起来像是法庭上一群等待审判的罪犯。”

大法官走上台来，从红色丝绸包里拿出一份由首相和内阁撰写的讲稿递给女王。女王的开幕式演讲时长一般都在15分钟以内，她忠实地朗读了政府新一年的立法工作计划。“我想那是我一生中所做的最单调乏味的讲话了。”1969年的议会开幕式之后，彼得罗·安尼戈尼来为女王画像，女王对他如此说道，“讲稿的内容都是枯燥的，我试着加一点个人感情在里面，但没什么用，演讲还是死气沉沉的。”头戴沉重的王冠让人看上去都会觉得累，甚至几个小时之后“我的脖子还酸着呢”，女王有一次如此坦白道。

伊丽莎白二世在1958年10月28日议会开幕式上的演讲只有2分10秒，这是她迄今为止最短的演讲之一，其内容大多是关于推动英联邦的发展，支持联合国和大西洋联盟（the Atlantic Alliance）的工作，她信念坚定地将讲稿读完了。在讲话中，她说到了电视转播议会开幕式的历史意义，“能让数百万计国民……见证这一议会复兴的时刻。”她还提到了即将与“亲爱的丈夫”在来年夏天去加拿大访问、年末去加纳访问，而后者刚刚在1957年宣布独立。

在女王夫妇访问加纳之前，菲利普亲王先乘坐“不列颠尼亚号”进行了又一次海外访问，在4个月里他先后访问了印度、巴基斯坦、新加坡、文莱、婆罗洲、香港、所罗门群岛、吉尔伯特群岛、爱丽斯群岛、巴拿马、巴哈马群岛、百慕大群岛，并于1959年4月返回英国。很快，伊丽莎白二世再次怀孕。几年之后，有流言说此次怀孕所生的安德鲁王子（Prince Andrew）是在菲利普远行期间怀上的，其生父是女王的好友和养马的同好亨利·珀切斯特。但是，安德鲁王子出生在1960年2月中旬，由此推算，怀孕日期应是在1959年5月，而那时“女王夫妇是在一起的”。八卦专栏作家奈吉尔·丹普斯特（Nigel Dempster）是这则故事的始作俑者，而上面的调查也是他所做的，他对自己当初的妄言后悔不已。

---

[1] 大约5.5米×3.6米。

女王发现自己怀孕之后，就委派助理私人秘书马丁·查特里斯去执行一项机密的任务。她对查特里斯说："在等了这么久之后，我终于再次怀孕了，而这就意味着我不能按照原先的安排去加纳访问。我想让你去加纳一趟，告诉夸梅·恩克鲁玛总统（President Kwame Nkrumah）事情的缘由，但要让他保守秘密。"

女王夫妇的加拿大之行仍然按计划进行，他们在6周的时间里在加拿大走了1.5万英里，几乎涵盖了每个省和行政区。作为与美国合建的"圣劳伦斯航道"[1]通航仪式活动的一个组成部分，他们于6月26日邀请了艾森豪威尔总统到"不列颠尼亚号"上共进午餐。10天之后，又在芝加哥停留了14个小时，美国总统再次派豪华轿车来接他们，这次他们乘坐的是一辆敞篷车。芝加哥市市长理查德·戴利（Richard Daley）在"湖滨大道"（Lake Shore Drive）上铺了红地毯迎接女王夫妇，让自己的7个孩子觐见了女王，还宣告说："芝加哥今天属于你！"艾森豪威尔给女王写信，说司机回来后告诉他，"从没见到街旁的人群有如此高昂的热情"。

伊丽莎白二世正遭受晨呕的折磨，但她并未表现出来。但是在访问"育空地区"[2]期间，她还是在床上躺了几天。女王的新闻办公室对外声称女王得了轻微的胃病，病情好转后会继续访问。8月1日，女王一行回到伦敦，又过了一周，王宫对外宣布了她怀孕的消息，随即女王去了巴尔莫勒尔庄园度过每年一次的休假。

哈罗德·麦克米伦等到女王回国后才进行大选，还以女王为由让艾森豪威尔把英国列为他环球访问的名单中。麦克米伦很是明白，美国总统的访问是自己的政党在大选中的有力砝码。而当艾森豪威尔对是否访问英国犹疑不决时，麦克米伦转告他说，如果他不来英国，那就对女王太无礼了。而伊丽莎白二世未曾打算返回伦敦，所以艾森豪威尔就接受了邀请，到巴尔莫勒尔庄园拜访了两天。

8月28日，菲利普亲王到阿伯丁机场迎接艾克[3]、梅米和他们的儿子约翰，并陪同他们来到巴尔莫勒尔庄园。总统一家立刻喜欢上了苏格兰高地的生活，还跟女王一家以及他们的朋友打成一片，如威斯特摩兰伯爵（Earl of

[1] the St.Lawrence Seaway，北美洲五大湖人工航道系统的总称。从大西洋直达苏必利尔湖西岸美国明尼苏达州的德卢斯，全程3800公里。由美国、加拿大联合设计、于1959年4月建成通航的一个内陆水运庞大系统，万吨级船只畅行无阻。

[2] Yukon Territory，加拿大三个行政区之一，位于加拿大的西北方，以流经该地区的育空河得名。

[3] Ike，艾克是艾森豪威尔总统的昵称。

Westmorland）、珀切斯特勋爵夫妇、还有第5代明妥伯爵（the 5th Earl of Minto）的儿子，也是玛格丽特公主的朋友多米尼克·艾略特（Dominic Elliot）。

艾略特回忆说：“女王和艾森豪威尔相处得很融洽。总统很有个性，是个很了不起的人，他跟大家都合得来。”艾森豪威尔没有跟其他男士一起去猎雉，于是女王就招待他到慕克湖（Loch Muick）边野餐，还在煎锅里亲自给他做滴面烤饼吃——这是她在“二战”期间跟温莎堡的厨师学的手艺。艾森豪威尔很喜欢烤饼的味道，就问女王要烤饼的做法。几个月后，女王把滴面烤饼的用料和做法亲手撰写出来，还道歉说她写的是16人份的用料和配比，因为她只学过16人份的。“要是没有那么多人的话，我就少放面粉和牛奶，”她的补充说明多少也算有些帮助，另外她还补充道，“面糊需要使劲搅拌。”

在总统一家离开之前，王太后在伯科豪庄园（Birkhall）举办了一次愉快的鸡尾酒会来招待他们。艾森豪威尔总统说“这是一次完美的访问”，他还向女王的送别礼物——前一天大家所猎到的松鸡——表示了特别的感谢，第二天晚上在契克斯别墅[1]与首相共进晚餐时就把这些松鸡吃了。

6周之后，麦克米伦和托利党在大选中获得了压倒性胜利。他写信给5个月身孕的女王说不必提前返回伦敦了。考虑到自己的身体情况，女王没有参加这一年的议会开幕大典，而是由大法官代为宣读了她的演讲。

先前的加纳之行被推迟了，夸梅·恩克鲁玛总统对此十分失望，于是，菲利普亲王代表女王于9月前往加纳访问，以示抚慰。在6天时间里，菲利普亲王共做了8次演讲，内容涵盖促进大学的学术自由、鼓励科研探索、鼓励年轻人从事医疗和护理工作。他对加纳“伟大的觉醒”的评价很受人们欢迎，他还许诺说1961年会跟妻子重访加纳。

到了伊丽莎白二世怀孕6个月时，她就不再处理公务了，但她还有一件事未能了结。1960年1月初麦克米伦到桑德林汉姆宫来觐见女王时，后者曾说到家族姓氏的问题，而自从1952年她决定用“温莎”而不是丈夫的“蒙巴顿”作为家族姓氏，菲利普就一直耿耿于怀。“女王只是想做点什么能让丈夫高兴起来，因为她深爱着丈夫，”麦克米伦在日记中如此写道，“令我烦恼的……是菲利普亲王

[1] Chequers，一所位于英格兰白金汉郡奇尔特恩丘陵的庄园宅第，是英国首相的官方乡间别墅。最早建于12世纪，现存的建筑物则建成于16世纪，是一幢都铎风格的庄园宅第。

在所有这些事情上对女王粗野的态度。”他还语意含糊地写道：“我永远都不会忘记那个周日晚上女王在桑德林汉姆宫对我说的话。”

之后不久，麦克米伦就起身前往非洲访问，而把女王这件烦心的家务事留给了拉博·巴特勒处理。巴特勒是副首相、基尔穆尔勋爵，当时是上议院的大法官、政府的司法首长。1月27日，巴特勒给时在南非约翰内斯堡（Johannesburg）的麦克米伦发去电报，说女王“已经决定”要为菲利普做出一些调整。据说后来巴特勒曾对一个朋友透露说女王“哭了”。

在经过私人秘书和政府大臣们的讨论之后，最终的解决方案出台了，王朝名号仍保留“温莎王室”的名称，但是女王的所有“没有世袭头衔”的后代——从她的孙子辈开始，不被称作“殿下”的后代——都需要将“蒙巴顿-温莎”作为姓氏；而所有王位继承者——包括女王所有的孩子——仍用“温莎”作为姓氏。这个规定似乎已经十分清楚明了了，但在13年之后，在迪基和查尔斯亲王的劝说下，安妮公主结婚时就违背了这一规定，她注册时用的姓氏是“蒙巴顿-温莎”。

伊丽莎白二世告诉麦克米伦说这个折中方案“让她放下了心中的包袱”。她在2月8日的声明中说：“长久以来这件事一直萦绕于心，挥之不去。”1960年2月19日，女王在白金汉宫生下了她的第二个儿子。在王宫外面等候的人群在听到这一消息之后欢呼起来。为了表示对丈夫的支持和尊重，她给孩子取名“安德鲁”，以缅怀他在15年前失去的父亲。[1]

[1] 菲利普的父亲是希腊王子安德鲁。

麦克米伦很喜欢“女王明亮的双眼，那是她美貌的重心”。

1960年11月，伊丽莎白二世与自己的第3任首相哈罗德·麦克米伦在牛津大学。

图片来源：Popperfoto/盖蒂图片社

第七章　新的开始

生下第三个孩子的时候，伊丽莎白二世只差两个月就34岁了。与婚后最初几年查尔斯和安妮出生时不同，现在的她背负了太多职责，甚至连产后休息的时间也要为其所用。“她是绝对、绝对不会忘记公务的，”助理私人秘书爱德华·福特爵士回忆道，“女王要分娩了，所以我们都认为会有一段时间跟她见不上面。但是很快，大概是孩子出生后24小时，最多不到48小时，她就问我们是不是有文件要处理，让我们把文件给她送过去。”

安德鲁王子的全名是安德鲁·阿尔伯特·克里斯琴·爱德华（Andrew Albert Christian Edward），是王位的第二顺位继承人，排在他的哥哥查尔斯亲王之后。他刚刚出生一周，人们的注意力就从他身上转移了，因为他29岁的小姨玛格丽特公主宣布自己要订婚了。其未婚夫是杰出的摄影师安东尼·阿姆斯特朗-琼斯，跟她同岁。自从4年前与彼得·汤森的爱情夭折之后，女王的妹妹就一直是伦敦名利场里一位耀眼的人物。她的发型会随心情而变化；她总穿色彩艳丽的服装和露出腿部的裙子以凸显其身材；她还爱穿露趾鞋，南希·米特福德称她是“赤脚大仙”；此外，玛格丽特烟瘾极大，一根10英寸长的烟斗不离左右；她还酗酒，常常喝“威雀”威士忌（Famous Grouse）到烂醉的程度。

伊丽莎白二世常常会出现在人们的谈话之中，但玛格丽特公主——用博物馆馆长罗伊·斯特朗（Roy Strong）的话说——“简直就是大家的谈资”。比起女王，玛格丽特公主对礼仪规矩的重视已经到了敏感的程度，她甚至会对朋友们无意中的言行失礼而横加指责。“要是你把‘尊贵的殿下’说成了‘殿下’，她就能把你撕成碎片。”一位朋友如此说道。“她会说，‘阿拉伯国家里也有很多殿下，我跟他们可不一样，我是王族’。”在海伦·米伦主演的《女王》中就有一个很有说服力的场景，伊丽莎白二世说："人们对我行屈膝礼时，我对她们下蹲的深度并不在意……那是我妹妹关心的事。"

从1953年开始，玛格丽特公主就跟王太后一同住在克拉伦斯宫，过着快乐而无忧无虑的生活。她白天睡到日上三竿，晚上却玩得通宵达旦，客人们都疲惫不堪了，却不敢提早离去，因为在王室成员之前离场是不礼貌的。令客人们吃惊的还有她对王太后的狂妄无礼，在王太后看电视的时候，她会径直走进来更换频道，还会在午宴上对王太后的食物指指点点。"不用担心，"当王太后的朋友普鲁登斯·佩恩（Prudence Penn）表达了她的忧虑时，王太后对她如此说道，"我早已习惯了。"

伊丽莎白二世对妹妹也是相同的态度，甚至对她在白金汉宫举行的10周年宴会上迟到了1个半小时也没有介意。"我认为女王的妹妹并没有给她带来什么帮助，她是王室的一个反面教材，"帕特里夏·布拉伯恩说道，"女王把与妹妹的事情放在私下处理，玛格丽特会给她必要的支持，也会有她很难接受的建议。"

玛格丽特公主有时是深情而亲切的，也就是彼得·汤森曾说过的"罕见的柔情"；她还细心周到、富有同情心，对病人尤其如此。她对剧院和表演艺术十分狂热，尤其是芭蕾舞。她机敏活泼，再加上天生聪慧，往往令好友们为之倾倒。

得知玛格丽特爱上了安东尼·阿姆斯特朗-琼斯之后，女王深深地松了一口气，因为她是最希望妹妹能够幸福的。安东尼·阿姆斯特朗-琼斯不是个贵族，但他的出身十分显赫。他的父亲罗纳德·阿姆斯特朗-琼斯（Ronald Armstrong-Jones），是威尔士德高望重的律师；他的母亲是安妮·梅塞尔（Anne Messel），其娘家是一个富有的银行家，先是在德国赚足了钱，后来到了伦敦，从犹太教转而皈依基督教，而这个宗谱问题王室选择不予在意。安东尼·阿姆斯特朗-琼斯的父母在儿子5岁的时候离婚了，他的母亲改嫁给了罗斯伯爵（the Earl of Rosse），从而获得了伯爵夫人的贵族头衔。他是在伊顿公学和剑桥大学上的学，这种教育背景给了他进入上流社会圈子的通行证，他也在其间为自己的摄影生意寻找客户。

他比玛格丽特公主高几英寸，长相英俊，笑容灿烂，但美中不足的是，因16岁时得过小儿麻痹症而有点儿跛。他久经世故而富有魅力，一下子就从艳俗的文艺界走出来，适应了王宫高贵而纯净的氛围。同样重要的一点是，他的聪明程度一点儿都不亚于玛格丽特公主，两人还对上流生活有着相同的品位。王太后和女王也很喜欢他，女王在婚礼之前赐予他一个伯爵爵位。起初安东尼谢绝了这个封赐，但一年之后他接受了斯诺登伯爵（the Earl of Snowdon）（以威尔士的最高峰斯诺登而得名）这个爵位，因为玛格丽特公主即将生下他们的第一个孩子大卫，需要保证他出生时能够继承一个爵位——林利子爵（Viscount Linley），而不是被称作阿姆斯特朗-琼斯先生。

伊丽莎白二世对妹妹夫妇二人十分慷慨，在他们婚礼的前两天，她与菲利普亲王在白金汉宫举办了一个豪华的宫廷舞会，“舞会的气氛，”剧作家诺埃尔·科沃德写道，“极尽奢侈却没有丝毫浮夸。”

玛格丽特公主大婚的日子是1960年5月6日，这是一个阳光明媚的星期五。“林荫大道”上方飘动着很多白色横幅，上面绣着金色的A和M两个字母，代表着安东尼和玛格丽特。在通往威斯敏斯特大教堂的路上，挤满了10万群众，就像“没有尽头的跃动的绿化带”，科沃德写道：“警察脸上挂着笑容，近卫队士兵们也都喜气洋洋，空气中洋溢着春天的欢乐和神奇。”

玛格丽特公主就像神话中的仙女，她穿着精巧而朴实无华的白色婚纱，名义上是女王服装设计师诺曼·哈特奈尔的作品，其实是安东尼设计的。戴在发髻之上固定住长长的丝绸头纱的，是3英寸高的“波提默钻石王冠”（Poltimore tiara）。菲利普亲王陪着妻妹走到圣坛跟前[1]，安东尼在圣坛边上等着，看上去“脸色苍白”且“有点儿哆嗦”。玛格丽特公主身后是8名6到12岁身穿白色垂地丝裙的女花童，带头的是9岁的安妮公主。

诺埃尔·科沃德在婚礼上一直在观察女王，她身穿灰蓝色的礼服，上身是长袖敞胸短上衣，却是一副“阴沉沉的样子”。于是他怀疑女王是不是“感到生气或者悲伤”。而那些与女王相熟的人则明白，这是她尽力控制情绪的表现。“当她深深感动却又强忍着不表现出来的时候，她的表情就像布满了阴云一般。”工党政治家理查德·克劳斯曼（Richard Crossman）如此记述道。

跟其他王室盛典一样，此次婚礼也是由诺福克公爵（Duke of Norfolk）负责组织策划的，这也是BBC首次直播王室婚礼。婚礼结束后，面带欢笑的新人夫妇乘坐“玻璃马车”——过去50年来一直作为王室婚礼的专用马车——返回白金汉宫，在那里他们与120名宾客（这120人是从在威斯敏斯特大教堂参加了婚礼仪式的2000名宾客中选出来的）共进了婚礼早餐。随后女王让妹妹和妹夫乘坐

[1] 玛格丽特公主的父亲乔治六世已经过世，而她又没有兄弟，所以由菲利普将她送到圣坛前交给新郎。

“不列颠尼亚号”去度蜜月，为期6周。婚礼共花费2.6万英镑，这笔钱是由王太后支付的，但女王替她付了其中的大部分。英国政府则为他们6万英镑的蜜月埋了单。回到伦敦之后，玛格丽特公主与安东尼搬进了肯辛顿宫，共4层楼20个房间。肯辛顿宫是女王送给玛格丽特公主夫妇的，仅翻新就花了8.5万英镑，其中5万英镑来自英国政府的公共建设工程部（Ministry of Public Works）拨款，用于修复战争中被炮火毁掉的部分。

1960年这一年，因为第三个孩子还未满周岁，所以伊丽莎白二世减少了外事访问的数量，但为国事操劳的程度却丝毫未减。麦克米伦首相给她送来源源不断的信件和备忘录，其中大多是与外交政策有关的。在每周与女王的会面过程中，麦克米伦会逐条向女王汇报，以“给她一个对有关问题进行思考并表达个人意见的机会（女王的观点往往会以问题的形式呈现出来）”。麦克米伦的传记作家阿里斯泰尔·霍恩如此写道。随着时间的推移，麦克米伦对女王越来越敬佩，说她“勤勉地阅览眼前小山一般的文件，始终如一，未曾懈怠。虽然仅仅在位几年时间，却已积累了惊人的政治经验”。

麦克米伦在1960年年初出访非洲时，曾对白人组成的南非议会说：“转变之风正在这片大陆上吹起，不管我们喜欢与否，民族意识的觉醒都是一个政治事实了。”仅仅在一个月之后，南非警察就在南非东部的沙佩维尔杀死了76名抗议者，而在伦敦举行的两年一次的“英联邦总理会议”[1]也差点因种族隔离问题而破裂。[2]

在经过了10天的争吵之后，麦克米伦策划了一个公报，暂时平息了非洲黑人与白人总理之间的怒火。“公报的用处不大，”他对女王说道，“不过好在他们都达成了一致意见……至少目前英联邦还分裂不了。”但是南非仍在争取独立，1960年10月，南非白人经过投票一致同意废除君主，成立了由白人统治的共和国。

[1] Commonwealth Prime Ministers Conference，前身为“帝国会议”，会议地址在英国伦敦。从1962年9月起，英联邦总理会议改称“英联邦政府首脑会议”，会议地点也不再固定于伦敦。

[2] 1957年，加纳获得独立，并加入了英联邦，为其他英属黑非洲殖民地独立后加入英联邦开了先河。1960年，尼日利亚独立，亦加入了英联邦。这些新生的非洲国家和即将获得独立的国家坚决反对南非种族主义政权，并最终迫使南非于1961年退出了英联邦。

麦克米伦外交政策的重点之一就是设法使英国加入“欧洲共同市场”[1]，这是一个由法国、联邦德国、意大利、比利时、卢森堡、荷兰六国组成的欧洲自由贸易区，对英国的经济发展至关重要。而要达成此事，需要一个人在其中牵线搭桥，那就是法国总统夏尔·戴高乐（Charles de Gaulle）。英国需要向他证明自己很想成为一个够格的合作伙伴，因为戴高乐总以为英国与英联邦国家以及美国的关系更近一些。为了推销自己的观点，麦克米伦就向女王寻求帮助，而后者答应邀请戴高乐夫妇到英国进行为期3天的国事访问。

自从登基以来，每年伊丽莎白二世都会根据礼制和惯例在白金汉宫招待来访的国家元首（从20世纪60年代末开始，她把温莎堡也列入了待客地点）。这些接待活动是她职责的重要组成部分，而她对来访的国家元首不分国别，一律待以同等的热忱。到王宫来的元首人选由政府指定，但邀请需要由女王发出。

这种访问一般为期3天，在此期间来访的国家元首将住在白金汉宫最为豪华的公寓“比利时套房”（Belgian Suite）里，这是一套位于王宫一层的6室公寓，窗外就是王宫花园。访问的日程一般是这样的：第一天（一般会定在星期二）是欢迎仪式，检阅仪仗队和行军方队，然后乘马车前往白金汉宫，在那里与女王夫妇共进午宴。互换礼物之后，女王带来访的国家元首前去“画廊”[2]稍作游览；晚上，女王会在王宫的宴会厅里举办一个160人左右的白领结国宴。第二天和第三天，来访的国家元首会接见英国的政府官员和商界名流，在第二天晚上由他设宴“回请”伊丽莎白女王夫妇。

在招待戴高乐时，英国政府在原有的壮观与华丽的安排上又进了一层，“以

---

[1] the Common Market，又称欧洲经济共同体，“二战”后欧洲国家为促进欧洲经济联合而建立的经济组织。其宗旨是促进法国和德国之间的持久和解，发展各成员国的经济，使之形成一个大的共同市场，试图建立西欧国家的政治联盟，缓和它们彼此间发动战争的恐惧心理。1957年3月，法国、联邦德国、意大利、荷兰、比利时和卢森堡六国在罗马签订了《建立欧洲经济共同体条约》。1958年1月1日，“欧洲经济共同体”成立，总部设在布鲁塞尔。1967年7月1日，“欧洲经济共同体”“欧洲煤钢共同体”和“欧洲原子能共同体”合并组成“欧洲共同体”。1973年1月1日，英国、爱尔兰、丹麦正式加入。1972年7月22日，“欧共体”与挪威、奥地利、瑞士、瑞典、冰岛、葡萄牙、芬兰分别签订自由贸易协定，建立西欧十六国自由贸易区。1991年12月11日，“欧共体”通过了建立“欧洲经济货币联盟”和“欧洲政治联盟”的《欧洲联盟条约》（《马斯特里赫特条约》，简称马约）。1993年11月1日，《欧洲联盟条约》正式生效，“欧共体”更名为“欧盟”。本书后文中出现的相关词条不再一一加注，请一并参看此条。

[2] Picture Gallery，一条50米长的走廊，两侧挂着许多名画。

让他感受到英国人的盛情，并满足他的虚荣心”。在4月5日到访当日，戴高乐与女王共乘敞篷马车，女王在午宴上为他发表了热情洋溢的祝酒词，除此之外，在他去威斯敏斯特宫向英国上下两院演讲时，是由皇家骑兵团的号兵在前面开路，随后在“科芬园”[1]参加了庆祝活动，晚上还在白金汉宫外面举行了盛大的焰火燃放晚会。戴高乐说话含糊且欠条理，不是一个能在宴会上谈笑风生的人。他后来写道，伊丽莎白二世“洞悉世事，对人对事有着精准的判断力，对我们这个动荡的时代充满关怀和忧虑”。而谈到共同市场的问题时，他却含糊其词不做表态。

1961年刚过，伊丽莎白二世就再次开始了海外访问之旅。她跟菲利普用了5周，先后访问了印度、巴基斯坦、尼泊尔、伊朗、塞浦路斯和意大利，连安德鲁王子的周岁生日都错过了。3月初，他们回到了伦敦，麦克米伦随后向她汇报了新任美国总统约翰·费兹吉拉德·肯尼迪（John Fitzgerald Kennedy）及其年轻美貌的妻子杰奎琳（Jacqueline）的情况。杰克·肯尼迪[2]的父亲约瑟夫·P.肯尼迪（Joseph P.Kennedy）在“二战”之前是美国驻英大使，杰克·肯尼迪也常随父亲在英国居住。美国的现代总统之中，没有人比他与英国的联系更密切的了。

杰克·肯尼迪比伊丽莎白二世年长近20岁，20世纪30年代末，女王还是个孩子的时候他已经在上大学了，所以他们俩并不相熟。但女王曾在约瑟夫·肯尼迪和夫人罗丝到温莎堡和白金汉宫拜访时见过他们。伊丽莎白二世曾对加拿大总理布莱恩·马尔罗尼（Brian Mulroney）说起过她对杰克·肯尼迪的母亲罗丝的好感：有一次，王室的一位亲戚去世了，她的父母忙着接待前来吊唁的宾朋，就把她和玛格丽特公主关在一个小房间里。“唯一一个走进房间里陪她们姐妹俩聊天的人就是罗丝·肯尼迪，”马尔罗尼回忆道，“而其他客人都忽视了她们俩的存在。时隔40年了，她还记得罗丝的善意。”

约瑟夫·肯尼迪的大使工作并不顺利，只干了两年就被当时的总统富兰克林·D.罗斯福（Franklin D.Roosevelt）于1940年11月召回了美国。他对纳粹

[1] Covent Garden，也叫考文特花园，在中古时期原为修道院花园，15世纪时重建为适合绅士居住的高级住宅区，后来成为蔬果市场，目前以街头艺人和购物街区著称。

[2] Jack Kennedy，约翰·费兹吉拉德·肯尼迪的昵称，有时还被称作约翰·F.肯尼迪或JFK。

持妥协态度，还因在“伦敦大轰炸”[1]中躲到了乡下避难而遭到英国人的蔑视。在杰克·肯尼迪的朋友、哲学家以赛亚·伯林[2]看来，父亲在英国的蒙羞经历“深深地烙在了杰克·肯尼迪的心底”，但他并非心存怨恨，他年轻时在伦敦的生活经历加深了他对这个国家及其领导人的喜爱，尤其是温斯顿·丘吉尔，杰克·肯尼迪将他看作“见过的人之中最伟大的一个”。

麦克米伦其实很不喜欢约瑟夫·肯尼迪，最初对其儿子杰克·肯尼迪也是持半信半疑的态度，担心他是一个“年轻自大的爱尔兰人”[3]“脾气古怪”，很可能是个“顽固、敏感、无情、荷尔蒙旺盛的人”。虽然如此，麦克米伦的妻侄哈廷顿侯爵比利娶了杰克·肯尼迪的姐姐凯瑟琳（Kathleen）为妻（双双死于20世纪40年代的空难），[4]此事更是加剧了麦克米伦对杰克·肯尼迪的偏见。[5]

麦克米伦与肯尼迪的前两次见面是在1961年的3月和4月，66岁的英国首相和43岁的美国总统立刻建立起了密切的纽带。麦克米伦后来写道：“我们俩（单独在一起的时候）似乎总能彼此坦诚地畅谈，说顾问们的笑话，还有自嘲。”他对女王汇报说肯尼迪“的身边集合了一群很聪明的人”。

在肯尼迪的建议下，麦克米伦任命42岁的威廉·大卫·奥姆斯比·戈尔爵士（Sir William David Ormsby Gore）为英国驻美大使，他在“二战”之前就是肯尼迪的好友，还是比利·哈廷顿的嫡亲表兄。戈尔的妹妹嫁给了麦克米伦的儿子莫里斯（Maurice），更让两家亲上加亲。肯尼迪则任命63岁的大卫·K.E.布鲁斯（David K.E.Bruce）为美国驻英大使，他是美国外交使节团中颇具声望的前辈人物，曾担任美国驻法大使和驻联邦德国大使。布鲁斯的第一任妻子艾尔莎（Ailsa）是保罗·梅隆的姐姐，而后者正是女王在养马界的美国好友。布鲁斯经常身穿灯笼裤在靶场打靶，或穿着马裤骑马纵犬打猎，跟女王的社交圈子很合

---

[1] the Blitz，伦敦大轰炸，“二战”期间纳粹德国对英国首都伦敦实施的战略轰炸。发生在1940年9月7日至1941年5月10日间，范围遍及英国的各大城市和工业中心，但以伦敦受创最为严重。

[2] Isaiah Berlin（1909—1997），英国哲学家、观念史学家和政治理论家，也是20世纪最杰出的自由思想家之一，主要是因为对政治和道德理论的贡献而闻名。

[3] 肯尼迪家族是爱尔兰人后裔。

[4] 此处原文出现史实错误，哈廷顿侯爵是“二战”时在战场上被德军狙击手杀死的。几年后与凯瑟琳在空难中遇难的是其情人，名为彼得·温特沃兹-菲茨威廉，是第8代菲茨威廉伯爵。

[5] 前文曾提到过，麦克米伦的妻子生活作风不好。

拍。他的那些贵族朋友们称他是一个“职业政客”，他在王室高级成员和政府的高官们中间都有很好的人缘。他担任美国驻英大使8年，是这个位子上任期最长的人。

1961年6月，肯尼迪夫妇访问伦敦。之前他们去了法国，在巴黎做了多处访问。他们还去了奥地利的维也纳，在为期两天气氛紧张的会谈中，肯尼迪与好斗而顽固的尼基塔·赫鲁晓夫商谈了当时的国际形势，而美苏两国之间的冷战气息更加浓厚了。肯尼迪夫妇到伦敦来，表面上说是在此做中途停留，参加杰奎琳妹妹李·拉奇维尔（Lee Radziwll）的女儿与丈夫斯塔斯（Stas）的洗礼仪式，但肯尼迪的真正目的是跟麦克米伦谈谈先前与赫鲁晓夫会谈的事。麦克米伦后来对女王说“肯尼迪简直受不了苏联第一书记的冷酷和残暴”。

洗礼过后的那个晚上，女王夫妇邀请肯尼迪夫妇到白金汉宫参加晚宴，自从1918年乔治五世在白金汉宫宴请伍德罗·威尔逊（Woodrow Wilson）以来，肯尼迪是第二位受英王邀请在白金汉宫参加晚宴的美国总统。“女王夫妇在华丽的会客室里殷勤待客。”大卫·布鲁斯如此写道。31岁的总统夫人8年前曾挥洒自如地写过女王加冕典礼的文章，现在却发现跟35岁的女王无法沟通，说她“很难亲近”。杰奎琳告诉作家戈尔·维代尔（Gore Vidal）说：“我觉得她讨厌我，菲利普人很好，但是很紧张。他们两个人之间似乎没有什么相似点。”

总统夫人对摄影师塞西尔·比顿同样也欠尊重。虽然她承认“他们都很好、很和善”，但说自己“并不喜欢公寓里的花和家具，对女王的深蓝色薄纱裙和肩带以及单调的发型也没什么好感”。总统夫人跟维代尔说“女王只是在很短的一刻才表现出一点儿人情味”。她曾在宴会上抱怨在加拿大访问时的压力，女王朝她意味深长地瞥了一眼，含糊地答道：“人在经历过困难之后就会变聪明了，也能学会应对的办法。”

这年年末，女王再次前往加纳访问，也以意料之外的方式向肯尼迪证明了自己的价值。加纳于1957年独立，新当选的夸梅·恩克鲁玛总统开始时也的确像一个开明的领导人一样，对西方的政治家和商业界热情殷勤，致力于各种族的平等和睦相处。他娶了一位信奉科普特基督教的埃及人做妻子，还任用了好几个英国人做他的高级助理，其中有一位秘书是英国皇家陆军的上尉，还有一位英国女士担任他的助理和文书。

但是，从女王因怀孕而推迟了对加纳的访问那时算起，这之后的两年里，夸梅·恩克鲁玛变成了一个强硬的独裁者，用温斯顿·丘吉尔的话说，他把加纳变成了一个“腐败而残暴的政权”。他未经审问就关押了数百名反对者，并把英国官员和顾问驱逐出境，还在言语中对英国大加指责。而更令人不安的是，在1961年9月访问了莫斯科之后，夸梅·恩克鲁玛渐渐跟苏联走得近了，很有可能会脱离英联邦。

此时的加纳国内十分动荡，示威游行、劳工动乱不断，还有对恩克鲁玛的死亡威胁。尽管如此，麦克米伦仍建议伊丽莎白二世按计划在11月中旬访问加纳。同时，他强烈要求肯尼迪出手帮忙挫败苏联的阴谋，后者为加纳提供数百万美元资助其沃尔特大坝（Volta Dam）建设项目，企图拉拢加纳到社会主义阵营；而美国总统把这件事暂时放在了一边。英国的部分议员以及部分媒体都劝女王取消此次访问。丘吉尔也写信给麦克米伦，表达了他对此行的担忧：“一是女王的人身安全，二是此次访问可能会被看作是对加纳独裁政权的认可……”麦克米伦当天给丘吉尔回信说：“她还是决心要去。这是她勇敢的个性的自然选择。”

女王本人对来自“怯懦的议员和媒体”的压力而气愤不已，她说：“要是我不敢去加纳，而赫鲁晓夫去了并受到了欢迎，那才叫愚蠢。”女王启程5天之前，加纳首都阿克拉（Accra）发生了炸弹爆炸事件，即使如此，她仍未有丝毫动摇。

女王的来访果然感化了恩克鲁玛。在当时拍摄的一张照片上，她与恩克鲁玛在国宴舞会上共舞。她的美丽也征服了加纳的媒体，他们称她是“世界上最伟大的社会主义君主”。加纳人民“为之倾倒、为之疯狂”，BBC的奥德莉·拉塞尔（Audrey Russell）如此说道。“在敞篷汽车里……她泰然自若地坐在恩克鲁玛身旁。女王安之若素，笑得也不多，表情恰到好处。”后来伊丽莎白二世写信给好友亨利·珀切斯特，在信中她对恩克鲁玛的判断极其精准。她惊讶于“恩克鲁玛对世界的发展走向糊里糊涂，他对自己和国家的野心是那么天真而自负”，她还对恩克鲁玛的“短视”而失望，说他“只看到了眼前，而对身后的世界没有丝毫考虑”。

11月末女王返回伦敦，麦克米伦打电话给肯尼迪说：“我们的女王出了力，现在该你出钱了！”肯尼迪回应说绝不会让伊丽莎白二世的“英勇奉献”孤掌难鸣。不到两周，肯尼迪就宣布美国将资助沃尔特大坝的建设。事情到了这一步，加纳从英联邦分离的风险就大大降低了。

伊丽莎白二世再也没有见过肯尼迪总统。1962年3月，杰奎琳和妹妹李曾在从印度和巴基斯坦回国的途中到过伦敦，这一次女王招待这对美国姐妹在白金汉宫午宴，陪同的客人有麦克米伦一家、第11代德文郡公爵安德鲁·德文（Andrew Devonshire）、女王的私人秘书迈克尔·阿迪恩、王室总管帕特里克·普朗凯特（Patrick Plunket），等等。跟上次见面不同，这一次女王和总统夫人看起来很合得来。“很高兴能再次见到肯尼迪夫人，”伊丽莎白二世写信给肯尼迪总统，“我希望她的巴基斯坦马驹（巴基斯坦总统穆罕默德·阿尤布·汗送给她的名为“沙达尔”的栗色阉马）能长大成才。请转告她，我的马在假期里会跟孩子们的小马一起活蹦乱跳的，我希望她的马能安分一点儿。”

这年春天，查尔斯王子从奇姆毕业，该去高一级的学校接受教育了。4月，15岁的他被送到了高登斯顿学校。菲利普对孩子的教育态度没什么变化，如果说跟以前有什么区别的话，那就是他更加坚信自己母校的严厉管理和教育对查尔斯是至关重要的，它能够改变查尔斯内向和软弱的性格，让他变得更有“弹性”。他觉得一个男孩子就应该“勇于表现自己，寻找自我，不断拓展自己的能力范围”。菲利普说，当一个小伙子克服了体能的挑战，就能“从他的眼里看到燃烧的火焰，他的神情也和别的孩子不一样了”。而使他们看起来与众不同的原因，他说道，就是他们发现“自己能行”。他还说：“刚一开始他们只是自己害怕自己，现在他们再不会害怕自己，也不怕别的任何东西。”

但是，跟当初一门心思送查尔斯去奇姆学校一样，菲利普是幻想着能把自己在高登斯顿学校的成功经历转嫁到儿子身上，伊丽莎白二世和王太后怎么劝都没有用。王太后原先提议让查尔斯去伊顿公学，那里比起高登斯顿学校要轻松一些，查尔斯还能在那里结识很多贵族出身的同伴。但是菲利普反对说伊顿公学离温莎堡和伦敦太近了，四处都是小报记者。比较有现代思想的菲利普还认为，伊顿公学的上流贵族传统对儿子来说不是件好事，把查尔斯放在一个更为多样化的平等的环境里成长会更好一些。

于是，查尔斯就在苏格兰西北部比奇姆学校还要残酷的环境下度过了他自称的5年“牢狱”生活。冷天里穿短裤、晨跑、冷水澡、四季都要开着窗户……与这些相比，查尔斯更不能忍受的是长久的欺凌。他曾在给父母的信中写到过这些“痛苦……尤其是在晚上”，他的室友们会朝他扔拖鞋和枕头，或“从身边跑过时用吃奶的力气撞我”。他恳求父母把他接回家，但他的父亲回应说只有在逆境中才能变得强大。

唯一能令查尔斯感到温馨的就是放假时去巴尔莫勒尔庄园，尤其是在伯科豪庄园时，他的外婆会给他吃各种好东西，还跟他一起听音乐、欣赏艺术品。但据王室的朋友、第13代艾尔利伯爵大卫·奥格威回忆，即使如此，“每当离开学还有四五天的时候，他的脸上就愁云密布。他害怕回到高登斯顿”。

这年10月，王室一家刚刚在巴尔莫勒尔庄园度假回来，全世界都“僵住”了13天之久——美国和苏联因后者在古巴部署核导弹一事差点儿爆发核战。伊丽莎白二世随时都会从麦克米伦那里得到古巴导弹危机的最新情况，而麦克米伦也与肯尼迪保持密切联系。这场危机更加加深了英美两国的关系。在一些重大决策上，肯尼迪一直很倚重大卫·奥姆斯比·戈尔的意见，尤其是在对古巴实施封锁的范围等方面，麦克米伦也是一个很有帮助的商议伙伴。

麦克米伦已经为女王做了7年的首相，这也是他在这个位子上的最后一年。他们俩已经建立了一种相互理解、相互尊重的亲密关系。麦克米伦自己也是位高人贵，但他对待女王就像丘吉尔一样彬彬有礼。“她热爱自己的职责和女王的角色，而不是去做一个傀儡。”麦克米伦如此写道。麦克米伦因为为英联邦的稳固做出的不懈努力而赢得了女王的赞赏，而女王也给予他所需要的嬉笑、鼓舞、同情和赞美。1963年，她给了麦克米伦一系列的情感支持。

1963年1月，戴高乐盛气凌人地否决了英国加入“欧洲共同市场”的申请，伊丽莎白二世随后向悲伤的麦克米伦表达了她的同情。随后她与菲利普乘坐“不列颠尼亚号”出访太平洋上的英联邦国家，如澳大利亚和新西兰等。3月他们返回伦敦，却得知麦克米伦的政府正受到一起性丑闻的威胁。国防大臣约翰·普罗富莫（John Profumo）与一位名叫克里斯汀·基勒（Christine Keeler）的“时髦的应召女郎”有染，而她是一位苏联武官的情妇。这就引起了对普罗富莫可能陷入间谍事件的猜疑[1]，并且导致人们对现任英国政府产生了“肮脏、轻浮、颓废”的印象——肯尼迪的顾问阿瑟·施莱辛格（Arthur Schlesinger）如此说道。

普罗富莫起初在麦克米伦和下议院面前都否认了他与基勒的暧昧关系，但是在6月他承认自己先前说了谎，并背着耻辱辞职了。麦克米伦则不得不向议会阐明自己是“被蒙骗了”——大卫·布鲁斯称其为“可怜的、相当严重的”。布鲁斯担心的是，麦克米伦的声望已经“被严重削弱了”。

麦克米伦给伊丽莎白二世写了一封信，表达了他“对此事态发展的深深遗

[1] 基勒同时还是苏联驻伦敦大使馆的高级海军武官叶夫根尼·伊凡诺夫（Yevgeny Ivanov）的情妇，而伊凡诺夫是苏联间谍。

憾”，并为“国务大臣的低劣行为给陛下所造成的伤害”而道歉，还补充说自己对普罗富莫及其同伴的“离奇的下层生活一无所知”。伊丽莎白二世给他写了一封传记作家阿里斯泰尔·霍恩所说的“深表安慰的回信……对首相所经受的烦恼和痛苦表示了同情”。

普罗富莫从公共舞台上消失了，在其余生中默默地为贫穷和无家可归的人谋求福利。几年之后他成了首相玛格丽特·撒切尔的朋友。撒切尔敬佩他所做的高尚而有责任心的慈善工作，1995年她在克拉里奇酒店举办70岁寿宴时邀请了他，并安排他坐在了女王身边。王室对此安排的认可，反映了女王的宽容和大度。女王与撒切尔一样，对普罗富莫的善举十分赞赏，据贝斯沃特的鲍威尔男爵（Baron Powell of Bayswater）兼撒切尔的高级顾问查尔斯·鲍威尔（Charles Powell）回忆，在晚宴上女王“与普罗富莫愉快地聊天”。

正如大卫·布鲁斯所担心的一样，普罗富莫的行为给麦克米伦带来了严重的伤害，他在1963年9月告诉女王说自己打算在下一年的大选之前放弃保守党领袖的职位。还不到一个月，他的前列腺又出现了发炎肿大的症状，因怀疑是恶性肿瘤而在10月10日做了手术。手术很成功，肿瘤也是良性的。虽不像艾登当时那样匆忙慌乱，但麦克米伦还是决定立刻辞去党首职务。女王提前结束了每年在巴尔莫勒尔庄园的度假计划返回伦敦。

在随后的一周里，麦克米伦暗中计划不让自己的副手拉博·巴特勒继任党首，却让伊丽莎白二世处在了一个尴尬的境地。麦克米伦通过一系列离奇的花招，让自己成了最终裁决者，躺在爱德华七世医院的病床上对4位候选人进行了面试。他选择了60岁的外交大臣，亦即第14代休姆伯爵（the 14th Earl of Home）担任党首，他也将获得保守党的绝大多数支持。为表示自己选择的公正性，麦克米伦在内阁中进行了投票，结果支持休姆的有10票，支持巴特勒的有3票，其余3票投给了另外两个候选人。但是在保守党内部，对这4个人的支持率并不明晰。

因为刚刚动过手术而行动不便，麦克米伦就把辞职信寄给了王宫，并与私人秘书迈克尔·阿迪恩商议，安排女王到医院来进行他们最后一次会谈。1963年10月18日上午，王宫宣布麦克米伦辞职。其后不久，女王身穿孔雀绿上衣、头戴同色帽子起身前往爱德华七世医院。麦克米伦躺在病床上被推进了会议室，在那里等着女王的到来。他在白色丝绸衬衫的外面套了一件旧棕色毛衣，而身上却连着一根导管，将腹中积水排到床下的桶里，旁边还放着一个瓶子，以防他出现尿失禁的情况。

伊丽莎白二世走进来的时候，麦克米伦立刻被她的神采打动了，“她脚步坚定，那双明亮的眼睛是她美貌的重心。”首相的医生约翰·理查德森爵士（Sir John Richardson）说看到麦克米伦的“眼里含着泪水”。在病床旁边的高背椅上坐下后，女王“似乎也感动了”，麦克米伦后来写道，女王说“收到我的辞职信后是多么遗憾”。从那一刻起，他就是“前首相”了，女王没有任何宪法上的必要来听从他的建议。事实也是如此，在前两任首相丘吉尔和艾登辞职后，就没有了任何提建议的权力，而继任党首的选择权在女王手里。

但据麦克米伦所说，“女王像往常一样询问我的意见”，他就大声读了支持休姆勋爵的备忘录，还说女王应该“立刻”召见他。他还建议女王不要立刻就任命休姆为首相，而是先“不动声色地进行调查”，看看他是否从保守党内得到了足够的支持来组建政府。

伊丽莎白二世不折不扣地听从了前首相的建议。休姆得到了内阁的支持，巴特勒也表示了支持，因为要是拒绝在休姆手下担任大臣会被看作是一种不忠的行为。第二天早上，休姆宣布放弃自己的贵族地位，前往白金汉宫向女王行吻手礼——这是被女王认可成为政府首脑的程序，他需要托起女王的右手并用嘴唇轻触其手背。随后亚历克·道格拉斯-休姆爵士（Sir Alec Douglas-Home）就正式成了女王的第4任首相。

选择继任首相这件事遭到了媒体和保守党、工党政客们的批评。这些批评说，麦克米伦虽然常常声称维护宪法的正当性，但他在处理此事时还是把女王蒙在了鼓里，事实上是强迫女王接受了他退休后的安排。他嘴里说主张保护女王的特权，但他的行为却不是如此，女王选择托利党领袖的权力被他剥夺了。此后不久，托利党也采用了工党的方式，通过选举来推选党首。

虽然批评的矛头都是指向麦克米伦和贵族们的“神秘小圈子”，指责他们影响了本该是广泛调查民意之后才能做出的决定，但是伊丽莎白二世恐怕也难脱其咎。她本该摆脱内阁的影响，独立组织一次投票活动——尤其是在1955年和1957年两次被批评说她纳谏范围过窄之后——并且在麦克米伦设计巴特勒的计划上不该让步。迄今为止，这是她所做的最有争议的决定，似乎暂时失去了她继位12年以来所积累的敏锐的政治判断力。

而王宫的助理们指出，其实道格拉斯-休姆恰好也是女王心仪的人选。据传闻，女王认为巴特勒“太冷漠、太复杂”，而道格拉斯-休姆是一位伊顿公学的毕业生，他的老师是曾给女王上过课的亨利·马汀爵士，他还是王室的老友，女王很喜欢跟他在苏格兰的乡间庄园消遣时间。道格拉斯–休姆很瘦，几乎到了弱不禁风的程度，但他是一个完美的绅士，业余爱好竟然是插花。大卫·布鲁斯说他“这个人极其有趣”。

另外，道格拉斯–休姆还是女王政治生活中的“常客”，他是麦克米伦内阁的成员，还是议会开幕仪式上用权杖挑着“礼冠”走在女王身前的资深贵族。在1957年的上议院会议上，他提出“终身贵族”这个建议时的立场是进步性的，他戏谑地补充说：“让女性进入议会只不过是一个贵族良好修养的含蓄延伸罢了。”他是外交方面的专家，年轻时曾因脊柱结核而卧床，其间他花了一年研读像《资本论》这样的马克思主义著作，而这更增强了他的威信。他把女王视为“在书房里接见优秀生的慈祥的校长”，她常常听得很专心，问得很深邃，还会对他讲述的问题表现出关注。

麦克米伦退休时69岁，又精力充沛地活了23年。在他身体恢复期间，女王给他写了一封真诚的长信，感谢他“在迷乱的国际事务中，在宪法问题、人民的政治和社会生活问题上给予我的指导”。她赐予麦克米伦一个伯爵爵位，这样他就能“在上议院继续发挥余热”，还赐予他“嘉德勋章”。但麦克米伦全都强硬地拒绝了。直到20多年之后，他90岁时，才松了口，接受了“斯托克顿伯爵”（Earl of Stockton）这一爵位。这是20世纪末由女王亲自授予的世袭贵族地位，十分罕见。

1963年10月，保守党的党首更替完成的时候，伊丽莎白二世已经怀孕4个月了，而家里也空了三分之二：查尔斯去了高登斯顿学校、安妮在这年9月去了“博耐顿女子寄宿学校”[1]，家里的孩子只有安德鲁一个。到了9月，女王基本上已经不再出席公共活动，只是在9月中旬参加了一个黑领结宴会。这个宴会是大卫·布鲁斯大使及夫人伊万杰琳（Evangeline）在位于摄政公园（Regent's Park）的温菲尔德庄园（Winfield House）的住宅里举办的。考虑到自己的身体情况，女王向大卫·布鲁斯要求宴会的规模小一点，只有16位客人，而客人的人选也是大卫·布鲁斯、迈克尔·阿迪恩商议后由女王确定的。

“为女王举办宴会需要注意的细节之多简直令人不可思议。”布鲁斯在日记

[1] Benenden，位于肯特郡，创建于1923年，是一所传统的女子寄宿学校。

中如此写道。男管家是波兰的，厨师是俄国的，还有4个男仆，数不清的女仆，搞得好像在筹备一个“盛大的狂欢节”一般，甚至还要搞清“女王在怀孕期间不喝汤只喝西红柿汁”的传言是真是假。从王宫里传来消息，告诫厨师说不要用“小天使”（Amorini）装饰点心，“小天使”指的是一种外层涂有鲜艳的颜色或可食用的银色色素的意大利心形巧克力糖。而问到对女客的着装有什么要求时，女王回答说长裙和短裙都可以。

这是一场高级而热闹的英美聚会，参加宴会的有：未来的第6代索尔斯伯利侯爵和侯爵夫人（the 6th Marquess and Marchioness of Salisbury）罗伯特·克兰伯恩（Robert Cranborne）和莫莉·克兰伯恩（Mollie Cranborne）夫妇、保守党政治家伊恩·吉尔莫（Ian Gilmour）及夫人、第8代布克莱公爵（the 8th Duke of Buccleuch）的女儿凯若琳（Caroline）、美国记者沃尔特·李普曼（Walter Lippmann）及夫人海伦（Helen）、肯尼迪的妻妹李·拉奇维尔和斯塔斯·拉奇维尔夫妇、德文郡公爵夫人、迈克尔·阿迪恩、托利党内阁大臣亦即未来的英国首相爱德华·希思（Edward Heath）、前首相的儿子莫里斯（Maurice）的妻子凯瑟琳·麦克米伦（Katharine Macmillan）。这些人里，女王除了李普曼一家之外其他人都认识，她还很高兴地跟布鲁斯家的西班牙猎犬嬉戏。

“宴会非常顺利，”布鲁斯回忆道，“女王对酒菜似乎很满意，席间谈笑风生，菲利普也是如此……她的尊贵中透着率真，风采翩然，言谈举止热情、亲切而自然。”饭后她先是跟沃尔特·李普曼交谈了一会儿，然后跟其他男士交谈，而菲利普则是跟女士们交谈。女王夫妇直到近午夜时才离开。

10天之后，11月20日，约翰·F.肯尼迪总统被暗杀了。“这股悲伤所带来的空前压抑，混合着一种灾难降临的感觉蔓延在国民中间。”伊丽莎白二世如此回忆。菲利普亲王和首相亚历克·道格拉斯-休姆一同飞往华盛顿参加肯尼迪的葬礼，因为怀有身孕，医生建议女王不要去参加在伦敦圣保罗大教堂举行的追悼会。但女王坚持在温莎堡的圣乔治教堂为肯尼迪举行了追悼会，还邀请了近400名驻英美国士兵参加了仪式。

大概在18个月之后，1965年5月14日，女王还将位于兰尼米德（Runnymede）的一块1英亩的土地送给了美国，将其建成了一个独特的肯尼迪纪念园，就是在

1215年“约翰王”[1]签署了《大宪章》[2]的地方。园内建有肯尼迪纪念碑，碑的底座上刻有肯尼迪的生卒日期，还有摘自他就职演讲中的一句话：“我们要让每个国家都明白，不论你们是敌是友，我们将付出任何代价，承受任何重担，应对任何艰难，支持任何朋友，反抗任何敌人，以使自由得以传承和兴旺。”纪念碑的募资、设计和建设由一个委员会负责监管，英国驻美大使大卫·奥姆斯比·戈尔爵士担任委员会主席，而女王始终关注其进程。

在落成典礼上，伊丽莎白二世和爱丁堡公爵陪着杰奎琳·肯尼迪和她的孩子们沿着一条林间小路前往纪念碑，4岁的小约翰·肯尼迪（John Kennedy Jr.）向女王轻轻鞠了一躬，他7岁的姐姐卡洛琳（Caroline）则是向女王行了一个快速的屈膝礼。他们爬上小丘的过程中，菲利普亲王轻轻地抓着小约翰的手。

在典礼上，麦克米伦满含深情地发表了演讲，缅怀他的老友和伙伴，伊丽莎白二世的讲话则表现出了“大度、同情和理解”，大卫·布鲁斯回忆道。她谈及肯尼迪与英国的千丝万缕的联系——他“二战”前在英国的生活，他哥哥乔在“二战”“一次危险的任务中”牺牲了[3]，还有葬在英国教堂墓地里的他深爱的姐姐凯瑟琳。女王还赞美了肯尼迪的“智慧和风度”，并补充说：“我的国民全心全意地为他取得的成就而快乐，为他遭受的挫折而悲伤，为他的离世而哭泣。”杰奎琳没有发表讲话，但发表了一个声明来感谢英国人民，说：“你们的情谊是我用眼泪不能表达的。”

1964年3月10日，37岁的女王在白金汉宫的比利时套房里生下了第4个孩子——爱德华·安东尼·理查德·路易斯（Edward Antony Richard Louis）。直到5月女王才再次在公共场合露面，但她一直没有停止工作。孩子才一个月大的时候，她从公文箱里得知了一个令人忧心的秘密，她被迫一直保守着这个机密，直到15年之后才被揭露出来。原来，从1945年开始就担任女王收藏

[1] King John，英格兰国王，1199—1216年在位，在位期间对外连年征战，对内残酷剥削，国内贵族起兵反抗，经谈判后签署《大宪章》，后在内战中死去。

[2] *Magna Carta*，又称《自由大宪章》或《1215大宪章》，1215年约翰王被迫签署的宪法性文件。其宗旨是保障封建贵族的政治独立与经济权益，不利于加强王权。在历史上首次限制了封建君主的权力，日后成为英国君主立宪制的法律基石。

[3] 小约瑟夫·帕特里克·肯尼迪，Joseph Patrick Kenned（1915年7月25日－1944年8月12日），美国飞行员。是老约瑟夫·P.肯尼迪的儿子、第35任美国总统约翰·肯尼迪的哥哥，1944年第二次世界大战中执行任务时在英国萨福克郡坠机身亡。

画检视员、负责王宫艺术品收藏的安东尼·布朗特爵士（Sir Anthony Blunt）是个苏联间谍。为了从他那里获取“极具价值的”苏联通敌者的信息，英国情报部门豁免了他。“女王很多年前就已经知道他是间谍了。”彼得·罗林森（Peter Rawlinson）说。他是尤厄尔的罗林森男爵（Baron Rawlinson of Ewell），政府的副检察长，也是负责安排这宗交易的人。“我们需要把他继续留在王宫里照管女王的画，否则苏联人就会发现他的身份已经暴露了。”[1]

也许伊丽莎白二世对布朗特叛国的真相心中难过，但她并没有表现出来。“我发现，我常常能够把不愉快的事情都抛到一边。”她曾对一位大臣如此说道。也许是她训练的成果，也许是出于她谨慎的本能，伊丽莎白二世可以从多个不同的来源“吸取”信息——情报、内阁建议政府改革的文件、与法官就案件问题所做的交谈……但她学会了如何将敏感的信息“锁起来”。女王的表妹玛格丽特·罗德斯说：“她的脑子是分成很多独立部分的，就像是放了很多不同的文件箱，能一心多用。你看她兴高采烈的，其实她正在思考一个严肃的宪法问题。”

在布朗特令人震惊的自首之后不到一周，女王开始在温莎堡举办一系列春季“吃饭+休息”聚会。“她谈论的话题多种多样，”大卫·布鲁斯回忆道，“包括一些政治问题，如老挝、塞浦路斯、桑给巴尔（Zanzibar）等，做了很多概述和解释。在轻松的话题上，她则是幽默而健谈的。”

这种定期举行的招待会可以追溯到19世纪维多利亚女王时期，那时王宫朝廷每年4月都会在温莎堡举办聚会，邀请8到10位来自艺术、外交、神职、商界、军界、学术界、司法界、政治界的精英人物前来参加晚宴会谈。虽说也是正式宴会，但与在白金汉宫举办的同等午宴相比，温莎堡的这些宴会更为轻松一些。“她把温莎堡当作自己的家，”亚历克·道格拉斯-休姆说道，“就像我们每个人都有自己的家一样。我们很难明白温莎堡对女王的意义。”除了复活节之外，伊丽莎白几乎每个周末都会在温莎堡度过，很为温莎堡女主人的身份而自豪。每当有客人要来时，她都会亲自检查客房的布置情况，还亲自为客人们挑选读物。

这些宴会与乔治六世夫妇在“二战”后恢复举办的聚会稍有不同。每对夫妇都会在晚上6到7点之间到来，届时会有一名侍从武官和一名内廷女官把他们送到

---

[1] 安东尼·布朗特是苏联安排在英国的间谍小组“剑桥五杰”的成员之一，1963年军情五处就已经得知他的间谍身份，他于1964年4月23日向军情五处投诚，并供出多名同党。作为交易，英国政府给了他豁免权，并将他的间谍身份保密了15年，直到1979年才由撒切尔夫人曝光。1983年他因心脏病死于伦敦，终年75岁。

兰开斯特客房、约克客房或爱德华三世塔的客房去。一套公寓内会有两间大卧室和两个卫生间，一个女更衣室、一间宽敞的起居室，内有放着纸笔的书桌，餐桌上则摆放着矿泉水、威士忌、雪莉酒、杜松子酒、放着水果的圆锥形托盘、盛有薄荷糖的碗、罐装饼干，还有插有鲜花的花瓶。

女王还为每位客人分派了一名男仆和女仆为他们服务，他们的工作包括帮客人把东西从行李箱里取出放好、将内衣裤叠好放进纱袋中、按次序摆放好化妆品和香水瓶、收走需要清洗和熨烫的衣物（据一位英联邦国家的外交官妻子说，“比伦敦的干洗店洗得都好”）、将浴缸里的水调到客人需要的温度、在浴缸旁的椅子上搭一条大浴巾、把第二天要穿的衣服摆放好、在客人离开前把他们的物品用衬纸打包。不论是服务人员的数量，还是他们的服务质量都是无与伦比的，博物馆馆长罗伊·斯特朗说：“眼前一下子出现那么多人，把我吓了一跳。”

来访的客人先是到温莎堡的一间大客厅里碰面，女王和菲利普亲王也在那里，陪伴他们的当然还有女王那群柯基犬，另外还有五六个男仆。他们在这里喝点酒，女王会给他们讲述最近访问中的故事，说说见到的名人和他们的口音，而在柯基犬闹笑话的时候就大笑一番。“看到那些狗领会错了女王的指令闹出笑话，总是一件很有趣的事。”一位前宫内大臣如此回忆道。短暂的聚会结束后，客人们就会在仆人的陪伴下，走过温莎堡东南面160多米的铺有红地毯的“大走廊”（Grand Corridor），回到各自的房间去。

回到房间之后，客人们只有不到半小时的时间换衣服，准备参加在国宴厅（the State Dinning Room）举行的晚宴。晚宴在20：15开始，客人们先坐下随便喝点儿酒，15分钟之后女王和菲利普亲王就会准时到达。伊丽莎白二世穿着一件晚礼服长裙，脖子上、耳朵上、手腕上都是闪亮的大钻石首饰。菲利普亲王则身穿自己设计的晚礼服，是从原先乔治三世为朝廷里的绅士们所设计的“温莎制服”（Windsor Uniform）变化而来：深蓝色的天鹅绒衣服，黑领结，配有铜纽扣、红领子和红袖口。

女王不喜欢在用餐时进行多人谈话，甚至连三人谈话也不行。于是大家都按她的规矩来办：当她把头转向左边、与左手位置的客人交谈时，大家也都纷纷把头转向左边、与自己左手位置的客人交谈；而在晚宴进行到一半时，再都齐刷刷地把头转向右边，与右边的客人交谈。她希望客人们都能明白国宴的规矩，但有时候也会便宜行事。“我需要解释一下餐巾的问题，”有一次她对某位客人说道，“看那边，他们把餐巾摆错了。餐巾的正面朝下了，这样餐巾就会从膝盖上滑下去。你得这样做——让餐巾的反面贴着膝盖，然后把两端塞在大腿下面压住。”

女王的谈话是很愉快的，但她从不把一个话题进行得太深，而是在不同的话题中间转换。女王有一个奇怪的习惯，每当宴会结束时，她就会从晚宴包里拿出化妆盒补口红。有一次，总统夫人劳拉·布什（Laura Bush）在华盛顿举办的一个女士午宴结尾时也在餐桌上补了妆，她还愉快地说："女王告诉我说，这么做是可以的。"

20世纪70年代女权运动已经到来，但遵循上流社会的惯例，在晚餐过后，伊丽莎白二世就和其他女宾离开了餐厅，而把男士们留在那里喝酒、抽雪茄。"她对此没有丝毫异议，"女王的资深赛马经理的遗孀琼·卡那封（Jean Carnarvon）回忆道，"这是意料之中的事。"女宾们的谈话也许会涉及一些无伤大雅的私事，却很少让步于女王的观点。

接下来的活动往往是到温莎堡的图书馆，女王在那里已经为每位来客安排好了他们所感兴趣的读物。奥利弗·埃弗雷特（Oliver Everett）已经干了近20年皇家图书馆管理员，他说："女王为客人们选出的读物都是为了消遣，而不是学知识。"在举办宴会前几天，管理员就会给女王送去一张纸条，上面写着拟定的阅读材料及其意义。如果客人是一位美国官员，那么给他看的就是乔治·华盛顿的来信，或是林肯夫人在丈夫被暗杀、维多利亚女王给她写了慰问信之后的回信；若客人是维多利亚和阿尔伯特博物馆的馆长，那么就给他看当初第8代德文郡公爵写给维多利亚女王、商议博物馆命名事宜的信件……作家本·平洛特（Ben Pimlott）的遗孀琼·希顿（Jean Seaton）说："这些读物能给人一些谈资，这对女王来说是个好方法，因为她是个缄默害羞的人。"

晚间活动的高潮部分是世界上最为独特的游览：女王夫妇将带着客人们在城堡的各个大厅里转一转，欣赏其无价的收藏。当被问到她喜欢什么绘画风格时，女王答道："我觉得风景画不错。"女王最喜欢乔治·斯塔布斯[1]画的马，但令她悲伤的是，她有次透露："斯塔布斯的画布弄得很糟，我们有一幅他的作品，涂层出现了龟裂剥落，一点办法都没有。"另外，女王不喜欢现代艺术是众所周知的事。有一次，她去出席"泰特现代美术馆"（the Tate Modern gallery）的落成仪式，"她的游览路线刻意避开了凌乱的床和养在海水鱼缸里的一些动物，

[1] George Stubbs（1724—1806），英国画家。没有受过正规艺术教育，全靠自学成为出色的动物画家和肖像画家，擅长画马。

只是看了一些鲜亮的抽象派艺术作品。”莫斯利夫人戴安娜·米特福德（Diana Mitford，Lady Mosley）在写给妹妹德文郡公爵夫人黛博拉（Deborah）的信中如此说道。[1]

伊丽莎白二世对温莎堡收藏品中凡·戴克（van Dyck）、荷尔拜因（Holbein）和鲁宾斯（Rubens）的品评常常会令客人们瞠目结舌。这里每幅画的作画日期、题材以及轶闻她都能脱口而出。“她对画的见解总是一语中的，并且眼光独到，”一位前藏画检视员如此说道，“她的视觉记忆很出色。对那些自己不喜欢、不理解的作品，她从不装出欣赏的样子。”伊丽莎白二世与维多利亚女王不同，她不是一位狂热的收藏家，不会从美术馆的售品目录里去搜罗新的藏品。“她不是美术史家，也不是鉴赏家，”皇家图书馆管理员奥利弗·埃弗雷特说道，“她很有自知之明，也知道自己身份的意义所在。”一位王宫前顾问曾说“女王偏爱风景画”，但她严肃认真地履行皇家藏品保管人的角色，在这些藏品中仅画作就有约7000幅。

在一个客厅里喝过咖啡之后，女王和菲利普亲王就会向客人们道别，再不会露面了。第二天早上，早餐会端到客人的房间里，还附有一张印刷卡片，要求客人们“请勿给王宫里的公务人员金钱”，但是给为他们服务的男女仆人小费是允许的。有些人会在离开前再次游览一下温莎堡的大厅，然后由一位高级工作人员送他们出去，离开前还要在白色硬纸板做成的来宾登记簿上签名。“我吃惊的不是来这里的人多，而是太少。”罗伊·斯特朗说道。

1964年夏天，女王恢复了正常工作。6月，她再一次侧坐马鞍参加了每年一度的生日阅兵典礼。7月，她在白金汉宫和位于苏格兰的圣十字宫（Palace of Holyroodhouse）举行了一系列露天聚会。19世纪60年代，维多利亚女王首先开始了这个习俗，只为招待王公贵族们，而在20世纪60年代，伊丽莎白二世废除了初次进入社交界的年轻女子的引见仪式，将这个聚会大众化了。[2]

---

[1] 此二人即是颇具传奇色彩的“米特福德六姐妹”之中的三女儿和六女儿。

[2] 在英国，上流社会的年轻女子初次进入社交界需经过在王宫举行的引见仪式，它标志着社交季的开始，同时表示此女到了寻偶结婚的年纪。在仪式上，初次走出闺阁踏入社交界的年轻女子须由女性长辈或早已进入社交界的女性熟人作为引见人。仪式后伴随着各种社交活动，如茶会、马球、赛马、舞会。等等。1958年，伊丽莎白二世废除了这一仪式。美国、澳大利亚、拉丁美洲等地也有类似的引见舞会，但与英国的仪式有所不同。

邀请函由白色卡片制成，上面是金色的浮雕图案：女王的王冠和姓名首字母拼合字，其内容是“王室总管谨代表陛下”邀请某某人于某一天赴会（王室总管的英文是Lord Chamberlain，而出现在重大仪式上的Lord Great Chamberlain是掌礼大臣）。下午3点，王宫的大门打开，身穿常礼服的男士、日礼服的女士，还有身穿军装的军人、披着法衣的神职人员等形形色色的来宾就陆续走进花园和起伏的草坪上。他们沿着120米长的餐桌站好，桌子上方是绿白条纹的巨大茶棚，他们在这里可以品尝一下女王的大吉岭茶和阿萨姆红茶（Assam），以及三明治、蛋糕、点心等，这些饮食女王已经提前检查过了。接下来两支军乐队会演奏起欢快的音乐，客人们在“自耕农近卫队”士兵——身穿红、金二色束腰长袍，白色脖套，头戴饰有红、白、蓝色缎带的黑色天鹅绒帽子——的组织下排成队。

下午4点整，女王、菲利普亲王以及王室其他成员出现在阳台上，国歌奏起，接着他们会各自散开走到客人的队列前。王宫的礼仪官（Gentlemen Usher）是一些退伍军官，他们身穿常礼服、头戴高礼帽，负责选出100名左右的客人，再由王室总管把他们引见给女王，在安排选择时，他们会尽可能地使被接见人的范围大一些。女王会沿着队伍一边移动一边与人们交谈，与每位客人的谈话都能做到简短而从容不迫，整个过程大概持续1个小时，然后她会走进饰有闪亮王冠的王室帐篷中稍作休憩。

这时会有一位男仆给她端上一杯茶，女王喝口茶休息10分钟左右，再去旁边的外交使节团帐篷，与那里的客人会谈一番，下午6点返回王宫。有一年，一位外交官的妻子看到女王“在王室帐篷里喝着茶，踢掉鞋子只穿袜子站在地上，一只手拄着后腰，与管家边笑边聊”的一幕，吃惊地愣住了。伊丽莎白二世在这些熟悉的仪式上不会露出疲态，她也明白自己的接见对数千客人来说意义重大。有一次，摄影师塞西尔·比顿看到女王“站在那里与两位老人缓缓而谈”，他沉思道：“这些人都曾是令人敬佩的社会栋梁。他们尽心尽力地为祖国奉献，是国家的脊梁。我觉得女王也对此一清二楚。”

1964年秋季，女王与菲利普亲王前往加拿大进行为期9天的国事访问。他们于10月15日返回伦敦，两天后英国举行了大选。在亚历克·道格拉斯-休姆担任首相的两年里，媒体对他的嘲弄丝毫不留情面，将他描绘成一个与现实生活脱节的花花公子；两家20世纪60年代新兴的大众文化传媒——《私家侦探》（*Private*

Eye）杂志和时事喜剧讽刺节目《壹周秀》（*That Was the Week That Was*）尤其如此。工党领袖哈罗德·威尔逊（Harold Wilson）也不住地煽风点火，不断强调道格拉斯–休姆拥有“第14代休姆伯爵”贵族头衔这件事。而道格拉斯–休姆则反击道：“我想威尔逊先生，仔细想想的话，应该是‘第14代威尔逊先生’吧。”威尔逊的这个绰号从此就挥之不去了。

其实，道格拉斯–休姆在首相位子上干得不错，他在选民中也颇有支持率。但是在选民们追求新鲜感心理的驱动下，工党以微弱的优势在大选中获胜——44.1%的支持率和317个席位，对托利党的43.4%的支持率和303个席位。自从艾德礼在1945年当选以来，哈罗德·威尔逊是首个工党首相。这也是女王第一次没有涉及首相的选择问题，因为工党早已通过投票将威尔逊选为党首。

如果说艾德礼是一个大家意料之中的工党首相的话（其内阁成员中有3位是伊顿公学的毕业生），那么威尔逊就是女王所不熟悉的那种类型了：他出身于中下层阶级，上的是文法学校，后进入牛津大学，毕业后留校教了10年的经济学。尽管他极喜欢“吉尔伯特和沙利文”的作品[1]，还养成了吸烟斗的文雅爱好，但他身上却有一股“乡土气息”，说话时还带着浓重的约克郡口音。虽然如此，因为他质朴的品位、天生的亲切感和敏捷的智慧，大家还是很乐意跟他相处。

10月16日，威尔逊到白金汉宫向女王行吻手礼，他带来了妻子玛丽、两个儿子、他的父亲，甚至还有他的政治秘书兼红颜知己玛西娅·威廉姆斯（Marcia Williams）。身材矮胖的威尔逊没有穿常礼服，而是在上身穿了一件西服外套，下身是条纹裤子。王宫的廷臣们不动声色地把他们迎进来，带到侍从武官休息室里，给他的家人端上雪利酒，而威尔逊就去觐见女王了。

女王遵照宪法的规定，对首相的政治倾向不存任何偏见，而威尔逊的政策也跟过去10年托利党的政策背道而驰。在他向工会提供了一份“社会福利契约”之后，女王在桑德林汉姆庄园的养马经理迈克尔·奥斯瓦德爵士（Sir Michael Oswald）曾向女王建议就用“社会福利契约”给一匹新生的小马驹起名字。“女

[1] 吉尔伯特与沙利文（Gilbert and Sullivan），指的是维多利亚时代的幽默剧作家威廉·S.吉尔伯特（William S.Gilbert）与英国作曲家阿瑟·沙利文（Arthur Sullivan）。在1871年到1896年长达25年的合作中，他们共同创作了14部喜剧，其中最著名的是《皮纳福号军舰》（*H.M.S.Pinafore*）、《彭赞斯的海盗》（*The Pirates of Penzance*）和《日本天皇》（*The Mikado*）。吉尔伯特与沙利文的歌剧直接影响了整个20世纪音乐剧的发展，还影响了政治演讲、文学、电影和电视，并被幽默作家大量模仿。

王给了我一个冷眼。”奥斯瓦德回忆道。

伊丽莎白二世对她的第5任首相做的第一件事就是给了他一个下马威，教会他尊重自己。当威尔逊第一次与女王例行会谈时，他原以为那将是个一般性的谈话。但女王却问了他一些刁钻的问题，问他对扶持英镑和平衡收支逆差的看法。跟当初丘吉尔一样，威尔逊颇为尴尬地被“问了个措手不及”。几年之后，他告诫自己的继任者说“要及时阅读所有的电传和内阁会议文件”，别像一个“没做功课的学生一样”。

“咱们得给他点儿压力才行。”在首次会谈结束后女王笑着对一位内廷女官说道。“3个月不到，威尔逊就对女王俯首帖耳了。”这位内廷女官回忆道。王太后是保守党的支持者，她发现威尔逊“有点儿敏感……跟他说话很不舒服”，所以她很高兴女儿能“收服”他。而事实上，威尔逊对女王的态度远非“顺服”二字可以形容，他的知己，亦即后来的弗肯德男爵夫人玛西娅·威廉姆斯回忆：“哈罗德从来都不是一个共和主义者。他的家人都是女王的支持者。”而威尔逊“对王室的礼节规矩极为赞慕”，他有一次曾说：“我对传统有着无比的尊崇。”

威尔逊当时48岁，只比女王大10岁，而这也是一件好事。“女王的第1任首相是丘吉尔，他对待女王就像父亲对待女儿一样。而对威尔逊，他们两个人就是同辈人的关系了。”威尔逊的妻子玛丽说道。威尔逊也发现，跟女王相处时的轻松感是自己未曾预料到的。玛西娅·弗肯德说：“他对女王的坐姿很是惊讶，”身体前倾，双手互握手腕，表情专注。“女王不像别的女士那样呆板地坐着，她的姿势让威尔逊觉得她对话题是感兴趣的。”后来女王的政治秘书补充道：“女王跟哈罗德会谈时，没有人会打扰他们。哈罗德每周觐见女王一次，都是在周二的晚上6：30。我们在大厅迎接他，知道他要到哪里去。他吸着烟斗，说两句俏皮话，然后就去觐见女王了。等他出来的时候，我们都能看出他们有了一次愉快的交谈。”

“她有一种能力，能够让马匹理解她心中所想，并让马也能与她分享快乐。”

1961年6月，女王与家人在阿斯科特赛马场骑马飞驰，头上没戴安全帽。

图片来源：Popperfoto/盖蒂图片社

第八章 远离喧嚣

哈罗德·威尔逊成为首相标志着英国历史翻开了新的一页，而3个月后发生的一件大事意味着女王人生中的一个重要篇章画上了句号——1965年1月24日，温斯顿·丘吉尔去世，终年90岁。政府立刻开始筹备他的国葬仪式。从1852年威灵顿公爵[1]的国葬算起，这是第一次为一个不是贵族身份的人举办如此隆重的葬礼。

丘吉尔的国葬筹备计划代号为“Operation Hope Not（违愿行动）”，其实在1958年就开始了，那一年他差点儿因突发肺炎而去世。女王当时就决定应该给他一个特殊的荣耀，于是就让礼仪专家、第16代诺福克公爵负责筹备这件事。“多亏女王的厚爱，父亲才能享有国葬待遇，”丘吉尔的女儿玛丽·索姆斯回忆道，“在父亲去世前几年女王就把这个想法告诉他了，他听了非常高兴。”

美国总统林登·约翰逊（Lyndon Johnson）[2]本打算代表美国前来出席葬礼，但他患上了急性气管炎住进了“贝塞斯达海军医院”（Bethesda Naval Hospital），医生不准他出院。林登·约翰逊很盼望能来丘吉尔的葬礼，尤其是因为丘吉尔的母亲是美国人，他本人将两国的纽带关系看作“一个值得称颂和发扬的存在”。约翰逊总统花了3天时间极力周旋，希望医生能通融一下，他打算带着椅子到葬礼上，准备了遮蔽物以抵挡恶劣的天气，还获得允许在葬礼上可以坐着。女王还答应约翰逊在葬礼之后接见他。

可是最后，医生仍坚持不准他出院。约翰逊失去了参加这个隆重葬礼的机

[1] Duke of Wellington，指的是第1代威灵顿公爵阿瑟·韦尔斯利，英国陆军元帅，屡立战功。1828—1830年间任英国首相。

[2] 1963年11月22日，肯尼迪总统遇刺身亡，副总统约翰逊随即在达拉斯机场的空军一号总统专机的机舱里宣誓就职，成为美国第36任总统。1964年，约翰逊正式当选为总统。

会，也再没有机会与女王会谈。代替总统出席葬礼的是美国国务卿迪安·腊斯克（Dean Rusk），却因患上流感也被迫退出，美国的官方代表团就只剩了首席大法官厄尔·沃伦和美国驻英大使大卫·布鲁斯二人。美国前总统德怀特·艾森豪威尔作为普通公民出席了葬礼，并致辞说，丘吉尔“是一个伟大的历史缔造者……他就是英国精神的化身——他代表了英国对威胁的蔑视、逆境中的无畏不屈，危急时刻的沉着冷静、成功时的不骄不躁。……全世界自由的人们都对这位领袖心存感激”。

按照伊丽莎白二世的意见，丘吉尔的遗体将在议会大厦的威斯敏斯特官停放3天以供瞻仰吊唁，再于1月30日在圣保罗大教堂举行葬礼，“以向这位国家英雄的模范一生表达我们的感激之情”。丘吉尔的葬礼是20世纪最为盛大的场面之一：120名海军军士（未任命的军官）在前面缓步前进，拉着身后的炮车——这辆炮车在维多利亚女王、乔治五世、乔治六世的葬礼上都用过，炮车上摆着丘吉尔的灵柩，还有来自海陆空三军的士兵、9支军乐队，礼炮鸣响90次，每分钟1次，以代表他人生的90个年头。丘吉尔家族中的男性成员走在灵柩的后面，他们身后是一辆女王提供的马车，车厢里坐着丘吉尔的妻子和3个女儿，她们都裹着毯子带着热水袋以御寒。丘吉尔的灵柩从威斯敏斯特宫到圣保罗大教堂共用了1个小时，数十万群众站在道旁向其致意。

伊丽莎白二世在灵柩运达之前就来到了圣保罗大教堂，跟3000位来宾（包括110位国家元首）一起等待着。她跟丈夫和王太后坐在镀金的红色软垫椅子上，其位置就在365英尺（约112米）高的教堂穹顶下面的灵柩台之前。“女王不顾惯例和尊卑之分，”丘吉尔的女儿玛丽·索姆斯说道，“在教堂里等着她最伟大的臣子到来。”伊丽莎白二世告诉丘吉尔的家人，“在经过她身边时不要行礼，因为那样就会耽误事儿”。

追悼仪式持续了半个小时，既没有布道也没有悼词，只是祈祷和诵经，还朗诵了丘吉尔最喜欢的三首圣诗。然后是茱莉雅·沃尔德·何奥（Julia Ward Howe）的激动人心的《共和国战歌》[1]，以向丘吉尔的美国背景致意。[2]一年之前，在圣保罗大教堂为肯尼迪总统举办的追悼会上也曾唱过这首歌。在丘吉尔的追悼会上，“这首歌是最为打动人心的”，大卫·布鲁斯写道。

---

[1] *The Battle Hymn of the Republic*，是一首美国的爱国歌曲，由茱丽雅·沃尔德·何奥作词，在南北战争期间十分流行。

[2] 他的母亲是纽约人，名字是珍妮·杰罗姆（Jennie Jerome）。

号兵先后吹响了“安息号”和“起床号”，8名近卫步兵第一团的士兵抬起灵柩走出大教堂，跟在其后的是丘吉尔的家人，女王再次屈尊等他们离开后才起身。王室一家与其他国家元首一起静静地站在大教堂的台阶上，注视着送葬行列在低沉的军鼓声中前往伦敦塔码头，“天气太冷了，人们能看到女王呼出的雾气。”丘吉尔的灵柩将在家人的陪伴下由轮船沿泰晤士河运到火车站，再用火车运到布莱尼姆宫（Blenheim Palace），在他出生地附近的一个教堂里下葬。

伊丽莎白二世的另一个举动也是史无前例的，她在白金汉宫为所有主祭人和外国吊唁团举办了一个简易午宴。“宴会的形式把握得恰到好处，”大卫·布鲁斯回忆道，“不是正式宴会，但是很隆重肃穆。”女王没有跟往常一样沿着队列与宾客们会谈，而是在他们中间穿行，由王宫的工作人员负责引见。查尔斯王子、安妮公主、安德鲁王子“也在周围走动”，只有10个月大的爱德华王子也“被抱出来露了个面”。女王在下午近2点时离开。

在葬礼当天诸多引人注目的场景中，最令人难以忘怀的就是丘吉尔灵柩上覆盖着英国国旗，其仅有的装饰就是一个黑色的垫子，垫子上放着“最尊贵的嘉德勋位”（the Most Noble Order of the Garter）的徽章：一条制作精良的吊袜带，名字是“嘉德颈圈”（Collar of the Order），上面挂着“圣乔治和龙”珐琅徽章，上有“圣乔治十字”徽章和嘉德箴言：“Honi soit qui mal y pense.”[1]不管是诺贝尔奖得主，还是千千万万各种奖励的获得者，他们都把嘉德勋章看作是独一无二的。丘吉尔曾说过——“只有女王有权决定勋章的主人。”不论在什么时候，嘉德勋章的持有人只有24位，他们彼此称作“伙伴”，再加上王室成员和外国王族，嘉德骑士基本上可算作是世界上最为独特的团体了。嘉德勋章是1348年爱德华三世创立的，嘉德骑士的封号是终身制。

1965年6月，女王召集所有嘉德骑士举行年度聚会，另外还要迎接两位新成员的加入：北爱尔兰前总理巴兹尔·布鲁克（Basil Brooke）和英国前文官长（head of the Civil Service）爱德华·布里奇斯（Edward Bridges）。伊丽莎白二世在“嘉德骑士这一独特皇家荣誉”的授予人选择上并没有什么特殊的要求，但她还是将自己的8个首相囊括在内，另外还包括来自政治、法律、商界、军界、外交、司法和世袭贵族的杰出人士，其中有些人是由于为女王所做的个

[1] 古法语，意思是“心怀邪念者蒙羞”。

人贡献而获得这一殊荣的。先前，王室成员之外的女性是无权获得嘉德骑士称号的。而到了1987年，女王决定正式成立“女伙伴”。第一位获得嘉德骑士勋章的女性是诺福克公爵夫人拉维尼亚·菲茨艾伦-霍华德（Lavinia Fitzalan-Howard），她曾在女王的加冕礼排练中担任女王的替身，还常常在古德伍德赛马会（Goodwood races）期间邀请伊丽莎白二世和菲利普亲王到她祖传的阿伦德尔城堡（Arundel Castle）做客。有趣的是，伊丽莎白二世在1994年授予安妮公主嘉德勋章，在2003年授予表妹亚历山德拉公主（Princess Alexandra）嘉德勋章，以表彰她们二人的尽职尽责，但她从未授予自己的亲妹妹玛格丽特公主这一荣誉。

丘吉尔去世后40年，他的女儿玛丽·索姆斯也被授予了嘉德勋章。当她来到白金汉宫受勋时，女王已经把勋章放在了一个大钢琴上面，“在这儿呢，”伊丽莎白二世指着勋章的颈圈说道，“那个颈圈是你父亲的！”“哦，夫人，”玛丽应道，“不可能的。”她因顶撞了女王而觉得有些窘迫，于是解释说父亲的勋章正在肯特郡查特维尔（Chartwell）父亲的故乡展览。“我让人把它取来了。”女王笑着说道，然后跟玛丽解释说她安排人用一个复制品继续进行展览。

“嘉德日”（Garter Day）是女王每年例行安排里非常快乐的一个日子，往往在6月皇家军队阅兵典礼后的周一举行。在这一天，嘉德骑士们在温莎堡的“嘉德骑士厅”（Garter Throne Room）相聚，共同见证新成员的加入。他们仿佛又回到了中世纪，脖子上挂着闪闪发亮的嘉德勋章，身上穿着厚重的深蓝色天鹅绒长袍，长袍的肩部装饰着白色丝绸做成的蝴蝶结。“设计这件长袍的人没有考虑到它的实用性，”有一次女王如此评论道，“就是在当时也不会有人穿这种衣服的。”在授予勋章时，女王会主持宣誓仪式，告诫其接受者要保持骑士的忠诚。“她很有经验，语速很快，但干净利落，”德文郡公爵夫人黛博拉说，她是第11代德文郡公爵安德鲁的妻子，当时目睹了丈夫接受勋章的过程，“誓词的内容听起来毛骨悚然的，又古老又吓人，无非是些与什么什么战斗之类的话。”

随后女王会在“滑铁卢厅”（Waterloo Chamber）招待嘉德骑士们午宴。这是一个狭长的房间，有着复杂精致的雕刻屋顶，还有好像19世纪风帆战舰一样的天窗。餐桌上摆着包金的银器和瓶花。跟其他皇家午宴一样，这顿饭“没有时间细嚼慢咽仔细品尝”，黛博拉回忆道。

午宴过后，嘉德骑士们就准备参加华丽的游行活动了。他们系上袍子，挂好勋章和吊袜带，戴上饰有鸵鸟羽毛的平顶黑绒帽，然后从温莎堡走出去，沿着一条鹅卵石路走到圣乔治大教堂去。走在他们前面的是身穿紧身短上衣的军乐队和身穿深红色制服的温莎骑士团（Military Knights of Windsor），还有身穿红金两色无袖外套的纹章官（Officers of Arms）。道路两侧是站立的皇家骑兵团士兵。很多嘉德骑士都上了年纪，他们披着又大又重的长袍走得很吃力。“女王对他们的情况十分关心，”女王的前审计官（Comptroller）陆军中校马尔科姆·罗斯爵士（Sir Malcolm Ross）回忆，“她会对我说：‘看着这一位，别累着他。’然后我就带他走近路。”

嘉德日是王室公开活动中最吸引人的盛事，每年都有8000名观众到现场观看，还有1000人会到圣乔治大教堂参加布道仪式，而嘉德骑士们就坐在唱诗班的座位上。仪式结束后，女王、菲利普亲王以及骑士们就乘坐马车或骑马回到温莎堡。“虽然要走着过去，但不需要走着回来，这倒是很幸运的。”女王说道。王室成员离开后，嘉德骑士们就一起到滑铁卢厅去喝茶，气氛非常欢快，“我们摘掉帽子，放下头发，好好放松一下。”黛博拉回忆道。

10多年之后，女王的首个社会主义者首相哈罗德·威尔逊也满怀热情地加入了嘉德骑士的行列。现在，他正忙于议会的各种议程，包括大范围的社会改革以及增加政府支出，用于住房、养老金、医疗和福利补助。只要政府是由议会占多数席位的党派所组建，那么不论其人数优势是多么微小，执政党实际上在施政方面是没有任何阻力的，无须与反对党达成妥协。战后的保守党政府对此前的艾德礼政府所做的福利国家政策并未有太多纠正，而威尔逊把这些计划又推进了一步。

1965年开始，威尔逊率领工党陆续通过了一系列法律，废除了死刑，终止了政府审查制度，解除对堕胎的控制，将公民的法定投票年龄降低到18岁，改革离婚法，将同性恋合法化。威尔逊的政府将大学数量扩大了近一倍，显著扩大了免费高等教育的范围。[1]与此同时，他的教育改革还影响到了中等教育的质量，他废除了公共资助的重点文法学校——这些学校不仅培养了威尔逊，还包括许多杰出的英国领袖人物，如玛格丽特·撒切尔和爱德华·希思。这些在学术方面十分严谨的学校被学术标准相对较低的平等主义的综合学校所取代。而为了筹集庞大的政府计划所需的资金，工党政府大举国债，还提高税率。

---

[1] 这一政策在33年之后被废止，取而代之的是经过家庭经济情况调查之后制定学费标准。

威尔逊在每周二晚上到白金汉宫觐见女王时都会将政府的计划向其汇报。他感觉到女王“对所有事情的见解都非常独到”，玛西娅·弗肯德回忆道，“她不会直接提出‘这是我的建议，你应该听从’。她知道自己不是给出建议的人，如果可能的话，她会以一种得体的方式与你探讨。”威尔逊的新闻秘书乔·海因斯（Joe Haines）说，女王的“问答法”讨论方式迫使威尔逊向女王“证明建议的正确性，这的确是个好方法。这就意味着他得经过深思熟虑才能开口”。从广泛意义上来说，伊丽莎白二世似乎并未延缓威尔逊的社会主义政策的进展，但前财政大臣哈罗德·麦克米伦（Harold Macmillan）个人认为，女王对其“起到了一定的抑制作用”。

与麦克米伦一样，威尔逊也爱给女王讲一些政治八卦以供消遣。他曾告诉女王说法国总统瓦勒里·吉斯卡尔·德斯坦（Valery Giscard·d’Estaing）所谓的在巴黎街头钓女人的嗜好。“其实对女王来说，她能理解这些事情，能让她感到惊讶的事不多，”玛西娅·弗肯德说道，“她了解并能读懂别人……在政治话题上，她是一个非常聪明的人。”威尔逊对她十分信任。当他因为内阁成员在扯他后腿而感到忧虑时，女王就是他倾诉的对象。

尽管女王与威尔逊的关系从一开始就是温馨和睦的，但伊丽莎白二世知道，威尔逊的那些心怀阶级意识的伙伴们并不赞成君主制，也不喜欢她。但她还是通过长时间的感化赢得了其中几个人的爱戴：芭芭拉·卡素尔（Barbara Castle）是一个红头发且精力充沛的人，以“工党的红发女王”而闻名；还有理查德·克劳斯曼，用历史学家A.N.威尔森（A.N.Wilson）的话说，是一个“大块头、无组织意识的双性恋者”。哈罗德·威尔逊的内阁成员第一次觐见女王，作为枢密院成员向后者宣誓效忠时，就对其传统礼仪颇不情愿，口无遮拦的社会主义者韦奇伍德·比恩（Wedgwood Benn）说“那是个羞耻的仪式”——单膝跪地，手按《圣经》发誓，执起女王的手行礼，撤步退出。他鞠躬的幅度是“历来最小的，几乎都没有弯腰”。

克劳斯曼与其他人一样，对女王心怀感激，因为她并未让他觉得拘束。克劳斯曼说女王“笑得很亲切”“言行非常自然”。女王与克劳斯曼相处时也十分放松，在会谈中谈到很多话题，而克劳斯曼也为自己对女王的细致观察自豪不已。有一次，克劳斯曼说到伊芙琳·夏普爵士夫人（Dame Evelyn Sharp）、一个负责城市改建的“恐怖”的公务员时，女王抢着说：“啊，那个女人。我不喜欢她。”说到枢密院成员的宣誓仪式时，她说：“菲利普常说那简直是在浪费时间。”伊丽莎白二世不知道的是，克劳斯曼把他们的谈话内容都记在了日记中。他死后，其遗稿保管人打算把它出版，在女王的高级顾问马丁·查特里斯的劝说下，他将女王那些“可能会引起异议的言论”保留了。

芭芭拉·卡素尔性格活泼，幽默感很强，她折服于女王的智慧和“自然的魅力”，并与女王建立了融洽的友情。1965年的一次国宴之后，卡素尔与伊丽莎白二世、玛格丽特公主站在一起，她们谈起了查尔斯王子对大学入学考试感到焦虑的事，女王突然对妹妹说：“你和我是不可能进大学的。”卡素尔则安慰女王说考大学“并不像看起来那么可怕”。卡素尔对女王的交际能力十分佩服，后者可以在与自己政见不同的政客们中间游刃有余，她能记住很多详细的资料，“这样就能把谈话维持在安全的、政治中立的层面上”。

然而，比恩却仍然顽固不化地对女王和她代表的一切抱有成见，即使在他娶了一位在荷兰公园（Holland Park）有豪华房子的美国富人之后，其态度依然如此。他是威尔逊内阁中的邮政大臣，曾发起一个不切实际的活动，打算把邮票上伊丽莎白二世的头像去掉。女王耐心地听了他的建议，看了他的新邮票设计草图。40分钟的会谈结束后，比恩还以为女王同意了他的计划。“女王把他当傻子一样，”历史学家肯尼斯·罗斯说道，“他还以为把女王玩弄于股掌之上。”私下里，女王把自己的不愉快告诉了威尔逊，随后威尔逊就把这个计划给废了。后来威尔逊把比恩调到技术部任部长，他去白金汉宫向女王宣誓就职时，女王忍不住对他说道：“我肯定你会怀念你的邮票的。”他向女王表示了感谢，谢谢她的仁慈和鼓励，“帮助我处理这些事情”，然后乖乖地鞠躬，倒退着走出了觐见厅。

另一个对女王心存贬斥的人是工党的外交大臣迈克尔·斯图尔特（Michael Stewart）。1968年他到温莎堡参加晚宴，其间他对美国司法部长的妻子莉迪亚·卡钦巴赫（Lydia Katzenbach）说，女王“除了对马的了解，基本上就是个白痴女人”。后来莉迪亚将这句话转告给大卫·布鲁斯，后者表达了自己的惊讶：“首相发现女王对国际事务的了解十分透彻，这是大家的共识。如果有机会，她的确喜欢马匹胜过国家事务，可是她没有这样的机会。但说到冗长无尽而枯燥的公务，没有人可以指责她有所懈怠。”

随着伊丽莎白二世进入中年，马的确成了她的热情所在和“心灵港湾”。很多年来，她很少购买马匹，而是“自我培育”，这是一个可以追溯到伊丽莎白一世的传统。到20世纪60年代为止，她已经管理王室养马场超过10年时间，其养马场分布在仙灵汉姆庄园、桑德林汉姆宫附近的沃弗顿（Wolferton）、汉普顿宫（Hampton Court），还有租于1962年的伯克郡的珀汉普顿蓄马场（Polhampton Lodge Stud）。10年之后，她买下了珀汉普顿，将其作为一个田园营地，让刚断奶的1岁马和需要休养的赛马——她经验丰富的养马经理迈克尔·奥斯瓦德称其为"带伤行走的马"——在此生活。

不论是在私人生活还是在公众面前，女王都是一个按部就班的人，在养马方面，也是严格按照时间来安排马匹的交配、生产、断奶、训练和参赛。每年年初的前6周，繁殖季节开始的时候，她都会两次来到仙灵汉姆的养马场检查母马和种马的情况；在4月和7月再来马场看看上一个繁殖季节里怀孕生下的小马。她还会用老式相机拍下母马和马驹的照片。

每年的早春和秋季，她都会到珀汉普顿查看1岁马的情况，而在春季和夏季，一有时间她就会到威尔特郡（Wiltshire）、汉普郡和伯克郡（Berkshire）视察在此训练的二十几匹纯血小马[1]。她关注着马匹一年内参赛的情况，由于国务繁忙，只能到场观看很少几次比赛。每年6月初的德比赛马会，以及6月下旬的皇家阿斯科特赛马会是她必定要观看的比赛，只要有机会，她还会去看其他重要的赛事。

桑德林汉姆庄园的皇家养马场（Royal Stud）是一个19世纪晚期的别致的建筑群，马厩由红砖和褐色的沉积砂岩建成，顶部是烟囱和圆屋顶。母马住在宽敞的隔间里，刚出生的小马驹也能住得开；而种马则享受着国王一般的待遇，每一匹种马都有独自的大隔间，周围是砖墙，地下铺着20多厘米厚的木屑，高高的窗子、木质铺芦苇的斜屋顶，还有用于祛湿的红外线灯。养马场里有4个小牧场，每个牧场有2英亩，用于放养种马，其周围是砖墙和篱笆，旁边是花园和泉水。

养马场的主要工作地点是一个有遮盖层的棚子，这是一个洞穴般的建筑物，沙土地面。女王的养马赛马顾问会给出马匹交配的建议，但与处理国务时听从顾问的建议不同，在马匹交配方面，女王非常有主见，因为她对马匹观察极为仔细，所掌握的有关马匹血统的知识也非常丰富。她知道哪匹马耐力好，哪匹马速度快，哪匹马勇气佳。她对马的身体构造也非常在行，用亨利·珀切斯特的话说："她知道一匹马的肩好不好，是否是短胫、蹄好、平足，飞节是直是弯，后腿好不好，眼睛和头型好不好。"有一件事令她声名大振：她看到一匹马后就判断出它是两匹1岁马"多特里"和"艾格蒙"的后代，而这两匹马她之前只见过

[1] 纯血马，由阿拉伯雄马与欧洲雌马杂交而成，以中短距离速度快称霸世界，创造和保持着5000米以内各种距离速度的世界纪录，是世界公认的最优秀骑乘马品种之一。

一次，那时它们还是小马驹。“她读过很多专业书籍资料，她养马的知识十分渊博，”养马经理迈克尔·奥斯瓦德说道，“要是你准备跟女王讨论马匹销售目录的事，最好先做好功课，因为她一眼就能看出某一匹马的血统。”育马的最终决定“取决于女王”，皇家养马场的官方史志作家亚瑟·菲茨杰拉德如此写道。

奥斯瓦德曾风趣地说桑德林汉姆养马场是“马匹助产和婚姻指导中心”。交配的一方是身价数百万美元的获奖种马，另一方是女王珍爱的母马，它们的交配过程，胆小的人是不敢看的；何况整个交配过程是在两匹近1吨重、强壮而紧张的庞然大物之间进行的。伊丽莎白二世像个率真朴实的农妇一般，在现场目击了多次交配过程。平时庄重优雅的女王跟养马经理、马夫们一同站在马棚的角落里，头戴安全帽以保护安全，后来在安全局的要求下，在马棚里建了一个架高的观察台。“她非常务实，”迈克尔·奥斯瓦德说，“她知道该如何运作。”

一匹发情的母马被牵入马棚时，快速、激烈而有潜在危险性的交配过程就开始了。母马的后腿被包上了厚厚的皮护腿，以防它踢伤种马，它的脖子和肩隆上被裹上了厚厚的皮质“假鬃毛”，以防在狂乱的交配过程中被种马咬伤。

母马先是被牵到马棚的一边，站在一堵有填充物且有巨大开口的墙边，准备接受一匹种马的“调情”。如果它的情欲被充分调动起来了——其明显的反应被称作“阴蒂眨动”，兽医就会通过触诊和超声波检查看看它是否准备排卵。如果一切妥当，母马就会被牵回马棚中，站在马棚中央的空地上。一名马夫牵着它的缰绳，另一名马夫用套杆——一端拴有套环的长杆——套住它的鼻端以保持它的安静。这时一匹被挑选出来、已经“性致高昂”的种马由4名马夫牵进来，它甩拽着脖子、喷着鼻息嘶叫着，然后扬起前腿趴在母马身上，其狂野的交配过程由站在母马尾部的一名马夫负责引导。

在通过超声波检查，确定母马已经受孕之后，女王就会在其11个月的孕期里随时了解进展，偶尔还会到现场查看母马分娩（往往是在晚上）。小马生下来之后，马场就会给女王送去一张马驹的照片——有时候小马还未出生女王就早已给它起好了名字，女王会继续关注马驹的成长过程，直到它断奶并作为1岁马被运往珀汉普顿喂养为止。

有一次女王去珀汉普顿看马，陪同她的有亨利·珀切斯特、马夫希恩·诺里斯（Sean Norris）、驯马师伊恩·鲍丁（Ian Balding）及妻子艾玛（Emma）。他们去了一个牧场想近距离看看6匹小马的训练情况。突然，那几匹马开始绕圈飞驰、“猛冲”、暴跳踢腿。这时，其他3人向门口夺路而逃，只有女王和鲍丁稳稳地站在原处。伊丽莎白二世和训练师都明白，只要站在原地不动，小马们是不会袭击他们的，并最终会安静下来。

“哦，太吓人了。”女王后来说道。“她当时太镇定了。”亲眼见识了女王处变不惊的鲍丁回忆道。“她有一种能力，能够在问题面前稳如泰山，而不是被肾上腺素冲昏了头脑而惊慌错乱。”蒙迪·罗伯茨（Monty Roberts）如此说道，他是美国加利福尼亚的驯马师，以“马语者”而闻名业界，后来成了女王的好友。

除了养马，另一件深受女王重视的事就是1岁马的赛前准备了。她对此也是相当精通，亨利·珀切斯特说：“跟她谈驯马，就像跟一个驯马师在谈话一样。”而伊恩·鲍丁则说：“要是她不是女王而是个普通人，那么很有可能会成为驯马师。她热爱这一行当。”女王常常会把马匹分派给几个驯马师进行训练，主要原因是她想看看驯马师们各自不同的训练方法。“有的驯马师会特别适合训练某种马匹，”奥斯瓦德说，“就像为孩子挑选老师一样。”伊丽莎白二世能在晨雾中的驯马场上一站就是几个小时地观察驯马情况，她头戴头巾，身穿花呢大衣，脚穿防水长筒靴，手里拿着双筒望远镜，目不转睛地看着在远处起伏的草地上奔驰的马匹。“她看的是马匹的移动以及它们全力奔跑的情形，”伊恩·鲍丁说，“她能读懂马匹奔跑中的方方面面。”

傍晚，女王会到马厩里再次看望马匹。她耐心地检视每匹马的情况，给每匹马都喂一根胡萝卜或一把苜蓿草，再深情地拍一拍它们，还会跟马夫交谈数句。她认识所有在马厩工作的人，也认识所有的马夫，她敬重他们的专业素养。养马人的世界是少有的几个没有礼仪规矩的地方，她跟大家平等交流，不再考虑自己女王的身份。她关心她的马匹，也同样关心养马人的困难和顾虑。

在去鲍丁位于京斯克里尔（Kingsclere）的马厩视察时，女王询问了马厩通风系统的情况。因为她知道，马匹只能通过鼻子呼吸，所以极易染上呼吸道疾病。回到房子里喝茶休息时，她擤了擤鼻子，然后把手帕递给驯马师，让他看看手帕上脏乎乎的黏液，这一举动把后者吓了一大跳。“我觉得马厩里很脏，空气也不好。”女王如此说道。这是一个颇有戏剧性但十分严肃的方式，以让驯马师明白马的生活环境并不好。鲍丁在马厩的后面开了几个窟窿，用屏风遮住，又在屋顶上加了一个通风口以改善其空气质量。

在乡间居所生活时，女王几乎每天早上都会出去骑马，即使在下雨天也是如此。她将其看作一种避世的途径，还当作养生的方法。女王从小就是个好骑手，她骑马时坐得又稳又轻松，轻握缰绳，游刃有余地控制马匹的行动。虽然在骑马过程中会有马夫和便衣警探的陪护，但在乡间奔驰起来之后，就基本上只剩她一个人了，对一位女王来说，这是极其罕见的景象。

伊丽莎白二世从不喜欢骑马跳跃，她也知道该如何避免危险。但她骑马时从来不戴安全帽。年轻时，每年皇家阿斯科特赛马会期间的“金杯赛马日”早上，王室一家都会在跑马场上骑马，她跟妹妹、女儿一起骑马时，都能看到她的头巾在风中飘扬。亨利·珀切斯特的妻子琼·卡那封（Jean Carnarvon）回忆说，女王的这个习惯“都快把珀切斯特逼疯了。他总是会提醒女王注意安全，但她根本听不进去”。有一次，伊恩·鲍丁陪女王在“温莎家庭公园”（Windsor Home park）骑马，鲍丁就安全帽一事批评了女王，他说：“我真的觉得您不戴头盔是很荒唐的。”女王答道：“我从没戴过头盔，你也不用把头发做成我这样子。”——这句话并非出于自负，而是觉得那些装备没有什么实际用处。

与妻子相比，菲利普并不是在“马背上长大的”。1950年他在马耳他的时候才接触马球运动，因为他喜欢这种运动对身体的挑战性。刚开始，他骑马时非常好胜，跟他一起打马球的罗纳德·弗格森市长（Major Ronald Ferguson）说他“不惜一切代价只为取胜”。弗格森认为菲利普需要“通过打马球来排解长久压抑的挫折感。他刚来时……浑身带着怒气，打过几场比赛之后就变了，那些负面情绪就都没有了”。

对菲利普来说，马球比赛中的小马就像一辆脏乎乎的自行车。“他骑马就像在开车一样，希望手边有一些装置，踩下油门就加速，踩下刹车就停止，左右转弯也应该很迅速。”蒙迪·罗伯茨如此说道，“他关心的不是其中的原理，而是其结果。”马对菲利普来说是一种无法理解的东西，他对马匹的区别也不在意。

伊丽莎白二世则是对马匹抱着直观而好学的心态，她重视的是与马匹之间的互动。“她有一种能力，能够让马匹理解她心中所想，并让马也能与她分享快乐。”多年以来担任女王的皇家马厩总管（Crown Equerry）和马匹总管（Horsemaster）的约翰·米勒爵士如此说道。罗伯茨则说：“她能深入下去，理解马匹的脾性。”

菲利普亲王虽然不是赛马的爱好者，但他还是尽职尽责地陪同妻子去看皇家阿斯科特赛马会，因为这是女王赛马生活的重中之重，也是王室的公开活动，甚至可以追溯到1711年安妮女王时期。皇家阿斯科特赛马会在每年6月举行，为期4天，在“嘉德日”之后的星期二开始——有人把它称作“阿斯科特集会”，其间嘉德骑士们“跪地祈祷几天后赛马能赢得比赛”。女王在温莎堡亲切而细致地接待朋友们，他们大多是来自赛马业界的人。参加宴会的人都穿得无比正式：男士们都身穿常礼服，头戴高礼帽；女士们身穿常礼服，戴着她们最漂亮的帽子——这都是参加赛马会皇家专场比赛时的必需盛装。

伊丽莎白二世招待了大家一顿丰盛的午宴，时间一到，她就起身离开，原先趴在桌子下面的柯基犬和道吉犬也都跟在她的身后。王室一行人乘坐汽车穿过“温莎大公园”（Windsor Great Park）来到阿斯科特大门，然后改乘四轮马车，马车由四匹马牵引，前面是两位身穿深红色长袍的驭手，后面则坐着身穿制服、头戴黑色高礼帽的男仆。这段皇室巡游（the Royal Procession）的仪式可以追溯到19世纪20年代乔治四世执政时期，整段乡间路程长2英里。下午2：00，他们来到赛马场的“黄金之门”（Golden Gates），观看传统的1英里草皮跑道的直赛道赛马。

在王室包厢坐下之后，客人们就可以自由娱乐了，而女王则关注着下午的赛马，即使有自己的马匹参赛，她在紧张中也会感到相当放松。“赛马的好处是，她能一连两三个小时深深沉浸在比赛中，这是与她每日的公务操劳不一样的，她可以从国内外事务的忧虑和不快中暂时解脱出来。”迈克尔·奥斯瓦德说，“女王的一位私人秘书曾对我说，这样有很好的疗养作用。”

若是自己的马匹赢得了比赛，女王就会像个小姑娘一样欢呼雀跃、笑容满面，将平日在公众面前压抑的感情释放出来；但伊丽莎白二世不赌马。她有着非凡的阅读比赛的能力，她坐在椅子上前倾着身子，目不转睛地看着赛场上的情况，她会说：“看，那匹马的步子迈得不对……怪不得它拐弯的表现不好……我不觉得它能保持这种状态……你看见它转弯了吗？我不喜欢它耳朵向后的样子。我喜欢它加速的样子……我觉得它更适合在逆时针赛道上跑，而不是在顺时针赛道。”

王室包厢的后面有一台电视机，包厢的前面是弧形的玻璃窗，窗后是一排座椅，赛场上的情况一览无余。前4次比赛结束后，女王就邀请她的客人们（包括来自皇家专场的各个贵宾）到包厢后面的私人客厅中喝茶，她的男仆们陆续给大家端上三明治、烤饼、草莓、奶油和点心。女王会陪大家坐着，交谈一会儿，然后在下一场赛马开始前回到包厢前面，唯恐错过片刻比赛。有一次被问及她对赛马的迷恋时，女王说：“人总是有所期盼的，也许是都有赌博的天性。我总盼着自己的马能比别人的更好，所以就停不下来了。”

伊丽莎白二世在养马、赛马上的开销一般出自她的私人资金，其中部分花费由赛马奖金、种马配种的收入、获胜马匹的交易收入来支付。据估计，她每年能够盈利50万英镑。在20世纪50年代，女王珍爱的“光环”在输掉德比赛马会之后，陆续赢下了一系列顶级赛事，其中包括在阿斯科特举行的最具声望的“乔治六世和伊丽莎白王后锦标赛”（King George Ⅵ and Queen Elizabeth Stakes）。在1954年到1957年间，伊丽莎白二世是英国赛马会上最大的奖金得主。

伊丽莎白二世与母亲在养马、赛马的起起伏伏中最是同甘苦共进退的。1949年，她们有了第一匹马，那是一匹名叫“蒙那温”（Monaveen）的障碍赛马。但是，它在赫斯特公园（Hurst Park）参加比赛时，在跨越一个障碍的时候折了腿，被实施了安乐死。从此以后，女王就只关注无障碍赛马了，但王太后仍将兴趣放在障碍赛马上。因为她的空闲时间很多，所以比女王参加的赛马会多很多，也更能在看着自己的马比赛时感受其激动人心的时刻。

王太后对女儿的养马业有极大的兴趣，若培养的马匹更适合障碍赛，伊丽莎白二世也会将其转让给母亲。因为她们二人的马匹知识都相当丰富，所以她们之间有很多共同的话题。在每天的电话联系里，她们会谈到有关马场的方方面面，从骑师、训练师、获胜或失败的赛马，到马匹受伤、培育、马驹、起名等应有尽有。当她们二人中的任何一个身在旅途时，就会通过长信来分享彼此的经历和建议。伊丽莎白二世在新西兰访问时，曾给母亲写信说：“这里的人们都喜欢赛马，都疯狂地赌马，还喜欢一次跑八圈的长途比赛。”

伊丽莎白二世很乐意资助母亲对赛马的热爱，因为她知道这样会让后者非常高兴。有一年，王太后的马在障碍赛中表现很差，女王就打算替她支付驯马师的费用。“王太后心怀感激地接受了女王的馈赠，”王太后的传记作家威廉姆·肖克罗斯（William Shawcross）写道，“她在账单上签了名，还在总额的下面写了‘哦，亲爱的’。”

60多岁的王太后性情开朗，很容易满足。小报的记者们都亲热地称她“女王的妈妈”。王太后的体型已经变得颇为富态，还被公认为是一个“美食家”，家里人却常常打趣她在饮食上的无度。王太后一度身体状况堪忧，1966年12月被查出患有结肠癌，但王室并未向外透露。后来她动手术将肿瘤切除了，不需要进一步的治疗，而王太后也再没有出现过急性肿瘤复发的情况。在桑德林汉姆庄园静养了一段时间之后，她的身体又恢复了活力。

王太后的公务活动并没有停止，她每年都会参加100多次活动，效率很高且满怀热情。她的快乐具有感染力，在她兴高采烈地高扬双臂时尤其如此。德文郡公爵夫人黛博拉在一次婚宴上看到王太后的表现，就给她起了个外号叫“蛋糕”。当听到新郎新娘要切蛋糕的时候，王太后高喊道：“啊，蛋糕！”好像是生平第一次见到这个仪式一样。“她的风采真是别具一格啊。”黛博拉在1965年写给姐姐戴安娜的信中如此说道。在还未陷入“应召女郎丑闻”的前一年，约翰·普罗富莫曾在“摄政公园”（Regent's Park）的家里举办过一次晚宴，王太后甚至在晚宴上跟泰德·希思、大卫·布鲁斯及数个贵族一起跳舞，这是她最后的跳舞狂欢，一直持续到深夜。

王太后喜欢在几个住处招待朋友们参加豪华的黑领结晚宴，还喜欢在克拉伦斯宫的花园树下搭起帐篷举办户外午宴，期间由五六个身穿制服的男仆在餐桌旁服务，餐桌上铺的是白色桌布，上面摆的都是纯银餐具。客人们也比王宫宴会上更多样化一些，因为她可以全凭自己的喜好来邀请客人，其中就包括舞蹈家、艺术家、作家、演员等，他们能给她带来快乐，其谈话的内容也不沉闷。宴会的食物也是色味俱佳，红葡萄酒随意喝。席间王太后对各种话题大发议论——她对政客，尤其是工党政客的批评，她对“小日本”的憎恨，她对德国和法国的疑心（“又差劲又险恶，怎么能相信他们？”）……当回忆起她在苏丹（Sudan）遇到的丁卡部落（Dinka）时，她说：“他们都是光着身子的，但是他们太黑了，所以影响不大！”

生长在爱德华时代的王太后有一种不食人间烟火的味道。她的多年好友托托·吉尔莫（Tortor Gilmour）搬到王太后庄园里的一栋小房子后，王太后过去喝茶，其间她看着前窗外的凡人世界叹息道：“亲爱的，你得让人把外面的加油站关掉，那所学校也得搬走才行。”还有一次，她在拉伦斯宫一个高雅的午宴上看着外面的风景说道：“看看我们自己吧。我们都是普通人，坐在这个桌子旁边的都是普通人，吃的也是普通人的饭菜。”

20世纪60年代，英国普通百姓的生活日新月异。工党的社会主义改革影响深远，英国的文化也与之呼应，发生了翻天覆地的变化。摇滚乐失去了禁锢，避孕药让女性有了更多的性自由，电影和戏院中的性爱场景也大量涌现。1967年，连17岁的安妮公主也去看了反战题材的摇滚音乐剧《头发》（*Hair*）——其中有大量的全裸场景。

在此期间，英国流行文化的顶点就是“披头士乐队”[1]。哈罗德·威尔逊

[1] Beatles，20世纪最知名的英国摇滚乐队，1956年成立于利物浦，成员包括约翰·列侬、保罗·麦卡特尼、乔治·哈里森、林戈·斯塔尔。1970年乐队解散。

为了标榜自己的现代性，就建议女王在1965年10月授予披头士乐队的4个成员“不列颠帝国员佐勋章”，即MBE，全称是Member of the Most Honourable Order of the British Empire。[1]仅仅在4年之前，这个乐队还在利物浦的地下餐馆里表演，但他们颇具感染力的曲调和爆炸式发型已经引起了“披头士狂潮”，他们有大批为之尖叫疯狂的歌迷，还有数百万的唱片销量。就授予“披头士乐队”成员“帝国勋章”一事，国教圣公会强烈抗议，他们认为将如此庄重的荣誉授予流行歌星是对它的贬损；而有些战争英雄则退还自己的勋章以示抗议。剧作家诺埃尔·科沃德说：“在这件事上，首相大错特错了……我觉得女王不该听从他的建议。”

“披头士乐队”首次见到女王是在1963年，他们当时在“皇家综艺秀”（the Royal Variety Show）表演。被引见给女王时，他们恭敬地向其鞠躬，然后女王问他们下一次演出是在什么时候。“是明天晚上，夫人。”保罗·麦卡特尼[2]答道。“哦，是在哪里呢？”女王又问道。“在斯劳（Slough），女士。”他答道。“哦，”女王欢快地说道，“离我们很近啊。”“她说的是温莎堡，”麦卡特尼回忆道，“很有趣，她一点儿架子都没有。”

两年后，伊丽莎白二世在白金汉宫向“披头士乐队”颁发了“不列颠帝国员佐勋章”，虽然有警察维持秩序，但宫外尖叫的女孩们还是几乎要挤破大门。授勋仪式是在白、金二色的豪华宴会厅里举行的。女王看上去“高雅而美丽”，麦克唐纳说道，“就像是我们的母亲一样。”然而，约翰·列侬对此殊荣的热爱很快就消失了，他在1969年退回了勋章，以示对越南战争的抗议。

反对越战的人绝非只有约翰·列侬一个。威尔逊的英国政府虽然支持这次美国在东南亚的军事行动，但威尔逊拒绝了美国总统林登·约翰逊要求英国派兵的请求。用他的话说，英国“连一队风笛手都没派来”。心怀怨恨的约翰逊总统认为威尔逊是“一个混账家伙”，但越战在英国和美国的大学校园和街道上激起了大规模的抗议和暴乱。

---

[1] 怀疑此处原文有误，MBE的全称为Member of the Most Excellent Order of the British Empire，而非Member of the Most Honourable Order of the British Empire。

[2] Paul McCartney，披头士的主创之一。1942年6月18日生于利物浦，是一位英国歌手、音乐人、音乐创作家、多种乐器演奏家、诗人、企业家、画家、唱片制作人、电影制作人、动物保护者。其音乐事业在披头士时期到达巅峰，后入选摇滚名人堂。在2012年伦敦夏季奥运会开幕式上，保罗·麦卡特尼演唱了“披头士乐队”的名曲《Hey Jude》。

“北爱尔兰问题”（The Troubles）出现时，一种不同的暴力运动爆发了。事情的起因是北爱尔兰深受歧视的天主教徒少数派与南部的爱尔兰共和国谋求独立。20世纪60年代末，好战的爱尔兰共和军（Irish Republic Army）成了北爱天主教徒的领导力量。愿意维持现状的抗议者与天主教徒之间爆发了多次武装冲突，英国就向北爱尔兰派驻军队以维持和平。而爱尔兰共和军实施的恐怖炸弹袭击和大规模暴力伤害将冲突再次升级，这也是北爱尔兰随后30年流血动乱的开始。

发生于20世纪60年代的动乱，却在英国引起了一股反对现存社会体制的思想潮流，而英国的君主制就成了他们针对的首要目标。在20世纪60年代中期，《私家侦探》这家曾在亚历克·道格拉斯-休姆下台事件中大出其力的具有讽刺风格的杂志又开始对王室冷嘲热讽，说王室不亲民、浮夸、守旧。他们将菲利普亲王称作“希腊的菲尔”，还对主流媒体大加指责，说后者对王室极尽阿谀之能事。多家报纸刊登了对女王及其家人的质疑和不敬的报道，还大肆宣扬，要求王室在以往水平的基础上更进一步公开信息。

伊丽莎白二世通过读报纸、看电视新闻报道以及阅览公文箱里的机密文件关注着以上各种事件的进展。1968年爆发了大规模的学生动乱，他们反对大学权威、反对越战、反对核武器，还有其他一些激进行为。在这一年举行的古德伍德赛马会上，大卫·布鲁斯与伊丽莎白二世同坐在皇家包厢里观看赛马，其间“女王详细谈起那些暴力事件，特别是牵扯其中的全世界的青年们”，女王对世界局势的了解令大卫·布鲁斯极为震撼。

在20世纪60年代的社会动荡之中，伊丽莎白二世仍像以前一样进行自己的公务活动，其间她的形象往往是坐在马车或栗色的、顶部饰有皇家盾牌的劳斯莱斯汽车里向人们挥手致意。除了到亚洲、非洲、太平洋、加勒比海、北美进行的例行英联邦国家访问之外，她还环绕地球对十几个国家进行了国事访问。1965年5月，她在德意志联邦共和国（the Federal Republic of Germany）待了10天，这是自从1913年以来首个英王室成员正式来访。此次对德意志联邦共和国的访问其实在两年之前麦克米伦政府当政时期就开始筹划，但此次出访的潜在政治目的却变成了工党谋求加入欧洲共同市场。

此次德国之行恰好赶在“二战”结束20周年之际，也是一次惬意的和解之旅。对伊丽莎白二世来说，此次访问给她提供了一个寻根的机会；而对菲利普来说，这是一次伤感的返乡之旅，他得以带妻子观光一下“二战”之前他和姐姐们度过快乐时光的地方。菲利普在世的姐姐有三个人，分别是西奥多拉（Theodora）、索菲（Sophie）（昵称是“小姑妈”）和玛格丽塔（Margarita），这三位公主都嫁给了德国皇亲，由于“二战”后英国民众的反德情绪，她们都没有参加伊丽莎白和菲利普的婚礼，但在伊丽莎白二世的加冕典礼上，她们受邀坐在了威斯敏斯特大教堂的皇室包厢最好的位置上。女王夫妇二人还常常私下招待她们，尤其是每年春季都邀请她们参加“皇家温莎马展”（the Royal Windsor Horse Show）——其间有赛马、阅兵式、烟花表演等铺张华丽的活动。

此次访问的情感高峰出现在西柏林[1]，肯尼迪广场（John F.Kennedy Square）上聚集了大量欢呼的人群，他们都高喊着“伊丽莎白”！女王在讲话中提到了她的德国祖先，却也为群众高昂的热情而为难不已。“我想她是觉得群众的热情有些过头了，甚至能让人联想起狂野的纳粹口号。”外交大臣迈克尔·斯图尔特回忆道，“这是我唯一一次见到她局促不安的样子。”

伊丽莎白二世最为“享受”的时刻是在汉诺威，在那里她读到了揭示自己王朝来历的一封信。这封信是1714年英国的贵族们写给“汉诺威选帝侯乔治”（George the Elector of Hanover），亦即未来的“英王乔治一世”的，信中写道：“安妮女王驾崩！速归！某些人想让詹姆斯二世的后裔即位而不是你。”[2]

1965年秋季，伊丽莎白二世的注意力又转到了非洲，卷入了英国政府与其殖民地南罗得西亚[3]的纷争之中。南罗得西亚的首相伊恩·史密斯（Ian Smith）单方面宣布从英国独立，并以实行种族隔离政策的邻国南非为模板建立了一个白人少数派政府。而英国只允许（少数人服从）多数人统治的殖民地获得独立，所

[1] West Berlin，柏林原称“大柏林市”，“二战”前为德国的首都。战后，根据《波茨坦协定》，柏林被苏、美、英、法四国分区占领。1948年，苏联占领的东部地区成立了大柏林临时民主政府；1949年，美、英、法三国又在西部通过市议会选举组成西柏林市政府。至此，一个完整的柏林分裂成东、西柏林两部分。

[2] 乔治一世名叫乔治·路德维格，1660年出生于汉诺威，其父为欧列斯特·奥古斯都，母亲索菲娅是英国国王詹姆斯一世的外孙女。1688年，英国“光荣革命”把英国国王詹姆斯二世驱逐出国，而由其女儿玛丽二世与女婿威廉三世共同执政。1701年，议会通过了王位继承法，规定英国王位由玛丽二世的后嗣继承；若玛丽无后裔，去世后王位由詹姆斯二世的另一个女儿安妮继承，若安妮无任何直系后裔，王位就传给索菲娅的信仰新教的后代。1702年威廉去世，安妮继位为女王，1714年安妮女王也病逝，且无子嗣，而索菲娅也已去世，英国王冠就落到索菲娅的儿子乔治·路德维格头上，他就成了汉诺威王朝的第一位国王。

[3] Southern Rhodesia，即现在的津巴布韦。

以，哈罗德·威尔逊要求联合国对南罗得西亚实施经济制裁。为了获得英国的支持，史密斯信誓旦旦地说英国女王仍将是他们国家的元首。威尔逊则做出回击，在他的支持下，女王直接告诉史密斯说她绝不会为一个违背了多数黑人意愿的政府充当元首，她甚至还给史密斯亲笔写信，劝他谋求妥协。

一些评论家说，女王此举牵扯了党派政策，违背了她的政治中立性。尽管英国政府一再宣称史密斯的政府是一个非法政府，史密斯还是坚持原先的幻想，将女王作为其元首。但最终他还是放弃了这个主张，宣布罗得西亚为共和国，此举也引起了黑人团体持久的游击战以图推翻白人统治。

一年之后，伊丽莎白二世再次遭到了批评，因为她在直觉下的表现违背了公众对她的期盼。1966年10月21日，南威尔士的艾伯范（Aberfan）地区发生山体滑坡，洪水、泥浆和碎石从山上倾泻而下，吞没了这个村庄的一所小学，116名孩子和28名大人丧生。出于对威尔士同胞的关心，玛格丽特公主的夫婿安东尼·斯诺登在得知消息后没有跟王室商量就立刻离开伦敦，并于凌晨2点到达灾区安慰悲伤的遇难者家人并探望生还者。第二天，菲利普亲王也赶到了。他们两个人一同关注着救援和挖掘工作。然而，尽管顾问们一再劝说，伊丽莎白二世还是不愿去灾区慰问。她说：“我要是去了，大家就会过来照顾我，他们会因此错过废墟下面等待救援的孩子的。”

女王的答复反映出她思考的周到和生来的谨慎。最终，在一周之后，当最后几具尸体被找到之后，她跟丈夫一起到了艾伯范。在两个小时里，他们看望遇难者家属，巡视被压在土石下面的学校，还向成排的81名孩子的墓地敬献了花圈。在这个特殊的氛围之中，她从一个幻象变成了与大家面对面自然交流的人，人们对她的表现都极为钦佩。“作为一个母亲，我对你们的感觉感同身受，”她满含泪水地讲道，“我很愧疚，现在的我除了同情什么都给不了你们。”

对一个在公共场合极力控制自己情绪的人来说，这是一个真情表露的时刻，对她来说也是很难得的时刻。她知道村民们需要她所带来的抚慰，也知道在这样的时刻，人们期盼的就是她情感的公开表露。但她面对指责所做出的“迟到”的回应，却表现出她本性中固执的一面，而这份固执在将来的岁月里还会给她带来麻烦。

艾伯范发生灾难时，伊丽莎白二世刚刚从巴尔莫勒尔庄园返回伦敦，她在那里度过了两个月的假期，这是她一年之中时间最长、也最为惬意的修养时段。她在桑德林汉姆庄园的冬季度假从圣诞节前夕开始，一直持续到2月初结束，也有大量的户外活动，但真正的隐私得不到保证。因为桑德林汉姆庄园面积有两万英亩，其间公用道路纵横交错，还有五六个村庄坐落于此。所以，只有在巴尔莫勒尔庄园时（这里的公用道路都位于庄园的边缘处），她才能真正远离尘世——每日需要处理的公务文件除外。“在变动的生活中，能有一点真正属于自己的时间真是太好了。”女王有一次如此说道。

从庄园大门到城堡，需要穿过很长一片四季常青的松柏林，这段行程会立刻将你带入隐秘和宁静之中。按照几个世纪的王室夏季度假传统，8月初女王到达之前一周，就会有拉着装满衣服的衣箱和衣柜的卡车、载有生活用具的大篷货车由士兵开着从伦敦过来。温莎堡的马、桑德林汉姆宫的狗也会被运过来。女王刚刚离开白金汉宫，其私人居所的家具就被覆上防尘罩，王宫的日常工作仍在继续，不过节奏慢了许多。女仆、厨师、管家、男仆、安全官员以及其他王宫的工作人员也会分两批随女王北上，每批80人，抵达之后住在巴尔莫勒尔庄园的员工住宅区里。

“把维多利亚女王时期的王宫原封不动地保持到现在，能让人感到一种神奇的魅力。”伊丽莎白二世如此评论道。除去挪走的几棵棕榈树盆栽之外，巴尔莫勒尔宫的摆设几乎原封未动。“连家具都未曾移动过，”女王的表妹玛格丽特·罗德斯如此说道，“画也是原来那些。”会客厅里摆放着维多利亚女王最爱的一把椅子，它太神圣了，谁都不许坐上去。“每个新来的人都会去找那把椅子看，看了就大呼小叫。”卡那封伯爵夫人琼说道。

伊丽莎白二世的作息始终保持着19世纪末的样子，只是对其做了一些现代化的调整，大家也都适应了。此间的气氛会令人想起夏令营的样子，连作息都跟寄宿学校一样。早上9点，风笛手就会吹起行军曲，然后女王就花几个小时处理公务。她的文件都是装在文件箱里用手推车送到巴尔莫勒尔宫一楼的书房，当初维多利亚女王也是选择将它作为书房，看中的是它窗外迪伊河谷的景致。她还留意着5万英亩的庄园的情况。虽说巴尔莫勒尔庄园一直是菲利普负责监督的，但“陛下对一切都很关心”，曾担任过女王16年管家（或称房地产管理人）的马丁·莱斯利（Martin Leslie）如此说道。她会阅读管家的定期报告，查询她饲养的高原牛的情况，还会向她已经认识了数十年的狩猎仆役、猎场看守人、猎鹿人询问。伊丽莎白二世对人和事物的了解经常会以奇怪的方式展现出来。有一次，女王与一位苏格兰牧师同坐在汽车上在庄园里行驶，一位猎场看守人正跟一位年轻的女郎走在小山丘上，当女王的汽车经过他们的时候，她突然喊道：“好哎！”后来她解释说，这位猎场看守人的妻子弃他而去，看到他有了新的女友，她为他感到高兴。

在忙完了上午的公务之后，伊丽莎白二世就把尽可能多的时间用在户外活动上——常常是骑马或遛狗。她穿过大片的杉树林，爬上铺满紫色石楠花的山丘，走过林中空地，越过从石质土里汩汩冒出的小溪。在这里，她可以尽情呼吸带有松树香味的清新空气，尽情欣赏远处白雪覆盖的北凯恩戈姆山（North Cairngorns）[1]，还有被拜伦[2]称作“陡峭含怒的荣耀”[3]的洛赫纳加山（Lochnagar）——它就矗立在慕克湖的旁边，高达900多米。“她了解巴尔莫勒尔庄园的每一寸土地，”多年在王宫工作的马尔科姆·罗斯如此说道，“她极其享受身为农妇的生活。”

从16岁开始伊丽莎白二世就学会了熟练使用步枪，继而对猎鹿产生了浓厚的兴趣。在猎鹿的几天里，她穿着防水布的裤子，骑着自己养马场里培育的载重马或费尔小型马，或驾驶一辆庄园里深绿色的路虎吉普车，赶到山脊上林线[4]之上的狩猎区。她跟一位猎鹿人搭档，从上午到傍晚耐心地跟踪鹿的行踪，有时会爬上600米高的地方，其间会稍微休息一下，从帆布包里拿出冷餐肉、水果、一片李子布丁充当午饭。逼近猎物时，她会在灌木丛里匍匐前进，直到猎物进入射程。伊丽莎白二世的表妹玛格丽特·罗德斯从十几岁起就跟她一起猎鹿了，她回忆说：“看到女王跟一个新来的猎鹿人搭档总是件很有趣的事。她扬着脸趴在地上，跟在猎鹿人的后面，她的鼻子几乎要顶到猎鹿人的靴子底，能把他吓一跳。”伊丽莎白二世最后一次猎鹿是在1983年，地点是格林慕克寨（Spittal of Glenmuick）附近的一个小山谷，后来这里被称作“女王猎鹿点”。

鹿被猎杀之后，会在山坡上取出内脏，再把它捆在一匹强壮而脚步结实的驮马背上，沿着山石嶙嶙的山坡运下山送到城堡里去，然后挂在储藏室里剥皮。女王在终止了猎鹿爱好之后，还会在每一天结束的时候到储藏室里看看大家的战果。鹿的每一个部位都物尽其用：鹿头和鹿茸当作战利品摆设，鹿肉供食用，鹿蹄和鹿眼则出售给专业人士。白色的驮马常常会因为染上流下的鹿血而变得血淋淋的，每天晚上都需要认真清洗。

[1] 此处怀疑原文有误，北凯恩戈姆山应为North Cairngorms，而非原文的North Cairngorns。

[2] 即乔治·戈登·拜伦，英国19世纪初期伟大的浪漫主义诗人。

[3] 出自《深沉的纳加湖》（*LACHIN Y. GAIR*）一诗。

[4] 森林界线的简称，指在高纬度地区或高山上由于低温、风及土壤等条件而不能形成森林的界线。

这种屠杀是女王的第二天性，她在其他喜爱的户外活动方面也是同样务实的态度，她会在猎雉活动中捡起大家射落在城堡外荒地里的松鸡——这个爱好直到她85岁时才因为一个膝盖长期疼痛而被迫停止。女王不喜欢猎枪，所以，当家里的男士穿着帅气的花呢猎装和“巴伯衫”[1]出门狩猎，举枪朝着空中不时飞过的鸟类射击时，她则是站在一边看着，身穿裙子和结实的夹克，头戴头巾，身边带着两三只狗——经常是外号为“清道夫”的可卡猎鹬犬，或者是拉布拉多犬。她用口哨、手势和呼喝指挥着猎犬衔回猎物，从一个地方到另一个地方寻找猎物，有时候距离可达千米。若是打下的鸟并没有死，她就会拿起棍子敏捷地结束它的痛苦。有一次，在她流畅地完成了一系列捡拾猎物的动作之后，突然听到猎手、狩猎仆役、助猎者[2]一起为她鼓掌喝彩，“要是知道你们在看着我，我就不会动手了。”她说道。

猎雉和猎鹿的客人只会在周末来巴尔莫勒尔庄园，所以在大部分时间里，城堡里只有王室的亲戚和朋友。女王会邀请客人们在城堡里过夜，身为女主人的她也会认真仔细地待客，常常亲自站在城堡的侧门迎接客人。“她会亲自把客人带到客房，”一位巴尔莫勒尔的常客说道，“她知道客房里放的是什么书，并向你介绍推荐。房间里的书每年都会更换。她会给你一种混杂的感觉，像是放松状态下的礼仪和规矩，又像是非常严肃正式的休闲活动。”对马尔科姆·罗斯来说，到巴尔莫勒尔庄园做客“就像是按下了一个开关。她还是女王，同时又是一位居家的女主人。身为客人，你将有幸目睹她是多么放松”。

一天的山间狩猎结束后，客人们就会回到城堡里，脱去猎装；女王则为大家沏茶——将茶叶放进茶壶，再从一把银壶里倒入沸水。喝茶休息过后，大家再去换衣服，到会客厅里喝酒；女王则是在一边玩一种从维多利亚女王时期传下来的单人纸牌游戏。“她边玩牌边跟我们说话，”一位客人回忆，“大家都坐在周围。有些人三三两两在聊天，另一些人就坐在女王玩牌的桌旁。她一边翻着扑克一边跟我们聊着，非常放松。”

每年9月，首相都会按规矩来巴尔莫勒尔庄园过一个周末，枢密院的大臣们也会过来住一天，其间只忙几分钟公务。绝大多数时间里，庄园里都在举办各种社交活动，活动的内容经常是到古老的苏格兰密林里，或是到小山顶上，在林间小屋或是河畔湖边，进行午间野餐或烛光烧烤。客人们常常是在最后一刻才会知

---

[1] Barbours，商标名称，以生产户外服装而闻名，是英国王室的御用品牌。

[2] 在打猎过程中负责拍打树丛、草丛等以惊起猎物的人。

道这顿饭究竟是穿黑领结、礼裙的正式宴会，还是套头衫、休闲裤、休闲裙的户外聚餐。而到了这个时候，他们已经是第三次换衣服了。

伊丽莎白二世和菲利普亲王把野餐安排得像军训一样。厨师们在城堡里做准备工作，所有的食物、盘子、餐具、炊具都装在拖车里用路虎吉普车拉过来。菲利普以一种海军军官的高效率设计了拖车，车上的东西都分类摆放，彼此之间都有间隔。野餐过程中没有王室的工作人员在一旁服务，女王也得以愉快地动手做家务。她常常亲自摆放桌子，“摆得一点纰漏都没有。”安妮·格林康纳夫人说道，玛格丽特公主常常邀请她来参加宴会。菲利普则是负责烧烤，他常常即兴“演练”自己从电视上学来的菜谱——从简单的香肠到难度大点儿的烤乳猪，都有涉猎。

有一次，王太后跟几个朋友在伯科豪庄园聚会，他们的晚饭地点竟然跟伊丽莎白二世他们在同一个林中雨棚，就在雨棚的另一头。“我们的午餐已经吃完了，王太后他们才刚喝完酒。”一位客人说道。女王戴上“金盏花”牌清洁手套开始洗盘子，其他客人也纷纷起身清理餐桌，清扫工作很快就完成了。各种物品必须照原来的样子在拖车里摆放好，“要是你把餐具放错了地方，那就惨了。”一位宴会的常客如此说道。

晚上的娱乐活动则是有着悠久历史的各种游戏，如捉迷藏和石子游戏，参加游戏的既有客人，也有王室的工作人员。每年秋季他们会在巴尔莫勒尔宫的舞会大厅里举办两次“狩猎人舞会”，男士们身穿黑领结礼服和苏格兰短裙，女士们则是戴着王冠，身穿礼服裙，格子呢的饰带用钻石胸针别住。军乐队奏起音乐，女王及家人与猎场看守人、狩猎仆役、男仆、女仆一起跳起了里尔舞和华尔兹——其声其景都仿佛是回到了19世纪。

巴尔莫勒尔庄园承载着伊丽莎白二世的私人回忆——童年、“二战”菲利普的求婚……它还代表着一种对维多利亚女王的传承，甚至是一条联系着她与巴伐利亚祖先的纽带[1]，因为巴尔莫勒尔宫就是阿尔伯特亲王按照德国的建筑风格改建的。“在巴尔莫勒尔，她从不会忘记自己的女王身份，”一位经常到此做客的苏格兰传教士说道，“大家也不敢忘了她是女王。”所有的客人，包括多年老友和平时称呼她“莉莉贝特”的亲戚，在早上遇见她或在她晚上离开时，都会向她

[1] 萨克森-科堡-哥达是德国图林根和巴伐利亚的一个地区。1840年，英国女王维多利亚下嫁德国萨克森-科堡-哥达的阿尔伯特王子。从维多利亚时期起，英国王室家族头衔就一直是萨克森-科堡-哥达。到了第一次世界大战德英两国交恶，英国王室改称温莎王朝。

行俯首礼或屈膝礼。

虽然如此，在苏格兰高地的生活还是给了女王一点儿平凡人的感觉，还有些许自由。她会到附近的巴拉特村庄去，在当地的商店排队买东西；她可以在偏僻的林中小屋里做家务。在巴尔莫勒尔，女王的服饰也是非常朴素——格子呢裙子（外出骑马或有户外活动时才会穿上裤子）、纯黑的鞋子、短袜、系扣的羊毛衫外面再套一件上衣，脖子上总是戴着珍珠项链。只要有空，她就沉浸在阅读的快乐之中，她尤其喜欢读历史小说，但并不是像阿兰·本奈特（Alan Bennet）在他逗趣的《非比寻常的阅读者》（*The Uncommon Reader*）小说中虚构的那样——“她沉浸在斯万的人生沉浮中……在山上猎人们的隐蔽处，却传来砰砰的枪声。”她读的不是普鲁斯特[1]的七卷本小说。很多年以来，伊丽莎白二世读的都是“图书信托基金会”（Book Trust）所推荐的书目。这是一个创立于1921年的英国慈善团体，以推广图书阅读为己任。虽然如此，与乡间野外交融的时候她才能真正远离尘世的喧嚣。“在这里，你出去走上几英里都不会见到一个人，”女王如此说道，“只有无限的可能性。”也正是在这里，她能“过最充实的生活”。

[1] 马塞尔·普鲁斯特（Marcel Proust），20世纪法国最伟大的小说家，也是20世纪世界文学史上最伟大的小说家之一。上文所述的“斯万”即是其代表作、长篇巨著《追忆似水年华》中的人物，共七部，分别是《在斯万家那边》（1913）、《在少女们身旁》（1919）、《盖尔芒特家那边》（1921）、《索多姆与戈摩尔》（1922）和作者死后出版的《女囚》《女逃亡者》和《重现的时光》。

“这时最令我感动，意义最深的时刻到来了，我把手放在母亲的手里向她宣誓，终生做她的臣子，用生命去捍卫她。”

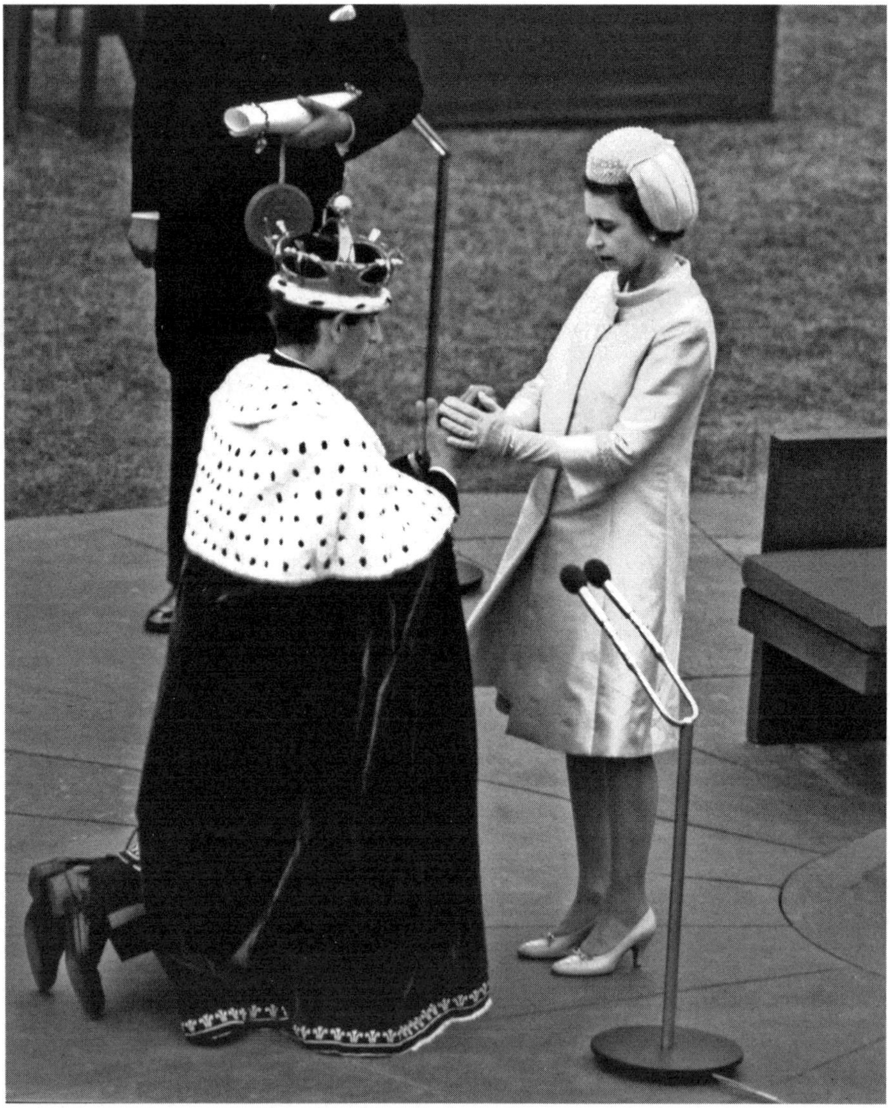

1969年7月，查尔斯王子在被赐予“威尔士亲王”封号之后向母亲伊丽莎白二世致敬并宣誓。

图像来源：Reginald Davis MBE（伦敦）

第九章　面纱初解

20世纪60年代，在自己的后两个孩子诞生之后，伊丽莎白二世就变成了一个既放松又忙碌的母亲。“家里又有了一个孩子，真是太好了！”1964年爱德华王子出生之后她如此说道。哈罗德·威尔逊首相的妻子玛丽·威尔逊回忆说，每到周二晚上与女王的会谈行将结束时，威尔逊都会惊讶于“女王是多么迫切地想去给孩子们洗澡”。

伊丽莎白二世在儿童套房里感觉很惬意，因为她跟保姆梅布尔·安德森相处得很融洽。负责照看查尔斯和安妮的保姆海伦·莱特博迪比女王大15岁，一直都是个非常专横的人，在孩子们面前也是很暴躁地维持着自己的权威。在查尔斯和安妮两个孩子中，莱特博迪喜欢查尔斯多一些，所以安妮就常常受到她的责难。菲利普对她对待自己活泼可爱的女儿的态度感到不满，就把她辞退了。

梅布尔·安德森比女王小1岁，她天性亲切柔顺，还有极强的是非观念。伊丽莎白二世对她并不像与莱特博迪在一起时那么害怕，她们两个女人就一同照料小孩子。安德森请假的时候，女王就轻松地跟安德鲁和爱德华待在儿童套房里，她穿着围裙帮他们洗澡，还哄他们睡觉。有些批评人士曾质疑说她对安德鲁和爱德华过于溺爱了，这是缘于她没能多陪伴两个年长的孩子查尔斯和安妮的补偿心理。

伊丽莎白二世仍不习惯拥抱和亲吻等亲昵举动，但她很爱跟安德鲁、爱德华一起玩闹。两位小王子也知道白金汉宫是一个办公的地方，用安德鲁的话说：“工作、责任和义务是优先的。”虽然如此，儿童套房外面的王宫走廊里还是常常传来网球的砰砰声，足球也是堪堪从玻璃框旁飞过。塞西尔·霍格爵士（Sir Cecil Hogg）是王室十几年的耳鼻喉医生，他来王宫出诊的时候，就“常常听到孩子们在房间里玩闹的声音”，他的女儿敏·霍格回忆道，“一个孩子冲到她的卧室里，女王就笑着对孩子说：‘你啊，你的怪兽啊！’”

温莎堡是两个小男孩真正当作家的地方。他们在城堡里骑自行车，或是在挂有22幅卡纳莱托[1]名画、摆放着41个人造大理石底座半身雕塑的镀金大走廊里，要么就是在外面的碎石小路上骑着脚踏车玩追逐游戏。他们要是摔倒了，女王就会“把我们扶起来说：‘别犯傻哦。你做得没错，去洗干净吧。’跟别人家的父母是一样的”，安德鲁回忆说。在星期六的午后茶时间，他就跟父母坐在一起看BBC的体育节目《大看台》（*Grandstand*）；若是星期天，就看板球联盟的比赛。“虽说是一家人，但我们在工作日很少见到女王，周末跟她在一起的时间多一些。”安德鲁说道。

20世纪60年代，查尔斯和安妮大多数时间都在外上学。安妮在著名的肯特郡博耐顿女子寄宿学校上学，她的学生生活比起哥哥查尔斯就快乐多了。安妮继承了父亲菲利普的“厚脸皮”和带刺儿的机智，这使得她可以保护自己免受那些被她称作“刻薄女生”的坏同学的欺负。博耐顿的校长说，安妮能够“很自然地运用自己的权威却不带有攻击性”。跟父亲菲利普一样，安妮学东西很快，也是同样对那些反应慢的人没有耐心。安妮身高1.70米，比母亲要高一些，身段苗条而迷人。她继承了母亲瓷器一般的皮肤，外表却带有一些强硬，比如说她的嘴角稍稍下弯，这就让她显得很沉郁。十几岁时安妮蓄起了长发，这样就显得温柔了很多。

尽管非常聪明，但是安妮对学业并不感兴趣，她的考试成绩也达不到大学录取的要求。她喜欢的是对身体极限的挑战——这又是一个继承自菲利普的特点。菲利普教女儿在苏格兰海边的浪涛中驾驶帆船，还在考兹市（Cowes）的帆船比赛中与她同场竞技。安妮曾写道，帆船给了她“像骑马飞驰一样的感觉……是考验你与自然对抗的能力，是对你理想的检验，通过它你能发现自己想成为什么样的人”。两岁时安妮就坐上一匹名叫“费姆”的白色小马，从此马就成了安妮的激情所在。1968年，18岁的安妮从博耐顿一毕业，就全身心投入难度极大的、为期3天的综合全能马术运动中。

这时，在高登斯顿的查尔斯也迎来了自己的毕业季。1965年12月，伊丽莎白夫妇在晚宴上开了一次家庭会议，以策划这位英国王储的未来之路，查尔斯却被

[1] Canalettos，意大利风景画家，以威尼斯风景画而闻名。

排除在讨论之外。英国有三位国王——爱德华七世、爱德华八世、乔治六世——都是在牛津大学和剑桥大学接受的教育，却未能获得学位。菲利普和伊丽莎白二世都没有大学经历，所以他们就征集以下几个人的建议：坎特伯雷大主教迈克尔·拉姆齐（Michael Ramsey），首相哈罗德·威尔逊，国防参谋长（chief of the Defence Staff）迪基·蒙巴顿，温莎教长罗宾·伍兹（Robin Woods），格拉斯哥大学校长兼校董事会副主席、英国校长和学院院长委员会主席查尔斯·威尔森爵士。

他们就查尔斯的未来安排讨论了几个小时，其间女王只是静静地听着。哈罗德·威尔逊主张让查尔斯去牛津大学；而迪基则提议让查尔斯去剑桥大学三一学院，然后去达特茅斯的皇家海军学院，再到皇家海军服役。王室最终选择了迪基的建议。查尔斯也很高兴能去剑桥上学，其中一个原因是，这里距离桑德林汉姆庄园的狩猎场很近，是“狩猎野禽的绝佳地点”。当年秋季，查尔斯到剑桥登记入学，成了王室的第一位大学住校生。担任查尔斯导师的是保守党的政治家、当时的三一学院院长拉博·巴特勒。

伊丽莎白二世教育查尔斯和安妮的原则是尽量让他们面对具有挑战性的环境，并把“他们当成成年人一样对待”。1968年一位作家如此写道。玛丽·威尔逊则说：“我还记得查尔斯在跟一群大人相处时表现出来的耐心。”有一次，白金汉宫邀请尼日利亚的代表团参加午宴，外交官格拉德温·杰布爵士的妻子辛西娅·格拉德温就发现查尔斯“非常有魅力……愿意取悦别人，对在场的每一个人都很感兴趣，有种本性之美……具有他父亲所没有的敏感”。在需要王室成员出席的场合，伊丽莎白二世总是鼓励这两个年纪稍长的孩子自己想办法解决难题，学会独立思考，而这种教育方式受到一些王室至交的批评，说她对孩子过于放纵了。

“从一开始，女王对孩子们的管教就很少。”女王的一位内廷女官对记者格雷厄姆·特纳（Graham Turner）说道，后者写了一篇报道指责女王对孩子的教育方式。“因为孩子都过早地独立，没有束缚，女王家里就更像是个俱乐部而不是家庭。”那位内廷女官继续说道，“尤其是查尔斯和安妮，他们心里想的是：‘咱们就别去麻烦妈妈了，她已经够忙的了。’女王对此也没有过多地考虑……女王和菲利普在养育孩子这方面是铁石般的心肠。”

安妮公主反驳说，那些指责女王对他们冷漠、漠不关心的说法“是令人难以置信的”。“小时候父母对我们的要求并不是很严格，那是因为我们对该干什么、不该干什么非常有数，也了解她作为一个国王的责任——那么多的公务、那么多的出访，”安妮说道，“但是我们从来没有觉得她跟别的母亲不一样，也没觉得她对我们关怀不够……他们总是鼓励我们自己想办法解决问题，去讨论问题。人们需要在犯错中成长，我想母亲是同意这个说法的。”

在所有孩子当中，安妮公主是最无忧无虑，也是最为自立的一个。她与女王的关系十分融洽，很大一部分原因是因为两个人都喜欢马，这是母女二人之间的结实纽带。并且，由于安妮跟父亲几乎是一个模子里刻出来的——急躁、自信、直性子，她也能从容应对菲利普“粗糙”的父爱。

然而，查尔斯却在达到父亲的要求和期望值上面苦苦挣扎着。他勇敢地接受了体能挑战以展示自己的胆气，尤其是曾到澳大利亚内地的“廷伯多普学校”（the Timbertop school）度过了两个学期。回到高登斯顿学校之后，他还赢得了父亲曾经获得的“学生头”称号。查尔斯甚至刻意去学父亲的一些“怪癖”——走路时倒背着一只手、开玩笑以使别人不再紧张、拽衣袖、双手扣在一起、表达强调的时候右手食指点点戳戳，等等。

可是，菲利普对查尔斯的态度仍是批评多过表扬，查尔斯的自信心一再受到打击。菲利普曾说过，他无法协调他们父子之间的“巨大差异。查尔斯是个浪漫主义者，而我是个实用主义者”。虽然查尔斯自尊心太强，“不愿意承认这一点，”查尔斯王子的官方传记作家乔纳森·丁布比写道，“他仍然渴望得到父亲以及母亲的喜爱和欣赏，而他们二人似乎不能够或是不愿意将其施予查尔斯……于是，出于自我保护，他在父母面前就变得越发拘谨。”在论及查尔斯的未来人生路线时，菲利普与查尔斯是通过简洁的书信进行交流的，以减少彼此的矛盾冲突。

只有在桑德林汉姆庄园和巴尔莫勒尔庄园时，孩子们才能与父母共享家人的天伦之乐。对伊丽莎白二世而言，桑德林汉姆庄园是“一个避世的圣地，却仍有一丝英格兰的商业味道。我喜欢耕种……我喜欢动物。但我不喜欢千篇一律都是农作物”。女王与菲利普亲王给孩子们灌输各种动植物知识，对他们的影响颇深；而孩子们也非常感激所拥有的“奢侈享受”——正如安妮所写的那样——用数小时的时间骑着马在“桑德林汉姆周遭数英里的田间穿行。映入眼帘的是迪伊河畔秋日的景象：黄色的山梨、银色的桦树、庄严而古老的欧洲赤松……”在这里查尔斯曾灵感大发，他给两个弟弟写了一本名为《洛克纳加山的老人》（*Old Man of Lochnagar*）的书，书中讲的是一个虚构的神话故事，故事的主人公是一位居住在巴尔莫勒尔洛克纳加山山洞里的老人，他原想到伦敦去，最后却选择在这个“特殊”的家里隐居。

菲利普教4个孩子射击，还教他们用虫形钓钩在迪伊河边的水塘里钓鲑鱼。安妮则跟母亲学猎鹿，她也是除去女王之外在山顶上猎鹿的唯一女性。在乡间传统生活的氛围中，父母与孩子其乐融融。在猎杀了生平第一只鹿之后，他们还按照旧例，将鹿血抹在了自己脸上。

女王一家常常乘坐皇家专列到苏格兰高地去，偶尔会坐着“不列颠尼亚号”到苏格兰的西部群岛（the Western Isles）巡游一番。从20世纪60年代开始，出海度假也变成了王室的一个惯例。出海期间也是女王除了骑马以及多人户外运动之外、少有的不穿裙子而穿裤子的时候，因为这样她才能轻松（而优雅）地攀爬梯子下到汽艇上，到海边的荒滩上野餐。出海度假的高潮是“不列颠尼亚号日”，这一天他们会停泊在苏格兰北海岸的凯斯内斯郡（Caithness），在斯克拉布斯特（Scrabster）码头上岸，再乘车前往梅伊堡。王太后已经在这里准备了数周以迎接他们的到来，她的内廷女官露丝·弗莫伊（Ruth Fermoy）帮她安排接待事宜，指点厨师或是检查庄园里果蔬的成熟情况。有一年，王太后给尚未离船的伊丽莎白发来急信，信上说：“我这边柠檬紧缺，你能从船上带点儿过来吗？”于是，女王从皇家游艇出来时，手里就提了满满一塑料袋柠檬。

餐厅的午宴开始之前，女王一家就在梅伊堡的围墙花园里闲逛，午宴的内容是“爪姆科尔伯蛋”[1]、鲑鱼、鸡肉、羊肉和夏令布丁。下午，他们会去毗邻的农田散步，或是向着海边漫步，喝过下午茶之后，他们再回到斯克拉布斯特。按照传统，女王与母亲会通过海岸警卫队（the Coast Guard）互赠送别诗（如A meal of such splendor, repast of such zest. It will take us to Sunday just to digest. To leafy Balmoral we are now on our way, but our hearts will remain at the Castle of Mey[2]）。“不列颠尼亚号”离开时会沿着海岸航行，这时船上和岸上会同时射出信号弹，而王太后和她的朋友们，以及梅伊堡的工作人员，就在城堡后面挥舞着手里的茶巾或桌布。通过双筒望远镜，他们可以看到

[1] oeufs Drumkilbo，一种鸡蛋做成的奶油冻，配有大虾和龙虾，是王太后的最爱。此菜肴的名称来自一处名为爪姆科尔伯的庄园，王太后就是在那里度过她的童年的。

[2] 译文：丰盛的美味哟，过了周末才能消化完，身在返回巴尔莫勒尔的路上，心却仍然流连在梅伊堡。

娇小的女王站在甲板上，在汽笛声中挥舞着白布。

1967年春天，王室多了一位新成员：菲利普的母亲应伊丽莎白之邀来到白金汉宫居住了。时年82岁的巴腾堡公主爱丽丝现在贫困潦倒，身体虚弱。她原先居住在雅典，自己的修女会也因财务问题而被迫关闭。虽然她不是修女，却仍穿着灰色的修道服，对此菲利普曾向母亲的传记作家雨果·维克思（Hugo Vickers）说："她从不用担心穿衣打扮和发型的问题。"

如果说王太后是"大型聚会场场不落"的话，那么爱丽丝就跟她截然不同了，她似乎是这个家庭的边缘人，只是偶尔到伦敦、温莎堡、桑德林汉姆宫、巴尔莫勒尔庄园做客。她用乳名"奶豆儿"称呼菲利普亲王，而孩子们也用表示"奶奶"的希腊语"Yaya"来称呼她，这让大家都十分尴尬。大家对爱丽丝的怪癖和低沉的嗓音是又爱又怕：她烟不离手，常常是人还未到，烟气和咳嗽声就先来了。

爱丽丝的性格跟儿子一样直率，而她的耳聋更令其雪上加霜。有一次在晚宴上，在助理私人秘书爱德华·福特多次重复了同一个问题之后，她说道："哦，我还以为你在说什么好玩的事呢。"安妮承认爱丽丝不是一个"讨人喜爱的奶奶"，而查尔斯开始时对她只是害怕。但是，很快他们就迷上了爱丽丝所讲的她小时候所经历的维多利亚女王的往事，还有她的一些有趣的理论，比如"大脑应该按照功能划分开"。

爱丽丝搬到自己的居所——位于白金汉宫一楼阳台右面的两居室——之后，安德鲁和爱德华就常常过来跟她玩哈尔马棋[1]。女王也常过来看她，婆媳二人相处得很融洽，女王甚至还陪着年迈的老公主观看窗外的卫兵换岗仪式（Changing of the Guard）。在菲利普这一方，虽说他对母亲十分关心，他们母子俩的关系却挺僵——安妮曾对雨果·维克思说："他们不吵架，却总谈不拢。接着父亲会沿着走廊离开，嘴里咕哝抱怨着，而奶奶也是在房间里嘟囔个不停。"

爱丽丝患有慢性支气管炎，1969年2月度过了84岁生日之后，她的身体状况更是衰降得厉害。这一年的12月5日，她在睡梦中逝去。她葬于温莎堡，这也是她的出生之地。与早些年离世的丈夫相比，爱丽丝的遗产更是少得可怜，只有几件晨衣而已，在她离世后就分给了照顾她的护士们。

[1] 中国跳棋的一种。

爱丽丝在王宫生活的最后几年里，一直处于公众的视线之外；她甚至没有出现在王室一家最为重要的纪录片中。那是一部独特的电影纪录片，以旁观者的视角记录了王室成员的工作和生活。这部影片是一个集体智慧的结晶，其主要策划人包括菲利普，还有出色的电影制作人约翰·布拉伯恩、迪基·蒙巴顿，以及女王的新任新闻秘书威廉姆·赫塞尔廷（William Heseltine）。女王的上一任新闻秘书是理查德·科尔维尔中校，自从1947年被乔治六世任命为新闻秘书之后就一直为王室服务，直到1968年退休。为了表彰他的贡献，女王在1965年授予他骑士称号。

在20多年里，理查德·科尔维尔的工作使命就是不遗余力保护王室的新闻安全。“我们不是王室的宣传员，”他在1949年曾说，“我们的任务是告知媒体他们的界限在哪里。”理查德·科尔维尔的主要工作是向美联社驻王宫办公室的两位记者发布一些王室的花边新闻，并将女王在国内外的公共活动精心编排成无声短片。

然而到了20世纪60年代，一种观点开始盛行起来，那就是女王与子民的关系正在渐渐疏远。人们开始觉得女王与家人只是傀儡，并怀疑女王的生活意义何在；更为暗藏危机的是，人们开始质疑政府花在女王及其家人身上的钱到底有没有获得回报。菲利普亲王是王室之中唯一一个作为“有效交流工具”出现在电视上的人，自从1957年他拍摄了英联邦访问之行的纪录片之后，还在10年之后主持了第二个电视节目，其主题是关于加拉巴哥群岛[1]；他还在1961年首次参加了电视采访。

菲利普在威廉姆·赫塞尔廷身上找到了与自己相同的特点。这位40岁的澳大利亚人与那些沉默寡言、在为王室服务时亦因循守旧的贵族们不同，他有着现代化的观点。“我与别人很不一样，”赫塞尔廷回忆道，“我认为，把私人生活和公共生活截然分开的策略也许有点儿过分了，”女王及其家人变成了“一种‘一维’的形象，没有立体感，不真实”。他的想法与菲利普及其他几个人不谋而合，他们都想把女王在不同环境下刻苦工作的形象公之于众，让人们理解她工作的“强度”，并打开一扇从未对外敞开的大门，让大家看看女王身为妻母的私人生活究竟怎样。这部纪录片将在1969年7月查尔斯王子受封“威尔士亲王”的典

[1] Galapagos Islands，意为“巨龟之岛”，位于太平洋东部的赤道上，由19个火山岛组成，是厄瓜多尔共和国的一个省；又称哥伦布群岛、科隆群岛。

礼前播出，经过这个典礼，21岁的查尔斯就正式成为英国王位的继承人。

总而言之，纪录片的设计者们是想将伊丽莎白二世崇高的君主身份后面的人性化形象传达出去，并宣传女王模范家庭的健全形象。“我觉得，对王室存有疏远和畏惧的感觉是错误的，”菲利普说道，“不管是谁，如果他们看到了国家元首作为个体、作为活生生的人是什么样子的，他们就能更容易接受这个系统，并感觉自己也是这个系统的一分子。”

女王起初并不愿意拍摄这样一部纪录片，她害怕摄影机会给她带来侵扰。但在多年好友约翰·布拉伯恩跟她解释过之后，她松口了：“那就拍吧，咱们看看拍出来是什么样子。”布拉伯恩请来BBC的理查德·考斯顿（Richard Cawston）担任导演，菲利普则掌管着一个顾问委员会，其成员来自BBC及其对手ITV[1]，事无巨细都与赫塞尔廷及其团队商量行事。据盖伊·查特里斯回忆，伊丽莎白二世勉强同意了拍摄计划，因为“女王知道自己必须要做什么”。影片的名字也很简洁，就叫《英国王室》（*Royal Family*）。

《英国王室》于1968年6月8日开始拍摄，持续了近一年。在全世界172个场合，伊丽莎白二世有75天都处在灯光、摄像机和拍摄人员的包围之中。影片共拍摄了43小时的长度，最终剪辑为110分钟。开始时女王还有些局促不安，但考斯顿想法子让她放下了心，而女王也渐渐忘记了摄制人员的存在，甚至摄像机就在近旁时也能安然自若。“她突然意识到自己可以应付得了。”约翰·布拉伯恩说。女王玩笑般称呼导演为“考斯顿”，还邀请他共餐，跟他讨论拍摄角度和灯光的问题。她会用摄影行话询问：“这里的阴影能去掉吗？一个背光的大使可不好看。”而当女王要求看看样片的时候，考斯顿拒绝了，说怕她会感到难为情。

《英国王室》的新奇之处在于它把女王的公共生活与私人生活一并呈现在大家面前，着重渲染了女王是一位在正式而舒适的办公室里、在堆放着文件的桌旁办公的职业母亲的新形象，观众将首次见到王室专列里朴素的内部情形，以及“不列颠尼亚号”上舒适的会客厅，还有温莎堡和白金汉宫里的私人居所。

《英国王室》还拍摄了一些王室的“专业”事务，如女王颁发奖章的情形、对智利和巴西的国事访问、与私人秘书迈克尔·阿迪恩讨论访问巴西的演讲词（“感谢的话有点少……要是不表达谢意就有些失礼了。”）、每周与首相哈罗

[1] 英国独立电视台，1955年正式开台，是英国最早的商业电视台，也是英国最大的综合电视台之一。它覆盖英国全境，是BBC（英国广播公司）最大的竞争对手。

德·威尔逊的会面、接见大使、在白金汉宫的午宴上与美国总统理查德·尼克松交谈、主持露天聚会、侧坐马鞍的生日游行、在白金汉宫的接见会上来往应酬……他们还拍摄了查尔斯滑水、骑自行车的镜头。影片中的菲利普是在驾驶飞机和直升机，以及在办公室（与女王的办公室相比要豪华和时髦许多）里处理慈善工作、画风景画。影片中，女王的红色公文箱不时会出现在场景中——用直升机运到"不列颠尼亚号"的甲板上，或是在巴尔莫勒尔庄园和桑德林汉姆宫。

除了强调女王为国事所做的贡献之外，《英国王室》还首次披露了女王在非工作时间的生活：爱马的女王喂马吃胡萝卜，与安妮公主在伯克郡的赛道上骑马；跟贴身女官波波·麦克唐纳一同检视红宝石项链；洗盘子；开着路虎吉普车带着孩子们去桑德林汉姆庄园的养狗场看小狗；跟菲利普、查尔斯、安妮、安德鲁、爱德华以及她的那群柯基犬一同在慕克湖畔准备家庭烧烤野餐；跟孩子们一起看电视里的美国情景喜剧并笑个不停，在午餐桌旁分享趣事；跟家人一起装饰圣诞树，其间王太后回忆起已故的乔治六世……影片中并未拍摄他们猎鹿和猎雉的镜头，一是为了避免显得高人一等，二是怕人们误解王室喜欢血腥。

影片中有两个镜头将女王的温情首次展现在观众面前。一是她跟两个儿子坐在沙发上，一同翻看家庭影集；二是她带着爱德华王子在巴尔莫勒尔庄园附近游玩并到商店里买东西，她从零钱包里掏出一把硬币，对柜台上的收银员说："我只有这些了。"爱德华坐在汽车前座上等着她，女王回到车里，给他一把糖果，笑着说："好恶心呀，会黏成一团的。"

但是在另一组饱受争议的镜头里，导演的剪辑工作歪曲了事实，在王室形象中掺进了一点"杂质"：美国驻英大使沃特·安恩伯格（Walter Annenberg）在1969年4月29日向女王递交国书，这是她最为正式也是历史最为悠久的仪式之一，觐见者需要穿着"朝服"——扎白领结、穿燕尾服、戴高礼帽，仪式要在临近中午时举行，届时将由身穿红色长袍、头戴丝绸礼帽的驭手和男仆乘坐女王的镀金马车将大使接到白金汉宫。通过这种形式，女王将向外交官表示自己的个人责任，而大家也都知道她曾责备过王宫的官员，原因是他们因为恶劣的天气没有用王室的马车。"她对仪式的重要性极其看重，从不轻视。"一位曾多次在国书递交仪式上服务的外交官说，"但在庄严正式的仪式之后，她总能让对方轻松下来，这是她的行事方式和风格。她能把正式和非正式处理得妥妥帖帖，真不可思议。"

沃特·安恩伯格将自己要说的话练习了多次，还和妻子李练习了鞠躬礼和屈膝礼。当天上午的仪式上，他迈步、鞠躬、递交了"前任大使的召回公文和我的国书”。在此之后，女王习惯性地想缓和一下气氛，就问他和妻子下榻何处。“我们就住在大使馆里，”安恩伯格答道，“稍稍有点不舒适，因为，呃，大使馆正在夜以继日地大肆整修翻新。”女王听了他的话，稍稍有些诧异，但她马上就转到仪式的下一个程序，继续接见使馆人员和大使夫人李·安恩伯格了。

好像是为了刻意强调安恩伯格的滑稽，影片的下一个镜头就转到了在白金汉宫举行的外交官露天招待会上。女王和菲利普来到会场，她悄声对菲利普说道：“他不在这里。”“谁不在这里？”菲利普反问道。“那个美国大使。”女王嬉笑道。在经过剪辑的影片中，这个镜头似乎在暗示女王所指的美国大使就是可怜的安恩伯格，而事实上她说的是前任美国大使大卫·布鲁斯，而这次招待会也是在上一年的11月举行的，发生在安恩伯格递交国书之前。

安恩伯格向总统理查德·尼克松汇报说递交国书的过程“极其令人满意，印象颇好”。但是，在《英国王室》于1969年6月21日播出后，美国大使“夜以继日地大肆整修翻新”的表达在英国引起了人们的阵阵大笑和奚落。很多报纸发动读者思考更文绉绉的说法；《星期日泰晤士报》则称安恩伯格为“大使心慌慌”；一家杂志说安恩伯格的口才“足以与喜剧演员W.C.菲尔兹媲美”。然而，媒体并不知道，这位61岁的大使与女王的父亲一样，一生都深受口吃的困扰。通过语言障碍矫正治疗，他学会了一种不得已的解决办法，那就是用华丽的辞藻组织句子，以避免字句的磕绊。安恩伯格对舆论的冷嘲热讽苦恼不已，他告诉国务卿威廉·罗杰斯（William Rogers），要是尼克松总统觉得他不能胜任大使工作，他会选择辞职。尼克松向他表示了安慰，让他继续在岗位上干下去。

“在影片完成之前的预览过程中，我们也被大肆装修这一段逗笑了，然后就讨论是否要保留这段镜头，”马丁·查特里斯后来承认道，“最后我们决定留下它，要是没那么做就好了。我想，这样一来，王室就对沃特有些愧疚感，因为是他们引发了对沃特的嘲笑。实际上，沃特是一个很可敬、很率真的人。”

《英国王室》以其自然化的拍摄手法，重塑了女王一家平易近人的形象，展现了他们所从事的工作是与寻常百姓的生活息息相关的。大多数评论家都对其人性化效果表示赞赏。摄影师塞西尔·比顿曾在20多年里近距离地观察过女王，他认为伊丽莎白二世在影片中“表现出了一个伟大的形象，严厉、自信、有点专横、严肃、有时皱着眉头（并且皱纹很深）。她有时说话带着犹豫，半途会停顿一下，大家会想她是不是卡壳、说不下去了……但她总能顽强地坚持下去。她把自己的美好形象成功地表现出来了”。

当然，评论中也不可避免出现了一些对王室的嘲弄，针对的是其古板土气的传统和安常守故的习俗。一位诙谐的人士把影片称作“《柯基犬和莎白》”；《私家侦探》杂志则给王室成员起了工人阶层一样的绰号：女王叫“布伦达”，菲利普亲王叫“凯斯”，玛格丽特公主叫“伊温妮”，查尔斯王子叫“布莱恩”。

有人担心《英国王室》一片会打破19世纪经济学家兼宪法学家沃尔特·白芝浩所述的规矩——英王应有一定程度的神秘感，“不能掀开那层神秘的面纱”。《旗帜晚报》的电视评论家弥尔顿·舒尔曼（Milton Shulman）则对王室“像个生活在索比顿（Surbiton）或克罗伊登（Croydon）的普通中产家庭一样”的真实性表示怀疑，并且，他还质疑了首次使用电视“作为王室形象宣传工具”的合理性。他说：“迄今为止，所有试图利用电视来进行推广宣传的机构，其形象都无一幸免变得泯然平凡。”甚至连本片的制作人之一、BBC的大卫·阿滕伯格（David Attenborough）也承认这部影片会扼杀王室的形象，因为“王室就像部落首领居住的神秘帐篷一样，若是有部落成员看到了帐篷内的真实情形，那么整个部落的运行体系就会遭到破坏，并最终导致部落的分崩离析”。

伊丽莎白二世及王室的管理层均未改变主意，但女王从此再也没有允许拍摄如此私人化的影像制品了。安妮公主后来说，拍摄《英国王室》一片是个“糟透的想法”，她“从未真心喜欢过……从小时候起就有那么多的关注，再多就受不了了。我最不愿接受的就是什么事都被人知根知底”。尽管如此，民众对这部片子的态度却是极其积极。《英国王室》共上映5次，在英国的观众人数达到了4000万，在全球130个国家的观众人数估计达到了4亿之多。观众们为女王一家的“平凡生活”而倾倒，也为影片中女王的话语和有感染力的笑声而惊异。

《英国王室》所激发的民众对王室的好感，到了7月1日查尔斯王子的授勋仪式时依然存在。此次授勋仪式在古老的威尔士卡那封城堡（Caernarvon Castle）的草坪上举行，全程电视转播。此前只有一位“威尔士王子”（Prince of Wales）曾在卡那封城堡授勋成为王储，那是在1911年，受封的是查尔斯王子的大外公温莎公爵（爱德华八世）。为了加强与威尔士的纽带，消解13世纪英王征服威尔士以来的积怨，以及抑制初露苗头的民族主义情绪，在女王的安排下，查尔斯王子于前一年春季离开剑桥，到威尔士西部阿伯里斯特威斯市（Aberystwyth）的大学学院（University Collage）学习了8周时间。在这里，查尔斯学会了一些基本的威尔士语，也学到了一些威尔士的历史知识。后来他说，这些宝贵的知识帮助他了解到“威尔士的语言和文化非常独特，要妥善保护”。

查尔斯王子的授勋仪式是诺福克公爵精心策划的，其仪式现场由威尔士人、设计师兼摄影师斯诺顿勋爵负责布置，在20世纪的时代背景下再现了中世纪的传统。为便于摄像机拍摄，斯诺顿设计了一个低矮的圆形石板平台，上面搭建着极简抽象派风格的树脂玻璃顶棚，顶棚由象征长矛柄的铁杆撑起。石板台上有三个蓝灰色、铺有深红坐垫的朴素的王座。斯诺顿试图以此来表现当代王室“简约但庄严”的形象。“我不打算铺红地毯，”斯诺顿说道，“我想让查尔斯王子简简单单地踏着草坪过去。”

对即将在院中举行的授勋仪式，伊丽莎白二世却感到出奇地紧张。她大声询问自己是不是应该坐在王座上宣读授勋旨意，菲利普则回答他也不知道，“那是她的事，不是他的。”两个人彼此说了些气话，然后一同走了出去，脸色恢复如常。

女王站在石板台上，等待儿子的到来。她一只手挎着白色挎包，另一只手拿着一把收拢的雨伞以防下雨，这是没有必要的，因为当天只是下了一阵毛毛雨而已。在4000名受邀观礼嘉宾的注视下，查尔斯王子从“张伯伦塔”（the Chamberlain Tower）走出来，身上穿着皇家威尔士近卫团（Royal Regiment of Wales）名誉团长的军装，佩戴着闪闪的“嘉德勋章”。

受封仪式的高潮出现在查尔斯跪在母亲身前那一刻，女王庄严地授予他王储纹章，其间他不时露出害羞的微笑。女王首先将一把铭刻着“Ich Dien”（“报效”）二字箴言的宝剑授予他，轻轻将其挂在查尔斯的脖子上，又帮他理好剑鞘的挂带；接着女王授予查尔斯“威尔士亲王”的王冠，王冠由24k金制作，上面镶嵌着钻石和绿宝石，底部是白色貂毛饰边的紫色天鹅绒。与其他王冠不同的是，查尔斯的“威尔士亲王”王冠样式非常独特，其顶部是一条拱桥结构，正中镶着一个圆球，王冠的底圈上间隔排列着领带饰针样的十字架，以及简约而精致的、象征“威尔士亲王”的三叶羽。

伊丽莎白二世将王冠戴在查尔斯的头上，却滑在了他的眼眉上，查尔斯抬起手，用指尖扶着王冠帮母亲为自己戴好。随后女王为查尔斯的左手戴上一枚凸圆形紫水晶戒指，象征着他与威尔士结为一体；赐他一根黄金权杖，以表示暂时执政；又给他披上一件紫色丝绸配白色貂毛领子的斗篷，慈祥地为他抚平褶皱，然后扣上金领扣。查尔斯向女王施礼，女王将查尔斯搀起，二人互亲左颊，表示女王将维护查尔斯身为“威尔士亲王”的权益。

“这时最令我感动、意义最深的时刻到来了，”查尔斯后来写道，“我把手放在母亲的手里向她宣誓，终生做她的臣子，用生命去捍卫她。”这些誓词与当年他的父亲菲利普在加冕礼上所说的一模一样，对查尔斯而言，“这些誓词庄严、古朴、中规中矩”。仪式过程中女王也是一脸严肃。然而在月底于皇家别墅（Royal Lodge）的午宴上，剧作家诺埃尔·科沃德对女王说他在观看授勋仪式时非常感动，“她轻易地就驱散了我的感伤，”科沃德说道，“她说在仪式过程中她和查尔斯都强忍着没敢笑出来，因为在最后彩排的时候，王冠太大了，压在查尔斯的头上，像个灭烛器[1]一样！”

据估计，全世界有5亿人收看了此次英国王储的成年仪式。对查尔斯而言，授勋仪式意味着他作为英国王储“见习期”的开始，而其漫长程度却是他始料未及的。

[1] 一种用于熄灭蜡烛的工具，通常是金属质地。一端为钟形罩状结构，一端为细杆手柄。使用时用手柄将钟形罩扣在烛火上。

他曾不断对伊丽莎白二世强调："你的工作就是散布一种幸福感。"

1972年3月，深夜，在"不列颠尼亚号"皇家游轮上，女王与自己多年的私人秘书马丁·查特里斯爵士一同阅览公文。

图片来源：利奇菲尔德/盖蒂图片社

第十章　无声的默契

1969年春秋之间，彼得罗·安尼戈尼再次来到白金汉宫为女王画肖像画。距离上次给女王作画已经过去15年了，伊丽莎白二世已经43岁，安尼戈尼从她身上发现了一些与她朝夕相处的人所察觉不到的变化。“她好像变‘小’了，”安尼戈尼说，“某种程度上变弱了，某种程度上又变强了。她能迅速而连续地转换各种表情——微笑、沉思、专注、迟疑、放松、紧张……每次作画时，女王总是很自然地跟我交谈，她舒缓人心的率直总能令我惊讶而着迷。”

这位身材矮小的画家向女王描述了自己对肖像画的设想，“陛下由于自己的身份而有种孤寂感，”他说，“虽然作为妻子和母亲完全是另一种情形，但我看到了您身为君王时的孤独，我想把您画成这样。如果成功了，这个女人的形象，这个女王的形象，就此而言也就是那种孤独感，就能呈现出来了。”伊丽莎白二世听完点了点头，又看了安尼戈尼经过8次作画后的习作，说：“我并不了解自己。毕竟，我们在看镜中的自己时，眼光都是有偏差的；况且，镜中的形象还是反的。”她同意安尼戈尼将自己画成“关切而严肃的样子，不要虚无缥缈的感觉”，要高贵但朴实无华。“我觉得这幅画的灵感就在这里。”她说道。

这年10月，女王从巴尔莫勒尔庄园回来之后，肖像画的绘制工作就正式开始了。而在此间隔期间，全世界的目光都被人类首次登月的盛举所吸引。上一年的2月，美国大使大卫·布鲁斯曾将人类首次绕月飞行的“阿波罗8号”的指令长弗兰克·博尔曼（Frank Borman），以及他的妻子和儿子带到白金汉宫，自那时起，女王就对这些20世纪的探险家们着迷不已。

尼尔·阿姆斯特朗（Neil Armstrong）于7月20日在月球上行走时，曾将载有女王影像的一段微缩胶片留在月球上。伊丽莎白二世还向“阿波罗11号”的全体船员“以及创造这一历史时刻的美国人民”表示了祝贺。她说阿姆斯特朗、爱德文·“巴茨”·奥尔德林（Edwin“Buzz” Aldrin）和迈克尔·柯林斯（Michael Collins）的勇气令她心怀敬佩，还说“宇航员们又打开了一扇窗户，让人类能对宇宙进一步学习和了解”。第二年10月，作为全球巡游的一部分，三位英雄宇航员来到伦敦，他们的第一站就是拜访白金汉宫，在那里他们受到了伊丽莎白二世及家人的欢迎。有趣的是，宇航员们在跟小安德鲁王子、小爱德华王子握手时还向他们行了鞠躬礼。当时宇航员们都受喉炎和感冒的困扰，他们亦惊讶于女王对太空旅行的了解。

这一年的11月14日，“阿波罗12号”飞往太空，伊丽莎白二世仍然对其兴趣盎然。她曾对安尼戈尼坦白说自己很早就起床去看电视里关于第二次登月的新闻报道。在作画过程中，曾有两次，女王滔滔不绝地详细讲述着此次登月任务的细节，但是她跟安尼戈尼都认为“虽然觉得惊叹和敬佩，但它并未带给我们情感上的触动”。

第二次登月发射这一天，也正是查尔斯王子的21岁生日，女王为此在温莎堡举行了豪华的舞会，邀请了400位嘉宾出席。人们兴致高昂，女王只穿袜子跳舞，过了午夜才离去。舞会期间闯入了一个不速之客：一位牛津大学的学生翻过花园的围墙，混到一组客人中间。女王看见他了，回忆说：“他醉得太厉害了，除了胡言乱语什么都不会说了。”然而，在警察逮捕了他之后，却发现他其实是一名优等生。女王原谅了他的鲁莽之举，并说希望他不要被学校开除，只要“狠狠地训斥一下，吓唬吓唬就行了”。

此次温莎堡盛会是帕特里克·普朗凯特策划的，他是第7代普朗凯特男爵，从1954年开始就担任女王的王室副总管。他也是女王最亲密的顾问之一，还是她儿时的好友。普朗凯特比伊丽莎白二世大3岁，他终生未娶，衣冠楚楚且带有军人的风度，脸上常挂着顽皮的笑容。他是女王社交生活的协调人，其品位无可挑剔。他喜欢用想象力十足的花卉摆设来装饰温莎堡，百日菊、花烟草、羽衣草、牡丹、白色飞燕草……都精挑细选、美轮美奂。“你一定是把温莎公园里的温室都翻遍了吧，”伊丽莎白二世曾如此问道。“差不多吧，”他答道，“还漏了一点儿。”

在普朗凯特的监督下，王室宾客名单的涵盖范围扩大了，将艺术界的人物也囊括其中——“以前这些人是绝对没有机会受到邀请的。”一位工作多年的王室内廷女官如此说道。作为顾问，普朗凯特是往女王的白金汉宫非正式午宴中加入时髦元素的关键人物，他甚至还将女王的周末狩猎聚会内容变得多样而丰富。“他熟知王室每个人的喜好，还注意到一些细节，如玛格丽特公主不喜欢什么人、安排座位时不能让她坐在谁旁边，等等。”女王的表妹玛格丽特·罗德斯如此说道。

其实，对女王而言，普朗凯特还有一个同等重要、同是建立在深深的友情基础之上却少为人知的身份。普朗凯特的父母分别是泰迪（Teddy）和多萝西（Dorothe），他们与女王的父母乔治六世和伊丽莎白王后关系非常亲密。普朗凯特的父母于1938年在一次空难中双双去世，普朗凯特当时只有15岁，他跟两个弟弟就成了孤儿。乔治六世和王后对他们的成长极为关注。普朗凯特在伊顿公学和剑桥大学完成了学业，“二战”期间在爱尔兰近卫团担任军官，1944年在比利时负伤。

普朗凯特回到伦敦之后，乔治六世让他担任自己的侍从武官。伊丽莎白即位之后，仍让他担任原职。“她很快就发现，普朗凯特是一个可以依靠的人，”普朗凯特的弟弟肖恩·普朗凯特说，“他对人名和相貌的记忆力非常好，判断力很强，还有天生的是非直觉。这些本领是她不可或缺的。”在王室大家庭中，很多助理都不愿开口直谏，而普朗凯特在这位被他称作“上司”的女人面前总是直言不讳——“常常面带微笑，女王也微笑着对他。”肖恩说。

普朗凯特是个油画鉴赏家，其本人就收藏有多幅鲁宾斯[1]的画作，所以他能在女王购买油画时提供建议。当初白金汉宫的私人小教堂遭受轰炸后，正是在他跟菲利普亲王两人的建议下，才将其改建为今日的“女王画廊”（the Queen’s Gallery），并于1962年首次向公众开放，展览皇家艺术品收藏。普朗凯特乐于跟伊丽莎白二世分享自己的艺术热情和知识，而在温莎堡和白金汉宫晚宴后招待宾客们游览艺术珍品的过程，女王也开始享受其中。

人们常说，普朗凯特就是伊丽莎白二世不曾拥有却心中渴盼的兄长。他是女王的知己。她知道跟他可以无话不谈，说私事也行。她仰仗普朗凯特谨慎的判断力。普朗凯特的表亲安娜贝尔·哥德史密斯夫人（Lady Annabel Goldsmith）称他是“守护神”。普朗凯特若是觉得女王工作累了，他不会直接说“夫人，您累了”，而是说“夫人，您觉得我是不是应该关闭办公室了，或是让人把办公室

[1] 比利时画家，17世纪巴洛克艺术的最杰出代表，擅长绘制宗教、神话、历史、风俗、肖像以及风景画。18—19世纪大部分法国画家都在不同程度上受到过他的影响。

关闭？”他总是称呼女王“夫人”，对其身份和地位牢记于心。

普朗凯特还有种玩世不恭的幽默感，这一点甚对女王的口味。在典礼过程中，他会朝着自己的朋友使眼色，或假装一本正经地朝他们点头，有时站在女王背后都敢这样。此后，他会讲些奇闻逸事逗女王高兴，比如说，有一次他告诉女王，某次露天聚会上他发现一个甜面包，面包上嵌着一套完整的假牙。普朗凯特总能把严肃的气氛变得轻松起来，能带动大家的快乐。当菲利普亲王不在近旁时，他就陪女王跳舞，却从不喧宾夺主去抢菲利普的风头。菲利普和普朗凯特二人的关系非常融洽，菲利普也觉得十分宽慰，因为妻子身边能有普朗凯特这位可以依靠、凡事都能设身处地替她着想的人。

马丁·查特里斯身上有着与普朗凯特相似的才智和时髦的风度，在他的帮助下，女王周遭形成了一个更加开明的氛围。马丁·查特里斯和帕特里克·普朗凯特从伊丽莎白二世继位伊始就担任她的私人秘书，他们对女王的敬仰和忠诚与日俱增。他们二人在乡郊都有自己的居所，但在伦敦他们就伺候在女王左右。普朗凯特住在白金汉宫一个一室一厅一卫的小房间里，查特里斯住在圣詹姆斯宫的“修道院方庭”[1]。

在近20年的时间里，查特里斯的职务只是助理私人秘书，但他参与了几乎所有重要决策的制定；并且，他跟女王的孩子们关系密切，尤其是跟查尔斯，后者认为“马丁是一个靠得住的人”，马丁·查特里斯的遗孀盖伊·查特里斯如此说道。尽管如此，在20世纪60年代末，这位忠臣还是觉得自己将会在助理私人秘书位子上坐到底，不会再有晋升机会了。因为迈克尔·阿迪恩只比他大3岁，所以，等到他退休、查特里斯晋升为私人秘书“就太迟了些”，查特里斯的遗孀说道。

美国大使大卫·布鲁斯曾于1969年年初说过：“在王室工作的趣处在于大家都对女王心存敬慕。我认为这是理所当然的……女王四周的真挚氛围使得大家都彼此赤诚相待。”她对大家要求很高，待他们公平公正，很少发脾气。

在王宫中与男臣们相对应的，也是从女王登基伊始就陪伴在她左右的，是一群内廷女官。她们有着严苛的等级制度、中世纪的头衔和明细的分工。内廷女官

[1] Friary Court，圣詹姆斯宫共有四个方庭组成，分别是“修道院方庭”“大使方庭”（Ambassador Court）、“军械方庭”（Engine Court）和“色彩方庭”（Colour Court）。

的人选只能是贵族身份，其中有些家族还是王室的朋友；她们趣味相投、天生谨慎，对宫廷的礼仪规矩有深刻的了解，均善于交际。

为女官设立总管最早始于1967年，首任总管是格拉夫顿公爵夫人（Duchess of Glafton）弗琼·菲茨罗伊（Fortune FitzRoy）。女官总管的职位为“尚衣女官”，却与女王的服饰没有关系。这个职位由公爵夫人担任，弗琼的前任是德文郡公爵夫人。弗琼·格拉夫顿是位经验丰富的女官，在晋升为尚衣女官之前，从1953年开始就一直作为女官的“第二梯队”——“尚寝女官”（Lady of the Bedchamber）为女王服务。同样，尚寝女官跟女王的卧室也没有一点儿关系。女官的第三个等级是“尚寝女侍”（Women of the Bedchamber）。在某些特殊场合，第二、第三等级的女官可以邀请“编外”贵族女士来帮忙，将其总数凑成11个。[1]

跟与她们职责相同的侍从武官们一样，内廷女官们心里明白，虽然伊丽莎白二世好像对她们视而不见，但她知道每一个人的位置。她要是直视着你，就意味着有事情需要你去做。她们还能够阅读她的肢体语言，明白她在接见会上何时打算向前移动，这时就会有一位内廷女官走上前来接过当前的话茬儿，让女王得以脱身。将挎包换到另一只胳膊上、捻动戒指等都是女王常见的肢体语言。这些动作均十分隐蔽，并且，女王并未给她们做过任何解释，这都是她们多年以来经过细心观察总结出的经验。“这些都不是事先约好的，”一位前任女官如此说道，“是一种直觉。就像在一起生活久了，妻子就能感应到丈夫打算起身离开酒会一样。”

有些人在觐见女王之前会紧张得不知所措，女官们称他们为“新手”。内廷女官们有种灵敏的“嗅觉”，能从人群中把他们分辨出来，并加以安抚。在接见会上，她们会站在接见队伍的附近，准备随时接过递到女王手里的花束或意料之外的礼物。“她会对我们说：‘你们能应付吗？不行的话就找个警察来帮把手。’”一位多年在女王身边工作的女官说道，“她收到一个巨大的花篮，然后转过身对我们说：‘咱们该拿这篮子花怎么办啊？’”

大多数情况下，内廷女官们都能恰当地完成自己的工作。若是做得不妥当，那么她们就会收到伊丽莎白二世投过来的——用做了20年尚寝女官的莱塞特公爵夫

[1] 英国王室的内廷女官共分三个等级，第一等级为尚衣女官，只能由公爵夫人担任；第二等级为尚寝女官，其人选为伯爵夫人或遗孀；第三等级为尚寝女侍，由贵族家庭的女儿担任。

人艾丽莎贝丝（Elizabeth）的话说——“一瞥”。有一次，尚寝女侍苏珊·赫西夫人（Lady Susan Hussey）不知怎的就跟历史学家保罗·约翰逊（Paul Johnson）“激烈地吵了起来”，女王正站在附近，她“威严而意味深长地看了他们俩一眼，厉声说道：‘你们两个！别吵了！’”

跟女王一同乘车的时候，内廷女官们只有在女王开口说话时才会答话。“对女王来说，身边有个话痨女官是很可怕的，”1967年担任女王的尚寝女官的克罗莫伯爵夫人艾斯米（Esme）如此说道，“女王在车上可能会思考下面要做什么、与哪些人会面、做演讲等事情。要是身边有个喋喋不休的女官，就会给她带来烦恼，所以我总是紧闭着嘴巴。”

内廷女官们常常需要长时间保持站立姿势，陪伴着她们那位不知疲倦的“上司”。并且，由于她们大都家境殷实，所以可以来做这份近乎志愿者的工作。因为内廷女官只有一点儿象征性的薪酬，外加少量的生活津贴。在分派任务的时候，她们之间也存在竞争，但她们把竞争保持在内部范围，不会影响别人。内廷女官这份工作的意义其实在于为王室效力的荣誉感，以及能够进入一些“奢华而轻松的”、排外的小圈子里。王太后的女官弗朗西斯·艾贝尔-普雷斯顿（Frances Campbell-Preston）如此说道。

在王室庄园里，内廷女官可以让一些侍女来处理自己的日常所需；而在白金汉宫当值时，她们有自己的女官起居室，就在白金汉宫二楼儿童套房的对面。大多数情况下，她们在王宫餐厅里与私人秘书、侍从武官以及其他高层管理人员共进午餐；下午她们就聚在“侍从室”（Equerry’s Room）里喝茶。“我们从来都不说女王和菲利普亲王的闲话，”艾斯米·克罗莫说道，“也从不抱怨、从不胡乱评论。我们总是极为谨慎，绝对没有闲言碎语。”

伊丽莎白二世跟自己的高级助理在一起的时候，比如说内廷女官或侍从武官，她常常称呼他们的教名；跟工作人员（她不喜欢用“仆人”这个词）如男仆、女仆、管家在一起时，她用姓氏称呼他们。但对两个女王的私人助理是例外的，一个是她的贴身女侍，另一个是她的贴身男侍。女王的贴身女侍是波波·麦克唐纳，伊丽莎白二世即位20年以来，波波一直是王宫等级制度中的特殊人物——她像个母亲一样，从“上司”还是婴儿的时候开始就负责打理她的绝大多数私人事务，是女王的眼睛和耳朵。在白金汉宫里，这位身材矮小、戴眼镜的苏格兰女人有自己的房间，就在女王的房间上层；并且，她不跟别的工作人员一同在餐厅用餐，而是独自用餐，由身穿制服的男侍在一旁服务。她烫着与女王相同的波浪式发型，戴着三层珍珠项链，身穿由女王的服装设计师诺曼·哈特奈尔给她做的丝绸礼服。

除了家人之外，波波对女王的了解以及二人之间源自女王童年的亲密关系几乎无人能及。在伊丽莎白二世10多岁之前，她们两个一直住在同一个卧室里，“二战”期间她们在温莎堡避难时也是如此。在女王人生的重要时刻，波波几乎都陪伴在她左右：她的蜜月、父王离世、在马耳他无拘无束的田园生活、菲利普海外出访期间的几个月、4个孩子的出生、度假、到国外访问……“波波跟女王说话可以完全没有忌讳，她可以对女王说‘你穿这件裙子真难看’或‘你不能穿绿色’……”女王的表妹玛格丽特·罗德斯说道，“她简直就是女王的闺中密友。”

负责为伊丽莎白二世设计服装的主要有两个人，一个是诺曼·哈特奈尔，另一个是哈迪·艾米斯（Hardy Amies）。他们发现，波波不仅负责安排女王每周二下午的试衣，她保守的品位还深深影响着女王对服饰的选择。从某种程度上来说，女王选择服饰就像一位军官选择制服一样，按照场合的需要安排穿戴。女王儿时的保姆克劳菲则发现，当她还是公主的时候，就在自己选择服饰时格外高兴。“她把设计草图和布料都铺在地上，”哈迪·艾米斯的供货商曾回忆道，“然后在地板上趴着看，嘴里说着‘这件要配着那件穿’。她很清楚，自己不能穿垫肩过大的衣服，也不能穿太短的裙子，因为她常常要做挥手的动作，坐着的时候也比较多。”

波波的风格更倾向于实用和舒适，特别是一到冬天，她总是对“小夫人”的衣着保暖而大惊小怪。波波有些事管得太宽，就是她让女王挎上了四方形的挎包，而这件事让两位设计师极为恼火。波波很不喜欢艾米斯，女王在赐予艾米斯骑士封号时曾说“波波会生气的”。

女王与波波主仆二人关系极为密切，几乎没有人知道她们之间到底是怎么回事，是什么使得波波如此强势。“她对女王的事情无所不知，”一位工作多年的男仆说道，“她们两个人谁也离不开谁。麦克唐纳女士也不愿意放手。”“从普通女仆到王室总管，几乎每个人都对波波强势的个性心有余悸；但‘当她心平气和的时候还是很友好的’，幽默感也不错。”贴身男仆约翰·迪恩说道。1967年，女王到法国的诺曼底，去奥迪弗雷特·巴斯奇耶公爵（Duc d’Audiffret-Pasquier）的养马场看看多年以来为她的母马配种的种马的情况。波波走出庄园到树林里散步，却迷了路，后来被法国的特工部门给逮捕了。这件事为王室大家庭带来了很多欢笑。

与女王忠诚的家臣一样，她的朋友圈也以其谨慎而闻名。女王从不刻意结交新朋友，但她并不死板，时常适度扩大自己的朋友圈。与女王做朋友原本就是一件地位不对等的事。那些能近距离接触女王的人也明白规矩是怎么回事，并且对女王身上那层无形的屏障有种本能的感觉。女性朋友们会向女王行屈膝礼，她则亲吻她们的脸颊，后者再回吻女王以表达她们的情谊。她们知道该如何让女王感到放松和高兴，女王则会稍稍放下戒心和顾虑，跟她们分享自己对人对事的精深见解，或谈谈自己的内心感受。

女王的朋友们可以向她征求建议，帕特里夏·布拉伯恩说女王所给的建议“很可靠、很实际，也很睿智”。但她们不会随便拿起电话就对女王倾诉起来。她们与女王相处的首要规矩就是对其心怀敬畏。即便从女王5岁时就是她朋友的第13代艾尔利伯爵大卫·艾尔利，也不敢对女王说“哦，算了吧你”这种话。还有一个雷打不动的规矩就是不要重复女王已经说得很明白的话，这被称作一种“无声的默契”。“那些能目睹女王私人化一面的人决不会在外面贸然乱说，因为那样会辜负她的信任。”女王的一位终生好友的儿子如此说道。然而，那些真正了解女王的人都掌握了一种表达的诀窍，能在不泄露秘密的前提下对女王的性格和个性做出独到的评论。

“她不是那种容易亲近的人，”女王的一位近60年的老友如此说道，“她是一个很不错的朋友，很有趣，令人惊异；她坦率而质朴，体贴而周到。要是朋友的孩子生病了，她一定能知道，还会询问孩子的病情。但是你不能跟她靠得太近，她身上有一圈保护层。所以，我们不能像对待一般的好朋友那般对待她。她不是故意要这样，而是身份和地位的缘故。我们不能闯进她的私人生活中，绝不可以。”

从表面上来看，女王的朋友圈里都是一些松散悠闲的贵族子弟，但事实并非如此。她的男性朋友大都有才华、有修养，女性朋友则是聪慧而活泼。他们都是素质很高、靠得住的人。女王的朋友包括马尔堡大公、德文郡大公和博福特大公，[1]第7代索尔斯伯利侯爵（the 7th Marquess of Salisbury）罗伯特·加斯科因－塞西尔（Robert Gascoyne-Cecil）也是其中一员。他说：“女王的一个优

[1] grand duke，大公，西欧各国介于国王与公爵之间的爵位。

点就是，她并不是只跟有封地的贵族交往，她的朋友圈子并不狭隘，其中既有世交，又有亲戚。她的家族观念很强。”

伊丽莎白二世的朋友多是母亲这边的亲戚，主要有玛丽·科尔曼（Mary Colman）、琼·埃尔芬斯通·威尔斯、琼的姐姐玛格丽特·罗德斯，还有蒙巴顿家族的帕特里夏·布拉伯恩和帕梅拉·希克斯（Pamela Hicks），以及亨利·“鲍彻”·卡那封（Henry“Porchey”Carnarvon）、休·格拉夫顿、鲁伯特·内维尔，他们都是“二战”期间在温莎堡时就与女王相熟的，或是在各项运动上趣味相投的家族世交，如艾尔利伯爵、威斯特摩兰伯爵、埃里克公爵、普鲁登斯·佩恩等，他们跟女王都有这样那样的联系。普鲁登斯在女王10多岁时就是她的朋友，她的丈夫在王宫工作了20多年，负责安排王室的各项庆典活动。普鲁登斯的叔叔兼监护人是亚瑟·佩恩（Arthur Penn），他是王太后的好友兼顾问；女王小时候深得他的喜爱，那时他称她为“小上校”。

“女王一点儿都不势利，”帕特里夏·布拉伯恩说道，“不管是公爵，还是管家、仆人，都受到礼貌而友好的对待。”女王对美国人的态度同样如此，她的朋友之中，就有很多来自英国前殖民地（指美国）。大卫·艾尔利的妻子名叫维吉尼亚（Virginia），她的父母是约翰·巴里·瑞恩（John Barry Ryan）和宁（nin），他们是纽约和纽波特[1]的名人。鲍彻的母亲是美国纽约人，名叫凯瑟琳·温德尔（Catherine Wendell）；鲍彻的妻子简·沃乐普（Jean Wallop）是在美国怀俄明州长大的。而简的爷爷、第8代朴次茅斯伯爵是在美国定居，并娶了一位肯塔基州律师的女儿为妻。简的表妹是女王儿时的好友米奇·沃乐普，她的父亲是第9代朴次茅斯伯爵，她的母亲同样是美国人。

1955年简·沃乐普来到英国，她到米奇表妹的朋友、第2代赫弗男爵加文·阿斯特（Gavin Astor）和妻子艾琳（Irene）位于伦敦的家中喝酒时首次遇见了伊丽莎白二世。“我当时都快吓死了。”她回忆道。但随后沃乐普很快就“被女王惊人的沉稳所折服。要跟她熟悉起来是很难的，但付出的等待是值得的。成为朋友只是第一步，要了解她需要很长很长时间才行”。

私下里接受朋友们的招待对女王来说是一种重要的放松方式。不论是在大田庄还是小别墅，她都能同样惬意。女主人会提前把宾客名单发给她，但她仍把午宴或晚宴的座位安排事宜交由女主人做主。届时女王会乘小轿车过来，身边只有

[1] Newport，美国罗得岛的避暑胜地。

一名便衣警探负责安保工作，女王和朋友们聚会时，他就警惕地坐在另一个房间里。在1966年于约翰·布拉伯恩和帕特里夏·布拉伯恩夫妇家的一次晚宴上，剧作家诺埃尔·科沃德发现伊丽莎白二世“悠闲而愉快，脸上满是笑意”。两年之后，女王还到国王路（the King’s Road）上的“拉弗尔斯”（Raffles）夜总会，去参加了布拉伯恩夫妇的儿子诺顿·纳齐布尔（Norton Knatchbull）的21岁生日聚会。当年，她还参加了内廷女官汉莉特·阿贝尔·史密斯（Henriette Abel Smith）女儿的婚礼。在婚礼上，新郎穿着绣花长袍，滚石乐队的米克·贾格尔（Mick Jagger）也是客人之一。

通常情况下，菲利普亲王会陪同女王参加这些私人聚会。20世纪60年代将尽，菲利普已是50岁的人了。作为王夫，他的日程被排得满满的，平均一年有370次个人正式访问，其中很多甚至是海外访问。与过去的公共形象相比，菲利普亲王似乎更爱“惹是生非”了。1966年他曾对加勒比地区一所医院的护士长说：“你们这儿的蚊子多，我们那儿的记者多。”这句话引起王室记者的强烈抗议，菲利普最终道歉了事。孰料几年之后，他仍不知悔改。在爱丁堡大学（Edinburgh University）的一个接见会上他说：“我一开口就有人给我穿小鞋。”他在接受苏格兰电视台记者的采访时还强调说：“偶尔有点儿冒险精神，王室才能发挥它的作用……要是因为害怕批评而变得畏首畏尾，什么都不敢做，那么就毫无生气、毫无意义了。我们得捍卫自己的信仰才行。”

1969年秋季，菲利普到北美访问，其间他自作主张的言行占据了各家报纸的头条。他在加拿大首都渥太华对一群人说：“这个关于英国君主的问题其实很简单。要是人民不愿要它了，就应该做出改变。但是得以和睦的方式来进行，没有必要争吵。王室不是为了自己的利益而存在的，而是为了整个国家。我们到这里来不是为了自己的康乐，要是贪图享乐的话，别的方法有一大把。”惹恼了加拿大国民之后，菲利普又去了美国，在那里激起了更多的争议。

女王上次来美国还是10年之前，但在此期间菲利普曾多次访问美国，以促进两国贸易，并为他的慈善事业寻求支持。1966年菲利普对美国进行了为期10天的访问，在迈阿密海滩的接见会上，他甚至跳到一个游泳池里为自己的“华洛迪俱乐部”（Variety Club）儿童慈善会募得10万美元善款。3年后的11月4日，美国总统尼克松为他举办了一个不带女伴的晚宴，参加宴会的客人共有105人，分别来自行政机构、议会、军界、司法界，以及一些商界、通信业和学术界的领袖。

凑巧的是，NBC电视台[1]《今日秀》（*Today Show*）节目的主持人芭芭拉·沃尔特斯（Barbara Walters）正在白宫采访尼克松的女儿特里西娅（Tricia），她见到总统时，就责怪他不让女士参加那天为菲利普举办的晚宴。尼克松总统说他可以劝菲利普去参加她的节目以作补偿，而在此之前菲利普刚刚拒绝了她的采访要求。“真不敢相信，堂堂美国总统竟然为我做说客。”沃尔特斯回忆道。

第二天早上，菲利普来参加沃尔特斯的节目，她问道：“伊丽莎白女王可能选择退位，将王位让给查尔斯王子吗？”“这谁能知道？”菲利普答道，“一切皆有可能吧。”菲利普鲁莽的话语在英国媒体掀起了轩然大波，街头巷尾的英国民众也纷纷表达对女王的支持，随后王宫发表严正声明说女王不会退位。沃尔特斯给菲利普写了封信，为自己的问题所引起的乱子而道歉。菲利普向她表示感谢，还说自己“很乐意能够充当一根引信，让人们释放出了如此惊人的对女王的爱戴和支持……在这个时代尤其令人感动，因为现在人们好像除了愤怒和恼火，都不会宣泄别的情绪了”。在给尼克松总统的信中，菲利普说沃尔特斯“聪明而有魅力”。

接下来的这个星期天，菲利普参加了NBC的《与媒体见面》（*Meet the Press*）节目。《时代》杂志撰文预告说这档节目将是“爱丁堡公爵与‘第四等级’[2]的友好论战”。当被问到王室如何应对通货膨胀问题时，菲利普答道：“下一年我们就会出现赤字了。要是没有什么转机的话，我们或许，我不知道，也许我们就得搬到小一点儿的房子里去了，谁知道呢？……我们有一艘小游艇可以卖掉，我可能再也不能去打马球了。”菲利普的回答过于坦白，其轻率的言论也带来了巨大的破坏力，但情况的确十分严峻。当时英国经济正遭受通货膨胀的侵蚀，王室也受到波及。英国的物价已经比1953年上涨了74%；王室工作人员的薪金虽说比私人企业要低一些，但也上涨了167%。

从伊丽莎白二世登基以来，政府划拨给她用于公务花费的“王室年俸”是固定的每年47.5万英镑，这笔钱早些年还是够用的，她甚至还能把其中剩余部分存起来以作应急费用。但是到了1962年，随着通货膨胀的加剧，仅年俸一项已经入不敷出，剩余的资金也被用来填补渐增的赤字。菲利普亲王说这些话的时候，女王正面对一个惨淡的前景——她得用其他收入来源去补充王室年俸的不足。女王

[1] 美国全国广播公司。全称为National Broadcasting Company，全美三大商业广播电视公司之一。创办于1926年，是美国历史最久、实力最强的商业广播电视公司，总部位于纽约。

[2] the Fourth Estate，第四等级，代指新闻界。

的兰开斯特公爵领地是一个免税的物业和公私投资组合，能给她带来巨额收入；另外，她还有同样免税的、数额不确定的纯私人收入，用于巴尔莫勒尔庄园、桑德林汉姆庄园、赛马业及各种私人开销。

王室的其他花费都是由政府部门支付的，包括王宫的保养维护、王室成员的交通及安保工作，等等。但“王室年俸”始终是工党评论家的标靶，他们反对“供养”本就富裕的王室家庭，说的不仅仅是女王自己，还包括她的丈夫、母亲、妹妹、女儿，以及分担了王室公务的各色亲属（身为康沃尔公爵兼威尔士亲王的查尔斯不包括在内，因为他拥有自己的大片地产，即可以追溯到中世纪的康沃尔公爵领地）。但是这些评论家们在一个事实上装糊涂——“王室年俸”本就是来自王室名下“皇冠地产”的收益，划拨给王室的只是其中一部分，而王室将“皇冠地产”的收益上缴英国财政部已经有200多年了。

菲利普的言论说出口之时，正是女王正式向议会要求提高年俸金额之际，真可谓“一语激起千层浪”。议会随即就这个问题展开了激烈的讨论，并决定对王室进行彻底的财务调查，甚至连哈罗德·威尔逊都对菲利普的鲁莽言语表示失望。1969年11月11日，威尔逊宣布成立特别委员会对王室财务进行审查，并向议会提供相应建议。

1970年2月25日，安尼戈尼所绘伊丽莎白二世的肖像画在国家肖像美术馆展出，人们也得以一览女王于新的十年开始之际的风采。这幅画形神肖似，与前一幅肖像画相比，魅力与美丽更胜一筹。画中的女王身披大英帝国勋章（the Order of the British Empire）元首的红色斗篷，朴实无华；与前一幅肖像画一样，画中的女王仍然没戴王冠；她的身后是深邃悠远而低矮的地平线，上面是静谧的夜空。这是一幅女王的全身像，其空旷的背景将她独自一人恪尽职守的形象表现得淋漓尽致。画中女王的表情十分严肃，但眼神稍稍露出沉思的样子。在这个政治、社会动荡不安的时代，安尼戈尼恰到好处地将女王的形象记录在了纸上——她坚定而虔诚地站在那里，目光笼罩着自己的国家和人民。

与25年前女王和菲利普的婚礼一样，他们女儿的婚礼同样华丽无比，就像英国黯淡的天空下一道耀眼的亮光。

1973年11月，在安妮公主与马克·菲利普斯上尉婚礼结束后，王室一家站在白金汉宫的阳台上。

图片来源：Mirropix

第十一章 “就不！”

1970年6月，哈罗德·威尔逊举行了大选，以求加强工党在议会中的优势。但是他未能正确领会民意，也不了解人民对不断上涨的物价和失业率的不满之情。大选中保守党以绝对优势胜出。时年53岁的爱德华·希思于19日到白金汉宫觐见女王，他是首个由党内选出而非女王指定的保守党首相。

当天晚上，伊丽莎白二世在温莎堡举行了一个盛大的舞会，以庆祝四位老人共同的70岁大寿，他们分别是：王太后，女王的表亲迪基·蒙巴顿，女王的叔叔格洛斯特公爵（Duke of Gloucester）哈里，第10代博福特公爵、亦即女王登基时起就一直担任她的掌马官（Master of the Horse）的亨利·萨默赛特（Henry Somerset）。

舞会的策划者是王室总管帕特里克·普朗凯特，当天温莎堡里灯光璀璨，哥特式门廊里摆着成排的盆栽吊钟海棠。很多客人对托利党赢得大选表示庆贺。“我们原以为还要再忍受威尔逊那伙人5年时间，”摄影师塞西尔·比顿写道，“却突然峰回路转了。”当新任首相像个打了胜仗的英雄一样来到舞会时，客人们欢呼起来。“有人对我说希思羞得脖子都红了。”比顿说道。

希思虽然和威尔逊同属一代人，却与比他小10岁的女王相处得并不顺利。与他的前任一样，希思的出身也不算显赫。他是文法学校的优等生，后来取得了牛津大学的学位。他是古典音乐和帆船运动的专家，这稍稍掩饰了他身上的“乡土气息”，却无法成为与女王闲谈的引子。希思终身未娶，其官方传记作家菲利普·齐格勒（Philip Ziegler）将其描述为“独身主义者”；往好了说他是对女性冷淡，往坏了说他就是蔑视女性。

希思是女王的第6任首相，以其鲁莽甚至是粗鲁无礼的性格而闻名。威尔逊说希思“是个冷酷无情的人”。他身上没有威尔逊那种敦厚和天生的顺从心理。更严重的是，以女王的眼光来看，他是古板而冷僻的一个人。女王能从希思身上发现一些优点，比如他的政治才华和业绩、他的专注和忠诚等；但由于性格的缘故，希思对女王的谦恭礼貌偶尔也会令人厌烦。

希思很快就发现了女王的价值，也发现了与其见面会谈的益处——尤其是因为他没有妻子，在心情沮丧时却没有对象可以倾诉的情况下。他说女王是一个耐心的倾听者，他在向她“尽情诉说心中所想”时，常常不顾私人秘书们写在卡片上、放在旁边桌上的时间安排。“女王多年的经验和她沉着冷静的性格，都是促使我不停说下去的原因。”希思如此说道。他还同样发现，女王因与别国元首大量通信而“在探讨英国的海外事务时格外有帮助”。

但是，希思对英联邦国家的感情就没有女王那么深厚了，这也给二人的关系带来一些紧张。从当选之日开始，希思就打算重新捡起麦克米伦提出的加入“欧洲共同市场”的计划，而前法国总统夏尔·戴高乐已是两次反对英国的申请了。现任法国总统乔治·蓬皮杜（Georges Pompidou）继续手握否决权，于是希思心怀救世主般的热情开始了对他的游说。为了向法国证明英国是一个“真正的”欧洲国家，希思故意贬低了英联邦国家的重要性；他还不顾几个非洲英联邦国家的反对，解除了威尔逊于1967年制定的针对南非的武器禁运，恢复了与这个种族隔离政权的武器交易。赞比亚总统肯尼斯·卡翁达（Kenneth Kaunda）和坦桑尼亚总统朱利叶斯·尼雷尔（Julius Nyerere）都威胁说要退出英联邦。

1971年1月，英联邦国家元首在新加坡召开会议，因害怕会议上的言语冲突会给女王带来伤害，希思就没让女王出席。正如他预料的那样，非洲国家的元首对他穷追猛打，却没有国家要退出英联邦。据希思的传记作家约翰·坎贝尔（John Campbell）所说，希思对女王深爱的英联邦国家的“毫不掩饰的不尊重令女王很不高兴”，女王还对搅乱了会议的吵闹而“伤心”。马丁·查特里斯说，要是允许女王出席会议的话，会议上的尖锐对立即使不会消失殆尽也会得到削弱。“她在那里的作用跟保姆是一样的，”查特里斯说道，“在她面前，大家都会留意自己的言行举止……她熟识所有的英联邦元首，他们也都喜欢她。”女王对此次被排除在会议之外而深感厌恶，并“下定决心绝不会有第二次”。

为加强与欧洲的联系，希思还疏忽了与美国的关系。理查德·尼克松总统的国家安全顾问亨利·基辛格（Henry Kissinger）写道，这位英国首相不仅没能培养英美之间的“特殊关系”，反而力图“去削弱它”。尼克松总统竭尽所能与希思建立良好关系，也尽力去取悦女王。继为菲利普举办晚宴之后，他又邀请查尔斯王子和安妮公主于1970年7月到白宫做客，这是查尔斯和安妮的首次美国之行，也是自1860年以来第4位威尔士亲王访美。

女王在小时候就担任了一些王室的公务，现在，她的两个年长的孩子同样如此。“我的学习方法跟小猴子是一样的——观察模仿它的父母是怎么做的。”查尔斯曾如此说道。1970年3月，安妮公主与父母一同前往新西兰访问，作为王室的形象塑造者，新闻秘书威廉姆·赫塞尔廷为此次访问加入了一些现代化因素，如“徒步游览”：随意走动一下，与普通百姓握手聊天。安妮公主也需要如此行事。“19岁的我突然间被扔到了大街上，”安妮回忆道，“找个陌生人开始聊天。好玩吗？我不觉得。太困难了。”

查尔斯与安妮在华盛顿的两天时间里，尼克松为他们安排了内容丰富的节目：在总统游艇“红杉号”（Sequoia）上午餐，游览芒特弗农[1]，在“戴维营”[2]总统度假地享受牛排野餐，在白宫的草坪上举办700人的正式宴会，观看“华盛顿参议院队”的棒球比赛，游览多个纪念馆和博物馆……陪在他们左右的人包括尼克松24岁的女儿特里西娅——她曾在前一年出席了查尔斯的授勋仪式，还有她的妹妹朱莉、朱莉的丈夫戴维·艾森豪威尔——前美国总统的孙子[3]。30多年之后，查尔斯和第二任妻子卡米拉到白宫访问乔治·W.布什及夫人劳拉·布什，查尔斯就开玩笑说，布什可不要像尼克松当初撮合他跟特里西娅一样，将两个双胞胎女儿跟他的两个儿子威廉、哈里配对儿。

尼克松总统拿出半个小时的时间，在总统办公室（Oval Office）与查尔斯会谈。基辛格草拟了一份简报，建议尼克松询问查尔斯关于英联邦、威尔士、苏格兰、北爱尔兰的看法，他对加拿大的印象，以及“他这一代人的愿望和志向”。他们的会谈持续了90分钟，内容涵盖多个方面。尼克松劝查尔斯不要害怕争议，要“有所表现”；查尔斯则指出，他不能引起过多争议，否则在人民心中的地位

---

[1] Mount Vernon，美国弗吉尼亚州北部，在首都华盛顿南21公里处，是乔治·华盛顿总统的家乡和坟墓所在地。

[2] Camp David，始建于1938年，位于首都华盛顿西北120公里处的马里兰州卡托克廷山间，海拔约548.6米，占地约5平方公里，乘直升机由白宫出发到此只需要30分钟。最初它是美国联邦政府工作人员及其家属的休假地，此后辟为美国总统专用的休闲避暑胜地。1953年，艾森豪威尔总统以他最疼爱的孙子戴维的名字命名了这块度假胜地，遂将其改名为“戴维营”。

[3] 戴维营即因他而得名。

就会降低。随后查尔斯在日记中补充道：“只考虑‘有所表现’是致命的……它来得快，去得更快。”

第二年10月，尼克松来英国与希思会面。伊丽莎白二世当时正在巴尔莫勒尔庄园度假，她说要是在美国总统短暂停留期间不与他会面的话，就太失礼了。女王的顾问原本考虑邀请尼克松到温莎堡或白金汉宫，但这两处“在仓促之下都无法举办大型聚会”。因此，女王应希思的邀请，乘飞机前往苏格兰，与尼克松在契克斯别墅共进午餐。这是女王第一次到访首相的乡间别墅。这对女王而言也是一个机会，正如希思的首席私人秘书罗伯特·阿姆斯通（Robert Armstong）所言：“在短短的48小时里……既省去了各种礼节，又不影响首相与总统的正式会谈。”尼克松对女王的“好意”深表感谢，他的此次英国之行也取得了成功。

面对庆典和盛况，威尔逊会觉得兴奋不已，而希思却对其没有一点儿耐心。他是一个彻底的保守主义者，只要是一个“运转”良好的制度所必需的事情，他都愿意去做。针对王室年俸的财政调查是威尔逊在任时酝酿的，而在希思这里正式启动了。一个由托利党人占多数的特别委员会在1971年共召开了六七次会议。女王的私人秘书迈克尔·阿迪恩将女王的公务职责做了详尽的汇报，这也是首次将女王对政府、对国家的价值全面地加以阐述。阿迪恩还向他们透露了女王看似简单的日常事务下面所不为人知的专注和用心。他是这样说的：“（女王）不管对什么事情都要怀有浓厚的兴趣；会见中对这个人说句安慰的话，再对另一个人问个问题；坐在车上时总是面带笑容向欢呼的人群致意，有时一次活动要持续好几个小时……这些都是只有亲身经历过才能真正理解的。”

工党的批评家们质疑为何女王无须缴税，并要求女王公开私有财产的数额。玛格丽特公主的公务活动非常少，这是众所周知的事情，她在1970年只有31次伦敦之外的访问。特别委员会里一位名叫威廉·汉密尔顿（William Hamilton）的强硬的共和党人将她称作“养不起的女人”。王宫则指出，外界所估计的女王高达1亿英镑的资产净值过于夸大了；因为她的大多数财产，包括她的艺术品收藏、皇冠地产和三处国有王宫在内，只是由王室保管而已，并没有丝毫利润，也不能买卖。

12月2日，特别委员会提交了调查报告，议会随后通过了《1972年王室年俸法案》（*the Civil Act of 1972*），此法案应允了女王先前提出的要求：将王室年俸提高到每年98万英镑，持续10年；并相应提高王室其他成员的俸禄，以支付他们公务活动所需的花费（玛格丽特公主的年俸从每年1.5万英镑上涨到每年3.5万英镑）。伊丽莎白二世的“王室专用金”（Privy Purse）一般用于偿付私人花费以及部分公务费用，如王室工作人员的养老金等，从此之后，“王室专用金”将不再包括在王室年俸之内，而只从女王的兰开斯特公爵领地的收益中划拨。法案还首次将年审制度引入王室财务，新闻媒体也从此有了针对王室纳税和其次要成员俸禄的话题可供炒作。

1972年伊始，迈克尔·阿迪恩决定比预定时间提前3年退休，马丁·查特里斯随即被任命为私人秘书。“马丁终于如愿以偿了，他也有了施展拳脚的机会，”马丁的妻子盖伊·查特里斯说，“他说：‘我唯一想做的事就是让公众看到女王真实的一面。’我觉得他做到了。”他曾不断对伊丽莎白二世强调：“你的工作就是散布一种幸福感。”在马丁成为首席私人秘书之后，女王的演讲辞里也多了一些马丁的灵气，开始出现少许原先没有的幽默感。马丁还跟助理私人秘书威廉姆·赫塞尔廷以及新任新闻秘书罗纳德·埃里森（Ronald Allison）相处得很融洽，后者曾在“舰队街”工作，深知记者的心理。

45岁的女王精力充沛、身体强健，却在1971年11月不知怎的得了水痘，还不是从孩子那里传染的，她说“这病得的实在荒唐”。她在传染期被隔离生活了，到她不再具有传染性、脸上却“依然满是痘痘”时，才恢复了王宫内的正常公务，其中包括每周二接见首相。希思曾给女王写来一封呆板的信，对她的病情“表示同情”；女王则以愉快的笔调向他表示了感谢，并为因害怕被再度传染而不能外出与人们会面表示沮丧，说：“我敌不过病菌！”

对女王来说，这次生病是很罕见的事。她深信新鲜空气和运动的益处，还经常骑马和散步；在公共场合出现时她总是戴着手套，并且避免接触咳嗽和抽鼻涕的人。从30岁至今，她也只是得过几次感冒、喉炎和阵发的鼻窦炎，这点儿病很少会引起她的抱怨或延误她的工作。“她相信一种理论——继续工作，感冒自己就好了。”女王的一位表亲如此说道。只有一次是例外：在查尔斯的授勋仪式之后女王得了重感冒，有4天时间未能处理公务。

塞西尔·霍格爵士是女王多年的耳鼻喉医生，他曾到多个王宫和庄园里出诊。他第一次到白金汉宫为女王看病之后，曾说：“女王穿着睡衣躺在床上，我把听诊器伸到毯子下面，放到她的胸口上听肺中的咯咯声——那一刻真是太紧张了。”他的女儿敏·霍格（Min Hogg）说：“他还说女王很擅长让人轻松起来。他的手伸到毯子下面后，女王对他说：‘我跟你一样紧张呢。’”

伊丽莎白二世拥有完善的医疗团队，其中还包括几位专家，但她还在大众接受“顺势疗法”[1]之前很久就对其疗效深信不疑。她的信念与王太后是一样的，那就是顺势疗法“没有丝毫害处，可能对人有好处”，她们在诺福克郡的邻居兼朋友安吉拉·奥斯瓦德夫人（Lady Angela Oswald）如此说道。顺势疗法是将可以导致同种症状的制剂稀释后服用以达到治病的效果，维多利亚女王就相信这种理论。1923年，苏格兰医生约翰·威尔爵士（Sir John Weir）首次将此疗法引入王室成员的疾病治疗。1968年威尔退休后，女王任命了首位女性宫廷医生玛杰莉·布莱基（Margery Blackie），她也是一位顺势疗法的专家。布莱基的若干匪夷所思的疗法中，就有用莫尔文矿泉水[2]稀释的微量砒霜来治疗鼻窦感染。

顺势疗法“是以类治类，以毒攻毒”，敏·霍格说道：“真正的内外科医生对它是不屑一顾的。”然而，伊丽莎白二世对其医学专家们的职业精神仍报以尊重。1971年，塞西尔·霍格爵士于70岁高龄退休——这是女王的健康顾问规定的王室医生强制退休年龄，女王对他说道：“很对不起，让你干到这个岁数，只是因为你太稳健了，手都不打哆嗦。”

伊丽莎白二世已经在位20年了，她加快了海外访问的步伐。这一年她共访问了15个英联邦国家以求巩固它们与英国的联系，其中包括6次漫长的太平洋之旅。此外，她还进行了17次非英联邦国家的外事访问。其中意义最为重大的当属1972年5月对法国的亲善访问，此次访问将为议会通过英国加入“欧洲共同市场”的协议打下基础，而这个协议是英国首相希思在好不容易争取到法国总统乔治·蓬皮杜的同意后协商的结果。

在此次出访之前，女王最担心的就是已是喉癌晚期的伯父、时年77岁的温莎公爵的健康状况。在相继拒绝让他参加自己的婚礼和加冕礼之后，女王终于在7年前公爵来伦敦做眼部手术时向他伸出了橄榄枝。她在公爵术后恢复期里曾两次前去看望他，给了他莫大的鼓舞；在此期间她还接见了温莎公爵夫人，这是自从

[1] 又称同类疗法，一种替代疗法，由德国医生塞缪尔·哈内曼（Samuel Hahnemann）于18世纪创立。其理论基础是“同样的制剂治疗同类疾病”，意思是为了治疗某种疾病，需要使用一种能够在健康人中产生相同症状的药剂。有人认为顺势疗法的作用仅仅是作为一种安慰剂产生的心理暗示。在欧洲，顺势疗法是最常被用来替代西医的另一种疗法，主要是用来治疗一些慢性疾病。其优点在于没有副作用。

[2] 见前文第62页译注。

温莎公爵夫妇流亡海外之后，女王首次与她见面。两年后，温莎公爵夫妇与王室家人共同为他的母亲，亦即玛丽老太后的纪念牌匾揭幕，但跟当初未邀请他们参加老太后葬礼之后的家庭晚宴一样，他们二人并未受邀参加揭幕式之后的午宴。1968年，温莎公爵请求死后葬在温莎家庭公园中的弗洛格摩尔宫（Frogmore）王室墓地，并说若是自己在妻子之前离世的话请王室给他妻子一笔抚恤金，女王仁慈地同意了他的请求。

1971年，温莎公爵被诊断出癌症，化疗也失败了。女王通知外交部说自己希望在法国的5天访问期间与公爵见上一面。在一份机密备忘录里，英国驻法大使克里斯多夫·索姆斯爵士（Sir Christopher Soames）毫不掩饰地表达了温莎公爵的健康与英法关系之间的重大关系："要是温莎公爵在女王尚未动身前就离世，比如说在5月12日、13日、14日，甚至是在15日上午，那么女王的法国之行都将取消了。"他还写道："我必须强调的是，蓬皮杜总统对此次女王来访极为看重；万一女王取消了这次访问，虽然在情理上说得过去，怕是仍会惹得蓬皮杜怨恨责怪。"

万幸温莎公爵没有出什么事。5月18日下午，在游览了普罗旺斯[1]、出席了隆尚（Longchamp）赛马会之后，女王、菲利普亲王、查尔斯王子以及私人秘书马丁·查特里斯、尚衣女官弗琼·格拉夫顿来到温莎公爵位于塞纳河畔纳伊（Neuilly-sur-Seine）的家中。公爵夫人惶恐地给他们奉上茶水，随后领着女王到楼上她伯父的房间里。老公爵尽力履行宫廷的礼仪——他不顾胳膊上的吊瓶输液管，艰难地从轮椅上站起身来，向他的侄女鞠躬，并亲吻她的双颊。他的体重已经掉到了77斤，可谓瘦骨嶙峋，却依然衣着入时，穿着一件海蓝色的轻便短上衣。女王与公爵聊了大约15分钟，随后她便离开了，公爵的内科医生简·辛（Jean Thin）看到她的眼里噙着泪水。

在36名随从的陪同下，伊丽莎白二世展开了在法国的一系列活动。她与法国总统蓬皮杜一同乘坐敞篷车巡游，晚上则出席在凡尔赛宫和英国驻法大使馆举行的宴会，每个场合都佩戴着不同的璀璨王冠。"我们也许各自走在一条路的两侧，但我们的方向是一致的。"伊丽莎白二世在为法国总统举办的宴会上如此说道，一语双关地提到英国与西欧的紧密合作关系。

---

[1] Provence，法国东南部的一个地区，毗邻地中海，和意大利接壤；世界闻名的薰衣草故乡、旅游胜地。

女王离开法国时的场面亦颇为盛大，她先是乘车到达塞纳河口的鲁昂市[1]，又登上了在那里等待的“不列颠尼亚号”。这是一个颇具匠心的安排，因为鲁昂是诺曼底的首府，是“征服者威廉”[2]的故乡。“女王在傍晚上船，”英国驻法大使克里斯多夫·索姆斯的妻子玛丽·索姆斯回忆道，“岸边的屋顶上都站满了人，人们把汽车开到塞纳河畔，都把车前灯打开。大家朝女王挥手告别，她则在甲板上站了好几个小时。”

此次法国之行是一个外交上的胜利，法国总统蓬皮杜也深感欣慰。英国的《观察家报》（*Observer*）将其描述为：“在英法双方10年的冷淡之后，女王此次访法可谓一次政治上的亲善之行。”法国的《费加罗报》（*Le Figaro*）则评论：“女王朴实无华的魅力吸引和征服了法国民众……英国女王的来访是一颗启明星，照亮了法英合作的新方向。”《时代》杂志评论说：“英国女王的法国之行圆满成功，英国的一只脚已经迈进了‘欧洲共同市场’。”

伊丽莎白二世访法结束刚刚10天，5月28日，温莎公爵去世。已返回伦敦的女王指示王室总管帕特里克·普朗凯特为已故公爵安排一个庄严而低调的葬礼，时间就在6月5日星期一。女王现在面临一个难题，那就是如何处理6月3日的皇家军队阅兵典礼。最后她采纳了查特里斯的折中建议——女王每年例行的诞辰阅兵式照常举行，但其中安排了苏格兰近卫团的风笛手和鼓手为温莎公爵演奏哀乐。公爵的遗体将在温莎堡的圣乔治大教堂里放置两天，以供宾客吊唁，随后在这里举行半小时的丧礼。公爵的遗体葬在了浮若阁摩尔宫。葬礼由4位高级牧师主持，他们是：坎特伯雷大主教、约克大主教、苏格兰教会主持（Moderator of the Church of Scotland）和温莎教长（Dean of Windsor）。除去因病未能前来的格洛斯特公爵（亦是温莎公爵兄弟姐妹中唯一在世的人）之外，王室所有的成年人都参加了他的葬礼。

时年75岁的温莎公爵遗孀就住在白金汉宫，她住下的第一天，在晚餐中表现得离奇“健谈”，似乎忘记了丈夫刚刚去世这件事。第二天晚上，她去了圣乔治大教堂瞻仰亡夫的遗容，查尔斯王子回忆说，在此期间她不断用手指着自己，怪笑地咕哝着：“他为了这么点儿微不足道的东西放弃了太多……”葬礼当天，温

---

[1] Rouen，位于法国西北部，塞纳河下游，距海110公里，离巴黎140公里，是上诺曼底大区的首府。在历史上是中世纪欧洲最大、最繁荣的城市之一。市区面积近2000平方公里，人口约50万。

[2] 见前文第35页译注。

莎公爵遗孀极为沉静，她与伊丽莎白二世同坐在教堂的圣坛席位上，跟掉了魂儿一样。女王则“一直把手放在公爵夫人的前臂或手背上，像母亲和保姆一般亲切地抚慰着她”，克拉丽莎·艾登说道。

在这一年的圣诞致辞中，伊丽莎白二世提到了前一个月她与菲利普的“银婚”[1]纪念，并说美满婚姻中的宽容和理解亦是国家间和睦相处的法宝。她说这些话的主要目的是抚慰英联邦国家，希望他们在英国于1973年1月正式加入“欧洲经济共同体”——“欧洲共同市场”改名后的称呼——前夕不要心怀忐忑。“与欧洲的新纽带不会取代我们与英联邦诸国的友好关系，”她说道，“我们不会忘记老朋友，英国将把英联邦这张大网与欧洲联系起来。”其目的是，用她的话说，“创建一个更广泛的国际大家庭”。

此次圣诞致辞，女王从先前成功摄制的《英国王室》纪录片中借鉴了新的表现手法。1969年圣诞时她就是发表了一份书面声明，而未沿用电视直播的形式。她的顾问们，用菲利普的话说，则“绞尽脑汁想让女王的圣诞致辞变得更好”。这一年女王的圣诞致辞不再是她借助台词提示器诵读讲稿的静态画面，BBC的理查德·考斯顿往里面添加了新时代的元素：他为女王的致辞配上了刚刚过去的一年中重大事件的影像。影像的内容包括王室的海外访问、女王和孩子们共享天伦，还有女王与菲利普银婚纪念日的情形。此次“年终总结”跟1969年的《英国王室》纪录片达到了相同的效果，展示了女王及其家人健康快乐的幸福生活。

而与此同时，英国的小报又将矛头对准了王室。首当其冲的即是《太阳报》和《世界新闻报》，这两份报纸于1969年被澳大利亚出版商鲁伯特·默多克[2]收购。而默多克是一位顽固的共和主义者，他将英王视为“一座名叫‘势利’的金字塔的尖顶”。伊丽莎白二世是澳大利亚的国家元首，而那些与默多克怀有同样思想，并希望废除君主成立共和国的人占了澳大利亚总人口的四分之一。1972年12月上台、由高夫·惠特兰（Gough Whitlam）担任总理的澳大利亚工党[3]也是共和政体的信奉者。身在英国的默多克抓住眼前的时机，他紧紧盯住王室的言行举止，一有苗头就大肆炒作：一是为了提高自己报纸的销量，二是为了削弱英王

[1] 结婚25周年。

[2] Rupert Murdoch，世界报业大亨，1931年3月11日出生于澳大利亚的墨尔本。目前是全球庞大传媒帝国新闻集团的主要股东、董事长兼行政总裁，新闻界屈指可数的人物之一。

[3] 成立于1891年，是澳大利亚历史最长的政党。该党以民主社会主义为准则，以实现工业、生产、分配和交换的民主社会化和平等、民主、自由与社会合作为其目标。

的权威。

也许是势所难免，到了20世纪70年代，英国的媒体纷纷把注意力放在了王室第二代成员身上，特别是查尔斯王子和安妮公主。查尔斯王子于1970年在剑桥大学毕业，后按照家里的安排，在一年之后去了位于达特茅斯的皇家海军学院。在媒体眼中，查尔斯变成了一个敢于冒险的“硬汉”。正当查尔斯的海军事业起步之时，他邂逅了卡米拉·尚德（Camilla Shand），一位比他大1岁、漂亮而有活力的年轻女子。她的声音“性感而醉人”，最重要的是，她懂得如何让查尔斯感到放松和快乐。他们波澜不惊的恋情持续了大概半年之久，随后查尔斯就出海执行任务了。在查尔斯离开期间，卡米拉嫁给了皇家骑兵团军官安德鲁·帕克·鲍尔斯（Andrew Parker Bowles）。查尔斯听到这个消息，“心好像被抽空了一般”。

安德鲁·帕克·鲍尔斯曾与安妮公主有过一段短暂的恋情，但由于他是罗马天主教徒，是不适合与英国王室成员结婚的。令查尔斯“震惊”的是，22岁的安妮公主于1973年5月宣布了自己订婚的消息，其未婚夫是24岁的马克·菲利普斯（Mark Phillips）。马克·菲利普斯是一个帅气的皇家陆军上尉，还是一位出色的骑手，他曾在1968年墨西哥城奥运会上获得过金牌。他与安妮公主首次相遇是在赛后的英国国家队聚会上，但他们都否认二人属于一见钟情。安妮回忆：“有人说我们曾在1968年见过面，但我们都记不起来了。”查尔斯开始时觉得马克这个人迟钝而无趣，对他并无多少好感，但很快就与媒体所述的有趣、有魅力、有点笨拙的准妹夫有了共同语言。女王和菲利普觉得马克与安妮非常相配。跟玛格丽特公主的夫婿安东尼·阿姆斯特朗-琼斯一样，马克·菲利普斯也是平民出身，虽然平凡，却与安妮公主有共同的爱好，那就是马匹和综合全能马术比赛。

11月14日星期三，安妮与马克结婚了，这一天恰巧也是查尔斯王子的25岁生日。婚礼在威斯敏斯特大教堂举行，由坎特伯雷大主教主持，共有1500名宾客出席。女王当天穿着宝蓝色的上衣和裙子，目送安妮夫妇二人登上“玻璃马车”时，她的脸上挂着微笑。马车载着二位新人回到白金汉宫与王室家人共进婚礼早餐。当他们出现在王宫阳台上向人群致意时，王宫外面1.5万名围观群众大声欢呼起来。

安妮公主婚礼这一天英国全国放假，数以万计的群众得以在婚礼行进路线上排队观看盛景，更有16个国家的数千万人在电视机前观看了电视转播。与25年前女王和菲利普的婚礼一样，他们女儿的婚礼也是一个壮丽的盛典——马车、军乐队、16位奏乐的号兵、仪仗队……这一切就像是一道犀利的闪光，照亮了当下英国灰暗的天空。

自从希思当选首相以来，英国的经济就一直饱受通货膨胀和高失业率的摧残。希思试图压下强势的矿工工会所提出的加薪要求，却因矿工罢工而功亏一篑；他还曾在1972年年末试图稳住薪酬、物价、利率和股息水平，也无功而返。1973年秋季的一场危机几乎使得整个国家陷入停滞状态。OPEC，即“石油输出国组织”[1]，于1973年年初将油价提高了12个百分点；而当年10月，因埃及和叙利亚入侵以色列而爆发的“赎罪日战争”[2]，导致了它们对美国和西欧的石油禁运。英国的石油供给陷入短缺，油价翻了两番，而煤矿工人威胁说要再次罢工。12月13日，希思宣布将强制实施一周三天工作制，并强行停电以节约能源。

伊丽莎白二世觉得应该在本年的圣诞致辞中对于国家的困境说几句话，以表达自己的关切和同情。尽管她的致辞属于个人行为，政府也没有干涉其讲稿的内容，但女王还是指示马丁·查特里斯知会希思首相，说她希望在致辞中就当前的危机“稍稍说上几句话”：“我不能让圣诞就这么过去，而对眼前的危机视而不见，因为不论作为个人还是作为一个国家整体，这都是我们牵肠挂肚的事。我真切而深刻地感觉到，关于眼前的困难和解决的办法，不同的人会有不同的观点；但请大家记住，虽然我们彼此之间存在差异，但我们的共性才是更重要的。”

第二天是女王与首相例行会面的日子，希思告诉女王说她不能在致辞中谈及国家的困境。希思对讲稿的审查并未透露给媒体，女王也并未气馁，她又做了一次努力——查特里斯给希思写信，说在不影响效果的前提下，将女王的话改得简短一点：“我不能让圣诞就这么过去，而对大家如此关注的困难和艰辛视而不见，因为不论作为个人还是一个国家整体，这都是我们牵肠挂肚的事。”希思再次拒绝了女王的提议，并让查特里斯转告女王，让她删掉讲稿中所有与此有关的

---

[1] Organization of Petroleum Exporting Countries，中文音译为欧佩克，成立于1960年9月14日。其宗旨是协调和统一成员国的石油政策，维护各自以及共同的利益。现有12个成员国：沙特阿拉伯、伊拉克、伊朗、科威特、阿拉伯联合酋长国、卡塔尔、利比亚、尼日利亚、阿尔及利亚、安哥拉、厄瓜多尔和委内瑞拉。

[2] Yom Kippur War，又称第四次中东战争、斋月战争、十月战争，发生于1973年10月6日至10月26日。源于埃及与叙利亚分别攻击6年前被以色列占领的西奈半岛和戈兰高地。1973年10月22日，联合国通过了停火决议，有组织的战斗到1973年10月26日全部结束。

言辞，因为“国情复杂”。女王别无选择，只能照做了。

新年过后，矿工的罢工仍在继续，每周三天工作制令人联想起战后物资定量配给和经济萧条的悲惨时期。供电停止了，办公室里燃起了蜡烛，桌前的工作人员都冻得裹着厚衣服……正当伊丽莎白二世和菲利普在太平洋地区访问英联邦国家时，希思突然于2月28日举行大选。女王立即从澳大利亚乘飞机返回英国等待大选的结果——或是希思连任，或是哈罗德·威尔逊上台。

大选的结果是：工党301席，保守党297席，自由党14席，其他几个少数党共占了23席。工党和保守党两个主要大党都未能得到足够选票以使其轻易通过立法。希思并未于3月1日星期五提出辞职，而是来到白金汉宫向女王汇报说他打算与自由党的党首杰瑞米·索普（Jeremy Thorpe）组建一个联合政府。

自从登基以来，伊丽莎白二世还是首次遇上没有多数党的议会这种情况，所以她对此十分慎重。“女王只能静观其变，”罗伯特·阿姆斯特朗写道，“只有在希思先生正式提出辞职的情况下，女王才能行使自己的职权去指定一位首相。”所以，在希思各方协商期间，女王只是耐心地等着。3天之后，3月4日星期一，希思放弃了原有的打算并递交了辞呈。58岁的威尔逊再次当选首相，随后他来到白金汉宫觐见女王。威尔逊后来回忆：“我们之间的亲密感立刻就恢复如初了。”

鉴于在议会中只有微弱的席位优势，威尔逊本可以要求女王解散议会，从而他可以紧跟着再次发起大选以增加工党在议会中的席位，而这样就将女王放在了一个不上不下的尴尬位置。若是女王认为在国家经济遭遇困境的情况下此举将对国家不利，那么她是有权拒绝这一提议的，但她不愿被迫行使这一罕用的宪法特权。还好威尔逊也没有提出解散议会的要求。马丁·查特里斯后来说，当首相提到立刻举行第二次选举时，“他领会到女王是不支持这个决定的”。于是，二次大选直到这年10月才举行，工党又多了3个席位，达到了多数党的要求。

威尔逊向罢工的矿工做出了让步，并废止了一周三天工作制，但情况并未好转——工业生产停滞，通胀率达到了15%。到了20世纪70年代中期，英国成年公民中有半数是靠政府福利为生的。不断攀升的物价使得女王再次提出要求，将王室年俸提高到每年1400万英镑，威尔逊也同意了。

1974年3月20日，安妮公主和丈夫遭遇了一起恐怖的绑架案，其时女王和菲利普正在印度尼西亚进行国事访问。当时公主夫妇刚刚参加完一场慈善活动，正乘坐他们的劳斯莱斯汽车行驶在返回白金汉宫的路上。一位名叫伊恩·鲍尔（Ian Ball）的持枪男子用自己的汽车把公主夫妇的车挡在了“林荫大道”上，他开枪打伤了公主唯一的保镖吉姆·比顿（Jim Beaton）、她的司机、一位行人和一位警察。吉姆·比顿为救公主而身中三枪，后被授予“乔治十字勋章”（George Cross）——这是英国用于表彰平民英勇行为的最高荣誉。鲍尔命令安妮公主下车，公主大喝道：“就不！”鲍尔于是抓住她的胳膊想把她拖下车去，公主抗争着，她的丈夫则抓住她的另一只胳膊往回拽她。随后鲍尔被警察制伏逮捕。安妮在电话里向哥哥查尔斯王子叙述了事件的经过，“仿佛只是很平常的一件事而已，她表现出的无畏和坚决简直令人难以置信。”女王和菲利普在第一时间得知了此事，但他们仍按原计划继续访问，并于22日回到伦敦。

而这个时候安妮夫妇二人已经离开了伦敦，前往马克的故乡威尔特郡（Wiltshire）的大萨默福德（Great Somerford），按原先的安排在那里种下一棵纪念树。他们把刚刚遭遇的恐怖事件撇在了脑后。“想得太多反而没有好处，”安妮公主对大萨默福德的村民如此说道，“我们的生活迅速恢复到原来的样子，已经把它忘记了。”公主夫妇二人后来回到了“橡树林”（Oak Grove）——他们位于桑德赫斯特（Sandhurst）的皇家陆军军官学校（Royal Military Academy）的五居室住宅中（马克在皇家陆军军官学校担任教师职务）。马依然是他们生活的中心，他们俩一同训练，在越野障碍赛上同场竞技，生活得心满意足。

女王的赛马业在1974年也迎来了转机。但令她悲伤的是，她珍爱的种马“光环”死了，被葬在死前生活的小牧场里，女王在它的墓前植下一株欧洲山毛榉。到目前为止，女王共有约50匹马正在受训，另有10多匹马已经长成，可以参加比赛了。20世纪60年代，女王在养马和赛马方面业绩平平；进入70年代之后，她正式任命亨利·珀切斯特担任她的赛马经理，任命迈克尔·奥斯瓦德爵士担任养马经理，从而引入了一套更加系统的运营方法。“亨利是女王最亲密的私人朋友，是一个对女王有影响力的顾问。”女王多年的驯马师伊恩·鲍丁说道，“有一天他对女王说：‘您的冠军马太少了，您的马匹管理并不到位。’女王答道：‘你可以当我的赛马经理。你一定能胜任的！’”

女王把她拥有股份的私人养马联合会的种马也引入桑德林汉姆庄园的育马项目中，使其更加复杂多样了。这些种马不仅与女王的母马交配，还兼顾每年

“来访”的100多匹外来母马。住在附近的奥斯瓦德成了种马和母马的“现场经理”。与此同时，珀切斯特与女王的驯马师频频碰头，在选择马匹参赛上出谋划策，帮她参谋纯血马的交易，讨论马匹的交配事宜，并在女王忙于公务时代表她出席赛马会。

伊丽莎白二世与她的高级顾问们保持着密切的联系，她每周与奥斯瓦德交谈两到三次，而跟珀切斯特几乎每天都有交流。据迈克尔·奥斯瓦德说，珀切斯特做了一个战略决定，他大大提高了送往美国“接受新品种”的母马数量。在20世纪60年代，女王的母马多数送往法国交配，少数送到美国；而到了70年代他们发现，美国肯塔基州的种马素质更高，于是珀切斯特建议女王至少将六七匹母马运到大西洋彼岸的几个养马场中，从而可以引入像“尼金斯基”（Nijinsky）这样的冠军马的基因。受孕产下的马驹在断奶之后会被运回英国受训。

1974年，给女王带来胜利喜悦的是“海莱特”（Highlight）所生的一匹“大步幅小雌马”。“海莱特”是传种母马“菲奥拉”（Feola）的直系后代，“菲奥拉”曾在30年代的赛场上有过上佳表现，并在其后数十年里为女王繁殖了多匹良驹；与“海莱特”交配的是“轻骑兵”（Hussar）——这匹种马的主人是珀切斯特的父亲、第6代卡那封伯爵。女王就用卡那封育马场的名字给这匹小雌马起名为“海克莉”（Highclere）。“海克莉”先是在“纽马克特”（Newmarket）赛马会上为女王赢得了18年来的首个冠军和1000几尼[1]奖金。随后“海克莉”乘船前往法国尚蒂伊（Chantilly），去参加6月举行的著名的“戴安娜大奖赛”（Prix de Diane），亦称“国际橡树大赛”（French Oaks）。

16日，珀切斯特、他的妻子琼、迈克尔·奥斯瓦德、马丁·查特里斯几个人陪同女王从温莎堡飞往法国，在大赛开始之前吃了午餐。法国新任总统瓦勒里·季斯卡·德斯坦（Valery Giscard d’Estaing）为她送来一篮红玫瑰。女王一行乘坐一辆敞篷汽车前往“康德王子庄园”（Prince of Conde’s Chateau）前面的赛马场。女王先前已从小牧场的马厩工作人员那里得知“海克莉”“情绪高昂、状态很好”，坐在皇家包厢里注视着它完成最后几弗隆[2]时，女王面带微笑、双手合十，欣慰紧张之情一览无余；而珀切斯特和奥斯瓦德则跳起来大声欢呼着。“我在赛马场上很容易激动，”珀切斯特回忆道，“热情过了头，也忘了矜持。

[1] Guinea，英格兰王国及后来的大英帝国及联合王国在1663年至1813年所发行的货币。它是英国首个用机器铸造的金币，原先等值为1英镑。

[2] furlong，英制长度单位，1弗隆≈201米。

我记得当时我都乐疯了，看到‘海克莉’赢了比赛时，我禁不住拍了拍女王的后背。”在这个法国传统赛马会的历史上，英王的马夺得冠军还是第一次。

赛场的观众们高呼着“女王万岁”，而在稍后女王前去看望“海克莉”时，她几乎被人群包围了，在身边保护着她的只有珀切斯特、奥斯瓦德和几名宪兵。当晚女王在温莎堡设宴招待赛马会的功臣们，其中包括驯马师迪克·赫恩（Dick Hern）、骑师乔·麦瑟（Joe Mercer），作陪的有王太后、菲利普亲王、安妮公主和迪基·蒙巴顿。餐桌的中央位置摆放着大奖赛的冠军金杯。“海克莉”胜利的步伐并未停止，它又赢下了阿斯科特的“乔治六世和伊丽莎白王后锦标赛”，是当年女王所获14万英镑赛马奖金贡献最多的马。

女王的庆祝活动在皇家阿斯科特赛马会前夕仍未结束，与后来的皇家阿斯科特赛马会相比，当时的庆祝包括更多丰富多彩的活动，在温莎堡度过的一周里，共有60位宾客受邀来访。“王宫为我分派了一个贴身男仆听我差遣，每天有各种活动可供客人们选择，”一位当时只有20来岁的客人回忆道，“在午宴时间和阿斯科特赛马场上，我得穿着常礼服，每天的晚宴就换上白领结礼服。谁都不可以迟到，贴身男仆就负责保证我们着装得当、准时赶到。”

女王一般在上午处理公文，而她的朋友们有些去参加一些户外活动，如骑马、网球、游泳，或骑在菲利普的马球木马上练习打球（就在城堡的室内泳池旁的网状围栏里），有些则待在屋里读书、玩拼图或拼字游戏。有时女王还会在午宴之前邀请几位年轻的男客人陪她出去骑1小时马。骑马回来后，在半个小时的换衣之后，她又衣着光鲜地出现在宴会上。每天下午都是属于赛马的时间。星期三晚上会在“滑铁卢厅”举办一个大型的正式晚宴，共有150名客人参加。还有一个晚上，在晚宴过后客人们到附近的剧院看戏；而女王会陪同那些晚宴后留宿的客人参观王宫的图书馆和王室的艺术品收藏。王室总管帕特里克·普朗凯特将这一切都安排得有条不紊。

1975年年初，帕特里克这位女王的挚友和完美的助理被诊断出肝癌，且不宜手术。3月中旬，他住进了爱德华七世医院，但仅仅几天之后他就坚持出院去参加在白金汉宫举行的一个重要的接见会。他说：“我得穿白领结礼服，戴上勋章到宫里去。”他打了吗啡止疼，然后乘车赶到白金汉宫，从房间里换上晚礼服之后，就去忙着引见来宾了。帕特里克回到医院时已是凌晨2点，几小时后，他在早餐托盘里看到一封女王写给他的信，上写：

帕特里克：

我真心感谢你昨晚所做的工作。

真诚的

伊丽莎白

10天后的星期天是复活节，在这一天帕特里克·普朗凯特去世了，终年51岁。女王在圣乔治大教堂的皇家礼拜堂为他举行了丧礼。少年唱诗班的孩子们低唱着圣咏。这是一个并不张扬的丧礼，前来吊唁的人也只有帕特里克的家人以及女王和菲利普。女王夫妇二人还出席了在圣詹姆斯公园的卫兵教堂举行的站立追悼会。在追悼会上，菲利普朗读了一段《圣经》。葬礼上，普朗凯特的表亲安娜贝尔·哥德史密斯瞅了女王一眼，看到她“满面悲容”。

据帕特里克的弟弟肖恩·普朗凯特所说，在《泰晤士报》刊登帕特里克的讣告这件事上，女王也插手干预了。“她在其中是帮了忙的，”肖恩·普朗凯特说道，“但并不张扬。讣告中有一句话专门提到了他所做的贡献。”女王照例没有给帕特里克的家人写来吊唁信。“我们也没想从她那里收到吊唁信，”肖恩·普朗凯特说道，“我们知道她舍不得他走，我们都一样怀念他。她不必把这些东西都写在纸上。”根据帕特里克的遗嘱，他把自己珍爱的一幅19世纪英国著名画家理查德·帕克斯·波宁顿[1]的作品赠送给了女王。帕特里克的兄弟们把画送到白金汉宫女王的书房里，女王特意给他们写了一封感谢信。

女王还特意批准在温莎大公园中“河谷花园”（Valley Gardens）的一个小山顶上为帕特里克建了一个白色的纪念亭，以表达她对后者的感激之情。亭子里挂有一个铭牌，上写：“谨以此亭纪念帕特里克·普朗凯特对王室的忠心效力。”修这个亭子的费用是帕特里克的亲友以及女王、菲利普亲王和王太后共同捐赠的。伊丽莎白二世对亭子的设计和周围的景观美化十分关注。“我记得跟园丁说过我不喜欢杂色的玉簪花，”在一次巡视途中她对肖恩·普朗凯特说道，“真不知道园丁为什么把它们种在这里。”纪念亭距离女王经常观看马球比赛的“史密斯草坪”（Smith’s Lawn）只有几分钟行程，她得以时常过来看看，到凳子上坐坐、沉思片刻。

帕特里克去世了，伊丽莎白二世失去了一位密友，她的宫廷生活也失去了往

[1] Richard Parkes Bonington（1801—1828），英国浪漫派画家，以创作风景画和历史画著名。

日的欢笑。女王的招待会变得越来越正统而呆板，受邀的客人也不再像帕特里克主管时兼顾三教九流。有些人甚至认为，如果帕特里克还活着，他会是王宫里照管威尔士王妃戴安娜的最佳人选。在他去世一年之后，有人问女王说："您有没有想过让谁来接替帕特里克的位置？"女王答道："他是无可替代的。"

女王重申了21岁生日时所做的终生为国效力的誓言：“最初立下这个誓言时，我年纪尚小、阅历尚浅，但我从不后悔，也不会食言。”

1977年6月，在伊丽莎白二世登基25周年庆典活动中，女王头戴一顶饰有25朵编织花的帽子与前来向她表示祝贺的人们会面。

图片来源：盖蒂图片社

第十二章 感受人们的爱戴

从父王去世算起，帕特里克·普朗凯特的离去是女王25年来遭受的首个巨大损失，面对悲伤和失落，她到宗教中去寻找慰藉。一位多年的好友曾将她对宗教的恭敬和诚意称作“扎根于心的虔诚”。这份虔诚源自她的童年，又在1953年的加冕典礼上得到了加强。

英王是圣公会的最高领袖，是国教的捍卫者，这是建立在法律和感情双重基础之上的。然而，一旦女王跨过苏格兰边界，她的身份就变成了苏格兰长老会[1]的成员，而苏格兰长老会是一个自治的组织，不受国家管制。虽然如此，女王在跨过苏格兰边界时，并未放弃国教的信仰，而是集圣公会和长老会二者于一身。但是从未有圣公会的主教到过巴尔莫勒尔庄园布道。

伊丽莎白二世一直信奉第103任坎特伯雷大主教乔治·凯里所说的“用神圣的眼光看待她的宗教职责”，她将其视作一种责任，“不是负担，而是为子民服务的一件乐事。”凯里曾说：“女王与上帝的关系十分和谐。她的非凡能力源自她的信仰，不论境况是顺是逆，她都能坦然接受。她相信上帝已安排好一切。”

不论是在加拿大魁北克省劳伦琴山脉（Laurentian Mountains）的小教堂，还是在两小时的船程之后来到圭亚那（Guyana）埃塞奎博河畔（Essequibo）的小木屋，女王的周末礼拜都是雷打不动的。但“她从不把自己的虔诚拿出来炫耀”，约翰·安德鲁（John Andrew）教士如此说道。他在（20世纪）60年代曾在坎特

[1] Church of Scotland，即长老宗，也称归正宗，与安立甘宗和路德宗并称新教三大主流派别。归正宗产生于瑞士，爱德华六世时，归正宗传入英格兰，在革命中分裂为长老派与独立派。1637年，归正宗在苏格兰建立了长老制，是苏格兰的国教。

伯雷大主教迈克尔·拉姆齐手下工作，经常会见到女王。在度假期间，女王就到仙灵汉姆的教区教堂或巴尔莫勒尔庄园外面的克莱西教堂（Crathie）做礼拜。

女王每年会领受三或四次圣餐——在圣诞节、复活节[1]、降灵节[2]以及某些特殊仪式上。约翰·安德鲁说："这是身为圣公会信徒的传统，女王从小就养成了这个习惯。"女王喜欢平实而传统的圣诗和简短而直白的布道，乔治·凯里说她是一个"中庸的信徒，她视圣公会的教义如珍宝。女王喜欢1662年版的《公祷书》[3]，在桑德林汉姆时总是用它。她不喜欢现代化的新型礼拜形式，却未将其表露出来。女王最中意的圣经版本是《钦定版圣经》[4]，她对其中的英语尤其钟爱，对其文字之美极为欣赏。那些经文已经渗进了她的骨头里"。女王一直将《钦定版圣经》称为"英语圣咏的杰作"。

牧师来桑德林汉姆庄园和巴尔莫勒尔庄园布道时，女王会留他们在庄园中小住几天。"王室一家对待神职人员的方式跟对待其他人是不一样的。"苏格兰长老会的一位牧师说道，"他们跟我们在一起时很放松，也没什么拘束。在我们面前，他们想说什么就说什么。"有一次，乔治·凯里到桑德林汉姆宫布道，女王就曾当着他的面对妹妹玛格丽特公主说："唉，你这个傻女人。"凯里回忆："女王的话并没有指责或嘲笑的意思，这只是王室家人间的玩笑话而已。"有时来访的巡回传教士也会成为王室的笑话素材，一位来自阿伯丁[5]的牧师曾在巴尔莫勒尔宫的晚宴前宣读饭前祷告词："感谢上帝所赐，愿上帝让我们心怀感激之情。"女王曾用标准的苏格兰口音[6]将这段话学给朋友们听。

---

[1] Easter，又称"主复活日"，西方基督教的重要节日，为纪念耶稣基督于公元30年到33年之间被钉死在十字架之后第三天复活的日子。日期是每年春分月圆后的第一个星期日。基督徒认为，复活节象征着重生与希望。

[2] Whitsunday，又称圣灵降临节，为纪念耶稣复活后差遣圣灵降临而举行的庆祝节日。日期是复活节后的第七个星期日。

[3] 见前文第010页译注。

[4] *King James Version of the Bible*，简称KJV，《圣经》的诸多英文版本之一，出版于1611年。《钦定版圣经》是在英王詹姆斯一世的命令下翻译的，所以有些中文称之为《英王钦定版》《詹姆士王译本》或《英王詹姆士王译本》，等等。为了让更多未受过良好教育的普通人也能知晓上帝的旨意，该部圣经的词汇量只包括8000个常用的英文单词，因此十分容易理解。它也被认为是现代英语的基石，从其出版以来一直是阅读最为广泛的文献之一。

[5] Aberdeen，苏格兰地区的主要城市之一，位于苏格兰东北部，是北海海滨的主要海港。

[6] 苏格兰英语和英格兰英语都是源自中世纪盎格鲁撒克逊和诺曼底法语的混合语言。苏格兰英语在此基础上不断演进，成了一种单独的语言形式，与伦敦所使用的英语在词汇、发音等方面存在较多差异。

作为国家元首，伊丽莎白二世认识国内大大小小的神职人员，上到教皇，下到教区神父都不陌生。美国福音布道士比利·格拉汉姆[1]曾几次到温莎堡单独与女王做礼拜，她敬仰格拉汉姆。但当他邀请女王坐在皇家包厢里，听他在温布利体育场（Wembley Stadium）向10万教众布道时，女王谢绝了，她不愿在这种场合露面。

伊丽莎白二世每年会例行接见坎特伯雷大主教六到七次，在重要的宗教仪式之前，如有必要，她也会与大主教会面。女王跟其他圣公会教长也很友好，但跟她关系最近的当属温莎教长，他充当了“王室告解[2]神父的角色”，女王的表妹玛格丽特·罗德斯说道：“他跟女王经常会面是理所当然的，因为他就住在温莎堡附近。女王若是有事想找人谈谈了，就会想起他。她也知道跟温莎教长可以无话不说。”

女王的公开活动中也充满了宗教意味，每年的圣诞致辞只是其中之一。除此之外，她还会出席一些备受瞩目的宗教典礼仪式，如每年11月第二个周日举行的“阵亡将士纪念日”[3]活动，这也是她一年中唯一一个身穿黑色礼服的日子。“阵亡将士纪念日”活动在伦敦烈士纪念碑前举行，纪念的是那些在战争中牺牲的英国和英联邦的将士们。

在复活节之前3天，伊丽莎白二世还会出席“濯足节”[4]，这是一个向人表示谦恭的仪式，来源于耶稣在最后的晚餐时为12位门徒洗脚的典故。几百年之前，在这一天的仪式上国王是真的要为穷苦的人洗脚的，直到1685年詹姆斯二世才废止了这一规定，转而用捐赠钱物代替。伊丽莎白二世登基之后，“濯足节善款”

---

[1] Billy Graham，1918年生于美国北卡罗莱那州夏洛特，美国当代著名的基督教福音布道家，“二战”以后福音派教会的代表人物之一。他曾担任多位美国总统的牧师，还曾为两位过世的美国总统主持过葬礼。在“盖洛普20世纪名人列表”中排名第七。

[2] 一种宗教仪式，信徒在神职人员面前忏悔自己的罪过，以求得上帝宽恕，并得到神职人员的信仰辅导。

[3] Remembrance Sunday，又称“国殇日”，日期是每年的11月11日，以纪念第一次世界大战于1918年11月11日上午11时结束。这是一个纪念在第一次世界大战、第二次世界大战和其他战争中牺牲的军人与平民的纪念节日。英国的阵亡将士纪念日原称“停战日”（Armistice Day），由英王乔治五世创立。英国首个阵亡将士纪念日于1919年在整个英联邦举行。

[4] Maundy Thursday，本意是“授命星期四”，又称“圣周四”（Holy Thursday），是基督教纪念耶稣在最后的晚餐时立下圣餐礼、濯足服事（或称洗脚礼）的节日，因礼仪中有濯足礼而得名。

的接受者都是从对英联邦做出贡献的老人中挑选的。在菲利普的建议下，女王在1957年首次将濯足节典礼改成了在伦敦之外举行，并每年更换地点，足迹覆盖英国全境。濯足节活动是经过精心安排的，女王身边有身穿红袍、头戴白羽帽自耕农近卫队士兵随行，他们手捧盛有小钱袋的银盘，钱袋里装的是特制的银币。女王沿着一排善款接受者队伍前行，他们之中有男有女，总数正好是女王的岁数。女王边走边把小钱袋交到他们手里，有时还为他们的杰出贡献而称赞几句。

女王作为英国国教最高领袖的职责，主要是任命由首相提名的大主教、主教和教长。她无权否决首相的提名，但跟她处理世俗公务时类似，她可以向首相发问并要求得知更多信息。“这是一个非常微妙的方法，能令首相再次斟酌他的提名，”历史学家肯尼斯·罗斯说道，“若是在下一周的例行觐见上，首相说‘我仍提名某某任大主教一职’，那么事情也会就此打住了。女王不会在这样的事情上面违宪的。”

哈罗德·威尔逊尤其喜欢提名神职人员这件事。传记作家伊丽莎白·朗福德说：“他觉得自己的教会职责是沙漠中一块宁静的绿洲，大多数首相都不约而同地把它变成了自己的私人花园。”与上个任期相比，威尔逊第二次当选首相后所承受的国情困境令其苦恼万分，他的耐性似乎也减退了。女王感到了他的难处，在招待威尔逊夫妇到巴尔莫勒尔庄园度假时表达了她的关切之情。“他们通常是从阿伯丁派车过来接我们，非常贴心。”哈罗德·威尔逊的妻子玛丽·威尔逊回忆道，“我们走进大厅，女王和菲利普亲王就走上前来迎接我们。屋里的地面上放着宠物的食盆，很多只柯基犬到处乱跑，女王还在我的房间里放了一瓶龙胆花，内廷女官告诉我说女王觉得我会喜欢这样的安排。她在这些事情上面很用心。”

1975年9月，威尔逊夫妇到巴尔莫勒尔庄园度假，女王带他们去了一个木屋别墅，请他们喝茶，还给他们做滴面烤饼吃。饭后，女王和玛丽一起洗着盘子，这时威尔逊对她说自己打算在下一年3月60岁时退休，女王对此话惊讶不已。后来，威尔逊患上了老年痴呆症，人们推测他是明显感到自己的认知能力衰退了，才决定在病情影响到实际工作之前退休。但威尔逊的私人秘书玛西娅·弗肯德说，早在1974年3月威尔逊第二次当选首相入驻唐宁街10号的时候，就曾说过自己干不了多久的话。除了妻子和玛西娅之外，知道这件事的就只有马丁·查特里斯了，他与女王一起保守着首相的这个秘密。

威尔逊夫妇最后一次离开巴尔莫勒尔庄园时，伊丽莎白二世跟他们一同照了一些照片。其中一张照片上，女王面带微笑，身着雨衣，风帽下的头上裹着头巾；威尔逊就站在女王的旁边，身穿帅气的呢料西服，手拿烟斗，一副乡绅派头。威尔逊将这张照片视若珍宝，一直把它放在随身的钱包里。

这年11月，澳大利亚的工党总理高夫·惠特拉姆（Gough Whitlam）给女王出了一道离奇的难题。作为澳大利亚的元首，伊丽莎白二世对这块登基后有过5次访问的遥远领土有着持久不变的钟爱。而对宣称要废除君主成立共和的惠特拉姆，从1972年他首次当选澳大利亚总理时，女王就一心想要把他争取过来。1973年4月，女王47岁生日这天晚上，她邀请惠特拉姆夫妇在温莎堡留宿（惠特拉姆的妻子名叫玛格瑞特，用她自己的话说，是一个“个头太高又笨手笨脚”的女人，女王的廷臣都管她叫“大个儿玛吉”）。王室使出一切手段来取悦惠特拉姆夫妇，他们把惠特拉姆夫妇二人安排在温莎堡的一间豪华客房里，从窗户向外看去即是“长街”（Long Walk）。这条路长4公里，横穿温莎大公园，直达位于“雪山”（Snow Hill）的乔治三世骑马雕像。

晚宴过后，惠特拉姆为女王送上了生日礼物——“一条奶油色长绒羊毛毯”。在会客厅里铺开之后，女王和妹妹玛格丽特公主就娇慵地坐在了上面。“整个晚上女王都在努力赢得惠特拉姆的好感，”马丁·查特里斯告诉作家格雷厄姆·特纳，“女王女性化的一面从不向外展示，但在那天晚上，她把这个当成了武器。她的女性魅力让人如同沐浴在春风中一般，惠特拉姆惊呆了。女王就坐在惠特拉姆面前的羊毛毯上，轻抚着毯子说着赞美之词。这完全是在打柔情牌，我都惊呆了。”惠特拉姆后来对查特里斯说：“嗯，要是她喜欢这样，我无所谓的。”

女王夫妇二人趁热打铁，通过随后的两次澳大利亚之行巩固了这份亲密关系。1973年10月，惠特拉姆夫妇离开英国时，玛格瑞特写道：“我们都觉得受宠若惊、深深感动。”然而，王室如此盛情的投入换来的只是微不足道的回报：1975年11月11日，惠特拉姆在年度预算案上与澳大利亚议会产生严重分歧，澳大利亚政坛酝酿着一场宪政危机。

在英国的15个海外领地，都设有总督一职。总督是女王在所在国首相或总理的建议下任命的，其地位和功能相当于当初大英帝国的殖民地国王（皇帝）。当此澳大利亚预算危机之时，担任澳大利亚总督的是约翰·克尔爵士（John Kerr），他曾是一位德高望重的法官。为打破预算危机的绝境，克尔罕见地使用了总督的“保留权力”，直接革除了惠特拉姆的首相职位，并任命澳大利亚自由党[1]的党首马尔科姆·弗雷泽（Malcolm Fraser）担任看守总理，在先前惠特拉姆拒绝举行的大选到来之前，由他主掌澳大利亚政府。从一开始，女王就通过简报跟踪事件的进展。在采取行动之前，克尔故意没向女王汇报此事，他不想让女王牵扯在这团乱麻之中，所以就将她挡在了这场政治纷争之外。克尔曾就此事与澳大利亚首席大法官商议过，后者告诉克尔，按照澳大利亚宪法，克尔有权使用他的保留权力革除总理。

惠特拉姆和澳大利亚工党对此怒不可遏，他们试图劝说女王罢免克尔的总督职务，但失败了。因为女王只有在“现任”总理的建议下才能这样做，而惠特拉姆已经不是总理了。随后澳大利亚举行大选，自由党与国家党[2]组成了联合政府。接着政府的预算案获得通过，一切步入正轨。惠特拉姆与女王仍保持着友好的关系，但他从未原谅克尔对他的伤害。1977年，克尔从澳大利亚总督职位上卸任，女王送给他一个私人礼物——授予他“维多利亚大十字勋章”[3]。1986年澳大利亚通过一项法律，杜绝了总督再像克尔那样干涉国事，而此时澳大利亚人口的三分之二仍愿保留女王作为他们的国家元首。

1975年秋季，伊丽莎白二世还有一件伤心之事——她的妹妹玛格丽特的婚姻走到了尽头。在与安东尼成婚后的前5年里，他们夫妇二人是伦敦人人艳羡的神仙眷侣——貌美帅气、时髦而有魅力，宴会上往来的也都是来自艺术界和社交界的名人。他们共生了两个孩子，分别是生于1961年的大卫和生于1964年的萨拉。而安东尼的事业更是飞黄腾达，他在摄影业上获得丰收的同时，还是《星期日泰晤士报》的艺术顾问以及“英国工业设计委员会”（Council of Industrial Design）的无薪顾问。

但玛格丽特公主开始厌倦这样的生活，她变得暴躁，也越来越霸道。面对这样的情况，安东尼选择了逃避到工作当中，或者是晚上到肯辛顿宫的工作室里忙碌，或是频繁去国外出差，但他们的关系表面上还是非常甜蜜的。两个人都魅力

[1] 成立于1944年，其前身是“澳大利亚统一党”。等同于英国的保守党，属于中间偏右翼的政党。主要代表工商业主利益。

[2] 澳大利亚国家党，成立于1918年。原名“乡村党”，1982年改用现名。其势力范围主要在农村地区，代表农场主利益。

[3] Knight Grand Cross of the Royal Victorian Order，1896年设立，常授予为英王立下大功者。

非凡、才智卓越，都喜欢芭蕾舞和歌剧，喜欢骄奢的晚宴和度假，但他们的婚姻从开始的那一刻就埋下了不安的种子。玛格丽特是在与彼得·汤森分手后，在心情沮丧中选择了安东尼，他们1959年秘密订婚之时，正是玛格丽特得知47岁的彼得·汤森要娶一位19岁的比利时女孩之际，而此时玛格丽特才仅仅认识安东尼一年时间。“上午我收到了汤森的信，”玛格丽特回忆道，“当晚我就决定要嫁给安东尼。”对玛格丽特来说，安东尼还是有些吸引人的地方的，他新潮而不羁的品性与汤森有太多的不同。

玛格丽特不知道安东尼也是个花花公子。他们俩都是以自我为中心的人，都渴望别人的恭维，两个人互争风头，从不对夫妻俩的关系进行反省。安东尼想要随心所欲的自由，而玛格丽特却总要把他绑在身边。安东尼一大早就开始工作，而玛格丽特直到中午才起床，又准备着下一个通宵达旦的狂欢。

随着二人关系的恶化，安东尼对玛格丽特的嘲弄变得非常刻薄，他们俩的相互调侃也演变成了醉后当着朋友的面吵架。安东尼给玛格丽特留纸条，上面列举了“我恨你的几个方面”，而玛格丽特则对安东尼精心重建的别墅冷嘲热讽。他们俩都多次在外偷情。安东尼的情人里有一位在苏塞克斯的邻居、雷丁侯爵夫妇的女儿，玛格丽特则是把安东尼的好友恩索尼·巴顿（Anthony Barton）收入囊中。

在公共场合，安东尼将自己的“驸马”角色扮演得很到位，他总是陪伴在公主左右，跟在她身后，保持两步的距离，说话时也是让她先开口。在国外访问时，他们的表现尤其值得称赞，在各种无休止的接见会上总是笑容满面，亲切地对待他人。1965年11月，他们在美国对5个城市进行了为期3周的大规模访问，其中包括在白宫的晚宴。美国总统林登·约翰逊（Lyndon Johnson）称玛格丽特公主为“小妇人”，还为二人奉上了美满婚姻的两条诀窍：“第一，她说得对就要听她的；第二，她说的都是对的。”

玛格丽特公主夫妇二人渐渐开始各过各的，尤其是在公主搬到加勒比海马斯蒂克岛[1]上的一栋别墅居住之后。这栋别墅还是她的朋友科林·坦南特（Colin Tennant），亦即后来的格林科纳勋爵（Lord Glenconner）赠送给她的。玛格丽特与女王和王太后几乎每天都有联系，但对自己的婚姻却三缄其口。正如王太

[1] Mustique，虽是圣文森特和格林纳丁斯群岛的一部分，却是一个独立的岛屿，面积5.2平方公里，由马斯蒂克公司所有和运营。马斯蒂克岛是全球十大度假海岛之一。

后对玛格丽特的一位密友所说的那样：“我养女儿，不是为了跟她讨论她的家事！”女王和王太后都十分欣赏安东尼的艺术才华和聪敏，更不消说他的迷人魅力。安东尼跟女王和王太后在一起的时候，总是言语得体、彬彬有礼，安妮·格林科纳说：“他蒙蔽了女王和王太后的眼睛。女王可能对安东尼了解得不深，因为她不会谈论他的事。女王从不说人闲话。”

但是，女王却亲眼见过玛格丽特举止恶劣的时候——或是把满腔的怒火化成对王太后的不逊之语，或是不遵宴会礼仪、拒绝转过头对女王说话、只给她一个后脑勺……女王也知道玛格丽特酗酒成瘾。当她的表妹帕梅拉·希克斯因丈夫的酗酒问题而取消了一次宴会时，女王说道：“我很理解，玛格丽特也是这样。”但一如她的天性，女王一直避免与妹妹发生冲突。在皇家别墅的一次午宴之前，她见玛格丽特公主正在阳台上，就向玛格丽特的一位朋友询问道：“她的心情怎么样？我到阳台上去没事吧？”

1973年，玛格丽特爱上了罗迪·卢埃林（Roddy Llewellyn）——一个魅力非凡、性格柔顺的艺术爱好者，比她小18岁。公主的奸情惹怒了安东尼，女王也对妹妹不明智的行为失望不已，在玛格丽特开始跟罗迪在威尔特郡放荡的上流社会厮混时尤其如此。1975年11月，公主夫妇的婚姻已经到了无可挽回的地步。安东尼给女王写信，说“与公主之间已再无希望”，他们俩分手的时候到了。几周后，女王回信说安东尼的信“令人震惊”，斯诺登[1]传记作家安妮·德寇希（Anne de Courcy）如此写道：“女王先是表明自己已了解到公主夫妇二人的关系已经恶化，然后她说，她明白他们的分手已无可避免。”她只有一个要求，那就是把分手的决定拖到圣诞节之后再对外发布，在王宫内经过商议之后，女王又建议他们在复活节期间、在他们的孩子都在身旁时发布这个消息。王宫也只会说公主夫妇“只是分开生活，并未有离婚的打算”。

这个计划泡汤了。1976年2月，一家小报的摄影记者拍到一张照片，照片上玛格丽特公主和罗迪身穿泳衣同坐在马斯蒂克岛的桌旁。鲁伯特·默多克的《世界新闻报》在显眼的位置刊登了这张公主和她的“男宠”令人浮想联翩的照片，而这件事刺激了安东尼。虽说他也不是个忠于婚姻的人，也有自己的情妇露西·琳赛-霍格（Lucy Lindsay-Hogg），但他千方百计使自己占据了道德的优势地位。他向《每日快报》透露了与公主分手的消息，3月17日，《每日快

[1] 安东尼受封斯诺登伯爵。

报》将此消息刊登了出来。这个时间比王宫原来的计划提早了2天。哈罗德·威尔逊原本打算在19日发布自己的辞职声明，以稍稍转移人们的视线，现在全被安东尼打乱了。

安东尼在与媒体打交道方面十分娴熟，17日他举行了自己的记者招待会，在招待会上，他祝愿妻子幸福，希望孩子能够谅解，还声称自己对王室的敬仰爱戴将一如既往。他这一番精明举措把玛格丽特反衬成了婚姻破裂的罪魁祸首兼一位任性荒唐的公主。“在这件事上，女王和王太后从未站在安东尼这一边，”女王的一位亲戚如此说道，“也没有把他看成敌对方。因为她们知道玛格丽特根本就不是一个可以共同生活的人。”在此之后，安东尼依然保持着对女王和王太后的恭敬，也再未说过玛格丽特一句坏话，对王室其他成员的事更是缄口不语。

哈罗德·威尔逊的辞职对公众，甚至对其工党成员来说都是件意外之事。工党随后推举外交大臣（Foreign Secretary）詹姆斯·卡拉汉（James Callaghan）担任党首并继任首相。1976年4月5日，新首相到白金汉宫觐见女王。卡拉汉还曾担任过财政大臣和内政大臣，所以是王宫里的熟面孔。为向威尔逊致意，女王答应参加他在唐宁街10号举办的告别宴会，这也是自21年前丘吉尔离任以来她首次参加首相的告别宴会。女王此举的灵感来自私人秘书马丁·查特里斯，而威尔逊简直受宠若惊。查特里斯的智谋在女王的致辞里也有体现，她说自己跟威尔逊同是“林荫大道”两端的住户。

1976年4月21日，女王50岁了。她年轻的外表令人艳羡，而这源于她的遗传、健康的生活方式和一丝不苟的美容养生。“她不爱晒太阳，也不打猎，因为那样会加速皮肤老化。”女王的一位好友如此说道。她的棕发现已掺有银丝，还是由多年的发型师查尔斯·马丁（Charles Martyn）负责打理。女王洗头发时，不是像以前那样把头后仰，而是将下巴搁在水槽上，面部朝下，用水槽里的一个大喷头冲洗，她用的是鸡蛋柠檬洗发水。洗完头发后，马丁就为她做好那种一成不变的发型，大概要用一个半小时。在此期间，女王就浏览放在膝盖上的一摞信件，根本不会抬头看镜子。在护肤方面，她用的是“塞克莱思牌”（Cyclax）的护肤品，包括玫瑰护肤乳和洗脸用的牛奶蜂蜜洁面乳。女王在化妆上用的时间很少，只是往脸上铺点儿粉就算了；她用的唇膏是鲜红色的，因为这样能在公共活动中更加醒目。

这年6月，伊丽莎白二世接待了法国总统瓦莱里·吉斯卡尔·德斯坦（Valery Giscard d’Estaing）的来访，并精心安排了一个公共活动，以表示对协和超音速客机[1]的支持。协和飞机是英法两国的合作项目，虽说研究经费高昂，但法国一方将其视作一次有益的合作。吉斯卡尔对此项目比较担心，因为他风闻英国已经对其失去热心。在白金汉宫的晚宴开始之前，女王指示马丁·查特里斯在她提到协和飞机的时候高声喝彩，不要管什么礼仪了。于是，查特里斯恰到好处地鼓起掌来，而由于他身为女王私人秘书的显赫身份，在他的带动下，其他英国宾客也纷纷鼓掌喝彩。在第二天的记者招待会上，法国总统说“听到人们自发的掌声之后”，他感到英国是真心支持协和飞机项目的。尼古拉斯·亨德森是一位老练的外交官，他目睹了整个方案实施的全过程，他说这个安排“是女王对‘指导式民主’的真正领悟”。

一个月后，伊丽莎白二世访问美国。此次美国之行距离她上次访美已经17年了。1973年年初，美国总统尼克松就曾提出这个建议，希望女王在美国独立200周年之际访美，却在18个月后因“水门事件”[2]而被迫辞职。英国政府认为此次访美的日期选择需要“慎之又慎”，希思首相的首席私人秘书罗伯特·阿姆斯特朗（Robert Armstrong）当时给马丁·查特里斯写信说：“此举将把女王与当初美国对英王的反叛行为扯上关系，其妥当与否需要慎重考虑。”他还补充说，英国驻美大使第3代克罗默伯爵（the 3rd Earl of Cromer）[亦是女王的内廷女官艾斯米·克罗默（Esme Cromer）的丈夫]“预感到，美国民众庆祝200年前签署《独立宣言》[3]的热情程度将无法预料。若女王与此有了牵连似乎有所不妥……而美国必将对此进行大肆宣传，对英国来说有失颜面”。

---

[1] Concorde，由英国和法国联合研制的一种超音速客机，一共只建造了20架。于1969年研制成功，1976年1月21日投入商业飞行。2003年10月24日，协和式飞机执行了最后一次飞行，全部退役。

[2] Watergate Scandal，又译“水门丑闻”，美国历史上的政治丑闻之一。在1972年的总统大选中，为了取得民主党内部竞选策略的情报，6月17日，美国共和党尼克松竞选班子的5个人闯入位于华盛顿水门大厦的民主党全国委员会办公室，在安装窃听器并偷拍有关文件时，当场被捕。由于此事，尼克松于1974年8月8日宣布将于次日辞职，从而成为美国历史上首位辞职的总统。

[3] *the Declaration of Independance*，北美洲13个英属殖民地宣告脱离大不列颠王国，并宣告独立的纲领性文件。1776年7月4日，此宣言由第二次大陆会议在费城批准。从此以后，7月4日成为美国独立纪念日。

尽管存有如此种种担心，女王还是对美国展开了为期6天的隆重访问，第一站将在7月6日，费城[1]。英国大使馆的大卫·沃克（David Walker）说："7月4日越来越近了。宽容的力量真是巨大。"在女王的随行人员中，有她的好友，也是她的首个美国籍内廷女官维吉尼亚·基妮·艾尔利（Virginia Ginny Airlie）。维吉尼亚现年43岁，是第13代艾尔利伯爵的夫人。她跟女王一样身材娇小，摄影师塞西尔·比顿夸赞她是"集快乐与高贵于一身的模范"。基妮·艾尔利被任命为内廷女官是在1973年，当时她心存异议，说自己是美国人，还有6个孩子需要照顾，最小的才刚刚2岁，她建议女王"任命一位更合适的人选"。但女王就"认定"她了。维吉尼亚这位谦恭朴素的贵妇人在王室的工作得心应手，也轻松地适应了王室的行事风格，这些都是她平时在王室的聚会和在桑德林汉姆庄园、巴尔莫勒尔庄园的周末狩猎活动中观察而来的。即使如此，尚寝女侍苏珊·赫西夫人还是忍不住把她称作"美国佬"。

女王一行20人先是坐飞机到达百慕大，又乘坐"不列颠尼亚号"历经3天到达美国。第一天晚上，他们遇上了9级大风。外交大臣安东尼·克罗斯兰的妻子苏珊·克罗斯兰出生在巴尔的摩[2]，餐前饮酒时船颠簸得很厉害，她注意到女王"十分冷静，甚至有点兴奋，丝绸围巾在肩膀上摆动着"。反观海军出身的菲利普，他"脸色苍白，形容憔悴"，就像1951年穿越北大西洋遭遇风暴时晕船的情形再现。这次跟那次一样，女王是唯一一个没有晕船症状的人。

在会客厅里喝完咖啡，女王起身离开，当她握住推拉门的把手时，恰好一个浪头把船拱了起来，门一下子关上了，女王喊道："耶——！"又一股浪头袭来，门又迅速晃开了，她又喊道："耶——！"然后她向大家道了晚安，从门里出去了。第二天早餐时，她说："我还是第一次在餐桌上看到那么多惨白难受的面孔呢。"她停顿了一下，接着说："菲利普晕船了。"她又停顿了一下，咯咯笑道："我很高兴向大家宣布这个消息。"

---

[1] Philadephia（1790—1800），在华盛顿建市前曾是美国的首都。费城是美国最具历史意义的城市，有非常重要的地位。1774—1775年，两次大陆会议都在此召开，并通过了《独立宣言》。

[2] Baltimore，美国马里兰州最大的城市，美国重要的海港之一。独立战争期间，在英国军队威胁费城时，这里曾一度是美国战时首都，有丰富的历史遗迹，因此有"不朽城"之称。

“不列颠尼亚号”在费城进港，这也是1681年威廉·佩恩[1]登陆的地方。码头上共有5000人前来欢迎女王。当天气温很高，女王就在如此高温之下游览了几处历史名胜，大约有7.5万名支持者在她所到之处列队欢迎，挥舞着美国和英国的国旗。记者们也对女王“急于带动气氛的热情”惊讶不已。

在“国家独立历史公园”[2]，女王向美国人民送上一份礼物——重达6.5吨的200周年纪念钟。这座钟是由伦敦的“怀特查普铸钟厂”（Whitechaple Foundry）打造的，1975年的“自由钟”[3]也正是由它打造。“在此，我是作为乔治三世的子孙向各位讲话，他是统治这片土地的最后一位英王。”女王说道。她说7月4日“不仅是美国的节日，也应该是英国的节日……真诚地向美国的‘开国元勋’们[4]致敬……他们给英国人上了极有价值的一课。我们失去了美洲殖民地，因为我们缺少一种政治才能，不懂得一个道理，那就是‘既然强求不得，就该在合适的时机优雅地放手’……我们学会了尊重他人自治的权力……若是没有200年前‘独立大厅’[5]里为自由事业而奋斗的壮举，我们也不会从一个帝国变为今日的英联邦”。

当晚的宴会上，女王见识到了费城市长弗兰克·里索（Frank Rizzo）的

[1] William Penn（1644—1718），北美殖民地时期的一位重要政治家、社会活动家，宾夕法尼亚殖民地的开拓者，是极少数善待印第安原住民、并坚定持开放政策的殖民领袖。1681年，为了偿还拖欠佩恩家16 000英镑的巨额皇家债务，英国国王查理二世将北美洲一块如同英格兰大小的土地赐给了他，并指定以“宾”的名字命名这一地区，同时应威廉·佩恩的请求，加上“夕法尼亚”（林地）一词，形成现在的州名，含义为“宾（佩恩）的林地”。这块土地就是后来的宾夕法尼亚州（Pennsylvania）。

[2] Independence National Park，1948年，国会通过法案，将旧费城中心独立厅周围所有的历史性建筑加以保护，并成立国家独立历史公园。独立厅建于1732年至1756年间，原为宾夕法尼亚州的议会。第一、第二次美洲大陆会议在此召开，《独立宣言》和《美国宪法》就是在这里起草制定的。

[3] Liberty Bell，原为宾夕法尼亚州众议院设计，用于开会时鸣钟召集议员。由多种金属混合铸成，重900公斤。曾在多个重要历史时刻敲响，是费城的象征，更是美国自由精神的象征。

[4] the Founding Fathers，指签署《独立宣言》和《美国宪法》的政治领导人以及参与美国革命的领袖。

[5] Independence Hall，美国著名历史纪念建筑，美国独立的象征。1732—1756年建造，原为殖民时期宾夕法尼亚州的议会大厦。1776年7月2日，13个英属美洲殖民地代表组成的大陆会议在此举行，7月4日通过了《独立宣言》，宣布北美殖民地脱离英国，建立“自由独立的合众国”。

散漫无礼。弗兰克·里索原先是一位警察，身体强壮，他的参选口号是“阿提拉[1]见了我都要俯首称臣”。在费城艺术博物馆（the Philadelphia Museum of Art）为400名宾客举办的高雅晚宴上，里索撇开女王自顾自地到其他桌旁“与人握手寒暄”。“多么迷人的一个人啊。”女王面无表情地说道。在接下来的600人接见会之前，女王先去了洗手间——在王室圈子里，这是一个委婉的说法，意思是“整理仪容”或“稍息片刻”。

华盛顿的气温达到了38℃，但女王“在无情的烈日下从未显出疲态”，苏珊·克罗斯兰写道。苏珊有点儿扛不住了，马丁·查特里斯请她吸点儿鼻烟提提神，但她谢绝了。在白宫南草坪[2]的欢迎仪式过后，美国总统杰拉尔德·福特（Gerald Ford）与夫人贝蒂（Betty）在“玫瑰园”（Rose Garden）里挂有日式灯笼的大帐篷下举办了一个224人的白领结宴会。宴会中，除了女王进餐和跳舞的时刻，其他过程是通过电视实况直播的。女王当时身穿黄色纱礼服，头戴钻石王冠，再加上华丽的项链和耳环，风采一如既往。

亨利·基辛格的妻子南希进餐时一直在吸烟；而副总统纳尔逊·洛克菲勒（Nelson Rockefeller）的妻子海蓓（Happy）问起了菲利普的德国“背景”；菲利普反驳说自己是丹麦人，海蓓就对英国外交大臣托尼·克罗斯兰说：“菲利普跟德国祖先断绝关系了！”在白宫东厅（East Room）表演节目的是鲍勃·霍普[3]；其后是流行乐明星“船长与塔尼尔”（Captain & Tennille），他们演唱了单曲《麝鼠之爱》（*Muskrat Love*）——唱的是一对麝鼠烛光下的浪漫；随后，女王与杰拉尔德·福特总统在《假面淑女》[4]的旋律中共舞。这是罗杰斯与哈特[5]的经典曲子，因弗兰克·辛纳屈[6]的演绎而走红。直到凌晨1点，女王和菲利普才返

---

[1] Attlia（406—453），又称匈奴王，古代欧亚大陆匈奴人最伟大的领袖和皇帝，史学家称之为“上帝之鞭”。曾多次率领大军入侵东罗马帝国及西罗马帝国，并对两国造成极大的打击。在西欧他被视为残暴及抢夺的象征，在欧洲历史中极富传奇性。

[2] South Lawn，面积18英亩，是白宫举行各种盛大礼仪和重要活动的场所。

[3] Bob Hope（1903—2003），美国喜剧和电影演员。生于英国，4岁移居美国。

[4] *The Lady Is a Tramp*，1937年的一部音乐剧《娃娃从军记》里面用作晚餐场景的一首爵士插曲。这首歌的主题是讽刺纽约的高社会地位以及严谨的礼节，之后被多位歌手翻唱。

[5] 这里是指理查德·罗杰斯（Richard Rogers）和劳伦茨·哈特（Lorenz Hart），二位是美国音乐剧历史上的重量级人物。

[6] Frank Sinatra（1915—1998），20世纪最重要的流行音乐人物，唯一能与猫王和披头士媲美的乐坛巨匠。一位集歌手、演员、电台DJ、电视节目主持人和唱片公司老板等多重身份的娱乐界巨头，受到全球乐迷的爱戴；留下无数经典歌曲，得奖记录不胜枚举。

回国宾馆布莱尔大厦休息。

在经过了又一天满满当当的接见之后，女王在英国大使馆设宴回请美国主人。这同样是一次隆重的白领结宴会，共有四道大菜，受邀宾客有84人。在宴会开始之前，女王在草坪上接见了1600位各方人士，其间电视台的大功率聚光灯始终未离开她的身影。突然之间，镜头和灯光都从女王身上移开了——“原来是伊丽莎白·泰勒[1]隆重登场了。”时任英国信息服务公司主管的迈克尔·希阿（Michael Shea）回忆。英国大使彼得·拉姆斯博萨爵士（Sir Peter Ramsbotham）对记者们的无礼愤怒不已，但“女王只是笑了一下，生平第一次看着别人盖过了她的光芒”。

与1957年那次访美之行一样，女王此次还是乘船前往曼哈顿，不过这次坐的是“不列颠尼亚号”上那艘有空调的“皇家游艇”（Royal Barge）。在“下曼哈顿地区”（lower Manhattan），90多米的夹道两侧挤满了迎接她的群众，大家都拼命向前挤着，希望离女王近一点儿，“连警察都挡不住人们的热情”，迈克尔·希阿说道。在大汗淋漓的人群中，女王仍是一点儿汗都没有。“还好，我不怕热。”她愉快地说道。

伊丽莎白二世此次又一次接见了“国际英语联合会”和“美国清教徒协会”的代表，地点是在华道夫–阿斯多里亚酒店（Waldorf–Astoria）。随后她与菲利普乘坐敞篷车前往“上曼哈顿地区”，去参观曼哈顿历史最为悠久的建筑——建于18世纪的莫里斯–朱梅尔大厦[2]。在“派克大街”和61大道的拐角处，女王看到了一个熟悉的身影。“嘿！”她喊道，“是约翰·安德鲁！”这位圣公会的牧师朝他们挥着手，喊道：“哎，哎！我们今晚再见！”女王的汽车驶过之后，他自言自语道：“真是蠢到家了。怎么能跟女王这样说话？”

在当天繁忙的日程安排中，最精彩的当属参观“布卢明代尔百货公司”（Bloomingdale's）了。与19年前访美时临时参观了一家超市不同，这次参观是精心安排的。商店的主管人员带领女王走遍了三层楼的各个柜台。她看到了“齐

[1] Elizabeth Taylor（1932—2011），美国电影史上最具有传奇色彩的人物，纵横好莱坞60年，惯有“好莱坞常青树”和“世界头号美人”之称。

[2] Morris-Jumel，建于1765年，曼哈顿最古老的房子，乔治·华盛顿曾将其作为战役指挥部。现在仍保留着华盛顿以前的办公室、卧室、厨房，等等。

本德尔式”[1]椅子的复制品，还说这些椅子比英国的要宽一些；她还对CK[2]模特身上时髦的花呢短裙感到惊讶：“天哪，你们穿的裙子都这么短吗？”菲利普此行也非常愉快，他感兴趣的是一些热卖的新奇小玩意，如“宠物石”[3]和发音计算器。

女王夫妇在“不列颠尼亚号”上为30多位客人举办了一个小型晚宴。《纽约时报》是这样描述的：“如同英国的乡间别墅一般舒适别致，印花棉布做成的沙发套、四处可见的家庭照片、长藤椅，还有各式各样的帝国纪念品——这边摆的是来自所罗门群岛的鲨鱼牙齿，那边放的是纪念特拉法加海战[4]大捷的金瓶……”一位口无遮拦的客人向《泰晤士报》的记者说：“当女王不在，只有公爵跟我们在一起时，宴会的气氛才是最好的。”其实，女王在的时候，整个晚上的聚会气氛都是充满活力的。大家一起表演滑稽剧，剧本是马丁·查特里斯编写的，身着戏服的演员则由王室成员和工作人员充当，他们又唱又跳，伴奏的是一架固定在甲板上的钢琴。

晚饭过后，是一个200多人的接见会，被接见的就包括约翰·安德鲁教士。他是陪沙曼·道格拉斯（Sharman Douglas）一起来的，后者的父亲即是刘易斯·道格拉斯。自从刘易斯于20世纪40年代末担任美国驻英大使以来，沙曼就一直是女王的朋友。女王看到安德鲁，扭过头笑着对他说：“你站在街角的样子太好笑了！”女王与沙曼见过面之后，菲利普走上前来，他的晚礼服翻领上粘了一张纽约推广宣传用的“大苹果”[5]布贴。“那是什么玩意儿？”约翰·安德鲁问道。公爵撕下布贴，随手把它按在传教士的额头上：“给你了！”女王又笑了起来。

在接下来的两天里，伊丽莎白二世沿着美国东海岸进行访问。她首先参观了

---

[1] Thomas Chippendale（1718—1779），著名家具设计师，其设计在他所处时代的贵族阶级中非常盛行，在历史上确立了不朽的名声。

[2] Calvin Klein，即卡尔文·克莱因，成立于1968年的著名美国时装品牌。

[3] 1975年4月，一位名叫加里·达尔的广告公司职员与朋友聚会时偶然听见有人抱怨养宠物的麻烦。他对朋友说，最完美的宠物应该是石头，不需喂食洗浴，不会生病死亡。达尔随后决定将此创意付诸实施，“宠物石”由此诞生。犹如真正的宠物一般，“宠物石”装在一个纸质宠物盒内，附一份宠物训练指南。每个“宠物石”售价3.95美元，净利润3美元。投入市场仅半年时间，“宠物石”便为达尔带来1500万美元的收益。

[4] 见前文第17页译注。

[5] Big Apple，纽约市的别称。

托马斯·杰斐逊[1]的故居蒙蒂塞洛（Monticello）和弗吉尼亚大学；然后又去了罗德岛的纽波特[2]，在罗德岛，她招待福特总统一家在“不列颠尼亚号”上共进晚餐。在波士顿，女王“逐一参观了1776年的几处历史古迹”，圆满完成了此行的任务。在“老州议会大厦”（old State House）的演讲中，她说自己身处的这座城市“是一切开始的地方”。[3]随后女王乘坐“不列颠尼亚号”离开波士顿海港，前往加拿大新斯科舍省（Nova Scotia）的哈里法克斯市（Halifax）。船上的乐队奏起苏格兰民歌《友谊地久天长》。“我想到一个道理：泯去恩仇，友谊才会开花结果。”伊丽莎白二世后来反思道，“200年前，谁能想到乔治三世的子孙竟然会来参加这样的庆典呢？”

她以同样的进度在加拿大访问了两个星期，还主持了蒙特利尔奥运会的开幕式。安妮公主是英国马术队的队员，女王观看了她的比赛。在越野障碍赛上，安妮的马踢到了挡板上，把她甩了出去摔在地上。女王关注着场内的情况，紧张地眯起了眼睛。不愧是女王的女儿，安妮再次跨上马背完成了比赛。赛后经过检查，她身上有几处摔伤，还有轻微脑震荡，对比赛的事出现了暂时性失忆。

伊丽莎白二世的耐力仍然惊人。几年之前，当她在加拿大萨斯喀彻温省（Saskatchewan）访问时，加拿大负责北部事务和民族资源的部长阿尔文·哈密尔顿（Alvin Hamilton）就曾对女王的私人秘书说：“我注意到，咱们已经这样走了一天了，陛下从没说过要休息一会儿的话。”“不必担心，”私人秘书答道，“陛下是受过训练的，像这样8个小时没有问题。”

不管在什么场合之下，伊丽莎白二世都能表现得非常放松。几个月后，女王对卢森堡进行国事访问。晚宴之后，她兴致高昂地敲起鼓来，她“一边和着乐队的鼓点，一边摇摆着脑袋”，让旁观的人都惊诧不已。在“拯救威尼斯基金会”（Venice in Peril Fund）的一次义演中，放映了卢奇诺·维斯康蒂（Luchino Visconti）导演的《魂断威尼斯》（*Death in Venice*），当晚的主人是第2代诺维奇

---

[1] Thomas Jefferson（1743—1826），美国政治家、思想家、哲学家、科学家、教育家，第3任美国总统。他是美国独立战争期间的主要领导人之一，《独立宣言》的起草人之一，被视为美国历史上最杰出的总统之一。

[2] 见前文第197页译注。

[3] 1773年发生的“波士顿倾茶事件”是北美人民反对英国殖民统治暴力行动的开始，最终导致了美国独立战争。

子爵约翰·朱利叶斯·库珀，他就坐在女王身旁。两个半小时的电影才刚刚开始几分钟，他就听到女王轻叹了口气，“过了一会儿我又听到她叹气，”诺维奇说道，“这次是一声长叹。电影播放期间，她一直在叹息，我感到苦恼不安。我不知道在电影结束时该对她说什么。”但当灯光亮起来时，女王只是转过头，微笑了一下，说：“嗯，挺伤感的，是吧？”“她那是在安慰我的情绪，”诺维奇解释道，“她能感觉到我的不安。”

在1976年的圣诞致辞中，女王第一次提到了即将到来的登基25周年[1]纪念。“明年对我而言具有特殊的意义，”她说道，“我最想要的礼物……就是和睦无处不在。”卡拉汉政府最初反对举行25周年登基庆典，因为国内的经济实在不景气；但马丁·查特里斯和同僚们劝卡拉汉说，这样的庆典会有振奋人心的作用，并且，女王的巡游不只是在英国国内，还将涵盖整个英联邦成员国；于是卡拉汉同意了。女王强调说“她希望庆典不要铺张浪费”。而媒体对此深表怀疑，亲共和党的《卫报》就在2月6日周日版上撰文说：“登基25周年庆典无视人民疾苦，冷酷无情。”

2月6日是伊丽莎白二世的“继位日”（Accession Day），这一天是她人生的里程碑；但她继位之时，正是父王的去世之日，所以她不愿在这一天有所庆祝。这个周末，她是在温莎堡与家人安静地度过的。4天之后，女王的海外巡访开始了。登基25周年庆典的海外巡访一共两个，这是第一个，她要在7周内乘坐“不列颠尼亚号”访问西萨摩亚、汤加、斐济、巴布亚新几内亚、新西兰和澳大利亚。她所受到的欢迎回击了《卫报》的预言。“海港入口处到处都挤满了人。”海军准将安东尼·莫罗（Anthony Morrow）回忆道。在斐济为女王举行的民族舞蹈游行中，一个屋顶塌了，幸好没有人受伤。一个记者注意到，当人们纷纷转过头看着屋顶那里时，女王“趁机拿出口红在嘴上涂了涂”。伊丽莎白二世的3岁小雌马“丹弗姆林”（Dunfermline）也是20世纪70年代为她赢下诸多荣誉的优秀赛马之一。回到英国之后，她观看了“丹弗姆林”参加的两场英国经典赛事——埃普索姆赛马场的橡树大赛，以及夏季在唐卡斯特赛马场举行的圣莱杰赛马会。

---

[1] Silver Jubilee，登基25周年纪念，又译“银禧”。本书后文还会出现Golden Jubilee和Diamond Jubilee两个词，分别是指登基50周年和登基60周年，又译“金禧”和“钻石禧”。

1977年5月4日，真正的庆典开始了。女王先是到议会大厦的威斯敏斯特宫接受上下两院的效忠宣誓，随后她发表了演讲。跟圣诞致辞类似，她的致辞虽只是代表了个人，其意义却颇为重大。她的讲话不出所料地洋溢着对英联邦的赞美之词，同时她还说，英国加入“欧洲经济共同体”是“我在位期间最为明智的决定之一”。更令人吃惊的是，女王对苏格兰和威尔士要求权力下放做出了坦率的回应，“我很理解你们的渴望，”她说道，“但我不能忘记自己的身份，我是大不列颠及北爱尔兰联合王国的国王。也许此次登基周年纪念能让我们深刻理解到——不论是在国内还是国际事务上，对联合王国的每一个人来说，统一、联合才能带来繁荣兴旺。”

西蒙·沃克（Simon Walker）在2000年到2002年间担任女王的通信和新闻秘书，他评论说：“女王这番话意义重大，因为这是迄今为止她第一次就政治问题发表意见，也因为它的独特而更有气势。”苏格兰的民族主义者从中了解到，国家统一才是女王的根本原则，他们对此表示抗议，但女王还是坚定地表达了她的立场。

6月6日星期一，伊丽莎白二世裹着头巾站在“温莎大公园”的“雪山”顶上，准备点燃一个大型火炬。这座火炬点燃之后，遍布国内的诸多火炬也将随之点燃，以向女王表示庆贺。不料却发生了一个意外，一位士兵紧张过度，替女王把火炬点燃了。女王没有生气，反而被逗笑了。陆军少校迈克尔·帕克爵士是此次盛典的总指挥，也是一位烟火的专业人士，他对女王说：“陛下，恐怕错已铸成，无法补救了。”“挺好的，太有意思了！”女王笑着答道。

第二天，庆典达到了高潮。女王和菲利普亲王乘坐“黄金国家马车”，由皇家骑兵团和“自耕农近卫队”的士兵陪同；查尔斯王子则是骑着马，身穿威尔士卫队荣誉团长的红色制服、头戴熊皮帽。从女王加冕时算起，这还是她头一次乘坐这辆经过重新镀金的华丽马车。“我已经记不起来这辆马车有多么不舒服了。”女王后来对一位朋友吐露道。

马车队中还有“爱尔兰国家马车”“亚历山德拉王后国家马车”[1]“玻璃马车”，上面坐着的是王室的其他成员。他们从白金汉宫出发前往圣保罗大教堂，一路上围观的群众达到100万之多，很多人都是冒雨连夜在这里守候的。在圣保

[1] Queen Alexandra's State Coach，王室马车之一，建造于1865年，由四匹马牵引，专用于在议会开幕大典上负责运输王冠、国剑等物品。亚历山德拉王后是英王爱德华七世的妻子。

罗大教堂里，聚集了2700名宾客，其中包括女王仍在世的6位首相以及许多国家元首。第101任坎特伯雷大主教唐纳德·科根（Donald Coggan）赞美女王是一个楷模，“孜孜不倦地奉献，兢兢业业地付出，和睦幸福的家庭”。摄像机镜头扫过站成一排的王室亲属。玛格丽特公主与她的两个孩子坐在一起，此时她已经与安东尼·斯诺登分开一年有余，却仍因与罗迪·卢埃林的韵事而常常成为报纸的头条。

女王当天身穿亮粉色宽松直筒连衣裙，上身是同样颜色的上衣，头戴钟形帽，帽子后面装饰着25朵编织花。她与丈夫走在大教堂附近的一条街道上，与栅栏外的群众握手谈笑。在市政厅举办的午宴上，女王重申了21岁生日时所做的终生为国效力的誓言：“最初立下这个誓言时，我年纪尚小、阅历尚浅，但我从不后悔，也不会食言。”

女王与菲利普乘坐敞篷马车返回白金汉宫，道路两侧的群众齐声高呼，车夫连马蹄声都听不见了。回到白金汉宫之后，王室一家在王宫阳台上呈扇形散开，男士们都身穿军装，女士们则像是蜡笔画中的彩虹：女王身穿粉色、王太后身穿浅黄色、玛格丽特公主是桃红色、明显有孕在身的安妮公主是浅绿色。女王的心情很愉悦，她笑着、说着、向人们挥舞手臂，仿佛是自从1937年她父亲加冕以来各种类似场合的再现。但是这一次人们是由衷地为她、为她象征的君主体制和她所取得的成就而欢呼。肯特公爵夫人是女王表亲肯特公爵爱德华的妻子，她看到眼前的一切时激动万分，禁不住拥抱着伊丽莎白二世亲吻了她，喊道：“他们是真心爱戴你啊！”凯瑟琳·肯特（Katharine Kent）后来解释说，女王“眼见如此潮水般的仰慕和爱戴，有些不知所措了”。据估计，全世界共有5亿人从电视上观看了此次盛况。

两天之后，庆典再次达到高潮。女王乘坐豪华游艇从格林威治出发、沿泰晤士河前往兰贝斯[1]，此举是想唤起人们对都铎王朝[2]英国舰队的回忆。夜幕降临，天空中烟火璀璨，人们再次集结在白金汉宫之外和“林荫大道”两侧，观看马车

---

[1] Lambeth，英国大伦敦内的自治市，位于泰晤士河南岸。

[2] Tudor dynasty，1485年至1603年间统治英格兰王国和其领土的王朝，历时118年，共经历了五代君主。15世纪以前，英国建造的船只很少超过百吨。亨利七世为了扩大远洋贸易，奖励船主建造大船，刺激英国造船业的发展。到第5代君主伊丽莎白女王统治时期（1558—1603），英国海军终于战胜了西班牙的“无敌舰队”，确立了英国的海上霸权，为英国从事海外贸易和殖民掠夺提供了强有力的保障。

队将女王及家人送往白金汉宫的盛景。“维多利亚与阿尔伯特博物馆”的馆长罗伊·斯特朗当时就在人群之中，他回忆：“前来观看的大都是中产家庭的人，话语中透出教养。从我身边经过的男士们都身穿西服，收拢的雨伞上插着英国国旗。”马车过处，人们自发地唱起了《天佑女王》和《前进，不列颠》[1]，马车隆隆而过，斯特朗感觉与大家一样“心潮澎湃”。伊丽莎白二世及家人到王宫阳台上向人们致意；午夜过后他们再次现身阳台，这一次“是半推半就被玛格丽特公主逼出来的，怕他们不能完全体会到群众的热情”。

这一天，仅在伦敦就有40个街头聚会。据估计，在国内其他城市、小镇和乡村，类似的聚会庆典活动共有1.2万个之多。无政府主义的朋克乐队“性手枪”[2]用露骨而刺耳的旋律重新演绎了《天佑女王》一曲，在歌曲中，他们把女王称作一个看不到未来的国家的法西斯头目。虽然忠于王室的BBC拒绝播放这首曲子，它还是飙升到了排行榜的第二位。

尽管如此，女王登基25周年庆典的热情却并未受到影响。在其后几个月里，女王先后巡访了英国的36个郡。随着庆典热度的升温，到场的群众数量也一路暴涨。女王在兰开夏郡访问期间，仅一天时间里就有100多万人涌上了街头。女王在国内巡游的最后一站是北爱尔兰，距离她上次到访已经有11年时间了。

王宫和政府的官员曾讨论过女王是否应该冒险访问北爱尔兰。北爱尔兰问题爆发以来，在阿尔斯特地区[3]引起的冲突事件一直深受女王关注。20世纪60年代末，英国向北爱尔兰地区派驻军队，意在保护那里的天主教少数派，士兵们却成了爱尔兰共和军炸弹和狙击手的袭击目标，紧张一再升级。1971年8月，当局为了控制暴力局势，开始不经审判就关押天主教激进分子。

“女王从电视上看到了关于贝尔法斯特[4]暴乱的报道，在一次例行会谈中，

---

[1] *Rule Britannia*，英国皇家海军军歌，詹姆斯·汤姆森（James Thomson）作词，托马斯·阿恩（Thomas Arne）作曲。

[2] Sex Pistols，英国最有影响的朋克摇滚乐队之一。

[3] Ulster，阿尔斯特省位于爱尔兰北部，17世纪前是英格兰和苏格兰人的主要移居地。1920年，英国政府颁布爱尔兰仲裁法，将阿尔斯特省新教徒占优的6郡组成北爱尔兰，剩下的3郡与其他3省合并成南爱尔兰。1921年，爱尔兰独立战争结束以后，根据《英爱条约》，爱尔兰自由邦成立，北部阿尔斯特省中的6郡成为北爱尔兰，北爱尔兰议会选择退出爱尔兰自由邦，留在联合王国之内。

[4] Belfast，位于爱尔兰岛东北沿海的拉干河口，在贝尔法斯特湾的西南侧，是英国北爱尔兰的最大海港。始建于1888年，自1920年起成为北爱尔兰的首府，是北爱尔兰政治、文化中心和最大的工业城市。

她表示对自己国家发生这样的惨剧而吃惊。”爱德华·希思首相回忆道，“她曾看过纪录片，其中有个镜头拍的是站在保护英军士兵的铁丝网外面、满脸仇恨地抓住铁丝网的妇女，女王震惊了。当有人指责女王，说她对人民的苦难视而不见时，我就能回想起那一幕。”

为抗议当局的关押政策，约1万名天主教示威者违反禁令，于1972年1月30日在伦敦德里[1]举行抗议游行。一个英国伞兵团被派往现场，在遭到示威者的石头等物品袭击之后，军队在混乱中开火还击，打死13人，打伤14人，其中有1名伤者因抢救无效而死。示威人群中混入了携带武器的北爱尔兰共和军间谍，但被杀的都是手无寸铁的天主教徒，其中许多人甚至是在四散逃跑时被子弹击中的。

此次惨剧后来被称作“血色星期天”（Bloody Sunday），也是北爱问题的一个转折点，爱尔兰共和军借此动作频频，企图将阿尔斯特拉入爱尔兰共和国。在紧跟其后的暴乱中，人们烧毁了英国在都柏林[2]的大使馆。爱尔兰共和军招募了大量激进的年轻人，并发动了数次针对英国士兵、英国公民以及在北爱的清教徒的恐怖袭击，造成数千人伤亡。

在“血色星期天”之后的数个圣诞节致辞中，女王都说到了“对北爱尔兰的歉疚之情”，她向受难者表达了深切的同情，并鼓舞清教徒和天主教徒携起手来共建和平，“以维护仁慈和情理的长存。”1977年夏天，当官员们劝她改变主意，不要去北爱尔兰时，她非常生气，跟1961年她的加纳之行差点被取消时一样。“马丁，我们说过要去阿尔斯特的，”她对私人秘书说道，“要是食言就太遗憾了。”

8月10日，女王乘坐直升机抵达贝尔法斯特之外的希尔斯堡（Hillsborough Castle）——经过安全顾问的反复考量，乘直升机“对女王来说是最安全的方式”。这是女王第一次坐直升机，虽说她一贯勇敢无畏，此前却一直对这种交通工具心怀恐惧。

在阿尔斯特的两天里，对女王的安保可谓密不透风，共有3.2万名士兵和警察负责警戒工作。在女王举行的接见会、露天聚会和授勋仪式上，共有7000名宾客受邀参加，全程电视直播。在科勒雷恩（Coleraine）参观了新阿尔斯特大学

[1] Londonderry，爱尔兰人称其为德里，是北爱尔兰西北部城市，位于福伊尔河口，距离爱尔兰共和国边境很近。

[2] 爱尔兰共和国首都。

（New University of Ulster）之后，女王登上“不列颠尼亚号”与家人会合，再一同踏上每年例行的西部群岛之旅，随后再到巴尔莫勒尔庄园休整。她在这一年的圣诞致辞中说，此次北爱之行使她感悟到“和解是这里最迫切需要的东西”，她的来访也使那些“心存友善的人们得以分享庆典的快乐”。

登基庆典的第二轮海外巡访用了3周时间，其间女王先后访问了加拿大和加勒比海地区。11月2日，她从巴巴多斯[1]乘协和客机返回英国。这种鸟嘴状机头的喷气式客机于1976年1月正式投入使用，此次飞行一共用时3小时45分钟，为女王全程56 000英里的登基纪念巡访画上一个带有未来主义色彩的句号。

11月15日上午10：46，51岁的伊丽莎白二世当外婆了。安妮公主生下了第一个孩子彼得·菲利普斯（Peter Phillips）。小彼得是王室500年来首个平民后代，因为他的父亲马克·菲利普斯在迎娶安妮公主时谢绝了女王赐予他的爵位。安妮夫妇决定让他们的孩子——彼得以及4年后出生的妹妹扎拉（Zara）——远离王室职责和义务的负担，而这个决定后来得到了两个孩子的一致支持。

也在同一个月，64岁的马丁·查特里斯在为女王效力了27年之后退休了。除了波波·麦克唐纳之外，查特里斯是王宫里最了解女王、与她工作关系最为亲密的人，他陪伴女王走过了人生中的数个重要历程：从她作为公主分担王室职责开始，到她父亲的早早去世，再到她成长为自信而称职的君主……他从各个方面帮助她减轻负担。他敏锐的判断力、在讲稿中添入的活力以及促使她接受新事物的温柔推力，都令女王受益匪浅。

在白金汉宫的一次简短会面中，二人互道再见。为了约束自己的情绪，伊丽莎白二世将性格坚韧的女儿带在身旁，只要有她在，女王就不会掉眼泪。“女王知道马丁会哭，他果然哭了，”马丁的妻子盖伊·查特里斯说道，“他控制不住自己的情绪。女王没有哭，并且在她看来，这个时候话越少越好。”几年之后，女王对王太后透露说，“我的马丁”离开了，她很想念他；但她知道，“只要我需要他的帮助，他就一定会出现在我身旁。”在马丁向女王辞别的那个上午，女王只对他说了一句话：“马丁，谢谢你一生的奉献。”女王送给他一个银盘，上面就铭刻着这句话。马丁收回泪水，如往常一般戏谑道：“下次我就用它为您端酒。”

[1] Barbados，位于加勒比海与大西洋边界上的岛屿国家，独立于1966年11月30日，是英联邦成员。岛屿面积430平方公里，是加勒比海地区著名的旅游胜地。

女王对戴安娜一直很好，但即使是在跟婆婆相处了一段时间之后，戴安娜还是“对她心存畏惧”。

1981年3月，刚刚宣布订婚消息的查尔斯王子和未婚妻戴安娜·斯宾塞女士与女王在一起。

图片来源：美联社

第十三章　铁娘子和英国玫瑰

伊丽莎白二世的婚礼曾在战后的低迷时期提升了国民的士气，她的登基25周年纪念庆典也起到了同样的效果。自从1976年于64岁当选首相以来，詹姆斯·卡拉汉就一直试图刺激英国经济的复苏。当年他向国际货币基金组织[1]申请了39亿美元的贷款以避免政府破产。但后者开出的条件非常苛刻，包括控制政府支出和公有企业的工资增长等，而这样的条件通常是施加在发展中国家身上的。

卡拉汉的外号叫“阳光吉姆”（Sunny Jim），在与比他小14岁的女王每周的例行会面中，他总是慈祥和善的。卡拉汉的父亲是一位海军上士，母亲是一位教师。他因上不起大学才进了政府部门做了一名普通收税员。他是一个君主政体的坚决拥护者，也非常享受与女王的会谈，在这样的场合中“可以轻松地讨论各种问题，社会、政治、国际事务……”在用15分钟左右的时间讨论过预先安排的话题之后，在接下来的1小时里，他们会谈到各自的家人，甚至会说说苏塞克斯（卡拉汉在苏塞克斯有个农场）与诺福克或苏格兰的干草价格、做做比较。卡拉汉学会了如何巧妙地迎合女王对政治人物的好奇，也对后者不露声色地表明立场的手段钦佩不已：她会“权衡”他所面临的问题，用一种“非常超脱”的方式表达自己的想法，却不直接提出建议。

卡拉汉身高1.86米，是伊丽莎白二世的首相之中最高的。他长相英俊、性格随和、谦恭有礼，甚至稍稍有点轻佻。有一次，在每周的例行会谈中，女王领着卡拉汉在白金汉宫的花园里散步，她摘下一朵百合花插在了他的西服翻领扣眼

[1] International Monetary Fund，简称IMF，根据1944年的《国际货币基金协定》于1945年12月在华盛顿成立。与世界银行并列为世界两大金融机构之一，其职责是监察货币汇率和各国贸易情况，提供技术和资金协助，确保全球金融制度正常运作。

里。卡拉汉曾评论说女王对待首相们都是公正无私的，只有温斯顿·丘吉尔是个例外；他还说："女王给我们的是友善，而不是友谊。"

王太后把卡拉汉称作"可怜的吉姆·卡拉汉"，对他来说，每周的例行会谈是他在政治冲突浪涛中的避风港。1978年，英国的工会不顾国家财政紧缩的迫切需要，提出大幅加薪的请求，这就意味着需要增加政府支出来对公职人员进行安抚。这年冬天，气温达到了历史最低点，再加上经济的不景气，这个冬季也被称作"不满的冬天"（Winter of Discontent）。英国全国怨声载道，卡车工人、医院护理员、垃圾清理工、救护车司机、学校门卫、掘墓工纷纷罢工。街道上到处是一堆堆的垃圾，整个国家陷入迷失之中。

1979年3月28日，保守党在下议院发起对卡拉汉政府的不信任投票。根据宪法，不信任案需要得到议会多数通过才可生效。由于保守党得到了自由党的支持，工党政府以1票之差输掉了不信任案。5月3日，全国大选。保守党获得339个席位，工党获得268个席位，自由党11个席位。53岁的玛格丽特·撒切尔率领保守党夺回大权。第二天，撒切尔前往白金汉宫觐见女王。这一刻对这位野心勃勃的女政治家是个历史性的时刻，因为她是英国历史上首位女性首相。27年前，她曾在女王继位时在一篇报纸专栏文章中写过"长久以来对女性的最后一点歧视、认为她们不能独当一面的偏见，都将随着伊丽莎白二世的继位而烟消云散"。不久之后，女王的纯血马驯马师伊恩·鲍丁与女王通电话，女王问他："你对玛格丽特·撒切尔当选首相这件事怎么看？""夫人，"鲍丁答道，"让一个女人来掌管国家，我想不通。"女王沉默不语。"我说的不是那个意思。"鲍丁忙又解释道。这下女王笑了，却未再说什么。

女王和撒切尔的年龄只相差几个月，她们的衣着打扮都无可挑剔，发型端庄细致，二人在工作上也是同等刻苦努力，非常内行。但她们的成长环境和性情气质却截然不同。玛格丽特·撒切尔的父亲是林肯郡（Linconshire）格兰瑟姆（Grantham）一个生意兴隆的杂货商，他常年住在店铺的楼上。撒切尔靠奖学金拿到牛津大学的化学学位，后嫁给一位名叫丹尼斯·撒切尔的离异成功商人。在她1959年入选议会之前，其工作是律师。

撒切尔先后在几位保守党首相手下负责住房和教育政策，1975年保守党罢免了爱德华·希思，推举撒切尔为党首。她致力于扭转国内经济颓败的趋势，放松对劳工组织的控制，削减政府开支，削弱人们对政府的依赖，解除对商业的管制以促进其发展，并提升英国在世界舞台上的地位。

撒切尔性格无畏，辩才出众，其保守主义思想多是受到几位著名学者的影响，如米尔顿·弗里德曼[1]和弗雷德里奇·冯·哈耶克[2]。保守党历史学家保罗·约翰逊称赞她“是个始终如一的优等生。她热爱学习，刻苦攻读，喜欢考试并在其中获得优异的成绩”。撒切尔喜欢对抗，这一点与女王不愿与人冲突的性格截然相反。二人还有一点儿迥异的地方，那就是撒切尔缺少幽默感，女王跟驯马师伊恩·鲍丁交谈时的玩笑话在撒切尔这里是没有的。不管女王对前首相詹姆斯·卡拉汉的政策是什么看法，在接下来的11年里，她却再也不能体会到与卡拉汉会谈时的轻松玩笑了。女王与首相的会谈也不再是对等的互动，因为撒切尔喜欢长篇大论地发表自己的意见，很少给对方开口的机会。“女王觉得这一点很气人。”一位与伊丽莎白二世关系较近的陆军高级将领如此说道。

女王与撒切尔的会谈是正式而有条不紊的。“她们会谈的议题包括当下的热点事件，”撒切尔的高级外事顾问查尔斯·鲍威尔回忆道，“有条不紊，一点儿都不琐碎。撒切尔不需要提前做什么功课，因为她早就胸有成竹了。她知道女王跟自己所获得的信息和情报是一样的，所以她想知道女王对这些问题的想法是什么、会说什么。撒切尔不需要别人教她礼仪和规矩，因为她足够自律。”

在与女王会谈过后，撒切尔会与女王的私人秘书们一起喝杯威士忌。一位前廷臣说道：“她跟我们聊天，非常放松。这在她身上是很罕见的。我想，与女王的会谈对她来说就像镇静剂一样。”撒切尔有时会带着女王的一个要求返回唐宁街，这个要求常常跟陆军某团有关。“她回来的时候总是非常愉快，”查尔斯·鲍威尔回忆道，“她真的很享受与女王的会谈。她回来后的表现所透露的情绪不是‘唉，天啊，真是浪费时间’，而是恰恰相反。”

撒切尔在1953年生了一对双胞胎，与女王一样，她并未放弃自己的职责，而是成了同龄人中罕见的职业妇女，也跟女王一样依赖保姆帮忙带大孩子。她们俩的生活中有很多相似之处可供交流，比如说在工作和家庭的平衡中左右为难、丈夫的地位比自己低所带来的烦恼……然而她们俩都是内敛的人，不愿对人倾诉情

---

[1] Milton Friedman（1912—2006），美国经济学家，以研究宏观经济学、微观经济学、经济史、统计学及主张自由放任资本主义而闻名。1976年获“诺贝尔经济学奖”。他的政治哲学强调发挥市场经济的优点，并反对政府的干预。

[2] Friedrich von Hayek（1899—1992），奥地利出生的英国知名经济学家和政治哲学家。以坚持自由市场资本主义，反对社会主义、凯恩斯主义和集体主义而著称。1974年获“诺贝尔经济学奖”。

感，所以她们很少在私人层面进行交流，而这原本是个建立纽带的好机会。只有一次例外，有一次撒切尔要去沙特阿拉伯访问，女王与她会谈结束时曾给她提了点儿穿着建议；除此之外，二人避免任何“女性之间的悄悄话”。“撒切尔夫人认为与女王建立亲密的关系是对女王的不恭；并且，她总是将女王放在主动的位置上。”一位前政府顾问如此说道。女王并未主动与撒切尔亲近，但一直待她有礼而体贴。不管在什么时候，只要撒切尔来温莎堡赴宴并留宿，伊丽莎白二世总是亲自从图书馆里为其挑选读物：有一年她为撒切尔选了一套古董选集，还有一年是莫扎特10岁时的手稿。

女王和首相都能从容应对周围这个男人的世界，但是各自方法不同。伊丽莎白二世“很矜持，看你的眼神是意味深长的，但透着友好和鼓励”，多年的廷臣爱德华·福特说道，“她把我们当男性对待。”而撒切尔，因为在她的内阁成员中只有一位女性，所以她强势地维护着自己的地位，也为自己赢得了“铁娘子”的绰号。女王则认为这种强势对自己来说是不合适的。讽刺木偶剧《Spitting Image》喜欢恶搞政治家、王室和社会名人，在1984年的一期节目中，“撒切尔首相”和她的“内阁成员们”一起用餐，女招待问“她”：“您想吃什么，先生？”身穿男士西装、扎着领带、左手夹着雪茄的“撒切尔”答道：“嗯，来份牛排。”女招待接着问道：“几成熟呢？”“撒切尔”答道：“生的，带点儿血。”女招待又问：“蔬菜呢？”“撒切尔”说：“哦，他们跟我吃一样的。”[1]

女王和撒切尔首相无疑是英国地位最高、身份最为显赫的两位女性人物，女王堂弟的妻子肯特郡迈克尔王妃（Princess Michael of Kent）曾对二人的角色有过贴切的描述，她曾对孩子们说：“女王是这个国家的母亲，她把你送到学校去。”而玛格丽特·撒切尔是“学校的校长，她立下规矩要你遵守”。

撒切尔首相对女王万分恭顺。她的高级顾问查尔斯·鲍威尔曾说：“撒切尔向女王行屈膝礼时，一直是深深地下蹲。要是换了我蹲这么低，恐怕得用吊车把我拉起来才行。她来自一个中下层家庭，她全家都非常爱国，对王室和女王都极为尊敬，所以她总是循规蹈矩。”撒切尔曾说，如果她是来自地球之外，要在这里建立一个宪政制度的话，“我会选择一个世袭的王权，他们训练有素，恪尽职

[1] vegetable一词除了“蔬菜”之意，还有“植物人、呆头呆脑的人”的意思；此处女招待问的是蔬菜，而“撒切尔”理解成了招待问内阁成员这些“呆子”们要吃什么。

守，以身作则，对人民不离不弃，超脱于政治之外，他们深受国民爱戴，是爱国主义的象征”。

撒切尔首相把每年秋季的巴尔莫勒尔庄园之行看成一件麻烦事，但她还是“忠诚地”履行这一传统。她来巴尔莫勒尔时，总是身穿花呢套装和高跟鞋，跟这里的乡间生活格格不入。一位常来做客的熟人曾问：“首相喜欢到山里去散步吗？”“山里？”女王反问道，“山里？她只在公路上走！”女王还知道，撒切尔是绝对不会接受饭后女士全部退出餐厅留下男士们畅谈这个传统的，“于是她就想了个办法，她经常邀请撒切尔一家去吃烧烤，这样的宴会比城堡内举行的要随便很多，就把那个传统避开了。”一位客人如此解释道。撒切尔的丈夫丹尼会在一位侍从武官的陪同下打高尔夫球，女王则照例带撒切尔到王太后的伯科豪庄园喝茶，因为王太后非常欣赏撒切尔。在此行的最后一天，撒切尔夫妇会在拂晓离开。

刚刚就任3个月，玛格丽特·撒切尔就见识到了女王作为英联邦元首独断的一面。由伊恩·史密斯领导的罗得西亚白人少数派政府一直遭到黑人游击队的抗争，麻烦不断。1979年7月底8月初，英联邦成员国元首在赞比亚首都卢萨卡（Lusaka）召开会议，提议在伦敦召开一次会议，让伊恩·史密斯和反对派各方，如黑人游击队的领袖罗伯特·穆加贝（Robert Mugabe）（一位马克思主义者）和约书亚·恩科莫（Joshua Nkomo）共同商讨，停止冲突对抗，为自由公正的大选做好准备。撒切尔首相将游击队领袖们看作恐怖分子，她更倾向于一个权力分享协议，让史密斯继续与一个温和派的黑人政党进行磋商。

赞比亚游击队非常活跃，撒切尔尽力劝女王不要参加此次英联邦会议，唯恐她会受到伤害。但女王对8年前希思首相拒绝让她参加新加坡的英联邦会议仍记忆犹新，这一次她坚持要前往南非。在去卢萨卡之前，女王先用9天时间访问了坦桑尼亚、马拉维、博茨瓦纳和赞比亚。这一路的见闻更令她忧心忡忡，因为有一些非洲国家可能会脱离英联邦，除非罗得西亚由黑人多数派政府掌权。在马拉维的国宴上，女王与马拉维“终身总统”海斯廷斯·班达（Hastings Banda）进行了详谈，在谈话中她非常专注，以至于忘记了餐桌的礼仪，将胳膊肘放在了桌面上。这也难怪，因为班达是非洲最有“特色”的领导人之一，他是一个独裁者，在美国和苏格兰上学，后在英国行医，从此习惯了戴小礼帽、穿三件套西装。

1979年7月27日，伊丽莎白二世比撒切尔早两天抵达卢萨卡，准备与赞比亚总统肯尼斯·卡翁达会谈，促其压制当地媒体的反英言论。在4天的英联邦会议中，作为英联邦的象征元首，伊丽莎白二世按照惯例为与会的42位国家元首举行了一次接待会。当晚她一直待到近午夜，“在房间里穿行，与各位领导人交谈，”尼日利亚的伊米卡·安耀库酋长（Chief Emeka Anyaoku）回忆道，“我相信，女王的介入让处在分裂之际的各国元首妥协了。”

在幕后，女王仍在施加她的影响。她在别墅里分别与各个领导人进行了15到20分钟的简短会晤。在此过程中，尤其是在跟非洲的诸位元首的会谈中，她向他们表达了自己的关切之情，而未明确表达自己的立场。女王对英联邦诸国境况的了解令各位领导人印象深刻。在女王对诸位领导人的安抚下，撒切尔得以从容施展手脚，正如外交大臣彼得·卡林顿（Peter Carrington）和澳大利亚总理马尔科姆·弗雷泽所期盼的那样。非洲国家的领导人们也都做出了让步，同意考虑一个方案，让白人在罗得西亚的新议会中也分享一些席位。

没有人能够准确说出女王在此次事件处理过程中所起的作用，卡林顿将其描述为“平息了各方的情绪”。会议结束时，撒切尔签署了《卢萨卡协定》（*Lusaka Accord*），准备在9月于伦敦兰开斯特宫（Lancaster House）召开罗得西亚制宪会议。“女王与撒切尔、卡翁达进行了会谈，”当时的英联邦秘书长、圭亚那外交部长桑尼·兰法尔（Sonny Ramphal）说道，“多亏了女王，事情才得以解决。”

撒切尔首相对这样的和平谈判也极为拥护。9月21日，各方达成了停火协议，随后进行大选，1980年罗得西亚获得独立，成立了津巴布韦共和国（Republic of Zimbabwe）并加入英联邦，成为其第43个成员国。罗伯特·穆加贝担任津巴布韦首个国家总理。但最终撒切尔对穆加贝的担心变成了现实，后者变成了一个腐败的独裁者，他残忍地对政敌进行迫害，剥夺白人农场主的田地，将非洲最富生气的农业经济摧毁殆尽。2002年英联邦宣布对津巴布韦停权一年，2003年穆加贝宣布永远退出英联邦。

1979年8月4日，刚刚从非洲返回英国的女王就前往巴尔莫勒尔庄园去度假了。在温莎堡，女王跟菲利普亲王的午餐时间如无紧急事件是不允许被打扰的。所以，当8月27日星期二这一天女王的助理私人秘书罗伯特·费罗斯（Robert Fellows）匆匆走进餐厅时，女王就知道一定是出事了。当时蒙巴顿一家在爱尔兰共和国的斯莱戈郡（Sligo）度假，就在27日上午，他们驾乘一艘8米多长的渔艇带着6位家人和一个当地的小男孩一起出去游玩，途中遭到了爱尔兰共和军的炸弹袭击。菲利普的舅舅，亦是伊丽莎白二世的表亲、79岁的迪基·蒙巴顿，约翰·布拉伯恩83岁的母亲多琳（Doreen）、布拉伯恩双胞胎儿子中的尼古拉斯·纳齐布尔（Nicholas Knatchbull）、15岁的爱尔兰男孩保罗·麦斯威尔（Paul Maxwell）被炸死，帕特里夏·布拉伯恩和约翰·布拉伯恩夫妇以及他们的另一个儿子蒂莫西（Timothy）则受了重伤。

听到这个消息，女王一家极为悲痛。查尔斯王子一直都把迪基·蒙巴顿当作“知心朋友和对他影响最大的人”，在日记中，查尔斯说这位伯祖父“对我深情爱护，总是跟我说逆耳的忠言，该夸奖时就夸奖，该批评时也不会留情……现在他走了，我的生活再也不会跟以前一样了”。

女王与医院取得联系，询问了伤者的情况并跟蒙巴顿的家人做了长谈，但只有菲利普一个人写了吊唁信。一位红十字会医院的医生对帕特里夏·布拉伯恩解释说：“像女王这样的人也有强烈的感情，但不会表达出来。她觉得自己说什么都已经于事无补，就干脆不说了。”与此相反，有一次女王的一只柯基犬死了，帕特里夏·布拉伯恩的妹妹帕梅拉·希克斯给女王写了封信安慰她，女王给她写了一封长达6页的回信。“一只狗并不重要，”希克斯解释道，“所以她可以把在别处不能宣泄的感情借此机会表达出来。”

9月5日，王室一家前往伦敦，到威斯敏斯特大教堂参加蒙巴顿伯爵的丧礼。送葬的队伍由军乐队组成，122名海军士兵拉着一辆炮车，炮车上摆放着蒙巴顿伯爵的灵柩。蒙巴顿伯爵生前早就安排好了自己悼念会的细节，前一周也做过排练。丧礼过后，大家一同坐上火车到汉普郡的罗姆西（Romsey）将蒙巴顿安葬在那里。在火车上，女王对表妹帕梅拉说：“坐到我旁边吧，跟我说说事情的经过。”“我说的时候她几乎没插过嘴，”帕梅拉·希克斯回忆道，“但她仔细聆听我说的每一句话。”葬礼过后，全家人来到布拉伯恩家的“布罗德兰庄园”（Broadlands）。因为父母尚未出院，所以布拉伯恩夫妇的大女儿乔安娜·纳齐布尔（Joanna Knatchbull）就充当起女主人的角色，站在前门迎接大家的到来。伊丽莎白二世从车上下来，眼睛红红的，乔安娜对她说：“夫人，您想到楼上歇一会儿吗？”“嗯，好的。”女王答道。

一个月后，14岁的蒂莫西·纳齐布尔出院了，女王邀请他到巴尔莫勒尔庄园来做客。蒂莫西跟姐姐阿曼达（Amanda）于傍晚时分来到温莎堡，“女王大步从走廊里走出来，就像母亲在召唤孩子一样。”她亲吻了这姐弟俩，招待他们三明治和热汤，又把他们带到他们的卧室去。随后女王帮他们收拾行李床铺，直到阿曼达劝她去休息才作罢。“她身上洋溢着母爱，停都停不下。”蒂莫西回忆道。

在随后几天里，女王时刻关注着蒂莫西的作息，建议他不要出去参加猎雉活动，还吩咐御医为他换药包扎。蒂莫西说：“她对我关怀备至，细心而体贴。”午饭时女王坐在蒂莫西身边，感觉到他对那次噩梦般的遭遇有很多话要说。“她没有刨根问底。她很擅长倾听，吸引着对方滔滔不绝地讲下去。我是第一次这么跟人说话，也是第一次对人吐露那么多心声。”

查尔斯王子在回顾迪基身亡这件事的时候，他写道：“恐怕我得用很长时间才能原谅那些人。”玛格丽特公主对此事的反应则强烈得多。这年秋季，她到美国芝加哥访问，当有人向她表示安慰时，她说爱尔兰人都是猪。伊丽莎白二世仍不发表意见。“她内心里也是很悲伤很震惊的，”蒂莫西·纳齐布尔说道，“我不信她对这件事从未有过愤怒和质疑。但她从没有失了分寸，仍保持着端庄的态度。她也知道不管是英国人还是爱尔兰人，都有各自的苦难和伤痛。”在他们的数次谈话中，蒂莫西“从未发现”女王对爱尔兰的态度有所冷漠。

还有一个意料之外的人向查尔斯王子表示了安慰，那就是他多年前的恋人卡米拉·帕克·鲍尔斯。她现在已经是两个孩子的母亲了，丈夫有外遇的事也是众所周知。1979年，在生下第二个孩子之后，她与查尔斯的恋情死灰复燃。卡米拉的丈夫安德鲁·帕克·鲍尔斯在皇家骑兵团的同事们发现了这件事，其中一位军官将其汇报给了女王，女王知道了但并未对查尔斯说什么。

与此同时，查尔斯与戴安娜·斯宾塞小姐（Lady Diana Spencer）渐渐熟络起来。戴安娜是王太后的老友兼尚寝女侍、第4代弗莫伊男爵遗孀露丝·弗莫伊（Ruth Fermoy）的外孙女，她的父亲是女王的侍从武官、第8代斯宾塞伯爵约翰尼·斯宾塞（Johnnie Spencer），他们家是英国拥有封地的贵族豪门之一，从中世纪[1]起就声名显赫。斯宾塞家族是当初从天主教统治中解救了英国，并于1914年将信奉新教的汉诺威选帝侯，亦即后来的英王乔治一世奉为国王的国家肱骨之一，所以，戴安娜潜意识里对王室有种优越感。在她与查尔斯的婚姻破裂之

[1] Middle Age，约476—1453年，“中世纪”一词是15世纪后期的人文主义者开始使用的。这个时期的欧洲没有一个强有力的政权来统治，封建割据带来频繁的战争，科技和生产力发展停滞，人民生活在痛苦之中，所以在欧美普遍被称作“黑暗时代”。

后，她曾对离婚律师安东尼·朱利叶斯（Anthony Julius）说她很后悔嫁入一个“德国家庭”。[1]

戴安娜的父亲约翰尼·斯宾塞曾陪同女王夫妇在加冕礼后对英联邦进行6个月的巡访。1953年9月出发之前，他向露丝·弗莫伊的女儿芙朗西丝·罗奇（Frances Roche）求婚了，又在距回国只有两个月时离开了女王一行人独自返回英国——作为一个廷臣而言，这样的举动是极为罕见的。当时的内廷女官帕梅拉·希克斯回忆说："那时我们刚到澳大利亚，他想芙朗西丝想得都快疯了，女王就对他说：'约翰尼，你先回去吧。'"

斯宾塞一家住在诺福克郡的帕克庄园（Park House），这是他们从女王那里租来的。斯宾塞夫妇生了三个女儿一个儿子，分别是萨拉、珍、戴安娜和查理斯。虽说他们就住在桑德林汉姆庄园附近，但在约翰尼从王宫退休安心做起乡绅之后，他们就很少与王室接触。1967年9月戴安娜只有6岁的时候，芙朗西丝离开了丈夫，与情人彼得·尚德·基德（Peter Shand Kydd）私奔了，斯宾塞夫妇大闹一场离了婚，随后芙朗西丝与基德结婚了。当时萨拉和珍都在寄宿学校上学，戴安娜和3岁的弟弟目睹了事情的经过，承受着对他们幼小心灵的伤害。这件事对戴安娜影响极深，也是她情绪不稳定的根源。9岁时戴安娜上了寄宿学校，她一共上过两所寄宿学校，学校的教育环境都很不错，但戴安娜在学业上的表现并不好，两次初级程度的考试都没合格。在瑞士的一所女子精修学校[2]度过了并不快乐的6个星期之后，于1978年返回英国，一年后在伦敦的Young England幼儿园做了一名助教。

到1976年年末，查尔斯王子已在皇家海军服役了5年，这时小报开始关注他的"个人问题"。到了1978年，媒体的关注程度再一次加强，因为查尔斯已经年满30岁了，到了他曾在3年前亲口说过的"男人结婚的最佳年龄"。他曾与戴安娜的姐姐萨拉有过短暂恋情，但在一次奥尔索普庄园[3]的猎雉活动中，他迷上了

[1] 本段牵扯的历史渊源请参见前文及前文译注。

[2] 为已受普通教育的青年女子做进入社交界准备的私立学校。精修学校的历史可追溯至19世纪。当时欧洲上流社会认为，女孩子接受基本教育后，再进入精修学校学习，才算"完成"教育。精修学校以往的办学宗旨是把年轻女性培养成举止高贵优雅的名媛淑女，必修课包括法语、宴客礼仪、跳舞、音乐和戏剧，一些学校还会开设绘画课并教网球、骑马、滑雪等运动。

[3] Althorp，一个占地1.3万英亩的大庄园，位于北安普顿郡，是约翰尼于1975年父亲去世后继承的。

戴安娜。查尔斯比戴安娜大12岁，但当时16岁的戴安娜大胆地与姐姐的恋人眉来眼去，对王储芳心暗倾。在其后几年时间里，他们俩只是偶有会面，直到1980年在苏塞克斯举行的一次乡村别墅招待会上，他们的恋情才正式开始。戴安娜长相妩媚，碧蓝色的大眼睛脉脉含情，脸上总挂着一抹红晕。“她举止大方得体”，与查尔斯同样喜欢乡间的生活，而她对查尔斯去年痛失亲人迪基·蒙巴顿的同情也把他打动了。

查尔斯随后展开了对戴安娜的追求，他邀请她去看考兹市的赛马，还请她到巴尔莫勒尔庄园做客。戴安娜之前曾陪姐姐珍两次来到巴尔莫勒尔庄园，珍后来于1978年嫁给了女王的顾问罗伯特·费罗斯。但这一次她是伊丽莎白二世的客人。一家小报的记者率先发现了“这朵完美无瑕的英国玫瑰”，《太阳报》则大肆报道说“戴安娜——王室的新面孔”。随后几个月里，查尔斯对是否要向戴安娜求婚而犹豫不决。他的两个朋友——尼古拉斯·索姆斯（Nicholas Soames）、蒙巴顿孙子诺顿·纳齐布尔（Norton Knatchbull）的妻子佩妮·罗姆西（Penny Romsey）都表达了对这段感情的怀疑。佩妮·罗姆西很担心，她觉得戴安娜“是爱上了一个幻想而不是一个活生生的人”。而索姆斯则更加直率，他认为戴安娜“幼稚、不成熟”，说她跟查尔斯“完全是两种类型的人”。

在此期间，小报记者和狗仔队对戴安娜也是穷追不舍。1981年，菲利普给查尔斯写了一封信，让儿子或者立刻求婚或者马上分手，这样拖下去会影响戴安娜的声誉。考虑到他在家中的角色，菲利普的这些话或许也代表了女王的意见，但她并未对戴安娜是否适合做王储妃直接发表意见。滑雪度假回来后，2月6日在温莎堡，31岁的查尔斯向19岁的戴安娜求婚了，他们订婚的消息于2月24日正式对外发布。

对查尔斯来说，父亲的来信给他带来了伤害和过多的压力。“菲利普亲王和女王觉得对戴安娜负有责任，再说约翰尼曾是王室的侍从武官，”帕梅拉·希克斯说道，“菲利普亲王写信是为了帮查尔斯一把，但查尔斯领会错了。他觉得父母是让他做出牺牲当机立断。他一直把信带在身边，常常拿出来看看。”

虽说查尔斯追求戴安娜的过程稍显草率，但后者的贵族出身和纯真无瑕无疑是满足“王储妃”的基本要求的；查尔斯及其父母此时眼里全是戴安娜的动人优点——她的魅力和幽默感，她的温柔和活力，她害羞而迷人的品质，她看似柔顺的性格……他们知道戴安娜的父母早已离异，但他们认为她是乐意成为王室一员的。他们还认为，由于戴安娜在成长过程中对王室生活并不陌生，她理应轻松胜任这个角色——虽说后来发现并不是这么回事，这是后话了。戴安娜在诺福克郡的一位同学说："这根本就是两码事。一个是在王宫附近生活；一个是嫁入王宫、融入里面的生活，参加各种露天聚会、宴会，还要了解客人的情况，对什么人说什么话……"

假如王室能多花点儿时间咨询一下戴安娜的朋友和亲戚的话，那么他们就能对她的性格和背景有更全面的了解，也许就不会如此武断地选择她了。童年的阴影令戴安娜非常缺乏安全感，这一点常常令周围的人烦恼不堪。她没有纪律性，情绪多变，有强迫症倾向，不愿说实话。这些情况，戴安娜的外婆露丝·弗莫伊都知道，但她很难说出口。她后来对查尔斯的官方传记作家乔纳森·丁布比说："要是我跟查尔斯说'你大错特错了'，他也许根本听不进去，因为他那时已经身不由己了。"

6月13日，距离长子的婚礼还有3周，女王在"林荫大道"举行了英王诞辰阅兵式。当天女王骑的是一匹名叫"博米斯"（Burmese）的19岁黑色母马，这匹马还是加拿大皇家骑警（Royal Canadian Mounted Police）在1969年赠送给她的。在前两周里，女王每天都在白金汉宫的皇家马厩练习侧坐马鞍的骑马技术，就在当天早上她还骑着"博米斯"在王宫花园里跑了一圈。

这是女王第13次骑着马在"林荫大道"上接受民众的欢呼了。她上身穿的是威尔士卫队的深红色束腰长袍，下身是海军蓝色的骑马裙。女王骑在马上，背脊笔直，脸部正对前方，双腿搭在马身左侧，左手轻抓缰绳，右手握着短鞭。她的马走在查尔斯和菲利普前面，亲王和王子身穿红色束腰长袍、头戴熊皮帽，另有一队皇家骑兵团的士兵跟随其后。

近11点时，女王骑马右转，朝"皇家骑兵卫队阅兵场"（Horse Guards Parade）走去，准备开始阅兵。这时突然从人群里传来6声枪响。女王的马受了惊吓，向前窜去，女王下意识地双手紧抓缰绳，一心想让马安静下来。菲利普亲王和查尔斯王子还在发愣，这时卫兵和围观群众冲上前去抓住了持枪男子。几个警察飞奔过来帮忙，一位骑兵策马跑到了女王身边保护她。女王的马这时已经安静下来了，女王俯身用左手轻轻拍着它的脖颈，朝人群微笑着，继续典礼仪式。还好那6枪都是空弹，持枪男子名叫马库斯·萨基特（Marcus Sarjeant），17岁的他随后因"意图惊吓女王"而被判入狱5年。女王后来对朋友和家人说，她曾在一瞥之间看到萨基特在拿枪朝她瞄准，但不相信那是真的。

女王在此次事件中的应变不仅反映了她良好的骑术，还让民众首次直观地见识到她无畏的勇气和沉着，而这些品质平时只有她的朋友和廷臣才有缘一见的：站在牧场上，任群马在身旁飞驰；板球比赛中飞来的球打中邻座的椅子，惊得大家都跳起来，她却坐着岿然不动……甚至在一次贝尔法斯特访问途中，一个疯子用石块砸在她的汽车上，“她仍然若无其事地继续前行”。曾担任女王助理私人秘书长达15年的爱德华·福特爵士说：“我从未见过她害怕的样子。”

伊丽莎白二世对骑马和乘坐敞篷马车的潜在危险心知肚明，但她拒绝任何保护措施，怕民众不能真切地看到她。她把遭受暗杀的可能看作天命，而因为有了完美有序的王位继承制度，她就更不在乎了。虽然如此，军队在1982年还是对阅兵式做了调整，由两位王室官员骑马走在她的两侧以保护她的安全。有一年，陆军中校马尔科姆·罗斯爵士负责这一任务，女王戏谑道：“你知道自己为什么在这儿吧。挨枪子儿的是你，可不是我哦。”每当他们骑马走过“林荫大道”时，女王总会像个严厉的马术教练一样看一看他，嘴里说道：“左腿伸直！伸直！”女王直到1986年才不再骑马，此时24岁的“博米斯”也“退休”了。女王并未另外训练一匹马来骑，而是改坐“象牙马车”[1]了。

媒体和民众对女王的表现赞不绝口。《每日快报》说：“全英伦的酒馆和俱乐部里，人们对女王的看法都是一致的。陛下英勇无畏、肝胆过人。”由此而生的对女王的钦佩之情，再加上查尔斯和戴安娜的婚礼，共同营造了一波亲君情绪。1981年7月的一次民意调查显示，86%的被调查者支持君主制度，而在12年前初次做类似调查时的结果是80%。

查尔斯和戴安娜的婚礼上有一位特殊的嘉宾，那就是南希·里根（Nancy Reagan）。美国第一夫人曾于几年前访问加利福尼亚州时通过尼克松总统的驻英大使沃特·安尼伯格（Walter Annenberg）与查尔斯见过一面，当时查尔斯还在海军服役。前一年5月，南希·里根还在白宫的私人住宅设宴招待了查尔斯王子，与英国王室建立了良好的关系。当时受邀参加宴会的有加里·格兰特[2]、奥黛丽·赫本[3]、威廉·F.巴克利[4]、黛安娜·弗里兰[5]，查尔斯对英国大使尼古拉

[1] Ivory Phaeton，全称Queen Victoria's 1842 ivory-mounted phaeton，一辆四轮轻型马车，由两匹马牵引。

[2] Cary Grant（1904—1986），美籍英国人，著名影星。

[3] Audrey Hepburn（1929—1993），著名影星，奥斯卡影后，有“人间天使”之称。

[4] William F.Buckley（1925—2008），美国著名保守派政治家、作家、评论员。

[5] Diana Vreeland（1903—1989），美国时尚界著名专栏作家、编辑。

斯·亨德森（Nicholas Henderson）的妻子玛丽·亨德森（Mary Henderson）说：“我简直是太喜欢里根夫人了！我都想亲她一口！”

女王因为忙于婚礼筹备事宜而无法亲自接待里根夫人，她就委托表亲琼·威尔斯于7月28日星期二为南希·里根举办了一个午宴，午宴之后再到皇家别墅与王太后一同喝茶，然后再去“史密斯草坪”观看马球比赛。南希·里根和新任美国驻英大使约翰·路易斯（John Louis）的妻子约瑟芬·路易斯（Josephine Louis）“穿着各自最好的衣服就过去了，对看马球比赛来说有点小题大做了”，约瑟芬回忆道。因为前一年3月罗纳德·里根总统曾遭遇谋杀，这次她们身边的安保人员也比平时增加了很多。

比赛开始后，一辆路虎汽车开了进来，从司机座上走下车的却是女王。她随意地穿着花呢裙子，脚穿粗革皮鞋，从人群里挤到皇家包厢，身边几乎看不到保镖的影子。“女王那天简直棒极了！”约瑟芬·路易斯回忆道，“她那么和蔼，那么友好。”南希·里根跟王太后也很合得来，王太后当天下午给南希送来一封热情的信件，随信而来的还有一盒苦味薄荷巧克力，以提醒她的“温莎大公园中小别墅”之行。

对正遭受城市种族骚乱和失业率持续上升之苦的英国来说，29日在圣保罗大教堂举行的查尔斯王子大婚典礼无疑是令人精神振作的一件好事。婚礼当日，到处都洋溢着喜庆的气氛。据估计有60万人站在英国的街头观看婚礼车队，全世界收看电视转播的观众超过了7.5亿。戴安娜身穿宽大的塔夫绸婚纱，身后拖着7米多长的裙摆，看上去光彩夺目。坎特伯雷大主教罗伯特·朗西（Robert Runcie）主持了婚礼，宣布二人的结合：“这是一个童话的开始。”朗西后来曾承认说自己知道查尔斯和戴安娜二人并不合适，但他认为戴安娜“会习惯的”。

婚礼之后，亲朋好友和婚礼的宾客们一同前往白金汉宫参加150人的婚礼早餐，不是贵族的各国元首则到英国中央银行参加撒切尔首相举办的午宴。当天晚上，查尔斯和戴安娜就出发度蜜月去了，女王的表亲伊丽莎白·安森夫人在克拉里奇酒店举办了500人的聚会，女王和菲利普亲王也出席了。大家的兴致都很高，电视机里重复播放着婚礼的盛况。女王坐在软垫椅子上，手里端着一杯马提尼看着电视。“菲利普，快看！”她突然叫道，“我脸上的表情真不好看。”

在自助晚餐时，女王邀请南希·里根、约翰·路易斯、摩纳哥王妃葛丽丝（Princess Grace of Monaco）坐到她的身边，菲利普在一旁招呼客人，50岁的玛格丽特公主则坐在地上吃着炒鸡蛋。舞厅里装饰着各色丝带，丝带的下端拴着苹果，有一个苹果还打到了菲利普的眼睛。女王夫妇不时到下面跳支舞，在跟约翰·路易斯共舞时，女王看上去有点儿不自在，因为她身高1.63米，而路易斯高达1.95米。舞会在赖斯特·拉宁（Lester Lanin）管弦乐队的伴奏下一直持续到凌晨1：30，很多人都戴上了拉宁的标志性无檐小便帽，其颜色五花八门，另外还有戴硬草帽和圆顶礼帽的，上面都饰有缎带，上写“查尔斯和戴安娜”。

最后，女王不无遗憾地离开了，临行时还说：“我真想留下来跳一个晚上！”约翰·路易斯夫妇与女王夫妇同时离开，南希·里根则飞快地跑到公用电话亭里给美国白宫的丈夫打电话，向他描述整晚的快乐时光。“女王生菲利普的气了，因为他就是不肯摘下帽子，”约瑟芬·路易斯回忆道，“她觉得戴着那顶帽子不合适，就不断唠叨他，菲利普最后终于把帽子摘了。可是刚一坐进车里，又把帽子扣到头上了。”

宴会的宾客们并不知道，查尔斯和戴安娜的婚姻此刻已经出现了裂缝。早在二人刚刚订婚时问题就已经初露端倪，当时戴安娜已入住白金汉宫，而查尔斯常常因公出差，戴安娜就觉得被冷落了。她患上了厌食症[1]，体重骤降，设计师伊丽莎白·伊曼纽尔（Elizabeth Emanuel）被迫几度修改婚纱。戴安娜情绪无常，对人过度依赖，还对查尔斯早已分手的情人卡米拉·帕克·鲍尔斯指责不断（卡米拉夫妇也在参加婚礼仪式的宾客中间，但未获邀参加戴安娜的接见）。查尔斯和戴安娜乘坐“不列颠尼亚号”在外巡游了两周，随后来到巴尔莫勒尔庄园度蜜月，此时的戴安娜整日泪水涟涟、怨怒不断，身高1.78米的她体重降到了99斤。戴安娜毫不掩饰对皇家迪赛德河谷及其所代表的王室习俗的憎恨——城堡内的传统生活方式、猎雉，尤其是打猎活动。“简直不可思议，”菲利普回忆道，“她不出来吃早饭，吃午饭也戴着耳机听音乐，吃完起身就走，去散步或跑步了。”从未有人像戴安娜一样藐视礼仪规矩，也没有人像她一样对女王如此不恭。查尔斯曾哄劝过妻子，但毫无作用。而对戴安娜的苛刻，查尔斯要么报以怒火，要么就躲得远远的，他被曾经迷恋的那个“甜美女孩”的“另一面”吓坏了。最后，在女王的许可下，查尔斯带着戴安娜乘飞机去伦敦接受心理治疗，此举并未赢得戴安娜的理解，反而埋下了怨恨的种子。

女王不能避免戴安娜的那些令人不安的行为，但她倾向于将其原因归结为新

[1] 由于怕胖、心情低落而过分节食、拒食，造成体重下降、营养不良甚至拒绝维持最低体重的一种心理障碍性疾病。约95%为女性，常在青少年时期就有类似的性格倾向。

生活的压力，而不愿去探究深层的根源。她不理解戴安娜，比如说，戴安娜怎么可能做到既善解人意却又如此自我的？一位前高级顾问对此的解释是：“因为女王是我们见过的最没有私心的人，她不喜欢谈论自己，也对其他人过度的自我阐述不感兴趣。”她还不愿干涉家人的生活。王太后的一位密友说：“不论玛格丽特公主对她多么无礼，她从不说什么。这是她的原则。她对孩子们也是这样。她是一个端庄的人，不会去干涉别人的生活。”

在女王不愿与人对抗的表面之下，是无尽的包容之心。回到伦敦之后，伊丽莎白二世告诉儿媳说她可以随时前来拜访。戴安娜称女王为“妈妈”，开始的时候，她经常在回白金汉宫游泳时顺便拜访女王。“女王对戴安娜一直很好。”戴安娜的知心女友露西亚·弗莱夏·德·利马（Lucia Flecha de Lima）说。坎特伯雷大主教罗伯特·朗西则说：“但即使是在跟婆婆相处了一段时间之后，戴安娜还是‘对她心存畏惧’。”

女王还指派宫内最年轻的内廷女官、42岁的苏珊·赫西夫人指导戴安娜学习王室规矩。赫西有些令人敬畏，但她尽职尽责地履行女王的命令。赫西幽默感十足，遵循礼节规矩方面更是一丝不苟。她曾在查尔斯王子10多岁时指导其行为规范。但她过于严苛了，对戴安娜随意的性情约束严厉，对她的脆弱也缺乏同情。戴安娜曾给赫西写信，谢谢她的帮助，并夸她就像一位老大姐一样，但戴安娜后来说她怀疑赫西与查尔斯王子的长久友谊是假的。一位与王室关系较近的女士曾说，女王应该委派美国籍的尚寝女侍维吉尼亚·艾尔利去指导戴安娜。她只比戴安娜大6岁，应该能跟戴安娜建立较为融洽的关系。这位女士还说：“维吉尼亚长得漂亮，性格柔和，是个有趣的人，她能给戴安娜提出诚恳的建议，哄她高兴。”戴安娜曾跟赫西大吵了一架（这似乎是早晚的事），后来跟朋友们说她对查尔斯的忠诚“被无情地抛弃了”。

戴安娜在蜜月期间怀孕了，这反而更加重了她的神经紧张。眼看她实在受不了小报的骚扰了，女王就采取了一个极端的措施：她于1981年12月在白金汉宫召见了21位媒体编辑。女王的新闻秘书迈克尔·希阿对“舰队街”这群媒体人说，他们的行为给戴安娜带来了困扰，她“情绪消沉”，连出门都提心吊胆。《世界新闻报》的编辑巴里·阿斯休（Barry Askew）问，为什么王储妃要亲自去商店买糖果，而不是打发仆人去买时，女王忍不住开口说道：“这是我听到的最不知轻重的话了。”

里根总统称赞女王“魅力非凡而平易近人”，还说“那匹马太听她的话了”！

1982年6月，经过精心安排，女王与美国总统罗纳德·里根在温莎家庭公园里一同骑马。

图片来源：Kent Gavin Associates

第十四章　极特殊的关系

转眼到了新的一年。媒体和公众对戴安娜的关注减退了，因为英国因福克兰群岛（Falkland Islands）问题与阿根廷爆发冲突，南大西洋即将面临一场战争。1982年4月2日星期五，阿根廷军队占领福克兰群岛，并声称这个岛的名字是“马尔维纳斯群岛”（Malvinas），是阿根廷的领土；而福克兰群岛自18世纪以来就是英国的殖民地。由于主权领土遭到侵犯，撒切尔首相立刻命令出兵夺回福克兰群岛。作为福克兰群岛的君主，更是作为英联邦的元首，女王全力支持撒切尔的决定。[1]

与此同时，女王还面临一个左右为难的问题，那就是该不该让22岁的儿子、王位的第二顺位继承人安德鲁王子前往战场。安德鲁性格豪放，像极了他的父亲。他还跟父亲一样在高登斯顿学校接受了教育，跟哥哥查尔斯不同的是，安德鲁的大男子气概令他很轻松地就适应了高登斯顿严苛的要求。其间他参加了校际交流计划，在加拿大安大略省的雷克湖学校（Lakefield College）度过了6个月。1979年在高登斯顿毕业之后，他跳过了大学教育，追随父亲的足迹在达特茅斯接受军事训练，然后直接进了皇家海军。到福克兰群岛战争爆发时，他已是一名合格的直升机飞行员了。

英国政府对战场上的危险表示忧虑，但安德鲁坚持要跟自己的飞行中队一起

[1] 福克兰群岛战争，又称马尔维纳斯群岛战争、马岛战争、南大西洋战争、福克兰海战、福岛战争，1982年4月到6月间，英国和阿根廷为争夺马岛（阿根廷称“马尔维纳斯群岛”）的主权而爆发的一场战争。阿根廷在20世纪80年代初发生严重的经济危机和大规模的反对军政府的运动，阿根廷政府试图通过对外军事行动来缓解国内危机。4月2日，加尔铁里总统下令出兵占领马岛，马岛战争正式爆发。最后英军夺回了马岛的控制权。

随英国皇家海军舰艇“无敌号”航母（HMS Invincible）赶往前线。女王支持他的决定。“她的决定表现了一位母亲兼女王的义无反顾，”安德鲁回忆道，“女王和公爵对我要上前线这件事十分高兴。这是一个很直爽的决定。”安德鲁的加入“让整个国家都感受到，女王也是此次远征的一分子，她将与其他士兵的父母共进退”。

战争以6月14日阿根廷的投降而结束，英国士兵阵亡255人，阿根廷则为650人。安德鲁并未直接与敌人发生交火，但他驾驶着“海王”（Sea King）直升机参与了数次佯攻、运输和搜救任务，其中任何一次任务都有潜在的危险。安德鲁在战场上失去了很多朋友和战友，甚至有一次在甲板上与敌人射来的“飞鱼反舰导弹”（Exocet）有过近距离接触。他说：“去的时候我还是个小毛孩子，回来时我已经变成大人了。”

撒切尔首相果断出兵打赢福克兰群岛战争的壮举再度强化了她“铁娘子”的形象，也在“苏伊士危机”过去25年之后向世界展示了英国军事力量的强大。她说：“我们的军队不会再退缩了。”在此次战争中，撒切尔坚定的盟友是罗纳德·里根，美国在可能会遭到南美洲盟友疏远的情况下，对阿根廷施加了经济制裁，并向英军提供情报和关键的武器装备。英美两国的领导人在私交和意识形态认同方面都有密切的纽带，这条纽带也使两国关系继丘吉尔首相时期再次达到了顶点。伊丽莎白二世后来授予里根总统和美国国防部长卡斯帕·温博格（Caspar Weinberger）“大英帝国荣誉骑士勋章”以示感谢。

巧的是，里根总统和夫人南希亦打算在这年6月与女王夫妇会晤。这个想法还是上一年的7月，南希来伦敦参加查尔斯的婚礼时定下的。里根夫妇此行并非政府安排的国事访问，而是女王的私人来宾，目的是让他们在访问法德两国的“首脑会议期间享受两天放松的日子”，里根和南希也是首对在温莎堡留宿的美国总统夫妇。其间最令人期待的就是女王将与里根总统一起骑马，这也是从年初开始两国数次商讨的成果。英国驻美大使尼古拉斯·亨德森说，负责里根总统公共形象的白宫办公厅副主任迈克尔·迪弗（Michael Deaver）“一提到总统与女王骑马并肩而行的画面就兴奋不已”。迪弗说：“卡特总统是不可能这么做的，这是多么好的拍照时机啊。”

里根总统的前任是吉米·卡特（Jimmy Carter），他只见过女王两次：一次是女王赴美参加美国独立200周年纪念期间；另一次是他就职总统之后海外访问期间，他访问英国是在1977年5月5日，用他的话说，英国“是我踏出国门的第一站”。在英国期间，他参加了数个经济和外交会议，其后出席了在白金汉宫为“北约”[1]领导人举行的黑领结晚宴。当晚卡特总统扎的领结比菲利普扎的大好几圈，他还把76岁的王太后比作他挚爱的母亲“莉莲夫人”（Miz Lillian），情不自已地亲吻了王太后的嘴唇。“我猛地一下闪开了，”王太后回忆道，“但并没有后退太远。”她后来说，自从丈夫25年前去世后，她还从未被人吻过嘴。

1982年6月7日星期一，里根夫妇乘直升机抵达温莎堡。他们下榻在“兰开斯特塔”（Lancaster Tower）240号的七居室套房里——两间卧室、两间更衣室、两个洗手间，还有一个会客厅。会客厅里挂着出自汉斯·荷尔拜因[2]手笔的王室祖先的肖像画，窗外即是“长街”的全景。女王为他们安装了白宫的专线电话，还在顾问的建议下在他们的浴室里安装了淋浴喷头——这是温莎堡的第一个淋浴喷头，因为考虑到“他更习惯用喷头洗澡”。

下午，女王夫妇陪里根夫妇到城堡花园里游览；晚上，里根夫妇与其他在城堡里留宿的高级官员及其配偶一同在“绿色客厅”里喝了饮品，随后共同参加了女王夫妇在私人套房的“深红客厅”（Crimson Room）举行的私人黑领结晚宴。参加晚宴的人有白宫办公厅副主任迈克尔·迪弗、美国国务卿亚历山大·黑格（Alexander Haig）、白宫办公厅主任詹姆斯·贝克（James Baker）、美国国家安全顾问威廉·克拉克（William Clark），等等。

“好像是参加一个普通的家庭晚宴一样，”迈克尔·迪弗的妻子凯罗琳·迪弗说道，“女王夫妇在陌生人面前也能谈笑风生，给人的感觉好像是能跟他们平等相处一样。”安妮公主和丈夫马克·菲利普斯，以及查尔斯和戴安娜也参加了晚宴。戴安娜已经怀孕8个月了，好像很不舒服，“戴安娜穿着红色的晚礼服，总是垂着头，”凯罗琳·迪弗说道，“她坐在桌子的一端，只跟左右两侧的人聊几句话。”

第二天早晨，女王夫妇邀请里根夫妇到他们卧室的小阳台上共进早餐。南希·里根说：“那是非常随意的一个早餐。我们从他们卧室里穿过去走到阳台上，还在摆着食物的桌旁排队等待着。我问查尔斯王子：‘我该怎么做？’他回答说：‘自己动手，随意就好。’这可跟我想象的大不一样。”

---

[1] NATO，北大西洋公约组织（North Atlantic Treaty Organization），简称北约，美国与西欧、北美主要发达国家为实现防卫协作而建立的一个国际军事集团组织。

[2] Hans Holbein（1497—1543），文艺复兴时期绘画的著名代表人物，一生致力于肖像创作，并富有独创性。

9：30，万众期待的时刻终于到来了——女王将与总统一同骑马。56岁的伊丽莎白二世骑的是“博米斯”，她身穿褐色马裤、格子花纹毛呢夹克，戴着米黄色手套，裹着头巾。71岁的里根身穿开领衬衫，外面套了一件软呢夹克。里根骑的是8岁的公马“百年纪念”（Centennial），配的是英式马鞍，“只要安稳坐着就行了，不需要随着马步上下颠动，他却不知道这一点。”女王和总统都没有戴安全帽，为此还招来一些批评。

655英亩的“温莎家庭公园”笼罩着薄雾，就在他们动身之前，里根与栅栏后面的150名记者开起了玩笑。一位记者朝他喊道：“感觉怎么样？”里根回答：“很好。你要是站着不动，我能从你的头上跳过去。”女王从未与记者有过类似的问答，她一瞪眼睛，提起缰绳绝尘而去，里根赶紧策马追在她的身后。骑马陪伴他们的是两位王宫廷臣、两位安保人员，另有一辆路虎吉普车，上面坐着美国特工处和英国的安保官员。菲利普驾着一辆四匹马牵引的马车拉着南希·里根，也在公园里游览。1971年菲利普因关节炎而放弃了马球运动，学习竞技马车，后成为此运动的佼佼者。在游览途中，他一边给南希介绍周围的景致，一边跟她解释竞技马车的方方面面。

在1个小时里，女王和里根二人或骑马漫步，或小跑或慢跑，一起走过了8英里的路程。其间他们曾停下来与牛群中的农人谈话。他们沿着泰晤士河旁的一条水渠骑马时，里根热情洋溢地向周围的人群挥手致意，女王怕他骑到水里去，就替他拉着缰绳把马带到正确的方向。他们此行的终点位于“温莎大公园”的“长街”，那里几乎每棵树、每丛灌木之后都潜伏着安保人员。他们到达后，记者们大声向他们问着问题，里根再次停下脚步与他们交谈起来，女王再次露出不悦的神情。里根总统称赞女王“魅力非凡而平易近人”，还说“那匹马太听她的话了”！

几个小时之后，里根总统向英国上下两院发表演讲，赞扬了英国在“福克兰群岛战争”中的表现，全程电视转播。他也是首个有幸为英国上下两院讲话的美国总统。其间女王在温莎堡的私人起居室里处理公文。下午，凯罗琳·迪弗独自在城堡的“大走廊”里漫步，正当她欣赏着卡纳莱托的作品、为其惊讶赞叹时，一个熟悉的声音从一个门口传来：“今天过得还愉快吗？”“这些画太美了。”仍未从震惊中缓过劲儿的凯罗琳答道。“慢慢欣赏，”女王说道，“我很高兴你喜欢这些画。”

令凯罗琳·迪弗同样震惊的还有当晚白领结宴会的准备工作。晚宴在“圣乔治大厅”（St.George’s Hall）举行，准备工作用了一天时间，大厅里是一张50多米长、2.5米宽的红木桌子，脚上绑着枕状掸子的男仆们穿梭在大厅里，往桌子上摆放着镀金银制枝状烛台，或往桌上的金瓶里插放花束。

参加宴会的客人有158位。女王在宴会上对里根说，她对里根“应付一匹陌生的马以及一个更为陌生的马鞍的表现印象深刻”。随后她用严肃的口吻补充道：“福克兰群岛的冲突是对英国的公然侵犯……我们对美国人民在此次危机中所表现出的理解而感到欣慰。我们要向美国作为盟友和中介人的双重角色所表现出的诚恳、耐心和技巧表示钦佩。”

晚饭过后，里根夫妇在女王夫妇的陪同下沿着仆人们拉开桌椅之后形成的过道走下去，前面带路的是66岁的王室总管、第27代麦克林家族族长查尔斯·“奇普斯”·麦克林勋爵（Lord Charles“Chips” Maclean）。麦克林倒退着在前面带路，而里根看到眼前这历史悠久的王室礼仪，却觉得越发不安，不禁朝女王瞥去。“突然之间，我看到身旁娇小的女王边走边挥动着胳膊。”里根回忆道。后来女王向里根解释说她那是在指挥麦克林怎么走，因为“你知道的，那些椅子摆得不是很整齐，他会绊倒受伤的”。

戴安娜在参加此次宴会时就身体不适，但在两周之后，她不负众望地为王室诞下一名男性继承人。6月21日，威廉·亚瑟·菲利普·路易斯（William Arthur Philip Louis）出生了。“终于又平静下来了，我深深地松了一口气，”戴安娜后来回忆道，“我的感觉暂时好了很多。”女王也在第一时间赶到圣玛丽医院（St. Mary’s Hospital）探望了新出生的小王子，亦即王位的第二顺位继承人。

距离上次马库斯·萨基特恐吓案还不到一年，伊丽莎白二世又经历了一次“惊魂时刻”。7月9日星期五早上7：15，她突然听到关门的声音，于是醒了过来。这样沉重的关门声绝不是仆人们所做的，并且她知道，菲利普早上6：00就离开白金汉宫外出公干了。她仰头一看，只见一个光着脚、身穿T恤和牛仔的陌生人撩开帷幔，坐在了床脚位置。他手里拿着一个玻璃烟灰缸的碎片，拇指上流出的血滴在她的床铺上。

夜闯王宫可谓胆大包天了。31岁的迈克尔·费根（Michael Fagan）翻越了4米多的高墙，从一扇敞开的窗户进入王宫里，沿着走廊一路走到女王的卧室里都未被人发现。后来人们才知道，原来他是一个“经验丰富”的闯入者，他在6月7日就曾来过王宫一次，喝了半瓶酒之后又安然离开了。

“马上离开这里！”女王对他说。费根好像没听见一样，自顾自地对她说起了自己的困扰。女王意识到他并没有伤害她的意思，就迅速改变了策略。10分钟里，她只是耐心地听着他倾诉，跟他说一些共通的话题，并适时插几句同情的话。其间女王曾按响紧急按钮，并两次拨打王宫的接线总机以寻求帮助。费根后来说，女王没有一丝紧张的迹象。这件事令人想起了1941年2月温莎堡里发生的一个类似事件：一个精神病患者藏在王太后卧室的窗帘后面，一把抓住了她的脚脖子。王太后当时并未大声叫喊，只是对他说道：“有什么事就跟我聊聊吧。”在他们聊天的过程中，王太后小心地移到房间一侧，按响了警铃。

伊丽莎白二世也是这样对待费根的，她后来告诉朋友们说：“我常常跟街上的普通百姓这样说话，已经习惯了。”在与费根相处的时间里，她异常镇定的举止，以及她的勇气和通情达理也起到了积极的作用。最后她终于等到了脱身的机会。费根跟她要烟抽，女王就领着他向旁边的一个食品储藏室走去。

他们在走廊里遇见了女仆伊丽莎白斯·安德鲁（Elizabeth Andrew），她叫道：“天啊，夫人，这个人是干什么的？（后来女王曾用约克郡口音把这句话学给她的朋友们听）”随后，刚刚在花园里溜完狗的身高1.93米的高级侍从保罗·韦布鲁（Paul Whybrew）也带着那群柯基犬走了过来。柯基犬围着费根狂叫不止，韦布鲁给费根倒了杯酒以安顿他的情绪。几分钟后，一批警察终于来到了。一位警官看到女王在场，赶紧整理了下自己的领带。女王看到了，对他说：“快点吧，别浪费时间了。”

“我不害怕，”女王事后对王太后的侍从武官科林·伯吉斯（Colin Burgess）说道，“这件事太离奇了。他走了进来，我们聊了一会儿，他又安然无恙地离开了。这就是事情的经过。”而女王的一位亲戚则说，她对这件事的反应“大部分是震惊，不相信这是真的”。上午11：00，女王按时出席授勋仪式，并嘱咐顾问们在政府调查安全漏洞期间保守秘密。然而，第二天早上《每日快报》就把这件事捅了出去，其文章题目是《女王床边的入侵者》。当天晚上，撒切尔首相提前一天来王宫与女王会面，并为此事向她道歉。而内务大臣威廉·怀特劳（Willaim Whitelaw）面对下议院的重重质询，最终引咎辞职。

一周之后，爱尔兰共和军在海德公园和摄政公园放置炸弹，袭击了两队士兵，皇家骑兵团的士兵和皇家绿夹克团（Royal Green Jackets）的军乐手共8人在爆炸中牺牲，另有47人受伤。这是发生在伦敦市中心的一次恐怖袭击，也使人想起，在上周的费根夜闯王宫事件中，潜入王宫的若是一名恐怖分子会是怎样的结果。此事过后，女王在公共场合露面时似乎消沉了很多，医生也建议她休息一下。费根因偷了王宫的酒而被起诉，9月却被陪审团判定无罪释放。虽说被关在精神病院5个月，但并未受到任何惩罚，他也因此成了一个红极一时的人物。

在这段不平静的日子里，也有一个愉快的小插曲，那就是8月4日威廉王子的洗礼，这一天也是王太后的82岁诞辰。女王让母亲代替自己抱着威廉王子接受了洗礼，将舞台的中心让给了王室最为年长和最为年幼的两位成员。戴安娜当天也是神采照人，但实际上她正遭受产后抑郁症的困扰，她后来把这段时期称作“黑暗的日子”。并且，她的贪食症又犯了，整日在大吃大喝与上吐下泻中折磨自己。[1]除此之外，她对卡米拉的指责有增无减，不相信丈夫跟她已经彻底断绝关系。9月，戴安娜与查尔斯王子一同住在巴尔莫勒尔庄园的“克雷格瓦”（Craigowan）小别墅里，她曾试图用利器自残。这种反常行为令人担忧，而查尔斯并未将此事告诉女王和菲利普，而是再次带着戴安娜去了伦敦。在伦敦，戴安娜先后接受了两位心理专家的治疗，但3个月过去了，她的情况没有一丝好转。

戴安娜的症状包括：抑郁、害怕被拒绝和抛弃、情绪不稳定、易冲动、有自残倾向、长久感觉空虚寂寞，这些症状表明她有可能患有“边缘型人格障碍”，而这种疾病是极难治愈的。虽然大家能偶尔发现一点儿不对劲的地方——1982年11月，她在阿尔伯特厅的“阵亡将士纪念日”活动上迟到了；她跟查尔斯当着家人的面吵架之后会变得紧张慌乱——但人们对她的情绪混乱和婚姻的痛苦知之甚少。

这年秋季，安德鲁王子在离开5个月之后，终于从“无敌号”航母回来了。女王、菲利普亲王、安妮公主一同乘飞机从巴尔莫勒尔到朴次茅斯迎接他的归来。海滩上挤满了欢呼的人群，他们手里还举着横幅或挥舞着国旗。看到儿子的那一刻，伊丽莎白二世禁不住擦了擦眼里的泪水。“真是太感人了。”安德鲁回忆道。他嘴里咬着一枝红玫瑰迎向母亲，现场的气氛顿时轻松了很多。

---

[1] 贪食症病人的摄食欲望或行为常呈发作型，一旦产生了进食欲望便难以克制和抵抗，每次进食量都较大。病人担心自己发胖，故常常在进食后自行催吐，也有服用泻药或增加运动量等来消除暴食后引起的发胖。

1983年2月，女王终于实现了长久以来的梦想，得以访问美国西海岸。1957年访美时，她曾有此打算，但因“时间不合适，也不合规矩”而被取消了。1979年英国驻美大使尼古拉斯·亨德森上任之前，她曾跟他说起过这件事，所以，当里根总统夫妇在温莎堡做客期间邀请她访问美国西海岸时，她高兴极了。她说：“里根总统是加利福尼亚[1]人，这简直太好了。”她还特别要求到里根总统位于圣巴巴拉（Santa Barbara）的“天空大牧场”（Rancho del Cielo）看看，里根总统答应让她在那里试一试“西部牛仔式”骑马方法。

此次访美安排在女王乘坐“不列颠尼亚号”访问加勒比海的几个国家之后，女王夫妇满心期待着能在加州的阳光下参加一些官方的活动并观光游览。可是当他们于2月26日星期六抵达时，却下起了倾盆大雨，这是20年来最糟糕的天气了。女王每天都穿着“博柏利”[2]雨衣和黑色雨鞋，公众看不到她里面穿着的鲜艳的丝绸日间礼裙。玛格丽特公主从英国打来电话时，甚至建议她去买一件新外衣。

圣迭戈[3]是他们的第一站，但由于道路泥泞，女王夫妇不得已坐上了一辆海军的公共汽车。此举令同行的英国记者大为吃惊，《每日邮报》的记者彼得·麦凯（Peter McKay）回忆道：“我们当时就说：‘这怎么行？女王从来都没坐过公交车啊！’”

“他们俩坐在头两排座位上，看上去就像是出门探险的小孩子一样。”里根总统的礼宾司长席尔瓦·“拉齐”·罗斯福（Selwa“Lucky” Roosevelt）说道。圣迭戈的代理市长威廉·克里顿（Willaim Cleaton）犯了一个礼仪的大忌：他在带领女王游览海湾途中，竟然把手放在了女王的后背上。“女王明显对此很反感，她皱起了眉头。”《每日快报》的记者如此说道。虽然女王并未向美方抱怨此事，但克里顿还是因此大丢颜面。菲利普也被“冒犯”了：当他们走在护岸上时，一只海豹从水中跃起，把水花溅了他一身。女王见状大笑，菲利普却一点儿都乐不起来。

在此期间，菲利普作为女王夫婿这一角色，其表现还是良好的，但偶尔会

[1] 加利福尼亚州位于美国西部，南邻墨西哥，西濒太平洋。

[2] Burberry，又译巴宝莉、柏帛丽，极具英国传统风格的奢侈品品牌，创办于1856年，英国皇室御用品。过去几十年主要以生产雨衣、伞具及丝巾为主。

[3] San Diego，美国加利福尼亚州的一个太平洋沿岸城市。位于美国本土的极端西南角，以温暖的气候和多处的沙滩著名。

因为安保工作的过于严密而感到气愤，有时会脱口而出一些冒犯人的话。他们到美国“突击者号”航母（Ranger）参观时，负责贴身保护菲利普的是里根的陆军武官皮特·梅茨格（Pete Metzger）。菲利普朝他大喊道：“你想找麻烦吗？”“不敢，先生。”梅茨格答道。“那就闪一边去！”菲利普大声说道。有一次，他接见了来自旧金山的一个官方代表团，与其中5位女性代表握手之后，他开口问道：“你们没有男性上司？这是个女人的城市啊。”还有一次，他跟拉齐·罗斯福一同坐车回“不列颠尼亚号”，车上的安保官员要求他关上轿车的车灯，因为这样会成为袭击者的目标。他对那位官员厉声说道：“关什么该死的灯？人们出来不就是为了来看我们的吗？”汽车到达码头之后，他从车里跳出来，一甩手把沉重的防弹车门猛地关上，“砰”的一声将拉齐·罗斯福关在了车里，然后朝轮船走去。走到半路上，他又缓过劲儿来，转身走了回来，亲吻了拉齐·罗斯福的手，说：“太抱歉了。”

周日做过礼拜之后，女王夫妇乘飞机前往棕榈泉市（Palm Springs），到前美国驻英大使沃特·安恩伯格夫妇208英亩的“阳光之乡”（Sunnylands）共进午宴。餐桌上摆放着大量精美的“丹麦之花”[1]瓷器，一位内廷女官不禁嘟哝道：“安恩伯格家的‘丹麦之花’比女王的还多啊！”虽然地处沙漠之中，棕榈泉市却也在下雨，所以在午宴过后，李·安恩伯格就带着大家在他们家占地1英亩的大房子里游览。房子里挂着大量印象派和后印象派的名画，有凡·高（van Gogh）、马奈（Manet）、莫奈（Monet）、维尔亚（Vuillard）、克罗特（Corot）……简直是一个小型的博物馆。女王不惧天气，外出活动了一下，还打了一局9洞高尔夫。白宫办公厅副主任迈克尔·迪弗找来5辆高尔夫球车拉着大家就过去了。车上都支起了大伞，女王和大使一同挤在一辆放满扫帚和拖把的维修车里。

晚上，女王和菲利普出席了在20世纪福克斯[2]的9号摄影棚里为他们举办的晚宴。参加宴会的客人共有500人，其中不乏英美两国的著名影星，如朱莉·安德

[1] Flora Danica，丹麦皇家哥本哈根瓷器厂（Royal openhagen）的产品。皇家哥本哈根瓷器厂是丹麦皇太后莱莉安·玛莉为制作皇室用品及赠品而于1775年特别设立的御用瓷厂，其镇店之宝“丹麦之花”是釉上彩最好的代表作，其制作工艺精致复杂，全部手工完成。直至今日，全世界拥有全套“丹麦之花”瓷器的只有丹麦女王和英国女王两人。

[2] 20th Century Fox，美国好莱坞电影公司之一，成立于1935年。

鲁斯[1]、达德利·摩尔[2]、弗雷德·阿斯泰尔[3]、贝蒂·戴维斯[4]。在宴会上表演节目的是乔治·伯恩斯[5]、弗兰克·辛纳屈[6]和佩里·科莫[7]。宴会的菜单里还有来自里根总统最喜欢的好莱坞“查森餐厅”（Chasen's）的鸡肉馅饼。

女王的星期二圣巴巴拉之行主要是去参观里根的牧场，而无情的大雨迫使她放弃了“不列颠尼亚号”，转乘“空军二号”[8]前往圣巴巴拉市。到了山脚下，他们又不得不放弃了豪华轿车，改乘四轮驱动的汽车上山。“关于要不要在雨天里上山我们讨论了很久，”拉齐·罗斯福说道，“但女王很勇敢。”英国大使馆的新闻专员查尔斯·安森（Charles Anson）回忆道：“女王说：‘只要能到那里就行，去吧。’”伊丽莎白二世脚穿黑色雨鞋，爬进一辆吉普车里，大使夫人约瑟芬·路易斯挤在她的身边。约瑟芬回忆道：“她好像很喜欢挤坐在一起。路很难走，要想不碰到她压到她是不可能的。我想帮她把小提包拿到一边去，她却说‘哦不’，还是紧紧抓着包不放。”

上山的“里菲吉奥路”（Refugio Road）是一条7英里的U形弯道，即使是在晴朗的天气里，其中一段700多米的上坡路也是极其难走的，坡很陡，还没有护栏。女王此次上山，一路上更是艰险万分。路途中有六七处地方路面上横流着湍急的泥水，能见度几乎为零。上山途中女王几乎没有开口说话，但她面无惧色。

牧场同样大雾弥漫。里根夫妇一再向女王道歉，说糟糕的天气不仅使得骑马不能实现，连山上的景致都无法欣赏了。女王说：“别傻了，这次冒险太有趣了！”女王夫妇与里根夫妇中午吃的是得克萨斯–墨西哥式的食物，有墨西哥卷饼、辣椒乳酪肉馅玉米卷饼和煎回锅菜豆泥。饭后，女王对凯罗琳·迪弗说：“迪弗夫人，这顿饭太好吃了，最好吃的是那份陈豆子。”返程下山途中，天晴

---

[1] Julie Andrews，生于1935年，英国女演员、歌手和作家，代表作有音乐剧《窈窕淑女》，电影《欢乐满人间》和《音乐之声》。

[2] Dudley Moore（1935—2002），英国喜剧大师、音乐家。

[3] Fred Astaire（1899—1987），美国电影演员、舞台剧演员、编舞家、歌手。

[4] Bette Davis（1908—1989），美国电影、电视和戏剧女演员，10次获得奥斯卡最佳女主角提名，两次获奖。

[5] George Burns（1896—1996），美国著名的喜剧演员，从艺60多年，一生的电影作品达77部之多。歌舞、广播、电视、电影等领域里都曾留下他的足迹。

[6] 见前文第232页译注。

[7] Perry Como（1912—2011），美国歌手、电视明星。

[8] Air Force Two，美国副总统乘坐的专机的代号。

了。“可恶，”里根说道，“我早跟他们说天气马上就会好起来的。”

随后大家一同坐飞机前往长滩市[1]，在“不列颠尼亚号”上共进晚餐。饭后，迈克尔·迪弗弹起钢琴，大家随着旋律唱着歌。南希·里根在船上过了夜。“我跟女王谈了很久，”南希回忆道，“不是作为女王和总统夫人在对话，而是两个普通女人的聊天。我们谈了各自的生活，大部分说的还是孩子们的事。她开始担心戴安娜的情况了。”

海上风浪很大，所以他们不能坐船去旧金山了，只好再次乘坐“空军二号”飞过去，同行的有30名工作人员和官员。接近旧金山时，飞行员将飞机飞得很低，从金门大桥[2]上空一掠而过。女王跟大家一起跑到飞机的一侧，从窗户里观看传说中的跨海大桥。总统与女王一行人下榻在圣弗朗西斯大酒店（St.Francis Hotel），共住了4层楼的46间客房。女王夫妇住在每晚1200美元的总统套房里，南希·里根的室内设计师泰德·格雷博之前匆忙地将其粉刷一新，还从当地的艺术博物馆取来艺术品以作装饰。

当晚，女王和里根夫妇在“伟克商人餐厅”（Trader Vic's）的“特拉法加雅间”（Trafalgar Room）吃晚饭。女王开始时不愿去餐馆吃饭，但菲利普劝服了她。凯罗琳·迪弗说：“当晚我发现，女王还是很听菲利普的话的，并且不是那种‘要么听我的，要么拉倒’的方式。我感觉在外出就餐这件事上菲利普有些大胆，他希望妻子也能大胆一点儿。”伊丽莎白二世对迪弗夫妇说，她已经有15年没有在外面的餐馆吃过饭了。但到了餐馆之后，她也变得兴高采烈起来，还喝了些异国风味的朗姆潘趣酒[3]。吃完饭，她敲开“幸运签语饼”[4]，读了上面的话，又给菲利普看了看，随后把它放进了手提包里。

---

[1] Long Beach，美国加利福尼亚州南部大城市、主要港口。

[2] Golden Gate Bridge，世界著名的桥梁之一，旧金山的象征。大桥横跨金门海峡，北端连接北加利福尼亚，南端连接旧金山半岛，历时4年，用了10万多吨钢材，耗资达3550万美元建成。大桥全长2737米，桥面宽27.4米，有6条车行道和两条宽敞的人行道，是世界所建大桥中罕见的单孔长跨距大吊桥之一。

[3] 潘趣酒，用酒和糖、香料、果汁等调制的饮品。

[4] 一种脆甜的元宝状小点心，烘成金黄或杏黄色，空心内藏着印有睿智、吉祥文字的纸条，食用时轻轻将其拦腰掰开，便会得到印有中英文的签语。在国外的许多餐馆，服务生通常会在客人用餐完毕时，把签语饼和账单一起拿上来，温柔地提醒客人别忘记付账，并祝用餐愉快。

3月3日星期四，女王夫妇受邀参加在德扬纪念馆[1]为他们举办的黑领结宴会。迈克尔·迪弗问女王的私人秘书菲利普·摩尔爵士为什么女王要准备那么长时间，后者答道："女王需要选择合适的王冠。"随后摩尔解释说，女王随身带着一个工具包，里面装着各种工具，用于往钻石王冠上拆装珍珠或宝石吊坠。据皇家珠宝商大卫·汤玛斯所说，女王很享受这个自己组装王冠的过程。

当天晚宴上，女王在钻石王冠上装饰了一些珍珠，还佩戴了配套的项链和大吊坠耳环，但与她身上的晚礼服相比，这些珠宝首饰都失去了光彩。女王当晚身穿香槟色塔夫绸晚礼服，两侧"公主袖"上是金色衬边的褶边带状蕾丝，两肩位置是很大的蝴蝶结。在"赫斯特大厅"（Hearst Court）的穹顶之下，女王戴着眼镜，向260名来宾致辞："在来加利福尼亚之前我就知道，英国曾向美国输入了很多传统，但没料到恶劣的天气也是其中之一。"女王面无表情地读着讲稿，但里根总统忍不住仰头大笑起来。在身穿褶袖礼服、佩戴着珠宝首饰、戴着眼镜、一脸严肃的女王衬托之下，形成一个滑稽有趣的对比。

星期五，女王一行乘飞机前往萨克拉门托市，而加州的天气终于不负其美名，变得晴朗宜人。当晚，女王在"不列颠尼亚号"上举行晚宴，庆祝里根夫妇结婚31周年。里根总统说："我在娶南希的时候曾向她许下很多美好的愿望，但在'不列颠尼亚号'上共度结婚纪念日是再也没办法超越了。"里根向女王赠送了价值2.4万美元的"惠普250"商用计算机系统以示感谢。不久之后，女王就把这套系统安装在白金汉宫，用于跟踪观察马匹的培育、饲养、训练和比赛情况。

女王与里根一家的友谊还延伸到了其他家庭成员那里。查尔斯对里根家族尤其欣赏，玛格丽特公主也是如此。1983年10月1日，里根夫妇在白宫二楼设宴招待玛格丽特公主及其朋友们。玛格丽特公主热情地向里根夫妇表示了感谢，谢谢他们为她而设的"多彩"的夜晚，还表示"对这个年轻国家的热爱将永存于心"。

时年53岁的玛格丽特公主很难高兴得起来。她至今孑然一身，情绪消沉，烟瘾很重，还酗酒，曾一度因为酒精性肝炎而入院治疗。1978年7月她跟安东尼离婚了，后者几个月之后与露西·琳赛–霍格结婚。此后一段时间里，她的固定男

---

[1] de Young Memorial Museum，原是1894年为加利福尼亚举行的国际博览会而建，博览会结束以后，新闻社的社长兼博览会的总负责人Michael H.De young承担此楼的管理工作，将它用为博物馆，并于1919年对外开放。

友是罗迪·卢埃林，但在1980年8月于丽兹酒店（Ritz）举办的玛格丽特50岁生日宴会上，女王拒绝邀请罗迪赴宴。

第二年，卢埃林与时装设计师塔尼亚·索斯金（Tania Soskin）结婚了，玛格丽特很明智地与前情人及其新妻子保持着良好的关系，而后者对他们王室朋友的事情也谨慎地保持着沉默。玛格丽特公主所承担的王室公务仍然是最少的，但常常被记者拍到在马斯蒂克岛度假，或是与一位短期情人密会的情景。尽管如此，她却是一位很细心尽责的母亲。她保护着儿子大卫和女儿萨拉不受外界的影响，还培养他们的艺术才能。女王的一位前私人秘书说："这真是个有趣的矛盾。玛格丽特的生活是一团糟，却培养了两个正常而优秀的孩子。"

然而，就在里根总统盛情接待玛格丽特公主过后几周，他所做的一件事深深地冒犯了伊丽莎白二世——他命令美国军队进入了加勒比海的格林纳达岛[1]。格林纳达岛是英联邦成员国，将伊丽莎白二世奉为国家元首，但自从1979年开始就由一位独裁者统治。10月中旬，一伙激进左翼分子暗杀了总理莫里斯·毕肖普（Maurice Bishop），随后成立了军政府。里根总统认为这次暴力政变会给周边地区带来不好的影响，还可能会伤害到正在岛上的一组美国医科学生，所以当加勒比海的一些国家向他寻求帮助时，他同意了。里根总统曾跟撒切尔首相打过招呼，说他打算往格林纳达派兵，撒切尔警告里根不要对格林纳达采取军事行动。但是，里根并未与他最可依赖的盟友再做商量，于10月25日下令侵入格林纳达，只是在抓捕了政变的领导人、保证了美国学生的安全之后才将结果告知撒切尔。[2]

女王和撒切尔首相对里根总统如此目空一切、随便介入英联邦内部事务的行为愤怒不已，何况他在采取行动时还将二人蒙在鼓里。伊丽莎白二世最生气的是，她的美国朋友侵犯了她作为格林纳达元首的权威。但是她们的怒气很快就

---

[1] Grenada，西班牙语的意思为"石榴"，传说是哥伦布于1498年登岛时据其形状而命名。位于东加勒比海向风群岛的最南端，面积344平方公里。原为英国殖民地，1974年宣布独立，同年加入联合国，为英联邦成员国。

[2] 1979年3月，格林纳达国内发生政变，亲西方政权倒台。在苏联、古巴的支援下，格林纳达新政权亲苏、古倾向日趋明显。美国为遏制苏、古在这一地区的影响，趁格林纳达再次发生政变之机，联合中美洲7个加勒比国家，对格林纳达发动了武装入侵。10月25日战争开始；10月26日，美军攻占格军司令部；28日，控制首都圣乔治，主要战斗基本结束。此后，抓获古军首脑及10多名格政府要员，查缴了岛上所有武器弹药库。美军控制格林纳达岛后，由英国女王任命的格林纳达总督重新组织新政权，美军陆续撤离。

平息了，9月英联邦在印度首都新德里召开首脑会议，会议的重点是“少讨论过去”，用撒切尔的话说，“多想想怎样帮助格林纳达实现民主。”第二年6月，里根前往欧洲参加“登陆日”40周年纪念，并在伦敦出席了峰会。在白金汉宫举行的黑领结晚宴上，他与女王和王太后三人同坐在主座上，并且坐在了她们二人中间。

1984年伊丽莎白二世的对外访问有两个，一是春季对约旦的国事访问，二是秋季在加拿大西部省区度过的两个星期。在第二个访问中，她打算到美国享受一次私人度假：先是到传奇的蓝草牧马圣地肯塔基州[1]玩5天，然后到怀俄明州亨利·珀切斯特夫妇的牧场玩3天。前一年女王夫妇访问美国西海岸时，在最后一周，他们曾游览了“优美胜地国家公园”（Yosemite National Park），那里雄伟的群山和茂密的松林激起了女王对美国西部的强烈兴趣。而珀切斯特家的“峡谷牧场”（Canyon Ranch）位于险峻的比格霍恩山（Big Horn Mountains）下，对女王来说无疑是体验美国西部风情的最好时机。菲利普在1969年曾来过峡谷牧场，在牧场的5天里，他或是打猎或是钓鱼，对养马场并无多少兴趣。所以，在陪同女王完成了加拿大的访问之后，他打算飞往中东。

女王此次度假之行，一是反映了她对马的热爱，二是表现了她与美国的亲密关系。在位60年，她一共来美国11次，其中5次是私人度假。而美国也是女王除了巴尔莫勒尔庄园、桑德林汉姆庄园之外度假时间最长的地方。除此之外，她还喜欢去澳大利亚度假，迄今为止她一共到过澳大利亚16次。

虽说是私人度假，女王此次肯塔基之行的紧凑程度跟国事访问没什么区别。她想欣赏一下肯塔基的美景，但首先还是去看了看近20年来她从英国运来的母马所生活的牧场，还要在60多匹公马中挑选适宜配种的对象。为了引入美国良种马的优秀基因，女王和亨利·珀切斯特打算在1985年将23匹繁殖母马中的5匹运到肯塔基来。

在纯血马饲养人保罗·梅隆（Paul Mellon）的建议下，伊丽莎白拜访了列克星敦市郊1400英亩的“莱恩德农场”（Lane's End Farm）。这个农场的主人是45岁的威廉·斯坦普·法瑞施三世（William Stamps Farish Ⅲ）及妻子萨拉。梅隆一直是女王值得信赖和慷慨的养马好友，他每年都让女王的母马与其养在纽

[1] 肯塔基州的别名为“蓝草之州”。

马克特国家马场的良种公马“米尔·里夫”交配，还免去了女王每次数十万美元的配种费。

伊丽莎白二世曾于1973年在“史密斯草坪”举行的马球比赛上见过威廉·法瑞施一面，但梅隆对女王说法瑞施夫妇都是温和谦逊的人，也都非常谨慎，值得信赖。他们住在一栋19世纪早期的砖房里，陈设精美，别具一格：这栋房子的纵深只有一个房间，但非常狭长，前门有一排拱顶和立柱。其室内设计端庄适度，橡木横梁下面，有一个宽敞的大厨房和一间敞亮的客厅，客厅里摆着长长的书架，餐厅的墙上挂着一幅乔治·芒宁斯[1]所绘的骑师图。

威廉·法瑞施祖籍休斯敦，因继承了家族遗产而跻身富豪之列。他的爷爷是“汉勃石油公司”（Humble Oil）[亦即后来的埃克森石油公司（Exxon）]和希尔斯·罗巴克公司（Sears Roebuck）的创始人之一。而威廉的妻子萨拉是杜邦公司（Du Pont）的继承人之一。在20多年的时间里，他们一直是乔治·H.W.布什和芭芭拉·布什夫妇的密友，在老布什任副总统期间，威廉·法瑞施全权负责其“保密信托”[2]事宜。威廉·法瑞施开始在肯塔基养马是1963年，到了1984年他已将“莱恩德农场”发展成为美国的顶级养马场之一。

伊丽莎白二世于10月7日星期天抵达列克星敦市，但海关和移民局的一位女办事员拒绝让她通行，因为女王没有护照。美国国务院负责陪同女王的礼宾官员是凯瑟琳·默多克（Catherine Murdock），她向办事员解释说英国女王是没有护照的，但她还是不予放行；直到首都华盛顿打来一个特许电话，女王才得以通过海关。刚到莱恩德农场，女王就立刻换上了粗革皮鞋、穿上雨衣、戴上头巾到外面的湿草地上散步去了。下午茶时，法瑞施夫妇把一只刚出生的小狗抱出来给大家看，它却在女王跟前拉了一泡屎。“气氛一下子就轻松活跃起来了，”凯瑟琳·默多克说道，“女王也养了很多狗，这是她意料之中的事。但这也算是她跟法瑞施一家的初次接触。”

此后每一天女王都在车队的陪同下参观一个又一个著名的牧场。每到一站，马夫就会把种马牵出来，驯马师和饲养员在一旁向女王及其养马顾问们简要介绍

---

[1] 怀疑此处原文有误，作者可能是把两位英国画马的名家搞混了。乔治·斯塔布斯在前文中已有译注；阿尔弗雷德·芒宁斯（Alfred Munnings）（1878—1959），曾任英国皇家艺术院院长。

[2] 保密信托，又称全权信托、绝对信任信托，委托人把财产投资交给受托人打理，受托人不向任何人披露投资情况且原则上不受委托人影响。

马匹的情况，后者则就马的体型结构和血统做一番评论。一路上女王见到了很多优秀的公马，其中就包括三连冠的获得者“西雅图旋风”（Seattle Slew）、“断言”（Affirmed）和“秘书”（Secretariat），其精神抖擞的样子很是让女王感到欢欣。在约翰·加尔布瑞斯（John Galbreath）的达比丹马场（Darby Dan Farm），女王见到了当时她寄养在肯塔基的唯一一匹母马——“圆塔”（Round Tower）。“圆塔”刚刚生下一匹马驹，现在又怀孕了。

在此期间，女王曾受邀参加牧场主的午宴和下午茶，但她的时间安排过于紧凑，很少在一个地方停留。随后她出席了科尼马场（Keeneland）的比赛，并向3岁的冠军小母马颁发了“伊丽莎白二世女王挑战者奖杯”。这座乔治王朝时期样式的奖杯还是女王委托一家伦敦珠宝商特意制作的。在“纯种马研究信息服务公司”（Broodstock Research Information Services），亨利·珀切斯特的儿子、25岁的哈里·赫伯特（Harry Herbert）向女王展示了如何用最先进的计算机系统在10秒钟之内完成马匹的最优配对组合。女王打算将这个软件用在刚刚安装在白金汉宫的计算机系统上。科尼马场的主管还在一个大木板帐篷里举行了一次模拟拍卖，大家重温了最近几年的破纪录拍卖盛况；还参加了马匹知识机智问答，观众们需要根据1岁马的血统描述辨别马匹的身份。

每晚法瑞施夫妇都会举行10个人的晚宴，伊丽莎白二世在聚会上非常放松，这是她的顾问们所从未见过的。参加宴会的客人也都是来自养马界，其中很多人都是女王的熟人，他们的谈话也很少偏离马匹这个中心。“她在肯塔基非常轻松自在，”一位廷臣如此说道，“这里的气氛也是欢快、不拘礼节的，我在英国从未见过。这里没有人叫她‘夫人’或‘陛下’。她在这里可以开怀大笑，可以随意开玩笑，非常快乐。她对美国情有独钟。”

就在女王即将于10月12日星期五离开美国时，她得知爱尔兰共和军在布莱顿大酒店保守党会议期间引爆了一个强力炸弹。此次袭击的目标是撒切尔，她幸运地躲过一劫，只是受了点儿伤，但另有5人死亡，34人受伤。受伤的人中包括撒切尔的两位重要帮手，一个是内阁大臣诺曼·泰比特（Norman Tebbit），另一个是保守党的党鞭约翰·维克哈姆（John Wakeham）。4年之前，撒切尔曾强硬压制了北爱的监狱绝食抗议活动；在1983年保守党通过大选增加了议会席位之后，她对爱尔兰共和军的政治要求更是态度强硬。就在遭受炸弹袭击的那个上午，她按时于9：30召开会议，在会议上她轻蔑地放言：“任何用恐怖主义来对抗民主的企图终将失败。”

伊丽莎白二世第一时间向撒切尔首相“表示了她的同情和关注”，王宫的新闻秘书迈克尔·希阿谴责此次炸弹袭击是“丑陋的暴行”。女王到达怀俄明州之后打电话给撒切尔，而后者的第一句话却是：“您过得还愉快吗？”伊丽莎白二世的支持“极大地提升了大家的士气”，撒切尔回忆道。女王随后又与罗纳德·里根通了电话，此前亦曾遭受暗杀的里根向她表示了“深切同情和遗憾”。

伊丽莎白二世住在了珀切斯特家的石头与护墙板结构的二层别墅里，比格霍恩山的朝霞、秋色中金黄的山杨树叶尽收眼底。虽然英国国内不甚太平，她在怀俄明的周末是她近一个月以来首个放松的机会。唯一令她烦恼的是无处不在的安保人员，他们把山野中的麋鹿和马鹿都吓跑了。她在占地4000英亩的庄园里漫步，在“小鹅溪”（Little Goose Creek）畔野餐，还在早上跟大家一起出去打猎。猎手们打下野鸡、松鸡、山鹑，她则跟猎犬在外围守候着。其间她吃的也是简单的美式食物，如虹鳟鱼、鸡肉馅饼、苹果派、冰激凌和饼干，等等。

女王参观了比格霍恩的“布拉德福德·布林顿西部和印第安人艺术博物馆”（Bradford Brinton Museum of Western and Indian Art），还不顾特工处的反对，在谢里丹小镇（Sheridan）的“主街”（Main Street）上逛了逛，1000多名当地居民高兴地迎接她的到来。

周六晚，女王在“马沃里克晚餐俱乐部”（Maverick Supper Club）为随行人员和珀切斯特的10多个朋友举行了晚宴。这是她最近两年来第二次在餐馆点菜，这一次她的表现比上次轻松很多。她对“菲力牛排”[1]很感兴趣，却搞不清“特大号”和“大号”两种分量的区别。“我要一份大号牛排。”她说道，接着还点了炸土豆饼配洋葱，因为“我从没吃过”。女服务员问她：“您想要哪种沙拉酱呢？我们有法式沙拉酱、意式沙拉酱、田园沙拉酱、蜂蜜芥末沙拉酱和特制沙拉酱。”女王对此完全摸不着头绪，她委婉地请服务员推荐一款，最后选择了特制沙拉酱。

在星期一离开之前，女王向她的美国朋友们赠送了小礼物——每个人都收到一张写有日期的签名照片，每位女士还得到一个镶有女王姓名首字母的“Halcyon Days”牌[2]的珐琅盒子。她还给罗纳德·里根写了一封信，信中说自

[1] 用一定厚度的牛里脊肉做出的牛排。

[2] 英国奢侈品公司，生产珐琅、水晶、骨瓷、羊毛、皮、丝织品。

己在这次美国之行期间得偿所愿——“看看俊美的马匹”，以及“在山脚下的辽阔大地上漫步”。

在伦敦，伊丽莎白二世的第二个孙子出世了。查尔斯和戴安娜的第二个儿子亨利·查尔斯·阿尔伯特·大卫（Henry Charles Albert David），亦即“哈里王子”，生于9月15日，那时伊丽莎白二世还在巴尔莫勒尔庄园。哈里出生后，女王曾在查尔斯位于格洛斯特郡的海格洛夫庄园（Highgrove）见过他一面，但两天后就启程去了加拿大。与第一个儿子威廉王子出生时相比，戴安娜现在的状况总体而言还是不错的，她把带孩子、处理公务和健康养生这几个方面协调得很好。但据她自己所说，她那时与丈夫“几乎见不着面”，对他满心愤恨。

查尔斯忙于自己的慈善事业，其中最著名的当属“王子信托基金”（Prince's Trust），其宗旨是为贫困农村地区的年轻人提供就业培训。除此之外，他还在保护环境和抵制“粗野主义”[1]方面引来广泛关注和争议。他在1984年的一次演讲中，曾对国家美术馆一个新建侧厅设计进行抨击，说它就像“一个优雅而可爱的朋友脸上长了烂痈”。他的此番评论遭到建筑行业的强烈抗议，但在他的影响下，重新设计的侧厅与主馆的风格更加契合、也更趋传统了。

虽然没有表露出来，但查尔斯对戴安娜与他共同出席活动时所受到的追捧是心怀不满的。他还受够了戴安娜的喜怒无常以及她对卡米拉的成见，不晓得为什么自己反复向她解释已与卡米拉断了联系，她还在这件事上纠缠不休。肯特郡迈克尔王妃是查尔斯的表亲迈克尔王子的妻子，她曾告诉国家肖像美术馆馆长罗伊·斯特朗说，戴安娜是“祸患”和“定时炸弹”，还说自从戴安娜成了“媒体女王”之后，查尔斯的痛苦更甚了。

为增强戴安娜的自信心，伊丽莎白二世在这年年初曾授权发表了一个声明，王宫发言人是这样说的：“女王对儿媳极为满意，对她在国内外的表现非常自豪。”戴安娜此时在王室公务上认真尽责，在原有赞助的5个慈善项目上又增添了7个，主要致力于艺术、教育和医疗方面。在公共活动中她的影响力是惊人的，她跟人尤其是跟病人和弱势群体相处时所表现出来的温和与同情是其他王室成员所欠缺的。再加上她美貌时髦的形象、随和的举止，使得她的身上笼罩着一

[1] 又称蛮横主义或粗犷主义，建筑流派的一种，可归入现代主义建筑流派当中。主要流行时间介于1953年到1967年之间，由功能主义发展而来。其建筑特色是从不修边幅的钢筋混凝土或其他材料的毛糙、沉重、粗野感中寻求形式变化。

个强大的光环，而日后她与丈夫反目时，这也成了一个杀伤力极强的武器。

1985年秋季，查尔斯和戴安娜一同访问了华盛顿。此时他们的关系还未表现出不和的迹象。戴安娜对每个与丈夫关系稍近的女性都醋意十足，其中就包括查尔斯仰慕的总统夫人南希·里根。一年之前，她曾对《星期日泰晤士报》的编辑安德鲁·尼尔（Andrew Neil）透露说，美国总统是个“Horlicks”——无聊的老头，还说南希·里根心里想的只是跟王室成员多照几张合影。尼尔说从这些话里他能听出“尖酸”的意味。但在白宫为查尔斯夫妇举办的晚宴上，戴安娜始终微笑着，还跟约翰·特拉沃塔[1]、尼尔·戴蒙德[2]、克林特·伊斯特伍德[3]跳了舞。

第二年春季，在伊丽莎白二世60岁生日之后3天，温莎公爵夫人去世了，终年89岁。在女王的带领下，王室一家参加了在圣乔治大教堂的丧礼和浮若阁摩尔宫王室墓地的葬礼，她的遗体就埋葬在丈夫旁边。王室的朋友、侨居法国的戴安娜·莫斯利在写给妹妹德文郡公爵夫人黛博拉的信中说，女王“把最好的位子让给了乔治斯和奥菲莉亚——温莎公爵一家在法国的管家夫妇。”很罕见的是，女王在坟墓边流泪了，日记作者詹姆斯·利兹-米尔恩（James Lees-Milne）对此写道：“也许她是想起了温莎公爵夫妇悲惨的流放生活。”

20多天之后，女王再次来到美国“享受工作假期”，这次是要在肯塔基州待4天。法瑞施夫妇再次热情地接待了她。女王“验收”了18个月之前她与亨利·珀切斯特共同制定的马匹交配项目的成果，还检视了另一批即将交配的良种公马。肯塔基的马场主提供良种公马与女王的母马交配，但不向她收配种费用，为她节省下约80万美元经费，作为交换，他们的种马后代可以宣称拥有皇家血统。20世纪80年代中期，女王的马共赢下近300场比赛，获得奖金约200万美元。但英国最负盛名的“埃普索姆德比赛马大会”仍然与她无缘。

6月初的德比赛马会是每年运动盛事的开端，其间各种赛事、聚会、皇家盛典令人流连忘返。而在1986年7月23日，女王二儿子的婚礼更是将这个快乐的季

[1] John Travolta，1954年出生，美国著名影星，主演过《变脸》《断箭》等多部影视作品。

[2] Neil Diamond，1941年出生于纽约的布鲁克林，美国20世纪60－80年代最为成功的流行歌手和创作人之一。

[3] Clint Eastwood，1930年出生于旧金山，美国著名影星、导演、电影制片，《廊桥遗梦》的导演与主演。

节推上了巅峰。时年26岁的安德鲁王子将要迎娶的是同岁的红发女孩、昵称为菲姬（Fergie）的莎拉·弗格森（Sarah Ferguson）。菲姬并未受过太好的教育，在一所二流寄宿学校毕业后又进修了秘书课程，但她热情开放的性格弥补了教育程度的不足。菲姬跟戴安娜一样来自一个离异家庭，但她能用自己合群的性格掩盖内心安全感的缺失。

菲姬虽是平民出身，但她来自一个很有名望的乡绅家庭。他们家也有贵族祖先和亲戚，其中有第6代巴克勒奇公爵（the 6th Duke of Buccleuch）、格洛斯特公爵夫人（Duchess of Gloucester）爱丽丝公主。菲姬的父亲是陆军少校罗纳德·弗格森（Ronald Ferguson），他在辞去皇家内近卫骑兵团的军官职务之后回到家乡汉普郡经营家族的农场；她的母亲名叫苏珊·怀特（Susan Wright），曾在1954年社交季被引荐入宫。他们对英国的上流社交界并不陌生。

菲姬13岁时，她的母亲改嫁给了一位名叫赫克托·巴兰特斯（Hector Barrantes）的阿根廷马球运动员，并随他去了南美，将菲姬和姐姐留给前夫独自抚养。罗纳德·弗格森常跟菲利普一起打马球，他是查尔斯的马球经理，还经营着温莎的“近卫军马球俱乐部”（Guards Polo Club），因为父亲与王室的密切关系，菲姬得以与安德鲁王子结识。

菲姬与安德鲁的恋情始于1985年夏季。此前安德鲁早就拜英国小报所赐，得了一个“花心安迪”的绰号。他总是绯闻不断，与其交往过的女性中竟然有曾在1976年拍过情色电影的美国演员科·史塔克（Koo Stark）。女王并未打算对安德鲁进行约束，仍是对他放任不管。一位内廷女官曾回忆，有一次她跟女王在桑德林汉姆庄园的遮阳篷下写信，女王口述，她做记录。“突然从左边的灌木丛里传来女人的尖叫和嬉笑声，”她回忆道，“接着，安德鲁拉着园丁的女儿从拐角处跑出来，那个女孩衣衫不整。女王对此视若不见，继续口述信件内容。”

安德鲁和菲姬都喜欢粗俗的玩笑和打打闹闹的生活，虽然如此，女王还是挺喜欢菲姬的。她喜欢在巴尔莫勒尔庄园里猎鹿、射击和钓鱼，这都是戴安娜身上没有的品质。菲姬常常跟女王一同骑马，她觉得“受到女王的垂青，很有福气……我爱好运动、性格开朗，不是那么神经紧张”。除此之外，刚刚晋升为女王副私人秘书的罗伯特·费罗斯（Robert Fellowes）是菲姬的表亲，这更拉近了她与王室的关系。肯特郡迈克尔王妃说：“菲姬非常机敏，很聪明。她跟女王成了很好的朋友。”

二人结婚当天，女王赐予安德鲁夫妇“约克郡公爵和公爵夫人”的头衔。在威斯敏斯特大教堂举行完婚礼之后，他们俩站在白金汉宫的阳台上向人群抛去飞吻，这一举动明显超出了王室礼仪习惯，却激发了观礼群众的热情。迄今为止，女王的4个孩子之中有3个已经成家，她也有了4个（外）孙子（女），王室的家庭成员仍在增加。表面看去，她现在是一个幸福而生机勃勃的大家庭的女家长。

“撒切尔对女王行屈膝礼的恭敬程度，是他人无可比拟的。”

1985年12月，玛格丽特·撒切尔首相在唐宁街10号向女王行屈膝礼。

图片来源：蒂姆·格雷厄姆（Tim Graham）／盖蒂图片社

第十五章 儿女的家庭危机

安德鲁王子结婚典礼期间，女王一边要处理儿子婚礼的各项事宜，一边还得面对媒体记者就其元首职责所提出的无情质问。1986年7月20日星期天，鲁伯特·默多克报业集团的《星期日泰晤士报》头版刊登了一篇轰动性的文章，说伊丽莎白二世对撒切尔首相的政策颇为不悦。文章称，女王对撒切尔的不满主要有以下4个方面：撒切尔反对英联邦对南非实行经济制裁以惩罚其种族隔离政策；她对1984年到1985年间矿工工会的长期罢工事件的处理过于强硬；她在前一年允许美国轰炸利比亚的战机在英国的空军基地进行燃料补给；她反对“二战”后托利党、工党“一致同意”的福利计划。此篇文章还说，女王不仅认为撒切尔首相的执政方式“冷血、招惹是非，会导致多方不和”，还觉得撒切尔已经变成了“一个狡诈的政治内斗派，在内阁中容不得另外的声音”。

星期六晚上，“卜道尔”男士俱乐部，伊丽莎白二世的高级顾问们正与几位私人秘书在此晚餐，这时他们接到一个电话，说《星期日泰晤士报》的文章即将刊发。他们立刻派一位助理新闻秘书前往维多利亚火车站[1]，赶在11点报纸发往各地之前把列车拦下来。“那场景就像是特罗洛普（Trollope）小说里的情节，”一位经历此事的廷臣说道，“这边几位大人物还在继续吃饭，而在房间的另一端，一个私人秘书在跟白金汉宫通电话，另一个在跟《星期日泰晤士报》报社通电话，还有一个在跟首相官邸通电话，试图把这篇报道压下来。”

撒切尔的高级顾问查尔斯·鲍威尔说：“玛格丽特·撒切尔对此非常烦恼。

[1] Victoria Station，位于伦敦西敏市，伦敦地铁及国家铁路局的车站，伦敦首要交通枢纽及最繁忙的车站之一，亦被誉为伦敦最具代表性的车站。

她生气有人会把这样的事说给记者，但她觉得女王不会做出这种事情。”撒切尔最为担心的还是“普通民众”可能会认为她是真的“惹得女王不高兴了”。伊丽莎白二世对此报道同样愤怒，她在星期天从温莎堡给撒切尔打来电话，说报纸上的话是一派胡言。据一位高级廷臣说，女王和首相两个女人“相互表达了慰问和同情”。

王宫的新闻秘书迈克尔·希阿迅速地对报道中的内容做了否认。相比他的同僚，他更加心烦意乱，因为大家开始怀疑他就是报道内容的始作俑者。迈克尔·希阿毕业于高登斯顿学校，后在爱丁堡大学（University of Edinburgh）获得经济学博士学位。他干了15年外交官，后于1978年进入白金汉宫，主管新闻办公室。他的任命曾引起很多人的惊讶，因为据说他对君主制度持有怀疑态度。

此前几周，曾有新闻报道推测伊丽莎白二世担心撒切尔的南非政策会导致某些国家脱离英联邦。1985年10月在巴哈马首都拿骚（Nassau）举行的英联邦会议上，撒切尔曾强烈反对针对南非的一揽子经济制裁，理由是这样会导致南非的黑人大量失业，一则影响英国的出口贸易，二是会逼得由P.W.波塔（P.W.Botha）领导的白人少数派政府更加右倾。而女王也曾鼓励当时担任会议主席的加拿大总理布莱恩·马尔罗尼与其他成员国元首协力设法结束南非的种族隔离政策。

伊丽莎白二世对经济制裁一事并未发表意见。但跟6年前在卢萨卡的会议上一样，她通过与各成员国领导分别会谈的方式消除了大家的紧张情绪。她与这些元首的会谈都是在“不列颠尼亚号”上进行的，强调了保持对话的“道德责任”。撒切尔最终同意签署一份谴责南非种族隔离政策的公报，号召限制南非的银行贷款和贸易代表团，并建立一个由11国首脑组成的小组，于来年8月在伦敦召开会议商量跟进措施。而《星期日泰晤士报》的文章就是在此次会议召开几天前出现的。

文章大肆报道的国内外政策，是与女王的基本原则相违背的。登基34年以来，她对政治问题一直保持极为谨慎的态度。“她从不对敏感问题发表意见。”一位高级顾问说道。并且，在《星期日泰晤士报》的文章发表之前，她对此事一无所知。因此，她的私人秘书威廉姆·赫塞尔廷强烈指责此篇文章的虚假性。而现在的问题已经不仅是谁对外放出了这些信息，还有他的动机是什么。

出于保护消息提供者的目的，《星期日泰晤士报》谎称此篇文章的内容来自多个渠道，但到了这周结束的时候，这个人还是现形了，真的是迈克尔·希阿。他承认自己曾与《星期日泰晤士报》的记者西蒙·弗里曼（Simon Freeman）通过几次电话，只是对进入新世纪之后英国王室的情况做了一点猜测。希阿说他只是就一些问题做了大概的评论，而《星期日泰晤士报》的记者弗里曼和政治编辑麦克·琼斯（Michael Jones）“曲解”了他的话。弗里曼则说希阿曾特别强调，他所说的诸多问题的中间偏左的意见是出自女王之口，并且在文章刊发之前曾让希阿检查过；而希阿则反驳说他在读初稿的时候弗里曼“隐藏了其中关键的内容”。

迈克尔·希阿的同事们对他与《星期日泰晤士报》的这些往来毫不知情，据他们推断，报社的编辑安德鲁·尼尔（Andrew Neil）才是这篇挑拨离间的文章的始作俑者；并且，在弗里曼的花言巧语和阿谀奉承之下，希阿才变得忘乎所以、满口胡言。甚至连鲁伯特·默多克都对《泰晤士报》和《世界新闻报》的专栏作家伍德罗·怀亚特（Woodrow Wyatt）说：“我觉得希阿自大得过分了。”在文章中，希阿还发表了一些自由主义的观点，而这些话他的朋友们早在以前的聚餐中就听他吐露过。“他个人很不喜欢玛格丽特·撒切尔，”伊丽莎白二世的朋友安吉拉·奥斯瓦德夫人说道，“他自己要说的话，却说是出自女王之口。女王从小就知道不牵扯到党派政治中去，她绝不会表示自己对某个政治家的喜好和厌恶。”

这篇文章发表一周之后，女王与撒切尔在爱丁堡的荷里路德宫（Holyroodhouse）会面。在午宴上，希阿坐在二人中间。他向撒切尔道歉，后者只是说：“不必担心。”当天晚些时候，伍德罗·怀亚特在与撒切尔的电话会议中告诉她，女王应该辞掉希阿，或让他自己辞职。“这个嘛，我管不了，”撒切尔说道，“决定权在女王那里。但我们得看看宫里是否会做一些预防措施，防止类似事件再次发生。我想他们一定会这么做的。”几个月后，希阿从王宫离职，去了一家私人企业工作。

1986年8月4日，在7名英联邦成员国首脑在首相官邸会议完毕之后，伊丽莎白二世在白金汉宫为他们设宴，这是她登基以来的首个“工作晚餐”。外交大臣杰弗里·荷维爵士（Sir Geoffrey Howe）称其为“女王深思熟虑的安排……提醒我们要记得曾承诺过的彼此和睦相处”。这天早些时候，赞比亚总统肯尼斯·卡翁达曾强烈抨击撒切尔，说她容忍赞同种族隔离政策；撒切尔则设法平息了他的怒火，她抓住肯尼斯·卡翁达的胳膊说道：“肯尼斯，咱们该去吃午饭了。这些激烈的讨论下午再继续吧。”当天的晚宴上，女王瞅了一眼卡翁达，转而语带俏皮地问印度总理拉吉夫·甘地（Rajiv Gandhi）：“那位情绪激动的人怎么样了？”

“女王总是站在英联邦的立场上，这一点是毋庸置疑的，”布莱恩·马尔罗尼说道，“但她不能直说。你得听懂她的暗示，读懂她的身体语言。她的意见是委婉迂回地表达出来的。当天的晚宴上，她给大家的影响是潜移默化的。她引导我们站在人权的角度进行讨论。我不知道她表达出了多少观点，但她引领着话题的大方向。”会议结束时，撒切尔首相与其他6位一起打造了一套建议，后来呈交给了英联邦全部49个成员国审核。布莱恩·马尔罗尼回忆道：“真正令会议峰回路转的，是撒切尔明白了一件事：女王想要他们拿出某种解决方法。由此我们制订了三四种撒切尔接受的经济制裁方案。这样，我们避免了英联邦的分裂，并继续下一步的会谈。”

在巴尔莫勒尔庄园度假之后，女王与菲利普于10月中旬前往中华人民共和国访问。这是首个英国国王访问中国大陆。此次访中之行早在几年之前就在筹划，女王事先阅读了大量关于中国历史和文化的简报，还对其82岁的领导人邓小平的爱好习惯等做了细致的功课，其中甚至包括邓小平喜欢打桥牌、烟瘾很大等事宜。女王夫妇在中国的访问路线起于北京，经上海、昆明之后到达古城西安。在西安，他们参观了刚刚出土的真人大小、气势庞大的秦兵马俑。

伊丽莎白二世很快赢得了邓小平的好感。在午宴上，她发现邓小平有些不安，就转身对外交大臣杰弗里·荷维说：“若是告诉邓先生让他不必拘礼，可以吸烟的话，他会很高兴的。”荷维回忆道：“我还从未见过一个人如此高兴地点燃香烟。女王此举很有人情味，邓先生对此非常满意。”

本次访中之行原本十分顺利，但菲利普在西安遇到了一群英国学生，他告诫学生们说，要是他们在中国待久了，就会变成“眯缝眼”。英国小报顿时幸灾乐祸起来，他们撇开女王此行搭建外交桥梁的正面报道，转而对公爵这一侮辱了整个中国的评论鼓噪不已。

“英国媒体简直是疯了，”女王的一位顾问说道，“但我们想不明白，在菲利普说出‘眯缝眼’的言论之后，中国却波澜不惊。”廷臣们猜测中国政府可能是不想让这点儿不愉快对此次访问产生影响，但后来中国政府的高官解释说，他们私下也用这个词，没什么贬义，所以根本没有放在心上。

对菲利普来说，这只是媒体往他的“口无遮拦招惹祸端”列表中又加了一个新条目而已。其实他的本意——用他的朋友、BBC的大卫·阿坦伯格的观点来看——只是想在严肃的王室访问过程中缓和一下气氛而已。女王的一位前私人秘书说：“我不知道菲利普的怪才是怎么来的，他的出发点是想制造一点儿幽默，却总是冒犯了对方。人和人的理解层面是不一样的，误会是难免的；而一旦媒体抓住了这点儿苗头，就会揪住不放，其他什么都不管了。”

菲利普的俏皮话其实反映了一件事——在他看似唐突的个性下面，是其思想的高度和深度以及他在王宫中的独特地位。作为剑桥大学、爱丁堡大学的名誉校长，菲利普鼓励创新，特别是技术创新。他曾说过：“我最大的成就就是，我是来学术机构访问的人当中最有技术经验的一个。我迷恋科技已经40年了，我甚至可以说是最早接触微型芯片的人。”在他的藏书中，有很多是宗教、野生动物（他对鸟类学极感兴趣）、环保、体育、马匹、诗歌和艺术方面的书籍。他的艺术才华很少有人知晓，他在油画、首饰设计方面都很有天赋，为庆祝他与女王结婚50周年，他曾设计了一个金手镯送给女王，上面盘绕着女王和他名字的首字母E和P，点缀着钻石、红宝石和蓝宝石。

到1984年为止，他已经写了9本书，其中包括演讲选集，关于宗教、哲学、科学、环保的论文，还有竞技马车的比赛条例。他还参加了系列纪录片《自然》的拍摄工作，呼吁保护巴西的热带雨林——这项公益事业几十年后将转由查尔斯负责。1982年，菲利普开始在仙灵汉姆庄园里使用贝德福德电动车；他还在桑德林汉姆庄园里安装了太阳能电池板，这是英国最早使用太阳能电池板的地方之一。他说这样做的目的是“为了节能”，而不是替代其他能源。

一位王宫廷臣曾说：“有时候我向女王提出某个想法——不是宪法问题，因为那是她要跟私人秘书商议的，她就会问：‘菲利普是什么意见？’她要表达的意思很明白，那就是我需要先去问问菲利普的看法，而不是让她拿出时间跟菲利普在日常事务上再做讨论。”

在与妻子的顾问讨论问题时，“菲利普亲王会问到很多细节，”那位廷臣说道，“女王对我们发问时会说：‘你考虑过某某方面和某某方面吗？’但在菲利普亲王这里，情况就大不一样了。我并不是说女王不了解情况，她要处理的事务太多了，不可能就一个问题层层分析最后得出结论。而菲利普亲王的严谨和细致是无可比拟的，他能把一件事拆解开，找到可行的一面，找到不足的一面。明白了菲利普亲王的意见并做过检查调整之后，我就再回到女王那里汇报。只要过了菲利普亲王这一关，女王那里也就基本没有问题了。”

80年代中期，女王面临一件大事，那就是要对白金汉宫的管理和开支进行一次彻底审查。负责这项工作的人是大卫·艾尔利。1984年12月1日，他在59岁时从施罗德集团（Schroders）这家历史悠久的商业银行公司主席位置上退休，转而成了女王的王室总管。大卫是女王的老朋友，是王宫里的熟面孔。他有一张珍爱的照片，照片是他5岁生日时拍摄的，当时他的父母送他一辆玩具汽车，照片拍的就是他跟5岁的女王（伊丽莎白公主）一起开玩具汽车的情景。他的父亲叫他把车子让给小公主玩一会儿，他很不愿意，但最后还是让给了她。照片中，伊丽莎白公主高兴地坐在小车里面，而未来的第13代艾尔利伯爵大卫在后面推着车子，脸上满是不情愿的怒容。

女王知道艾尔利将在当年11月底从银行退休，而王室总管奇普斯·麦克林勋爵在为王室工作了13年之后也要在同一时间退休了。麦克林曾与艾尔利同在苏格兰近卫团服役，他就问艾尔利是否愿意接手。不久之后，艾尔利到桑德林汉姆庄园参加狩猎聚会，女王问他：“你真的想做王室总管吗？”他跟未来上司的面试就是这么简单，但选择艾尔利是经过深思熟虑的。

大家眼中的艾尔利是一个强硬的成功商务人士，亦是一个温文有礼的贵族，而王宫正打算引入全新的眼光来管理王室事务，艾尔利的名望和经验使他成为王室总管的最佳人选。艾尔利刚刚上任，伊丽莎白的“实际和高效”就令他震惊不已。若是他呈给女王一份需要批示的备忘录，她总是能在24小时之内做出答复；如若不然，艾尔利就知道女王还未下决定，希望“再研究讨论一下”。虽说艾尔利早在多个社交场合陪在女王左右，但他真正见识到女王的观察能力还是在担任王室总管后与她执行公务时。他说：“女王之所以走得很慢，那是因为她想对房间内的人和情况有个总体把握，她进入房间之后就四处观察、仔细聆听。天啊，她能感知的东西太令我惊讶了。”

在6个月的观察和征求意见之后，艾尔利建议女王引入外聘顾问来进行王宫的内部审核，以保证结果的公正和专业性。在女王的支持下，艾尔利找来了35岁的迈克尔·匹特（Michael Peat）。迈克尔·匹特是伊顿公学的毕业生，后进入牛津大学，大学毕业后前往法国，在颇有声望的“欧洲工商管理学院”[1]获得工

[1] INSEAD，世界最大和最有影响力的独立商学院之一，也是欧洲最受尊重、历年排名首位的商学院，成立于1957年。

商管理硕士学位。匹特曾有十几年在家族企业“毕马威会计事务所”[1]工作，负责王宫的账目审计。艾尔利还在施罗德集团工作时就与他相识了。

在艾尔利的监督下，匹特用了一年多时间整理出了一封厚达1393页的报告，其中包括很多项建议，其内容包括简化王室工作、将广受企业采纳的“最佳实践”[2]引入王室管理之中。报告建议，建立一个更加专业的人事部门，并创设“皇家收藏部”（Royal Collection Department）来掌管王室的艺术品收藏、零售业及其他商业企业。报告还建议削减王宫工作人员，但在艾尔利的坚持下，他们决定采用自然减员的方式，而不对工作人员进行解雇。

在此期间，艾尔利随时将审查工作的进展情况向女王和菲利普汇报，虽不是涵盖所有细节，但始终能保证他们知晓审查的过程。艾尔利明白，女王对“为改变而改变”是持怀疑态度的，但她接受理由充分的观点。1986年12月审查报告完成，女王全部接受了其中建议，仅仅在3年之内，其中162项改革就已获得实施。

王宫的现代化改革进展顺利，但女王的孩子们却超出了她的控制范围。女王的4个孩子里，有3个参加了一个电视节目，并大出洋相。这个想法来自时年23岁的爱德华王子，他想在娱乐业混出名堂。爱德华从高登斯顿学校毕业之后，又在剑桥拿到学位，后遵从家族的传统加入了英国皇家海军陆战队（Royal Marines）。他很有运动天赋，室内网球是他的强项，但他的性格却是害羞而敏感的。

1987年1月，皇家海军陆战队为期半年的新兵训练行将结束时，爱德华突然宣布要辞去军官职务。其实在他心里，参军只是一种精神而非身体上的修炼。媒体报道说菲利普对儿子这一决定异常愤怒，但从后来《太阳报》披露的菲利普给皇家海军陆战队指挥官的信中内容来看，菲利普对爱德华退出军旅一事其实是理解和赞同的。“媒体总想把菲利普描绘成一个残酷无情的人，”王太后曾对《泰晤士报》和《世界新闻报》的专栏作家伍德罗·怀亚特说，“其实他对孩子们很和善，一直都是这样。”

爱德华打算在剧院和影视界闯荡一番。他的第一个创意就是将《夺标》

[1] KPMG，世界四大国际会计师事务所之一，起源于1870年，主营审计、税务和咨询服务。

[2] 一个管理学概念，此概念认为存在某种技术、方法、过程、活动或机制可以使生产或管理实践的结果达到最优，并减少出错的可能性。

（*It's a Knockout*）节目做一个改版，将其变成《皇家夺标》（*It's a Royal Knockout*）。《夺标》是一档大众娱乐节目，参加节目的选手身穿滑稽的服装，在各种整人搞笑的比赛中相互竞争。爱德华的想法是邀请他的兄弟姐妹与社会名人同台竞技，以此来为王室的慈善活动筹款。查尔斯同意参加节目，但拒绝让妻子戴安娜参加；安妮、安德鲁和妻子菲姬也同意加入。

因为事关多名王室成员，爱德华此举需要得到母亲的批准。女王对此事犹豫不决。新闻秘书威廉姆·赫塞尔廷担心这档节目会影响王室形象，女王的高级顾问们也劝她拒绝爱德华的提议。但女王在一时冲动之下同意让子女参加节目，对其仅有的要求是在比赛中他们必须担当“队长”而非队员。

1987年6月19日，节目播出了。爱德华、安妮、安德鲁、菲姬身穿仿制的王室服饰，在场边又喊又跳，而来自英美两国的演员——其中有约翰·特拉沃尔塔、迈克尔·佩林（Michael Palin）、罗温·阿特金森（Rowan Atkinson）、简·西摩尔（Jane Seymour）、马戈特·基德尔（Margot Kidder）——则在用道具火腿互殴等搞怪游戏中上蹿下跳……在对几位王室成员进行采访时，节目主持人还板着脸夸张地向他们鞠躬致意，这更显得他们像傻子一样。节目的气氛比王宫廷臣们预想得还要轻浮；而与之相比，为“世界野生动物基金会”（World Wildlife Fund）、“拯救儿童基金会”（Save the Children Fund）、“为无家可归者提供住所”（Shelter for the Homeless）以及“爱丁堡公爵国际青少年奖”（Duke of Edinburgh International Award for Young People）所筹集的100万英镑善款也显得有些得不偿失了。

安妮公主本应对这个结果早有预料，因为她近10年来一直在努力修缮她的公共形象。20世纪70年代初，安妮承担的王室公务多了起来，但她那时态度高傲、脾气暴躁，在面对记者时尤其如此，因为她受不了记者的纠缠。在班明顿马术比赛（Badminton Horse Trials）中，她曾对记者们大喊“滚开”，此言一出，不仅令她“名声”大振，还被记者们冠以“粗鲁殿下”的绰号。安妮的急躁脾气不易克服，但她最终以其不遗余力的慈善善举——尤其是“拯救儿童基金会”——赢得了广泛赞誉。就在此档电视节目播出前6天，女王刚刚授予她“安妮长公主”（只能授予王室长女）的头衔，以表彰她的辛苦工作和职业精神。

在节目之后的记者招待会上，爱德华再度遭到羞辱。他问记者们：“你们觉得节目怎么样？”在场的50多位记者听罢哄堂大笑。爱德华对记者们的反应恼怒不已，转身离席而去，记者们则说他自大而愚蠢。这个电视节目不仅抹去了参与者身上的尊贵光环，还影响了君主制度的威严。宫里的人以及女王的朋友对此事的看法均是——用女王的养马经理迈克尔·奥斯瓦德的话说——“简直是一场灾难，当初绝对不应该批准。”

这年夏天，“不列颠尼亚号”需要进行大修，女王每年例行的西部群岛之旅只能取消了。考虑到近日来家里不顺的境况，这未必不是一件好事。这段时间，女王去了北部的梅伊堡与87岁的老母亲共度了两天安宁的时光，这也是她首次在梅伊堡留宿。王太后将自己的卧室让给伊丽莎白二世居住，从窗户向外望去，可以看到牧场上的亚伯丁安格斯牛[1]和北方雪维特羊[2]；王太后则搬到了玛格丽特公主的卧室里，这间卧室玛格丽特从未住过，因为她觉得梅伊堡“冷、漏风、花销大”。

女王和王太后一起到附近的树林和海边散步，还到一个泥泞的足球场参加“梅伊堡山村版”高地比赛。到了晚上，王太后就设宴招待当地的朋友，其中就有当地的牧师。他带来了自己的吉他，晚饭过后，他弹起苏格兰曲子，王太后、女王跟大家一起跟着旋律兴致勃勃地唱着歌。

几个月后，马丁·查特里斯告诉国家肖像美术馆馆长罗伊·斯特朗说，王室年轻一代在公众面前“已经毫无颜面”，需要“重获神秘性”。这位忠诚的廷臣还不知道女王与孩子们的问题将恶化到什么程度。

到了80年代末，女王3个已婚子女的婚姻均出现了不同程度的紧张。1985年，戴安娜开始与保镖巴里·曼纳基（Barry Mannakee）勾搭在一起，而后者是个有家室的人，还有两个孩子。第二年11月，在肯辛顿宫举办的一次晚宴上，她又跟皇家内近卫骑兵团的詹姆斯·休伊特（James Hewitt）上尉（亦是她的马术教练）厮混在一起。与此同时，查尔斯与卡米拉的情事也于1986年死灰复燃，因为查尔斯始终无法忘记她的“温柔……善解人意和平和的性情”。

英国的小报尚不知晓查尔斯夫妇各自的婚外情，但不时会刊登一些有关他们婚姻出现裂痕的流言，因为在此前访问葡萄牙时他们并未同榻而眠，而是各自住在一间卧室里，还有此后几次独自度假，甚至连结婚6周年纪念日也是分开过的。女王并不清楚他们失和的程度有多大，但其婚姻的紧张是很明显的。于是，1987年秋季，就在查尔斯夫妇即将前往联邦德国进行国事访问之前，她在一个晚

[1] Aberdeen Angus，肉用牛，起源于苏格兰东北部，黑色无角，体躯矮而结实，肉质好，出肉率高。

[2] North Country Cheviot，一个在英国北部和苏格兰广泛饲养了几个世纪的绵羊品种。

上把他们邀请到白金汉宫。她劝儿子儿媳要夫妇和睦，此后一段时间，查尔斯和戴安娜的确听从了母亲的劝告。

但他们并未真正和解。与此相反，他们二人之间的“礼貌的隔阂”已渐渐成形——查尔斯大部分时间都是在格洛斯特郡的海格洛夫庄园里，而戴安娜则是在肯辛顿宫。如此安排之下，在其后几个月里，他们在公众面前始终维持着和睦的表象。戴安娜在此期间更加专注于慈善事业和王室公务，也由此被媒体称作“新的戴妃”。1988年她承担的王室公务有250项之多，菲姬有153项，而“不知疲倦的”安妮公主有665项。

1988年年初，菲姬怀孕了，肚中的孩子是她两个女儿中的老大碧翠丝公主（Princess Beatrice）。她对丈夫安德鲁的不满却与日俱增。作为一名海军士兵，安德鲁每年在家的时间只有42天，其余的日子里，菲姬都是独自待在白金汉宫他们那间并不奢华甚至有些朴素的三居室套房里。除了有仆人伺候，有一些王室特权之外，菲姬仅有的财富就是安德鲁每年3.5万英镑的薪水。但她对奢侈生活的追求令她陷入了债务泥潭，其外债攀升到6位数之多。

菲姬花钱大手大脚，还爱跟戴安娜攀比，而戴安娜的家庭收入却不是菲姬能比得上的，因为身为王储的查尔斯享有“康沃尔公爵领地”每年约100万英镑的年俸。菲姬和戴安娜妯娌二人的关系也很怪，她们或是彼此猜忌中伤，或是一同做出某些幼稚的举动，比如在滑雪场里像个小女生一样欢呼雀跃、在阿斯科特赛马场用雨伞尖去戳朋友的屁股……当初夸赞菲姬令人耳目一新、随性可亲的小报现在也纷纷改了口，说她“不成体统……愚钝、粗鲁、聒噪、缺少高贵的品质”。她的父亲经常出入伦敦的风月场所也被曝光，更令菲姬名誉大损。

再看看安妮公主这边。几年以来，在伦敦的大街小巷一直流传着一个说法，那就是安妮跟丈夫马克·菲利普斯都有婚外情，并且二人已经分居。安妮的情人之一名叫彼得·克劳斯（Peter Cross），是一位安全官员，而在彼得·克劳斯之前，安妮的情人竟然是卡米拉的丈夫安德鲁·帕克·鲍尔斯。1989年4月，安妮对婚姻不忠的确凿证据出现了——英国小报披露了4封失窃的情书，情书出自宫里34岁的侍从武官——海军中校蒂莫西·劳伦斯（Timothy Laurence），对象正是38岁的安妮公主。

与当初玛格丽特公主跟彼得·汤森的恋情类似，安妮从1986年劳伦斯进入王室工作开始就跟他走得很近。这4封情书的时间跨度是18个月，劳伦斯在信中称安妮为“亲爱的”，虽然从言辞中无法看出二人已有亲密关系，但字里行间流露着“亲昵和暧昧”。《太阳报》将这几封信交给了苏格兰场[1]，而王宫也证实了这些信件的真实性。不久之后，安妮夫妇就宣布分居，女王则继续将劳伦斯留在宫里工作，或可看作是对劳伦斯的默默支持吧。公众对此事持有谅解的态度，也见证了安妮不幸的婚姻对女王的打击。

面对儿女婚姻的烦心事，伊丽莎白二世只能到对马匹的爱好中寻求慰藉。1988年年底，她从《纯种马》（*Blood Horse*）和《佛罗里达养马》（*Florida Horse*）两本杂志上读到一种训练赛马的新技术，这个理论是53岁的加利福尼亚牛仔蒙迪·罗伯茨（Monty Roberts）提出的，他在训练1岁马时，不是用缰绳去制服、控制马匹，而是利用马匹的群体本能，用身体语言、眼神交流和微妙的示意，“循序渐进”地达到对马匹的驯化。罗伯茨从小就喜欢观察野马是如何教育下一代的，1955年他在加州州立理工大学（California Polytechnic State University）获得了心理学和动物科学学位，随后就开始了自己的驯马事业，其理念是避免父辈所使用的暴力驯马方式，而达到相同的效果。

陆军中校约翰·米勒爵士为女王做了26年的皇家马厩总管，负责掌管除赛马之外的所有王室马匹，最近他刚刚退休，女王就派他前往罗伯茨位于圣巴巴拉北部的牧场实地观看一下他的理论演示。米勒回来报告说罗伯茨的理论是行得通的，女王就邀请罗伯茨到温莎堡来，从而可以亲自做出评断。罗伯茨同意从1989年4月10日开始，在这里进行5天的驯马展示，女王则邀请了约200位客人前来观看他是如何驯服16匹马的。女王还对罗伯茨说，她仅会在第一天前来观看1个小时，如果她认为他的理论可行，就会安排他在英国全境的21个城市巡回展示，将他的驯马理论传授给其他养马人。

“考试”之前的星期六这天，罗伯茨先跟米勒来到温莎堡的室内骑术学校看了看新建的直径为15米的圆形围栏，这里就是他要进行演示的“舞台”。女王这时大步走进训练大厅，她身穿骑马裤和帅气的骑马夹克，一边快步走一边与米勒交谈。她“自信、忙碌”，罗伯茨回忆道。罗伯茨曾在阿斯科特、埃普索姆和纽马克特的赛马会上多次见过伊丽莎白二世，对她的固有印象是“常常身穿礼服，挎着包，一边慢慢走着一边对周围的人微笑致意；她举止恬静，在公众面前从不慌张，总是井然有序”。但今天女王的样子跟之前他看到的大不一样。伊丽莎白

[1] Scotland Yard，英国首都伦敦警察厅的代称。

二世看到了这位皮肤黝黑、蓝色眼睛、目光警惕的矮壮驯马师，立刻猜到了他的身份，并伸出手与他握手，米勒则赶紧为二人做了介绍。“来，让我看看你的‘狮子笼’，”女王说道，“我需要鞭子和椅子[1]吗？”“女王对我说话时眼里全是笑意，她对待我的方式也显现出她安抚人心的本领。”罗伯茨回忆道。

星期一上午9点，前来观看罗伯茨演示的不仅有伊丽莎白二世，还有菲利普亲王和王太后（她的一匹小母马也在受驯马匹之列）。陪同王室成员前来的有迈克尔·米勒，《马匹与猎犬》（*Horse and Hound*）杂志的编辑迈克尔·克莱顿（Michael Clayton）（他是女王唯一愿意亲近的记者）、新任皇家马厩总管，亦即陆军中校西摩·吉尔巴特-德纳姆（Seymour Gilbart-Denham）。训练大厅是一个有着哥特式拱窗的高顶建筑，他们就坐在大厅一端镶有玻璃隔板的观察台上，受邀前来观看演示的驯马师们站在围墙边上，满心狐疑地看着场里的情况。

一切准备就绪，罗伯茨开始展示自己的本领：他朝受驯马甩了甩细缰绳，马害怕被套住，就沿着围栏跑起来。15分钟后，在罗伯茨不断的眼神和手势交流下，甚至转身背对着它以表示对它没有恶意，它对罗伯茨的态度由害怕变成了信任，并最终变得顺从。又过了10分钟，它第一次接受了罗伯茨的碰触，用罗伯茨的行话说是“达成连接”。随后他给马装上了马勒和马鞍。片刻之后，罗伯茨的助手已经能够骑着这匹马绕着围栏跑动了。女王对罗伯茨温和的驯马方式留下了深刻的印象，她对他说：“真是精彩。”菲利普用力地与罗伯茨握了握手，并问他能否用同样的方法驯一下他的马车小马。王太后则是眼里含着泪水说：“这是我这辈子见过的最感人的时刻之一。”

女王随后吩咐接下来的安排，罗伯茨满心惊讶地看着，他说：“我太吃惊了，竟然能真的看到她发号施令的样子。”几位女驯马师告诉女王，她们怀疑罗伯茨给马匹的鼻子里撒了药粉。为解除大家的疑虑，伊丽莎白二世要求从汉普敦宫马厩里运来两匹陌生的3岁成年公马，让罗伯茨当天下午再做一次演示。她也改变了原先的打算，将在午餐后再来观看。

当天下午，近100名客人受邀前来观看罗伯茨的演示。女王就站在围栏一边，双臂交叉在胸前，专心注视着场里的情况，几位女驯马师陪在她身旁。这两匹受驯马都“强壮而狂躁不安”，但半小时之后，罗伯茨都成功地驯服了它们。

---

[1] 鞭子、椅子等均是马戏团常用的驯狮工具，此处女王是在用比喻来开玩笑。

令他吃惊的是，女王宣布再安排22匹马接受他的训练，并将在这周的每天上下午都过来看他驯马。她还给全国顶级的驯马师打电话，鼓动他们观看她为罗伯茨安排的境内巡游演示，还让迈克尔·克莱顿在杂志上跟踪报道演示的情形。她甚至为罗伯茨提供了一辆防弹的福特"天蝎星"豪华轿车。

女王和罗伯茨在马匹心理学和对赛马血统的了解方面很有共同语言，他们很快就成了朋友。罗伯茨在温莎堡花园的午餐上不厌其烦地回答了女王的各种问题，他说话清晰而缓慢，声音温和而坚定。"女王几十年以来对驯马和马匹的兴趣都是非常传统的，跟她的交谈过程中，我发现她的思想是开放的，接受了我这种新兴的驯马理论。"

"女王竟然能明白我的驯马方式是怎么回事，她知道我采取的每个步骤的原因、过程和结果。"罗伯茨惊讶地说。当她听到罗伯茨讲了一些她不了解的东西时，就会从椅子上倾过身仔细聆听，"就像一个一年级学生一样"。同样令罗伯茨感到惊讶的是，女王教他如何向英国人表达他的理论。她说："你需要放松下来，这样就不会显得太争强好胜。"她的建议表明"她阅读别人意图的能力非常强，就像马一样"。

罗伯茨与女王的友谊改变了他的人生。女王名下的马匹训练时大都采用了罗伯茨的驯马方法，她还鼓励他写一本与此驯马理论有关的自传。罗伯茨的书写完后，女王读了他的初稿，劝他对其做了大幅修改，并将其推荐给了出版商。1997年，罗伯茨的《听马说话的人：一位现实生活中的马语者的故事》[1]出版了，共售出200万本。女王对他能成功出书表示赞扬，还夸奖他"做得对"。从那时起，罗伯茨就在全球范围内建立训练中心，每年为1500名学员教授驯马技术。女王始终关注着他的事业发展，罗伯茨每两年会到温莎堡来访问一次，届时也会向女王报告一下自己的进展情况。2011年，女王授予罗伯茨"皇家维多利亚荣誉勋章"以示表彰。

赛马一直是女王真正的快乐之源，1989年她结识了新朋友蒙迪·罗伯茨，发现了他的驯马理论确实可行，这给她带来了许多快乐。但就在同一年，发生在赛场内外的一些争议和对她的不满令这份快乐打了折扣。问题的根源是一匹名叫

[1] *The Man Who Listens to Horses*: *The Story of a Real-Life Horse Whisperer*，此书尚无中文译本，此处中文书名为译者所译。

“纳什旺”（Nashwan）的小马，它是10年前女王所饲养的良种母马“时尚之巅”（Height of Fashion）的后代。

“时尚之巅”年轻时曾赢下了1981—1982年间7场比赛中的5场，遂吸引了迪拜王室谢赫·哈姆丹·阿·马克图姆（Sheikh Hamdan al Maktoum）的眼球。他开价100万英镑购买“时尚之巅”——对一匹尚未经过实际检验的繁殖母马来说，这无疑是极奢侈的价格了。在亨利·珀切斯特的建议下，伊丽莎白二世决定卖出“时尚之颠”，然后用这笔钱买下了伯克郡的“西以斯利马场”（West Ilsley）。迪克·赫恩少校是女王非常认可的驯马师，他就住在西以斯利马场附近的教区，女王一并将他招入麾下，与他签了7年的雇用合同。

赫恩从1966年开始就为女王驯马，他的客户还有许多，其中就包括购买了“时尚之颠”的马克图姆家族。赫恩曾为女王驯出了两匹优秀赛马：“海克莉”和“丹弗姆林”。女王赢得“戴安娜大奖赛”后在温莎堡举办庆功宴会时，他也在受邀之列。

1984年，赫恩在打猎时伤了脖子，腰部以下瘫痪了。但他仍然勇敢地坐在轮椅上坚持驯马工作，并不断驯出优秀的赛马。4年之后，他的身体状况再度恶化，动了一次心脏大手术。当时女王的赛马经理是亨利·珀切斯特，他在1987年父亲去世后继承了爵位，成为第7代卡那封伯爵。1988年8月，手术后的赫恩尚未出院，亨利·珀切斯特就告诉他说，下一年他的合同就到期了，届时他得离开西以斯利马场。亨利·珀切斯特的冷酷无情在赛马界召来了强烈的反感。

赫恩出院后继续为女王驯马，但在1989年3月，女王宣布让威廉·海斯廷斯-贝斯（William Hastings-Bass），亦即未来的亨廷顿伯爵代替他的职位。人们把原先对亨利·珀切斯特的愤怒转移到了女王身上，因为她不仅让赫恩丢了工作，还将他从1962年起就生活的教区赶走。驯马师伊恩·鲍丁是赫恩的好友，他对女王的助理私人秘书罗伯特·费罗斯说：“如果你们不妥善安置迪克·赫恩的话，那将是女王所做的最不得人心的事，她的马会在赛场上得到观众的嘘声和唾骂。”

伊恩·鲍丁的话虽未应验，但也离实际不远了。5月“纳什旺”赢下了“纽马克特”赛马，赫恩正是为马克图姆训练“纳什旺”的驯马师。赫恩在“纳什旺”领奖时高兴地“将帽子一把摘下高高抛起”，人们则用“响亮而持久的掌声”向他表示祝贺。“我认为女王做了一件非常不妥当的事，”专栏作家伍德罗·怀亚特对第18代德比伯爵的妻子伊莎贝尔（Isabel）说道，“她把赛马会

(Jockey Club) 和整个赛马界都推到了对立面。”

对渴望在赛马中获胜的女王来说，更糟糕的事情还在后面。6月7日，伊丽莎白二世参加了埃普索姆德比赛马，这是她最想赢下的比赛了，但她未能如愿，而获得冠军的正是“纳什旺”，它以绝对优势胜出——这匹马原本应该是她的。

女王取消了原先亨利·珀切斯特的安排，让赫恩在西以斯利马场再工作10年，与海斯廷斯共同驯马一年。更有人情味的是，她说赫恩在家乡愿意住到什么时候都可以，不必离开。马克图姆家为赫恩购置了一个马场并将其装修一新，他的业绩依旧优异，直到1997年退休。伊丽莎白二世作为纯血马养马人所犯下的最大的错误也被大家原谅了，这在很大程度上要感谢赫恩的宽宏大量，他在赢得德比赛之后仍对女王非常友善，从未说过她一句坏话。

新的一年到来了，女王登基以来所碰到的一个最麻烦的问题也终于得到了解决。南非的新任总统弗雷德里克·威廉·德克勒克 (Frederik Willem de Klerk) 于1990年2月2日做了一个令世人震惊的决定——释放因反抗种族隔离政策而被囚禁27年之久的“南非非洲人国民大会”[1]领袖纳尔逊·曼德拉[2]。9天后，曼德拉出狱，恢复了自由之身。德克勒克取消了对非国大的禁令，使其合法化，并着手废除种族隔离政策，建立不分种族的平等民主选举。

两位领导人应对国内外压力，成功达成和解，共同获得了1993年的“诺贝尔和平奖”。曼德拉认为英联邦的反对种族隔离政策的立场在其中起到了至关重要的作用，女王为英联邦团结统一所做的努力也功不可没。时任加拿大总理的布莱恩·马尔罗尼回忆：“(时任英联邦秘书长的) 桑尼·兰法尔跟非国大的塔博·姆贝基 (Thabo Mbeki) 、奥利弗·坦博 (Oliver Tambo) 都在伦敦，桑尼·兰法尔会将英联邦的所有情况传达给他们俩，他们再将其告知曼德拉。在道德领导方面，曼德拉会说，是英联邦拯救了南非。”

---

[1] African National Congress，简称非国大 (ANC) ，1912年在布隆方丹成立，原名“南非土著人国民大会” (South African Native National Congress) ，1925年改为现名。自1994年5月至今是南非最大政党、执政党，其宗旨是为南非黑人争取政治、经济权利。

[2] Nelson Mandela，纳尔逊·罗利赫拉赫拉·曼德拉 (Nelson Rolihlahla Mandela) ，1918年7月18日出生。为了推翻南非白人种族主义统治，他进行了长达50年 (1944—1994) 艰苦卓绝的斗争，曾在牢中服刑27年 (1962—1990) 。他是南非首位黑人总统 (任期：1994—1999) ，被尊称为“南非国父”。

对撒切尔首相来说，南非的大团圆结局终于让她松了一口气。她领导托利党在1979年、1983年、1987年连续取得大选胜利，这已经是她担任英国首相的第11个年头了。80年代末英国迎来了经济繁荣，当初严苛的货币政策、高失业率、解散工会等困难已经烟消云散。在国内，撒切尔采取种种措施遏制通货膨胀、鼓励创业、扩大私有房产拥有量、将国企私有化、精简政府机构、开放英国金融市场；在国际上，她与罗纳德·里根遥相呼应，一同强硬地反对共产主义，她的经济政策也为1989年苏联开始解体时独立的东欧非共产主义国家树立了榜样。

1990年7月，王室总管大卫·艾尔利向撒切尔首相提出一个建议，要求对王室年俸进行调整。在按照迈克尔·匹特的改革计划对王室运营工作进行整改之后，他得以向政府表明“王宫官员能够掌控自己的命运”。工党政府曾在1975年通过立法规定王室年俸的金额增长需每年申请，现在他要求恢复《1972年王室年俸法案》的做法。撒切尔同意在2000年至2010年这10年里将王室年俸的总额从510万英镑增加到790万英镑。

撒切尔同样为女王顾问们的专业性和高效性而折服，她将政府管理的王室房地产——白金汉宫、圣詹姆斯宫、肯辛顿宫、马尔堡别墅、克拉伦斯宫、温莎堡，以及温莎大公园和家庭公园这样的房地产——的管理权从环境部（Department of the Enviroment）交还到了王室手里，由迈克尔·匹特担任王室金融和房地产服务的主管。撒切尔支持王室年俸法案，说它是“君主制尊严和传承性的表现”，还补充说：“英国绝大多数人民都将王室看作国家最宝贵的财富，并对他们所做的一切心感钦佩。”

撒切尔首相虽然取得了令人称赞的业绩，但她却失去了选民，甚至失去了保守党内部的支持。为了增加税收来为教育、垃圾清理等利民项目增加投入，她废除了财产税，用人头税取而代之，所有成年人都需缴纳相同数额的税金。这一政策在地方上的执行过程中导致了很多低收入家庭的税务负担比以前重了很多。大家对人头税的不满极有可能影响到1991年托利党在大选中的前景。

而在托利党内部，在战后欧共体一体化过程中持“欧元怀疑主义”的撒切尔也遭到了党内自由派的反对。她坚决反对放弃英镑转而使用欧洲统一货币，但这一理念在她的高级大臣中不得人心。支持统一货币的大臣中就有外交大臣杰弗里·荷维，他为了表示对撒切尔的抗议，于1990年11月1日辞了职。两周之后，1986年离开撒切尔内阁的迈克尔·赫塞尔廷（Michael Heseltine）向撒切尔发起挑战，与她争夺党首位置。11月20日第一轮投票结束，撒切尔虽然获胜，但按照党章要求，她需要领先一定差额才能保住首相之位。当时撒切尔还在巴黎，她于星期三返回伦敦，准备拿下第二轮选举。在与主要支持者会面之后，她又与内阁大臣们一一会谈，而每个人的答案都是一样的：她赢不了第二轮投票了。撒切尔不愿直面接受失败的结局，于当晚退出了第二轮选举。星期四上午，撒切尔来到白金汉宫告知女王自己将要辞职的消息。“她是个非常善解人意的人，”撒切尔后来回忆道，“她明白……我所做的决定是明智的……令我伤心的是——11年了，这将是我作为首相最后一次来白金汉宫。”

在27日的第二轮选举中，撒切尔的主要竞争对手迈克尔·赫塞尔廷亦未能获胜，最后的胜利者是时任英国财政大臣，亦是撒切尔偏爱的候选人约翰·梅杰（John Major）。第二天上午，撒切尔向女王递交了辞呈。45分钟后，梅杰到白金汉宫觐见女王并应其要求组建政府。时年43岁的梅杰是100多年以来英国最年轻的首相。

为表彰撒切尔在首相任期内所做的贡献，伊丽莎白二世将英国最荣耀的个人荣誉授予了她：嘉德勋章和功绩勋章（Order of Merit）。嘉德勋章在前文中已有介绍，此处不再赘述；功绩勋章是爱德华七世于1902年创立的，用于表彰军事、艺术和科学领域的卓越人士。跟嘉德勋章一样，功绩勋章的在世拥有者最多也是24人，并且迄今为止只有3位前首相获得此项殊荣：温斯顿·丘吉尔、克莱门特·艾德礼和哈罗德·麦克米伦。“授予前首相嘉德勋章是情理之中的事，但功绩勋章一般只授予科学和学术界人士，所以对撒切尔来说这个奖章的意义极其重大。”多年担任撒切尔顾问的查尔斯·鲍威尔如此说道。

王太后对撒切尔的离开尤其伤心。她称撒切尔是一个“忠诚的爱国者”，并希望她在离任之后能到巴尔莫勒尔庄园玩几天。“他们（王室）认为撒切尔的遭遇是极不公正、令人震惊的，”撒切尔卸任两天后，她的朋友、专栏作家伍德罗·怀亚特在日记中这样写道：“他们对撒切尔十分钦佩，觉得她是个了不起的人；她为英国、为全世界做了太多。”在怀亚特看来，任何关于女王不喜欢撒切尔的传言都是“凭空造谣”。

“审查……只有在亲切、幽默、互谅的基础上才能有效。”

1992年11月，伊丽莎白二世发表“多灾之年”演讲，就近期王室的麻烦事表态。

图片来源：蒂姆·格雷厄姆/盖蒂图片社

第十六章　多灾之年

在伊丽莎白二世的诸位首相之中，约翰·梅杰的背景最不寻常、最奇异，其出身也最卑微。他的父亲早年去了美国寻求发展，先是在匹兹堡的炼钢厂工作，后又在马戏团里当高空秋千表演者，随团在英美两地巡回演出。原配妻子去世之后，他娶了一位年轻的舞蹈演员，并开始做奇异花园摆饰生意。约翰·梅杰是他们的第4个孩子，他出生时父亲已经64岁，并且家里的经济情况正在恶化。

约翰·梅杰全家搬到了布里克斯顿（Brixton）的贫民区，16岁的他不得不辍学养家。他先后做过多个千奇百怪的工作，最后进了银行并取得了成功。其后他喜欢上了政治，并从市政委员会选入议会，于1987年进入撒切尔首相的内阁。他手腕果断、意志坚决、判断力过人、对政策细节把握精准。

当选首相之后，约翰·梅杰先是着手安抚保守党内部涣散的人心，使大家重新齐心团结在一起。5个月后，他废除了人头税，以新制定的财产税取而代之，改由根据家庭的住宅价值和居住人口缴税。他在撒切尔取得的经济成果上增砖添瓦，并于1991年成功签下《马斯特里赫特条约》，在保留某些如工人薪金水平、卫生安全等问题的独立决定权，以及不必放弃英镑而使用欧洲统一货币的基础上加入欧盟。

在大臣们面前，女王对待梅杰的态度与对待利落能干的撒切尔的态度是一样的。一位高级顾问曾说："我看不出有什么差别。"梅杰在与女王会面之前"愉快而放松，会谈结束后他就跟女王的私人秘书们一起聊天，内容大多是跟板球运动有关"。

梅杰刚上任不久，就联合美国及另外30多个国家打了海湾战争，目的是解救被伊拉克军队侵入的科威特，英国在此次战争中出力甚多。1991年1月17日，多国部队开始对伊拉克实施大规模空袭，随后展开地面攻击。2月18日战争结束，联军获胜。从24日对伊地面攻击开始，梅杰就定期向女王汇报战争进展。女王也首次发表战时演讲，在演讲中她祈祷上帝保佑英国取得胜利，以此来鼓舞民心和士气。

多国部队从伊拉克手里夺回了科威特，双方停火。虽然这次战争未能推翻伊拉克独裁者萨达姆·侯赛因（Saddam Hussein）的统治，但对梅杰、罗纳德·里根的继任者乔治·H.W.布什来说均是一场重大的胜利。英美两国领导人“有很多共性”，是亲密的盟友，美国驻英大使雷·赛茨（Ray Seiz）如此写道。

3个月后，布什总统邀请女王到华盛顿进行她登基以来的第3次对美国事访问。布什家族和温莎王室从一开始就建立了一种惬意的友情。第41任美国总统布什与菲利普亲王基本是同龄人，他们都在太平洋上接受过“二战”的洗礼。两个家族有着相同的英伦传统、相同的价值观，他们还都是肯塔基州威廉·法瑞施和萨拉·法瑞施夫妇的好友。布什回忆说：“女王非常尊贵，但她没有给我拒之千里的感觉。我说不出其中原因，但她非常非常容易相处，我们的谈话气氛很轻松。”

5月14日星期五，伊丽莎白二世抵达华盛顿。她到来时，美国民众正为英国在海湾战争中对美国的协助而心怀感激，亲英情绪空前高涨。布什在白宫南草坪举行盛大仪式欢迎女王的到来：军乐队、横笛和鼓乐队、还有“椭圆形广场”（Ellipse）的21响礼炮[1]。欢迎仪式中还出现了一个小插曲：身高1.88米的布什总统讲完话之后轮到身高1.63米的女王致辞，但布什总统和他的助手们都忘了在讲台后为女王加一个踏板。女王致辞时脸部就被一簇话筒挡住了，收看电视转播的观众也只能看到她紫色条纹宽檐帽下的眼镜而已。

布什总统在白宫的私人住所为女王夫妇举行了一个小型午宴，参加午宴的人只有女王夫妇、布什一家、英美两国大使以及法瑞施一家。布什回忆，他们在宴会上说起了女王先前致辞中的“意外”，“大家都大笑起来。但女王也是很有幽默感的人，她并没有觉得受到冒犯。”在午宴上，64岁的女王首次见到了布什总统的长子、时年44岁的乔治·W.布什，亦即后来的美国第43任总统。此时小布什正在经营“得州游骑兵”（Texas Rangers）棒球队。他回忆说：“我最先注

[1] 按国际惯例，鸣放礼炮都是单数。鸣放21响是最高礼遇，用于欢迎国家元首、政府首脑等贵宾。

意到的是她的眼神，我觉得她的眼神表明了她是平易近人的。更令我高兴的是，她身上并没有那种‘我比你优越’的气势。”

小布什告诉伊丽莎白二世，自己的牛仔靴是定制的，上面通常印有“得州游骑兵”字样。女王遂问道：“你现在这双靴子上就印着吗？”“不，夫人，”小布什开了个玩笑，“这双鞋上印的是‘天佑女王’。”女王被他逗乐了，恶作剧地问道：“你是不是家里的‘害群之马’？”小布什答道：“我猜是的。”女王接着给了他一个台阶：“每个家庭都有这样的子女啊。”小布什反口问道：“您家的‘害群之马’是谁呢？”这时他的母亲插口对女王说道：“不要理他！”女王会意，很得体地将话题转移了。

午宴过后，老布什总统陪同女王到“杜鲁门阳台”（Truman Balcony）上欣赏“潮汐湾”（Tidal Basin）和“杰斐逊纪念馆”（Jefferson Memorial）。当时白宫正在重新刷漆，墙皮都层层剥落，露出了灰石和原木。在附近的一个壁柱上，能够看到些许烧痕，这还是1814年英国士兵纵火焚烧白宫时留下的。[1]“我对她开玩笑说，这可是您的人的杰作啊，”老布什回忆道，“后来我们说，这些烧痕其实也是一种‘纪念’。”

当天晚上，老布什为伊丽莎白二世举办了国宴，参加者有130人之多。在宴会上，老布什仍玩笑不断，他恭维女王“脚力卓越”，“特工处的人都累得气喘吁吁……我真庆幸自己脆弱的心脏没在跟女王走路时罢工呢。”两位元首的祝酒辞都重申了英美两国的友谊——这份友谊刚刚在海湾战争中得到了加强。女王说：“难怪我在这里没看到什么陌生人，因为英国人从来没把美国当成‘异国他乡’。”她对老布什在海湾地区的军事行动表示了赞赏，说他表现出的“不是夸夸其谈和花言巧语，而是果断和勇气”。

在华盛顿的3天访问中，伊丽莎白二世共有18个活动安排，她还是首个在美国参众两院联席会议上致辞的英国君主。她的致辞开场白是：“我真心希望今天你们能看到我的脸。”这句话引起了议员们的大笑和起立喝彩。女王还首次观看了“职业棒球大联盟”（Major League Baseball）比赛，比赛的双方是“巴尔的摩金莺队”（Baltimore Oriolies）和“奥克兰运动家队”（Oakland Athletics）。在观看比赛之前，女王照例先了解了一番这个美国的全国性体育活

[1] 意指1812—1815年间发生的“1812年战争”，亦称美国第二次独立战争。美国想趁英国被拿破仑牵制之际扩大北美领土，遂对英宣战。英国人在此次战争中曾纵火焚烧华盛顿特区（包括白宫）。

动。她先是在球员休息区接见了列队等候、嘴里嚼着口香糖的队员们；而在包厢里坐下观看比赛时，就由布什为她全程讲解比赛过程和细节——他曾是耶鲁大学代表队的一垒手。

女王此行最有趣的事还是发生在她访问一个华盛顿的底层住宅区时。她要去参观爱丽丝·弗雷泽（Alice Frazier）的新房子。当地政府有一个政府资助项目，为低收入家庭的首套住房提供资助，弗雷泽就是这个项目的受益者。她是一个美国黑人，时年67岁，已经当了曾祖母，体重有190斤。当女王走进她的房子时，弗雷泽用力握了握女王的手，问候道："您好哈！"然后张开双臂给了女王一个热情的"熊抱"。伊丽莎白二世上身僵硬地前倾，在弗雷泽怀里挤出一点儿笑容，双手却紧紧地护在自己腰部，直到弗雷泽把她放开为止。"这是美国人表达感情的方式，"弗雷泽后来解释道，"我忍不住这么做了。"

在各种活动间隙，女王夫妇就在国宾馆布莱尔大厦的五室两卫的套房里短暂休息。他们在楼上的图书馆里吃早餐，由自己的男仆在一旁服务。其余时候，女王就待在自己的房间里，而菲利普则忙着四处关电灯，嘴里嘟囔着："太浪费电了，太浪费了。"一天早上，布莱尔大厦的总管本内迪克特·瓦伦廷（Benedicte Valentiner）正站在前走廊里，这时他看到女王走下楼来准备当天的第一个活动。"她静静地站在那里一动不动，"瓦伦廷回忆道，"好像是在收敛心神，准备上场。我太佩服她了。这就是她'蓄势待发'的样子，她不跟周围人闲聊，只是静静地站着、等着，心无杂念。这是一种惊人的心理应对机制。"

星期五，女王一行乘坐英国航空公司的协和式客机离开华盛顿，准备对另外6个美国城市进行正式访问，随后到肯塔基州度假3天。陪同的有50名随从，另有半吨重的行李，上面都标着黄色的标签，标签上印着"女王"字样。他们首先抵达迈阿密，在这里待了10个小时，又在"不列颠尼亚号"上为50位显要人物举办了黑领结晚宴，参加晚宴的包括里根一家、福特一家。

能与里根夫妇重聚，大家都很高兴，他们一直都把伊丽莎白二世和菲利普亲王视作知交好友。一年之前，罗纳德·里根听说他访英时骑过的那匹马"博米斯"死了，就给女王写来一封慰问信，女王写了两页回信以示感谢。在信中她说，前一天她在遛狗时还看到28岁的"博米斯"在温莎的牧场里"悠闲地吃着草"，第二天早上就听说它死于心脏病，对马来说，这也算"高寿"了。

能在"不列颠尼亚号"上与前美国总统里根会谈，女王的兴致很高。里根在谈话中抱怨了庞大的政府开支："拿三分之二的钱去养官僚，交到真正需要钱的百姓手里的只有三分之一，这是不妥当的。”“是啊，原先的民主精神已经破产了，”女王断然答道，“原因出在政府的服务以什么样的方式到达人民手里。”里根随后谴责了政府机构不是在精简开支，反而花钱更加大手大脚；女王对此深有同感，她说：“的确如此……我想，下一代人的日子可能不太好过。”女王发自肺腑而有先见之明的评论表明了她对里根、撒切尔的政治哲学的赞同，更有意义的是，她允许BBC将她与里根的此次私人会谈录了下来作为她的纪录片片段。

女王一行乘坐“不列颠尼亚号”在墨西哥湾的德赖托图格斯群岛（Dry Tortugas）度过了一个安静的周末，然后在坦帕市[1]登陆做了3个小时的短暂访问。在坦帕市，她授予海湾战争中的联军司令诺曼·施瓦茨科普夫将军（Norman Schwarzkopf）“荣誉骑士”称号。接着，他们乘坐协和式飞机抵达奥斯丁（Austin），对“孤星州”[2]进行访问：先是在奥斯丁过夜，然后在圣安东尼奥市访问了两个小时，在达拉斯市访问7个小时，最后是休斯敦市的一天两夜。在“休斯敦美术博物馆”（Houston’s Museum of Fine Arts）为她举办的黑领结宴会上，伊丽莎白二世得意地宣称：“我真是太厉害了！昨天去了4个得州的城市！我在第1个城市起床，在第4个城市入睡，中间还访问了2个！”女王得州之行的高潮是参观约翰逊航天中心（Johnson Space Center）的地面指挥中心（Mission Control）。在这里，她得以再次满足自己对宇航员的崇拜心理。她好奇地问宇航员们各种问题：穿着宇航服时怎样从金色面罩里向外看东西，在太空旅行时为什么食物会附在盘子上而不是飘走……

为期9天的漫长访问结束时，菲利普第4次拒绝与女王同去蓝草之州肯塔基度假，而是独自返回英国。伊丽莎白二世于周末抵达列克星敦，萨拉·法瑞施亲吻了女王的脸颊迎接她的到来——这种亲密行为一般只在私下朋友们之间出现，很少在公共场合看到。

与此时王室的烦心事相比，伊丽莎白二世在美国的日子虽然忙碌，却省心多了。查尔斯与戴安娜马上就结婚10周年了，英国的小报对其婚姻的现状猜测不断、议论纷纷。小报记者们知道查尔斯与卡米拉已经旧情复燃，也发现了戴安娜

---

1 Tampa，美国佛罗里达半岛西岸海港城市，位于希尔斯伯勒（Hillsborough）河口，临坦帕湾，外连墨西哥湾。

2 Lone Star State，得克萨斯州，于1836年独立，成立了得克萨斯共和国。国旗上只有一颗星，1845年加入美国，成为美国的一个州。

与詹姆斯·休伊特偷情的线索。其中《太阳报》的记者安德鲁·莫顿（Andrew Morton）是最厚颜大胆的，他在文章中写道："戴安娜觉得自己很丢人，因为查尔斯宁愿与卡米拉在一起，也不愿陪在她身边。"离7月29日他们的结婚周年纪念还有数周，戴安娜开始与莫顿秘密合作写一本书，将自己的感情与婚姻和盘托出。在他们中间充当媒介并给了他们事后不认账借口的人是二人共同的朋友詹姆斯·考瑟斯特医生（James Colthurst）。

安德鲁与菲姬也好不到哪里去。他们现在住在豪华的"桑宁希尔庄园"（Sunninghill Park），这是一座有50个房间的新别墅，是女王给他们买下的，估计花了350万英镑。安德鲁与菲姬的第二个女儿尤金妮公主（Princess Eugenie）于1990年出生了，由于安德鲁常年在海上服役，对菲姬来说，抚育儿女的快乐远远比不上伦敦的夜店，或摩洛哥、瑞士阿尔卑斯山和法国南部的度假。小报记者们注意到，菲姬在度假时，身边常常陪伴着35岁的得州富翁史蒂夫·怀亚特（Steve Wyatt）。

《星期日泰晤士报》的编辑安德鲁·尼尔针对女王子女们的轻浮和堕落撰写了一篇措辞严厉的社论文章，随即引起了广大媒体的响应。他们的观点有两个：一是国家把钱花在某些王室成员身上实属浪费；二是女王应该为其巨额的私人收入缴税。

其实，在白金汉宫内部，关于缴税问题的考虑早就在安静而缓慢地开始了。这件事的发起者是罗伯特·费罗斯，他在1990年49岁时接替威廉姆·赫塞尔廷担任女王的私人秘书。罗伯特毕业于伊顿公学，曾在苏格兰近卫团任职。在女王的所有私人秘书中，他与女王的关系是最为独特的：他是菲姬王妃的表亲，还是戴安娜王储妃的姐夫，他的父亲、陆军上校威廉·"比利"·费罗斯（William "Billy" Fellowes）爵士在女王的桑德林汉姆庄园当了28年的地产经纪人。伊丽莎白二世在任命罗伯特·费罗斯为私人秘书时曾说："这是我第一个可以像孩子一样拥在怀里的私人秘书呢。"

费罗斯从1977年就进了王宫的私人秘书办公室，是一位很值得信赖的顾问。他诚实谨慎、生活简朴（他骑自行车上下班，用的是父亲的旧公文包）、对女王无限忠诚。但在他文质彬彬的矜持下面，是一颗改革派的心。在他的朋友们眼里，费罗斯是"一个可怕的'左倾'分子"。在英国媒体开始关注王室税务问题之前，费罗斯早已与副手罗宾·詹弗宁（robin Janvrin）商讨过了。

女王对此起初是很犹豫的，她担心这样会"将君主制的内部机制过多地暴露在公众面前”，一位廷臣如此说道。另外一个原因源自她的父亲乔治六世，他坚持认为王室无税是一条需要捍卫的底线。但维多利亚女王、爱德华七世都是缴税的，只是在乔治五世登基之后，王室的税务才逐渐减少并最终免除。

经过一番研究之后，女王的高级顾问们得出一个结论，那就是缴纳所得税对王室来说并不算是个大负担。1992年年初，伊丽莎白二世从桑德林汉姆庄园返回伦敦，费罗斯把研究报告呈交给她。费罗斯原本以为女王会对此强烈反对，但她欣然接受了费罗斯的建议，让他从王宫和政府人员中组建一个工作小组，打造一份详尽的计划以供她考虑。一位廷臣回忆道：“女王对缴税的数额并不关心。”她看重的是此举的象征意义：“这样做对君主制来说利大于弊。”

到1992年为止，伊丽莎白二世已经在位40年了。这是一件颇值得庆祝的事，但她选择平和地度过这次周年纪念，部分原因是因为其子女们的生活现在是一团乱麻。上一年圣诞节时，安德鲁和菲姬就告诉女王说他们打算分居，女王要求他们将此决定延后半年。然而，刚刚过了一个月，《每日邮报》就刊登了一张菲姬与史蒂夫·怀亚特在摩洛哥度假的照片。安德鲁被激怒了，他立刻找来律师。女王也对此无能为力，只能接受次子夫妇分居的事实。

为减弱媒体对王室的负面宣传，并把公众的注意力转移到英王的职责所在上面来，伊丽莎白二世批准BBC在1991年随同她到各地访问并将其拍成纪录片，意在向公众展示她的工作情况。纪录片的名字是《伊丽莎白二世》（*EⅡR*），于1992年2月6日登基周年纪念日这一天播出。1992年可以说是她在位期间最纷乱的10年里的最低谷，而这部纪录片是其中唯一的亮点。

纪录片中有一段画外音是女王在拍摄完成时亲自录制的，不是采访，而是一段罕见而独特的个人陈述，其风格与此前的纪录片中她谈到马匹和英联邦时类似。“大多数人都是上班工作，下班回家。在这种生活方式中，工作和生活是一体的，因为你无法把它们分割开来，”她沉思道，“你想方设法解决工作中的难题，之后回想起来心里会有种满足感。”女王说自己已经习惯了“生活在传统和传承之中”，接着又颇为无奈地说：“我想这也就是我的子女们觉得烦恼的地方——作为王室一员，身上的束缚太多了。”她还直截了当地说将在王位上“为国效力到最后一刻”，这句话平息了出自查尔斯亲王朋友们之口的谣言，说她将在登基日退位。

媒体对这部纪录片敬仰有加，纷纷称赞此片展现了女王尽责、理性、低调、明智的楷模形象。但即便是如此精心摄制、意在表现女王为国鞠躬尽瘁的影片，也不足以盖过子女们掀起的乱子，更不消说被某小报称作“妖媚的戴安娜王储妃与恶俗的菲姬王妃”了。

戴安娜与媒体的关系进入了一个全新而危险的阶段：开始时她发现自己能够吸引媒体的注意力，后来她渴望被媒体关注，再后来她追逐媒体的关注，而现在她开始将媒体作为自己的武器与查尔斯争斗。2月，查尔斯夫妇访问印度，站在代表浪漫爱情的泰姬陵[1]前，镜头前的戴安娜摆出了一副“惆怅而孤独”（《每日邮报》所述）的样子。她的姿态暗示了“自己的婚姻已濒于破裂”，查尔斯的官方传记作家乔纳森·丁布比如此写道。

3月，安德鲁与菲姬正式宣布分居；4月23日，安妮和马克·菲利普斯正式离婚；5月，菲姬从桑宁希尔庄园搬出。6月本应是女王纪念登基40周年的好时候，却不料发生了一件惊天动地的事。

6月7日，《星期日泰晤士报》刊登了一篇文章，文章节选自安德鲁·莫顿极具争议的新书《戴安娜：她的真实故事》（*Diana*：*Her True Story*）。文中将戴安娜的情绪问题做了生动的描述，更具杀伤力的是，文中将查尔斯描述为一个冷血而不忠的丈夫（文中将他与卡米拉偷情的事进行了详尽的引证陈述）、一个对孩子漠不关心的父亲；文章中的王室形象也是孤傲而冷漠的。戴安娜的姐夫罗伯特·费罗斯曾问她是否参与了这本书的写作，戴安娜撒了谎，说自己与那本书毫无关系。尽管种种流言都提到戴安娜参与了本书的写作，但费罗斯还是选择相信戴安娜的话，还向“报业投诉委员会”[2]提出了投诉。

这一周的晚些时候，正当费罗斯陪同女王在巴黎访问时，真相大白，他真的被戴安娜欺骗了。费罗斯立刻提出要引咎辞职，因为自己轻信了戴安娜而令报业投诉委员会蒙羞。女王未批准他的辞职请求，仍让他担任自己的私人秘书。费罗斯是一个诚实的人，胸怀坦荡。他对戴安娜的狡诈是既惊又怒，此次事件严重破坏了他们的关系，也令戴安娜与姐姐珍疏远了很多。

[1] Taj Mahal，莫卧儿王朝第5代皇帝沙贾汗为了纪念已故皇后阿姬曼·芭奴所建的陵墓，是伊斯兰教建筑中的代表作。

[2] Press Complaints Commission，1991年由英国报刊行业发起成立的行业自律机构，专门负责受理公众对报纸及杂志报道内容的投诉；英国报业的全国性新闻仲裁机构，也是国际上最具代表性的新闻自律组织之一。

女王继续在巴黎访问，但暗中向48岁的新闻秘书查尔斯·安森询问事态进展。安森在外交部门干了20年，是一个稳健而文雅的老顾问了，他回忆说：“从女王脸上看不到一点儿为此苦恼的样子。门一打开，女王就步入人们的视线里，心无旁骛。”其实她是很苦恼的。在与费罗斯及其他顾问商谈时，女王一再强调，虽说戴安娜做了对不起王室的事，但她还是希望能把长子夫妇的婚姻维持住，一是为了威廉、哈里两个孙子，二是怕王储离异会给君主立宪制度带来不好的后果。

6月14日，女王刚刚回到温莎堡，《星期日泰晤士报》的第二篇文章又出来了。两天之后，恰逢皇家阿斯科特赛马会的开幕日，《戴安娜：她的真实故事》出版。这个星期二的下午，查尔斯和戴安娜在温莎堡与女王夫妇会面。戴安娜后来曾对管家保罗·伯勒尔（Paul Burrell）以及莫顿的合作者詹姆斯·考瑟斯特说，那次会面非常感人。他们谈到了分居和离婚的可能性，但据伯勒尔说，女王和菲利普对儿子、儿媳说他们最好还是不要分手，而是“学着互相忍让，不要只想着自己，应该多考虑考虑王室、孩子、国家和子民，尽力去克服困难解决问题”。

会谈过程中，查尔斯和女王很少说话，而戴安娜哭哭啼啼地将责任全都推在了丈夫和卡米拉身上，菲利普则对莫顿的书大发雷霆。自从莫顿出书引发危机以来，戴安娜首次对夫家说了谎——她再次申明自己没有向莫顿提供材料和信息。戴安娜对伯勒尔说：“听着我说话，妈妈满是失望，我好像是把所有的苦闷都倾倒给她了。”

既然话都说开了，女王就让戴安娜和查尔斯第二天再过来跟他们谈一谈。戴安娜不仅拒绝了二次谈话，甚至还收拾行李离开了温莎堡。菲利普随后给她写了一封两页的信，一是表达自己的失望，二是为儿媳的婚姻提供一些建议。从6月到9月，菲利普一共给戴安娜写了5封信，“试图用温和而友好的方式来解决多个家庭问题”，戴安娜则是每次都写来长信回应。

作为家里的顶梁柱，菲利普先是表扬了戴安娜在王室公务上的优异表现，同时劝儿媳不仅要看到查尔斯的错误，也要看到她自己的错处。为促成儿子儿媳的和解，他强调说戴安娜其实跟查尔斯还是有共同语言的，他还以自己为例给戴安娜讲道理，说他也是在妻子成了女王之后放弃了自己的事业。菲利普在信中教戴安娜眼光看得远一点，“身为王储妃，不仅仅是成为人民的英雄和偶像那么简单”。

戴安娜觉得公公的信“尖刻”“伤感情”“充满怒气”，但菲利普的私人秘书，亦即陆军准将迈尔斯·汉特-戴维斯爵士（Sir Miles Hunt-Davis）后来曾坚定地说，菲利普亲王“在通信中没有丝毫贬损的言语”。戴安娜给菲利普回信时，信头的称谓是“亲爱的爸爸”，信尾的署名也是同样深情的“深深敬爱您的戴安娜”。在信中，戴安娜告诉菲利普，他的开导“感人肺腑”，感谢他的“理解和诚恳”，并对他“面对如此家庭难题时的处理方式”而表示钦佩。菲利普回信说愿意“尽自己最大努力来帮助你和查尔斯”，但同时也无奈地承认：“我并没有婚姻顾问的本事！！！”戴安娜回信说：“对您的话我不敢苟同。您在婚姻指导方面有着杰出的才能，您只是太谦虚了！在上一封信中已经展示出了您的善解人意和惊人的阅历。”戴安娜也明白，菲利普来信的背后一定有女王的授意和支持，所以她在信中写道：“向您二位奉上最衷心的爱。”

菲利普的苦口婆心并未改变戴安娜的心意。一位读过二人信件的朋友说：“他的话丝毫没有把戴安娜打动，因为菲利普的着眼点是责任，而不是爱。”

戴安娜对王室的辜负和背叛终于露出水面，王室成员随即全都站到了查尔斯这一边。在莫顿出书之前，查尔斯一直无法向父母倾吐心中苦楚，女王的表姐帕特里夏·布拉伯恩说：“我认为大家用了很长时间才明白，戴安娜并不是那么无辜的，她的错处一点儿都不比查尔斯少。女王知道戴安娜所说并非实话，但处在她的位置是很难得知事情真相的，整个故事有两个版本，只看哪一面都不完整。”查尔斯对父母给他的迟来的同情甚感欣慰，菲利普还给儿子写了一封长信，夸奖了他“圣人一般的坚毅精神”。

安德鲁在几个兄弟姐妹中原本与戴安娜关系最好，现在他也站在了查尔斯这一边；还有安妮，她与戴安娜的关系一直不算亲密；爱德华则总是与戴安娜保持着距离。王室成员中唯一与戴安娜相处融洽的人是玛格丽特公主，她们俩都喜欢芭蕾舞，幽默感也相仿。玛格丽特常常对戴安娜的脆弱报以同情，戴安娜也能从玛格丽特不幸的感情经历中找到同病相怜的感觉。但玛格丽特把莫顿的书看作是对姐姐伊丽莎白的攻击，从此再未与戴安娜说过一句好话。

女王心中的不快只能向自己圈子内的几个好友诉说，同时还要“保持冷静的心态”，一位亲戚如此说道。有一次她与约翰及帕特里夏夫妇共进晚餐，她问道：“你们能想象有这样两个儿媳吗？”帕特里夏回忆道：“这件事的确很棘手。看到有人惹出了乱子，你就不知该如何是好了。你心里想的是帮他们，但怎么帮？”

当时乔治·凯里刚刚成为坎特伯雷大主教一年时间，他主要是从两位内廷女官那里获取事件进展的信息。这两个人一个是苏珊·赫西夫人，另一个是第2代埃尔顿男爵的妻子莉琪达·艾尔顿（Richenda Elton）。“要是有疑问我就问她们两个，我从来都不担心女王的情绪，因为她一贯是波澜不惊的。我只是问她们：‘女王是怎么想的？’她们就直截了当地告诉我。”

凯里大主教将自己的想法通过苏珊和莉琪达传达给伊丽莎白二世，说他觉得查尔斯与戴安娜的隔阂太深，已经无可挽回。“他们俩的个性截然不同，”凯里说道，“女王明白这一点。她为他们提供支持、为他们祈祷。”除此之外，女王还担心查尔斯会与卡米拉结婚。凯里说：“我们曾坦诚地讨论过王储离婚的问题。我仍记得，当时女王叹息着说：‘历史总是在重复啊！’我从她的表情里看到了绝望。她话里指的是温莎公爵的经历。她担心查尔斯也跟他的伯祖一样抛弃一切来摆脱戴安娜，再开始一段新的感情。女王当时担心得不得了，我只能尽力安慰她。”

在此紧张烦乱的时刻能有一位脾气温和的首相对女王来说可谓一件幸事。约翰·梅杰将女王看作一个公正而可信赖的“共鸣板”，可以放心地探询她的意见，女王也同样依赖他来为王室的复杂家事出谋划策。每周二女王与首相的例行会谈“几乎变成了一个互助会议”，王室的传记作者威廉姆·肖克罗斯如此写道：“梅杰也知道，那些关于王室丑闻的流言蜚语对女王来说简直就是灾难。”几年之后梅杰曾说：“大家都不了解女王到底有多么坚强。我认为，女王在那些年里的处事方式拯救了王室，要不是她，后果将不堪设想。”

7月，梅杰首相告诉凯里大主教说王储夫妇可能会在秋季分居，离婚也是早晚的事。梅杰请凯里与英国上议院大法官（Lord Chancellor）克勒斯芬麦基勋爵（Lord Mackay of Clashfern）、内阁秘书长罗宾·巴特勒（Robin Butler）、外交大臣道格拉斯·赫德（Douglas Hurd）一起商量了一下，“为王储离婚时牵扯到的宪法问题做好准备”。凯里还跟查尔斯、戴安娜分别会谈过，他后来写道：“身为牧师，协助他们在优雅而互谅的基础上分手是我的职责所在。”在此过程中，凯里有了一个痛心的发现：“查尔斯罪过不多，却报应太重，因为戴安娜是那种绝不服软低头的性格。”

即使是在每年一度的巴尔莫勒尔庄园度假中，家庭的烂事依然“阴魂不散”。这一次引起乱子的是菲姬，她是应安德鲁之邀前来的。8月20日星期四，《每日镜报》头版刊发《菲姬之偷吻》。文章共10页，在报纸的照片上，32岁的约克公爵夫人菲姬赤裸前胸、懒洋洋地躺在“法国蓝色海岸”[1]的海滩上，陪伴她的是两个女儿，还有她的“理财顾问”——37岁的美国人约翰·布赖恩（John Bryan）。在其中一张照片上，布赖恩亲吻着菲姬的脚趾；还有一张照片，布赖恩与菲姬就在2岁的尤金妮公主面前拥在一起。

这天的早餐上，王室一家、来访的客人以及王宫的廷臣们在餐桌上读到了当天的报纸，简直太丢人了。“饭都凉透了，都没有人吃。”菲姬在回忆录中写道，“大家全都目瞪口呆，认字的大人们翻看着《每日镜报》和其他小报……一个真实的我被曝光在大家面前。我感觉无地自容，只想找个地缝钻进去。这简直是个举国轰动的耻辱。”菲姬当即向女王道歉，而女王已被儿媳的混账事气得“暴怒不已”。菲姬回忆说：“她的愤怒像一把刀捅进了我的心底，更令我痛心的是，我知道她的反应是理所当然的。”其后3天，菲姬在巴尔莫勒尔庄园得到的只是夫家的冷眼和疏远，内心羞愧的菲姬起身返回了伦敦。此后16年里，她再也没有来过巴尔莫勒尔。菲利普从未原谅菲姬令王室蒙羞这件事，他对传记作家格雷斯·布兰德瑞斯说：“我不愿见她，因为没有任何意义。”但女王仍如往常一样容忍，她跟菲姬的关系依然和睦。王室在桑德林汉姆庄园过圣诞节时，她甚至还安排菲姬住在附近的“树林农场”（Wood Farm），以便菲姬的两个女儿在与王室共庆圣诞之后赶过来与母亲聚一聚。“虽然菲姬总是犯错，但女王对这位儿媳还是有很深的感情的，”一位高级顾问如此说道，“从某种意义上说，菲姬是一个很厚道实在的人，不用她张嘴你就知道她要说什么。”而戴安娜与她截然不同，戴安娜深藏不露、颇有心机，所以更难获得大家的谅解。

《每日镜报》的独家新闻刊登4天之后，它的同行兼对手《太阳报》也抛出了“一颗重磅炸弹”，其标题是《酷刑般的生活》。文章引用了大量窃取而来的电话录音，通话的双方是戴安娜和33岁的詹姆斯·吉尔贝（James Gilbey）。他是戴安娜的密友，亦是莫顿那本书的出力者之一。他们这次通话的日期是1989年12月底，当时戴安娜身在桑德林汉姆庄园。他们的对话中时时出现亲昵的话语和性暗示——詹姆斯·吉尔贝称戴安娜为“娇嫩宝贝儿”，而戴安娜称他是“亲爱的”。通话中，戴安娜为他们的约会找了各种托词，这显示出了她的口是心非。而最致命的是她对查尔斯及其家人的尖刻言评：“真他妈的，”她说，“我为那

[1] French Riviera，又称里维埃拉，法国东南部的地中海沿岸，最奢华和最富有的地区之一，世界上众多富人、名人多汇集于此。

个操蛋家庭做了这么多，换来了什么？！”

王宫拒绝对此发表评论，伊丽莎白二世也尽力保持平静。当时玛格丽特公主离开了苏格兰前往意大利度假，她给女王写信说，在如此困难的时刻“只有陪在你的身旁我才会感到温馨”，并希望姐姐能在苏格兰的高地美景中找到些许慰藉。

戴安娜并未像菲姬一样逃离巴尔莫勒尔庄园，她的情绪却开始起伏变化，用她的私人秘书派翠克·杰弗森（Patrick Jephson）的话说，是“绝望、不服气、自哀自怜交替出现”，还宣称自己将不陪同查尔斯在11月对韩国的国事访问。女王又一次出面调解（这次是在菲利普的帮助下），劝她陪着查尔斯访问了韩国。然而这也只是一块“遮羞布”而已。当年秋季回到伦敦之后，查尔斯和戴安娜都向律师咨询了婚姻官司的问题，但他们都没能迈出正式分居的艰难第一步。

女王儿女的荒唐事再度激起了公众对女王免税一事的攻击。9月初，政府官员们开始建议对此政策进行调整。这年秋季，工作小组基本完成了他们的审查工作，只有一些细节问题需要在最终提案中进行协商。大卫·艾尔利打算在1月初与妻子到桑德林汉姆庄园过打猎周末时将这份提议呈给女王，这是他在处理棘手问题时的常用方式，因为在这样的环境中他可以比较轻松地与女王会谈，“旁边还有菲利普陪着，他们可以长时间地慢慢详谈。”一位高级顾问如此说道。政府官员们推测，一旦女王给出许可，1993年春季就能正式对外公布了。

11月20日星期五，正值女王与菲利普结婚45周年之际，天降横祸。当天上午晚些时候，女王正准备去出席一个接见会，这时安德鲁从温莎堡打来电话说温莎堡失火了。当时温莎堡里的一些房间里正在更换新电线，一个聚光灯失火点燃了私人小教堂里的窗帘，火势很快从切斯特塔蔓延到布伦瑞克塔，烧毁、烧损了9间国事厅，其中包括圣乔治大厅、国宴厅、深红会客厅、绿色会客厅、大觐见室（Grand Reception Room）、八角宴会厅（Octagon Dining Room），另有100多个房间受损。还好因为这段时间城堡内一直在进行修复工作，大部分珍贵的艺术品早就从里面转移出去了，否则损失更大。安德鲁加入几十个皇家骑兵团官兵和温莎牧师的行列，一起从大火中抢救出其余的名画、家具及其他珍贵物品。

下午3时左右，女王抵达温莎堡。“那是我印象中女王遭受打击最大的一次。”一位高级顾问回忆道。温莎堡是伊丽莎白二世的家，对她的意义非同一般。这场大火似乎是对她任性的儿女们行为不端的残酷报应。女王身穿雨衣，头戴雨帽，脚穿雨鞋，双手揣在口袋里，站在庭院中央无助地看着大火咆哮肆虐，看着国宾套房的屋顶开始坍塌……这个场景所表现的她的孤寂是安尼戈尼那两幅肖像画所无法比拟的。

伊丽莎白二世在阴郁的细雨中站了约1小时，这才前往私人套房区，帮助那里的工作人员将贵重物品搬运出来。消防员控制住火势之后，她跟安德鲁一同检视了损失情况。

菲利普此时正在阿根廷参加一个会议，他在电话里与女王详聊了火灾情况。王太后邀请女儿到皇家别墅过周末，借这个机会两人好好聊了聊，也做了深刻的反省。“如此可怕的一天过去之后，我的头脑却变得异常清醒。”女王在第二周写给母亲的信中如此说道。

遗产秘书彼得·布鲁克（Peter Brooke）发表公告说温莎堡的修复工作预计需要花费2000万~4000万英镑，这笔钱应由政府承担。这是一个合理的要求，因为按照规定，王室的房地产不能参加商业保险。另外，温莎堡的运营和维护——包括火灾时正在进行的修复工作——费用通常都是政府支付的。但令女王和梅杰首相吃惊的是，《每日邮报》发起了一场愤怒的民粹主义运动反对这个计划，而王室年轻一代的丑行所招致的积怨无疑令其雪上加霜。当此经济不景气之时，要求女王支付温莎堡修复费用并开始纳税的呼声越发响亮尖锐。

数日之内，王宫官员就被迫放弃了原先的计划安排，并从女王那里获得了批准。从1993年起，女王和查尔斯亲王将分别为兰开斯特公爵领地和康沃尔公爵领地的收益缴税；另外，女王还将从王室年俸中每年拿出90万英镑以偿还政府为安德鲁、安妮、爱德华、玛格丽特支付的公务费用。为资助温莎堡的修复工作，女王还同意以购票游览的方式向公众开放白金汉宫的国事厅。

开放白金汉宫的原动力是迈克尔·匹特，王室总管大卫·艾尔利是其坚定的支持者，并且经过了几个月的细致讨论。开始时，伊丽莎白二世担心这样将会“大幅减少王室的神秘性”，一位顾问说：“受邀来王宫是一个特殊的荣耀，进入王宫国事厅也是特殊的荣耀，开放游览会不会贬低了它的价值？”在另一方面，“她也发现，这是一个很好的机会，可以展现出一个更加开放的王室，可以向公众展示其皇家收藏品，因为这些珍宝是属于国家的。”另一位顾问说道。“大家都能看到其中的好处，但女王担心的是怎样在保证王宫工作不受干扰、安全有所保障的情况下达成目标。”威尔士亲王支持这个计划，但王太后不赞成这项变革，并强烈反对，一如1977年女王决定对外开放桑德林汉姆庄园时一样。

伊丽莎白二世最终采取了一个较为折中的方案，允许白金汉宫在她身居巴尔莫勒尔庄园的几个月里对外开放。王太后也同意了新方案，但她对专栏作家伍德罗·怀亚特说女儿“受了梅杰的蛊惑”开始缴税，还说撒切尔“绝不会做这样的事”。其实梅杰开始时是反对这一计划的，并且他对媒体在温莎堡的修缮费用一事上的骚乱而愤愤不已，他将媒体的表现称作“可耻、闪烁其词。其意图卑鄙，违背了英国人的精神”。

然而，女王的一位高级顾问说，开放王宫“是女王登基以来的革新措施中的主要特点之一”。此举还将带来巨额收入，这些钱不仅可以支付温莎堡修缮费用3700万英镑总额的3/4左右（其余部分通过节约成本等方式解决），还能为其日后的保养维持提供经费。

火灾4天之后，女王到伦敦市政厅参加市长为她举行的午宴，以庆祝她登基40周年。女王此时身患重感冒，发烧38.3℃，还因在火灾现场吸入了太多烟气而咽喉肿痛。当天她身穿深绿色礼服，戴着配套的上翻檐帽子。她看上去很憔悴，发言时她的声音微弱而沙哑。女王的发言稿是私人秘书罗伯特·费罗斯撰写的，但其中浮现着女王的个人感情。她说：“1992年对我来说不是一个快乐的年份，用王宫里一位通讯记者的话说，这其实是一个‘多灾之年’。”

她随后温和地指责了“某些当代的时事评论员”，说：“对那些以评论大小时事为己任的人来说，他们身上或多或少欠缺一些谦和、同情心和智慧，而这些只能交由历史来进行评断了。”女王很看重批评的价值，她说：“任何组织和机构都应该接受其成员和支持者的审查，外人也是如此。”——后一句委婉地暗指了那些共和派的批评家们。“审查……只有在亲切、幽默、互谅的基础上才能有效，”她补充道，“这种审查同样，并应该成为变革的动力。”

女王的讲话结束时，在场的观众长时间起立鼓掌。连《每日邮报》都称赞女王“精彩深刻”的发言，说它表明了女王对王室某些必须的改革持有开放态度。“多灾之年”也成了女王漫长在位时间里一句令人难忘的警语。但这个词的“原作者”——时任女王助理私人秘书的爱德华·福特爵士说，作为一个古典学者，他本应用更为贴切的“annus horrendous”，而不是“annus horribilis”，他后来解释说，前者表示的是“可怕的一年”，而后者的意思有点儿偏向于“惊悚的一年”了。不过从某种意义上来说，两个词的描述都算贴切。

市政厅的演讲前后，女王已经预感到查尔斯与戴安娜的纠葛尚未结束。11月，王储夫妇二人前往韩国访问，私下里戴安娜的情绪状态是“绝望、憎恶和悲伤”。在公共场合，她就像是在梦游一样，其表情也只有两种：一是厌烦，一是苦恼。而查尔斯看上去也极不自在。如此明显的紧张气氛当然逃不过小报记者的眼睛，他们对此大肆炒作，将查尔斯夫妇称作“一对烦心人儿”。

刚刚返回伦敦，戴安娜就把查尔斯逼到了绝境：她在大家临行之前才告诉查尔斯说自己和儿子们不打算陪他去每年一度的桑德林汉姆庄园狩猎聚会了。当时，查尔斯决定“别无选择，只有要求妻子合法分居”。女王做“多灾之年”演讲的第二天，查尔斯与戴安娜在肯辛顿宫会面，查尔斯将此决定告诉了戴安娜。

11月9日星期三，约翰·梅杰向下议院宣布了王储夫妇分居的消息。他紧接着说：“二人并无离婚打算，其宪法地位亦不受影响……王位继承无任何变动……威尔士王妃届时仍将受封王后。”梅杰的这番话其实没什么说服力，一对貌合神离的国王夫妇在加冕礼上受封简直是个怪诞的想法，而它亦将英国君主制置于危险的境地。“事后看来，那些话是不应该说的，”时任内阁秘书的罗宾·巴特勒回忆道，“当时说这些话的目的是想起到一个缓和的作用，不至于让戴安娜产生被人抛弃的感觉。”

第二个星期六，连日来的纷乱终于得以暂时平息——安妮公主与海军中校蒂莫西·劳伦斯结婚了。婚礼在巴尔莫勒尔的克莱希教堂举行，却遇到了阴冷的天气。安妮原想举办一个宗教婚礼，但她是有过婚史的人，所以不能在英国圣公会举行，只好选择了更加“宽容”的苏格兰长老会。其婚礼来得过于仓促，王太后当时正在皇家别墅参加周末招待会，她不得不早上赶来参加外孙女的婚礼，又乘飞机返回伦敦与朋友们共进晚餐。

婚礼共半个小时，42岁的新娘和37岁的新郎互誓忠诚，参加婚礼的客人共有30人，其中包括安妮的两个孩子、她的三位兄弟、她的小姨玛格丽特公主、她的父母和外祖母。劳伦斯身穿皇家海军制服，安妮则穿着齐膝白裙。安妮并未选择面纱，而是在头发上插了一小束白花。她的伴娘只有一个，那就是11岁的女儿扎拉。巴尔莫勒尔城堡适逢冬季封闭，他们就在婚礼过后一起去了克雷格瓦别墅，在那里举办了一个小型招待会。与20年前安妮初次结婚时的华丽盛典相比，这次婚礼无疑要黯淡许多。

在当年的圣诞致辞中，伊丽莎白二世回顾了当年的烦乱与艰辛，但主要还是向那些给她及家人带来“巨大支持和鼓励的祝福、理解和同情”表示感谢。女王的致辞并非一味沉浸在自怨自怜之中，她极力为刚刚过去的“阴暗的一年”赋予新的内容，着重强调那些排除万难为他人谋福祉的楷模。女王挑选的模范人物是空军上校伦纳德·切希尔（Leonard Cheshire），他原是一名皇家空军飞行员，退役后当了辩护律师，致力于维护残疾人的权益。他在“二战”中表现英勇无畏，曾获得“维多利亚十字勋章”，1981年女王又授予他一枚“功绩勋章”。

1992年年初，女王曾在功绩勋章拥有人的聚会上见过伦纳德，不久后他就因长期绝症去世。女王说，与伦纳德的那次相遇“让我在1992年里数度反省自身。伦纳德从不关心自己的病痛，一心只愿让他人过得更好”。“他把基督教义落到了实处”，他的“光辉模范形象将鼓舞我们去帮助别人”。借此机会，伊丽莎白二世重申“我将恪守承诺，在新的一年里继续为国民效力”。女王表现出了她一贯的达观和应变能力，她将这不愉快的一年抛在脑后，“满怀希望”地去迎接1993年里“新的挑战”。

因为不知道群众会做何反应，女王的脸上露出一丝紧张。她跟菲利普在花束丛中慢慢走着，人们鼓起掌来。

1997年9月，白金汉宫门前。女王与菲利普亲王走在数千束献给已故威尔士王妃戴安娜的鲜花中，此举令前来凭吊的群众甚为惊讶。

图片来源：Camera Press London

第十七章　悲剧与传统

1993年1月中旬，又一波小报狂潮击碎了伊丽莎白二世“体面而尊贵的新一年”的希望。《每日镜报》和《太阳报》同时刊发了1989年12月查尔斯与卡米拉的某次电话录音内容——与戴安娜的“娇嫩门”丑闻竟是发生在同一个月。在电话中，卡米拉试着给查尔斯鼓劲儿打气——“你是个聪明的老家伙。你的脑子很棒的，对不对？”但大家关注更多的是其中泛泛的性玩笑，尤其是查尔斯幼稚而低俗的梦想——转世投胎为一根卫生棉条，“这样就能生活在你的腿间”。王宫拒绝对此发表评论，但录音的真实性毋庸置疑，它还证实了戴安娜对丈夫偷情的控诉。随后小报《今日报》（*Today*）刊发了一次民意调查结果，68%的人认为查尔斯已经名誉无存，42%的人认为王位应由10岁的威廉王子继承。

女王授意王室总管大卫·艾尔利于2月份召开了一个记者招待会，在招待会上，女王成功地将大家的注意力从王储的丑闻上移开，转而向媒体解释“女王同意缴税的原因及其具体的实施方式”。女王的高级顾问们并未对此录音事件发表言论，因为他们秉持着一个原则，那就是“廷臣永远都要身在幕后”。女王通过大卫·艾尔利向外界表明自己与时俱进的意愿，并代表她开诚布公地回答记者们的提问。

艾尔利故意将此次记者吹风会安排在圣詹姆斯宫里历史悠久的“安妮女王大厅”（Queen Anne Room）举行，其四周墙壁上挂着多位英王的肖像画——此举不露声色地向与会记者们发出一个信息：他所代表的是数百年的传统。

在记者招待会上，艾尔利将伊丽莎白二世的个人收入及资本收益——排除如菲利普和王太后的公务活动薪俸之后——的详细缴税方案向大家做了介绍。媒体对其中最重要的一个免税特权心存质疑，他们问艾尔利，为什么像桑德林汉姆庄园、巴尔莫勒尔庄园、兰开斯特公爵领地等英国国王专属遗产的房地产不缴纳遗产税？

“她跟我们不一样吗？”一位记者如此问道。“对，她的确跟你不一样！”艾尔利戏谑道。他随后解释说，王室必须拥有不因继承而受损耗的私有资源才行。艾尔利的此番陈述稍稍平息了关于王室金融问题的抱怨，但某些质疑仍然存在，比如女王数额庞大的资产，以及像“不列颠尼亚号”游艇这样的奢华用度。

1993年年末，正当女王在巴尔莫勒尔庄园度假时，她小时候的保姆兼多年的贴身女官波波·麦克唐纳在白金汉宫的住处去世了，终年89岁。很多年来，波波一直处于半退休状态，但她与伊丽莎白二世的关系依然紧密。在她健康恶化之后，女王还选派了两位护理人员全天候照顾她。女王将波波的丧礼安排在圣詹姆斯宫的皇家礼拜堂举行，并亲自从苏格兰赶回伦敦出席其葬礼。与她一同参加葬礼的包括王室成员、宫里的工作人员，以及波波的妹妹露比（Ruby），她也在王室工作多年了。波波为“小夫人”服务了67年之久，女王默默承受着她离去所带来的悲伤。

1993年，女王的子女们总算消停了一些，但戴安娜仍不能让人放心。她一方面投身于各种慈善事业当中，如戒毒戒酒、临终关怀、关爱像艾滋病等绝症的患者、智障儿童的福利，等等。但与此同时，她不断把自己的行踪和活动透露给《每日邮报》的皇室记者理查德·凯（Richard Kay），企图在风头上盖过查尔斯及其他王室成员。除此之外，她还跟莫顿合作准备出第二本书。

1991年，在成为媒体监视的焦点之后，戴安娜终止了与前马术教练詹姆斯·休伊特的交往。“她不再给我打电话，也不再接我的电话。”几年后詹姆斯·休伊特如此说道。随后戴安娜与一位名叫奥利弗·霍尔（Oliver Hoare）的已婚画商纠缠在一起。这是一段狂乱的感情经历，有时候戴安娜似乎像着了魔一样，她甚至给霍尔家里狂打匿名电话对其骚扰，最后逼得霍尔报了警。媒体风闻戴妃的新情事，又开始对其追踪报道，直到1993年年底才作罢。

也就是这段时间里，戴安娜涕泪涟涟地宣称自己打算远离公众生活，她说自己无法承受媒体的过度关注，需要一点儿“时间和空间”来找回人生的方向并对孩子们多付出一些关心。女王和菲利普亲王都劝她，若是打算在王室公务和慈善项目上放手的话，应该默默低调地进行，但她还是搞得唯恐天下人不知道一样。尽管如此，女王夫妇在这一年圣诞时还是邀请了戴安娜到桑德林汉姆庄园跟大家一起过节。当此家庭气氛紧张的时刻，在戴安娜到来时还是有大群记者一拥而上

"拍个不停"，女王对此非常生气。

几周后，伊丽莎白二世在桑德林汉姆庄园骑马时罕见地出了事故。她的马翻身摔倒了，女王的手当时扶在马脖子上，当马侧躺时她推了它一把，但她还是被马压住，左手手腕的韧带严重受伤。那匹马名叫"百年纪念"（Centennial），是12年前罗纳德·里根总统访英时骑过的马。里根听说此事之后甚为挂念，给女王写了封信表示慰问。"是我自己不小心！"女王给美国前总统回信道。在信中女王还详细解释了事故的来龙去脉，并抱怨说自己胳膊上打着石膏，很不方便。

二三月间，她的石膏还未拆除，就踏上了为期3周的对加勒比海6国及百慕大的访问。访问这片地区令女王心感满足。"她对肤色没有偏见。"BBC的资深通讯记者韦斯利·科尔（Wesley Kerr）说道，他是一个牙买加人，是跟着伦敦的养父母长大的。"牙买加是女王的领土中面积第四大的，当她说自己是牙买加的女王时，她的语气是坚定而确信的。她对加勒比国家有一种亲密感。"

女王知道科尔在牙买加有个大家庭，仅同父异母的兄弟姐妹就有19个之多。在一次聚会上她问科尔："科尔先生，你看到你父亲了吗？他看到我了吗？"而在另一天，科尔看到女王泰然自若地在金斯顿[1]漫步，他惊呆了。"一群妇女抓着她，嘴里说着'真好！真好！'"科尔说，"女王并不害怕，但她的保镖几乎要动手把她抢过来了。她不介意与人接触，她不想跟瓷器一样娇气。"

3个月后的1994年6月6日，伊丽莎白二世出席了"登陆日"50周年的纪念活动，这是她一生中意义非凡的时刻，对英国来说也是如此。她还与美国第42任总统比尔·克林顿（Bill Clinton）及妻子希拉里（Hillary）进行了会谈。在诺曼底海滩上的庆典前夕，伊丽莎白二世与菲利普在朴次茅斯举办了一次宴会，并邀请克林顿夫妇在"不列颠尼亚号"上留宿。

宴会上，47岁的克林顿就坐在68岁的女王旁边，他为女王的魅力所倾倒："她聪明而巧妙地跟我谈论公共事务，从我这里探寻信息和看法，但都是点到即止，不去表达她自己的政治观点……女王陛下给我的印象非常深刻，她要不是生在帝王家的话，一定会成为一个出色的政治家或者外交家。而现在的她，是身具政治家和外交家的双重才能，却又不是其中任何一个角色。"希拉里当时坐在菲利普亲王和约翰·梅杰首相之间，她看到"女王听着比尔说话，用点头和笑容作为回应"。第二天在阿罗芒什（Arromanches）海滩上，"女王看到与她同龄的

---

[1] Kingston，牙买加首都。

那些“二战”老兵们列队经过，明显非常高兴，”传记作家威廉姆·肖克罗斯写道，“当女王与那些老人们一同沉浸在往昔的自豪中时，她的声音罕见地出现了哽咽。王储查尔斯亲王也在场，他也感动不已。”

伊丽莎白二世与查尔斯母子二人的和睦关系在这个月的月末遭到了沉重打击——查尔斯与记者乔纳森·丁布比参加了一档电视采访，此举令查尔斯的父母大为震惊。查尔斯与丁布比已在这个节目及其配套的传记上合作了两年，表面上是在他受封威尔士亲王21周年之际对他的慈善事业进行宣传，与其同等重要的是，查尔斯希望借此机会消减由戴安娜在媒体上给他造成的负面形象。

节目筹备完毕后，查尔斯曾向父母简要汇报过基本情况，他们建议查尔斯不要过多谈及隐私问题，但查尔斯有自己的想法。1994年6月29日，这部时长两个半小时的纪录片播出了。影片涵盖了多个平淡无奇的话题，其夺目之处在于查尔斯试图“扭转乾坤”的一些评述：针对那些说他“从结婚之初就一直对妻子不忠”的指控，查尔斯反驳说，在他们的婚姻“经过二人努力后仍无法挽回”之前，他对妻子一直是“忠诚而尊重”的；在他嘴里，卡米拉“只是一个老朋友而已”，但他与卡米拉的情事早已是妇孺皆知，大家也知道查尔斯明明是在与戴安娜成婚仅仅5年之后就与卡米拉旧情复燃，他对妻子的“忠诚”并非如他所说的那般长久。

查尔斯真心以为，自己直白的解释将澄清“那些说他从未真心经营婚姻的谣言”。但他从公众那里得来的同情多是源于他对婚姻痛楚而懊悔的态度，而不是表现得冷漠无情。虽然如此，查尔斯公开承认自己有外遇的举动还是令女王尴尬万分，并且违背了她审慎的原则。另外，查尔斯此举等于又将了戴安娜一军，惹得她也考虑在电视上露面进行反击。

两个月后，查尔斯将一些日记、信件及官方文件提供给了丁布比，女王得知这一消息之后更加不安。约翰·梅杰对此同样担心不已，他对专栏作家伍德罗·怀亚特说，他准备用《官方保密法》（*Official Secrets Act*）（英国的一项法律，用于保护国家机密）来阻止丁布比出版任何政府文件的内容。女王要求查尔斯归还那些机密文件，查尔斯照做了；但他们母子之间的关系再度紧张起来，以至于查尔斯不愿到巴尔莫勒尔庄园去看望父母，而是在伯科豪庄园与王太后待在一起。

12月中旬，伊丽莎白二世对俄罗斯展开了历史性的、为期4天的访问。这是自1908年其曾祖父爱德华七世与沙皇尼古拉二世[1]在俄海域一艘游艇上会面之后英王首次访俄。而就在这个时候，《星期日泰晤士报》刊登了丁布比书中的一些节选。丁布比的书共620页，其内容导致了查尔斯与父母之间深深的隔阂。在书中，查尔斯将母亲描述为自己悲伤童年里的远观者，而父亲是一个专横、傲慢、麻木不仁的人。据朋友们所说，伊丽莎白二世与菲利普被这些文字深深地刺痛了。女王克制着并未发表任何意见，但查尔斯的3个兄弟姐妹对此愤愤不平，甚至当面指责了他。当有人问起王太后此事时，她只是一挥手，鄙弃地说道："乔纳森·丁布比那个人啊！"

当英国国内的媒体仍在关注丁布比出书一事时，女王正在莫斯科和圣彼得堡[2]访问。她的访俄之行背后有诸多历史渊源。俄国的罗曼诺夫王朝[3]与英国王室其实有很近的血缘关系，而1918年布尔什维克党处决了沙皇尼古拉二世及其家人之后，女王的祖父乔治五世却拒绝向他的罗曼诺夫表亲提供政治庇护，罗曼诺夫王室就此覆灭。苏联共产党对英国王室始终十分尊重，但女王一直心有纠结，直到1991年苏联解体后才能安心访问俄罗斯。

俄罗斯人民对女王1994年的来访非常期盼。俄《消息报》（*Izuestia*）撰文说："君主制度是不可动摇的，不论国家经历何种磨难，英国人心中始终有一个信念：他们的君主体系能战胜一切困难。"俄罗斯的首个民主选举的总统鲍里斯·叶利钦（Boris Yeltsin）也像当年赫鲁晓夫一样折服于女王的魅力，他向伊丽莎白二世说，在经历了那么多年的极权统治之后，在俄罗斯推行民主是多么难。当他试图探听女王对此的意见时，她却把他推给了外交大臣道格拉斯·赫德。

在观看莫斯科大剧院芭蕾舞团（Bolshoi ballet）的芭蕾舞剧《吉赛尔》[4]时，伊丽莎白二世佩戴着闪耀的钻石和蓝宝石的王冠、项链、手镯出场，受到在场观众长达10分钟的起立鼓掌欢迎。"我觉得佩戴这些珠宝首饰有些过火了。"事后她对皇家珠宝商大卫·汤玛斯说。汤玛斯答道："不，夫人，大家都很喜

---

[1] Tsar Nicholas Ⅱ，俄罗斯末代皇帝，1894—1917年在位。

[2] St.Petersburg，旧称列宁格勒、彼得格勒，位于俄罗斯西北部波罗的海沿岸，俄罗斯第二大城市和俄罗斯通往欧洲的"窗口"。

[3] Romanov，指1613年至1917年统治俄罗斯的王朝，罗曼诺夫王朝是俄罗斯历史上第二个也是最后一个王朝，它也是俄国历史上最强盛的王朝。

[4] *Giselle*，浪漫主义芭蕾舞剧的代表作，得到了"芭蕾之冠"的美誉。1个半世纪以来，著名的芭蕾女演员都以演出《吉赛尔》作为最高的艺术追求。

欢。”因为他觉得“为自己做宣传”是很重要的。道格拉斯·赫德后来说，对那些“正在寻根的俄罗斯人来说，女王唤起了他们的怀旧心理”。

在英国国内，新的一年开头就不是很顺：马丁·查特里斯在接受《观察者》采访时无意间对女王丑闻缠身的家人发表了一番直白的评论。他后来承认自己是受了记者的误导，本以为记者只是把他的话当作参考——“我知道，我当时太自以为是了。”他对记者吐露的是王宫圈内私底下的言论：约克王妃莎拉·弗格森“是粗鄙、庸俗、下流的一个人”；查尔斯和戴安娜“很可能会离婚”，这样就“一了百了”，还不影响查尔斯有朝一日即位为王。

这位退休的王宫廷臣还对女王做了一番评论，说她是一个现实主义者，“是你绝对无法想象得到的”。他说女王始终处于“观望状态”，因为她知道英国王室“正在经历某个必经的阶段”。几个月后问及此事，王太后对朋友伍德罗·怀亚特说，她及王室其他成员对查特里斯一点儿都不生气。她说：“他是一个很有智慧的人。”

1995年3月，伊丽莎白二世时隔50年之后再次踏上南非的土地，“这是我生命中一次不平凡的体验。”纳尔逊·曼德拉是她此次国事访问的主人，他称呼女王为“伊丽莎白”——曼德拉与赞比亚总统肯尼斯·卡翁达是世界上仅有的两个称呼女王教名而没有冒犯之忧的国家领袖。1991年在津巴布韦举行的英联邦政府首脑会议上，女王曾与曼德拉会面，当时曼德拉作为非洲国大党的领袖，只是作为观察员[1]身份出席会议，南非也尚未成为英联邦的成员国。由于没有国家元首的身份，原则上说他是不能参加女王所举办的传统宴会的，但女王的私人秘书罗伯特·费罗斯劝她破例一次。“请他来参加宴会吧。”女王听后立刻答道。女王当时的这个决定其实存在一定的争议性，因为就在4年之前，撒切尔刚刚给曼德拉打上了“恐怖分子”的标记。

1994年4月，纳尔逊·曼德拉在南非首次全国民主投票中当选总统。很快，南非就加入了英联邦。7月，女王到威斯敏斯特大教堂出席了南非加入英联邦的典礼，8个月后就踏上了此次南非访问之旅。女王所到之处，都有大量热情的南非人民夹道欢迎，在黑人聚居的乡镇尤其如此，他们举着横幅，上写“谢谢您能回到南非来”。外交大臣道格拉斯·赫德说：“对每个人来说，这份感情

---

[1] 观察员在国际组织的有关会议上通常既无发言权也无表决权，不能参与实质性的讨论。不过观察员可以获得会议的所有资料，并且有时还可提出正式的建议。通常，成为国际组织的观察员，即是向成为该国际组织的成员国迈出了第一步。

都太重了。”

与在南非受到的热情拥戴相比，伊丽莎白二世对自己在国内的威望就不那么放心了。戴安娜在宣布要退出公众视线之后不到一年，就又惹出了种种是非：媒体报道说她给奥利弗·霍尔打匿名骚扰电话；有人出了一本书详尽披露了她与詹姆斯·休伊特的感情经历；小报嘲笑她是“一个爱情骗子”；安德鲁·莫顿又出了一本书，上面竟然写到了戴安娜可怕的自残行为；还有各种关于她要复出、当一名全球慈善工作者的哗众取宠的报道……

1995年5月8日就是“二战”的欧洲战场胜利日50周年纪念了，女王却不知如何是好。“她很紧张，因为她担心国民不会向王室表示出足够的尊重。”罗伯特·索尔斯伯利回忆道。他是英国上议院的托利党领袖，也是这次庆典的负责人。“我想的是在白金汉宫门前举行群众集会，但女王担心人们不愿参加，所以她想把庆典安排在皇家骑兵队阅兵场，那里聚集的人数会少一点儿。我说：‘不必，我会安排好的。’其实我的心里也很紧张，万一我判断错了人们的想法，那可就颜面无存了。”

结果，当天前来参加聚会的人甚至比1945年欧洲战场胜利那天还要多。女王与母亲、妹妹一同站在白金汉宫的阳台上——当年也是在这里，她们陪着乔治六世接受人们的欢呼——看着外面如潮的人群，她仍是紧绷着脸，这是她压抑感情的表现。“女王的眼里噙着泪水，”一位内廷女官回忆道，“但她强忍着不让别人看出来。从阳台走进屋里以后，她端起一大杯杜松子酒一口喝掉了。”

与最近几年一样，王室里感人的时光总是短暂的。11月14日是查尔斯亲王的47岁生日，似乎是故意的，戴安娜在这一天通知白金汉宫的官员说她将参加BBC一档公共事务电视节目《全景》（*Panorama*）。有一件事连她的私人秘书和新闻秘书都不知道，那就是她事先与一位名不见经传的名叫马丁·巴什尔（Martin Bashir）的记者兼网络制片人在她肯辛顿宫的公寓里拍摄了一段55分钟的采访录像。

11月20日节目播出了，当天也正是伊丽莎白二世与菲利普结婚48周年纪念日。这是戴安娜对丈夫的终极报复。这一次她并没有借助中间人的力量，而是早就设计好问题并事先准备好了回答。主持人芭芭拉·沃尔特斯后来曾跟戴安娜谈起这次采访，夸赞它“是一次华丽的表演”。在节目中，戴安娜对自己的情感苦恼、与休伊特的交往、她破碎的婚姻等直言不讳，还说王室一家对自己的痛苦视而不见，反而说她“反复无常”。

戴安娜把最具杀伤力的抨击留给了查尔斯，她的此番言论甚至动摇了查尔斯的王储地位，她说查尔斯将会发现当国王会“让人喘不过气来”。“万人之上的身份，”她说道，“只会给他带来无穷的约束，我认为他无法胜任。”谈到查尔斯与卡米拉的交往时，戴安娜明确说道：“我们的婚姻里有3个人，太挤了些。”她轻易地略过了一个事实——她所指的那段时间，亦即从1986年开始，算上她的情人詹姆斯·休伊特的话，他们的婚姻里其实是有4个人的。她有一句话引起了英国1500万观众及海外数百万观众的共鸣，那就是她要做“人民心中的女王”。

戴安娜的好友罗莎·蒙克顿（Rosa Monckton）后来写道，这个节目表现的是“戴安娜最差的一面”。查尔斯的朋友尼古拉斯·索姆斯说节目中的戴安娜“是一个晚期的偏执狂”。盖洛普[1]的一项民意调查显示，人们对戴安娜此举的评价大都是正面的，77%的人认为她有权表达自己的意见；但这个节目所产生的危害，无论对戴安娜自己还是对王室，都比莫顿那本书还要严重。女王即深受其害，有46%的人认为查尔斯不适合当英国国王，这个数字比两年前上升了13%。在梅费尔（Mayfair）吃午饭时，马丁·查特里斯对专栏作家伍德罗·怀亚特说，戴安娜“非常危险”并且“精神错乱”，王储的离婚“已经不可避免”。

伊丽莎白二世没看戴安娜的这个电视节目。她授权新闻秘书查尔斯·安森向媒体表示“她从不看《全景》节目”，一位廷臣说，此举极其罕见，因为女王从不会对外表达个人喜好，也“把BBC吓了一跳”。但女王的顾问们都收看了这个节目，并将其中重点简要向她做了汇报。女王与约翰·梅杰首相、乔治·凯里大主教做了深层协商，并于12月12日告诉梅杰说她将分别给查尔斯和戴安娜写信，让他们“为国家的最佳利益考虑……尽早离婚”。考虑到查尔斯和戴安娜已经正式分居超过两年，查尔斯可以在取得戴安娜同意的情况下与之协议离婚。伊丽莎白二世在给儿媳戴安娜的信中仍自称为“爱着你的妈妈”，但她将自己的意思表达得非常清楚——从实质上说这封信就是王命。

查尔斯与戴安娜的离婚问题最大的争议并不是财产分割、子女监护权和王室的特权，而是她的头衔。女王曾与戴安娜在1996年2月15日于白金汉宫进行商

---

[1] Gallup，全球知名的民意测验和商业调查咨询公司，由美国著名的社会科学家乔治·盖洛普博士于20世纪30年代创立。

谈，副私人秘书罗宾·詹弗宁负责记录。商谈的结果是戴安娜同意放弃“王妃殿下”的头衔。伊丽莎白二世仍未做出明确表态，但她劝戴安娜与查尔斯坐下来好好商议一下所有的问题。后来，戴安娜对管家保罗·伯勒尔说，她的婆婆对她是“理解与亲切的”。

2月28日，查尔斯与戴安娜终于在圣詹姆斯宫会面了。戴安娜同意离婚。他们将共同抚养两个儿子，戴安娜在离婚后的称谓将改为“威尔士王妃戴安娜”，放弃“王妃殿下”的头衔。然而戴安娜再次无事生非，在会谈结束后立刻将其细节和内容透露给了媒体，还借《每日邮报》里的“同党”理查德·凯之笔发表了中伤的言论——她说自己是在女王和查尔斯向她施压的情况下才放弃了王室的头衔。这些话当然都是戴安娜凭空捏造的，当时的会谈记录即可证明。女王授权查尔斯·安森发表了一个直言不讳的声明（这是很罕见的）：“放弃‘殿下’头衔完全是戴安娜的个人决定。女王和查尔斯亲王不可能逼她做这种事。我要说的是，报纸上的这番话绝对不是真的。若没有确凿证据，王宫也不会专门为这件事出来辟谣。”

查尔斯与戴安娜拖沓的离婚谈判还在拉拉扯扯，安德鲁和菲姬也于5月30日正式离婚了，他们的婚姻仅仅维持了10年。参照戴安娜的离婚协议，菲姬也放弃了“王妃殿下”的头衔，仅保留了“约克公爵夫人萨拉”的称谓。与查尔斯夫妇不同的是，尽管菲姬的举止总有不当之处，她与安德鲁还能友好地分手。在两个女儿的抚养问题上，他们说将做孩子的“联合父母”，亦即对子女抚养有同等权利和义务的父母。菲姬说，从实际情况来看，她跟安德鲁是“两个最幸福的单身伴侣”。

这年夏天，王室公布了查尔斯与戴安娜的离婚协议。对戴安娜来说，这份协议可算是非常慷慨了：她将分得1700万英镑的财产，此后每年还将有38.5万英镑的津贴作为公务费用；她仍可继续居住、使用肯辛顿宫，查尔斯则是搬到圣詹姆斯宫居住；戴安娜可以独立进行自己的慈善事业，不需要与王室协同活动，但若有海外公务活动，她需要事先取得女王和外交部的批准；圣詹姆斯宫的国宾套房可供她招待客人使用，她外出时仍可使用王室的专属交通工具。到最后一刻戴安娜还对“王妃殿下”的头衔耿耿于怀，14岁的儿子威廉王子对她说他不在乎这些头衔，她才放了手。为支持戴安娜作为“半个王室成员”的身份，王宫忍痛做出决定，说戴安娜将仍被视作“王室成员”，在参加国家和民族活动时，她仍享受“王妃殿下”的待遇。

7月9日星期二，纳尔逊·曼德拉抵达英国对其进行4天的国事访问，伊丽莎白二世也得以从烦恼的家庭纠纷中暂时解脱出来。她在皇家骑兵卫队阅兵场为曼德拉举行了欢迎仪式，随后与他同乘马车前往白金汉宫。成千上万的群众聚集在道路两侧欢迎南非总统的到来，这是几十年来迎接外国来宾时群众人数最多的一次。在当晚的宴会上，70岁的伊丽莎白二世对77岁的曼德拉说："不论是在我心中还是在全英国人心中，南非都有特殊的位置。"并称赞他是这个国度的救世主。3天后，曼德拉与早年间的对手撒切尔夫人见面会谈了20分钟，他对撒切尔夫人说"让我们摒弃前嫌"，这种姿态充分证明了女王先前对他的高度评价——她夸曼德拉在27年的囹圄生活后拥有了大智慧和大领悟。

星期四晚上，曼德拉并未按照传统在"南非厅"（South Africa House）举行"回归"宴会，而是在皇家阿尔伯特音乐厅（Royal Albert Hall）举办了"两国音乐会"。查尔斯亲王帮忙组织了这次音乐会，参演的明星包括菲尔·科林斯（Phil Collins）、托尼·班奈特（Tony Bennett）、昆西·琼斯（Quincy Jones）、休·麦塞克勒（Hugh Masekela）以及其他数位杰出的南非音乐人。曼德拉是南非舞蹈的高手，当时他与女王、菲利普、查尔斯以及其他王室成员一同坐在皇家包厢里，幕间休息时，他悄悄把英国驻南非大使，亦即克利夫顿的伦威克男爵（Baron Renwick of Clifton）罗宾·伦威克（Robin Renwick）叫到一旁问道："我能跳舞吗？"伦威克答道："当然可以。""那女王怎么办？"曼德拉说道。"跳吧，"伦威克说，"不用担心。"

当全由男性歌手组成的清唱组合"雷村黑斧合唱团"[1]开始表演时，身穿黑色丝绸衬衫的曼德拉在皇家包厢中央站了起来，并开始伴着旋律跳舞。菲利普犹豫了一下，也加入了他的行列，随后是查尔斯，他们随着音乐摇摆着、拍着手。"女王竟然也站起来跟他们并肩跳了几步，"罗宾·伦威克说道，"这令在场的人都十分吃惊。"正如《每日电讯报》在第二天撰文所说的那样，伊丽莎白二世"极少在公开场合跳迪斯科舞"。

8月28日，查尔斯与戴安娜离婚一事终于尘埃落定，这让王室大松一口气。

---

[1] Ladysmith Black Mambazo，南非国宝级土著合唱团体，乐队由10个非洲黑人组成，表演的是最原始的非洲音乐。他们不用任何乐器，纯粹用嗓音构成奇妙的和声。他们的歌唱以纯朴的旋律与清澈和声著称，是全球唱片销量最大的非洲音乐组合。

但他们未预料到的是，戴安娜从未想过要从万众瞩目的中心抽身而出。她与托尼·布莱尔（Tony Blair）结成了新的战略联盟。托尼·布莱尔是当时的工党领袖，亦是1997年大选的候选人。新年伊始，他们俩就多次在私人宴会上悄悄会面，布莱尔借此对戴安娜进行了评估。他为戴安娜的美貌和魅力所折服，戴安娜则向他传授竞选活动中接受宣传拍照时的技巧，其建议非常精明，处处为他着想。

布莱尔佩服戴安娜“与生俱来的高贵与平凡……她身为贵族，却很容易亲近，很有人情味，更重要的是，她愿意平等地跟普通大众交流”。就在这段时间里，布莱尔发现戴安娜其实是“一颗不可预知的流星，却闯入了循规蹈矩的王室宇宙里”。虽然戴安娜并未说明自己的政治倾向，但布莱尔能够感觉到，戴安娜的气质和她营造的气氛，以及在时机方面，她都完全符合他的工党新计划。

跟戴安娜“创造了”一种“非正统”的王室风格一样，布莱尔对传统的政治也是不屑一顾，他正在寻求“第三条道路”[1]来对抗工党的正统风格。从根本上说，布莱尔与戴安娜都是出色的演员。“我们都善于操纵别人，”布莱尔后来写道，“迅速察觉对方的感情，并本能地顺势而为。”在布莱尔挑战约翰·梅杰一成不变的领导方式时，他的这种变色龙本领起到了相当大的作用。布莱尔的“新工党”理念就是要在工党中加入年轻活力和现代性，他甚至抛弃了老旧的社会主义思想，接受了某些以市场为导向的保守党思想。1997年5月1日，工党在大选中以压倒性优势获胜，布莱尔也在距44岁生日仅有4天时当选首相，他也成了首个在伊丽莎白二世即位后出生的英国首相。

布莱尔出生在一个上升期的苏格兰家庭。他的父亲名叫里奥（Leo），是跟着格拉斯哥造船厂的养父母长大的。布莱尔的外公是一名屠夫。里奥边工作边求学，后来在法学院拿到学位，成了一名律师，再后来在英国的杜伦大学（Durham University）担任法学讲师。他加入保守党进入了政界，却因严重中风半途而废。

里奥一直坚持让儿子托尼·布莱尔接受最好的私立教育，他把布莱尔送到了爱丁堡的弗茨公学（Fettes College），这所寄宿制学校被称作“苏格兰的伊顿公学”。布莱尔在牛津大学学习法律，毕业后到伦敦当了一名律师，在那里他遇见了切丽·布斯（Cherie Booth）。切丽来自利物浦，是一位志向远大业务精湛的律师，后来成了布莱尔的妻子。布莱尔加入工党，并于1983年入选议会。他把自

[1] Third Way，以及下文出现的“新工党”（New Labour），都是布莱尔的竞选口号。

己塑造为一个改革家的形象。布莱尔英俊帅气，脸上总是挂着灿烂的笑容，王太后曾俏皮地说他是“满口牙但不咬人”。他口才很好，能言善辩，很快就吸引了大家的关注，他迷人的个性也为他赢得了很多人的支持。保守党历史学家保罗·约翰逊曾说：“我所遇到过的首相里，不论是英国的还是国外的，布莱尔的风度是最棒的。”

1994年工党领袖约翰·史密斯去世，布莱尔凭借自己的顽强和韧性赢得了党首位置，被他挤掉的是同样参选党首的戈登·布朗，他是布莱尔的朋友，也是他的同事。布朗后来指责布莱尔“背叛了他”，布莱尔安慰布朗说他“很理解他的感受”，并说会想办法让布朗成为下一任党首。但这种安排不能抹去两位政客间的仇恨，在其后若干年的共事中一直如此。

1997年5月2日，布莱尔到白金汉宫觐见伊丽莎白二世，其“出场”表现“出人意表”。在女王的侍从武官引见完毕之后，他向前迈出，却在地毯的边缘绊了一跤，一头撞在了女王伸出的、他本应轻吻的手上。女王几乎没有受到这个小插曲的影响，她告诉布莱尔，他已经是她的第10位首相了。“第1位是温斯顿·丘吉尔，”她说道，“那时你还没出生呢。”这次觐见在电影《女王》中经过演绎，染上了一些戏剧色彩，并且，电影将布莱尔表现得过于紧张。“我顿时觉得，在如此长久的历史上，我的资历几乎不值一提。”布莱尔在2002年接受采访时如此说道，“但我立刻就发现……即使是在那次觐见仪式上……女王是那种不遗余力让对方安心的人。”

接着他们聊了20分钟左右，谈的是工党的立法计划，然后，一位王宫助理人员把他的妻子切丽带了进来。切丽是一个激进的共和党人，常常因为对王室不够尊重而受到嘲笑。“我不记得当时没有行屈膝礼这件事了，”她含糊地回忆道，“可能是行了礼的吧。”女王与切丽讨论了他们全家（当时布莱尔夫妇育有3个孩子）搬入唐宁街10号的问题，女王“适度地表示了她的关心”。伊丽莎白二世“跟切丽继续谈了一会儿”，布莱尔回忆道：“接着她用一个轻微的手势结束了我们的谈话，于是我们就告辞离开了。”

11天前，伊丽莎白二世在温莎堡静静地度过了自己的75岁生日。她曾向南希·里根描述过当天是怎么度过的：她外出骑马，设宴款待96岁的“妈妈”，还久久注视着“温暖春日”里美丽的弗洛格摩尔花园。

女王的同龄人早已过上了舒心的退休生活，其眼界也变得越来越狭窄；但女王不能这样，她特殊的身份需要她不断开拓眼界以跟上日新月异的变化。3月6

日，女王发布了首个王室网站，共包括150个网页。她说互联网“打开了一扇大门，里面有无尽的知识，却没有国界”。但在其他方面，如布莱尔所说——“女王有些方面非常固执，不愿改变。”她将传统视作“维持君主制神秘和威严的关键”。

布莱尔上任伊始就遇到一个棘手的问题，那就是如何处理已经“43岁高龄”的“不列颠尼亚号”游轮。为了削减开支，梅杰政府3年之前就已决定在1997年让“不列颠尼亚号”退役。托利党不愿支付“不列颠尼亚号”110万英镑的升级改造费用以及逐年上涨的维护保养费用。“很多人觉得‘不列颠尼亚号’应该继续服役，”一位前王宫高级官员说道，“很多平民百姓都觉得它很重要。它是英王的象征。”有些人认为，“不列颠尼亚号”载着商界人士的“全球航海活动”促进了英国的对外贸易，在1991年到1995年间给财政部带来了约30亿英镑的收入。但最终它还是被看成了奢侈浪费和滥用公费的象征，女王告诉英国政府她已准备好放弃“不列颠尼亚号”了。

尽管存在政治敏感性，梅杰政府仍打算为王室建造一艘新式的、运营费用稍低的皇家游艇，国防部也给出了计划，其预算金额约是8000万英镑。1997年6月30日，布莱尔出席了向中华人民共和国移交香港主权的仪式，那时他才意识到拥有一个浮动在水面上的英伦象征的价值所在。半夜时分，英国国旗从旗杆上缓缓降下，布莱尔注视着灯火通明的“不列颠尼亚号”驶出香港的维多利亚港。“这是个瑰宝啊。”他如此说道。尽管如此，他的政府还是放弃了再造一艘豪华游艇的计划。与他荒唐的、投资7.5亿英镑建造的“千禧穹顶”（Millennium Dome）相比，此举无疑显得气量太小，后者只是一个烧钱而毫无意义的摆设而已。

8月，王室一家最后一次乘坐“不列颠尼亚号”巡游了西部群岛，随后前往巴尔莫勒尔庄园，中途在梅伊堡稍作停留拜访王太后。这是一次感伤之旅，因为这是他们最后一次乘坐“不列颠尼亚号”来梅伊堡了。女王夫妇在王太后的来客登记簿上写下了“莉莉贝特”和“菲利普”字样的签名，接下来是安德鲁王子和他的两个女儿，安妮公主和她的第2任丈夫蒂姆·劳伦斯以及她的儿子和女儿，爱德华王子和他的女友苏菲·里斯-琼斯（Sophie Rhys-Jones），玛格丽特公主的女儿萨拉以及萨拉的丈夫丹尼尔·查托（Daniel Chatto），玛格丽特公主的儿子大卫·林利及妻子赛琳娜（Serena）。传统的午宴气氛有些悲伤，但他们依然能够从容面对这个结局。在两艘驱逐舰的护卫下，“不列颠尼亚号”两次驶过海岸，向王太后告别，其间是惯例的“舰对岸”打油诗互和。

王太后的诗是由她的朋友、英国桂冠诗人泰德·休斯（Ted Hughes）代写的，节选如下：

With all our memories of you, so happy and dear
Whichever course your captain takes,
You steer into this haven of all our hearts, and here
You shall be anchored forever.[1]

女王从“不列颠尼亚号”上写来的和诗共16句，她借“梅伊堡里的食物篮子”抒发了心中的情思，节选如下：

Oh what a heavenly day, happy glorious and gay
Delicious food from the land
Peas shelled by majestic hand
Fruit, ice cream from foreign lands
Was it India or Pakistan?[2]

伊丽莎白二世及家人、朋友在巴尔莫勒尔庄园悠闲地度假，每天早上都能通过客厅桌子上的报纸读到戴安娜的“新鲜事”。自从离婚以来，戴安娜在世人面前就是一副勇敢的面孔，她开始从事一些意义重大的事业，如禁止地雷的使用，等等。但她的感情生活比先前更混乱了，结交的男人一个比一个不靠谱。她对两

[1] 译文：对你的记忆，
快乐又甜蜜，
不论你驶向哪里，
都将永泊我心。

[2] 译文：真是天堂般的日子啊，
甜蜜蜜，乐陶陶，美滋滋，
还有那美味的食物——
豌豆是您用高贵的双手剥出的；
那异域的水果和冰激凌，
是印度的还是巴基斯坦的呢？

个儿子威廉和哈里的依赖心理很重，几乎每天都把他们带在身边，用她接受《全景》节目采访时的话来说，是“让他们对人的情感、安全感缺失、不幸、希望与梦想有所了解”。但此举会让儿子们得知许多关于她的男朋友以及她的麻烦事的情况，会让他们（尤其是威廉）背上沉重的心理包袱。

7月中旬，她开始与多迪·法耶兹（Dodi Fayed）交往，其选择交往对象的品位“再创新低”。多迪·法耶兹是埃及巨富穆罕默德·法耶兹（Mohamed Fayed）之子，其入籍申请曾多次遭到英国政府拒绝。穆罕默德一直是戴安娜多个慈善项目的捐助人，出手很是大方。据法耶兹的临时顾问安德鲁·尼尔（Andrew Neil）所说，法耶兹给戴安娜的印象是“他们都是受到排斥的人，并且有着共同的敌人”。

法耶兹在“圣特鲁佩斯”[1]有个占地10英亩的庄园，戴安娜正是与儿子们在这里度假时结识了多迪·法耶兹。当时多迪已经42岁了，却是一个“心智发育迟缓”的典型：娇生惯养、没有教养、没有工作、轻浮、没有责任感，迷恋毒品和飙车……他送给戴安娜奢侈的礼物（其中包括一块价值11 000美元的卡地亚Panther金表），还用父亲的私人飞机和游艇带她享受骄奢的度假。自从8月7日他们的恋情被首次曝光以来，小报的记者们就对他们如影随形，报纸上刊载的也都是意味深长的照片和骇人听闻的评论。威廉和哈里当时与父亲查尔斯同在巴尔莫勒尔庄园，他们俩并不信任多迪，同时也为母亲放荡的行为而感到尴尬。

8月31日星期日凌晨1点左右，身在巴尔莫勒尔庄园“克雷格瓦”别墅的副私人秘书罗宾·詹弗宁接到英国驻法大使馆打来的噩耗电话：戴安娜和多迪在巴黎阿尔玛广场隧道出了车祸。詹弗宁立刻赶到巴尔莫勒尔城堡与女王、菲利普、查尔斯召开紧急会议。4点刚过，他们又接到通知：戴安娜死了（终年36岁）。多迪和他们的司机也未能幸免于难。

他们决定先不把威廉和哈里叫醒，女王也给王太后留了字条以便她醒来后看到。早上7：15，查尔斯把这个噩耗告诉了两个儿子（当时威廉15岁，哈里12岁）。伊丽莎白二世一边安慰两个孙子，一边与高级顾问们安排戴安娜的后事。

罗宾·詹弗宁与女王在巴尔莫勒尔庄园远程指挥，她的其他廷臣则在白金汉宫成立了一个临时指挥中心，其办公地点选在了能够俯瞰维多利亚女王纪念碑

[1] Saint-Tropez，又译“圣特罗佩”，法国蓝色海岸上一个小镇，号称拥有法国最美丽的海滩，世界豪华度假胜地。

(Victoria Memorial) 的“中国餐厅”。王室总管大卫·艾尔利取消了去意大利的计划；王室总管办公室的审计官陆军中校马尔科姆·罗斯从英格兰坐飞机返回伦敦；私人秘书罗伯特·费罗斯则从诺福克赶来。与此同时，托尼·布莱尔首相与他的高级助手们也意识到，戴安娜之死“在全球范围内是一个独特事件”，对王室来说是一个充满变数的危机，所以他们也严阵以待开始准备应对措施。

当天上午，布莱尔首相与伊丽莎白二世曾就戴妃后事有过商谈，但在此之前王宫已经发布了一则简短的声明：“女王与威尔士亲王对此噩耗深感震惊和悲痛。”女王告诉布莱尔她不打算对此事再发表意见。布莱尔发现，“女王非常冷静，为威廉和哈里而感到焦虑，也很内行、很务实。她理解这件事的艰巨程度，但她很有主心骨。”布莱尔告诉女王他打算在教堂里发表一段致辞，女王并未反对。布莱尔的致辞是匆匆写在一张信封背面的。在致辞中，他将戴安娜称作“人民的王妃”，这个说法从此流传下来；他说自己能够体会到人们失去她的感伤，还提到她“时常面对这样那样的困难”，并赞扬了那些“衷心爱戴”已故王妃的人。

布莱尔的本意是通过发表此番言论填补公众心中的空白，将人们的深情和失落感升华，并对公众进行抚慰，从某些方面来看，也的确起到了一定作用。但在王室眼里，布莱尔选择用“人民的王妃”来描述戴安娜并未平息人们的激动情绪，反而起到了煽风点火的作用。坎特伯雷大主教乔治·凯里担心这个词会“产生误导，把戴安娜塑造成与王室对抗的英雄偶像。这种担心在一周内就变成了现实”。

女王与家人在星期天去巴尔莫勒尔庄园外面的克莱西教堂做了例行礼拜。祷告中并未提到戴安娜，这是苏格兰长老会的惯例，他们的牧师“不为死者的灵魂祈祷，因为上帝已经赐予他们恩典”。一位常到巴尔莫勒尔庄园布道的高级神职人员如此解释道。但不明原委的媒体把王室未为戴安娜祈祷描述为对她的侮辱，并批评女王不该在威廉和哈里的母亲刚刚去世几个小时之后就带他们去教堂。“他们像鸵鸟一样怕事，只知道逃避。”BBC的杰尼·邦德（Jennie Bond）如此说道。但事实是，两位小王子当时非常需要宗教的抚慰力量。据某人描述，威廉当时说：“他想跟妈妈的在天之灵说说话。”王室一家包括两个小王子在内的人表现都跟往常一样，其坚忍的表情并未表露出内心的伤痛，而这为他们招来了更多批评，说他们冷血无情。

在那个阶段，王室一家暂时从公众视野里消失了。女王的意图从一开始就是非常单纯的——跟1979年蒙巴顿一家遭遇恐怖炸弹之后她对蒂莫西·纳齐布尔所表现出的“无休止的母爱”一样，她认为威廉和哈里应该尽量多待在巴尔莫勒尔庄园，跟爱他们的人在一起。两位小王子跟他们的父亲查尔斯一样，都热爱乡间的生活。女王让他们的表哥，亦即安妮公主的儿子彼得·菲利普斯陪他们猎鹿、钓鱼，跟家人在山丘上烧烤……“把他们带到白金汉宫去，却又什么都不能做，跟个摆设一样，对他们来说不是件好事。”女王的表妹玛格丽特·罗德斯如此说道。

女王让查尔斯亲王，以及戴安娜的两个姐姐萨拉和珍乘坐一架皇家空军的飞机去巴黎把戴安娜的遗体运回英国。伊丽莎白二世还让布莱尔首相在周日下午到英国皇家空军诺兹霍特机场（RAF Northolt airport）去接机。按照女王的意愿，戴安娜仍被看作是王室的家人，所以她的灵柩覆盖了她自己的王旗；她的王旗与温莎王朝的纹章旗很相似，其颜色改成了红、金、蓝三色。

伊丽莎白二世原先同意了戴安娜娘家、亦即斯宾塞家族打算为戴安娜举办一个私人葬礼的愿望，但后来她与顾问们商量了一下，觉得还是需要为戴安娜在威斯敏斯特大教堂举行一个皇家丧礼，虽然不是国葬，但隆重有加。罗伯特·费罗斯带着妻子珍过来帮忙，斯宾塞一家也一直陪在左右。王室成员的丧礼早就有了巨细无遗的安排，也都有各自的代号：女王是“伦敦桥”（London Bridge），王太后是“泰桥”（Tay Bridge），菲利普亲王是“福斯桥”（Forth Bridge）。但是，由于戴安娜严格意义上已经不属于王室成员，所以她的丧礼并没有相应的代号。“我们没有文件可供参考，”王室总管大卫·艾尔利对同僚们说，“咱们得从零开始。”

白金汉宫的廷臣们在星期天忙了一天，直到深夜才拟定出了戴安娜丧礼的安排，他们把丧礼定在下个星期六，丧礼结合了传统与现代两种元素：戴安娜的灵柩将由马拉的炮车进行运送，这样比灵车要好很多；其灵柩将由12名爱尔兰近卫团的士兵护送，后面跟随的不是标准的军仪仗队（因为她不喜欢仪仗队），而是500名戴安娜所从事的慈善项目的工作人员。“我们选的人都是慈善事业的受益者，而不是项目主席和受托人，”大卫·艾尔利说，“安排一些平时与威斯敏斯特大教堂没什么交集的民众——那些戴安娜平时接触的人来参加她的丧礼同样有重要意义。”戴安娜的遗体并不是放置在议会大厦的威斯敏斯特宫以供吊唁，而是在葬礼之前放在皇家礼拜堂的灵柩台上；在肯辛顿宫和圣詹姆斯宫都有吊唁簿供人们签名致意。

星期一一早，艾尔利就打电话给巴尔莫勒尔庄园的詹弗宁，将以上计划告诉了他。大约9点，女王批准了这个安排。马尔科姆·罗斯回忆说："女王很欣赏安排慈善工作者参加丧礼这件事。"这将是"一位特殊人物的特殊丧礼"，王宫声明道。

在王室总管的主持下，各有关部门——包括警察、军队及几位艾尔利特别邀请来的专业人士——召开了一系列会议。他们共同策划了媒体所称的"国民葬礼"的具体细节，其中包括一些"非传统"的安排，比如艾尔顿·约翰[1]的独唱和布莱尔首相的朗诵，而排除了如号兵和鼓手这样的传统悼念方式。星期二下午，他们把详尽的计划以书面形式送到巴尔莫勒尔庄园让女王"御览"。女王再次毫无异议地同意了他们的安排。"她阅览文件的本领非常厉害，在看长而复杂的文件时尤其如此，"马尔科姆·罗斯说道，"她的阅读速度非常快，是快速浏览文件的高手。"

王宫的廷臣们也一反往日保守死板的常态，在这一周表现出了灵活性和独创性。王室总管艾尔利在10年前就是白金汉宫现代化运行的先驱；在首相托尼·布莱尔眼里，女王的私人秘书罗伯特·费罗斯此次表现出的是"机灵和聪明"；布莱尔还回忆，副私人秘书罗宾·詹弗宁"预见事态发展的眼光非常准确"。连布莱尔首相的新闻发言人、一贯反对君主政体的阿拉斯泰尔·坎贝尔（Alastair Campbell）也禁不住夸奖王宫廷臣们"有创造性思维，甚至敢于冒险"。女王对廷臣们及其决定心服首肯，其中包括将戴安娜丧礼的路线加倍以便让更多人进行瞻仰，以及在海德公园放置大屏幕对丧礼进行直播等建议。

按照王室的悠久传统，同样也是家人的意愿，王室一家选择私下应对这个家庭悲剧。若是媒体和公众提出了与此相违背的不合理要求，她是决不让步的。到星期二为止，戴安娜之死似乎触发了一次史无前例的哀悼活动，大量吊唁群众涌入伦敦，据估计"每小时进入伦敦的人有6000之多"。他们在白金汉宫和肯辛顿宫的栏杆下摆放了花束、毛绒玩具、标语、气球、吊唁字条以及别的悼念物品；人们在公园里扎营，彼此拥抱哭泣，好像失去了一位至交好友。到星期三晚上为止，已经大约有75万人排队（有些人甚至站了10多个小时）在吊唁簿上签名，而

---

[1] Elton John，1947年出生，英国著名歌手，代表作是为玛丽莲·梦露谱写的《风中之烛》（*Candle In Wind*）。1997年，为纪念因车祸不幸逝世的戴安娜王妃重新谱写为《风中之烛97》（*Candle in the wind 97*），并将所有收入捐给戴安娜慈善基金会，以表达对戴妃的崇敬和哀悼之情。这张单曲唱片卖出了约3200万张。

签满名字的吊唁簿在两天之内从4本增至34本。戴安娜曾在接受《全景》节目采访时说，她对民众的情感“是发自心底，而非刻意表现出来的”。似乎正是这种情感令人们放弃了克制和矜持去尽情释放心中的情绪，这种情感释放在乔治六世和温斯顿·丘吉尔的丧礼上是未曾有过的。

戴安娜的弟弟斯宾塞伯爵查理斯在她去世几小时后曾说：“我一直认为，媒体总有一天会害死她的。”受此番话的刺激，群众开始时将心中怒气撒在了小报记者身上。星期天那天，在肯辛顿宫外，前来吊唁的人们朝着现场的记者们喊道：“现在你们满意了？！”但到了星期三左右，他们的愤怒开始转向伊丽莎白二世，因为他们觉得女王躲在苏格兰高地的巴尔莫勒尔庄园里，不愿到伦敦与她的子民分担悲伤。《独立报》在星期三撰文说：“要是王室的人能跟百姓一起哭泣那该多好。”女王的一位高级顾问说：“媒体在兜圈子，他们不是自责，而是在找一个替罪羊。”布莱尔说：“媒体想把身上的靶心移到别处。平心而论，他们也是在释放公众的情绪。”媒体把白金汉宫空空的旗杆视作女王冷漠的象征，要求王宫为戴妃之死降半旗。

几百年以来，能升上王宫旗杆上的旗帜只能是英王的王旗，并且只有英王身在王宫时，才可将王旗升起。王旗从不降半旗，因为一旦英王驾崩，王储就立即继位，这是英国君主制的“无缝”传承。但群众对此传统并无理解和耐心，他们的情绪已接近哗变的边缘。王室总管大卫·艾尔利数次走出王宫观察后说：“人们的静默令我震惊，我很担心。”

星期三，身在伦敦的王宫顾问们向女王建议暂时抛弃惯例，破例将英国国旗升上王宫旗杆并降半旗；但女王坚决反对，菲利普也与她意见一致。王宫审计官马尔科姆·罗斯说：“罗宾不得不将伦敦民众的情绪描述给女王听，这么做很折磨人，因为女王的立场很坚定。罗宾曾打比方说，他都快千疮百孔了，因为总是在女王那里碰钉子。尽管如此，他还得一遍遍到女王那里劝她。”

当天晚些时候，一位王宫发言人举行了一个新闻发布会以图平息渐增的压力：“王室的全部家人……从大家身上得到了巨大的力量，正是那些心怀失落和悲伤的人给了他们莫大的支持。”托尼·布莱尔首相也在公开场合支持王室的立场，但他知道，正如他后来所说的那样：“我说的那些维护他们的话只会起到相反的作用。”布莱尔不愿独自面对伊丽莎白二世并“毫不忌讳地向她直谏”，于是他就给查尔斯打了电话。查尔斯答应跟母亲谈谈。他告诉布莱尔说，他也觉得女王不该“再躲下去”，需要“返回伦敦给子民一个交代”。

与550英里之外的伦敦相比，巴尔莫勒尔庄园无疑是个世外桃源。但只要是情势所需，女王都会坐飞机南下——她曾在麦克米伦住院期间前去接受他的辞职；与理查德·尼克松在契克斯别墅共进午宴；到朴次茅斯迎接从福克兰群岛战场归来的安德鲁；参加波波·麦克唐纳的葬礼……她之所以这一次不愿前往伦敦，其实是不愿加剧两个孙子的悲伤。对女王来说，这倒是个颇有讽刺意味的变化：以前她曾多次因为只忙公务不顾家而被人诟病，现在反过来了，结果却还是一样。迪基·阿比特（Dickie Arbiter）曾是女王的新闻发言人，他说："要是女王来了伦敦，对她的评论就会变成——她是一个狠心的祖母，在如此悲伤的时刻撇下两个孙子不管不顾。"

星期日，小报的舆论达到了顶峰，它们的标题几乎是在嘶喊：《每日快报》说："让我们看看你是不是在乎？"《太阳报》说："女王在哪里？王旗在哪里？"《每日镜报》说："你的子民身处苦难之中，说点什么吧，夫人？"……国际市场研究公司（Market & Opinion Rearch International，MORI）的一项民意调查显示，有25%的民众认为应该废除君主制，与1969年的19%相比，这可算是暴涨了。布莱尔首相的新闻发言人阿拉斯泰尔·坎贝尔给费罗斯和詹弗宁打电话，向他们报告说伦敦街道上的民众情绪"已变得危险而不乐观"。坎特伯雷大主教乔治·凯里说："罗宾·詹弗宁对我说，女王很镇定，但为民众误解她对戴妃之死漠不关心而苦恼。"当天早上，女王跟王宫里的廷臣们通电话后，明白了当前形势的严重性——她不去伦敦给君主制带来了损害，另外，身为国家元首，她有责任在此危难之际有所作为。

在让女王下决心一事上，媒体的聒噪的确起到了一点作用，但真正促成此事的还是顾问们的劝说。女王并未连夜乘坐火车前往伦敦，在周六上午11点的丧礼之前赶到，而是与家人在周五这天就坐飞机回来了。当天晚上她要做一次电视致辞，还要去皇家礼拜堂吊唁戴安娜的遗体。星期六上午女王离开白金汉宫参加丧礼时，王旗将从王宫的旗杆上降下，随后将首次升起英国国旗并降半旗向戴安娜致敬。

女王还让安德鲁和爱德华在周四下午去教堂瞻仰了戴安娜的灵柩，并沿着"林荫大道"与凭吊的群众一起走回白金汉宫。这是王室家人首次在公众面前对戴妃之死做出姿态。两位王子与吊唁的群众一起交谈，群众亲切地迎接他们俩的加入。"能亲身感受王宫外的气氛，是一次极不寻常的体验，"安德鲁回忆道，"太离奇了……好像不是真的，超出我们所有人的预料和理解。"

当天中午，布莱尔应要求再次给女王打电话，与她商量最新的计划安排。布莱尔的新闻发言人阿拉斯泰尔·坎贝尔在一旁听到了他们的通话，他说：“这是我第一次听到他跟女王一对一地交谈，他处理得很得体。他说他感觉到女王需要把悲伤表现出来，让人们知道王室家人与民同心。他说：‘我对您万分同情。最痛苦的莫过于一片好心却被人误解。’”布莱尔回忆说，女王当时“已经非常专注，能听得进别人的意见。能做到这一步很不容易，但她无疑做到了”。

当天下午，王宫新闻秘书杰弗里·克劳福德（Geoffrey Crawford）在圣詹姆斯宫前朗读了一则不寻常的声明，声明不仅向大家介绍了第二天的安排，还描述了女王的感受：“听到那些说他们对举国的悲伤漠不关心的流言，王室十分痛心。”他补充说，戴安娜的两个儿子“非常想念她”。克劳福德还重申了威廉和哈里希望待在巴尔莫勒尔庄园这个“安静的港湾”，女王正尽力安抚他们，帮他们“接受痛失母亲这一事实”，而他们同时也在“准备与全国人民一起公开悼念他们的母亲”。

伊丽莎白二世也希望表露一些情感，以使子民安心；但她是王室的族长，也是国家的元首，必须维持坚强的形象。她的妹妹玛格丽特公主后来向她表示了感谢：“悲剧发生后，你是如此仁慈地安排好了每个人的生活，安慰着两个小王子的心灵……你一如既往地坚守着、领导着大家，你倾听每个人的意见，制定大大小小的决策……你太了不起了。”

菲利普建议，在回到伦敦的前一晚全家到巴尔莫勒尔庄园外面的克莱西教堂举行一个哀悼会。鲍勃·斯隆（Bob Sloan）牧师主持了这次祷告；与上个星期天不同，这次祈祷中提到了戴安娜的名字，并祈祷上帝赐予这个处于悲伤中的家庭安慰。仪式结束后，他们在巴尔莫勒尔庄园门口稍作停留，捡起人们摆放在那里的花束，并接受记者拍照。两个小王子身穿黑色礼服，王室的成年男士都穿着粗呢外套和格子呢短裙。星期五下午2：40，亦即戴安娜死后第5天，伊丽莎白二世与菲利普抵达白金汉宫，事先通知的情况下在王宫门前做了同样的事。

女王夫妇从劳斯莱斯汽车上走下来，看到王宫门前层层叠叠站满了前来吊唁的人，一直延伸到维多利亚纪念碑那里。王宫围栏附近摆满了数千束玻璃纸包装的鲜花，花堆最高的地方有近两米。助理私人秘书玛丽·弗朗西斯（Mary Francis）回忆说：“人们挤满了林荫大道，集会人群的上空洋溢着一种沉闷紧张的气氛。”因为不知道群众会做何反应，女王的脸上露出一丝紧张。她跟菲利普在花束丛中慢慢走着，人们鼓起掌来。

“女王夫妇的表现虽然没有完全把局势扭转过来，但我能感到气氛已经发生了变化。”弗朗西斯说道。一个小姑娘捧着一束花走过来，伊丽莎白二世对她说：“要不要我帮你把花放下？”“不，夫人，这束花是送给您的。”小姑娘答道。女王随后与排队吊唁人群中的几位妇女聊了几句，问她们一些问题（如“你排队排了很久吗？”），还倾过身听她们诉说。劳拉·特拉尼（Laura Trani）当时还是一名来自汉普郡的学生，她就是那时与女王交谈过的人之一，她回忆说：“我只是说我很遗憾。我说威廉和哈里才是现在她需要真正关心的人。她需要好好照顾他们。她回答说她会的。她还说对两个小王子来说这件事太难以接受，因为他们太小了，又太爱他们的母亲。”

进入白金汉宫之后，女王夫妇“讨论了很久，说的是群众的情绪和他们的心中所想”，玛丽·弗朗西斯说道，“他们想去了解，却不能就这么走出去跟普通人交流沟通。”

伊丽莎白二世正在准备一个备受期待的致辞，这种特别致辞她自从登基以来只做过一次，那就是1991年海湾战争时的战时演讲。她打算下午把演讲录好，晚上对外播出。“她知道这是她必须做的，”一位高级顾问如此说道，“她对要说什么话也非常清楚。”

讲稿早在女王尚未离开巴尔莫勒尔庄园时就写好了，是由私人秘书罗伯特·费罗斯主笔、王室总管大卫·艾尔利和新闻秘书杰弗里·克劳福德在一旁参谋，完稿后传给了身在巴尔莫勒尔庄园的副私人秘书罗宾·詹弗宁。与每次发表圣诞致辞时一样，女王收到讲稿后与菲利普以及身边的高级顾问们进行了讨论和修改，她的演讲要反映出她的观点，而不是纯粹朗读秘书们的文字。

跟发表圣诞致辞时一样，出于礼节，女王先把讲稿送到了唐宁街10号让他们看一下。首相布莱尔和新闻发言人阿拉斯泰尔·坎贝尔读了讲稿，坎贝尔建议女王在此次致辞中不仅要把自己当作国王，还要体现“作为一个祖母”的身份，后来大家发现，这才是致辞中最感动人心的表达。“就在致辞开始之前，我们还对讲稿内容做了细致讨论，”布莱尔回忆说，“但讲稿的语言和语气都平实无华，一旦她决定要这么做了，就展现出了非凡的处理能力。”

星期五傍晚，女王的顾问建议说要是她能以直播的形式致辞，效果会更好一些。在坎贝尔的建议下，他们还同意将直播室设在王宫的“中国餐厅”，用窗户外面的人群作为背景。一位技术人员在附近的窗户上放了一个麦克风，用于收集王宫外面人们的低语声。

女王并不喜欢直播的形式，早在10年之前她就把每年的圣诞致辞改成了录播，但她总能随机应变。BBC的韦斯利·科尔当时听到过女王在一条开放线路上看着讲词提示器排练，“从头再来一次。”她说道。

下午6点，女王过来了，她戴着眼镜，发型一丝不苟，身穿朴素的黑色礼服，别着一个三角钻石胸针，戴着三层珍珠项链，耳朵上也是珍珠耳环。此次致辞用时3分零9秒，背景中在维多利亚纪念碑前的或走或坐的人们营造了一个戏剧化但怪异的效果。

女王的致辞表现得近乎完美，她态度冷静，但稍稍流露出一些情感。她的言辞直白明确，但不夸夸其谈。她对戴安娜的过失非常了解，也明白她对长子查尔斯造成了什么样的伤害；但她也明白，这位麻烦不断的儿媳早就赢得了民众的爱戴，而且她的行事方式——为人随和、富有同情心——具有长久的影响力。

伊丽莎白二世在致辞中说：“人们对戴安娜的逝世表达出极度的悲痛。”“我们用各自不同的方法应对这场悲剧。”她“发自肺腑地”称赞已故王妃“是一位卓越而有才华的人”。而在委婉地谈到戴安娜的情感问题时，她说：“不论身处顺境还是逆境，笑容从未从她的脸上消失，她的温情和善意也始终鼓舞着他人。”

伊丽莎白二世恰如其分地将心中感想表达出来：“我对她心怀钦佩和尊敬——为她的干劲儿和为他人效力的志向，特别是她为两个儿子所做的奉献。”她还强调说：“两位王子以及王室其他人都对此灾难性的丧亲之痛深怀悲伤，我们一直在帮助威廉和哈里应对这场悲剧。”女王明白顺应时代变化的重要性，所以她说：“从个人而言，我相信我们能够从她的一生、从她离开后世人非凡而感人的反应中学到很多。我与大家一样深深缅怀着她。”

在感谢了大家的支持和“善意行为”之后，女王劝大家多为戴安娜的家人以及其他此次事故受害者的家人着想，希望大家在戴安娜的葬礼上能“悲伤但心怀尊重”地团结在一起。女王的致辞以惯有的低调方式结束，她感谢上帝“赐予我们这样一个人，她给很多很多人带来了快乐”。这句话也默认了——有的人也是因她而不那么快乐的。

女王此次致辞得到广泛好评。前奥尔特灵厄姆勋爵约翰·格里格很久之前曾激烈批评过女王，这次他称赞女王的致辞“是最好的演讲之一”，还说她“稳定了局势”。坎特伯雷大主教乔治·凯里认为女王的致辞“表现了她的同情和理解。为平息对她的批评，消除对她的误解，女王经历了一段漫长的时间”。托尼·布莱尔首相认为此次致辞“近乎完美，她将女王与祖母的身份合二为一了”。

但也有不同的声音。剧作家兼小说家阿兰·本奈特曾在戏剧《归属问题》（*A Question of Attribution*）中对女王有过精巧的描绘。他说这次致辞“牵强、没有说服力”，因为伊丽莎白二世“不是一个好‘演员’，事实上她根本不懂得在镜头前表现自己”。他遗憾地表示，此次致辞的操作者“没有为女王在词句间加入一些停顿，她看上去就像是在思考贴切的词句一样”。并且，他还表示了一些遗憾：“女王就像往常一样平白无奇地把致辞从头念完了，这样就太平淡了。”“戴安娜王妃与女王的区别在于，”他如此写道，“前者善于表演，而后者根本不会。”

但是，反过来说，女王不懂矫饰、不会闪烁其词的本性也是她的优势之一。到目前为止，她已经在位45年了，当她坐在摄像机前面的时候，她的性格就表露无遗。她的简单朴实令她的话语更有说服力。在2000年到2002年间担任女王公关秘书的西蒙·沃克说：“女王不会故作姿态以赢得好感，因为这种方法用得了一时，用不了一世。”

当天晚上，在白金汉宫的晚饭上，菲利普亲王帮助解决了关于葬礼的一个棘手的问题：在葬礼上，威廉和哈里究竟该不该遵循传统，作为王室的男性成员与父亲查尔斯走在戴安娜的灵柩之后？在这一周里，两个孩子尤其是威廉很不愿意在大庭广众之下这样做。威廉拒绝送殡的主要原因是，据布莱尔首相的新闻发言人阿拉斯泰尔·坎贝尔所述，在目睹了媒体记者对母亲的围追堵截之后，“他对媒体心怀愤恨”。王宫的官员则担心，若是威尔士亲王没有两个儿子的陪伴，独自走在戴安娜的灵柩之后，恐怕会“招致公众的抨击”。坎贝尔在日记中如此写道。

作为已故王妃的公爹，76岁的菲利普是不需要陪送灵柩的，星期五晚上，他对威廉说：“你要是不去，以后会后悔的。我认为你应该去。要是我去给你妈妈送殡，你愿意陪着我吗？”威廉和哈里毫不迟疑地答应了。他们将在戴安娜的灵柩经过圣詹姆斯宫时加入送殡的队伍，这将是一个异常隆重的送殡队伍，因为届时将有4位王子（亲王）、1位伯爵走在戴妃的灵柩之后。

1997年9月6日星期六是一个晴朗的日子，但英伦上空笼罩着一种怪异的沉寂。伦敦市中心禁止车辆通行，只允许安保车辆和运送吊唁者前往威斯敏斯特大教堂的车辆上路，飞过伦敦上空的飞机航线也被重新调整了。在4英里长的送葬路线上，在伦敦的大小公园里，聚集了100多万围观的群众。他们静静地站着，马匹拉着炮车走过，其蹄声愈发显得清脆响亮。

送葬队伍沿着“宪法大道”[1]从肯辛顿宫前往白金汉宫。伊丽莎白二世再次做出令人惊讶的决定，她领着妹妹玛格丽特公主以及王室其他成员走出王宫大门，站在人群旁边等待着。当炮车经过时，她自发地朝着戴安娜的灵柩鞠了一躬。“这是大家从未料到的，”站在近旁的助理私人秘书玛丽·弗朗西斯说道，“我认为这件事不是经过事先讨论的，她的顾问们也没有提过与此有关的建议。她只是凭直觉这么做了，并且做得恰到好处。”女王此举同样还是一个生动的例子，“向大家证明她是乐意做出变通的”，女王的前新闻秘书罗纳德·埃里森如此说道。

王室一家与2000多名客人一同参加了在威斯敏斯特大教堂举行的丧礼。教堂外安装了扬声器，能让那里的群众也听到丧礼的进程，大家还能从大屏幕上看到丧礼的实况转播。收看直播的英国观众估计有3100万人，而全球收看此次直播的人数更是达到了25亿人。戴安娜的丧礼由威斯敏斯特教长韦斯利·卡尔博士（Wesley Carr）和坎特伯雷大主教乔治·凯里主持，此次丧礼仪式“颇具平民色彩，处处真情流露”，凯里回忆道。戴安娜的两个姐姐分别朗读了鼓舞人心的诗歌；布莱尔首相则是朗读了《哥林多前书》[2]中的片段。丧礼的音乐也是不拘一格，有传统的赞美诗，有威尔第[3]的《安魂曲》片段，有艾尔顿·约翰为“英国玫瑰”重新谱写的《风中之烛》[4]，还有当代作曲家约翰·塔文纳[5]的作品。

丧礼上还出现了一个人们意料之外的插曲，戴安娜的弟弟查理斯·斯宾塞在颂扬了一番姐姐的事迹之后，把话题转向威廉和哈里。他发誓，斯宾塞家族，“你们的骨肉亲人，将继承你们母亲的遗愿，继续不遗余力地关心爱护你们，将

---

[1] Constitutional Hill，威斯敏斯特城的一条道路，位于白金汉宫一侧，连接白金汉宫前方的“林荫大道”和海德公园。

[2] *Eirst Corinthians*，全名《保罗达哥林多人前书》，是保罗为哥林多教会所写的书信。

[3] 居塞比·威尔第（Giuseppe Verdi，1813—1901），意大利伟大的歌剧作曲家，被誉为歌剧之王。

[4] 见前文第334页译注。

[5] John Tavener，1944年出生，英国作曲家，以宗教精神深厚的合唱作品著称。他的音乐往往旋律优美感人，充满冥想性，并且常常有非西方音乐的因素混合其中。他的作品《雅典娜之歌》（*Song For Athene*）曾在戴安娜王妃的葬礼上被演唱，并成为世界名曲。

你们抚养成人。”在温莎家族面前，斯宾塞家族是不该自称是两位王子的“骨肉亲人”的，凯里把它称作“画蛇添足的话”，令坐在灵柩台旁深红镀金椅子上的女王、菲利普亲王及其他王室成员大失颜面。更严重的是，教堂外的群众听到查理斯·斯宾塞的这番话后纷纷鼓起掌来。《每日电讯报》的编辑查尔斯·摩尔（Charles Moore）当时就在教堂里面，他说：“外面的掌声传到教堂里来，就像风吹树叶的簌簌声。”教堂里的人，甚至连威廉和哈里也鼓起掌来——这是不合英格兰圣公会规矩的。女王和菲利普克制着没有加入鼓掌的行列。“就像是莎士比亚剧作里的情节一样，”摩尔说道，“两大家族的血亲之争。这个演讲太震撼了。”

葬礼过后，王室一家返回巴尔莫勒尔庄园。托尼·布莱尔首相与妻子切丽第二天也赶了过来。这本应是布莱尔首相在巴尔莫勒尔度过的首个度假周末，但在当时情形下，他们只是跟女王和几个朋友共进了午餐。切丽·布莱尔回忆说，女王和菲利普“非常亲切”，但大家都没有提到戴安娜，也没提上周那件惊天动地的事件。午宴上大家说的是猎鹿、农业、钓鱼等话题，切丽一边听一边想：“简直太不可思议了。昨天的葬礼之后，我还在唐宁街10号跟希拉里·克林顿、约旦的努尔王后（Queen Noor of Jordan）谈着时事，今天又跟国家元首在一起聊起了羊的价格。”

女王在会客厅里接见了布莱尔首相。布莱尔又犯了一个幼稚的错误，他竟然想一屁股坐在维多利亚女王的椅子上，突然之间他听到一位男侍“怪叫一声”，接着看见女王正“睁大高贵的双眼惊愕地看着我”。在与女王交谈时，他分外紧张，后来他承认当时有些自以为是和迟钝。当布莱尔谈到从前一周的事件中能总结出什么教训时，他觉得女王的“态度有些傲慢”。但女王能领会他的意见，他还“见识到女王在处理公务时的智慧——深思熟虑、考虑周到、随机应变”。

那时的布莱尔几乎对女王没什么了解，所以，在戴安娜去世后的一周时间里，他与女王并没有什么“互动”，这一点与外界想象的不同。并且，布莱尔与他的助手们也没有像影片《女王》中所描绘的那样，在幕后操纵伊丽莎白二世和菲利普；但他们的确与王宫里思想开放的廷臣合作，共同给予前者辅助和指引。

也许因为布莱尔私下就认识戴安娜的原因，他比女王和她的顾问们更能了解戴安娜的性格，并抢先一步发现了戴妃之死将产生的影响。布莱尔感觉到民众的悲伤情绪正向“改革运动”发展，他就决定要“保护君主制度”。他先前对戴安娜做出“人民的王妃”的评价时，尽管是出于善意，但无疑起到了煽风点火的作用。但是，假如他一直都是冷淡消极地对待王室的话，那么英国的君主制度无疑会承受更多伤害。布莱尔试着疏导民众的愤恨情绪，并积极重塑女王的形象。女王的廷臣们从中起到了关键作用，但也多亏了布莱尔的敦促和提醒，他甚至借助查尔斯亲王的力量促使女王改变了很多做事风格。80岁的伊丽莎白二世也渐渐明白，只有放松对传统的固执，才能使君主制度更加牢固。

“时间做不了我的主，”王太后说道，“它得听我的。我想跟人们见见面。”

2000年8月，王太后百岁寿诞，女王与妹妹玛格丽特公主以及她们的母亲王太后在白金汉宫的阳台上。

图片来源：Press Association Images

第十八章　爱与悲痛

1997年秋季，伊丽莎白二世从巴尔莫勒尔庄园返回伦敦，此时的她即将迎来一件好事：1997年10月20日就是她和菲利普的金婚[1]纪念日了，恰好温莎堡5年前被火灾烧毁的国事厅也已经修缮完毕可以使用了。此次修复工程的主要驱动力是菲利普和查尔斯，他们参与温莎堡的修缮项目也是源于对美术、建筑和设计的共同爱好。他们对画画抱有同样的激情，还都喜欢风景画。查尔斯用水彩作画，风格小巧、色调柔和、笔画精致；菲利普则用油彩作画，他的画时代感更强，颜色鲜艳、线条粗犷。

父子二人都对温莎堡重建所需的传统建筑方式和严格的工艺标准极为看重。菲利普监管着整个大工程的顾问委员会，其任务包括重现五间国事厅往日的辉煌。查尔斯则掌管一个负责设计的下属小组委员会，其职责是在火灾废墟上设计构建房间样式。女王不时会向丈夫和儿子提供建议，并掌握着所有事项的最终决定权。

温莎堡的私人教堂内部损毁严重，在查尔斯的监督下，将其改造成了一个哥特式设计风格的八边形“灯笼大厅”（Lantern Lobby），旁边的小教堂则采用了中世纪设计风格。在菲利普所绘草稿的启发之下，教堂的彩色玻璃窗上画的图也变了，新的玻璃窗上绘有一位打捞工人、一位消防员，还有圣乔治[2]刺火龙。

[1] 结婚50周年。

[2] 欧洲传说人物，曾杀死恶龙拯救了少女。十字军第三次东征时，“狮心王”理查一世率兵在“圣乔治屠龙”地附近的一场战斗中大获全胜。理查一世认为这是圣乔治在保佑他们，从此圣乔治被视为英国的守护圣人。1277年，英国根据“圣乔治杀龙时，龙血形成一个十字形”的传说设计出白底红十字的英国国旗。时至今日，“圣乔治”仍是英格兰文化的重要组成部分。

菲利普不同意在“灯笼大厅”里铺设装饰地板，因为他觉得那样显得过于杂乱，还容易打滑摔倒。于是查尔斯想到了一个折中方案，必要时在地上铺一层编有嘉德八角星图案的地毯。宏伟的“圣乔治大厅”里的中世纪托臂梁屋顶亦经过了现代化改建，这也是在查尔斯的监督下完成的。

温莎堡的原计划竣工日期是在1998年春季，预算约为4000万英镑；结果他们提前6个月竣工，实际花费也比预算少了300万英镑。1997年11月14日，为庆祝工程完工，伊丽莎白二世在焕然一新的温莎堡里设宴招待1500名参与工程建设的工匠。在接见会上，一位巴基斯坦木匠走上前来对她说：“陛下，陛下，请跟我来。我想让您见个人。”接着他就把女王带到他哥哥面前做了介绍。正当女王与另一位客人交谈时，他再一次走过来说：“陛下，请跟我来。”然后又把她介绍给了另一个兄弟，后者也是在工程中做木匠工作。女王并没有感到受了冒犯，而是被他的“傻大胆”给逗乐了。几年后在一次南亚访问中，她曾把这件趣事讲给一位印度高级外交官听，她笑着说：“我当时就想，他到底有多少个兄弟啊！”

女王夫妇的金婚纪念日一是表现了对传统的尊重，二是在戴妃离世之后王室再次表现出思想的开通。11月19日，伦敦市长在市政厅为他们举办了一场午宴。在宴会上，菲利普在致辞中称赞了妻子和家人。当时女王就坐在菲利普旁边，只听他说道：“宽容是美满婚姻中的关键要素……在困境中尤其如此。”他说自己的妻子“宽仁大度”。在提到王室最近的“苦难”时，他还夸奖了孩子们的表现，说他们“在艰难困苦的境况中都表现得很好”。

11月20日，伊丽莎白二世和菲利普到威斯敏斯特大教堂参加了感恩纪念仪式。这里的走廊也正是他们50年前的婚礼上曾经走过的。前来参加庆祝的人有他们的4个儿子女儿、6个孙子孙女，另有7位国王、10位女王（皇后）、1位大公、26位王子（亲王）、27位公主（王妃），还有50对同样在1947年结婚的平民夫妇。人们对11周前的戴妃葬礼仍记忆犹新，所以现场的气氛——尤其是在威廉和哈里陪着父亲查尔斯到达之后——有些肃穆。女王与菲利普跪在坎特伯雷大主教乔治·凯里面前接受他的祝福，凯里回忆：“在一个生死攸关的时刻，我心中一度产生怀疑，不知道我们的国家到底值不值得他们的付出和不屈的使命感。”

稍后的“平民宴会”表现了王室现代性的转变。这个宴会是托尼·布莱尔精心策划的，充满了“新工党风格”。女王夫妇不是像往常一样坐在主桌上，周围环绕着国家名流，而是邀请了350名来自各行各业的人，并安排他们坐在圆桌上，没有尊卑之分。与女王同桌的有一位汽车工人、一位警察、一位骑师、一位维修工，坐在女王旁边的是一名24岁的女童军[1]教导员。

在宴会的致辞中，布莱尔首相再次赞美了女王在戴安娜王妃去世后，舆论对她不利的“残酷考验”中的表现。他表示自己很理解“你们为这举国的悲伤而打动……一直为两位小王子着想……这么做是合情合理的”。他说在女王的领导下，代表着“责任和义务永恒价值的”英国王室定将变得“稳固而兴旺”，并声称自己支持这样一位君主。就在这次致辞上，布莱尔令人难忘地称伊丽莎白二世是“这个动荡年代里团结统一的象征。您是我们的女王。我们尊重您、爱戴您。用一句话来说，您是英伦的瑰宝”。

在女王的致辞中，她不仅赞扬了50年来与她相濡以沫的丈夫，还首次提到了应从戴安娜事件中“总结教训”。回顾结婚50年以来的时光，她提到了生活中的革新，如电视机、手机和互联网——她“实话实说”，坦言“自己对后者的了解仅限于听到别人关于网络的谈话而已”。

她说自己曾仔细考虑过“世袭的王权与民选的政府之间的本质差异”。两者都需要得到人民的同意，“人民是否支持一个政府，是通过投票箱表现出来的。大选是一个无情而残酷的制度，但至少能够传达出清晰无误的信息。”

但对王室而言，“我们很难真正了解人民是否支持君主制度，因为他们对君主的意见会因敬意、顾虑或矛盾心理而变得复杂难懂，但我们必须尽力去了解它。”她说，“在菲利普亲王始终不渝的爱和帮助下”，她尚能很好地把握民心，并向听众们表示她和丈夫“将一如既往、再接再厉”。另外，女王还向人民在戴妃去世之后对自己的支持表示了感谢：“请允许我现在对大家直言——正是你们帮助我们渡过了难关，并使我们乐于承担一切。”

在致辞结束时，女王温柔而直率地向菲利普表示了自己的敬意，说他“在生活中……恐怕总是在耐心地听我一个人讲个不停”。她感谢菲利普一直以来都在帮助她修改演讲稿，“并坦诚地表达自己的意见”。她知道菲利普“不喜欢别人的恭维”，但还是称赞他“这么多年里一直陪伴着我，是我的力量源泉。我，我们全家，英国，以及本国之外的很多国家，都欠他太多，但他不愿说，我们也许

[1] Girl Guides或Girl Scout，一个国际范围的少女组织。旨在向女孩提供生理、心理和精神上的支持，培养出健全的公民，最终目的是让她们将来可以为社会做出贡献。

并不知道”。

伊丽莎白二世与菲利普的金婚纪念无疑是他们婚姻中的一个里程碑，也必然会引起媒体的猜测——女王的宽容曾经历了什么样的考验。若干年以来，外界总有关于菲利普与女士调情的流言，1996年，作家萨拉·布拉福德（Sarah Bradford）在她为女王撰写的传记中曾直截了当地说：“即使在女王夫妇这样牢固的婚姻中，菲利普拈花惹草的毛病及其风流韵事也跟别的丈夫没什么两样。”

菲利普的确曾与几位贵族圈里的女士交往过密，但她们大多是女王夫妇的好友：威斯特摩兰郡公爵夫人（Countess of Westmorland）简（Jane）——年轻时是一个大美人；佩妮·拉姆齐（Penny Romsey）——她常常跟菲利普一起驾乘竞赛马车；亚历山德拉公主——菲利普与女王的表妹；萨嘉·阿伯康（Sacha Abercorn）——第5代阿伯康公爵的夫人，亦是查尔斯的同龄人。但并没有证据表明菲利普与她们当中的任何一个有超越友谊的关系。

就在女王夫妇的金婚纪念日之前不久，马丁·查特里斯在1997年11月初接受了《每日邮报》记者安妮·德珂西（Anne de Courcy）的采访，试图平息这些流言。“我从未听说有人自称是他（菲利普）的情人，或说自己跟他有特殊的友情。”他说道，“要是他真的跟别的女人有染，你觉得我们可能察觉不到一些蛛丝马迹吗？他是个男人，当然有爱美之心，也喜欢找乐子。但我万分肯定，他从未做过任何有损自己婚姻的事。”

帕特里夏·布拉伯恩是女王夫妇的蒙巴顿表亲，她随后也解释了菲利普与她的儿媳佩妮·拉姆齐的关系。她说佩妮“是菲利普的好朋友，他们的友情大部分是建立在对竞赛马车的共同爱好上面的。他们的关系没有上不得台面的东西”。帕特里夏·布拉伯恩还“非常肯定”菲利普对婚姻是忠诚的。“他从没有出格的行为，”帕特里夏·布拉伯恩说道，“他始终爱着女王……他不会做任何伤害她的事。”

萨嘉·阿伯康也公开表了态，目的同样是对那些流言进行反驳。她对作家格蕾丝·布兰德雷斯（Gyles Brandreth）说，她跟菲利普早在70年代就是好友，因为他们都喜欢瑞士精神病学家卡尔·荣格（Carl Jung）的作品，并常与菲利普“就此畅谈一番”。布兰德雷斯问她为什么在伊柳塞拉岛（Eleuthera）有人看到她跟菲利普牵着手，她解释说：“我们的友情里有爱恋的成分，但那也只是在精神层面……我没有跟他上床……也许外人看起来是那样……但我们真的没什么……他不是那种人……他只是需要一个玩伴，需要一个能跟他分享知识追求的人。”

据女王的表亲帕梅拉·希克斯所说，女王“并不介意菲利普跟别的女性眉来眼去的。他跟谁都这样，她知道这些所谓的调情其实没什么实质内容”。她回忆说，有一次菲利普曾对她的姐姐诉苦：“自从结婚以来就没有碰过别的女人。”他还激动地补充说：“要真的是跟媒体说的那样，能跟那些女士怎样的话，我倒是很乐意呢。”传记作家萨拉·布拉福德最终也不再继续大做文章，她对《泰晤士报》说：“平心而论，这些流言哪里有确凿的证据？……女王对他非常依赖。在经历了这么多风风雨雨之后，他们的关系越发紧密了。他们是密不可分的。他们彼此非常了解。”

1997年12月11日，“不列颠尼亚号”退役，女王夫妇与这个最能代表他们“伙伴关系”的象征物告别了。退役后的“不列颠尼亚号”将被改造成为博物馆对外开放。在退役仪式之前，王室一家与王宫廷臣们登上“不列颠尼亚号”，在其国宴厅里举办了最后一次午宴，房间里摆着红木长桌、赫伯怀特式[1]的椅子，还有各种旅游纪念品，如一支独角鲸长牙、一根印第安苏族人的长杆烟斗、菲利普从南极“欺骗岛”[2]的海边捡来的一条鲸须……女王一行人在这艘“海上的乡间别墅”上四处走动，并与船员们告别。“大家的心里很难受，她当时哭了。”一位廷臣回忆道。

“不列颠尼亚号”的退役仪式在码头区举行，由海军牧师主持，共2200名以前在“不列颠尼亚号”上工作过的军官和船员参加了这次仪式，收看电视直播的观众有好几百万。英国皇家海军陆战队的军乐队列队走过，演奏着《友谊地久天长》，向“不列颠尼亚号”表示最后的敬意。女王当天身穿红色的礼服，戴着黑色的手套，她抬起手擦去眼中的泪水。有些媒体评论员批评她竟然为了一艘船而落泪，但对女王及其家人来说，“不列颠尼亚号”承载着数十年的回忆。“它不仅仅是一个公务使用的交通工具，”一位内廷女官说道，“还是他们水上的

---

[1] 见前文第060页译注。

[2] Deception Island，“欺骗岛”在南极洲东北的南设得兰群岛上，是一片黑色火山岩形成的小岛，它是南极洲的活火山之一。据说，20世纪初的某天，南极海域大雾弥漫，几个捕鱼人偶然发现雾中有个岛，可海水一涨，这个岛又不见了，好像没有了这个岛一样，“欺骗岛”的名字由此而来。

家。”更重要的是，“对女王来说，‘不列颠尼亚号’代表的是自由。”女王的一位亲戚如此说道。

到1998年年初时，王室早已开始把从戴安娜事件中得到的经验教训在实际中应用起来。在戴安娜去世时，英国民众对共和制的支持率一度暴涨，在伊丽莎白二世的电视讲话之后又降到了12%，在此后一个月里又回到了19%——这个比率已经维持了30多年。看到这段时期民意的波动，副私人秘书罗宾·詹弗宁前往拜访了罗伯特·沃赛斯特，他是一位美籍专家，是国际市场研究公司的创办者。

自从1978年英国信息服务公司的主管迈克尔·希阿被任命为女王的私人秘书以来，她的顾问们就定期与沃赛斯特在伦敦共进午餐，向他请教近期的王室民意动向。这次詹弗宁告诉沃赛斯特说要安排一次民意调查，希望由国际市场研究公司来具体操作。在此次民调中，民意测试专家们将从地区、性别、年龄、社会阶层等数个人口统计学特征入手，调查英国民众对君主制和共和制的支持率。他们将从以下10个方面对受测对象进行调查，并评估王室在公众心中的地位：是否有助于英国的国际推广、对英国的重要性、是否深受爱戴、对慈善事业的支持和推广、工作勤奋程度、是否贴近百姓的生活、是否能够广纳良言、是否物有所值、能否与时俱进、是否关注当前重大问题。

开始的时候，女王的高级顾问们关心的问题主要有两个：一是王室在年轻人中的支持率不高；二是外界认为王室“缺乏远见、过于保守内向”。总体而言，此次调查是建立在“典型群众”[1]和多个传统民调方式基础上的，其结果证明，支持英国君主制是英国人民稳定而持久的普遍价值观，远非某些媒体所说的那样。这个调查结果使得王宫信心大增，并开拓了他们的视野。头几年的民意调查结果同样证实了一件事：虽然20岁的年轻人支持共和制的比率占到了28%～35%，但他们到了35岁左右时，这个比率会“回归到19%的平均水平”。“因为到了这个年纪，他们开始思考未来，考虑下一代的抚养问题，愿意生活在一个还算不错的国家。”罗伯特·沃赛斯特如此解释道，“在他们眼里，王室唯一的不足就是脱离了民众，给人遥不可及的感觉。在90年代末的民意调查中，有三分之

[1] 又称焦点小组，由一个经过训练的主持人以一种无结构的自然的形式与一个小组的被调查者交谈。其主要目的是获取对某些问题的深入了解。

一的人持有这种观点。”

王宫的官员认为此调查颇具可信性，于是采取措施应对公众的意见，并向他们展示王室是“近在咫尺”的。在这些调查的帮助下，王宫还有针对性地选择了女王访问的地点和活动的主题。他们将新闻秘书升级为公关秘书，并从英国天然气公司（British Gas）把39岁的公共关系专家西蒙·刘易斯（Simon Lewis）借调入王宫工作两年，其间英国天然气公司负责支付他一半的薪水。1998年5月底一个周五的下午，刘易斯首次见到了女王和菲利普。

“我印象最深的是他们的思想有多么开放，”刘易斯回忆说，“我们讨论了我要做的工作以及将会面对的困难。我们的谈话比我预想的要随便很多。”同样令刘易斯感到惊讶的是“他们夫妇二人的和睦，他们是那么随和、齐心。那是一次非常和谐的谈话”。尤其是菲利普，“他当真仔细考虑过公关这方面的问题。菲利普将讨论引领到很深的层面。他对新生的王宫网站很感兴趣，他还是推动王室直接与民众进行交流的人。他觉得传统媒体在新的传播时代胜算不大，所以对它们抱的希望不大。在他看来，直接交流才是唯一出路。他真是太有远见了”。

与此同时，王室成员亦开始更紧密地开展公务。1994年年末，王室总管大卫·艾尔利将女王、菲利普、他们的4个子女及高级顾问们组成了“超前小组”（Way Ahead Group），每年两次对其公务计划进行协调整理。他们从以前戴安娜的做法中借鉴经验，减少了繁杂的礼节（如在接受王室成员接见时，对鞠躬礼和屈膝礼不再做硬性要求）；并在公共活动中采取更为亲民的方法，比如到低收入的居民区里访问、做客，到教室里面转转看看，而不是像以前那样只是在门口站一站了事。“这不是感情的直白外露，也不是装腔作势”，一位廷臣如此解释道，“而是与民同心。”

他们把这种改变称作“潜移默化的改革”。其设想来自副私人秘书罗宾·詹弗宁，他将其比喻为“王室的马麦酱”。马麦酱（Marmite）是英国家庭必备的调味品，100多年以来，其红、黄、绿三色标签带给消费者的是熟悉感和束缚感；但只有与50年前的包装并排摆在一起，你才能发现它们的不同之处。马麦酱罐子的改变是细微而缓慢的，几乎无法察觉；据詹弗宁的理念，王室的改革也应采取这种方式——时间拉长而幅度变小，在稳定中悄然变化。

但詹弗宁和他的同事们也有失策的时候。比如，他们曾摆拍女王在麦当劳门口与平民见面，以显示其亲民的一面。但媒体执意从中作梗，在他们刊登的照片上，是女王的劳斯莱斯高级轿车停在快餐店招牌下的场景，使女王的亲民之举显得十分做作。事后伊丽莎白二世曾与罗宾·詹弗宁谈过这件事，但并未责怪他。“她有种极好的本能，能预知人们对某事物的反应。”西蒙·刘易斯说道，“她很务实，能感觉到什么事可以行得通。她对时机的把握感非常准。我对她的这些本领非常惊讶。有时候你把一些想法向她汇报，她会说：‘我们不能这样做。那样显得太自大了。’”

20世纪的最后一年，女王又有了新的顾虑，这次是她的母亲和妹妹。王太后已近百岁，她的身体正在渐渐衰去，但她的精神依然矍铄。她不愿坐轮椅，甚至连手杖都不愿用。“时间做不了我的主，”王太后说道，“它得听我的。我想跟人们见见面。”

王太后的王室公务从未停歇，甚至在1995年11月右髋骨手术之后依然如此。1998年1月，在访问桑德林汉姆蓄马场（Sandringham Stud）时，她摔倒了，左髋骨骨折，又做了第二次手术。此时97岁高龄的王太后再度战胜了年龄和病痛，3月底出席了在圣詹姆斯宫举行的每年一届的“捐衣会”[1]，而这只是她当年46个王室公务的开始。

玛格丽特公主的身体和精神两个方面的情况都不甚乐观。近几年来，她一直疾病缠身——偏头痛、抑郁、支气管炎、肠胃炎、酒精性肝炎……这些病大多源自她酗酒和吸烟的习惯。1985年，玛格丽特公主动了手术，切除了一小片肺叶。虽然这次肺癌不是恶性的，但她还是努力去戒除烟瘾，但失败了；她还减少了“威雀”威士忌的饮用量。

女王与玛格丽特公主姐妹二人每天都通电话，如果玛格丽特公主在国外，她会在到达目的地后第一时间给姐姐打电话。在巴尔莫勒尔庄园，玛格丽特公主“就像个穷亲戚一样”，一位廷臣如此说道，“女王为她感到难过。”玛格丽特公主的老友简·莱恩（Jane Rayne）说：“有时候玛格丽特非常孤独。”玛格丽特公主的一位男性朋友说：“在安东尼（玛格丽特的第1任丈夫）、罗迪（罗迪·卢埃林）之后，再没有人能让她高兴起来了。在晚宴上，她常常暗示让我开车送她回家。到家后她就让我到屋里坐坐、喝点儿酒，然后跟我倾诉她的个人

[1] Clothing Guild，创始于1882年，主要活动是通过募捐或善款购买的方式给孤儿院的孩子们和其他有需要的人捐赠衣物。

问题。”

1998年2月底，67岁的玛格丽特公主轻度中风。她康复得很好，但此后就面带疲色，还经常健忘。一年之后，她在马斯蒂克岛的别墅里洗澡时烫伤了脚。女王随后安排她乘坐协和飞机返回伦敦，在爱德华七世国王医院（King Edward Ⅶ Hospital）接受治疗。此后玛格丽特公主的行走就很困难，常常要借助轮椅。除此之外，她的健康状况还有别的衰弱迹象。从80年代末开始，玛格丽特公主就与南希・里根保持通信联系，但在1999年，她的信件就必须由其内廷女官安娜贝尔・怀特海德（Annabel Whitehead）代笔了。

到了1999年5月底，女王开始担心妹妹无法出席爱德华王子的婚礼了。爱德华王子要迎娶的是时年34岁的苏菲・里斯－琼斯，她是一位中产阶级出身的职业女性，这一点与戴安娜王妃有些相似之处。苏菲・里斯－琼斯的父亲是一位汽车配件售货员，她的母亲是一位家庭主妇。苏菲在肯特郡郊区长大，后进入肯特女子中学（Kent College Pembury），这是一所颇有声誉的女子学校。毕业后她先后从事过多个公关工作，并于1996年开办了自己的公司。她与爱德华是在1993年的一次慈善网球比赛上认识的，随后二人相处了5年，并于1999年1月订婚。

在《皇家夺标》节目失利之后，爱德华王子在制片业取得了还算不错的成绩，其作品包括多部纪录片，如威尔士闹鬼的城堡、他的伯叔祖温莎公爵、温莎堡的重建……但是作为女王4个子女中最后一个成婚的人，时年35岁的爱德华一直以来都受到流言的纠缠，说他的性倾向有问题。苏菲曾公开为其辟谣，她说：“我真想爬到屋顶上大喊：那些流言都不是真的！这种事是不能证明给人看的，要是能的话，我早就这么做了。”

与其他三位哥哥姐姐的婚礼不同的是，爱德华和苏菲的婚礼颇为低调，并且选在了温莎堡的圣乔治大教堂举行，时间是6月19日。这个婚礼也是爱德华和苏菲一手操办的。女王赐予他们韦塞克斯伯爵和伯爵夫人的爵位（Earl and Countess of Wessex），并将位于萨里郡（Surrey）一栋名为“巴格肖特庄园”（Bagshot Park）的56居室别墅送给了他们。女王此举引来一些批评，因为以爱德华夫妇在王室的地位，本不该有这样的待遇。婚后爱德华夫妇继续从事各自的工作，其正式称谓是“爱德华・韦塞克斯和苏菲・韦塞克斯”，他们决心将王室的生活与他们的日常工作统筹兼顾。

12月，86岁的马丁·查特里斯去世了，伊丽莎白二世失掉了一位得力的伙伴。这个月月初，马丁·查特里斯就被查出患有晚期肝癌，并立刻住进了爱德华七世国王医院。在他住院期间，女王曾来探望他，并与他谈了1小时之久。“他们谈的都是当下的事，”马丁的妻子盖伊·查特里斯回忆道，“他们说的话题很多。我从来都没见过他们像这样子交谈。”女王从未对马丁提及他的病情，“因为她知道那样一点儿意义都没有，”盖伊说道，“她还知道，马丁想象以前为她工作时一样跟她交流问题的看法。”

3周之后，马丁·查特里斯出院回到了位于格洛斯特郡的家里，并于12月23日去世。一年之后，女王邀请查特里斯全家到温莎堡做客，并见证了一个铸铁壁炉后壁的安装。这个壁炉后壁是马丁·查特里斯晚年为女王做的，但尚未完成他就去世了，后来由一位来自伊顿的年轻雕刻家完成了剩余的工作。其设计包括了所有的王室纹章，还别出心裁地设计了3只柯基犬在上面。“我知道，要是马丁还活着，他会把其中1只柯基犬做成抬腿的样子。”盖伊·查特里斯说道。女王将这个壁炉后壁放在了圣乔治大厅，以纪念这位亦臣亦友的人。

1999年12月31日的千禧年之夜，布莱尔一家邀请女王、菲利普亲王、安妮公主夫妇到格林威治的“千禧穹顶”度过。“千禧穹顶”原先的设计构想是一个象征“新工党”“时尚英伦”形象的会展中心，却一直受到成本超支和计划不周的困扰。托尼·布莱尔曾承诺说当晚会有“举世仅有的”盛大表演，在“千禧穹顶”的下方会有杂技表演、一场音乐会，在午夜到来之前，坎特伯雷大主教还会诵读一段祷告。

当时，布莱尔首相的新闻发言人阿拉斯泰尔·坎贝尔发现伊丽莎白二世“多多少少还挤出了一点儿笑容”，而其他人“似乎很不高兴待在那里”。安妮尤其如此，她“像一尊石像一样冰冷着脸”。其中一个原因大概是因为“千禧穹顶”里没通暖气，使得女王和数千来客把自己都裹得严严实实的。“很明显，他们那时宁愿待在巴尔莫勒尔庄园里，身上盖着暖暖的毯子。”坎贝尔回忆道。午夜的钟声响起时，大家都要手拉手一起唱《友谊地久天长》。女王的情绪并不高，她只是眼望前方，轻轻扣住了菲利普和布莱尔的手，后者罕见地亲吻了她的脸颊。甚至连布莱尔都说千禧夜这个多愁善感的时刻“感觉糟透了”。

伊丽莎白二世虽然对千禧夜的安排明显不甚满意，但她与布莱尔的关系还是不错的。她曾主持了苏格兰议会（Scottish Parliament）的开幕式，并见证了威尔士国民议会（National Assembly for Wales）的成立——这两件事都是新工党在几十年的民族主义压力下，将立法权从威斯敏斯特的英国议会下放的措施。“在权力下放的过程中，女王起着核心作用，”西蒙·刘易斯说道，“所以她必须在场，她需要在国家变革过程中向外界展示——她也是参与其中的。”在接受权力下放的同时，伊丽莎白二世还细心地指出，政治家们需要谨记“王国统一的重要性所在……部分是属于整体的”，团结起来“我们才能实现1加1大于2的效果”。

上任之初，布莱尔并不像后来那么严肃地看待每周与女王的会面。他甚至还无礼地模仿女王说话的样子：“那么，布莱尔，不要再说‘人民的王妃’这种话了，因为我是人民的女王。”慢慢地，布莱尔就“折服于女王的老于世故”，布莱尔的办公室主任乔纳森·鲍威尔（Jonathan Powell）说，以及她“对人对事的独到眼光”。布莱尔发现，伊丽莎白二世的手指“搭在国家的脉搏上，人们都察觉不到”。“她的本领是洞悉事情的脉络，”布莱尔说道，“那可不是仅仅知道某件事的真相是什么……而是感知的能力……感知其中任何一点儿风吹草动。”

与他的前任一样，布莱尔亦渐渐把每周二觐见女王视作一个避风港。“他常常是全力以赴地工作，一个会议连着一个会议，”他的一位顾问说道，“但当他在私人秘书的陪同下坐进汽车里前往王宫的时候，他的压力会舒缓下来。他走进王宫，坐下来就女王关心的问题与她进行交流，这是一个让他松弛心神的时刻。”布莱尔对女王的“直接和中肯”而心怀感激，并且他也了解到——正如他后来所写的那样——“不要试图与女王套近乎。有时候她会表示一下亲近，但你若是对她这样，只会换来她不怒而威的眼光。”

托尼·布莱尔的妻子切丽·布莱尔在与王室成员的相处中变得成熟稳健起来，但在开始的时候，她在跟他们交往时有些困难。她跟玛格丽特公主和安妮公主的交流都不算热情，而安妮拒绝称呼她为“切丽”，安妮解释说：“这违背了我从小受到的家教。”“我对菲利普亲王比较有好感，”切丽说，“因为我们都对互联网很感兴趣。”除此之外，首相夫人还很喜欢巴尔莫勒尔庄园的烧烤宴会，在宴会上，“身为一国之君的女王会在大家身边忙来忙去招待吃喝”，最初令布莱尔首相惊慌失措。最令切丽印象深刻的还是，他们一家拜访巴尔莫勒尔庄园期间伊丽莎白二世与他们两岁的儿子里奥（Leo）一同玩耍的情景。女王耐心地教里奥给柯基犬喂饼干吃，他把碎饼干撒了一地，但女王一点儿都没往心里去。

在对待她的第10任首相时，伊丽莎白二世一如既往持有谨慎的态度。但有一次一位朋友问及她对布莱尔的意见时，女王说：“我觉得他入错了党。”“那只是随口说说而已，”那位朋友解释道，“女王那句话的意思是说布莱尔不像是个传统的工党政治家。”菲利普则更为心直口快一些，他曾对传记作家格雷斯·布兰德瑞斯说自己也是个现代化的改革者，“但不会像布莱尔一样愚蠢行事”。

2000年3月，伊丽莎白二世第13次访问澳大利亚，而此时澳大利亚与英国的关系有些晦涩：上一年11月，澳大利亚曾对君主制的未来进行了公民投票。虽然民调显示澳大利亚民间的共和制情绪非常强烈，但他们还是以54%对45%的比率支持继续保留伊丽莎白二世作为国家元首。在很多观察家看来，澳大利亚人民之所以反对共和制提议，是因为他们不同意从参众两院中选出总统，而非直接由全国1200万人投票选出；他们这么做，其实是对政客们的不信任，而非真心拥护英国王室。

伊丽莎白二世去医院探望马丁·查特里斯时，恰是此次民意调查的前一个月，马丁的妻子盖伊·查特里斯回忆说：“他们谈的第一件事就是澳大利亚是否会改为共和制。”女王对此持有很理性的观点，她认为终有一天英王将不再是澳大利亚的君主。2000年3月20日，她在悉尼歌剧院发表演讲时提到了自己的看法：她向听众们说：“自从1954年首次踏上澳大利亚的土地，就感到自己是这片坚毅、诚实、充满创造力的土地上的一分子。”与此同时，她也开诚布公地表示：“英国王室在澳大利亚的未来取决于并只取决于你们，要由澳大利亚人民通过民主和宪法的途径来决定。”她还宣称，“不论未来怎样”，她“对澳大利亚人民的尊敬和深情将一如既往”。

母亲和妹妹的健康状况仍是伊丽莎白牵肠挂肚的事情，在她身处遥远的澳大利亚时的两周里尤其如此。“女王总在担心她的母亲是否安好，怕她再次摔倒，因为她的腿一直都没有康复。”女王的表亲帕梅拉·希克斯如此说道。

8月王太后就满100岁了，伊丽莎白二世为母亲准备了一系列难忘的庆贺活动。首屈一指的是6月21日星期三在温莎堡国宾套房里举办的大型舞会。这个舞会同样也是为70岁的玛格丽特公主、50岁的安妮公主和40岁的安德鲁王子庆贺生日。前来参加舞会的客人有800多位，其中包括诸多欧洲王室的国王、王后、亲王、王子、公主、王妃，还有一些英国望族的族长、世界名人、王室地产经理和驯马师等等。王室多年的保姆梅布尔·安德森、玛格丽特公主的前男友罗迪·卢埃林及妻子、安妮公主的前夫马克·菲利普斯海军上校及他的新妻子、玛格丽特公主的女儿萨拉、约克公爵夫人菲姬、查尔斯亲王的旧情人卡米拉·帕克·鲍尔斯及丈夫也都参加了这次舞会。14个大厅里都设了吧台，三支乐队轮流在滑铁卢厅演奏，而在女王觐见厅里则跳起了迪斯科。

4年之前，媒体透露说王太后在“顾资银行”[1]透支了400万英镑，此事招来了民众的一些怨气，他们质疑女王竟然默许母亲的奢侈浪费，并为其每年分得的64.3万英镑的王室年俸而不满。但很少有人觉得7月19日在“皇家骑兵卫队阅兵场”为王太后的百年寿诞所举办的时长90分钟的盛大庆典是铺张浪费：数千名盛装打扮的群众所组成的游行队伍、英国皇家爱乐乐团（Royal Philharmonjic Orchestra）的表演、三军仪仗队、唱诗班、乐队，为体现王太后的仁慈之心，动物也组成了方阵接受太后检阅，其中有牛、羊、鸡、马、100只鸽子，此外还有英国皇家空军的“二战”飞机飞行表演……这周早些时候，圣保罗大教堂还为王太后做了礼拜，英国上下两院也向她表示了祝贺。

两周之后，2000年8月4日是王太后的百岁生日，当天王太后与孙子威尔士亲王一同乘坐花车沿“林荫大道”前往白金汉宫，4万名群众等候在那里准备向她欢呼致意。“威尔士王妃已经去世3年了，我对王室的现状感到震惊。”西蒙·刘易斯回忆道，“当时我就站在白金汉宫的前院里，心里想：‘若是有人问人民对王室的感觉是怎样的，那么眼前这欢乐的盛况就是最好的答案。’它向人们表明了，在经历了艰难险阻之后，王室依然安好如初。”

这年夏天，还有一个盛事也在筹备之中，那就是两年后伊丽莎白二世的登基50周年大庆。庆典的安排工作落在了罗宾·詹弗宁身上，他于1999年罗伯特·费罗斯退休之后升任女王的私人秘书。詹弗宁是一位海军中将的儿子，他以优异的成绩从牛津大学毕业，后进入皇家海军服役，在1987年进入王宫工作之前是一位外交官。他曾目睹了女王在位期间的诸多艰难岁月，也是在王室中推行现代化改革的先驱。

此时西蒙·刘易斯已经在王宫工作了两年后返回了英国天然气公司，于是詹

[1] Coutts bank，创建于1692年，被称为欧洲最好的私人银行，在英国的私人银行中排名第一，在世界名列前五位。原先只为英国女王一个人服务。其开户门槛为50万英镑，并对客户的身份地位等颇为挑剔。

弗宁首先召来英国航空公司的公关部总管西蒙·沃克（Simon Walker）接手了刘易斯的工作。沃克是南非人，与传统的王宫廷臣不是同一个类型。他不仅在工党部门工作过，还在约翰·梅杰任期的最后两年里在唐宁街10号工作过。女王的顾问们希望再任用一名新闻秘书，他需要有“局外人”的眼光，还要对舆论运作了如指掌。在经过六七次会谈之后——主要是看看沃克是否有共和主义思想——詹弗宁对他说：“只有一个人能够决定你是不是能干这项工作，那就是女王。”

沃克接受伊丽莎白二世的“面试”是在2000年6月的一个星期三下午。她问沃克是否介意站着跟她说话，因为她要坐着为一幅肖像画摆姿势。在他们交谈的过程中，女王的一只柯基犬总是咬拽沃克的裤腿脚，受其影响，沃克站也没了站姿。女王并未打算呵斥柯基犬对沃克的冒犯，她好像根本没看到这件事一样；而沃克禁不住开始想这是不是在考验他的忍耐和定力。

他们的谈话友好而随意，女王对他的情况也十分明了。她并不喜欢那种私人企业一样的死板招聘，而是用直觉来判断沃克是否适合这份工作。“其中真的有微妙之处。”沃克回忆道。

9月，沃克进入王宫工作，而此时女王登基50周年大典已经在筹备之中了。他与同事们仍记得布莱尔首相在“千禧穹顶”一事上的过度炒作所导致的“期望越高，失望越大”的结果，所以“需要秉持少说多做的方针行事”，沃克回忆道。女王登基50周年庆典将不会照搬25周年庆典时的大量街头聚会活动，而要强调女王在位期间的多元文化改变。庆典的重心将放在女王身上，而非集中在英国君主制上；并且，他们鼓励各个社会群体按照自己的方式庆祝此次盛事，但以伦敦的官方庆典为核心。

王宫中现代化改革的一个显著标志即是西蒙·沃克觐见女王那天正在进行的肖像画绘制。伊丽莎白在位期间的所有肖像画中，这一幅是最富争议的。其作者是卢西安·弗洛伊德[1]，他被认为是英国在世最伟大的现实主义画家；而且，他的祖父即是著名精神分析学家西格蒙德·弗洛伊德[2]。建议由卢西安为女王作画的人是罗伯特·费罗斯，1999年卢西安曾为他画过肖像画。这是一个冒险的决定，因为卢西安的作品——包括他为费罗斯画的肖像画——喜欢使用粗粝的笔

[1] Lucian Freud，已于2011年7月20日去世。

[2] Sigmund Freud（1856—1939），奥地利医生兼心理学家、哲学家、精神分析学的创始人。

触，总是给人粗陋甚至怪诞的感觉。卢西安说他的目标是“将‘女王那张熟悉的面孔下’的真实样子呈现在画布上”，鉴于这个任务的艰巨性，他将其比作“极地探险”。

几十年来，画家们往往在白金汉宫里华丽的“黄色会客厅”作画，其窗外即是“林荫大道”；但卢西安并未选择“黄色会客厅”作为画室，他坚持在圣詹姆斯宫的“修道院画室”（Friary Court Studio）里为女王作画，这里原本是王室储藏画作的地方。卢西安将房间里浅米色的墙壁作为背景，女王戴着钻石珍珠王冠（与邮票上的形象是一样的）和定做的蓝色礼服，与她常常佩戴的三层珍珠项链交相辉映。为了完成这幅肖像画，从2000年5月到2001年12月，卢西安共为女王作画15次，对一个画家来说这种繁杂的过程无疑是种折磨，但卢西安还是适应了。77岁的他与73岁的女王在工作上的活力不相上下。

女王所戴的王冠价值连城，所以，在卢西安为女王作画的过程中，旁边总有数名保安人员陪同。卢西安觉得他们使他分心，于是女王就让他们在房间外面守着。女王告诉卢西安说，其中一位安保人员还是她在朋友庄园里打猎时认识的。当时她正跟往常一样捡拾人们打下的猎物，这时一只受伤的雄野鸡从树篱里飞出来，拍打着翅膀蹬着爪子将她撞倒在地。女王衣服上因野鸡的抓挠而沾上了血，旁边的一位警探以为她被流弹击中了，就立刻扑到她身上做起了口对口的人工呼吸。“我觉得通过这件事我们有了相当好的了解。”女王不乏幽默地对卢西安说道，后来她就把他招进了王宫做她的保镖了。

与卢西安众所周知的敏锐眼光相比，女王一点儿都不遑多让，而且，他们还对马有共同的爱好。卢西安从童年时起就对马十分迷恋，那时他甚至睡在马厩里，还画了很多以马为主题的画。他的多年老友克拉丽莎·艾登（Clarissa Eden）说：“因为肖像画这件事，卢西安有大量时间与女王共处一室。他们聊的全是赛马和马匹的事，女王总是说：‘咱们不能再聊了，得专心画画。’”

2001年4月，伊丽莎白二世的子女们再度爆出丑闻——爱德华王子的妻子苏菲·韦塞克斯被人摆了一道。《世界新闻报》一位名叫马泽尔·马哈茂德（Mazher Mahmood）的记者假冒成一位阿拉伯酋长，他联系上苏菲，说他有意成为她公关公司的客户。马哈茂德偷偷录下了与苏菲的谈话，其报纸将此内容以“全球独家新闻”的噱头刊发出来，随即引起了轰动。其他小报则跟风爆料，说苏菲称女王为“亲爱的老太”、王太后为“老夫人”，说保守党领袖威廉·海格

(Willaim Hague)“丑恶”、切丽·布莱尔“讨厌”。其实苏菲并未说过这些话，但她的确轻率地告诉马哈茂德，王室把布莱尔首相称作“布莱尔总统，因为他就是把自己当总统看待的”，海格“糟糕透顶……他就像是个可怜的傀儡”，约翰·梅杰则是“呆头呆脑”。她说工党的预算案“是胡扯八蛋，让每个人都交更多的税，令人害怕”。

为了阻止《世界新闻报》对录音内容的曝光，苏菲在白金汉宫新闻办公室的批准下接受了这家报纸的采访。正是在这次采访中，她公开否认了丈夫是同性恋的传言。她还说到了外界总把她与戴安娜相比较带来的压力，这些压力令她很苦恼。“我总是难过地流泪，”她说道，“我承认跟戴安娜有点儿像，人们说我们很相似的时候其实是对我的恭维；但我怎么可能比得上她在群众心目中的形象呢。我不是戴安娜。”对一个刚刚进入王室的新人来说，这件事的确是个磨难，苏菲向所有因此受到伤害的人道了歉。她仍受到王室家人的宠爱，并且，她与丈夫跟女王的关系更为亲密了。“苏菲首先是把她当成女王，对她怀有崇敬之心，其次才把她看作婆婆。除此以外，她还明白女王也是个凡人，并以这样的心态来对待她。”女王的表妹伊丽莎白·安森夫人如此说道。

几个月后，7月19日，新任美国总统乔治·W.布什与妻子劳拉抵达白金汉宫，他是伊丽莎白二世在位期间接见的第10位美国总统。他们将在白金汉宫与女王共进午宴，再动身前往意大利的热那亚参加八国峰会[1]。陪同他们的是女王的好友威廉·法瑞施，他刚刚成为美国新任驻英大使。他们从白金汉宫大门进入，肃立聆听了由冷溪近卫团的军乐队演奏的美国国歌《星条旗永不落》。当第43任美国总统小布什与爱丁堡公爵一同走入四方院检阅仪仗队时，天开始下起雨来，淋湿了小布什的裤子和鞋。菲利普被逗乐了，但伊丽莎白二世对此未发一言。女王第一次见到小布什还是在10年前的白宫，那时他父亲老布什还是美国总统。小布什感到与女王之间“有种自然的联系”，而女王也在他们之间营造了一种轻松而和谐的气氛。

---

[1] 八国集团首脑会议。20世纪70年代，世界主要资本主义国家的经济形势一度恶化，为共同解决世界经济和货币危机，协调经济政策，重振西方经济，1975年7月初，法国首先倡议召开由法国、美国、日本、英国、联邦德国和意大利六国参加的最高级首脑会议，后来，加拿大（1976年）、俄罗斯（1998年）分别加入。八国集团成员国的国家元首每年召开一次会议。

两个月后，基地组织[1]的恐怖分子引发了“9·11”惨案[2]，英美两国的盟友关系进一步得到了加强。当时女王正在巴尔莫勒尔庄园度假，与当初听到戴安娜出事时不同的是，这一次她立刻做出了反应。她向小布什总统表示了慰问，说她“无法相信这一事实，极为震惊”，并准备返回伦敦，到圣保罗大教堂举行一个哀悼会，悼念事故中的近3000名遇难者，其中有67人是英国人。

王宫审计官马尔科姆·罗斯从伦敦打电话到巴尔莫勒尔庄园，请求女王批准将白金汉宫旗杆上的英国国旗降半旗以示哀悼。这是自戴安娜去世之后，白金汉宫第二次降半旗；上一次是在去年10月，为首任苏格兰首席部长唐纳德·杜瓦（Donald Dewar）的去世表示哀悼。他还提出一个别出心裁的建议，在下一次卫兵换岗仪式中演奏英美两国国歌，中间间隔2分钟。女王当即同意了上述两个建议，私人秘书罗宾·詹弗宁随即邀请美国驻英大使威廉·法瑞施参加这个仪式。“9·11”之后两天的星期四，威廉·法瑞施与安德鲁王子在王宫前场肃立，冷溪近卫团的军乐队奏响美国国歌《星条旗永不落》，围栏外的人群默默擦着泪水。

9月11日这一天，女王还失去了多年的朋友亨利·卡那封[3]，他死于心脏病，终年77岁。跟伊丽莎白二世、跟世界上数百万人一样，“9·11”那天，卡那封跟妻子琼在电视机前看到了发生在美国的恐怖一幕，就在第二架飞机撞上世贸中心大楼时，他晕倒了。在前往医院的救护车上，他转头对妻子说：“帮我打电话给女王。”刚刚进入手术室他就去世了，他的女儿卡洛琳·沃伦夫人（Lady Carolyn Warren）打电话给巴尔莫勒尔庄园，将此噩耗告诉了他们。“女王非常吃惊，”琼·卡那封说道，“大家都没料到会是这样，这个打击太大了。”

---

[1] al Qaeda，成立于1988年，由本·拉登创建，对从各国来到阿富汗的成员进行恐怖活动训练，训练内容包括学习原教旨主义教义，使用轻型武器、电脑等，主要在中亚、中东地区活动。

[2] 美国东部时间2001年9月11日上午（北京时间9月11日晚上），恐怖分子劫持的4架民航客机撞击美国纽约世界贸易中心和华盛顿五角大楼的历史事件。包括美国纽约地标性建筑世界贸易中心双塔在内的6座建筑被完全摧毁，其他23座高层建筑遭到破坏，美国国防部总部所在地五角大楼也遭到袭击。共有2998人遇难，其中2974人被官方证实死亡，另外还有24人下落不明。这次事件是继第二次世界大战期间“珍珠港”事件后，历史上第二次对美国造成重大伤亡的袭击，也是人类历史上截至2001年年底最严重的恐怖袭击事件。该事件导致了此后国际范围内的多国合作进行的反恐怖行动。

[3] 即卡那封伯爵亨利·珀切斯特，曾担任女王30多年的赛马经理。

9月14日星期五，女王在圣保罗大教堂与2700多名群众一起参加了追悼会，悼念在“9 · 11”事件中的遇难者。菲利普亲王选读了《圣经》，大家一同唱起了《共和国战歌》[1]，自从20世纪60年代为约翰 · F.肯尼迪和温斯顿 · 丘吉尔演奏过这首歌之后，这是40年来首次唱到它。“当我们的国歌奏响时，我看到女王在跟着唱，”美国驻英使馆的一位官员的妻子杰基 · 戴维斯（Jackie Davis）回忆道，“她都能做到这样了，我想我也会去学唱英国国歌《天佑女王》。”

9月20日，布莱尔首相与夫人抵达纽约，到第五大道的圣托马斯大教堂（St. Thomas's Church）参加在那里举行的追悼会。在追悼会上，布莱尔朗读了桑顿 · 怀尔德[2]的《圣路易 · 莱之桥》[3]中的片段。相比之下，由英国大使克里斯多弗 · 麦耶爵士（Sir Christopher Meyer）诵读的《女王陛下致辞》更贴近当时人们无比悲伤的心情。此文是由私人秘书罗宾 · 詹弗宁撰写，其结束语被前美国总统比尔 · 克林顿称作“神来之笔”——“悲伤即是爱的代价。”此语是如此具有感染力，又是如此真实，后来被刻在了圣托马斯大教堂的石壁，以及伦敦美国驻英大使馆附近格罗斯诺广场（Grosvenor Square）的纪念碑上。

接下来的几周，美英两国及其他北约国家军队攻入阿富汗，托尼 · 布莱尔首相也随时将行动的进展情况向女王汇报。这次军事行动的目的是根除伊斯兰原教旨主义的塔利班力量，并消灭在阿富汗受训的、实施了“9 · 11”袭击的基地组织恐怖分子，这只是第一步。两年后美国的行动已升级为全球反恐，他们怀疑伊拉克非法研制大规模杀伤武器来对付美国及其盟友，就侵入了伊拉克，终结了萨达姆 · 侯赛因的独裁统治。

在此段时间内，布莱尔首相时常从女王那里寻求指点。“很明显，阿拉伯世界正处在全球关注的中心，”布莱尔回忆道，“而女王对阿拉伯世界十分了解，长久以来，她与多个阿拉伯王室和名门望族打过交道，她对阿拉伯世界的思维方式和行事方式见解深刻，知道怎样才能妥善地跟他们相处。”

卢西安 · 弗洛伊德为伊丽莎白二世绘制的肖像画名为《女王陛下》（*Her Majesty the Queen*），于12月20日在白金汉宫与大家见面了。卢西安将它赠送给

---

1 见前文第152页译注。

2 Thornton Wilder（1879—1975），美国小说家、剧作家。

3 *The Bridge at San Luis Rey*，创作于1927年，桑顿 · 怀尔德的第二部长篇小说，这是一部以18世纪秘鲁为背景的探讨命运和机遇的哲理小说，获1928年“普利策奖”。

了“皇家收藏部”，作为女王登基50周年的献礼。媒体对此画的评论大多是负面的：《每日电讯报》——“粗糙呆板”；《太阳报》——“拙劣之作”……

此幅肖像画有多个惊人之处，首先是它的尺寸：它的长只有23厘米，宽只有15厘米。因为太小，其内容就收缩到了极致，只画了女王的头部，稍稍露出一点儿肩膀。若是去掉王冠的话，是很难认出画中人是谁的。“盯着这幅画看上半分钟之后，”同样被卢西安画过肖像画的克拉丽莎·艾登说，“才会突然认出画的是女王。”画中的女王面容严肃，表情不悦，双眼半睁半闭，皮肤像黄橙线条组成的老粗布，下巴很宽，显出类似胡须根的青色。

虽然卢西安未能表现出女王炯炯有神的眼神和保养良好的皮肤，但他抓住了女王的本质特征：她的专注和责任感，以及她的强势和坚忍。《卫报》艺术评论家艾德里安·希勒（Adrian Searle）说：“这是一幅厚积薄发之作。”它也是当代的一幅杰作。从2002年开始就担任“国家肖像美术馆”馆长的桑迪·奈尔恩（Sandy Nairne）说：“若是在10年之前，卢西安是绝画不出这样一幅作品的。”

卢西安说，在作画期间女王就曾见过这幅画，但她并未对其发表意见。“国家肖像美术馆”的休·罗伯茨爵士（Sir Hugh Roberts）表达了王宫的正式评价，说它是“一幅杰作”。我们可以从馆长助理詹尼弗·斯科特（Jennifer Scott）的评论中得知更多，他如此写道——“此画给人感觉真实而质朴，卢西安似乎是把一位君王身上的层层光环剥离，使其原本面目呈现纸上。”

这一年的巴尔莫勒尔圣诞节过得有些混乱。时年71岁的玛格丽特公主从2001年开始就两次中风，因身体部分瘫痪、失明而卧病在床。12月12日，她曾出席了为婶婶爱丽丝王妃（Princess Alice），亦即格洛斯特公爵夫人（Dowager Duchess of Gloucester）在肯辛顿宫举行的百岁寿宴，那时她戴着墨镜，脸也因为服用类固醇药物而浮肿。玛格丽特公主的多年好友，亦是她在诺福克的邻居安妮·格林康纳夫人到桑德林汉姆庄园为她的卧室安装了电视机，还放了一台轻便电炉以便她的护理人员可以给她做炒鸡蛋吃。“这个主意真好！”女王说道。查尔斯亲王尤其挂念小姨的情况，而那时玛格丽特公主几乎已经无法说话了。“她的生活质量不是很好。”安妮·格林康纳夫人说道。

刚刚度过101岁生日4个月的王太后身体情况也不乐观。她患上了呼吸道感染，只能在桑德林汉姆庄园自己的房间里活动。2月初，玛格丽特公主回到了肯辛顿宫，只留下王太后自己在诺福克慢慢康复。当玛格丽特公主的轮椅被推上车上时，王太后“仍遵循家族传统，向她挥舞着白手绢告别”。

2月6日是伊丽莎白二世的登基日，因为这一天同样是她父亲离世的日子，所以女王往往是独自静静度过的。但今年的登基日是她登基50周年，所以她不仅公开露面，还用新奇的方式——50周年庆典官方网站——向子民表达了她的感谢。这天早上，女王独自在桑德林汉姆庄园里骑了一会儿马，然后坐车到诺福克郡的金斯林，出席了伊丽莎白女王医院一个癌症治疗中心的揭幕仪式。她与病人们谈话，还对治疗中心做了视察。女王此举是为了向曾与肺癌斗争的父王表达她的敬意。

两天之后，玛格丽特公主再度中风，在发现她出现心脏衰竭后，当即就被送到了爱德华七世国王医院。2月9日星期六早上6：30，玛格丽特公主去世了，临终时她的一双儿女都在病床前陪伴着她。当时伊丽莎白二世正在温莎堡，而菲利普在桑德林汉姆过狩猎周末，查尔斯立刻坐车到诺福克安慰他的祖母。王太后却一如既往的乐观，她对查尔斯说，玛格丽特的去世“或许是种解脱”。

玛格丽特公主的葬礼于2月15日星期五——与50年前她父王乔治六世的葬礼是同一天——下午3点在圣乔治大教堂举行。她原本有资格享受一个“皇家礼葬”，但她想的是“在死后不愿再给大家添麻烦”，所以她要求的是一个“皇家私人葬礼”，在隆重程度上稍稍逊色了一些。另与其他王室成员不同的是，她要求把自己的遗体火化，并把骨灰埋在家族墓穴里，与父王的墓相邻。

玛格丽特公主生前就选好了自己葬礼上的祷文和歌曲，这个安排不仅体现了她的好友，亦即坎特伯雷大主教乔治·凯里所说的她对国教圣公会“坚定而虔诚”的忠诚，还反映了她对芭蕾舞的热爱——当450名吊唁宾客进入教堂时，风琴演奏者奏起的是柴可夫斯基的《天鹅湖》[1]。参加葬礼的人包括37位王室成员，还有一些玛格丽特公主在演艺圈里的朋友，如朱迪·丹奇（Judi Dench）、费莉希蒂·肯德尔（Felicity Kendal），等等。她生前的情人罗迪·卢埃林、前夫安东尼·斯诺顿也出席了葬礼。

两天前王太后在桑德林汉姆庄园摔倒，划伤了胳膊，但她坚持来参加女儿的葬礼，并于葬礼前一天乘坐直升机抵达温莎堡。她在伊丽莎白二世身后坐着轮椅

[1] 彼得·伊里奇·柴可夫斯基（1840—1893），俄罗斯浪漫乐派作曲家，也是俄罗斯民族乐派的代表人物以及世界最伟大的古典音乐作曲家之一。其作品《天鹅湖》（*Swan Lake*）是世界上最出名的芭蕾舞剧，也是所有古典芭蕾舞团的保留剧目。

进入教堂，坐在了玛格丽特公主的灵柩旁边。玛格丽特公主的灵柩上铺着她的王旗，还装饰着白玫瑰和粉红色的郁金香。

仪式过后，8名身穿格子呢裤子和深色上装的“皇家高地燧发枪步兵营”士兵抬起玛格丽特公主的灵柩走出教堂，这时号手吹起“起床号”和“安息号”——对经历了诸多不幸的玛格丽特公主来说，这曲子是再合适不过的悲伤挽歌。当女儿的灵柩从身旁经过时，王太后努力起身站立了片刻，竭力控制着自己的情绪。伊丽莎白二世站在教堂外看着妹妹的灵柩被抬上灵车，她低下头擦了擦眼中的泪水。“那是我见过的女王最伤心的一次。”玛格丽特公主的好友雷纳尔多·艾雷拉（Reinaldo Herrera）回忆道。

葬礼过后，王室一家在温莎堡与女王一起喝茶，这时她已恢复了平静，她现在考虑的是3天后访问牙买加的事。这将是她为期两周的登基50周年庆典巡游的第一站，随后还要访问新西兰和澳大利亚。

“她按计划进行了访问，”一位王室工作人员说道，“我们是无法想象的。她恪尽职守，笑着应对一切。也许在私底下她会表现出悲伤，但从未让我们看到过。”牙买加人挥舞着小旗迎接她的到来，在他们的方言里，把女王称作“女王夫人”。

在新西兰和澳大利亚，前来欢迎她的人也超出了预期。埃德蒙·希拉里爵士，就是在伊丽莎白二世登基那天成功登顶珠穆朗玛峰的登山队员，他参加了在新西兰奥克兰市为女王举办的露天聚会，他说：“大多数人愿意让女王作为他们的国家元首，而不是一个不中用的总理。”在澳大利亚的昆士兰州，3万名群众站在雨中听女王在“人民日”展会上致辞。昆士兰人泰德·思茅特（Ted Smout）告诉女王说自己已经104岁了，女王答道：“哦，我的母亲才101岁呢！”私下里她“时常”谈起玛格丽特公主，并每天打电话询问母亲的情况。3月3日星期日，她刚刚回到英国就到皇家别墅看望了王太后。

近一个月后，伊丽莎白二世到温莎堡过复活节周末。王太后的身体愈发衰弱，但她上一周头脑还很清楚，尚能给亲友们打电话，像吩咐遗嘱一样跟他们交谈。2002年3月30日星期六，这个复活节的早上女王如往常一样出门骑马了，这时她得到照料王太后的医生们的消息，说王太后的大限已至。她连骑马服都没换就赶了过去。王太后正身穿晨衣坐在壁炉旁的椅子上。母女二人说了会儿话，王太后就闭口不言了。片刻之后，王太后闭上眼睛陷入了昏迷状态，温莎大公园里皇家圣徒礼拜堂的牧师约翰·欧文顿执起王太后的手开始祷告。

伊丽莎白二世回到温莎堡换过衣服，又与玛格丽特公主的两个孩子大卫·林利、萨拉·查托一同赶回皇家别墅。王太后的侄女兼好友玛格丽特·罗德斯也在那里。玛格丽特·罗德斯就住在温莎大公园里，每天都雷打不动地过来看望她的姨妈。下午3：05，王太后安然离世，终年101岁。她去世时，她的女儿、两个外孙和外孙女、她的侄女都陪在她的身旁，他们都哭了。当晚，托尼·布莱尔首相与伊丽莎白二世通过电话，他发现女王“悲伤但庄重”。查尔斯亲王当时正在瑞士的克罗斯特斯（Klosters）与两个儿子滑雪度假，他第二天就赶回了温莎堡吊唁他的祖母——这位被他称作“人生的动力源泉”的人。

王太后的代号为“泰桥”的葬礼按计划展开。按照传统，她的葬礼不能被称作“国葬”，因为只有在位的君王夫妇才有资格享受国葬待遇，温斯顿·丘吉尔的国葬只是例外。王太后的葬礼是一个皇家礼葬，但其隆重程度丝毫不亚于国葬。起初女王和顾问们担心公众会对为期9天的官方哀悼（其中包括3天的瞻仰遗体仪式）没什么热心；他们之所以有这种担心，部分原因是他们看到在白金汉宫门外哀悼、在圣詹姆斯宫吊唁簿上签名的人不算很多；而一些亲共和党的报纸的报道也让他们心怀担忧，比如《卫报》就在王太后去世的第二天刊发了一篇文章，其标题是《反响寥寥的诀别，显露民心的分裂》。

4月5日是星期五，王太后的灵柩由炮车载着从圣詹姆斯宫前往议会大厦的威斯敏斯特宫，然后在那里摆放3天以供人们吊唁。约25万人站在灵柩的行进路线上，有的地方竟然里里外外站了20排人，这个结果有力地反击了先前唱反调的那些人。覆盖在灵柩上的是王太后红、金、白、蓝四色王旗，上面饰有大家熟悉的纹章图案，还有她家族盾徽上的弓和人立的狮子。最上面放置了一个白色山茶花花圈，花圈上有一张卡片，上写“爱的回忆——莉莉贝特”。花圈的前端是一个紫色天鹅绒垫子，垫子上摆放着王太后的加冕王冠，王冠上镶着的是大名鼎鼎的“光之山”105克拉钻石[1]。

载着灵柩的炮车由皇家礼炮仪仗队的马匹拉着，走在后面的是1600名来自英国和英联邦国家的海陆空三军代表，他们在军乐队低沉的乐曲以及军鼓的鼓声中

[1] Koh-i-Noor，产自印度的安德拉邦。中间曾数次易主，最后由东印度公司获得，并于1895年赠送给英国王室。它被认为受到永久的诅咒，说是会给女性拥有者带来好运，给佩戴它的任何男性带来厄运或死亡。

缓缓行进。紧跟在灵柩之后的是王室所有的男性成员，安妮公主首次破例与他们走在一起。安妮公主与她的哥哥查尔斯、弟弟安德鲁一样，都穿着海军军装，其军衔是荣誉海军少将。

在威斯敏斯特宫门口，女王与玛格丽特公主的女儿萨拉·查托会合。抬棺人将王太后的灵柩放置在2.1米高的灵柩台上；50年前，她的丈夫乔治六世的灵柩也是在这里接受了民众吊唁。坎特伯雷大主教主持了一个简短的祷告仪式，随后女王与菲利普乘车返回白金汉宫。在回宫的路上，伊丽莎白二世朝路旁的群众挥手致意，脸上的悲伤一览无遗。他们的汽车离开议会广场进入白厅，先前默默哀悼的群众突然鼓起掌来，“林荫大道”上的群众亦是如此。“对她来说，这太感人了，”女王的一位亲戚说道，“她发现民众对王太后去世是很在乎的。”伊丽莎白二世后来说，那一刻是她所经历的“最感动的时刻之一”。

威斯敏斯特宫对外开放供民众前来吊唁，人们排的长队跨过泰晤士河，一直延伸到了河的南岸。3天过后，共有20多万人列队在灵柩台前走过，以向王太后致敬。这个结果远超先前的预料，王宫官员不得不延长了吊唁时间。这件事再次证明了王室深受国民的爱戴。

王太后的葬礼安排在星期二。星期一晚上，伊丽莎白二世坐在温莎堡的一扇窗户前做了一次电视讲话，以表达她对“深爱的母亲的”悼念。她的致辞时长仅2分15秒，但她的声音中充满了感情。她谈到了自己的丧亲之痛，对人们在她母亲去世后“所表现出的深深情意”表示了感谢。“你们无尽的悼念令我感动，”她希望母亲的葬礼应是“悲伤与感恩并存，不仅要向她这一生致敬，还要向她所生活的那个年代致敬”。女王还向国民表示了感谢：“在我和家人承受着母亲的离去以及她身后留下的巨大空白时，是你们给了我们莫大的支持。同时，我还要衷心感谢你们在母亲在世时给予她的爱戴，以及在她去世后对她的敬意。”

在王室悼念王太后的多个公开活动中，女王此次电话致辞是其顶点。上个星期一，查尔斯亲王在海格洛夫庄园亦做了一次简短的电视致辞，其中展示了多幅王太后生前的照片。查尔斯的致辞比女王的更加感情细腻，他列举了王太后对他的好，说她是“世上最迷人的祖母”。他说：“从她身上我学到太多，可让我受益一生……我们常常能笑到眼泪都流下来……哦，我怀念她的笑声、她久经世故的智慧以及她对生活的感悟。”

在此期间，其他王室成员也尽力与公众保持接触。爱德华王子的王妃苏菲·韦塞克斯、安妮公主、安妮公主的儿子彼得·菲利普斯、安妮公主的丈夫蒂莫西·劳伦斯都站在等待王太后灵柩到来的吊唁队伍中。在女王的电视致辞前，查尔斯亲王、安德鲁王子、爱德华王子以及玛格丽特公主的儿子大卫·林利4个人分别站在灵柩台的4个角上做了20分钟的祷告。

威廉王子和哈里王子的表现最为出乎意料，此时他俩一个19岁，一个17岁，他们在接受采访时说到了王太后的“怪诞之举”：100岁王太后在电视上看到了萨沙·拜伦·科恩饰演的“阿里·吉”[1]，对他大感兴趣，就让威廉与哈里教她如何模仿。当年圣诞节王室全家午宴结束时，王太后站起身来说道：“亲爱的，午餐妙极了，赞！”还比画了一下手势——这完全是阿里·吉的做派。

4月9日星期二，皇家珠宝商大卫·汤玛斯早上6点就起床，把准备放在灵柩台上的王冠擦拭干净。在送葬路线上，等候着100万前来悼念的群众，另有1100万人在电视机前收看了电视直播。威斯敏斯特大教堂里聚集了2200位前来吊唁的客人，其中包括欧洲25位王室的成员，还有布莱尔首相一家、前首相撒切尔夫人一家、前首相梅杰一家、前首相詹姆斯·卡拉汉一家、美国总统夫人劳拉·布什、联合国秘书长科菲·安南等显要人物。除此之外还有一些普通人，他们是王太后所担任赞助人的300多个慈善项目的受益人。王太后的葬礼在中午举行，按照女王的要求，葬礼既庄严隆重，又要如坎特伯雷大主教乔治·凯里所述的：“能让大家想起王太后就像太阳一样温暖着我们。”乔治·凯里还说：“她体现的是在诸多角色和关系中最根本的一个——仅仅是身为一位母亲、一个妈妈、女王的妈妈。”

这周还发生了一个重大的转变：50年以来，伊丽莎白二世一直都遵从母亲的吩咐和教导，但从此时起这个人再也没有了。她现在继承了母亲的角色，她的“辈分”也升级了，变成了国家的“祖母”，或如她的表妹玛格丽特·罗德斯所说，成了“王室中最年长的人”。女王一直崇拜爱慕着自己的母亲，对王太后深受爱戴的愉快、平易近人的仪态自叹不如。伊丽莎白二世一直以来也受到国民的爱戴，而从现在开始，大家把原先对王太后的爱一并放在了她的身上。

除此之外，6周时间里妹妹和母亲的相继离世对时年75岁的伊丽莎白二世来

[1] Ali G，杜撰人物，由英国独角滑稽剧演员Sacha Baron Cohen饰演。

说“就像天塌下来一样”，玛格丽特·罗德斯说道。女王的表妹伊丽莎白·安森夫人则说：“这是个翻天覆地的转变。原先女王可以每天打电话谈心的两个人，现在都没有了。”双重丧亲之痛及其所带来的与公众关系的改变，在其后的岁月里会更加明显。而与此同时，伊丽莎白二世只有在国事操劳中寻求慰藉。

“在那一瞬间他们理解了女王，她已经兢兢业业忙碌了50年。”

2002年6月，伊丽莎白二世与菲利普亲王乘坐“黄金国家马车”从白金汉宫到圣保罗大教堂参加登基50周年感恩仪式。

图片来源：Rebecca Nadin/Press Association Images

第十九章　感人的画面

“英国人已经不知道什么是像样的聚会了。”历史学家大卫·斯塔基（David Starkey）在2002年1月底时如此说道。他的意思是，英国社会的变化使得女王登基25周年时的庆典盛况在25年之后已经无法再现。斯塔基是预测女王的登基50周年庆典将无人捧场的人之一。就像在1977年时一样，《卫报》率先挑起这种怀疑的论调，其后《独立报》也加入了，当初王太后去世时，也正是他们这些报纸对葬礼安排唱反调、泼冷水。

甚至在见识了王太后葬礼上民众的深情流露之后，这些媒体仍然疑虑重重。白金汉宫的顾问们低调行事，把注意力全都放在对女王登基50周年庆典精益求精做计划上。此次庆典的资金由私人赞助，用了18个月进行筹划。航运巨头杰弗里·斯特林（Jeffrey Sterling），亦即柏斯托斯特林勋爵（Lord Sterling of Plaistow）曾成功策划了女王的登基25周年庆典，这次50周年庆典仍由他策划。在几个月时间里，他就从意在向女王致敬的公司和个人那里筹集到了近600万英镑。

此次庆典策划的主要力量是一个非王宫顾问组成的顾问团，2001年他们曾15次召开午餐会议，其召集者是王室总管罗宾·詹弗宁，地点是在白金汉宫的“中国餐厅”。顾问团的成员是来自公共关系、广播、杂志、报纸等领域的高层人士，还有利比·博维斯（Libby Purves），他是《泰晤士报》的专栏作者，代表的是“英国中产阶级的视角”。本着更加开明的态度，詹弗宁和公关秘书西蒙·沃克还邀请了一些对君主制持反对态度的人，如瓦希德·阿里（Waheed Alli），他是一个工党党员，是一个贵族，一个成功的电视制片人，还是一个同性恋权益活动家。顾问团将对王宫官员提出的庆典计划提出建议和意见，并且，顾问团的成员及其商议的内容会严格保密。

他们通过私人民调和典型群众民意测试来分析不同地区的国民对女王的欢迎程度。在这些调研结果的帮助下，女王的顾问们会合理安排女王的巡查计划，她将在3个月时间里，走遍英国全境16个地区。他们特意将女王此行的前两站放在康沃尔郡和德文郡，因为这两个地方的民众对王室的支持率最高。为将女王此次巡查的宣传最大化，王宫的新闻办公室先是向3000个社区组织介绍了基本情况，又与多家国家和地区媒体进行了非公开的情况通报会，最后通知了一些国际媒体。

2002年4月25日，女王在温莎堡接见了750多名地区小型报纸和伦敦大型日报的记者代表。布莱尔首相的新闻发言人阿拉斯泰尔·坎贝尔尖刻地评论："这些所谓的经验老到的职业文人简直毫无节操，其中有些人竟然还好意思以共和主义者自居，可在女王面前却那么卑躬屈膝。"女王"轻松地在他们中间穿梭往返，一大群成年人都像孩子一样激动得不知所措"。后来，西蒙·沃克向女王建议以后每5年举办一次这样的聚会，女王同意了，但把时间间隔定为10年。

4天之后，布莱尔首相夫妇在唐宁街10号为伊丽莎白二世和菲利普亲王举办了一次晚宴，同样受邀的还有她所有在世的前首相们——希思、卡拉汉、撒切尔夫人、梅杰，以及已故首相的家人们。"真是太好了！"女王跟布莱尔夫妇打招呼时说道，"大家都认识，连互相介绍都免了！"坎贝尔发现，女王在唐宁街10号的举止与在温莎堡"晚宴上与人闲聊时"明显不同，在唐宁街10号，"她看上去是真的开心"。

第二天，伊丽莎白二世在威斯敏斯特宫的上下两院联席会议上发表演讲，而仅仅在两周之前，她母亲的遗体也就是在这里放置以供民众吊唁。与1977年那次致辞一样，她的演讲内容充满了个人色彩，并且反映了登基50周年的重要性。"改变是无法躲避的，"她如此说道，"如何应对改变是一个恒久的挑战。对待改变的方式决定了我们的未来。"她还强调了稳健、务实、创新、公正、宽容、奉献作为英国传统价值的重要性。

说到"包容"时，她说自1952年起"我们这个多文化、多信仰的社会就是一个稳固而团结的整体，这是一个巨大的进步，我们从中收获的是和平、友好和亲善"。就在几天之前，王宫刚刚发表了声明，说女王将在这年夏天访问一个印度寺庙、一个犹太教博物馆、一个锡克教[1]寺庙、一个伊斯兰中心（这将是她首次进入清真寺之内）。时年76岁的女王重申：“在家人的支持下，在未来不断变化的日子里，我将竭尽所能为这个伟大国家的人民效力。”致辞结束时，在场的1000名贵族和议员起立鼓掌，热烈的掌声久久不息，他们的反应令女王既感动，又稍有些不好意思。

伊丽莎白二世先是巡查了英国三个地区，之后于5月13日抵达北爱尔兰对其进行3天的访问，此时这里的气氛已不像她登基25周年来此访问时那么紧张。1998年4月10日签署的《北爱和平协议》[2]为阿尔斯特地区[3]带来了和平，从此新教徒多数派与天主教少数派在新成立的议会中共同执政，亦结束了伦敦对北爱的直接领导。协议还规定，只有在阿尔斯特地区和爱尔兰共和国均投票支持的情况下，他们才能合并统一。

4年后的2002年，伊丽莎白二世在斯托蒙特（Stormont）的议会大楼里首次正式向新北爱尔兰议会致辞。她对议员们说，他们“抓住了一个历史的契机，让北爱的政府更加贴近民众”“对那些以英国国民身份而自豪的人以及那些对爱尔兰怀有认同感的人来说，是一个双赢之举”。

伊丽莎白二世登基50周年庆典中最有吸引力的部分，是始于6月为期4天的“人民大聚会”，另有在白金汉宫花园里举行的两个音乐会，盛况空前。参加音乐会的人是从近200万名申请者中随机挑选出的，共有1.2万人，并且，两次音乐会都由BBC全程直播。其中，6月1日星期六的音乐会是古典风格，而6月3日星期一的音乐会是流行风格。

流行风格的音乐会需要精心的策划，“让年轻人也加入到50周年庆典中来，

---

[1] Sikh，15世纪产生于印度的一个神教，“锡克”一词，来源于梵文，意思是“学生”“弟子”“信徒”。尊崇十位上师并以上师们传授的《阿底格兰特》为经典，以公平正义、扶贫济弱和宗教自由为基本教义。锡克教徒被称为锡克人，长发、梳子、钢箍、匕首、短裤是锡克教徒的五大信仰标识。圣城是阿姆利则，朝圣地是被称为“神之所在”的阿姆利则金寺。

[2] *Good Friday Agreement*，1998年4月10日，历时近两年的北爱尔兰和平谈判取得重大突破。北爱八个主要党派领导人、英国首相布莱尔和爱尔兰总理埃亨在北爱首府贝尔法斯特达成一项旨在结束长达30年流血冲突的历史性协议，就结束冲突及决定北爱未来前途等原则问题做了说明。

[3] 见前文第239页译注。

这一点非常重要。”西蒙·沃克说道。女王的意见很明确，她说自己不会花3个小时去听流行音乐，罗宾·詹弗宁好不容易才说服她。作为折中，廷臣们安排她在流行音乐会结束前35分钟到达会场。

此次流行音乐会以“皇后乐队”的吉他手布赖恩·梅（Brian May）的表演开场，他站在白金汉宫屋顶上演唱了特有风格的英国国歌。当伊丽莎白二世到场时，吉他大师埃里克·克拉普顿（Eric Clapton）正在演唱《蕾拉》（*Layla*）。喜剧演员艾德娜·埃弗拉吉夫人（Dame Edna Everage）介绍女王到场时说她是“50周年女孩”。戴着黄色耳塞的女王与菲利普、布莱尔首相一家以及24位王室成员坐在VIP包厢里看完了剩下的表演。整场演出以保罗·麦卡特尼的《嘿，朱迪》（*Hey Jude*）完美谢幕。女王在菲利普、查尔斯、威廉、哈里的陪同下走上舞台，查尔斯对“妈妈”的到来表示欢迎，并称赞她“非凡的50个年头”；他还补充说：“您代表的是我们生命中至关重要的东西——传承。在深刻悠远甚至危机浮现的时代变迁中，您就是象征传统与稳定的灯塔。”听众们鼓起掌来，查尔斯王储随后亲吻了母亲的脸颊。

随后，伊丽莎白二世点燃了位于维多利亚女王纪念碑前的火炬台，英国全境及英联邦国家的2000多个火炬台也同时点燃。在肯尼亚的“树顶旅馆”旁也有一个火炬台，当年伊丽莎白就是在这里即位成为女王。这个夜晚的庆典活动以白金汉宫正面壮观的烟火表演和灯光表演画上了句号，有100万人聚集在“林荫大道”和附近公园里观看了这些表演。女王与菲利普站在一个检阅台上观赏着庆典的盛况，王宫旗杆上的英国国旗在灯光的照射下随风招展。

6月4日星期二是此次庆典的最后一天，当天女王与菲利普乘坐华丽的“黄金国家马车”从白金汉宫前往圣保罗大教堂参加50周年庆典仪式，随后在市政厅参加午宴。在午宴上，布莱尔首相对女王说：“人民对君王的忠顺是随着王位的继承而来的，但爱戴是您自己赢得的。人民对您的爱戴之情是真真正正的。”当天下午，女王和菲利普在“林荫大道”参加了一个庆祝活动，有2万人参加了这次庆祝活动，其中包括5000人的一个福音合唱团，还有代表英联邦54个国家的人，他们都穿着各自的民族服饰。下午茶时间，庆祝的人群已将“林荫大道”堵得水泄不通，他们挥舞着旗帜，高声欢呼，还唱着《希望与荣耀之地》[1]和《天佑女

[1] *Land of Hope and Glory*，一首英国爱国歌曲，由爱德华·埃尔加作曲并由A.C.本森于1902年作词。

王》，就像25年前一样。女王及家人则站在白金汉宫的阳台上向人们挥手致意。在他们头顶上，英国皇家空军的“红箭飞行表演队”（Red Arrows）与一架协和飞机在450米的低空同速飞过。

庆典活动在这一年的夏季仍在继续，女王乘坐皇家专列对70个城市和乡镇进行了访问，行程近6000公里。她还在桑德林汉姆庄园、巴尔莫勒尔庄园、白金汉宫、圣十字宫举办了露天聚会。与此同时，她还举行了一些私人的庆祝活动。50位少年时代曾在王宫做过男侍的男士在“怀特俱乐部”（White's club）为她举办了一个黑领结宴会，而这是一个男士俱乐部，很少有女性受邀前来。据当时在场的一位男士说，当女王到来时，一个家伙嘟囔道：“女王驾临怀特，男人帮的女客！”当晚所拍的一张女王与前男仆们的照片现在还挂在怀特俱乐部洗手间的墙上。

女王登基50周年庆典取得了巨大的成功。“人们突然醒悟过来，女王陛下所表现出的是稳重、坚定、传承、面对逆境时的镇定，以及面对差错时的幽默感，”前新闻秘书查尔斯·安森说道，“在那一瞬间他们理解了女王，她已经兢兢业业忙碌了50年。”媒体的报道也难抑赞美之词。BBC评论说，此次登基盛典“充分证明了女王及君主制度仍受到千百万英国人民的爱戴和拥护”。民意调查的结果也同样表现出好的兆头。国际市场研究公司（MORI）的罗伯特·伍斯特（Robert Worcester）说：“公众感觉到了女王对他们的关注，也感觉到了她的快乐。”王宫首次采用民意调查这个手段时，感觉王室遥不可及的人占到了40%，而在50周年庆典过后1年，这个数字降到了25%左右。

2002年秋季，女王因5年前与已故威尔士王妃戴安娜的男管家保罗·伯勒尔（Paul Burrell）的一次会面而卷入了一场纷争之中。伯勒尔因其对戴安娜的忠诚（事后看来其实是精明谨慎）而被誉为戴妃的“心腹”。在成为戴安娜的管家之前，伯勒尔曾在白金汉宫当过男仆，女王也因其所做出的贡献而授予他“维多利亚十字勋章”。戴安娜去世之后，女王听说伯勒尔心情非常悲伤，所以当伯勒尔请求觐见时，她满怀善意地同意了。

女王的私人会客厅位于白金汉宫一楼，从这里望出去即是王宫的花园。1997年12月18日星期四下午，女王在这里接见了伯勒尔，后者一副心事重重的样子。在90分钟的会谈中，伯勒尔“详尽地”向女王叙述了戴安娜的麻烦事以及她对查尔斯的感情。他说，戴安娜的母亲芙朗西丝·尚德·基德到肯辛顿宫做客时把女儿的信件和备忘录都撕了，他还告诉女王说他“此前已将王妃的一些文件妥善保管”。这只是女王与他断绝往来前若干话题中的一个。

3年之后，2001年1月，警察从另一位前王室仆从那里得到线索，突击搜查了伯勒尔的住处。他们搜出了300余件戴安娜的物品，其中包括名牌服装、珠宝、手包、家具，还有少量据说属于查尔斯和威廉的物品。伯勒尔被指控犯有盗窃罪。在调查过程中，私人秘书罗宾·詹弗宁曾数次向女王简要汇报案件的进展情况，但女王并未提及她曾与伯勒尔会面这件事，因为她觉得，据她后来所说，他对她说过的“保管了一些戴安娜的文件”与此案并无太大关系。伯勒尔也是如此，他并未向自己的律师透露与女王会谈的内容，他说那只是“私人会谈”。

2002年10月14日，就在女王登基50周年庆典对加拿大进行了10天的访问结束，即将返回英国的前一天，对伯勒尔的审讯开始了。10月25日星期五，菲利普与查尔斯一同乘车参加了一个追悼会，在路上，他们谈到了时下沸沸扬扬的伯勒尔一案。菲利普对查尔斯说，女王曾在戴安娜去世后与伯勒尔见过面，伯勒尔说到自己保管了戴安娜的一些文件，而查尔斯是第一次听说这件事。查尔斯立刻将此事告诉了自己的私人秘书，而后者随即将其告诉了当局。11月1日，检方撤诉，因为“伯勒尔先生此前从未交代他是为戴安娜保管物品”。虽然伯勒尔对女王说的是文件，而没有说还有大量贵重物品的事，但这一证据足以撤销对他的指控。

媒体对此案的峰回路转大肆炒作，甚至暗示女王与儿子试图终止案件审理以避免在公开做证时使已故王妃和其他王室成员蒙羞。另有一个更为苛毒的解释：“女王老糊涂了，这种事都能忘。”

其实，这件事女王记得很清楚。这一年初秋，伯勒尔的案件即将开审，此时她正在巴尔莫勒尔庄园度假，大家出发去烧烤前，女王招待客人们喝饮料。“当时她自己玩着扑克，非常悠闲自在，”当天坐在她旁边的一个朋友回忆道，“她只是随口说到了这件事，她说曾跟伯勒尔谈过。她的记忆很清楚，伯勒尔当时告诉她的是保管了一些文件，而不是数百件财物。”在她印象里伯勒尔说的都是些微不足道的事，“她对我说，那些话她都没往心里去，”女王的朋友说道，“这件事成了热点话题的原因，一是因为伯勒尔的案子即将开审了，二是人们对它过分关注。她说的都是些实事求是的情况，她此前一定在别的场合跟人讨论过这件事。”

迈克尔·匹特此时已从白金汉宫转到查尔斯手下，担任他的私人秘书。他展开了一个彻底的调查，以检查在伯勒尔案件撤诉一事上“是否存有不妥或疏忽”。匹特发现，“并无证据”证明女王曾与伯勒尔会谈一事的披露是有意对审判进行干扰。他指出，如果王宫想要这个结果的话，“此前就有无数机会可以介入，避免或终止此案进入审理阶段”。案件审理之后，媒体才开始对其进行报道，这即证明了伯勒尔并未将偷走数百件财物一事向任何人透露。

伯勒尔案件风波过后一周，伊丽莎白二世沿袭了已故王太后每年必做的一件事——祭拜“阵亡将士纪念地”[1]。“阵亡将士纪念地”位于威斯敏斯特大教堂外面，这里的草坪上插着1.9万个小十字架，以向在战争中阵亡的英国将士致敬。这个传统始于1928年，是为纪念一战中阵亡的英国将士而设的。王太后生前参加这个追悼活动时，总是会比安排的时间要多待一会儿，她总是停下脚步与老兵和已故将士的家人倾谈。去年11月，王太后冒着严寒插下了十字架，现在，伊丽莎白二世也在数千人的祈祷声中插下了自己的小十字架。悼念活动包括1分钟的默哀，在此期间女王脸上流下了泪水。

在2002年的起伏动荡中，伊丽莎白二世的情感已显出了脆弱的迹象，但她的身体依然强健。上一年5月的“皇家温莎马展”上，观众为她的健康活力而惊讶不已：她竟然在温莎大公园里开车与菲利普驾驭的竞赛马车同场“竞技”。“她开着‘路虎’汽车，每半英里越过一个障碍，”当时参赛选手之一的妮妮·弗格森（Nini Ferguson）回忆道，“菲利普驾驶的是四匹马拉的马车。女王先看着他是怎么越过障碍的，然后跑回车上，依样照做一遍。她当天穿着长筒雨靴，头巾在风中飘扬，身后跟着四五只柯基犬。她的体力和精神头都很好，看上去是那么年轻。”

2003年1月初，伊丽莎白二世去察看了“沙漠之星”（一匹很有潜力的小马）之后，在桑德林汉姆庄园坑洼的地上滑倒了，右膝软骨拉伤，随后做了关节镜手术。她在写给驯马师好友蒙迪·罗伯茨的信中表达了自己的沮丧之情，说她“被困在室内”，不能出去骑马、遛狗。女王康复得很好，还不到一年，医生在检查时又发现她的左膝也有轻微软骨损伤，于是又做了关节镜手术。术后几周

[1] Field of Remembrance，每年11月11日是英国的“阵亡将士纪念日”，有关此词的注释请见前文第222页译注。

里，她需要借助手杖才能行走，但很快就又开始骑马了。考虑到年事已高，她现在骑的马是费尔小型马，而不是几十年来一直骑的大马。“这种马只有14个手宽那么高，又矮又壮，”女王在桑德林汉姆庄园的养马经理迈克尔·奥斯瓦德解释道，“对她这个年龄的人来说，是很安全的骑行马。”

母亲和妹妹去世后，伊丽莎白二世开始更多地从王室大家庭中寻找亲情的安慰。一直以来，她在温莎堡的周日都是这样度过的：先去皇家圣徒礼拜堂做礼拜，中午在“皇家别墅”喝点儿饮品。而现在，她星期天的安排改为去拜访她的表妹玛格丽特·罗德斯——一个娇小而活泼的乡间女士。她的小屋位于温莎大公园里，简朴而惬意。屋里的家具都很朴素，地板上到处都是橡皮玩具，那是给她的西部高地白梗犬“吉尔达”玩的。客厅的桌子上摆的全是王太后、乔治六世和伊丽莎白二世的照片，照片上的女王身穿巴尔莫勒尔庄园的度假服饰。

1981年玛格丽特·罗德斯的丈夫查出晚期癌症，女王就把这栋房子送给了他们，这样能比他们在德文郡的家离伦敦近一些，方便就医。“你愿意住在城郊吗？”女王当时这样问玛格丽特·罗德斯。“女王送给我们这栋房子，就好像是老天显灵听到了我们的愿望一样。”

每周星期日做完礼拜后，女王都会开着“捷豹”汽车到附近的玛格丽特·罗德斯家里去。她的表妹迎接她时也会行屈膝礼，进到屋里之后，女王就坐在客厅里褪色的沙发上，帽子却不摘下，稍坐片刻再返回温莎堡去。女王小口喝着杜松子酒和杜本内酒调制成的开胃酒，两个女人聊起上周发生的事，说说家事或谈谈她们认识的人的近况——比如某个巴尔莫勒尔的年长的猎鹿人，等等。

2002年的几个大事件——两位亲人的离世、她的登基50周年庆典——已经掀过了一页，20世纪90年代的家庭灾难也已变成了历史。女王现在变得更加温和、更加平易近人、更加放松，有些方面变得跟她母亲有些相仿。“这么说可能有些无礼，”第7代索尔斯伯利侯爵罗伯特·盖斯科因-塞西尔说道，“我的猜测是，王太后去世后女王的人生反而开始绽放光彩。”驯马师蒙迪·罗伯茨说他感到女王“比以前更懂得人生的快乐和美好了”。

圣詹姆斯宫的“军官餐厅”（Officers Mess）是一个漂亮的高顶大厅，里面摆放着古董、军团银器、一扇一战前线战壕里的厕所门，还有一幅维多利亚女王年轻时的肖像画。2003年，女王在这里与一些英国近卫步兵第一团的官兵举行了一个小型晚宴。宴会上，他们的笑声和高谈声从敞开的窗户飘出来。女王的审计官马尔科姆·罗斯也住在王宫里，他不知道是谁在参加宴会，就给“军官餐厅”

打来电话，抱怨他们过于喧闹。值班军官将电话向女王做了汇报，女王答道："哦，告诉马尔科姆，让他别犯傻。"

2003年2月，内廷女官维吉尼亚·基妮·艾尔利的70岁寿诞在"安娜贝尔私人会所"（Annabel's）举行，罗伯特·索尔斯伯利当时坐在女王身边，他察觉到了女王的变化。女王告诉朋友们，她一直都盼望着参加这次聚会，因为自从她跟菲利普结婚以来，除了刚结婚那两三年，她就再没进过夜总会。"我从没见过有人玩得那么高兴，"安娜贝尔·哥德史密斯（Annabel Goldsmith）说道，这家私人会所就是以她的名字命名的，当时她也坐在女王的身边，"她笑着，说着笑话，没有矜持，也没有架子，跟她同桌的人都被她的情绪感染了。"

第二天，伊丽莎白二世到伦敦西部的圣奥尔本斯教堂（St.Alban's Abbey）出席一个活动。教堂的教长将本地的一些显要人物向她做介绍，这时教长看到了罗伯特·索尔斯伯利，就问女王以前是否见过他。"哦，见过。"女王响亮地答道，"昨天晚上我跟他在夜总会里玩到1点半。"

伊丽莎白二世还找到了一个新的"知心女友"，那就是接替波波·麦克唐纳的安吉拉·凯丽（Angela Kelly）。她比女王小25岁，参过军，后来进入王宫工作，从女仆做起，一直做到了贴身女官。而凯丽发现，贴身女官其实已经相当于女王的"私人助理"了。波波的父亲是一位铁路员工，凯丽的出身与她相仿，她原籍利物浦，父亲在造船厂工作。但与低姿态的波波不同，身材丰满、长着一头金发的凯丽个性非常活泼，她也成了女王身边形影不离的人。当凯丽跟女王在一起时，"那里总是会有很多欢笑"，安妮·格林康纳夫人说道。一位女王的亲戚则说："凯丽填补了王太后和玛格丽特公主去世后的空白。"

凯丽将女王的衣柜管理得严格缜密而专业，出于在公共场合露面的需要，女王的衣物需求非常之大。凯丽遵循着女王的服装设计师诺曼·哈特奈尔和哈迪·艾米斯的传统，将女王的穿着安排得一丝不苟。她常跟王宫官员对女王海外访问的目的地进行前期考察（"踩点儿"），察看女王所出席活动的背景、这个国家的民族颜色和色调，看看它们是否有这样那样正面或负面的意义。"安吉拉明白，她需要让人们从远处就能把女王与随从人员区别开来，她还知道，女王的内层衣物应该是米黄、灰色等中性颜色。"一位王宫高级顾问如此说道。凯丽选择了一些新的女装设计师，如斯图尔特·帕文（Stewart Parvin）等，她还亲自动手设计女王的礼服、外套、帽子等，成本也很低。

女王一直很喜欢自己的珠宝首饰，还知道皇家首饰收藏中各件珍宝的历史。

不论在公开场合还是在私底下，她都喜欢向人们展示她的首饰，有时在晚餐时还戴着好几个戒指，甚至戴在食指上。有一次，在“温菲尔德庄园”的晚宴上，当美国JAR珠宝商行的创办者乔尔·阿瑟·罗森塔尔（Joel Arthur Rosenthal）被引见给她时，她说道：“我听说达米恩·赫斯特[1]用钻石制作了一个头骨，我倒是觉得钻石还是挂在脖子上更好看一些。”

安吉拉·凯丽使用电脑管理女王的首饰清单目录，使其更专业化，这样，每当她拿出一托盘首饰供女王选择时，就能做到对其了如指掌了。“安吉拉有时会拿来不知从哪里翻出来的首饰，”一位内廷女官说道，“比如说，要是那个胸针来自墨西哥，她就能说出上面镶的宝石是哪里出产的。她对这些东西很感兴趣，也乐在其中。”

2003年11月19日星期三，女王及她的廷臣们在早晨的《每日镜报》上读到一则“全球独家报道”：其头版刊发了一张照片，照片上一位男仆站在白金汉宫的阳台上，其头顶位置印着一行大字——“布什到访前夕，镜报记者化身男仆潜入王宫两个月，爆出英国王室有史以来最大的安全丑闻。”翻开报纸，里面是14个版面的偷拍照片，以及对王室成员的生活作息、私人住处的描写，中间还穿插着耸人听闻的标题，如《若我是一个有歹心的人，给女王下毒的机会就太多了》。此篇报道出自26岁的《每日镜报》记者瑞恩·帕里（Ryan Parry）之手，他一路编造各种谎言进入王宫做了男仆，又在搜罗了大量新闻原料后离去，违反了受雇时签署的保密协议。

《每日镜报》企图为自己的行为披上“公共服务”的外衣，但其实只是对女王及其家人隐私的偷窥，最有力的证据就是一张女王与菲利普早餐餐桌的照片。照片上，餐桌上铺着白色的亚麻布，桌子中央摆着一个花瓶，另有银质餐具、骨瓷器皿、一台普通的晶体管收音机，还有三个整齐排列的“特百惠牌”（Tupperware）盒子，盒子里面装的是玉米片和燕麦片。帕里在文章中说，女王喜欢在烤面包上“涂一层薄薄的果酱”，但多数面包被她喂给了桌下的柯基犬。

帕里还写道，王室成员的饮食和个性都大不相同：安德鲁王子滴酒不沾，有时却会骂仆人；安妮公主早餐必吃“黑香蕉和熟透的猕猴桃”，她对公务的劳累“毫无怨言”；帕里说苏菲·韦塞克斯“心善、讨人喜欢”，女王给他的印象是

[1] Damien Hirst，1965出生，新一代英国艺术家的主要代表人物。

爱说话、投脾气，用《星期日泰晤士报》的话说："对女王这个角色来说，她不够傲慢。"

其照片和文字描述亦将数位王室成员的私人住处曝了光：安德鲁王子喜欢毛绒玩具和绣有字句的枕头，如"吃饭，睡觉，再婚"；安妮公主的客厅里"到处都是书、装饰品、一堆堆的纸和杂志"；爱德华和苏菲夫妇住处的装饰风格是现代化的，并且其居处整理得有条不紊。帕里甚至还拍摄了爱德华王子夫妇卫生间的一张照片，里面铺着地毯，还挂着一张卡通画，画上的女王正与一群"身穿皇家服饰"的企鹅对话。

第二天，《每日镜报》再度抛出重磅炸弹，这次是《敝报记者带您探索温莎堡》。报纸头版照片上，是帕里在城堡前抚弄两只女王的柯基犬，随后的11版中用大量的照片和文字描述了他为女王工作期间、在温莎堡过周末的情形。有张照片拍的是女王早餐桌上的一摞报纸：与往常一样，放在最上面的是《赛马邮报》，下面依次是《每日邮报》《每日快报》《每日镜报》（当天的头版文章是保罗·伯勒尔叙述王室内幕一书的节选）、《每日电讯报》和《泰晤士报》。

帕里在报道中说，女王通常是独自一人吃晚餐，边吃边看俗气的电视节目。其中有一部名为《警务风云》（*The Bill*）的警察连续剧，有一次帕里伺候女王吃晚饭，在他给女王倒咖啡的时候，女王对他说："我不喜欢《警务风云》，但总是忍不住要看。"除此之外，还有一部冗长的肥皂剧《东伦敦人》（*EastEnders*）；甚至还有《科斯蒂家庭录像》（*Kirsty's Home Videos*），这是一部喜剧，其中记录的是普通人的生活片段，竟然有人们光屁股的搞笑镜头。有一张照片拍的是温莎堡里豪华的维多利亚时代避暑别墅，里面有盆栽植物、雕塑、游泳池、室内羽毛球场、网球场，连菲利普马球练习木马的网笼也被拍了下来。

伊丽莎白二世大怒，其律师随即对《每日镜报》采取行动，指控后者"严重侵犯了他人隐私，其行为毫无正当权益可言"。《每日镜报》得到一张永久禁令，不准继续刊发帕里的报道，也不准泄露任何偷拍的照片。《每日镜报》被判支付女王25 000英镑的诉讼费，并交还所有未使用的照片，并销毁所有未刊发的报道。

但《每日镜报》的编辑皮尔斯·摩根（Piers Morgan）在美国成了电视明星，并取得了不小的成功。他不仅在节目中令英国王室难堪，还将大量报道的发表日期定在了小布什总统夫妇访英期间。这是美国总统对英国的第二次国事访问，第一位在白金汉宫受到如此接待规格的美国总统是伍德罗·威尔逊（Woodrow Wilson），时间是1918年12月。

小布什夫妇此次历史性访问早已令双方的策划者忧心忡忡，一是安全问题，二是可能会有数千抗议群众举行示威游行以抗议美国在伊拉克的军事行动。所以，女王被迫放弃了传统的“皇家骑兵卫队阅兵场”阅兵式和随后的乘马车沿“林荫大道”前往白金汉宫仪式，而是将欢迎仪式安排在了白金汉宫前场的栏杆之内，这里是平时卫兵换岗仪式的场地。小布什夫妇抵达后会在王宫住下，第二天乘坐马车从王宫后面转到正面，然后走上铺着红地毯的台阶，抵达特别架设的帐篷下与女王及显要人物会面。皇家骑兵团的官兵骑马缓缓走过，小布什和爱丁堡公爵菲利普一同检阅了仪仗队，然后大家一同走进白金汉宫吃午餐。整个过程仓促而轻率，像在走过场一样，也受到了媒体的嘲弄。

小布什夫妇兴致却很高，女王与美国总统夫妇早就建立了融洽的关系，这令后者大为宽心。“她对外面抗议的反应很平静，”乔治·布什回忆道，“她这一生见识了太多大场面，这点儿事不会影响她的情绪。我也没受什么影响。”

当晚女王举行了一个白领结国宴，受邀前来的客人有160名。第二天晚上小布什夫妇设宴回请，这是一个规模稍小，也不那么正式的晚宴，由法瑞施夫妇在温菲尔德庄园举办。到场的客人有60人，其中包括很多在英国的美国名人，如美国参议员乔治·米切尔（George Mitchell）、“博柏利”的CEO罗斯·玛莉·布拉沃（Rose Marie Bravo），等等。白宫公关秘书凯瑟琳·芬顿（Catherine Fenton）说：“这次晚宴就像个老朋友聚会一样，女王与爱丁堡公爵亲切地与法瑞施一家打招呼，宴会上笑声不断。”

小布什来访期间，外面的街道上一直有抗议的群众，他们抗议的对象既有小布什，又有布莱尔。在布莱尔这里，群众抗议的是工党立法禁止猎狐一事。布莱尔首相试图向小布什总统解释事情的缘由，后者问道：“你这么做到底是为了什么？”布莱尔说，小布什的话“一针见血”。

此项猎狐禁令迎合了动物权利激进分子与平民主义者的要求，前者是关心狐狸的权益，尤其是因为猎狐活动中狐狸会被一群猎犬活活咬死，后者则是抗议贵族的奢侈生活特权。布莱尔此举同样是为了安抚党内的左派。议会针对此项禁令的辩论持续了700多个小时，是布莱尔任期内最长的立法辩论。猎狐禁令还激起了“乡村联盟”在伦敦举行了一系列抗议活动，其组成者有拥有土地的贵族，也有社会地位低下的乡下人，他们都是将猎狐活动作为谋生手段。威尔士亲王查尔斯并未参加抗议活动，但他与两个儿子都是狂热的猎狐爱好者，并公开对此活动表示支持，他对布莱尔说猎狐禁令“简直荒谬”。布莱尔则反过来警告查尔斯“不要企图与他玩弄权术”。苏菲·韦塞克斯代表了王室的主流观点，她说：“猎狐其实是在控制有害动物的数量，但人们总觉得那是一群贵族闲着没事干在瞎胡闹。”她补充说，布莱尔“对乡郊生活一无所知”，后来布莱尔承认这个评语是正确的。

在这件事上，伊丽莎白二世需要保持中立，但她的表妹玛格丽特·罗德斯说：“女王对乡间的生活是情有独钟的。她也是支持猎狐活动的，因为那是团结乡村人士的黏合剂。”几年前猎狐禁令尚未提交议会辩论时，女王在巴尔莫勒尔庄园周末度假期间曾平淡地对布莱尔进行过劝说。她在晚饭时耐心地给他解释说，猎狐不仅是上层社会的活动，对平民同样有意义。她说，有些参加者根本不是富人，甚至需要从代养马房里租马参加打猎。她本以为布莱尔知道这些基本情况，但后者对这些乡间生活的了解几乎为零。

听了女王简要的解释，布莱尔明白了猎狐对农村社区的经济和社会意义，他后来也承认，猎狐禁令“是我最后悔的一项国内立法”。但他说，自己已经无力回天，无法阻止禁令的通过。《2004年禁猎法案》最终出台。其实，“他提出的一个只是部分禁止猎狐的折中方案遭到了党内成员的反对，”《旁观者》杂志（*The Spectators*）的查尔斯·摩尔（Charles Moore）说道，“却使这项法案最终变成了一个全面禁令”。而在实际实施过程中，聪明的猎人们从法案中找到了很多漏洞，并继续使用猎犬进行猎狐活动，而政府原先声称的大规模逮捕违禁者行动也并未发生。但是，由于猎狐在严格意义上讲已经是违法行为，所以王室成员再也没有参与其中。

2005年4月9日星期六，威尔士亲王查尔斯终于与一生的挚爱——卡米拉·帕克·鲍尔斯结婚了。此时查尔斯已经56岁，卡米拉57岁，此时距离他们的初遇已经34年，距他们在20世纪80年代中期再度引燃恋情也已过去了近20年。

卡米拉与第一任丈夫于1995年离婚，自从戴安娜去世后，她一直过着深居简出的生活。伊丽莎白二世登基50周年庆典期间，卡米拉曾与王室成员一起出现在两场音乐会上，而这也是她仅有的与王室共同露面的时候。虽然卡米拉与查尔斯的恋情恶化了后者与戴安娜的关系，女王仍发现卡米拉身上有若干优点：犀利的幽默感、达观的性格、热情、通情达理、对查尔斯情真不渝。卡米拉喜欢户外运动，这与王室成员是一样的，她还尊重所有的王室传统。在多年的诽谤中伤中，卡米拉一直谨慎地保持沉默，这一点尤其令女王印象深刻。“卡米拉从来都不发牢骚，”她的一位老友如此说道，“她总是逆来顺受，用幽默的眼光去看待负面的东西。”在查尔斯与卡米拉结婚的最初几周，众多小报喧嚣聒噪，唯恐天下不乱，而卡米拉只是开玩笑说：“不过是一个老头和一个老太婆凑在一起过日子嘛。”

英国国教圣公会放宽了限制，允许这两位离异人士举行宗教婚礼，但圣公会的领袖们认为，查尔斯和卡米拉是在各自婚后又发生了外遇，若允许他们在圣公会的教堂里举行婚礼会伤害到很多神职人员和教民的感情。所以，他们选择在温莎市政厅举行了婚礼。

王室有28名成员参加了查尔斯与卡米拉的婚礼，但作为圣公会的最高领袖，女王认为自己去市政厅参加平民婚礼是不合适的，所以就并未出席。“她的决定与个人感情没有丝毫关系，完全出于身份的考虑，”查尔斯王子的官方传记作家乔纳森·丁布比如此写道，“女王的顾问们希望她能出席长子的婚礼，但他们知道，怎么劝都是没有用的，虽然这样会显得她太古板、太不通人情。”虽然没有出席查尔斯的婚礼，但女王与菲利普参加了其后在圣乔治大教堂举行的“祈祷供奉仪式”。

圣乔治大教堂里聚集了720名宾客，其中包括布莱尔夫妇、一些政坛领袖、欧洲和中东王室代表、大量有头衔的贵族，还有如肯尼斯·布拉纳（Kenneth Branagh）、普鲁内拉·斯凯尔斯（Prunella Scales）这样的影视明星。此次仪式由第104任坎特伯雷大主教罗恩·威廉斯（Rowan Willims）主持，使用的是《1622公祷书》，而查尔斯更喜欢现代风格的版本。25年前首次结婚的婚礼上，查尔斯在威斯敏斯特大教堂里穿的是飒爽帅气的海军军官制服，而这次他穿的是常礼服；卡米拉则身穿优雅的淡蓝色开襟明钮丝绸及地长裙，上面还有金线刺绣。教堂的院子里有2000名祝福者，他们都是凭票入场的。当查尔斯和卡米拉（刚刚受封为康沃尔公爵夫人）从教堂西门走出来时，他们并未在大家面前接吻。他们在人群中各处走动，与人们握手并接受他们的祝贺。

伊丽莎白二世在温莎堡的国宾套房里举行了招待会，大家的兴致都很高。她说道："我有两件大事要宣布。你们想知道这次'全英越野障碍赛马'[1]的获胜者是谁吗？是'障碍猎人'（Hedgehunter）。"在人们的掌声平息之后，她又转向查尔斯和卡米拉说道："在越过了'比彻溪流'和'障碍椅'之后，这对'新人'终于赢得了比赛。""大家哄堂而笑，对她的话表示赞同，一点儿庄严拘谨的气氛都没有。"资深广播员梅尔文·布拉格（Melvyn Bragg）如此写道。他很高兴能"与英国最棒的一群人"一同庆祝查尔斯和卡米拉的喜事。在仪式上，查尔斯向"亲爱的卡米拉"表示了自己的敬意，说感谢她"勇接挑战嫁给了我"。笑星琼·里弗斯（Joan Rivers）是查尔斯和卡米拉的朋友，当她被引见给女王时，对女王说："今晚我要去参加《拉里·金现场》[2]节目，我要告诉他您刚才的双关用得太漂亮了。""谢谢你。"女王稍显疑惑地答道，未能明白她的意思。[3]

当查尔斯和卡米拉离开温莎堡去伯科豪庄园度蜜月时，他们在正门停留了一下，卡米拉亲吻了女王向她道别，这是她们首次在公开场合有如此亲密的动作。威廉王子和哈里王子也亲吻了他们的继母。随后卡米拉坐进等候在外面的汽车——其挡风玻璃上写着"亲王"和"王妃"字样。

第二年6月，威廉王子从苏格兰的"圣安德鲁斯大学"（St.Andrews Univercity）毕业。他的弟弟哈里王子早已在军中服役，威廉也想到军队发展，但他毕业后首先去了父亲查尔斯在格洛斯特郡的农场积累一些地产管理的经验，随后又用了3个星期参观了"英格兰银行""伦敦证券交易所""劳合社"[4]等金融机构，对"不同的金融机构如何运作及如何互补有了更好的了解"。2006年1

---

[1] Grand National，又称"英国国家障碍赛马大赛"，诞生于1936年（一说1939年），被称为世界上难度最大的越野障碍赛马，既考验马的速度、耐力，也考验马的跳越障碍的能力，参赛马匹数多也是其特点之一。赛马场的圈道是3600米，共跑2圈合计7200米。其中共有30个障碍，比彻溪流（Becher's brook）是第6号障碍，高度1.47米，落地高度2.06米，落差大，是最难的项目。障碍椅（The chair）是第15号障碍，它是最高、最长、最窄的障碍，高1.57米，起跳前有1.83米宽的沟渠。

[2] 美国有线新闻网（CNN）收视率最高的节目，由美国著名主持人、有"世界最负盛名的王牌主持人"之称的拉里·金（Larry King）主持。拉里·金是一个在世界范围内享有盛誉的脱口秀节目主持人。

[3] 此处琼·里弗斯欲说pun（双关语）一词，可说出的是pin（胸针），故女王未能理解。

[4] Lloyd's of London，英国劳合社诞生于1688年，是英国特有的保险组织。

月，威廉到桑德赫斯特的英国皇家陆军官校登记报道，哈里王子也是在这里接受培训的。

时年22岁的威廉早已明白要用自己的方式来达成王室对他的期望。若是他感觉受到了“逼迫”，就会“变得非常固执”，但他说自己“始终听得进批评的声音，因为他们说的往往都是对的”。虽然他发现身在聚光灯下“有些难堪”，但他早就学会了如何在公众的目光里生活。与此同时，他强调自己很珍惜“做一个普通人的机会，做些简单的事、普通的事，而不是等着别人代劳”。他甚至喜欢亲自购物，但他结账时总是用信用卡，因为“我不大会用现金”。

2003年11月，随着爱德华与苏菲的第一个孩子露易丝（Louise）的出生，女王的孙儿辈人数已经达到了7个，而在后者的生活中，女王和菲利普有着重要的影响。伊丽莎白二世对王位第二顺位继承人威廉王子投注了额外的关注。威廉在伊顿公学上学时，就常常到温莎堡与祖母一同喝茶，他从小就与女王非常亲近。

在2004年11月的一次采访中，威廉说与祖父母都“非常亲近”。女王一直“相当了不起，她是一位真正的楷模”，威廉说道：“无论我遇到什么样的困难和问题，她总能给我帮助。但我也是个内向的人，所以我不常对人表达所感所想。”威廉说他的祖父“总能引我发笑。他是个幽默的人。他也会跟我说些逆耳的话，他不管我爱听不爱听，有话就一定会说出来。他知道他说的都是对的，我也很高兴他能对我说这些话，因为我最不想要的就是别人总是顺着我的心意，只说我爱听的”。当过早秃顶的威廉被问及是否曾戴过假发时，他的回答显出了其自谦的智慧：“这是另一个问题了，但是……没有，我没戴过。”

2005年7月7日星期四，伊斯兰恐怖分子在伦敦的地铁和公交车上引爆了多个炸弹，造成了52人死亡，700多人受伤。当天，女王下令将白金汉宫的英国国旗降半旗志哀。第二天，她到医院看望了伤者，并视察了一个爆炸现场。女王的讲话体现了伦敦市民在“二战”“伦敦大轰炸”[1]时期，以及在爱尔兰共和军的恐怖袭击时期所表现出的“保持冷静、坚定前行”的心态，她说：“我要向首都的人民表达我的敬佩之情，在经历了昨天的大爆炸之后，你们镇定地继续着往日的生活。”为了表示强调，她又用坚强的语气补充道：“这就是我们对暴行的回答。”

[1] 见前文第132页译注。

伦敦大爆炸后一周的7月14日，整个欧洲为此惨剧进行了默哀。女王将王室成员召集在王宫前场，大本钟敲响12下，一切都进入了静默的状态。“女王挎着手包独自站在一个拱门下面，”一位王宫廷臣回忆道，“她默哀了2分钟，她的姿态象征着团结和稳定”。

这年10月，玛格丽特·撒切尔在海德公园的“文华东方酒店”（Mandarin Oriental Hotel）举办招待会，庆祝自己的80大寿。跟年龄相若的女王不同，曾经的“铁娘子”已经是老态龙钟，连头脑也因多次中风而受了损伤。但她对女王出席她的寿宴兴奋异常。当撒切尔看到伊丽莎白二世走进时，她开口问道：“我可以碰她吗？”随后伸出手去。女王握住了撒切尔的手，后者向她行了屈膝礼，但由于撒切尔年事已高，她再也不能下蹲得像以前那么低了。女王轻柔地带领着撒切尔走到在场的650名宾客中去。“对英国人来说这是很罕见的，因为大家都知道不能与女王有身体接触，”曾担任撒切尔高级顾问的查尔斯·鲍威尔说道，“但她俩手牵着手，由女王领着撒切尔在客人中间应酬着。”

6个月之后，伊丽莎白二世也满80岁了，她与孩子们的状况也很令人满意。查尔斯通过电视转播向“亲爱的妈妈”祝寿，并在“邱宫”（Kew Palace）为25位王室家人举办了一个正式宴会。在宴会上，女王就坐在长子查尔斯和长孙威廉中间。查尔斯王储与卡米拉过得很幸福，他专心致力发展自己的数百个慈善和公益事业。安德鲁此时身为英国的特别代表参加国际贸易和投资活动；安妮公主夫妇一如既往兢兢业业为公务忙碌；爱德华和苏菲夫妇也已放弃了私营事业而一心扑在王室公务上面。1999年爱德华王子大婚时，女王就宣布他将在菲利普亲王去世后继承他的“爱丁堡公爵”爵位。时年85岁的菲利普依然公务繁忙，爱德华也分担了一些父亲的工作，其中就包括为表彰那些在社区服务和体能考验方面表现良好的青少年而设的“爱丁堡公爵奖励计划”。

在应对重大问题时，伊丽莎白二世只有在政府官员的建议下才会公开发表意见，她的顾问们也一直保持警惕，不使其政治观点外泄；但在私人场合，她偶尔也会发表一些常识性的观点。女王的朋友威廉·法瑞施担任美国驻英大使一直都不太顺心，于是在2004年夏季辞了职。第二年，他的继任者罗伯特·H.塔特尔（Robert H.Tuttle）向女王递交国书，而他一上任就与当时的左翼伦敦市长肯·利文斯通（Ken Livingstone）发生了冲突。肯·利文斯通向进入伦敦的车辆强加了一项“交通拥堵费”，自称目的是为了减缓伦敦的交通堵塞；而美国驻英国大使馆的官员们拒不缴纳此项费用，他们辩称这是一种赋税，而他们享有豁免权。

在白金汉宫的递交国书仪式结束后，女王对塔特尔说：“我听说，你认为‘交通拥堵费’是税。”“是的，夫人。”塔特尔答道。“嗯。它就、是、税。”女王说道。“当时我看了看外交使节团的团长迈克尔·杰（Michael Jay），他的脸都吓白了。”塔特尔回忆道。

现在女王似乎喜欢在各种仪式上稍微随意一些。2006年3月，她第15次访问澳大利亚，此行的目的是出席英联邦运动会，她将其称作“友谊之赛”。在这种精神主旨下，她到运动员餐厅与他们共进午餐，并允许一位女运动员拥着她合影留念。当26岁的库克群岛（Cook Island）拳击运动员埃迪·丹尼尔（Eddie Daniel）挤到她旁边的座位上并热情地亲吻了她的脸颊时，她也没有拒绝或退缩。对埃迪这个自称表示敬意的举动，女王只是“报以微笑”。埃迪说：“好家伙，她太酷了。”

这年6月皇家阿斯科特赛马会的第一天，女王为赛场新竣工的跑道和看台主持了揭幕仪式。这里的设施于两年前拆除，在此期间，比赛暂时转移到了“约克赛马场”（York Racecourse）举行。皇家阿斯科特赛马会的场地是从“皇冠地产”租用的，女王和菲利普对它的改建工作非常热心，并承担了2亿英镑的改建费用。女王任命第12代德文郡公爵派里埃·卡文迪什（Peregrine Cavendish）（朋友们都叫他“斯托克”）担任她在阿斯科特的代表，从1996年起的筹划阶段就对项目进行监管，并与女王和菲利普讨论工程问题。卡文迪什说：“菲利普亲王对各种建设项目都有经验，所以他是站在实用角度看问题，而女王是从赛马的角度。”

女王所关心的问题非常广泛，有时甚至到了精细的程度，从草皮的细节，到空间虽小但设备齐全的皇家包厢都在她的关心之列。包厢内有两排呈弧形排列的舒适座椅，每排4个；下面的几台电视监视器能从四个角度观看赛道；座椅后面有一块区域可供客人们站着观看比赛；包厢的后面还有一间茶室，里面摆着圆桌。“她最关心的是赛道的情况，”派里埃说道，“尤其关心赛道对马匹水平发挥的影响。”他们在林肯郡种植了7英亩的特种草皮以供赛道使用。

新的看台很高，在包厢和普通座的后面是一个有顶棚和玻璃窗的商业街廊。很多恋旧的人抱怨说新的建筑过于现代化、太时髦了，还说新装的电动扶梯让他们感觉像在候机大厅一样。他们还说看台的视线不好，围场的景色不够美，食物不好吃，想四处转转也不方便。

阿斯科特的管理方又投入了1000万英镑改良了低处座位的观看效果，女王请来表妹伊丽莎白·安森夫人——一位资深的聚会策划人——改善了接待帐篷的体验，还改进了食物的种类和数量。

为迎接自己80大寿的到来，伊丽莎白二世同意拍摄两部中规中矩的纪录片来反映她的生活和工作情况，但这两部纪录片都不允许像40年前的《英国王室》那样涉及她的私人生活。她还参与拍摄了一部刻意编排的影片，影片讲的是75岁的澳大利亚籍电视艺人兼艺术家罗夫·哈里斯（Rolf Harris）为她画肖像画的事。当BBC提议拍摄这部影片时，王宫只用了两天就做出了答复，这更证明了女王希望以不那么传统的方式展现在公众面前的意愿。

王宫顾问们不遗余力地来塑造女王的形象，但与影片《女王》的效果相比就显得有些小巫见大巫了。《女王》于2006年秋季上映，立刻赢得了评论家和公众的喝彩。导演史蒂芬·弗莱尔斯（Stephen Frears）说："我们让女王变成了好莱坞明星。"女王也许对此不感兴趣，但这部影片的确重塑了她的形象，人们甚至把真正的女王与影片中饰演她的海伦·米伦重叠在了一起。而海伦·米伦此前一直是一个共和主义者，她在影片拍摄过程中对伊丽莎白二世的爱戴逐日增长，最后竟变成了一个"保王人士"。虽然影片中大部分场景和对话都是编剧彼得·摩根（Peter Morgen）虚构的（比如说，菲利普亲王或许曾称女王为"腊肠"，却是绝不会叫她"卷心菜"的），但他们在拍摄前做过充分的调查考证，有充足的事实依据。

影片的吸引人之处在于：它虚构了女王在戴安娜去世后从噩梦中醒来、头戴卷发夹子的情景，这与其尊贵的身份形成了鲜明的对比。它表现了女王用自己善良的本性弥补自身的缺点和短处；它满足了公众的情感需求，可以借女王来抒发自己的焦虑、怀疑和悲伤。弗朗西斯·坎贝尔-普雷斯顿夫人曾为王太后做过37年的内廷女官，她说"这部电影最了不起的地方在于，它有种神话般的色彩"；虽然其台词"并不是女王的原话"，她说道："但其真实性是毋庸置疑的。"

在影片上映后的一次接见中，伊丽莎白二世对布莱尔首相说："我听说有一部关于我的影片。我想让你知道的是——我是不会去看的。明白了吗？""是的，当然。"布莱尔答道。女王的一个亲戚在电话中向她简述了影片的内容，而她则是静静地听着，当听到对方说这部电影对王室是件好事时，她就问为什么。"因为电影中讲了您当时为什么不能来伦敦的原因，说您当时只能选择去做一个好祖母，而暂时忘记君主的身份。"那位亲戚答道。但又补充说女王最好不要去看这部电影，因为它“会让您回想起那个可怕的一周”，并且，“看别人演自己心里会不舒服”。

女王的一位朋友想逗逗她，就把《旁观者》杂志上一幅名为《女王》的漫画寄给了她。漫画上画的是一家电影院的放映大厅，漫画即是一个观众的视野，“他”看到的电影屏幕被前座一个戴着王冠的脑袋给挡住了。女王被逗乐了，但她告诉朋友说，自己仍坚持先前对布莱尔说的不会去看电影的决定。也许有些倔强，但也显示出她不是那种以自我为中心、自恋的人。女王的驯马师蒙迪·罗伯茨曾在与女王谈话时提到这部电影，女王劝他不要看。蒙迪·罗伯茨说这部电影是在夸赞她，但女王说：“我觉得那得分以什么样的眼光来看吧。”“我想，她更愿意让我保持对她原有的印象，而不受电影的影响。”蒙迪·罗伯茨回忆道。

认识女王的人基本上都去看了这部电影，他们也一致认为电影中的描述——不论是对其性格和气质的描绘，还是她走路时坚定的步伐，甚至是她戴眼镜的动作——“分外真实”，南希·里根如此说道。他们还说，由于电影的悲伤基调，海伦·米伦所饰演的女王更像她在公共场合克制矜持的形象，而缺少其私底下轻松愉快的一面。大部分人都觉得《女王》一片对菲利普的描绘不当，影片中的王太后和罗宾·詹弗宁两个形象则与真实情况大相径庭。但据她的朋友所说，伊丽莎白二世能理解电影所引发的现象。这部电影还引起时尚杂志对“巴尔莫勒尔款式”的追捧，“巴伯”蜡涂层上衣的销量激增，对此王宫官员也非常高兴。

2007年2月，在获得奥斯卡最佳女主角大奖之后，海伦·米伦在获奖致辞中说：“大家都知道，50多年以来，伊丽莎白·温莎高贵的气质、忧国忧民的责任感以及她的发型都始终如一。她脚踏实地、头戴帽子、手挽挎包，她经历了太多的大风大浪，我敬佩她的勇气和毅力。”她把奥斯卡小金人举过头顶：“女士们先生们，我向大家隆重推荐——《女王》！”

“她是一位真正的楷模，”威廉说道，“无论我遇到什么样的困难和问题，她总能给我帮助。”

2011年4月，威廉王子陪同祖母伊丽莎白二世参观威尔士的军事基地。此时威廉王子作为一名搜救直升机飞行员在此服役。

图片来源：Ian Jones Photograghy

第二十章　一颗军人的心

2007年4月，伊丽莎白二世首次接受一位美籍摄影师为她拍肖像照。她就是著名的摄影师安妮·莱博维茨（Annie Leibovitz）。这次拍摄仅有25分钟，其过程还被录制下来，用作一部旨在反映女王工作情况的电视纪录片的片段。女王同意在拍照时头戴华贵的“玛丽王后王冠”，佩戴海德拉巴的尼扎姆王朝钻石项链，身穿白色镶金刺绣绸缎礼服，外披松垂的深蓝嘉德骑士斗篷。当得知女王自己动手化妆，并且每周只做一次头发时，莱博维茨非常惊讶。

在拍照前一天晚上的简短谈话中，女王与莱博维茨说起了英国摄影师简·鲍恩（Jane Bown）的事，说这位80多岁的摄影师在前一年为自己拍了肖像照。“她是一个人来的！”女王说道，“我还帮她搬东西。”莱博维茨答道：“明天不会是这样的。”

女王一向以准时为荣，但第二天她迟到了20分钟，这倒是很罕见。“我时间不多：”女王对莱博维茨说道，而后者也注意到女王的服饰仆人“就在6米开外候着”。

伊丽莎白二世明显对摄影师众多助手的包围感到反感。当莱博维茨请她摘下“王冠”，否则会显得太华丽、太讲究时，女王说道：“太讲究？你知道我戴的是什么吗？”但她随后平静下来，对莱博维茨的要求做了让步，换了服装并调整了自己的姿势。莱博维茨后来说，她喜欢女王“耍脾气”的个性，还对其在疲惫和压力下践行承诺的恒心而感到钦佩。

肖像照的效果非常好。它给人印象最为深刻的是：伊丽莎白二世头上并没有戴王冠，她身穿一件海军军官披风，披风上的铜扣闪闪发光，她的前臂和手并没有露在外面。照片的背景是电脑处理过的寒冬的天空，她的身后是白金汉宫花园里光秃秃的树。莱博维茨尝试再现当初摄影师塞西尔·比顿和画家彼得罗·安尼戈尼的传统风格，将女王的孤寂表现出来，并且，肖像照的“感情色彩与当下女王的生活现状相契合”。

这张肖像照在女王第10次访问美国前夕在公众面前露面。这是女王对美国的第3次国事访问，应小布什总统夫妇的邀请前往美国。在出发之前，女王在白金汉宫举办了一次招待会，受邀宾客是350位在伦敦的美籍杰出人士。《华盛顿邮报》的通讯记者凯文·苏利文（Kevin Sullivan）当时与其他几个人一起被引见给女王，其中包括唐·约翰逊（Don Johnson），他当时正在伦敦西区演出《红男绿女》（*Guys and Dolls*）；特伦斯·科耶克（Terence Kooyker）、安德鲁·怀特（Andrew Wright），他俩是牛津大学赛艇队的队员；还有布莱恩·麦克布莱德（Brian McBride），他是职业足球队富勒姆的主力。

在接见唐·约翰逊时，女王似乎并未认出他就是主演当红连续剧《迈阿密风云》（*Miami Vice*）的人；倒是在见到两位赛艇队员时，她要求看看他们布满茧子和水泡的双手。“女王同情地仔细看着他们的手，好像他们是她的孙子一样。”苏利文回忆道。他还注意到，女王“只有在感觉有趣的时候才会笑”，而不是“像那些政客们一样脸上永远挂着笑容”。正当女王与麦克布莱德说话时，一位客人不顾礼仪规矩挤到这群人中。“你也是足球队员吗？”女王问道。“不是，”他答道，“我在中东卖煎饼和华夫饼的面粉。”“人们的饮食真是有趣啊。”女王说道，接着转身去接见另外一组客人。

5月3日星期四，女王与菲利普抵达弗吉尼亚州的首府里士满（Richmond）。在弗吉尼亚州议会致辞时，女王向一周前弗吉尼亚理工大学（Virginia Tech）的枪击事件表示了慰问。在那次事件中，一位持枪歹徒枪杀了30名学生和老师，随后自杀。她还调整了自己的行程计划，接见了一些枪击事件的幸存者。随后女王访问了詹姆斯敦[1]，纪念首批英国移民者在此定居400周年。此时距离她上次受艾森豪威尔总统邀请访问詹姆斯敦已经过去50年了。在詹姆斯敦的考古遗址参观时，她看到第15号展品是一根铁刮铲，标签上写着“严重便秘治疗工具”。她把随行医生大卫·斯温中校（Commander David Swain）叫到身旁（他总是手拿一个大黑皮箱跟在女王几步之外，皮箱里面装着必备药品和血浆），女王手指那件粗糙的工具对大卫·斯温说道：“你该弄几件这样的工具啊！”

---

[1] 见前文第112页译注。

这个周末，女王首次达成了长久以来的心愿，参加了肯塔基赛马会。随后她第6次到法瑞施家做客。前美国驻英大使夫妇与女王仍保持着密切的关系，萨拉·法瑞施再次在公共场合亲吻了女王的脸颊。

伊丽莎白二世此时已不再将马匹送到肯塔基育种了，她已经把马匹育种的中心转移到了新西兰，那里有优良的种马，还让马匹免遭横渡大西洋之苦。在1998年北爱尔兰问题和平解决之前，对女王来说，让母马经过爱尔兰海是不妥当的。现在担任她养马顾问的是卡那封伯爵亨利·珀切斯特的女婿约翰·沃伦（Jhon Warren），他尽己所能地使女王的纯血马更加富有竞争力，以最终为她赢下埃普索姆赛马会。

虽然不再把肯塔基当作育马的地方，但女王仍喜欢在蓝草之州与数十年的好友们一起享受放松的时光，而菲利普也首次来到了这里。下午在法瑞施家的“莱恩德农场”花园里，女王小口喝着马提尼，心中却在为安妮公主的女儿，亦即她的外孙女扎拉·菲利普斯在班明顿马术比赛中的表现而焦虑不安。“没有人注意到外婆当时在想什么。”扎拉说道。

在星期六的肯塔基赛马会上，获胜马匹的骑师卡尔文·波莱尔（Calvin Borel）引起了女王的兴趣。他是一个卡真人[1]，几乎不认字，但对马匹有种令人不可思议的亲和力。劳拉·布什留意到了女王的心思，就邀请卡尔文·波莱尔参加两天后的国宴。劳拉的公关秘书艾米·赞廷格（Amy Zantzinger）帮他打理好白领结礼服，还联系到路易斯维尔斯市（Louisville）的一家礼服店在周日开门，好让他的未婚妻租借一套礼服参加宴会。

5月7日星期一，在白宫南草坪的7000名宾客面前，乔治·布什在致辞开场白中稍显得轻率了一些。“177……呃，1976年，您出席了我们国家独立200周年的纪念，”顿了一下之后，他朝女王使了个眼色，接着说道，“她看我的样子就像是一位母亲在看着孩子似的。”欢迎仪式过后，女王夫妇在楼上的黄色椭圆厅与布什一家共进了午餐，老布什夫妇也在其中。在随后两天里，女王夫妇访问了若干个地方，其中包括美国国家航空航天局和全国儿童医疗中心（Children’s National Medical Center），在访问结束时，老布什夫妇还陪同女王夫妇参观了“二战”纪念碑。

除了在第一天与小布什夫妇一同从白宫穿过街道走到布莱尔大厦之外，公众

[1] 美国路易斯安那州人，原系阿卡迪亚法国移民后裔。

几乎没见到女王的面。当天站在警戒线外的群众有1000多人，其中有很多儿童，女王在途中会停下来跟他们说说话。女王的一位随从抱怨："这太遗憾了，安保工作做得太严密，连人行道都上了警戒。"

当天下午在英国驻美大使馆的露天招待会上，女王看见了她的朋友、艺术家乔治·"弗洛里克"·韦茅斯，就向他走了过去。"见到你真高兴，"女王笑着说，"最近怎么样？我听说你病了。"韦茅斯知道女王喜欢收集胡椒研磨器，就在这年年初寄给她一个。这个胡椒研磨器是他在一家意大利餐馆里发现的，由塑料制成，其外形是个意大利侍者，一转"他"的脑袋，"他"就会用带有意大利口音的英语说道："哎呀，脖子断了！"韦茅斯很快收到女王寄来的感谢信，说她被逗得捧腹大笑。这一天的招待会上，在他们俩的谈话将要结束时，韦茅斯问女王："夫人，您还想要一个胡椒罐吗？"这时，"女王没控制住，手拍着挎包大笑起来，随后她又恢复了庄严的样子，继续接见别的客人。"韦茅斯回忆道。

当晚的国宴上，卡尔文·波莱尔也在迎接伊丽莎白二世的队列之中。他站在女王和总统夫人中间接受拍照，当时他张开双臂拥住了她们俩，劳拉·布什说"这是一个很亲切的动作"，而现在违反礼仪与女王有身体接触似乎也成了惯例。在女王的致辞中，她夸赞说，在"生死攸关的战争时期"由温斯顿·丘吉尔所结下的同盟已经历经了数十载风雨，"是一个值得信赖的伙伴关系"。

第二天晚上，女王在英国驻美大使馆设宴答谢布什夫妇。她的顾问们一整天都在劝她，让她在祝酒词中提一下昨天布什的口误，最后她终于同意了。"我不知道这个祝酒词是不是该这样开头——'当我1776年来美国的时候'，但我是不会这样说的。"在场的客人们对此心照不宣，一起大笑起来。"这是一个完美的反击。"小布什回忆道。当天晚上的活动结束时，女王的王旗从大使馆的旗杆上落下，身穿黑领结礼服的菲利普和身穿礼服、头戴王冠的伊丽莎白二世匆匆赶往安德鲁空军基地（Andrews Air Force Base），坐飞机返回英国。

2007年6月27日，托尼·布莱尔在56岁的财政大臣戈登·布朗（Gordon Brown）的逼迫之下辞职。这是苏格兰人戈登·布朗在布莱尔这位魅力非凡的首相手下蛰伏了10年之后的"无声政变"。布莱尔变得不得人心的大部分原因在于对伊战争，而由布朗领导的工党阵营也因此得到了加强。布莱尔一共在任10年零2个月，打破了工党首相执政的时长纪录。

戈登·布朗是一位苏格兰长老会的牧师的儿子，他在学校是一位成绩优秀的奇才，16岁就考入爱丁堡大学并获得博士学位。他沉默寡言，且带有一种直率、偶尔稍显凌乱的个性。虽然他身上有布莱尔所说的“缺陷——对人的内心世界，不是有错误的直觉，而是根本没有直觉；政治考量，有，政治感觉，没有；分析能力，强；情商，零”，但还是成了英国政坛的希望之星。他的成功来自他非凡的精力、超强的智力以及过人的专注力。但他也有点儿怪：他机智敏锐，却在交际方面愚钝木讷。

戈登·布朗的人生充满坎坷。他少年时打橄榄球出了意外，左眼永久失明，右眼视力也受了损伤。他49岁才结婚，并且，他与妻子莎拉的第一个孩子在2002年出生仅10天后就夭折了。他们后来又生了两个儿子，其中一个还患上了“囊肿性纤维化”[1]疾病。

伊丽莎白二世早在10年前就认识了戈登·布朗，在他作为财政大臣准备发布年度预算之前会先向女王做简要汇报。前一年在觐见女王时，布朗曾向她保证“将尽力给予部队更多支持”。“他们很多地方都缺少资金。”女王抱怨道。当女王对布朗说安德鲁王子去了伊拉克时，他立刻表示政府“正打算购入一些直升机”。“要是买来的直升机真的能用就是好事。”女王直截了当地说。

女王对待布朗非常得体，而布朗“对王室可谓是毕恭毕敬”，布朗在任最后一年时担任他的新闻秘书的西蒙·刘易斯说道：“只要是与王宫有关的问题，他都会对我说：‘西蒙，一定要把事情搞清楚。’他对与王室的关系很敏感，但处理得很顺利。”戈登·布朗在乡间长大，离他家不远就是福斯湾，相比在城市长大的布莱尔，布朗与王室的共同语言更多一些。

布朗曾说，女王“知道什么行得通，什么行不通”，他对女王的这个能力十分倚重，“有时候跟她谈完话我就回去修改讲稿”。但他尤其看重的还是女王的幽默感，“她常常能把我们俩都逗笑”。而当女王跟朋友们在一起时，布朗就变成了笑柄。女王善于模仿，在多年的耳濡之下，她可以把苏格兰“土腔”[2]模仿得惟妙惟肖，能将这位新首相的话准确再现。女王的表妹玛格丽特·罗德斯说，布朗来巴尔莫勒尔庄园度假时日子很“不好过”。

[1] 亦称囊性纤维化、囊肿性纤维变性或囊纤维变性，一种常见的遗传疾病。此病症会影响病患的全身，导致患者逐渐行动困难以及提早死亡。囊肿性纤维化最常发生在欧洲人或阿什肯纳兹犹太人之中，此病症目前尚无治愈的疗法或药物，大部分患者都在二三十岁时因为肺衰竭而死亡，目前唯一可以延缓死亡的办法只有肺脏移植手术。

[2] 说土话的腔调。

2007年11月20日，伊丽莎白二世与菲利普迎来了另一个里程碑——他们将成为英国历史上首个结婚60周年的女王和亲王。“在母亲和妹妹离世后，爱丁堡公爵就成了女王的感情支柱。”女王的一位高级顾问如此说道。菲利普不在女王身边的时候，比如说，在桑德林汉姆庄园的“树林农场”过狩猎周末，他就会每天给女王打电话。“他们的感情并不摆在外面，但关系非常亲密，”另一位王宫廷臣说道，“只要菲利普出现在她身边，女王的情绪就很好，她会变得温柔、轻松、高兴。”

他们之间的宗教纽带也加强了。伊丽莎白二世的宗教虔诚从童年时就扎下了根，没有丝毫动摇；而菲利普早期信仰的是父母所属的希腊正教，后经过“坚信礼”[1]转而皈依了英国圣公会，此后对神学和不同的宗教信仰问题不断进行探索。“与女王相比，菲利普对宗教的态度是好奇多变的，”第103任坎特伯雷大主教乔治·凯里说道，“他一直在研究、探索，他就像个筑路工人一样，把多种宗教交汇在一起。他有充足的时间来做这件事，而女王也放手让他去做。”

但据他们的表亲帕梅拉·希克斯所说，伊丽莎白二世与菲利普也“并不是大家想象的那种一唱一和的老夫妻。他们的个性都很强。”二人的分歧之一即是对待媒体的态度。菲利普在2006年接受BBC的名主持杰里米·帕克斯曼（Jeremy Paxman）采访时说：“我不读小报。最多就是瞅一眼头版内容。我读不下去。但是女王能把手边的每份报纸的每一页都看一遍！”

菲利普在驾驶竞技马车时曾多次摔倒，女王坚持让他放弃这个活动，但他还是偶尔玩上一会儿。在其他事情上，女王则尽量避免与菲利普产生意见分歧。有一次，菲利普在桑德林汉姆庄园的更衣室需要重新粉刷，“按照女王陛下的指示，我们只得选择了跟旧有的油漆同样的颜色，这样他就看不出来了，”说这话的是托尼·帕内尔（Tony Parnell），他曾作为负责照管房子的男仆在桑德林汉姆庄园工作了30多年，“我觉得他并没发现房间粉刷过。”

女王让菲利普负责掌管王室的地产，他就放开手脚做了一些“实验”。他在桑德林汉姆庄园里开辟了一块“松露园”以培养有机松露；他还养殖了一些法国鹧鸪（他说这是些“蠢鸟”），种植了一些水果用于制作苹果汁和红醋栗酒。菲利普还负责掌管女王的艺术品收藏，他能发现一些崭露头角的艺术家，并在爱丁

[1] 基督教的入教仪式。

堡的画展上买下他们的作品，还亲自把画挂在他们的私人居所里。女王则主管私人住处的装修布置，“她在装饰和面料方面的眼光是很朴实的，”托尼·帕内尔说道，“所以房子的格调基本上没有变化。”

菲利普常常不引人注意地坐着他那辆“Metrocab”出租车在伦敦市内穿行，有时候甚至自己开车。第15代威斯特摩兰伯爵夫人简·威斯特摩兰在贝尔格莱维亚区有一个现代公寓，有一次菲利普开着这辆车去那里晚餐，“他戴着一顶帽子，就像个出租车司机一样，而他的保镖却坐在汽车后座上，”艺术家弗洛里克·韦茅斯回忆道，“到了以后他还不下车，而是开着车在外面转着圈子，为的是让我们看看那辆汽车转弯的灵活性有多么好。”

当菲利普与女王一同出现在公共场合时，他当着媒体记者的面也会口无遮拦，而这经常让女王担心。工党议员克里斯·慕林（Chris Mullin）记得，2003年女王到尼日利亚出席英联邦会议期间，曾出席了英国文化协会[1]在尼日利亚首都阿布贾（Abuja）办事处的揭幕仪式。在听完一位官员的致辞之后，菲利普怒气冲冲地说：“真是满篇废话。”接着他转身与几位女士攀谈起来，问后者是否是教师。她们回答说其工作是使人“empower”。“Empower？”菲利普大声说道，“根本不是个英语词！”慕林在当天的日记中写道：“这时女王注意到菲利普要惹出乱子了，就转过身随手指着阳台外面说：‘看……’菲利普后面的话被拦住了，他立刻走到女王身旁，后者继续说：‘……那个陶器厂。’他们离开后，我走过去看了看，外面根本没有陶器厂。”

按女王的要求，她与菲利普的“钻石婚”[2]庆祝办得很低调，并且以家人为主。11月18日星期天，女王夫妇去了“布罗德兰庄园”，重访当年他们度蜜月时曾在下面拍照的一棵树。女王当天戴的是双层珍珠项链，前胸别着钻石镶边的蓝宝石胸针，这都是60年前她曾佩戴过的首饰。他们站在布罗德兰庄园合影，摆的姿势也跟60年前几乎一样：她挽着他的左臂，两人相视而笑。菲利普已不像当初那么喜气洋洋，但他眼里的温柔依旧。当天晚上，查尔斯和卡米拉在克拉伦斯宫为他们举办了一个黑领结家庭晚宴。

第二天，女王和菲利普在威斯敏斯特大教堂参加了一个庆祝活动。威廉王

---

[1] British Council，英国文化协会于1934年成立于英国，致力于促进英国文化、教育、国际关系之拓展和交流。

[2] 结婚60年。

子朗诵了《约翰福音》[1]中的句子，其中包括“亲爱的弟兄啊，我们应当彼此相爱。因为爱是从神来的。”演员朱迪·丹奇背诵了桂冠诗人安德鲁·姆辛[2]的诗句：“a life where duty spoke in languages their tenderness could share, a life remote from ours because it asked each day, each action to be kept in view.”[3]

11月20日，女王夫妇坐飞机前往马耳他，重温当年他们作为一对无忧无虑的新婚夫妇在岛上的短暂温馨时光。一个月后，他们收到了一份迟来的钻石婚纪念礼物——王室的新成员詹姆斯·亚历山大·菲利普·提奥·韦塞克斯（James Alexander Philip Theo Wessex）出生了。与他的姐姐露易丝一样，爱德华王子和苏菲并未让詹姆斯接受“殿下”的头衔，而让两个孩子去追求一种皇家圈子外的生活。

在庆祝钻石婚期间，伊丽莎白二世与菲利普一直保守着一个秘密：他们23岁的孙子、皇家近卫骑兵团和第一龙骑兵的陆军中尉哈里王子正要奔赴阿富汗的赫尔曼德省（Helmand Province）开展为期7个月的军事行动。自从2001年攻入阿富汗以及2003年攻入伊拉克以来，伊丽莎白二世不间断地从军队和外交部的高级官员那里获取战事的进展情况，所以她对两地的英国军队所面临的危险非常清楚。

女王作为军队的最高领袖，其职责是神圣不可侵犯的。她遵从军队的等级制度、军队的典礼仪式、军队的传统，还时常穿着军装；她有着一颗军人的心。军队的官兵们明白他们是在为女王、为国家而战。“王室在军界有着自豪和快乐。”1997年至2001年担任英国国防参谋长的克雷吉班克的格里斯男爵（Baron Guthrie of Craigiebank）查尔斯·格斯里将军（General Charles Guthrie）如此说道，“无论刀山火海，军队永远效忠于女王，她是他们的最高统帅。”

---

[1] *Book of John*，《圣经》新约正典的第四部福音。

[2] Andrew Motion，1952年生于伦敦，毕业于牛津大学。出版有诗集《快乐汽船》（1978）、《独立》（1981）、《秘密故事》（1983）、《危险游戏》（1984，获里斯纪念奖）、《自然原因》（1984）。两本批评专著《爱德华·托马斯的诗歌》（1978）和《菲利浦·拉金》（1982）。传记《兰伯特夫妇》（1987）。小说《苍白的同伴》（1989）。1999年被授予“桂冠诗人”。英格兰艺术委员会成员及皇家文学协会会员。

[3] 译文：这种生活，千言万语汇成的是责任二字；这种生活，我们无法理解，因为它时时、处处、事事无所隐瞒。——出自《钻石婚礼》（*Diamond Wedding*）一诗前两节。

无论是在“二战”期间与卫戍部队同在温莎堡避难，还是在女子后方勤务部队的短暂服役，女王从小就对军事怀有浓烈的兴趣，也时常与高层军官在午宴、晚宴或接见会上做非正式会谈。她跟军人们在一起时非常放松，走入上千人的部队也毫不打怵。有一次她将一张杂志照片寄给了一位指挥官，照片上是一匹花斑夏尔公马[1]，她认为这匹马很适合在皇家骑兵团当战鼓马。

女王关于军队传统和习俗的知识非常渊博，军官们也不断帮她丰富相关的知识。约翰尼·马丁-史密斯（Johnny Martin-Smith）中尉曾在温莎堡执行警卫任务，有一次他受邀与女王共进晚宴，席间女王问他：“威尔士近卫团需要配发新的制服吗？穿红袜子会不会违反传统？”当天她曾从窗户里看见威尔士近卫团的士兵们在搭建台子，她看见他们脚上穿的是红袜子，而不是传统的绿袜子，所以才有此一问。

“女王的眼光非常敏锐，比鹰眼还犀利。”一位王宫廷臣如此说道。在每年为纪念国王诞辰所举行的皇家军队阅兵典礼过后，她总会批评一些高级军官，有时是问为什么有个士兵站错了位置，有时是批评某个士兵握枪时手指乱动。“我希望割破手的那个士兵能尽快康复。”某年她对一位军官说道。当年的阅兵式上，站在前排的一个士兵的手被刺刀划破了，而在场的除了女王谁也没有注意到，而她当时站得离这位士兵挺远。“有人割破了手，夫人？”那位军官问道。“是的，”女王答道，“他站在中间位置，第3个或是第4个。”

女王“不用去读三卷本的阿富汗史书”，常与女王会面的查尔斯·格斯里说道。她听军官的简报、与来自前线的士兵谈话、阅览公文箱里的文件、读报、看电视，她对当前的局势非常清楚。“我可以跟她说自己的想法，”格斯里说道，“我甚至可以批评政府，她都能听得进去，但她不发表意见。她不喜欢政治八卦。她会对一些有关时事的问题发问，但不是讯问，只是普通的谈话。她很明白自己的宪法权利，不会做违反宪法的事。她绝不是要指挥军队。”

2006年，工党政府合并了很多历史悠久的团以节省开支，女王只是对此进行了询问，而并未参与讨论。“她知道我们的团级单位太多了，”布莱尔的办公室主任乔纳森·鲍威尔说道，“她对此问题很关心，但她不会去影响议程。”当历史悠久而神圣的“苏格兰高地警卫团”（Black Watch）与其他5个团并入“皇家

[1] 夏尔马是英国传统的良种马，也是世界上最高贵的挽用马。这种马可以拉动5吨的重物。几个世纪以来，无论是和平时期还是战争年代，夏尔马都曾是英国人最得力的助手。

苏格兰兵团”（Royal Regiment of Scotland）成为其中一个营的时候，女王在与一位团长谈话时难掩心中悲伤。女王的母亲王太后曾在“苏格兰高地警卫团”担任了65年的名誉团长，而王太后的3个兄弟都曾在这个团里服役，其中一个还在一战战场上献出了生命。

对威廉王子和哈里王子参军一事，女王是万分赞成的。查尔斯·格斯里当时与女王商议过这个问题，他解释说：“这是个传统，是件好事。在军队里可以学到领导才能。在那里王子们能接触到来自社会各个阶层的人，包括来自贫穷人家的孩子。这对他们以后的发展很有帮助，是件好事。”而两位王子都选择了参加陆军，而不是他们的父亲、叔叔、祖父曾服役过的海军，也反映了现代战争的实际需要以及英国作为海上霸主的衰落。军队还给了威廉和哈里远离公众关注以及媒体追逐的避风港。

军队的兄弟情谊和铁一般的纪律对哈里王子尤其有好处，年轻的哈里几乎走在了堕落的边缘。17岁时他就吸食大麻，查尔斯随后带他去了一所戒毒中心，听戒毒的瘾君子讲述他们的故事。这位王位第三顺位继承人还有其他劣迹：在伦敦夜店喝得酩酊大醉，还在一个化装舞会上佩戴纳粹十字臂章……哈里王子有一头红发，脸上还长着雀斑，外界一直有流言说他其实是詹姆斯·休伊特的儿子。这些流言没有丝毫可信性，因为戴安娜是在哈里出生之后才与詹姆斯·休伊特约会的。而戴安娜与父亲长得并不像，反而长得很像她的外婆露丝·弗莫伊。哈里王子其实是遗传了戴安娜娘家斯宾塞家族的外貌特征。

哈里王子去伊拉克前线一事首次提及是在2007年年初。他决定要与自己的战友同去前线，但媒体的宣传引来了恐怖分子要针对他发动袭击的传言。陆军总参谋长理查德·丹纳特爵士就驳回了他要上前线的申请。女王赞同这一安排，还安慰了沮丧的哈里。她对哈里“浪子回头”的决心深表支持。

这年年末，皇家近卫骑兵团和第一龙骑兵将被派往阿富汗，丹纳特与首相戈登·布朗、威尔士亲王查尔斯以及女王进行了商谈。他们决定将哈里也一同派去，但这个消息仅限少数经过筛选的媒体知道，后者答应直到哈里安全返回英国后再向外透露这一情况。女王与25年前支持儿子安德鲁上前线时一样，对此决定未有丝毫犹豫。12月在温莎堡过周末时，她将这个决定告诉了孙子哈里。“我想，得知我能去做自己愿做的事，她也松了口气，”哈里说道，“她是跟我谈论这个话题的最好的人选。”

哈里王子于圣诞节前几天抵达阿富汗前线，被部署在前线作战基地。这里敌人的机枪、狙击枪、火箭弹和迫击炮的袭击司空见惯。他呼叫空袭支援，还在塔利班控制地区进行常规徒步巡逻。作为作战小组的领导，他带领着11名士兵执行侦察任务，其危险性无须言表。与此同时，他还需要“跟大家‘一起干活吃饭’，自己做饭，为大家煮咖啡，自己清理武器装备”，时任英军驻阿富汗指挥官的理查德·坎普上校（Colonel Richard Kemp）如此写道。

哈里去了阿富汗前线的秘密仅仅保持了10个星期，随后就被一家澳大利亚杂志、一家德国报纸报道出来，一家名为“德拉吉报道”（Drudge Report）的美国网站也对其进行了宣传。英国国防部随即从阿富汗赫尔曼德省将哈里调回国内，其中部分原因是考虑到他的作战小组的安全。在回国之前，哈里王子说：“我的愿望都实现了，我做到了。”他同样心存感激，说：“偶尔做一次普通人是件很好的事。我想这就是我作为一个普通人能做的事了。”

2007年的最后一个月，一部小说的面世令公众的注意力再次投向女王。在《非比寻常的阅读者》一书中，阿兰·本奈特将伊丽莎白二世描述为一个痴迷阅读的人。书中的女王把自己称作“opsimath”，还很高兴能找到这个词来形容一个晚年迸发出学习热情的人。“她”不顾烦琐的公务缠身，尽情地在书海里畅游——米特福德、奥斯丁、巴尔扎克、皮普斯、拜厄特、麦克尤恩、罗斯，甚至还有劳伦·巴考尔[1]的回忆录——“她”对巴考尔“丰富”的人生羡慕不已。书中的女王常常问及别人的阅读喜好，这经常让人手足无措；“她”的阅读热情让王宫廷臣和王室成员进入高度警惕的状态；“她”甚至还决定开始写作并“通过分析和思考”挽救人生。

以上情节纯属本奈特的虚构，考虑到女王根深蒂固的责任感和脚踏实地的作风，她根本不可能做出这样的事。但与20年前的戏剧《归属问题》一样，本奈特把此书的重心放在了女王未被人发现的品质上面，重在描绘她精明、敏锐、爱钻研等特点，书中女王俏皮的智慧也颇具可信性（书中有个情节是说女王在下午茶时间读亨利·詹姆斯的书，她禁不住开口嘟囔道：“哎呀，快上车吧！”）。[2]

《非比寻常的阅读者》在英美两国销售火爆，人们口耳相传，对其好评如潮。《纽约时报书评》的杰瑞米·麦卡特（Jeremy McCarter）写道，继影片

[1] Lauren Bacall，原名贝蒂·琼·珀斯基，美国著名影视明星。

[2] 原书此处只有作者名而无作品名，怀疑是《黛西·米勒》一书中当沃特夫人要求黛西上车跟她一同离开时两人争论的情节。

《女王》之后，《非比寻常的阅读者》一书“让读者看到了陛下人性化的一面；同时也让大家明白，大理石也是有纹理的”。与影片《女王》一样，本奈特此书意在表达希望女王突破种种禁锢，从重重压抑中释放真实自我的美好愿望。本奈特书中最令人感动的是，“女王”发现只有在读书时才能体会到真正的平等主义：“读书是没有身份和地位限制的……在读书的时候，她才是一个常人。”

真实的女王对文学的态度一直非常审慎，但她对每年一度的“英联邦作家奖”（Commonwealth Writers’ Prize）很感兴趣，这是一个面向全球作者的文学奖项。她读获奖作品，一是为了乐趣，二是作为英联邦元首的义务。她读的大多是历史小说，最近几年她读过的有：凯特·格伦威尔（Kate Grenville）写的《神秘的河流》（*The Secret River*），描写的是澳大利亚早期的殖民生活；劳埃德·琼斯（Lloyd Jones）所写的《皮普先生》（*Mister Pip*），写的是巴布亚新几内亚的故事；还有劳伦斯·希尔（Lawrence Hill）的《黑奴书》（*The Book of Negroes*），写的是被贩卖到加拿大的黑人的命运。每年夏天，女王都会邀请“英联邦作家奖”的获奖作者到白金汉宫参加招待会。“招待会是非正式的，”陪同作家们一同出席招待会的“英联邦基金会”董事马克·科林斯说道，“招待会在楼上女王的私人公寓举办，屋子里到处是柯基犬跑来跑去。”在20分钟的时间里，她与获奖作家讨论着后者的籍贯、灵感的来源以及写书的经过。“女王会问书中故事发生地的选择、角色，还有作者想要表达的感想，”科林斯回忆道，“整个讨论进行得有条不紊。”

伊丽莎白二世不是那种对死亡郁郁不安的人，但在过了90岁之后，她几乎是列出了一份“皇家遗愿清单”，抓紧时间去做自己尚未体验过的事，去游览没看过的地方。2008年6月，她第一次到圣詹姆斯大街上的“普拉特”（Pratt’s）参加了午宴。这是一个男士俱乐部，其老板是德文郡公爵。她是应一个名为“狩猎俱乐部”（Shikar Club）的环保组织的邀请前来的，女王夫妇与另外10个俱乐部成员一同坐在壁炉前面喝酒，吃美味的熏鲑鱼、羊排，还有糖浆馅饼。第二年7月，她去看了每年一度的“天鹅喙标记活动”（Swan Upping），这个活动可以追溯到12世纪，那时泰晤士河上的天鹅（属于王室财产）数目要经过官方统计。她甚至开始在每年的桑德林汉姆庄园冬季度假时乘坐通勤列车从伦敦去诺福克的金斯林，并在度假结束时再乘坐列车返回伦敦，但她并不与普通乘客坐在一起，为了安全起见，女王一行是坐在列车上的一个头等卧车包房里。

在桑德林汉姆庄园和巴尔莫勒尔庄园的猎雉、猎鹿和钓鱼周末期间，女王开始更多地邀请下一代的年轻人参加。一位从20世纪50年代起就是这里常客的女士说："我们跟女王和菲利普见面的次数变少了，他们不是只跟年老的朋友们交往。"

女王老朋友的孩子们也发现，当他们邀请女王参加一些非正式宴会时，她会很乐意。在宴会上，她跟他们10来岁的孩子们交谈，问他们问题并认真倾听。女王当初的伴娘之一伊丽莎白·朗曼夫人（朋友们都称她"史密斯"）满80岁时，伊丽莎白二世到她的小公寓里参加了后者的祝寿鸡尾酒会。女王到来后，她的女保镖在车里等着，而她则是在一位客人的陪同下登上了摇摇晃晃的电梯。她在聚会上待了1个多小时，花了整整15分钟与史密斯的孙子弗雷迪·范·泽文伯根（Freddy Van Zevenbergen）（一个为大型建筑制作缩尺模型的设计师）聊天。

9年过去了，2008年6月，女王终于在皇家阿斯科特赛马会的最后一天赢下了一场比赛。在"切舍姆大奖赛"（Chesham Stakes）上，她的两岁马"自由人"（Free Agent）在距离终点还有600多米时尚落在10匹马的身后，但由理查德·休斯（Richard Hughes）驾驭的"自由人"最终脱颖而出，领先二又四分之一个马身赢得冠军。"赢了！"女王欢呼道。当时她正坐在丈夫和养马顾问约翰·沃伦中间，她一下子跳起来挥了一下拳头。这是一个在公共场合罕见的动作，而BBC抓拍下了这个镜头，并用在了当晚的新闻广播里。"那是一个真正快乐的时刻。"约翰·沃伦回忆道。赛后，"她快步朝小牧场走去，好像回到了20岁一样，"时年52岁的沃伦说道，"我们都快跟不上她了。骑师想跟女王描述比赛的情形，但她只想去抚摸一下她的爱马。"

这一周早些时候，影片《女王》的主演海伦·米伦到阿斯科特出席一个颁奖典礼，女王就邀请荧幕中的"自己"到皇家包厢喝茶。"要是她不喜欢那部电影的话，是不会邀请我去喝茶的，"海伦·米伦说道，"能受到她的邀请，我很感动。"女王对她说："你好，见到你很高兴。"接着她们就谈起马来。这是女王第二次与扮演自己的演员见面。几年之前，她曾见过在《归属问题》中扮演自己的普鲁内拉·斯凯尔斯（Prunella Scales），当斯凯尔斯在迎宾队列中向伊丽莎白二世鞠躬时，女王对她说道："我猜你心想的是我也要对你鞠躬吧。"

2008年11月，女王的长子查尔斯也度过了60岁生日。他也由此成了英国历史上年龄最大的威尔士亲王。排名第二的是爱德华七世，他在1901年维多利亚女王去世后于59岁继位为国王。11月13日，查尔斯生日的前一晚，伊丽莎白二世在白金汉宫为查尔斯举办了一个黑领结招待会、交响音乐会和晚宴，向儿子表示庆祝。而最有意义的还是此前一天女王和菲利普参观了“王子信托基金会”的总部，这是查尔斯的主要慈善项目，从1976年设立以来已经帮助了50多万残疾年轻人学习技能并找到工作。

查尔斯一生都在渴望得到父母的认可，他名下有20个慈善项目，还是330个慈善组织的赞助人，而女王当天的评语，是对其善行的罕见的公开支持。“看到他如此勤恳地从事公益事业、为民效力，我和菲利普亲王深感欣慰。”女王如此说道。

2008年查尔斯一共参加了560个公务活动，超过了妹妹安妮公主的纪录（当年安妮公主共参加了534个公务活动），成了“最勤奋的王室成员”。女王在2007年共参加国内外公务活动440个，2008年降到了417个。此时女王82岁，已经超过英国法定退休年龄17岁，但她并没有放慢脚步的迹象。上一年12月，她刚刚超过活了82岁又243天的维多利亚女王，成了英国历史上最为年长的国王。

她一如既往地履行她的职责，一是作为国家元首，在海内外代表英国政府；二是作为民族领袖，与人民保持联系，并对他们的成就做出嘉奖。刚刚即位时，她每年要主持26次授勋仪式，现在这个数字已经减少到了15个，其余的由查尔斯王子和安妮公主分担。

“对女王的公务安排需要非常巧妙的策划，”前审计官马尔科姆·罗斯说道，“要减少她的劳累，还不能被她察觉。”一旦顾问们在日程安排里让她得以休息的企图太过明显，“她就立刻能发现，并问为什么不让她多做一些。”一位与王室工作人员关系很近的消息人士说，“她不愿错过任何一件事。”

罗宾·詹弗宁，这位女王的私人秘书、王室现代化的先驱，在2007年退休了。接替他位置的是时年46岁的克里斯多夫·基特（Christopher Geidt），他来自外交部，在伦敦大学国王学院（Kong’s College London）和剑桥大学获得了学位，其思想与詹弗宁相仿。他效率很高、轻松幽默，两位私人秘书的过渡非常顺利。

王宫的公关工作现在由两位40岁不到、正在抚养小孩的女性全权掌管。其中一位是萨曼莎·科恩（Samantha Cohen），女王的公关兼新闻秘书，她是澳大利亚人，曾是澳大利亚地区报纸的撰稿人，在进入王室工作之前是“英国国家电网”（National Grid）这家国际电力和天然气公司的公关部主任；另一位是艾尔莎·安德森（Ailsa Anderson），女王的副新闻秘书，她原先是在韦塞克斯郡的当地报社工作，后进入行政部门，先后担任国防部保守党党员尼古拉斯·索姆斯（Nicholas Soames）和布莱尔内阁大臣工党党员玛格丽特·贝克特（Margaret Beckett）的新闻秘书。科恩和安德森都是聪明、老练、坦率、坚韧的性格，她们俩在保护了女王的私人生活的同时大胆重塑女王现代化象征的形象。

伊丽莎白二世应对危机的反应变快了，她在公众面前也变得更加富有感情。她现在能把自己全方位地展现在公众面前。她能跟各种各样的人惬意地交谈，无论是身穿乳胶套装的流行歌手Lady Gaga，还是头戴粉红假发的时尚设计师桑德拉·罗德斯（Zandra Rhodes），还是身穿乞丐版牛仔裤的摄影师大卫·贝利（David Bailey），她都能应付自如。2008年秋季，全世界陷入金融危机之中，女王到伦敦经济学院（London School of Economics）视察时听了关于信贷危机的讲述，随后问了一个核心问题："为什么没有人预见到危机的到来？"一位王宫官员说："现在人们对女王的感觉是，她更亲切、更随和、更通人情，也更贴近群众。"

25年前女王就从罗纳德·里根那里得到了第一台电脑，但在科技方面，她远远落在菲利普后面。菲利普从20世纪80年代就开始在电脑上写信，并成了电子邮件和互联网的爱好者，尤其将其应用在演讲材料的搜索方面。伊丽莎白二世终于学会了使用手机并给（外）孙子（女）们发短信，用电脑管理马匹信息。在安德鲁王子的建议下，她2005年用起了iPod。虽然仍对纸笔割舍不下，她也终于开始用电子邮件与家人通信。1997年王室网站上线后10年，女王于2007年12月在YouTube上有了自己的频道，第一周就得到了100万的点击量。

说到女王接纳新事物方面，最有意义的当属2008年秋季她对Google伦敦总部的视察。在女王访问当天，这个富有活力的年轻公司将其英国主页的"Google涂鸦"设计为女王与其王冠的样式。菲利普"是一个Google的狂热用户"，女王的一位高级顾问说道："他总是在Google上搜东西，还把找到的内容与女王分享。"女王夫妇在Google的办公室里待了1个多小时，与身着休闲服的年轻员工们交谈。"你刚跑步回来吗？"菲利普对身穿帽衫、卡其裤和运动鞋的销售主管马修·特瑞维拉（Matthew Trewhella）说道。

在此次访问中，伊丽莎白二世用戴着黑色手套的右手灵活地控制着鼠标，向王室频道上传了一段1968年在白金汉宫接见奥运会运动员的视频。当女王夫妇看到Youtube上著名的“爱笑的宝宝”视频时，他们被其气氛感染，咯咯笑了起来。“这小东西太可爱了，是吧？”女王对丈夫说道，“小孩子能笑成这样，真是太有趣了。”

虽然现在伊丽莎白二世将注意力放在了“此时此地”，但她不论在公开场合还是在私底下都深深怀念着故去的母亲。2009年1月，在桑德林汉姆庄园过狩猎周末时，随着王太后最后一只柯基犬“艾玛”的死去，她与母亲的纽带又断了一条。女王在晚饭前面带悲伤地走进房间向大家宣布了“艾玛”死去的消息，菲利普则尽力安慰她。

2月，王室一家与许多朋友一起到卡尔顿宫（Carlton House）的前场，为王太后的铜像揭幕。这尊铜像高2.7米，身穿嘉德骑士服的王太后面带微笑。铜像是按照王太后51岁的样子塑造的，因为其身后上方位置即是乔治六世的铜像，后者也是身穿嘉德骑士服，是按照56岁去世时的样子塑造的。“我的祖父母终于团聚了。”在女王拉动绳子扯下覆盖在铜像上的盖布时，查尔斯亲王如此说道。王太后的纪念碑共耗资200万英镑，是通过售卖伊丽莎白二世80岁寿辰纪念币筹集而来的。除了铜像之外，还有3.35米长的铜塑带，描绘的是王太后在“二战”期间于伦敦东区慰问无家可归的民众，为她的一匹获胜马匹喝彩，以及在梅伊堡的花园里与两只柯基犬在一起的情形。

几个月后，伊丽莎白二世作为神秘嘉宾出席了“梅伊堡基金会”（Castle of Mey Foundation）的筹款招待会。梅伊堡这座王太后最喜欢的庄园已于2002年8月对公众开放，其城堡和花园的维护费用由私人基金支付。按原来的安排，伊丽莎白二世只需在白金汉宫旁边的“戈林酒店”（Goring Hotel）稍微露个面，但她在这里一待就是一个半小时，其间她在大厅里四处走动，与赞助人以及潜在的捐赠者亲切交谈。一位英国商人感动于与女王的邂逅，后来为基金会开了一张2万英镑的支票。

与她所有的首相相比，伊丽莎白二世有一个优势，那就是她对英国的了解，而这些了解是在被称作“外出时间”期间、对大小城市和村庄的访问中积累起来的。“她对她的国家的每一寸土地都了如指掌，这一点无人能及，”查尔斯·鲍威尔曾担任玛格丽特·撒切尔和约翰·梅杰两位首相的私人秘书，在此期间他才真正惊讶于女王的这些专门知识。“她花大量时间与人们交流，所以她对英国人的生活有着清晰的了解。我认为她明白普通民众的生活现状。”

2009年3月，伊丽莎白二世10年以来首次访问了东约克郡的“赫尔河畔金斯顿市”（Kingston upon Hull），据《泰晤士报》所述，这里是“东约克郡里共和主义的坚固堡垒”。1957年女王首次访问金斯顿之前，她的一位顾问在草拟讲稿时首句写道：“我非常高兴今天能到金斯顿来。”女王审稿时果断删去了“非常”二字，她说：“我到金斯顿会感到高兴，但绝不是‘非常’高兴。”时隔52年，无论“非常”这个副词用在此次访问时是否妥当，女王更希望看看经济衰退以及两年前的暴雨对这个往日繁荣的航运中心所造成的影响。

此次访问共4个小时，其活动路线由王宫的顾问和东约克郡的首席治安官苏珊·坎利夫–李斯特（Susan Cunliffe–Lister）共同制定。若是在年轻时，女王大概会在8个地方驻足，但现在，她只能访问4个地点，到午餐时结束。为让女王有充足的准备，坎利夫–李斯特呈交了一份70页的简报，概述了她要接见的人、将要参观的地点，以及在市政厅举办的午宴的菜单和座位安排情况。王宫官员则拟定了一份17页的单行距安排表，详细列举了女王活动的每一个步骤。

因为需要乘坐火车前往金斯顿市，为了尽量减少对铁路系统正常运行的干扰，同时又需要按时到达，伊丽莎白二世与菲利普是在赫尔市附近的皇家专列上过的夜。紫红色锃亮的皇家专列自从1842年维多利亚女王首次使用以来一直是王室的主要交通工具。伊丽莎白二世所用的这列火车颇有怀旧风格，其设备可以追溯到20世纪70年代。在皇家专列上，女王和菲利普各有一个车厢（王室内部将其称作“大厅”），车厢又被分隔成卫生间、卧室和客厅，客厅里有一张书桌、一张小餐桌。车厢内的家具都是原色木料支撑，地板上铺着朴素的地毯，塑料墙壁上挂着苏格兰风景画和维多利亚时期的铁路地图。

3月3日上午10：20，皇家专列驶入赫尔市车站。站台上等候着前来迎接他们的当地显要人物，有市长、郡长及教区执事；王宫官员们戏称他们是“镣铐苦役”，一是因为他们的迎接仪式中礼节烦琐，二是因为他们都身穿传统盛装：身披斗篷，下着齐膝短裤，脚穿带扣鞋，头戴插有羽毛的帽子。女王的随行人员很少，只有一位内廷女官、一位助理私人秘书、一位侍从武官和几位安保官员，但当地派出了一支庞大的安保队伍。

在女王的要求下，她接见了很多平民，而高官达人的数量就少了一些。女王的宾利轿车已于前一天晚上由卡车运抵赫尔市，其发动机罩上绘制的是“圣乔治屠龙”图案，车顶上则装饰着镶有女王纹章的盾徽。女王在5分钟时间里沿着车站外的栅栏走了20多步，向前来迎接她的人群致意，随后坐车去了“女王肿瘤和血液病诊疗中心”（Queen's Center for Oncology and Haematology），在那里她又用了近1个小时与病人、医生和护士交谈。

49岁的菲尔·布朗（Phil Brown）是赫尔市足球队的经理，他在市政厅举办的午宴上就坐在女王身边。“她有一种神奇的本领，对来自各个社会阶层的人都能应付得来，收放自如。”他说道。女王与同桌的人亲切交谈，其中包括一位帮助小孩过马路的交通安全员、一位救护车司机，还有一位生态社区建设志愿者。那位交通安全员名叫玛利亚·瑞珀（Maria Raper），当她看到女王快速吃完面前的三层巧克力奶油冻后补口红的情景时，不禁惊呆了；令她同样惊讶的是“整顿饭的时间里她都在撕面包卷”。女王“先是把面包卷展开，随后一点点撕着，到吃饭结束时，她面前的盘子里全是一小块一小块的面包”。一整天时间里，伊丽莎白二世始终面带微笑、不慌不忙，心中想的是当初马丁·查特里斯对她说的“去散布一种幸福感”。第二天的《赫尔每日邮报》（*Hull Daily Mail*）用通栏大标题赞美了女王此行的意义：《她是一服皇家滋补药》。

几周之后，女王的注意力从国内转到了国际方面，准备迎接墨西哥总统费利佩·卡尔德隆（Felipe Calderon）的对英国事访问。迄今为止，女王已经接待了96次国事访问，她对仪式和礼仪的细节却仍未有丝毫松懈。在宴会厅举行的国宴经过精细的安排，连桌上的水果都擦得闪闪发亮。

在费利佩·卡尔德隆来访期间，女王和菲利普亲王在白金汉宫举办了一个招待会，招待参加“20国集团峰会”[1]的20位国家首脑。在招待会之前，他们还首次与47岁的新任美国总统贝拉克·奥巴马及其45岁的妻子米歇尔见了面。

布莱尔首相与比尔·克林顿、乔治·W.布什两位美国前总统之间有很强

[1] G-20，一个国际经济合作论坛，于1999年12月16日在德国柏林成立，属于布雷顿森林体系框架内非正式对话的一种机制，由8国集团和11个重要新兴工业国家以及欧盟组成，旨在促进工业化国家和新兴市场国家就国际货币和金融体系的重要问题开展富有建设性和开放性的对话，并通过对话加强国际金融体系架构，还为处于不同发展阶段的主要国家提供了一个共商当前国际经济问题的平台。20国集团的成员由19国的财政部部长和中央银行行长组成，即中国、阿根廷、澳大利亚、巴西、加拿大、法国、德国、印度、印度尼西亚、意大利、日本、韩国、墨西哥、俄罗斯、沙特阿拉伯、南非、土耳其、英国和美国，另外一个成员是欧盟，由欧盟轮值主席国和欧洲中央银行行长代表欧盟参会。

的个人纽带，但在他的继任者戈登·布朗身上，尽管他曾数次到科德角（Cape Cod）的普罗温斯顿（Provincetown）夏季度假，他与美国的关系就不那么亲密了。奥巴马对“美英两国的特殊关系”也表现平淡。他刚上任不久，就将乔治·W.布什引以为荣、摆放了7年之久的温斯顿·丘吉尔青铜半身像送还了英国。英国政府在“9·11”事件过后将此铜像借给美国，“以象征两国跨大西洋的紧密联系”，而奥巴马决定不再继续租借下去了。

当第44任美国总统及夫人走进白金汉宫“花园大门”（Garden Entrance）时，他们心里怀着强烈的期盼，总统夫人甚至告诉一位廷臣说她对与女王见面而心感紧张。伊丽莎白二世特意安排她的美籍内廷女官基妮·艾尔利来迎接奥巴马夫妇，然后由王室总管大卫·沃克陪同他们到楼上的私人会客室，在那里他们与女王夫妇轻松愉快地交谈了20分钟。女王夫妇赠送给奥巴马夫妇一份“标准版”礼物——一张裱框的签名照，奥巴马夫妇则送给女王一部支持视频播放的iPod，里面已经下载了40首经典音乐，还有照片、女王1957年和2007年的访美录像，另有2004年奥巴马在民主党全国大会（Democratic National Convention）上的演讲以及他的就职演说和照片。

伊丽莎白二世和菲利普亲王又在迎宾队列中依次接见了20国首脑峰会的其他元首，随后他们前往白金汉宫的“画廊”，参观那里卡纳莱托、鲁宾斯、伦布兰特（Rembrandt）、维梅尔（Vermeer）、荷尔拜因的名画。“女王知道，当她走进大厅时，她就是这里最耀眼的国家元首，”加拿大前总理布莱恩·马尔罗尼说道，“尽管英国并不是20国里最强大的一个，但她在这些人里独占鳌头。”

接见会的气氛非常热烈，女王泰然自若地在诸多首脑人物中四处走动交谈，甚至不需要内廷女官和侍从武官的介绍引见，而他们的任务只是在一旁守候，并与等待跟女王交谈的元首们聊天。美国国务卿希拉里·克林顿（Hillary Clinton）像一位政治候选人一样在大厅里来往应酬，一度抢在女王之前与法国总统尼古拉·萨科奇（Nicolas Sarkozy）谈话，而据一位内廷女官后来所说，伊丽莎白二世觉得她的做法“非常有趣”。

奥巴马身高1.86米，他的妻子身高与他相近，于是他们夫妇就成了仪式上的“一对高塔”。米歇尔·奥巴马与女王交谈时，两人转向内廷女官苏珊·赫西夫人，让她看看她们的身高差异：总统夫人搂住了女王，她的手臂放在女王的背部上方；女王也同样拥住了米歇尔，但她的胳膊只搂住了后者的腰。10秒钟过后，女王放开了手臂，但米歇尔却未放手，甚至还拍了拍女王的肩膀以示安慰。

但是录下这一情景的电视录像制作人彼得·威尔金森（Peter Wilkinson）说："事情自然而然就发生了。女王和米歇尔比身高，女王的个头刚刚到米歇尔的肩膀位置，当她们搂在一起时，女王开玩笑般地仰头看天，苏珊·赫西夫人一直在笑，她们似乎是在合伙表演比身高的趣事。"

这段影像在电视上播出后，引得报纸小题大做，他们认为米歇尔此举简直"不可思议"，是对礼仪规矩的亵渎。其实，女王近些年来在美国和澳大利亚经常遇到这样的事，她亦在公共场合与好友拥抱、亲吻脸颊，现在的她已经能够接受一些亲昵的动作。王宫官员马上针对此事进行了解释，说米歇尔的举止并无冒犯和失礼之处，一位王宫发言人说，那是二人"在互相友爱欣赏之下的自然动作"。一位廷臣说："这种事不能用规矩去衡量。因为它就那么发生了。我们以前从没见过这种情况，但女王很高兴，一切都和美顺利，所以她脸上的表情透露着真心的高兴。"

2009年11月，伊丽莎白二世展开了此年最重要的对外访问——先在百慕大待两天，然后对特立尼达和多巴哥进行为期3天的国事访问，还要出席两年一次的英联邦首脑会议。女王的王室总管，亦即第3代匹尔伯爵威廉·匹尔（William James Robert Peel）到希思罗机场为他们送行，而这种仪式总会惹得菲利普朝他大叫："好好看家啊！"

时年83岁的女王仍然一丝不苟地阅读简报，其中包括她将要会见的人的很多简介，若是名字比较难发音就按照英语的发音规则做标注，还有外交部所列出的外国领导人可能会提出的问题，等等。女王的日程安排是访问国与王宫官员共同拟定的，并经过女王的逐条审查，其程度十分紧凑，甚至精确到了半分钟。访问活动的重要信息都记在一个10cm×15cm的蓝色螺旋装订笔记本上，这个笔记本被称作"迷你小本儿"，里面记的是人名地名、后勤和安保细节、着装要求，甚至还有两个地点之间要走的步数，比如，"13+7"就表示"走13步，稍停，再走7步"。她的工作人员在一系列的预先考察中都对这些步骤做过反复演练。

女王此次百慕大之行是为了纪念400年前英国航海者被困于此并从此开始定居的历史。她在1953年加冕礼后的英联邦巡游中首次踏上了这个大西洋中偏远的领土，转眼已经过去了56年。

在经过8小时没有休息的飞行之后，伊丽莎白二世一行于下午抵达百慕大。率众热烈欢迎她到来的是百慕大总督理查德·戈兹尼爵士（Sir Richard

Gozney）——他身穿白色制服、头戴饰有天鹅羽毛的白色三角帽——和总理艾瓦特·布朗（Ewat Brown）。随后女王四处参观了一下，又在位于北部海滨的意大利建筑风格的总督府参加了90分钟的鸡尾酒会，受邀的宾客有150人，都是百慕大的杰出人物。

在招待会上，女王面带微笑在人群中应酬，却始终保持谨慎。与私下里开朗的表现不同，女王在这样的场合往往惜字如金。她已经在公众的注视下活过了几十个年头，现在的她在公共场合与人交流时就像在做“罗尔沙赫氏测验”[1]一样：说得很少，而让别人多发表意见和感想。在招待会后的小型晚宴上，总督理查德·戈兹尼注意到女王“看不出疲劳的迹象。她是自我控制的高手，外人看不出来，但她能合理支配自己的体力和精力”。在第二天12个小时的日程安排中，女王只有4个小时的休息时间，而这4个小时她是待在三居室的套房里浏览公文。

在百慕大访问期间，只要有机会，伊丽莎白二世就尽量徒步走动，她选择乘坐敞篷四轮马车在百慕大首都哈密尔顿（Hamilton）的街道上行进，并尽可能让车队慢一点儿行驶；因为她知道，正如她几十年前所说过的一样——“人们只有亲眼看见我才会相信。”据估计，共有2万人夹道向她致意，有的地方里外挤了4层人，远超1994年她访百期间的受欢迎程度。百慕大人民对王室的热情支持可以从下面这件事上得到证实：当总理艾瓦特·布朗主张百慕大脱离英联邦独立时，民意调查一再表示反对。

第二天，女王一行乘坐英国航空公司的波音777客机前往特立尼达，此次航程有4个小时，核定载客230人的飞机上只坐了60多人，除了女王夫妇之外，还有两位私人保镖、女王的侍从武官、两位内廷女官、一位医生、女王的私人秘书、一位发型师、几位男仆女仆、一些王宫行政管理人员、安保官员，还有15名来自电台和平面媒体的记者。

女王夫妇坐在头等舱，王室工作人员坐在商务舱，新闻界人士和安保人员坐在经济舱，豪华经济舱里的中间座位都被拆掉了，用于存放打包好的王室行李，由王室的差旅侍从（Traveling Yeoman）马修·金（Matthew King）负责看管。女王此行一共携带了13套服装，4套备用服装，两顶钻石王冠，大量胸针、项链、耳环和手镯。早些年，当女王乘坐“不列颠尼亚号”出行时，其“阵势”

[1] Rorschach test，又称墨迹测验，瑞士著名的精神病医生罗尔沙赫（又译罗夏克）所创立的人格测验的投射技术，是把被测试者对10种标准墨迹的解释作为情感、智力机能和综合结构的检测方法来分析的投射测验方法。

要比现在庞大很多，随行人员里还会有几位厨师和一支军方派出的小分队，王室工作人员还会随船携带大量丰富的食物和酒，亚麻布、瓷器、餐具，还有其他物品，比如印有女王名字交织字母图案的电热水壶供喝茶时使用。随着“不列颠尼亚号”退役，女王就不得不仰仗访问国为她备好某些食物和用品了。在特立尼达的“西班牙港”（Port of Spain），女王一行包下了卡尔顿·萨瓦纳酒店（Carlton Savannah hotel）12层的全部房间。

伊丽莎白二世在加勒比海地区可谓如鱼得水。特立尼达和多巴哥于1962年获得独立，并于1972年通过公投成立共和国，但他们选择继续留在英联邦内，并且在经济和文化方面与英国来往密切，其国民对女王的爱戴也是经久不衰。在抵达特立尼达的第一天晚上的国宴上，女王就用行动向这个国家表示了敬意：她出席宴会时，身上穿的是由安吉拉·凯丽设计的“纹章礼服”，上面绣有特立尼达和多巴哥的国鸟——美洲红鹮和棕臀稚冠雉[1]——和国花野生一品红。

第二天，伊丽莎白二世出席了在表演艺术中心举行的一场精心组织的典礼，并做了5分钟的讲话，这标志着英联邦首脑会议的开幕。在讲话中她说，大家应该合力应对环境问题，尤其应该对小国和危机承受能力较差的国家施以援手。“大家认真听着她的每一句话。”时任英联邦秘书长的印度外交官卡玛莱什·夏玛（Kamalesh Sharma）说道。

“英联邦就像是她的祖传宝物，”加拿大前总理布莱恩·马尔罗尼说道，“对她而言，英联邦是一个重要的成就和平台。”赞比亚前总统肯尼斯·卡翁达则说，若是没有了女王的领导和以身作则，“我们很多成员国会退出英联邦。”虽然没有行政权力，但女王学会了默默施加影响，在幕后静静地平息危机。她有自己的信息渠道，所以，对英联邦成员国，尤其是非洲国家的问题和顾虑，她比英国政府的高官了解得还要多。她与成员国的元首（连马克思主义者都算在内）私交都不错，所以，她甚至比英国首相与他们的关系都好。她可以与人讨论索马里的放牧权问题，也可以跟人聊某位元首的钓鱼习惯或最喜欢的赞美诗。菲利普亲王就曾说，女王已经成了“英联邦的心理治疗师”。

以前，伊丽莎白二世会与每位成员国政府首脑都进行20分钟的谈话，但这次在特立尼达，她只在私人接见会上接见了15位政府首脑，他们都是在两年前的英联邦政府首脑会议过后上任的。当晚，她在“凯悦大酒店”（Hyatt Hotel）为

[1] scarlet ibis，美洲红鹮，特立尼达的国鸟；cocrico，棕臀稚冠雉，多巴哥的国鸟。

出席会议的所有成员国首脑举行了晚宴，英国首相戈登·布朗也在其中，但他排在接见队伍的最后，与其他国家首脑相比并无特殊之处。宴会上使用的是镀金银质英联邦高脚杯，这些杯子于此前一周从伦敦运抵西班牙港，一直存放在中央银行的保险库里。

女王此行的所有安排都是由新闻秘书萨曼莎·科恩负责的。她负责安排摄影记者的拍照事宜，用心选择拍照的最佳位置和背景颜色，还与摄影记者们共同探讨，寻找最能体现人情味、打动编辑的角度。与王太后不同，伊丽莎白二世“不会直视摄影师”，长期担任王宫摄影师的罗宾·纳恩（Robin Nunn）说道：“时间长了你就会明白，她是看着某个特定的方向方便你来拍照。”

伊丽莎白二世想尽量多看看加勒比的文化风情，于是当时英国驻西班牙港的高级专员埃里克·詹金森（Eric Jenkinson）就组织了一系列音乐演出，演出之后是身着狂欢节盛装的孩子们的游行。摄影师和摄像师蜂拥而至，小姑娘们打扮成蝴蝶和蜂鸟的样子随着锣鼓的乐声旋转摇摆，大人们则是忙着用手机拍着眼前热闹的场景……面对眼前的狂乱、喧嚣和热闹，女王依旧泰然自若。10多个安保官员站在女王身旁，组成一道警戒线；萨曼莎·科恩搀着摄影师蒂姆·鲁克（Tim Rooke）的腰跟在女王身旁；摄像师彼得·威尔金森也在近处，但始终与女王的距离保持在1.5米开外，他要为女王的网站拍摄素材，同时也要拍一部DVD影像，以供女王日后观看，一是为了回忆眼前的盛景，二是录下她当时未留意到的人。

伊丽莎白二世此次海外访问的最后一个活动，是在第5天晚上出席一个露天聚会。聚会的举办地是英国高级专员的住宅，这栋桃红、泥灰色相间的住宅位于山顶上，可以俯瞰西班牙港。受邀前来的客人有65人，都是当地的知名人物，他们被按照体育、环境、文化等特点分成7组分别接受女王的接见。女王从上午就没有歇过，但她依然精神头十足，有条不紊。按照安排，这7组客人会与女王进行4分半钟的交谈，但女王和菲利普在阳台中央位置往返穿梭，尽量多跟他们说说话。

在接见客人时，女王总是倾过身子，微笑着做出中肯的评论。一位来自肯尼亚的年轻人冒失地问她，去年3月奥巴马总统送给她的iPod中她最喜欢哪首歌曲。“我用iPod的时间不多呢。”女王答道，巧妙地从这个棘手的问题中脱身而出，同时又未失礼。当晚天气很热，许多王宫官员都是汗流满面，但女王的脸上仍看不到出汗的迹象。

女王与詹金森及其妻子梅娅（Maire）在里间喝了点儿饮料，稍作休息就准备返程回国。女王与菲利普坐上汽车，他们离开时车内灯一直亮着，客人们都站在道路两侧为其送行，女王夫妇则挥手向大家告别。“那是一个完美的时刻。”一位安保人员说道。

星期天上午，伊丽莎白二世一行抵达伦敦希思罗机场，王室总管威廉·匹尔在机场迎接他们回家。女王仅仅休息了两天，就再度忙碌起来，陆续主持了一个授勋仪式，访问威灵顿公学（Wellington College）和阿什摩尔博物馆（Ashmolean Museum），又在温莎堡为25名客人举办了一个晚宴。“我有时候禁不住会想，她的顾问们知不知道她已经83岁了，”女王的表妹玛格丽特·罗德斯说道，“也许是她自己不愿慢下来吧。”

婚礼所带来的“阳光、欢笑和快乐是每个人都能感觉得到的”。

2011年4月，伊丽莎白二世与丈夫菲利普亲王在威斯敏斯特大教堂参加孙子威廉王子与凯瑟琳·米德尔顿的婚礼。

图像来源：Ian Jones Photography

第二十一章　女王万岁

迄今为止，英国历史上唯一一个在位时间超过60年的国王就是维多利亚女王。1897年，在乘坐马车6英里游行以庆祝登基60周年庆典时，当时78岁的维多利亚女王被人们的热情所感动，当着大家的面流下泪来。“他们对我太好了！”她一遍遍地说着。维多利亚女王当时身体过于虚弱，已经不能走进圣保罗大教堂里举行仪式了，就坐在教堂外的马车里举行了一个简短的感恩仪式。牧师和显贵人物围在她四周，唱诗班唱起《赞美颂》（*Te Deum*），随后是坎特伯雷大主教主持的布道仪式，他喊道：“为女王欢呼三次！”1901年1月22日，81岁的维多利亚女王去世，在位时间共63年零216天。而这个纪录到2015年9月就会被伊丽莎白二世打破了。

2012年，伊丽莎白二世的在位时间将达到60年，而考虑到她届时已是86岁高龄，登基60周年庆典活动也做了特意安排。女王的登基50周年庆典中包括4万英里的海外访问，而在登基60周年庆典的巡游中，她将只访问英格兰、苏格兰、威尔士和北爱尔兰的10个地区，对其余地方的访问将由其他王室成员代劳。60周年庆典活动与10年前有些类似之处——阅兵式、音乐会、午宴、晚宴、露天聚会、宗教仪式、主题活动、烟火表演，以展现近10年来人们对她的爱戴。“女王目前的受欢迎程度丝毫不亚于当初刚刚登基时的辉煌岁月，那时大家都对新女王无比忠诚爱戴，连丘吉尔首相都禁不住羡慕之情。”玛格丽特·撒切尔首相的高级顾问查尔斯·鲍威尔说道。

女王的地区性访问将在2012年5月开始，其登基日是在2月6日，但因为这一天也是她父王离世的日子，所以她常常是静静地度过来纪念她的父亲。

伊丽莎白二世登基60周年庆典的公共庆祝活动将在6月的第一周举行，持续4天，这一周的星期一和星期二也被定为法定假日。6周后举行的夏季奥运会将延续庆典的气氛，而英国的运动员们也将在此热情的鼓舞下为女王、为祖国赢得更多荣誉。

除去安保经费和财政部特批的100万英镑资金（用于支付如额外人员薪金等方面）之外，女王登基60周年庆典的经费全部来自非官方渠道，庆典中的音乐会和其他活动的经费则由广播公司和私人企业承担。“泰晤士钻石禧基金会”（Thames Diamond Jubilee Foundation）将出资组织“近代泰晤士河上最盛大的船队巡游”向女王表示祝贺，其时间定在6月3日星期日。参加巡游的船只至少有1000艘，船队绵延7.5英里，相比女王登基25周年豪华游艇巡游时的140艘船，这次千船巡游活动可谓盛况空前。女王与菲利普乘坐的游艇将驶在船队龙头位置，这艘游艇是特制的，它借鉴了18世纪皇家帆船的样式，由桨手人力划动。而伦敦市长鲍里斯·约翰逊（Boris Johnson）对此开玩笑说：“可以让涂油上镣的国会议员们来担任桨手。”

星期六那天，女王将去观看埃普索姆德比赛马。星期一的音乐会由BBC出资筹办，参加音乐会的是1.2万名通过抽奖选出的观众，这一点跟10年前的做法是一样的。他们还将参加在白金汉宫举行的露天聚会，随后是音乐会，后者的演出融合了古典与流行两种元素。与登基50周年庆典时一样，这次女王也要点燃一个火炬台，与此同时，遍及英国与其他英联邦国家的火炬台也会一起燃起。音乐会的舞台将以白金汉宫为背景，看台围绕维多利亚纪念碑搭建，在“林荫大道”上还会设立巨型屏幕对音乐会进行现场直播。

星期二，女王将在圣保罗大教堂参加感恩仪式，其后的马车巡游将重走当年维多利亚女王的路线。庆典活动既不简陋又不奢侈，因为女王希望将开支和公款用项限制在最小。

此次庆典的计划在2009年就开始了，王宫将这一年称作“构思年”。与50周年庆典时一样，此次庆典也是尽量低调，将人们的期望程度压低。女王的顾问们知道现在英国人民反对君主制的比率已经大幅度降低，但他们仍坚持低调行事。“共和主义现在已经不是一个秘密的政治立场，”《泰晤士报》专栏作家雨果·里夫康德（Hugo Rifkind）在2009年如此写道，“甚至它连个政治立场都算不上了。”自从1969年对君主制支持率进行民意调查以来，40年过去了，女王的支持率持续在可喜的80%左右。

英国王室不仅在国内受到民众的拥护和爱戴，在世界范围内都广受赞誉，对此最好的证据就是奥斯卡获奖电影《国王的演讲》（*The King's Speech*）。这部励志影片讲的是女王的父亲乔治六世是如何用毅力和艰苦训练来克服口吃顽疾的。影片不仅触动人心，还展现了王室忠于职守、正直无私、勇往直前的品质。在一个又一个影院里，观众在影片结束时纷纷起立鼓掌。

出于对人们有此反应的好奇，伊丽莎白二世就在私人影院里看了这部电影。“总体而言女王很喜欢这部电影，”她的表妹玛格丽特·罗德斯说道，“我很高兴她能看一下这部电影。看着别人来扮演自己的父母总是一件很怪的事，但她并没有表示喜欢还是讨厌。很明显，影片的情节和形象与事实情况有所出入，但她觉得还可以。”

伊丽莎白二世作为一国之君能取得成功，大部分源于她内敛的性格和避免陷入纠纷的原则性。虽然《星期日泰晤士报》曾说，与撒切尔首相的强硬相比，女王更像是一个温和的保守党。但这些年来，除了少数相对无关紧要的评论之外，她的政治观点一直讳莫如深。虽然有些时候她也会透露出一些进步思维，比如在气候变化问题上支持英联邦的多边主义和主动政策，以及在1983年的圣诞致辞中曾说到发达国家应该与不发达国家分享先进技术以“重新调整国家间的经济平衡”，等等。但即使如此，她的公开言论一直保持在宪法框架之内，并且与政府的政策保持一致。那些认为英国王室反民主、守旧的观点在她几十年值得信赖、始终如一的形象面前都已消失殆尽；而女王的这些优点，用前王室总管大卫·艾尔利的话说：“是身处动荡时期的人们最后的依靠。”

2010年5月1日星期二，伊丽莎白二世迎来了她的第12位首相、保守党党首戴维·卡梅伦（David Cameron）。时年43岁的卡梅伦是继1812年的利物浦勋爵（Lord Liverpool）之后最年轻的英国首相，他在女王登基之后15年出生，比女王最小的孩子爱德华王子还小3岁。女王首次见到他时，他才8岁，那时他与爱德华王子一起出演了学校舞台剧《蛤蟆庄园的蛤蟆》（*Toad of Toad Hall*）。女王的第一位首相温斯顿·丘吉尔出生于19世纪，曾在她的曾曾祖母维多利亚女王的军队里服役。单从两位首相的时间跨度来看，你就能明白女王有多么不可思议。

5月6日星期四，卡梅伦在大选中获胜，5天之后他遵循旧制作为新任首相到王宫觐见了女王。此次大选出现了1974年以来的首个无多数议会[1]，保守党在大选中赢得了306个席位，但距离执政党的要求还差20个席位。工党得到258个席位，自由民主党（1988年由自由党和社会民主党合并而成）占了57个席位，而自由民主党的党首尼克·克莱格（Nick Clegg）就成了左右英国政局走向的关键。自由民主党与工党在多个方面政见一致，但保守党的卡梅伦比工党的戈登·布朗更为灵活机智，他向尼克·克莱格提出的条件是工党无法比拟的。

布朗的首席谈判代表彼得·曼德尔森（Peter Mandelson）向王宫的私人秘书克里斯托弗·盖特（Christopher Geidt）征求意见，盖特说，在新政府成立之前，布朗“有宪法义务、有责任继续留在首相位子上”。在大局未定的那个周末，盖特多次到唐宁街10号听取简报。“盖特在场的意义非常重大，因为他所代表的是女王。”布朗的新闻发言人，亦是王宫老臣的西蒙·刘易斯说道。

在星期二最后一次会谈中，布朗对尼克·克莱格说：“我不能让女王再等下去了。做决定吧，尼克。”最后尼克·克莱格接受了卡梅伦后来所说的“优厚条件，与保守党成立联合政府”，其中就包括让自由民主党党首尼克·克莱格出任副首相一职。这是“二战”以来的首个联合政府，但尼克·克莱格的决定尚需所在党的批准通过。在戈登·布朗辞职之后，卡梅伦与女王会谈时，他回忆说：“我对女王说，我还不敢肯定将组织一个什么样的政府。我说我希望组织一个联合政府，但不敢保证是不是有变数。”

自从1964年亚历克·道格拉斯-休姆以来，卡梅伦是首个当上英国首相的伊顿公学毕业生。他出生于一个富裕的家庭，有贵族血统，其祖上是第7代登比伯爵（7th Earl of Denbigh）。他的父亲伊恩（Ian）是一位股票经纪人，他教会了卡梅伦如何应对逆境。伊恩生来就腿部畸形，但他学会了网球和板球。他一直承受着不断手术的痛苦，并最终接受了截肢的命运，但他始终保持坚强，从不自怨自艾。卡梅伦与爱德华王子上的同是希瑟预备学校（Heatherdown Preparatory School），此后进入伊顿公学，并最终以优异成绩从牛津大学毕业。他一直在保守党内担任幕僚职务，他曾在英国的顶级传媒公司“卡尔顿传播公司”（Carlton Communications）担任公关专员，这段经历打造了他出色的政治能力。

2001年卡梅伦入选议会，仅用了4年就进入了高层，在处理政府失当行为的

[1] 也叫悬浮议会，即没有一个政党成为议会多数党。

同时，他强调个人的积极性和社会正义，以推进保守党的现代化改革。卡梅伦长相英俊、性格随和、头脑机智，与当初布莱尔在工党内的形象如出一辙。卡梅伦的妻子名叫萨曼莎（Samantha），其父亲是一位准男爵，她的形象同样出众。在卡梅伦当选首相之前，他们夫妇育有3个孩子，最大的名叫伊凡（Ivan），他患有先天大脑性麻痹和严重的癫痫，进食、说话、走路都不能自理。他每天要吃26种药，还需要全天24小时照看，但卡梅伦夫妇尽可能让他参与家庭活动，并让他多接触外面的世界。

2009年，6岁的伊凡因并发症离世。戈登·布朗听说此消息之后，在下议院会议时向他的政治对手表示了慰问。因为布朗深知丧子之痛，也明白长期照料一位身患慢性病的孩子有多么痛苦。卡梅伦当选首相3个月后，萨曼莎·卡梅伦又生下了一个女儿。但他们的快乐立刻就被卡梅伦父亲的去世给冲淡了——77岁的伊恩·卡梅伦在法国度假时死于中风。

在种种困难和挫折面前，戴维·卡梅伦仍能泰然处之、坦然面对；而伊丽莎白二世天生性格坚忍，并且她在“后戴安娜时期”也变得更加宽容和柔情，由于以上原因，卡梅伦与女王就有了很多共鸣。再加上卡梅伦上学就是在温莎堡附近，他与时年84岁的女王的共同语言就更多了。卡梅伦在伯克郡一个小村庄里长大，他从小就喜欢打猎，他的父亲生前是个赛马迷，还出资养了几匹纯血马。与女王一样，卡梅伦也是个实际的人，其言辞都带着政治家少有的直率。因此，卡梅伦首相与女王在白金汉宫的每周例行会谈就成了一个“舒适地带”，他自谦的幽默和友善的性格在这里如鱼得水。

卡梅伦的联合政府刚刚组成就面临着严峻的经济危机，还有工党政府遗留的包袱：英国的政府开支从1997年占国内生产总值的40%一路涨到2010年的近50%。新政府强制削减开支20%，还提高了税率水平，并不顾学生的抗议增加了大学学费。在目睹了希腊、爱尔兰和葡萄牙因沉重的债务而导致经济崩溃之后，英国人也只有吞下这个苦果，接受了新政府的政策。

王室的开支预算也在新政府的审查和削减之列。2010年，为期10年的王室年俸方案又到期了。自从撒切尔首相定下每年790万英镑的津贴以用于女王的用度以来，这个数额就是固定的，没有丝毫增长。原方案制订时，考虑到当时高达9%的通货膨胀率，其标准比王室提出的预算高了一些。而在20世纪90年代，英国的通货膨胀率一直维持在较低的3%左右，女王的财务主管就把盈余现金转作“雨天基金”，在10年时间里，这笔钱已经增长到了3560万英镑。

撒切尔首相定下的薪俸方案于2000年到期，托尼·布莱尔就冻结了未来10年的王室年俸，他认为“储备基金”能够负担得了王室的开支。但到了2009年，大部分由于通货膨胀的原因，王室的开支已经涨到了每年1400多万英镑，而储备基金仍按每年790万英镑的数额向女王拨款，其余650万英镑就需要女王自己掏腰包补充。

2010年6月，财政大臣乔治·奥斯本（George Osborne）向议会提交了王室的财政报告，在报告中他夸赞了在过去10年中王室“持家有道”，并说对王室年俸尚需再冻结两年，而这将把女王剩余的1520万英镑储备基金全部耗尽。除此之外，伊丽莎白二世计划从每年“兰开斯特公爵领地”资产组合所获1300万英镑的收益中拿出130万英镑，用于支付3个孩子及其他王室亲戚的公务花费。查尔斯亲王的花费可以自己支付，他在2009年从“康沃尔公爵领地”收入1710万英镑，将其中900万英镑用于“公务活动及慈善活动”。王室成员和几处王宫的安保工作由警方和军方共同负责，其每年的开支数额高度保密，但据估计每年需要5000多万英镑。

2010年10月，财政大臣乔治·奥斯本宣布，为响应政府紧缩预算的政策，女王答应在2012年进一步缩减开支14%。与此同时，奥斯本还公布了王室公务薪俸的历史性变革。这个新方案是他与王宫官员共同商议设计的。从2013年起，王室年俸及各项政府补贴将被废弃，取而代之的是“王室补助津贴”（Sovereign Support Grant），其数额是“皇冠地产”财产及其投资资产组合净收益的15%（“皇冠地产”从12世纪起就属于英国王室财产）。女王的收入将按两年前的净收益值计算。

奥斯本这个方案既精妙又实用。1760年英王乔治三世废除了“皇冠地产”的收益分成，换来的是固定金额的“王室年俸”。现在，王室又可以从“皇冠地产”分一杯羹了。它还使得财政大臣不必一次次地与议会讨论王室的薪俸方案，“这样我的继任者就不会总被这个问题纠缠了。”奥斯本说道。“皇冠地产”的资本净值为73亿英镑，其在2011—2012年间的净收益预计在2.3亿英镑左右，所以2013年女王将分得其中的15%，亦即3400万英镑用于公务开销，其余1.96亿英镑则收归国库。

新方案亦将通胀因素考虑在内，其“保低限高”的措施保证了收益不会高过了头。曾有批评人士说，如此一来王室将不会再对议会负责，但实际上，王宫史上首次同意将接受国家审计署的年度审查。新的方案同样使得王室可以自由分配财力，而不必拘束于保养维护和公务出差的专项资金。王宫的当务之急是各处基础设施的老化：白金汉宫的砖石建筑表面一直存在龟裂脱落的问题，而宴会厅的屋顶也出现了裂缝。

除去一些标准性活动和常规招待活动——如每年的露天聚会、外交接待会、国宴等——之外，女王早已在多个方面削减王室开支。定期招待亲朋好友来参加盛大舞会的时代已经不再。2010年6月，女王在白金汉宫为两位在王宫内各自工作了50年的内廷女官苏珊·赫西、玛丽·莫里森举行了名为“一个世纪的奉献”的表彰活动，其形式也只是个小型私人招待会，十分低调。女王定期循环使用她的衣服，2008年10月她到斯洛文尼亚进行国事访问，在国宴上，她穿的竟然是让安吉拉·凯丽从20年前她访问中东时所穿的金、银二色锦缎礼服改来的衣服，王宫将其称作“信贷紧缩时装”。2010年秋季，女王宣布将取消每年一度的白金汉宫圣诞聚会，她在承办酒席和招待方面每年有130万英镑预算，而此举将为她节省下5万英镑。《旗帜晚报》上的一个标题如此写道——《大家手头都很紧……女王也不例外》。

在新世纪的第一个10年里，王室一家与媒体的关系和缓了许多，其主要原因是现在没有了像戴安娜时期那样招惹小报的一撮人；与此同时，王宫对待媒体的方式也老练了很多。“过去我们没有这方面的专家，但现在我们对媒体的运行机制很清楚。”一位王宫高级官员如此说道。

菲利普总是抱怨女王读了太多“可恶”的报纸，但每日读报使她更加了解媒体。长久以来，她学会了将媒体上的内容进行分类——哪些是重要的，哪些是无关紧要的；哪些是媒体的观点，哪些是公众的观点……王宫的新闻办公室也开始与各种“舆论制造者”以及地区性报纸保持接触，定期向他们提供背景简报。“我们这样做并不是将王室裸呈于天下，”一位官员说道，“只是想让民众了解王室的动向。”

随着互联网的兴起，报纸的发行量下降了很多。女王的顾问们也意识到，他们可以通过王室的官方网站和YouTube频道将信息直接传送到公众眼前，特别是年轻人面前。为跟上技术革新的步伐，2009年王宫开通了英国王室的Twitter账户，虽然仅限于用来公告王室成员的基本动向，但到了2011年年初就已经有了10万多个追随者。2010年11月7日，王室开通了女王的Facebook网页，仅仅4个月后就已经得到了30万个“喜欢”。

但社交媒体[1]的应用只是缓解了英国全国性大报的冲击，就各自对其国家内舆论的影响而言，英国报纸的影响力要比美国报纸大很多。2011年到2012年间，英国报纸的主要目标是安德鲁王子。安德鲁王子从2001年起就担任英国的特别代表参加国际贸易活动，因其频繁的全球旅行而得了一个“飞机狂人安迪”的绰号；并且，他还因与哈萨克斯坦、阿塞拜疆等国讨厌的独裁者过从甚密而受到严厉批评；更不用说他还结交了美国的亿万富翁杰弗瑞·爱普斯坦（Jeffrey Epstein），后者曾因教唆未成年少女卖淫入狱。媒体记者质问的仍是那个老问题，那就是安德鲁这份不拿薪水的工作价值何在；他每年的海外活动、酒店、招待等费用要用掉60万英镑，女王还要每年给他24.9万英镑以维持其私人办公室的运转。

政府官员认为，正是因为有了安德鲁的帮助，英国企业才赢得了像迪拜地铁、马来西亚“亚洲航空公司”的喷气飞机发动机等价值数十亿的合同。他对英国企业的推销在亚洲和中东地区成效斐然，因为他与如约旦国王阿卜杜拉二世等国家元首关系融洽，他常常与阿卜杜拉二世去摩洛哥和坦桑尼亚打猎。“这跟身份和地位无关，完全是私交，”安德鲁说道，“认识了关键、合适的人，就能取得积极的成效……在跟别的国家竞争时，我们得拿出所有的有利条件，我就是英国的一个有利条件。”话虽如此，安德鲁交往的那些人确实令女王及其顾问们担忧，而安德鲁的识人能力也让人不敢恭维。2011年7月，在担任代表10年之后，他退出了。此后，他一方面通过非官方渠道继续推广英国企业，另一方面则致力于发展为英国年轻人所设立的“学徒制”[2]。

一年之前，安德鲁的形象曾因前妻的丑闻而受到损害，菲姬在利用安德鲁的身份为自己谋取私利时被抓个正着，而此举又令人联想起了20世纪末的戴妃风波。1996年菲姬与安德鲁离婚之后，她就背上了30万英镑的债务，但她通过从事一些赚钱的生意扭转了经济困境，她甚至还赢得了女王的支持，后者在2008年秋季邀请前儿媳到巴尔莫勒尔庄园与安德鲁和他们的两个女儿比特阿里斯、尤金妮共度周末，这是自从1992年她“逃离”巴尔莫勒尔之后的首次回归。

---

[1] 也称社会化媒体、社会性媒体，指允许人们撰写、分享、评价、讨论、相互沟通的网站和技术。所谓社交媒体应该是大批网民自发贡献、提取、创造新闻咨询，然后传播的过程。

[2] 英国现代学徒制是通过工读交替的教学模式来实施校企合作的职业教育，是一种独特的职业教育模式。

然而，菲姬的生活依旧挥霍无度。她的全职、兼职雇员有11人之多，而安德鲁才刚刚5个。2009年她的收入下降，其生意摇摇欲坠，她的外债已达20万英镑。正当她一筹莫展之际，9年前设计令苏菲·韦塞克斯丢脸[1]的《世界新闻报》记者马泽尔·马哈茂德故伎重演，这次他假扮的是一位印度商人。他用隐藏的摄像机拍下了二人在梅菲尔公寓中会谈的过程，菲姬答应安排马泽尔与她前夫安德鲁王子会面，让马泽尔付给她50万英镑作为酬劳，其中预付现金4万英镑，她把这些钱装在一个电脑包里带走了。菲姬后来不断强调说安德鲁从未从她这里获得一分钱好处，并辩解说她只是想“尝尝甜头”而已。

此段偷拍的视频在YouTube上引起了轰动，为平息其潜在的危害，菲姬迅速发表了一个声明，说自己“万分抱歉”。她解释说，自己是被生意“陷入危机”冲昏了头脑才病急乱投医，但她又说即使如此，这也不是“犯下如此大错的借口”。她与安德鲁一致申明，安德鲁此前对此事是毫不知情的。在与女王商议之后，安德鲁替菲姬偿还了部分债务，并帮助她对其余债务进行了重组。当年7月，菲姬解雇了所有的员工，并将自己的事业交由安德鲁的办公室监管。

一个月后，女王与菲利普将子女和（外）孙子（女）召集在一起（威廉和哈里因为外出执行军事任务而未在此列），乘坐“皇家赫布里底公主号”（Hebridean Princess）到西部群岛进行了一次怀旧之旅，以此来庆祝安妮和安德鲁各自的60岁和50岁生日。此行还邀请了一位贵宾，那就是83岁的退休保姆玛贝尔·安德森。她退休后，女王安排她住在温莎大公园中舒适的房子里，还不收她的租金，她与以前照看过的王室子女尤其是查尔斯关系特别好。

自从1997年皇家游艇“不列颠尼亚号”退役以来，这还是王室第一次重现当日的巡游惯例，在梅伊堡做中途停留。每年8月初，查尔斯通常会到梅伊堡来小住一周，就住在祖母去世后仍维护良好的灰蓝色卧室里。2010年8月2日，查尔斯承担起梅伊堡主人的角色，负责招待王室一家在堡内游览，很是自豪地向大家展示在他监管之下对城堡的各种改良，如新建的游客接待中心、围墙花园东南角上新建的角楼，等等。女王则找到城堡内的工作人员，询问游客数量、一楼新修的地暖系统等情况；女王还爬到角楼上，用单筒望远镜看了看远处的奥克尼群岛。

---

[1] 有关此事的具体情况在本书第十八章曾提及。

在游览结束后，王室一家共进了传统午餐，午餐中就有“爪姆科尔伯蛋”[1]，与当初王太后在世时做的一样。

进入花甲之年之后，查尔斯亲王不仅对与卡米拉的新生活心满意足，还在作为王储的事业上找到了成就感。威尔士亲王现在的工作覆盖了多个领域：建筑、古迹保护、环保、可持续耕作、热带雨林保护、健康、教育、职业培训……最初他受到嘲笑的一些前沿设想，如有机食品的优势、用人文尺度建筑建设新社区等，后来逐渐成了主流思想为人们所熟知。他每年为慈善事业筹款1.1亿英镑，其慈善事业也扩展到了中国、阿富汗、圭亚那、牙买加等地区。

查尔斯已经适应了自己的角色，并通过工作塑造自己的王储形象，正如他常说的那样：“我是边干边积累。”“他的人生很充实，”南希·里根说道，“他所取得的成就比以往任何一位威尔士亲王都多。”但查尔斯处理本职工作的方式与深思熟虑、稳健谨慎的母亲截然不同。女王所做的事多数出于外界的需要，而查尔斯做事主要出自本心。查尔斯“总是停不下来，因为他对自己要求很高”，他的一位助手如此说道：“他总是跟上满了发条一样。”

女王与查尔斯母子间的性情差异也很明显。“查尔斯关注的是‘不足’，而女王的着眼处是‘知足’。”女王的表妹玛格丽特·罗德斯说道。女王“对改变不抱什么幻想”，前新闻秘书查尔斯·安森说道：“她相信一切冥冥自有天定，这在西方世界是很罕见的。我觉得她的这种信念部分来自宗教，部分来自人生的经历。”查尔斯亲王比女王要情绪化很多，他很容易生气，脾气暴躁，他常常生闷气，需要别人的开解。“要是情况变得糟糕了，卡米拉能预感到这些苗头，并缓和他的负面情绪。”安妮·格林康纳夫人说道。

查尔斯比女王敏感，多年以来他深受劳伦斯·范·德·普斯特[2]和神秘主义诗人凯瑟琳·雷恩[3]的影响。女王能够接受理由充分的提议，但查尔斯对有违本意的建议决不让步。连他的好友都算在内，极少有人愿冒“无情”和“不忠诚”的风险去惹他。与儿子相反，菲利普非常喜欢与人争辩，虽然他有时会辩

---

[1] 见前文第179页译注。

[2] Laurens van der Post，1906年出生于南非，其作品多以非洲为题材。1981年荣获“大不列颠帝国骑士勋章”。1996年逝世。

[3] Kathleen Raine，1908年出生，国际著名的女诗人和评论家。1992年获英国女王诗歌金质奖章。

得对方哑口无言，但当他感觉到对方明白了他的意思时，就很乐意接受别人的观点。

查尔斯的性格不如父母那么直率，所以他很少直抒心中所想。卡米拉的一位多年好友说：“你能感觉到他在拐弯抹角，所以也不能直白地跟他说话。”查尔斯比女王更喜欢听闲话，后者喜欢的是政治上的流言，而查尔斯想知道的是“人们是同意我还是反对我，他们站在哪一边”，女王的一位前顾问说道，“女王不这么想。她更关心的是‘怎么了？怎么办？’她只是想知道当决策遇到障碍时，大家各自的立场是什么。”

伊丽莎白二世的生活很讲究，这一点是毋庸置疑的，但查尔斯比之更甚。女王知道王宫花费的细节，必要情况下会节约用度。白金汉宫的例行招待会上，为客人们提供的是葡萄酒、薯片和坚果；而在查尔斯的克拉伦斯宫，宴会的餐前点心是出于美食家之手的什锦小吃，聚会上也是花团锦簇、灯火辉煌。“他想把一件事做好时，就不在乎花钱多少。”帕特里夏·布拉伯恩说道。当查尔斯独自去桑德林汉姆庄园休闲一周时，尽管诺福克就有农场，他还是会从海格洛夫庄园带几卡车的蔬菜和肉类过来。还有一件事是众所周知的，在晚宴上，看到客人盘子里的饭菜与自己的种类不同，查尔斯就会尝几口，有时甚至是直接用自己的叉子到对方的盘子里去取。

这些行为使得查尔斯看上去娇惯、爱讲究，但他非常随和，这一点在戴安娜时期并未得到展现。他的亲和力“丝毫不亚于女王”，一位前廷臣说道：“他和蔼可亲，既有女王的责任感，又有菲利普的幽默感。”查尔斯富有创造力、洞察力敏锐，他的体贴周到更是为人所熟知：当得知安妮·格林康纳的妹妹得了癌症时，他给她写了一封17页的长信，信中向她介绍了一些替代疗法。

伊丽莎白二世有4个私人秘书，查尔斯有11个（9个全职、2个兼职），除此之外，他的20个慈善项目和1个商业企业分别有各自的独立董事。他的这个企业生产的是“公爵原创”（Duchy Originals）有机产品，包括“西西里柠檬黄油酥饼”（Sicilian Lemon All Butter Shortbread）、“柑橘香料”（Mandarin Zest）、“香叶天竺葵洗发水”（Rose Geranium shampoo）等，20年里共收入600多万英镑，他将其全部捐给了慈善事业。

伴随查尔斯的独立而来的，是其大胆又稍显唐突的、对其事业的宣传推广，演讲、出版物，还有用独特的潦草笔迹写给政府大臣们的信……“在精力、志向和热情方面，查尔斯是我最敬佩的人。”马尔科姆·罗斯说道。他在白金汉宫的高层工作了18年之后，又为查尔斯当了两年主管。“查尔斯想拯救世界，但问题是，他太急于求成了。”最近几年，查尔斯一直在呼吁重整全球经济体系，他质问物质消费社会的价值何在，他谴责气候变化怀疑论者，他号召对西方世界科学研究的机械式方法进行改革，他赞美伊斯兰教“人与自然密不可分”的信仰，他还两次挑战英国著名建筑师理查德·罗杰斯爵士（Sir Richard Rogers），并阻延其数百万英镑的项目建设，只因它与周围建筑的风格不符，此举令周围居民深感欣慰。

查尔斯的冒失常常使其与家人产生争议，尤其是他的父亲。1998年查尔斯首次对转基因作物进行了谴责，说它危害了自然界微妙的平衡，菲利普回击说只有发展转基因作物才能满足全球的粮食需求。2000年，查尔斯再次抨击了农业生物工程，这一次他的父亲菲利普和妹妹安妮公开对其观点进行了反驳，安妮挖苦查尔斯的想法“过于简单”。在接受《泰晤士报》采访时，菲利普指出“在人类开始选择育种[1]之前，就已经有转基因动植物存在了”。

托尼·布莱尔的政府是支持转基因作物的，他早就在一年之前向女王抱怨过查尔斯的这些公开言论，他还对新闻发言人阿拉斯泰尔·坎贝尔说查尔斯“总是在说‘要是上帝想让我们飞，早就让我们长出翅膀了’这种话”。布莱尔还通过内阁大臣彼得·曼德尔森向查尔斯表达了自己的担忧，说查尔斯的言论“没有什么好处”，因为他的观点“违反科学规律，并且对粮食短缺的发展中国家来说是不负责任的”。

伊丽莎白二世一直在这些争议中置身事外，避免与王储发生冲突。“她放手让查尔斯凭自己的兴趣、目标和志向做事。”马尔科姆·罗斯说道。但与此同时，她也发现查尔斯的某些理念十分费解，当他卷入公共争议中时，女王曾向顾问们表达了内心的担忧。“女王与查尔斯的母子关系不算融洽，一直都是这样，”女王的表妹玛格丽特·罗德斯说道，“他们的亲情很浓，但意见分歧很大。”最近几年女王与查尔斯的关系缓和了很多，母子二人每隔一段时间就见次面共进晚餐。

伊丽莎白二世逐渐让查尔斯多分担她的职责，让他主持授勋仪式，接见贵宾，审阅她深绿色公文箱中的秘密文件……王宫的廷臣们推测，若是菲利普先于

[1] 简称选种，从现有的种质资源群体中选出优良的自然变异个体，使其繁殖后代来培育新品种的一种育种方法。

女王去世，那么查尔斯肩上的担子就更重了。若真是如此，如果说女王是公司的董事长的话，那么查尔斯就是首席执行官了。“那将是决定性的时刻，”一位前顾问说道，“菲利普亲王在她的生活和职责中占了太多分量。”

曾为女王和查尔斯工作过的顾问都发现了二人在履行君主职责时的不同之处。比如说授勋仪式，女王将其做了精细安排，在白金汉宫举行的1个小时的授勋仪式中要接见约100位授勋者，她分配在每个人身上的时间精确到了40秒。在侍从武官引见之后，女王微微倾身将徽章授予对方，再轻轻抚平绶带，用摄影师塞西尔·比顿的话说：“就像一位护士或保姆那么细心温柔。”在此过程中，她保持与对方的眼神接触，面带微笑。授勋之后，她后撤一步，问对方一个问题，再认真聆听对方的回答。约摸时间已到时，她就伸出手示意对方告退。而查尔斯在授勋时就拖延一些，会与对方多说几句话，原本1个小时的仪式可能需要延后15分钟。

在其他方面，伊丽莎白二世也比儿子更高效、更条理、也更自律。女王处理公文时从不误时，而查尔斯就常常会耽搁，尤其是——用她的一位助手的话说——当他忙于“疯狂地写信、修改讲稿和阅读文件时”（2009—2010年间，查尔斯亲笔写的信件有1869封）。而女王将其视作缺少自律、任性的表现。查尔斯不愿读报（恐怕是戴安娜事件留给他的“后遗症”），而是从助手的每日汇报和《本周》杂志的时事摘要获得信息；女王认为这样他的眼界就受到了局限，也无法掌握舆论的动向。

查尔斯曾数次向朋友和同事谈及女王退位的可能性。1998年11月，他的新闻秘书马克·柏兰德（Mark Bolland）向媒体透露说，如果女王能够退位，那么威尔士亲王将“十分高兴”。女王得知此事后严厉训斥了查尔斯一顿。查尔斯当面向母亲道歉，并说这事是别人瞎编的。伊丽莎白二世将加冕礼上的誓词和圣膏视作无上的信念和承诺，所以“退位”二字在她的字典里是找不到的。2003年，第103任坎特伯雷大主教乔治·凯里向女王告别，说自己要退休了，女王叹道：“唉，‘退休’这两个字跟我是无缘的。我要干到最后一刻。”

女王曾对表妹玛格丽特·罗德斯说过，唯一能让她停止履行职责的是“我得了老年痴呆症或中风”。“但即使如此她也不会退位。”罗德斯说道。根据《1937年摄政法案》，如果女王丧失了能力，查尔斯亲王将成为“摄政王”（Regent），代表她处理国事。

按照王室传统，女王、菲利普及他们的长子查尔斯死后将享受国葬待遇，其计划早已获得了他们的同意。菲利普的葬礼代号“福斯桥”，其名字来自苏格兰福斯湾（Firth of Forth）上的一栋桥梁；查尔斯的葬礼代号为“麦奈桥”（Menai Bridge），名字来自连接威尔士大陆与安格尔西岛的桥梁名称；女王的葬礼代号“伦敦桥”，其意思不言自明。这3个葬礼计划大体相同，从去世到入葬一共9天，其中包括送葬、遗体瞻仰和丧礼仪式。“当事人并未对计划进行调整，”参与制订以上计划的马尔科姆·罗斯说道，“由我们向他们汇报计划安排。他们最不愿做的事就是参与制订自己的葬礼计划，所以只是对有关基本情况了解就不再深入了。”王宫的高级助理每年至少把葬礼安排温习一遍，还做桌面演习。

爱德华七世、乔治五世、乔治六世去世后，其遗体先是放在威斯敏斯特宫供民众瞻仰吊唁，随后在圣乔治大教堂举行了葬礼；但女王计划将自己的丧礼安排在威斯敏斯特大教堂举行，而上一个选择在此举行丧礼的英国国王是乔治二世，时间是1760年。圣乔治大教堂和威斯敏斯特大教堂都是“王室教堂”（Royal Peculiar），也就是说它们不是一般的主教教区，而是王室独享的。但据一位王宫前高级官员说，伊丽莎白二世把威斯敏斯特大教堂“当作自己和圣公会的主教堂”。她将被葬在温莎的圣乔治大教堂，与父母和妹妹葬在一起。

2010年11月，NBC布莱恩·威廉姆斯（Brian Williams）在电视节目采访时问查尔斯，若是他的母亲去世了会怎样。查尔斯的回答像是受了刑讯一样：“这件事最好不要想太多，除非，你知道，很明显，要是真的那样，你就得去面对。我曾稍稍想过，但最好不要去想。这种事，你知道，要是真的，父母去世，退一步说，总不是件好事。”

在同个采访中，查尔斯首次提到了一个棘手的问题，那就是在他继位后妻子的身份。当他于2005年与卡米拉·帕克·鲍尔斯结婚时，王宫的顾问对她有一天会成为王后这个问题进行了巧妙的处理，说卡米拉希望自己的身份是“伴妃”（Princess Consort），这个头衔的设定是为了安抚那些仍对戴安娜怀有深情的人。随着卡米拉陪伴着查尔斯尽职尽责履行职责，以前将她视作查尔斯的“婚外情人”而对她怀有敌意的公众情绪也消减了。私下里，查尔斯曾表示他想让卡米拉成为他的“王后”，就像他的祖母之于乔治六世一样。若不是这样，那么他们的夫妻身份就不平等，有了贵贱之分。“根据祖宗的规矩和传统的习俗，妻子应该获得与丈夫对等的身份和地位，”王室历史学家肯尼斯·罗斯说道，“根据既定的法律，卡米拉成为王后是没有问题的。”当NBC的威廉姆斯开门见山地问查尔斯卡米拉是否会成为王后时，后者答道：“到时候再看吧，好吧？可能吧。”

除非先于母亲离世，否则查尔斯是一定要成为英国的下一任国王的。而“查理三世”（或者他选择更具传承意义的称号“乔治七世”）所带来的若干问题，很有可能成为共和党改革者大做文章的契机。21世纪初，工党政府和保守党政府都曾提出改革《1701年王位继承法》和长子继承制的可能性，而这两个法律和制度是英国世袭王权的两大基石。

《1701年王位继承法》是为了保证英国国王的新教徒身份而设，避免王位落于罗马天主教或与罗马天主教通婚的后代手中。支持改革此项法律的人认为这对罗马天主教是不公平的，因为它并未禁止国王与犹太教、印度教或穆斯林教的人通婚。而从实际情况来看，《1701年王位继承法》顺利实施了几个世纪，但并未阻止天主教徒嫁入王室。就最近几次情况来看，肯特郡迈克尔王子为迎娶一位天主教徒而放弃了自己排位靠后的继承权；而安妮公主的儿子彼得·菲利普斯结婚时，为了保证他第十一顺位的王位继承权，其天主教妻子皈依了圣公会。

但是，全盘改革《1701年王位继承法》将会威胁到现任女王及其后代的合法继承权，因为汉诺威王朝的世袭王权就是因此项法律而创立的。如若不然，现居德国的数位斯图亚特王朝后裔就会提出继承王权的要求了。若是改动了继承法允许天主教徒拥有王位继承权，那么圣公会教徒的继承权就会受到质疑，因为天主教的核心教义之一就是保证下一代也是同种信仰。更为复杂的是，根据1931年的《威斯敏斯特法案》[1]，此项法律的改动，不仅需要英国议会的通过，还要得到其他15个将女王奉为元首的国家议会的同意。

而另一方面，长子继承权源自中世纪的习惯法，它规定由家中长子继承其世袭头衔和属地。就王室而言，这意味着在王位继承顺序上男性要优于女性，而不管其长幼顺序。在女王的子女中，查尔斯是王位的第一继承人，安德鲁和爱

---

[1] *the 1931 Statute of Westminster*，此法案规定，英联邦是一个自由、平等国家的联合体，肯定了各自治领的独立地位和与宗主国的平等立法权，成为现代英联邦的法律基础，被称为《英联邦的大宪章》，也确立了英国和各自治领的关系。英国的自治领均为英联邦内自由和平等的国家，它们与联合王国一起组成英联邦，共奉英王为国家元首；各自治领议会与帝国议会平等，英国议会的任何一项法律，未经自治领承认对自治领均不适用。自治领可以修改和废除过去帝国议会通过的任何法案，自治领颁布的任何法律无须经英国议会批准；各自治领内政外交自主。

德华分列第四、第五位，而年龄仅次于查尔斯的安妮排在了第六位；排在他们姐弟三人之前的是查尔斯的两个儿子威廉、哈里，他们是王位的第二、第三继承人。

随着威廉王子结婚，改革长子继承权、不论男女只按年龄顺序排序的呼声再次响起。此项改革会引起额外的宪法问题，但尽管如此，在2011年10月于澳大利亚帕斯市举行的两年一届的英联邦首脑会议上，戴维·卡梅伦首相还是说服了女王的另外15个属地，同意将长子继承权改为“男女平等”的继承方式。卡梅伦还提议修改《1701年王位继承法》，允许王室与罗马天主教通婚。

在英联邦首脑峰会的开幕式上，伊丽莎白二世巧妙地对此表示赞同，她鼓励54个英联邦成员国“想办法让女性同胞施展才华”。但她并未正式参与此事，因为那样她会面临太大障碍，还会引起复杂的宪法问题。“这是政府的事，”一位王宫高级官员说，“君主制是一种伟大、稳固、持久的制度，这种体系已经运转了好几个世纪，不是她个人的事。她只是英国国王之一。”

进入新世纪以来，查尔斯很少在公共场合发表对王位的看法，但他曾有一些可望不可即的想法。1994年，他宣称自己要成为一个“宗教保护者”，而不仅仅是圣公会的“护教者”（Defender of the Faith）；对一个必须捍卫依法设立的国教的国王来说，这可是惊天之语。16年之后，他更进一步说，他要“做自然的护卫者……这就是我在余生要全力以赴的事情”。

对于当上国王之后如何改变王室形象的问题，他一直避而不谈，但曾表示他乐意看到王室的工作人员数量下降一些。一直以来还有人建议他在登基之后仍将克拉伦斯宫作为寝宫，而把白金汉宫作为办公的地方，这样就更加低调一些了。廷臣们说，查尔斯可以取消加冕礼的一些庆祝宴会，但保留其历史和宗教方面的基本环节；还有人建议说他可以举行两个仪式，第二个仪式要为别的国家和宗教而办。他现在所从事的慈善事业，届时将交由两个儿子管理。“要是我的儿子们能接下这些担子，那当然是很好的，”他在2008年时说道，“但我不敢肯定会这样安排。这要取决于他们的兴趣。”

2008年查尔斯进入花甲之年，他的传记作家乔纳森·丁布比写道，查尔斯想做一位“积极的”国王，时刻准备“大声说出对国内外重大事件的意见，这种做法在当前是不可思议的”。丁布比说：“要是他被局限在每年的圣诞致辞和每周与首相的会谈上，那对他的经验和积累的智慧而言是种浪费。”当媒体的评论员对此提出批评时，克拉伦斯宫的官员急忙出面解释说，查尔斯“完全同意，有一天继位之后他将尽量少发表个人意见”。

但查尔斯表示，他的“行事方式将与祖先不同……因为时代不同了”。他曾说要利用自己的“号召力”——用国王身份邀请权贵人士聚会，讨论问题并动员他们解决问题。2010年秋季，他在接受《名利场》杂志的鲍勃·克拉切洛（Bob Colacello）采访时说起了自己在高登斯顿学校和剑桥大学的教育经历。他说：“他们真的不该把我送到一个处处要求主动的学校，或是一所事事要求钻研的大学里去，变成现在这个样子可不是我的错，我还会继续下去。”

查尔斯是一个无法从政治角度进行分类的人。托尼·布莱尔曾写道，他把查尔斯看作“一个很奇怪的混合体，既有传统的一面，又有激进的一面；从某些方面来看，他很像一个工党，但再看其他方面又截然相反；他身上还兼具了王侯的庄严和市井的不可靠”。他的服饰和举止无疑是保守的，他拥护传统艺术和人文学科，崇尚古典建筑风格，喜欢17世纪的《公祷书》。但他的神秘主义观点，他对科技进步、工业发展和全球化的悲观态度又让他显得十分古怪。

“国王的职责中最重要的一点就是把整个国家团结在一起，而不是让它分崩离析。”历史学家肯尼斯·罗斯说道。当年25岁的伊丽莎白登基为王时，她就是一张白纸，这个优势使得她可以一直保持中立的立场，而正是这种中立态度保护了国家的团结统一。当时的民众情绪相对和缓，她也得以迅速锤炼自己的执政方式。同时，几十年来她一直把个人观点深深掩埋，这需要智慧和自律。

而这方面恰恰是查尔斯的弱项。这些年来，我们见过太多他旗帜鲜明的立场，还有时常引发争议的观点，更不消说那些写给政府大臣们的信件了。虽说后者受到《信息自由法》[1]豁免权的保护，但假如稍有不慎泄露出来，就会给他造成无法摆脱的痛苦。

即使在成为国王之后他能控制自己的观点不那么鲜明犀利，也会失去很多民心。要是这些人的数量达到了总人口的半数以上，他面临的可能是废除君主制的危险。他还可能会与政府的政策发生冲突，这样他的身份就有了政治性，从而会引发宪法危机。

他的支持者们希望，到他即位为王时，他会厌倦了无休止的争论和说教，也

[1] 于2000年在议会通过，自2005年1月1日起实施。英国《信息自由法》规定，任何人不管是否拥有英国国籍，也不管是否居住在英国，都有权了解包括英国中央和地方各级政府部门、警察、国家医疗保健系统和教育机构在内的约10万个英国公立机构的信息。被咨询机构必须在20个工作日之内予以答复。

能全身心接受他的宪法义务（估计他继位时的年龄是在70岁左右，这样他就超过威廉四世，成为英国历史上登基年龄最大的国王。前者在1830年兄长乔治四世去世后继承了王位，时年64岁）。“要是运气好的话，他那时能变得老于世故、波澜不惊。”第7代索尔斯伯利侯爵罗伯特说道。

王宫里的老廷臣们希望，成为国王这件事能让查尔斯发生质的转变，能让他认识到他已不再是一个个体，而是代表着一个国家。“继承了王位后，人生就变得截然不同了。”前王室总管大卫·艾尔利说道。一位外交官曾与查尔斯在政府演讲中共事过，他发现后者在面对政府建议时，“不娇惯，也不顽固。你告诉他不能怎样怎样，他虽然不喜欢，但是能照做。要是你把讲稿中一部分内容删掉，跟他说不能说这些话，因为那不符合政府的政策，他会生气但会按你说的去做”。

要想继位成为英国国王，还要考虑到一些英联邦政府首脑的意见。女王去世时，查尔斯并不是顺理成章就能成为英联邦的元首，他必须通过54个英联邦成员国的投票才行，而这件事绝不是想当然的。2010年3月“皇家英联邦协会”（Royal Commonwealth Society）公布的一份调查显示，只有不到20%的受调者认为查尔斯应该成为下一位英联邦元首，很多人希望英联邦元首这个位子应该由所有成员国轮流来坐。“伊丽莎白二世为维持英联邦团结稳定，带领英联邦向前发展所做的一切是绝大多数人极为钦佩的，”本调查的发起者们写道，“但他们对一个问题争论激烈，那就是到时候是不是继续让一个英国国王来担任英联邦的元首。很多人强烈反对这个意见。”

查尔斯认为英联邦元首是国王职责的重要部分，对此他努力发展与英联邦成员国的关系，自从受封为威尔士亲王之后，他就对23个成员国进行了访问。但他只出席了两年一届的英联邦政府首脑会议两次，最近的一次是在乌干达，他与女王一起出席了大会的开幕式。2010年9月，英联邦政治事务主任阿米塔夫·巴纳里（Amitav Banerii）的一份备忘录被公之于众，上写查尔斯“并未博得像其母亲一样的尊敬和爱戴”，但英联邦国家“默默地努力接纳他”。

英联邦三个最大的成员国也许会在王位易主之后选择自己的国家元首。一是澳大利亚，这个国家很长时间以来的民意调查结果都显示出人民对共和政体的向往，它也许将是首个不再承认英王为国家元首的成员国，而新西兰可能会紧跟其后。加拿大与这两个国家不同，它们有着与英国不同的历史传统，而加拿大与英国君主有种更为自然而密切的联系，而正是这一点使它与南方强大的美国相比有了一个独特的身份。虽然如此，加拿大国内的共和呼声也很高。伊丽莎白二世是个务实的人，她曾说过，每个国家的命运都应自己做主。她最关心的是如果这些国家成立了共和制是否还会继续留在英联邦内。

关于查尔斯当国王这件事，还有一个暗处涌动的推测，那就是他将是一个过渡，在继位很短时间之后就会将王位传给更受欢迎的威廉王子。据说，一个强大的国王必须是两种模式：一是年轻漂亮，二是年老持重。在漫长的在位期间，伊丽莎白二世身兼以上两个特点。如果查尔斯能做到第二点，那么他也能成为一个不错的国王，但君主制主义者真正期待的是在新世纪里由威廉来维持王朝的强盛。王宫也非常清楚，王朝的未来不仅是赢得年轻国民的心，更要仰仗王室自己的下一代。

最近几年的民意调查显示，大部分受调者愿意让威廉成为下一位国王，而不是查尔斯。在2010年年末ICM在英国的一项调查中，64%的人选择了威廉，19%的人选择了查尔斯。2010年1月，威廉首次执行公务访问期间访问了澳大利亚和新西兰，前来欢迎他的群众数量远超预计，还增加了王室的受欢迎程度。他当时身穿开领衬衫，脚穿运动鞋，在一所儿童医院里，他双膝跪地与学步儿童一起活动，此举令其人气大涨。在他来访之前，澳大利亚赞成共和制的人数是60%，他访问过后，这个数字降到了44%。

一年多之后，威廉重回澳大利亚和新西兰，这一次是来慰问两个国家遭受自然灾害的人们。他深情而诚恳的言行举止引起了当地民众的共鸣。他对新西兰克莱斯特彻奇市（Christchurch）的地震灾民说："我的祖母曾经说过一句话——悲伤即是爱的代价。你们的榜样是对大家无上的激励。""他来了，他看到了，他赢得了人心。"[1]——澳大利亚昆士兰州的《先驱太阳报》如此写道。

但王位继承的方式是不可更改的，没有隔代继位这种规定。即使查尔斯继位后立刻退位，将王位让与威廉五世，也会引起非常复杂的问题。英国议会必须对此进行立法，还需要另外15个属地立法机关的通过，而因此导致的辩论很可能造成某些国家的共和化，甚至有可能惹得英国的共和主义者提议用总统来代替国王。如果威廉在他父亲仍在世时就继承了王位，那么查尔斯就不能再拥有威尔士亲王和康沃尔公爵两个头衔，因为这两个头衔是为国王的长子而设的。

---

[1] 此处仿写了恺撒大帝的名言："I come，I see，I conque."

查尔斯还将失去“康沃尔公爵领地”的财产来源，后者将收归国王所有，留待威廉的第一个孩子年满18岁时赐予他；而为让位的前国王拟定一个头衔也是件麻烦事。

“威尔士亲王将是下一任国王，威廉王子对此毫无异议，”一位王宫前顾问说道，“威廉不希望越过次序继位为王。”这位廷臣还说，威廉“与父亲的关系非常好，对他和他作为威尔士亲王的工作极为支持。他们父子俩在王位继承问题上的看法是顺其自然”。

虽说如此，一边是年老的王储，一边是他年轻而活力四射的儿子，不管他们如何努力避免，还是会有抢风头的情况出现。威廉在公众面前是简简单单的真实自我，他深受公众喜爱，大家称他是“人民的王子”。他的魅力大部分源于他身上流着斯宾塞家族的血液，是纯正的英国血统。他所代表的是英俊而身遭不幸却没有丝毫自怨自艾的完美形象。

威廉长相英俊，身材挺拔，他遗传了戴安娜的身高基因，高1.92米，是温莎王室个子最高的人。他继承了母亲戴安娜随和可亲的个性、玩世不恭的幽默感和灿烂的微笑，又从父亲查尔斯这里得到了深沉的目光、自信坚定而有感知力的腔调。他身上没有戴安娜的不安全感和渴望被人关注的冲动，也没有查尔斯的古板拘谨和粗劣癖性。他长着和母亲一样的深情的双眼，还遗传了父亲头发稀疏的头顶。他自信但不自大，却有一点固执，后者倒是跟父母很像。“王室的未来无比乐观，”王宫的前审计官马尔科姆·罗斯爵士说道，“威廉非常了不起，非常理智，很有礼貌，与人相处得非常非常好。”

在母亲去世后的几年里，威廉和哈里与“爸爸”的关系更近了，而查尔斯一直都是一个负责而深情的家长。“我们相处得相当好，哈里、我和我们的父亲，”威廉在22岁时曾如此说道，“我们家里大家关系都很亲密。当然，也会有争议。哪个家庭都会有争吵的。有争论的时候，就争得很激烈，快乐的时候大家也过得很开心。”

威廉是在英国的教育机构接受的教育，他也知道自己将是王位继承人。跟伊丽莎白二世和查尔斯一样，威廉的皇家教育多是来自观察，并培养一种本能的感知力，知道作为一个君王怎样做才是合适的。“他默默地学会了很多东西，”他父亲查尔斯的一位高级顾问说道，“国王和下两代继承人同时存在的情况非常少见，紧张是不可避免的，但他们的关系很亲密。他们各自的办公室人员相处得也很和谐。”

2008年年末，威廉即将离开皇家骑兵团，准备到王宫里“全职工作”。但在父亲的同意下，他决定到英国皇家空军服役5年，受训成为一个搜救直升机驾驶员。哈里是一个合格的阿帕奇直升机驾驶员，他们兄弟二人都对自己的专业技能感到自豪。“他们不想成为《你好》杂志[1]上的花瓶王子。”一位王宫高级顾问说道。

在威尔士西北部的安格尔西岛工作让威廉尽量维持一种正常的生活，这是他的父亲所不曾拥有的。查尔斯在10岁时就受封为威尔士王子，从那时起十几岁的他就被迫变成一个小大人，在外履行王室职责，即使是在剑桥上学期间也被称作“阁下”。“对威廉和哈里来说，我们可以慢慢来适应这个过程，”2010年一位克拉伦斯宫的顾问说道，“他们现在是威廉王子和哈里王子，但还不是‘阁下’或‘殿下’。他们不想那么快就转变身份。也许他们离开军队之后会受封头衔，但在此之前，他们还跟以前一样。”

尽管他们在军队服役使得他们只能兼职履行王室的职责，但两位王子的表现相当优异。2009年他们将母亲的6位数遗产用于资助他们的慈善基金会。他们祖母极为信赖的前私人秘书罗宾·詹弗宁被任命为受托人管理委员会主席。时年27岁和25岁的威廉和哈里的合作项目不仅表现出他们的亲密无间，还表明他们在公益服务方面的长久承诺。他们还在圣詹姆斯宫设立了私人办公室，任命了一位私人秘书兼新闻秘书。

更有意义、也更能体现女王心意的是她任命大卫·曼宁（David Manning）这位老成历练的外交官来担任两位王子的师傅，尤其是对威廉进行指导。大卫·曼宁曾担任英国驻美、驻以色列大使，他足智多谋、明辨是非、饱经世故，被广誉为“值得托付的人”。“他不仅是有智慧，”曾任英国大使馆新闻专员的查尔斯·安森说道，“他还毫无私心，这一点是王宫最看重的。”2010年和2011年，威廉两次访问澳大利亚和新西兰，陪在他身边的就是大卫·曼宁，他的指点是威廉访问取得成功的关键。

2009年圣诞前几天，威廉与一些无家可归的少年人在伦敦黑修道士桥（Blackfriars Bridge）旁的一个小巷里共度了一个冰冷的夜晚，用他的话说是“随便找个地方露宿”。这件事是“中心点慈善会”（Centrepoint）组织的，威廉接过母亲戴安

[1] *Hello*，创办于1944年，西班牙最受欢迎的杂志之一。目前它在75个国家有14个版本。包含名人访谈、时装设计、美容SPA，等等。

娜的火炬成了它的赞助人。威廉身穿连帽卫衣，头戴针织帽，与贫苦的同龄人相处得非常融洽。后来他说，这么做的目的是想引起公众对流浪者的关注，并让大家明白贫穷、毒品和精神疾病导致的流浪问题。“做这种事要比身穿礼服四处应酬更令我感到充实。”威廉如此说道。

威廉所面临的挑战是找到他的祖父母早就掌握的一种平衡：表现出朝气和魅力的同时又不被名利所诱惑。在激励他人、做善事和增长见识的同时，他需要忍受严肃，甚至是枯燥的日常公务。作为王位的继承人，王室培养他的理念是让他能够融入同龄人中，而不是总想着自己是特殊的，跟别人不一样，他需要在维护帝王尊严的同时学会“平凡”。在第一次访问澳大利亚期间，他曾越界失了庄重，他对一些说唱乐歌手开玩笑时脱口说道：“我曾经因为自己的音乐品位被人嘲笑。”

随着凯瑟琳·米德尔顿的出现，威廉的人气更高了。凯瑟琳天生丽质、举止干练，令人想起戴安娜的样子，但她端庄的仪态又很像肯尼迪总统的妻子杰奎琳。威廉与凯瑟琳的浪漫爱情始于他们在苏格兰圣安德鲁斯大学上学期间，他们远离了狗仔队的嗅探和骚扰，相爱并同居；他们一起分担生活中的家务琐事，如到超市购物、洗盘子、刷碗；等等。凯瑟琳没有什么闪光之处，但她的优点对一位王室配偶来说非常重要：她在著名的马尔伯勒寄宿学校（Marlborough College）受过良好的教育，成长于一个关系亲密融洽的家庭，下面有一个妹妹、一个弟弟，她的父母婚姻幸福。她的父亲是马克尔·米德尔顿，母亲是卡罗尔·米德尔顿，他们原先是机场调度员和空中乘务员，后来辞去工作从事邮购商务，为忙碌的家庭主妇们生产聚会用品，他们的生意很成功，其家庭也步入了中产阶层。威廉与凯瑟琳的父母关系很好，说他们“细心、周到、体贴”。

在小报对他们的结局猜测了8年之后，他们终于在2010年11月6日公布了订婚的消息。这个消息首先公布在Twitter上面，随后出现在女王的Facebook网页上。当这两个同是28岁的年轻人一同出现在圣詹姆斯宫的前厅（Entree Room）时，他们的温情与光彩与30年前查尔斯和戴安娜首次结伴亮相时局促的样子形成了鲜明的对比。

对威廉所选择的这个人生伴侣，伊丽莎白二世与菲利普“非常满意”。在此之前，女王虽然曾表示赞成他们的结合，但与凯瑟琳相处的时间很短。她们曾见过几次面，但都是在公共集会上。她们首次会面是在安妮公主的儿子彼得·菲利普斯的婚礼上，时间是2008年5月，地点是圣乔治大教堂。那一次，女王走到凯瑟琳跟前与她“聊了一会儿”。查尔斯亲王听说她们会面的消息之后“非常激动”，开玩笑说：“对这次会面，她们肯定各自在私底下排练了很久啊。”戴维·卡梅伦首相在内阁会议上听到了这个消息，说会议室里的每个人都“禁不住欢呼起来”，还“拍起了桌子”。

不论在王室内外，大家都有一个共识，那就是：一个出身良好的中产阶级英国女孩，亦是首个拥有大学学位的未来王后对温莎王朝是非常好的。在经过了20世纪八九十年代孩子们婚姻的麻烦纠葛之后，伊丽莎白二世对下一代稍违传统的选择也能够平心接受了，其中就包括与中产阶级平民而不是贵族子弟结婚，而这似乎也成了王室的规律。

安妮公主的女儿扎拉·菲利普斯在高登斯顿上学期间，17岁的她就打了舌钉，后来她爱上了约克郡人麦克·廷德尔（Mike Tindall）。他是一个职业橄榄球运动员，被人说成是一个“爱喝啤酒的傻大个儿”，他的鼻子曾8次骨折，已变得畸形难看。他们俩同居了5年之后才宣布订婚，对此女王并不感到诧异。与此类似的是扎拉的哥哥彼得，他跟奥特姆·凯利（Autumn Kelly）同居了两年之后才结婚。凯利是一个加拿大的业务顾问，在加拿大的麦吉尔大学（McGill University）学汉语和日本历史，曾在酒吧做招待赚取学费。2010年，菲利普斯夫妇的女儿萨凡娜（Savannah）出生了，这是女王的首个重孙，而加拿大人也为他们的首个王室子嗣而欢呼雀跃。

与以上几个例子相比，凯瑟琳·米德尔顿受到王室的热烈欢迎就更加意义重大，因为她要嫁的是未来的英国国王。女王接纳一位“平凡”的年轻女子来担当未来的王后，这件事给了那些共和主义者迎头一棒，因为他们一直说王室死板守旧，与国民关系疏远。凯瑟琳的母亲是工人阶级家庭出身，她的祖上是达勒姆郡的矿工，甚至连这件事也被视作王室包容精神的体现。“只用了三代人就从矿井走进了王宫！”多年的廷臣马尔科姆·罗斯说道。

在首次共同接受电视采访时，威廉和他未来的王后的表现令王室的未来充满光明——他们沉着稳重、知足、彼此相爱。跟威廉一样，凯瑟琳表现得聪慧而沉静。“我们都是很实际的人，”威廉说道，“经常彼此开玩笑。”凯瑟琳在采访中向已故的戴安娜王妃表示了敬意，说“她给人激励，值得敬仰”。但与戴安娜不同，凯瑟琳似乎对自己“令人却步”的角色早已领悟于心，那就是让丈夫成为舞台的主角。“这几年来，威廉一直照顾着我”，她说道，称威廉是“一个很棒、很贴心的男朋友”。威廉关切地轻拍着未婚妻的手，强调说不要用母亲的标准来衡量凯瑟琳，还说凯瑟琳会把握好“自己的未来……和命运”。

威廉和凯瑟琳精心挑选了他们的结婚日期，避免与春夏两季女王繁忙的公务相冲突。他们的婚礼选在2011年4月29日，跟两个敏感日期拉开了令人宽慰的距离：一个是7月1日戴安娜诞辰50周年，另一个是7月29日查尔斯与戴安娜结婚30周年。

威廉和凯瑟琳曾参加过20多个朋友的婚礼，他们对自己的婚礼早就有了安排。女王也参与到婚礼的计划工作中。她亲自品尝招待会上的食物，对菜单和花饰表示赞同。威廉和凯瑟琳的婚礼意在将新旧两种元素结合在一起，他们选择在当初伊丽莎白二世和菲利普亲王结婚的威斯敏斯特大教堂举行婚礼，而不是在查尔斯和戴安娜成婚的圣保罗大教堂。1900位到威斯敏斯特大教堂参加婚礼的客人邀请是以女王的名义发出，而不是查尔斯；请帖上的措辞也经过深思熟虑，写的是威廉“与”凯瑟琳，而非通常使用的“娶”字。伊丽莎白二世还邀请了650位客人到白金汉宫参加午间招待，而不是传统的“婚礼早餐”。客人们喝的是“保罗杰”（Pol Roger，）年份香槟，吃的是由22位御厨烹饪的冷热开胃小菜。还有一个改变惯例的地方，威廉与凯瑟琳选定了26个慈善团体接受捐赠，而不是赠送礼物。

客人名单由威廉和凯瑟琳负责制定，其中新人的同龄人和慈善团体的代表多一些，由于这个原因，受邀前来的各国使节就不能偕夫人同来了。甚至连女王和菲利普亲王也只分到40个席位，这与20世纪的大多数婚礼没什么不同，那些婚礼上祖父母辈的客人很少。伊丽莎白二世邀请了一些像表妹玛格丽特·罗德斯这样的家族亲戚前来参加婚礼，还让安吉拉·凯丽手下的裁缝为罗德斯做了淡蓝色的礼服、外套和帽子。

距离威廉的婚礼还有一个月时，女王到圣詹姆斯宫参加了一个私人宴会，举办宴会的是她的表妹伊丽莎白·安森夫人，为的是庆祝她所从事的晚会策划工作满50年。在90多分钟里，女王在600多位客人中间来往应酬，其中包括贵族、酒席承办商、花商，等等。“通常，王室的人一出场，他们身上就像有一个透明的护罩，”一位经常出入社交场所的人说，“但今晚大家都能随意跟她接近。”女王的情绪很好，她面带微笑，跟老朋友、陌生人侃侃而谈，甚至不需要王宫助理的协助。“来，你们俩，聚过来！”她在为两个客人做介绍时说道，还摆了一下手以示强调。后来她说，能跟这么多来自各行各业的人同处一室，心里非常高兴。“大家对我都那么亲切！”她说道。

距离孙子大婚还有8天时，女王度过了85岁生日。而这一天与她每年例行的“濯足仪式”正好重合。这次“濯足仪式”是近10年来首次在威斯敏斯特大教堂举行，她用了近半个小时将装有善款的红、白两色手提袋赠给85位男士和85位女士。她脚步稳健，似乎忘记了几个月来困扰她的膝盖疼痛。因为膝盖的原因，此前她甚至暂时停止骑马了，4月与廷臣们去温莎堡度假时才又恢复了每天骑马的习惯。“濯足仪式”上，菲利普身穿整洁的常礼服，目不转睛地看着女王履行这一表现王族谦逊的庄严仪式，接受女王礼物的老人们向她行鞠躬礼和屈膝礼。仪式过半时，菲利普走上讲道台，用清晰而响亮的声音朗诵了《马太福音》第二段的经文。仪式结束时，在场的近2000名群众在军乐队号手和管风琴的伴奏下齐声高唱《天佑女王》。

第二周的星期五，威斯敏斯特大教堂被装点成了一个葱郁的植物大厅，中殿里摆放的是6米高的枫树和角树，它们被种在巨大的花盆里，树间点缀着铃兰花。凯瑟琳希望，当她在父亲的陪伴下走在红地毯上时，宏伟的哥特式教堂内能给她一种乡野林间的感觉。这是一个大胆而成功的设计，也是她与威廉大喜之日诸多现代化印记中的一个。“婚礼安排手册”（Order of Service）上不仅有著名摄影师马里奥·特斯蒂诺（Mario Testino）为他们拍摄的照片，还用几句通俗语体的感谢辞向公众表示了谢意，说后者的“仁慈和深情深深打动了我们两个人”。

这天早上，女王赐予威廉和凯瑟琳“剑桥公爵和公爵夫人”头衔。比之更有非凡意义的是，威廉和凯瑟琳不顾王室的礼仪规矩，宣布说人们也可以直接称呼他们的名字。“公众当然愿意称呼他们为威廉王子、凯瑟琳王妃，没有人会有异议。”查尔斯亲王的新闻秘书帕迪·哈维森（Paddy Harverson）说道。

婚礼的核心是两位新人彼此相知相爱的快乐情绪。但在王室1000年的传统面前，他们表现出的是克制、尊重，以及第104任坎特伯雷大主教罗恩·威廉斯所说的“深深的谦逊”。威廉站在圣坛前，身穿华丽的深红色加金色饰带的爱尔兰近卫团军装（他是这个团的名誉团长），凯瑟琳穿的是朴素但制作精良的婚纱，紧身上衣和袖子上都饰有手工制作的花边，她披着薄薄的头纱，头上戴着的是女王借给她的“光环”钻石王冠[1]。当凯瑟琳走到威廉身旁时，威廉转向她说道：“你真美。”婚礼仪式结束后他们乘坐“1902国家马车”[2]离开威斯敏斯特大教堂，凯瑟琳问威廉：“你高兴吗？”“高兴。”威廉答道，“真是太棒了。能娶你为妻，我很骄傲。”

女王同样称赞此次婚礼“很了不起”。她身穿明黄色的礼服、头戴配套的帽子，跟菲利普亲王坐在圣坛前面第一排铺有深红色丝绸垫子的镀金木椅上，面带赞许地看着婚礼的进行，但把激动的情绪压在心底。婚礼中的新郎新娘风采绝伦但沉稳持重，现场的40台摄像机将他们的表情和话语传向全世界180个国家的20多亿观众。在网上还有4亿人关注着婚礼的过程，Twitter上每秒钟的新留言就有237条。

这次婚礼无疑是属于英国人、属于圣公会的，也再次证明了英国王室是民众爱国自豪感的源头。它提供了一个让这个国家团结在一起的机会，“忘掉党派的争议，也没有政治的分歧。”《泰晤士报》如此写道。在眼下经济不景气、国人情绪消沉的时刻，婚礼所带来的“阳光、欢笑和快乐是每个人都能感觉得到的”。

如果说2002年（登基50周年、母亲和妹妹离世）是女王人生的转折点的话，那么2011年就是英国王室的转折点，用戴维·卡梅伦首相的话说，这一年里，这个“将国家紧密团结在一起、涌现了诸多卓越人士的王朝”迎来了他们的“未来之星”。在威斯敏斯特大教堂的婚礼上，没有人提及戴安娜，但她的影子是挥之不去的，不论是她葬礼上的赞美诗还是当天威廉坚忍的悲伤，都会时时浮现在人们的脑海中。14年过去了，威廉找到了自己的幸福，也实现了救赎，终于将这痛苦的一页翻了过去。

婚礼结束后，王室一家返回王宫，在白金汉宫阳台上他们集体露面，用了6分钟时间向宫门外的群众致意，威廉与凯瑟琳还当众接吻了两次。伊丽莎白眉开眼笑，群众也兴高采烈。她让在阳台一侧，而让新人成为众人瞩目的中心。但在离开阳台时，她又恢复了王室之主的威仪，走在大家前面带领家人走入宫内。王

---

[1] 1936 Cartier Halo Tiara，女王的父亲乔治六世在继位3周前买下送给妻子的，王太后在伊丽莎白二世18岁生日时将其送给了她做礼物。

[2] 1902 State Landau，英国王室敞篷马车之一，1902年为英王爱德华七世的加冕礼而制造，现在一般在国事访问中使用，负责载着女王和来访的国家元首进行马车巡游前往白金汉宫或温莎堡；在几次王室婚礼中也有使用。

宫里跟威斯敏斯特大教堂一样，也布置成了植物的天地，国宴厅里装点着春天的花卉，包括从苏格兰运来的峨参和水仙，等等。“王宫里布置得富丽堂皇，”作家西蒙·塞巴格·蒙特费奥雷（Simon Sebag Montefiore）说道，“但气氛却是温馨、随意、喜气洋洋的，跟传统英国家庭家有喜事时一样。”

婚礼期间，很少有人注意到女王已经感冒了一周，还未完全康复。知情者之一是新西兰总理约翰·基（John Key）。婚礼前两天，他到温莎堡觐见女王时送给她新西兰特产麦卢卡蜂蜜，据说具有抗菌功效。女王在招待会上对很多客人提到了这件体贴周到的事。在新西兰，人们对威廉和凯瑟琳的喜爱也引发了王室支持率的暴涨。新西兰半数以上的成年人收看了婚礼的电视直播。新西兰的民调显示，只有33%的人支持新西兰实行共和制，而在2005年，这个数字是58%。

在招待会上女王并未发言，但两位未来英国国王都在王宫的“画廊”做了致辞。查尔斯说能有一个“是儿子灵魂伴侣的女儿”他兴奋异常；他对新郎“继承了”自己的秃顶而开了个玩笑，还说希望自己年老体衰时威廉能够照顾他，并幽默地说，他担心长子会把他“连轮椅一起推下悬崖去”。威廉在致辞中说“凯瑟琳”是自己“深爱”的“了不起的女孩”。他向祖父母表示了感谢，谢谢他们容许自己和妻子“霸占了你们的房子”，他还特别向女王表示了感谢，谢谢她在婚礼前几周里“忍受了无数个电话和愚笨问题的骚扰”。

3：30，王宫花园里的客人已经全部到齐了。仍穿着婚纱的凯瑟琳和换上爱尔兰近卫团深蓝色双排扣长礼服的威廉坐上了查尔斯那辆1970年产“阿斯顿·马丁”[1]敞篷汽车。汽车上装饰着气球和缎带，其牌照是“JU5T WED”。汽车从王宫大门里出来，驶上了“林荫大道”前往克拉伦斯宫。一路上，威廉的一架“海鹰”直升机在他们的头顶盘旋着，后面还拖着一面英国国旗。当他们经过时，周围的群众就爆发出雷鸣般的欢呼声。“威廉和凯瑟琳非常平易近人，”女王的表妹玛格丽特·罗德斯说道，“他们就像一对普通的新人坐着小车出门一样。”

无论从哪个角度来看，这次婚礼都算得上是21世纪最令人瞩目的新闻盛典，共有6000名特派记者，以及4000名非特派记者对婚礼进行了全程不间断的报道，其人数之多令女王和王宫官员大为吃惊。100万群众聚集在伦敦的街道上向新人

[1] Aston Martin，英国的顶级跑车品牌，创立于1914年。

表示祝贺，另有2400万英国人收看了电视直播，达到了英国总人口6200万的近40%。YouGov为《星期日泰晤士报》所做的一项调查显示，73%的人认为凯瑟琳将帮助王室重获辉煌。

婚礼过后，威廉和凯瑟琳到“塞舌尔”[1]度了10天蜜月，这时凯瑟琳已经准备好履行自己的王室职责，她担任了几个慈善项目的赞助人，并开始参与少量公务活动。2011年7月，威廉与凯瑟琳首次进行海外访问，他们首先要到女王最大的领地加拿大，在那里访问9天，然后到美国访问3天。在美国，他们选择的访问地是加利福尼亚州，而不是华盛顿或纽约，这又体现了他们行事的新颖之处。威廉与凯瑟琳表示愿在遵守王室传统的同时按自己的方式生活，他们在威廉所在的英国皇家空军基地附近的一个威尔士乡间住宅里住了两年多，没有贴身男仆和女仆等的侍候；他们还时常出现在公共场所。在保持王室尊贵神秘形象的同时，他们谨慎地设法享受婚后的正常生活。

威廉与凯瑟琳的婚礼过后两周，伊丽莎白二世历史性地对爱尔兰共和国进行了国事访问。100年前，她的祖父乔治五世曾巡游了爱尔兰的首府都柏林，那时爱尔兰尚是英国的一部分。女王此次为期4天的访问距《北爱和平协议》的签署已经有13年，也使得此次访问充满了象征意义。她在都柏林的国家战争纪念公园（Garden of Remembrance）献了花圈，之后稍稍鞠了一躬，向那些为爱尔兰的独立与英国抗争的英烈致敬；对在一战期间与英国并肩作战的近5000个爱尔兰人，以及“二战”期间不顾政府的中立立场志愿参战的7000名爱尔兰人，她同样表示了敬意。

女王此次访问的地点在此前经过仔细挑选，她仪态端庄地在各处访问参观，其间由1万名警察和士兵负责安保工作。她勇敢面对自己国家曾经的血腥行为，前往访问了“克罗克公园”（Croke Park）。在1920年的一场足球赛中，英国士兵向体育场内的观众开枪射击，为当天上午在都柏林被爱尔兰共和军刺杀的14名英国间谍寻求报复，打死了14名爱尔兰球迷。除此之外，女王还参观了一些历史遗迹、商业公司、教育和研究机构，还有基尔代尔郡（County Kildare）三个具有传奇色彩的养马场。她身穿鲜绿色的衣服，英国国旗迎风招展，爱尔兰的乐队首次演奏了《天佑女王》，两国的领导人强调了和解的重要性以及加强英爱两国

[1] Seychelles，塞舌尔共和国（Republic of Seychelles），坐落在东部非洲印度洋上的一个群岛国家，属于英联邦。塞舌尔旅游业发达，被誉为“旅游者天堂”。

关系的美好前景。

在都柏林城堡——几百年里这里都是英国殖民统治者的据点——举办的国宴上，女王在致辞中首先用标准的盖尔语（这种语言曾被英国禁止使用）向大家问好[1]，爱尔兰总统玛丽·麦亚烈斯禁不住张开嘴、无声地说着："Wow，Wow，Wow。"在场的宾客们也纷纷鼓掌喝彩。女王说，英爱两个邻国的关系"并非一帆风顺，最近1个世纪里也难达和睦"。她强调了"包容"与"和解"的重要性，并用一句话解释之前在国家战争纪念公园里鞠躬的意义所在："尊重历史，但不要困在过去。"

女王并不讳言英爱两国的历史所留下的"痛苦遗产"，里面有"心痛、有动荡、有失去"，其中很多事"对我们每个人都触动很深"，这句话是一个清晰的暗示，指的是她的表亲蒙巴顿一家遭到爱尔兰共和军暗杀一事。"我要向那些因两国不愉快的历史而遭受苦难的人表达我真诚的思念和深切的慰问。现在看来，我们多么希望那些事当初能有另一种解决方式，或希望它根本不要发生。"

她克制委婉而蕴含深意的话语有种内在的感染力，她的仪态透着由衷的真诚，但真正打动人心的还是她长久在位期间所树立的道德典范。她不需要卑躬屈节的道歉，她的言行就能给予爱尔兰人以及英国人温柔的情感净化。"女王此举……抚慰了历史遗留在人们心头的悲伤，宣告了苦难的结束，并带来了对美好明天的期望。"《爱尔兰时报》（*The Irish Times*）如此写道。甚至连爱尔兰共和军的政治组织"新芬党"（Sinn Fein）领导人格里·亚当斯（Gerry Adams）都夸赞了女王的"真心实意"。

伊丽莎白访爱之行被誉为她在位期间所做过的最伟大的事。"我认为不会有第二个人能做得到，"都柏林三一学院（Trinity College Dublin）的政治学讲师伊莱恩·伯恩（Elaine Byrne）如此说道，"女王所做的一切都是发自本心，精诚可靠。"爱尔兰人热情亲切地欢迎她的来访，并对她这位八旬老人的精力、体力惊讶不已——她能够长时间站立而不露疲态，走路和上台阶时脚步也很轻灵。看到女王在爱尔兰过得很愉快时，他们也十分高兴。在为女王举办的一场音乐会上，她走上舞台，面带感激的微笑接受了在场观众长达5分钟的起立鼓掌。此次访问的尾声是在被誉为共和党反对派堡垒的科克市（Cork），女王在原定安

[1] 盖尔语主要用于苏格兰和爱尔兰等凯尔特文化区，发音类似于德语。包括苏格兰盖尔语和爱尔兰盖尔语。1616年，苏格兰国会曾通过一项决议禁止使用盖尔语。

排之外又四处转了转，与围观群众打招呼，他们有些人手里还挥舞着英国国旗。伯恩说，女王此次访问“让我们在很长时间以来首次感觉好受了一点儿”。

访爱之行结束后，女王连口气都没来得及喘，就在第二周迎来了美国总统贝拉克·奥巴马与妻子米歇尔，这也是女王在位期间所经历的第101个国事访问。与上任首相戈登·布朗相比，奥巴马与戴维·卡梅伦的关系亲密了许多，卡梅伦首相也想借此机会隆重礼待这位美国总统，以示英美两国关系已经像他们的领导人所说的那样，超越了“特殊”而变得“至关重要”。奥巴马则坦言说，对“一位曾在英国军队里当厨师的肯尼亚人的孙子来说”，这是一个非凡的时刻。

出于对安全问题的考虑，女王将迎宾典礼的地点做了调整，把原定在皇家骑兵卫队阅兵场这个公共场所举行的仪式改在了白金汉宫花园里。迎宾典礼上既没有饰有国徽和国旗的白色帐篷，也没有身穿典礼盛装的高官显贵的陪同，只有女王、菲利普亲王、查尔斯和卡米拉陪同奥巴马夫妇站在俯瞰草坪的西阳台上。苏格兰近卫团的乐队奏起美国国歌《星条旗永不落》，附近格林公园里的礼炮鸣炮41响[1]，奥巴马随后在菲利普亲王的陪同下检阅了仪仗队。

除了欢迎仪式之外，奥巴马夫妇此次国事访问的排场未有丝毫缩水，他们与女王夫妇的关系也很融洽。与王室共进午宴、在王宫“画廊”里参观历史文献、互赠礼物、国宴，奥巴马夫妇还有两晚是在“比利时套房”度过的，身边环绕着卡纳莱托和盖恩斯伯勒（Gainsborough）的名画，女王亲自带着他们参观了这个住处。此次国事访问中还有一个特殊的安排：在欢迎仪式前，奥巴马夫妇被请到“1844会客厅”与威廉和凯瑟琳进行了20分钟的会谈。这也是威廉夫妇婚礼后首次正式亮相。此次会面立刻成了头条新闻，并巩固了威廉和凯瑟琳的地位。但他们并未出席后面的午宴和国宴，因为那样会抢了奥巴马夫妇的风头。

这年6月，女王为菲利普庆祝了90岁生日。虽然已步入期颐之年，菲利普给媒体的印象依旧是尖酸的幽默和直白的言论；但他广泛的兴趣和对英国众多教育、慈善、宗教等社会公共机构的贡献，以及遍及全球的公共事业，已渐渐使他赢得了外界的钦佩。威廉和凯瑟琳参加了女王在温莎堡为菲利普举办的私人生日宴会。他们还在皇家军队阅兵典礼上站到了舞台的中央，威廉首次骑马参加了阅

---

[1] 鸣放礼炮致敬的礼仪源自17世纪的英国皇家海军，当时军舰以鸣炮21响为最高礼节，后来演变为陆上礼仪。目前礼炮多用在外交场合中，迎送国家元首时放21响礼炮，而白金汉宫迎接美国总统奥巴马造访鸣炮41响，是因白金汉宫属于王室，所以再增加20响。而在也属于王室的伦敦塔则鸣礼炮62响，额外再加的21响是向伦敦市致意。

兵典礼。

伊丽莎白登基60周年盛典尚需一年时间才能到来，而威廉在2011年的皇家婚礼即是前者最好的序曲，也照亮了温莎王朝的前景。75年前，命运将举国重担放在了一位10岁公主瘦小的肩膀上，从那时起，伊丽莎白就怀着坚定的信念和明确的目标履行着自己的职责；她影响深远但不贪恋权力，声望显赫却谦逊和气；更重要的是，无论境况浮沉顺逆，她所散发铺开的永远是一片快乐幸福。

致谢

2008年春天，兰登书屋的社长兼发行人吉纳·森特雷洛建议我借英王伊丽莎白二世在位60周年来临之际写一部书。我立刻就答应了。

不论是作为一位公众人物还是作为一个个体，伊丽莎白二世都可谓是世界上最独特的角色。我的目标就是在展现她如何扮演公共角色的同时，将她作为个人的一面呈现出来，全面描述她在不同的背景之下，在与各色人等相处时的情况。身为一个美国人，在近30年里我曾无数次到过英国，在那里我结识了很多朋友，与多个英国家庭建立了紧密的联系。我想，我的书也许会帮助大家从一个新颖的角度来认识女王。

本书并非女王授权之作，因为只有在她离世之后王室才会让官方传记作家为其作传。但白金汉宫的工作人员给了我大量宝贵的帮助。他们大开方便之门，为我提供指导和建议，在他们的安排下，我得以观察女王和菲利普亲王参加各种活动，有国内外的巡游，还有每年王室的重大活动，后者包括一个授勋仪式、一次国事访问、一次白金汉宫的露天聚会，还有“濯足仪式”。我还在英国驻华盛顿大使馆以及两次在圣詹姆斯宫举行的私人宴会上受到了女王的接见。

女王不接受采访的原则性很强，但我很高兴有人乐意跟我分享他们对女王不同角度的见解和了解，他们有女王的家人、好友、高级顾问、宗教领袖、政治家、外交家、国家元首、将军、艺术家、驯马师、狗训导员，还有房地产经理，等等。我还参观了女王在英格兰和苏格兰的住处、皇家游艇“不列颠尼亚号”、桑德林汉姆庄园的皇家养马场，还在王太后的梅伊堡度过了一个夜晚。

为了搜集资料，我在英国度过了6个月，有幸受到亲爱的朋友琼和伯尼·卡尔夫妇的热情接待，他们把伦敦住所的顶层让给我使用，在我以前为写一部与威尔士王妃戴安娜的书搜集资料时，那里就是我“写作的据点”。我在伦敦期间，波林·塔普林和托尼·斯蒂芬斯一直对我悉心照顾。在此，我要向琼和伯尼表示感谢，他们的慷慨大方我将铭记于心。

在写作此书时，我一共采访了200多个人，其中约40个人不愿在书中显露身份。我感谢他们能在百忙之中拿出时间为我提供帮助。更要多谢那些接受我录音采访的人：

艾尔利勋爵、约翰·安德鲁教士、查尔斯·安森、伊丽莎白·安森夫人、亚芬夫人、帕米拉·贝利、伊恩·鲍丁、布鲁斯·本特、芭芭拉·泰勒·布拉德福德、彼得·布朗、露丝·布坎南、乔治·H.W.布什、乔治·W.布什、弗朗西斯·坎贝尔-普雷斯顿夫人、凯里勋爵、卡那封夫人、查特里斯夫人、玛丽·克莱顿夫人、马克·科林斯、米娜·琼斯·考克斯、已故克罗默夫人、苏珊·坎利夫-李斯特、达特茅斯夫人、杰克·戴维斯、卡洛琳·迪福、德文郡公爵夫人、第12代德文郡公爵、达德利勋爵夫妇、多米尼克·艾略特、伊莎贝拉·恩斯特、奥利弗·埃弗雷特和戴安娜·杰维斯-里德夫妇、福肯德夫人、迈克尔·福赛特、凯瑟琳·芬顿、妮妮·弗格森、史蒂芬·弗莱尔斯、已故卢西安·弗洛伊德、安妮·格林康纳夫人、安娜贝尔·哥德史密斯夫人、迪迪·格雷汉姆、格里斯勋爵、尼古拉斯·斯拉姆、雷纳尔多·艾雷拉、帕梅拉·希克斯夫人、敏·霍格、韦斯利·科尔、詹姆斯·凯彻姆、西蒙尼·纳齐布尔、西蒙·刘易斯、伊丽莎白·朗曼夫人、约瑟芬·路易斯、约翰尼·马丁-史密斯、安妮塔·麦克布莱德、保罗·麦卡特尼爵士、大卫·梅特卡夫、皮特和安德·梅茨格夫妇、海伦·米伦女爵、保罗·穆尔豪斯、霍华德·摩根、彼得·摩根、蒙巴顿夫人、布莱恩·马尔罗尼阁下、凯瑟琳·默多克、桑迪·奈尔恩、诺维奇第2代子爵约翰·朱利叶斯·库珀、罗宾·纳恩、哥伦布·奥唐奈、安吉拉·奥斯瓦德夫人、迈克尔·奥斯瓦德爵士（他在我参观桑德林汉姆庄园的养马场时已给我提供了帮助）、黛比·帕尔默、尊敬的肖恩·普朗凯特、乔纳森·鲍威尔、鲍威尔爵士及夫人、莱恩夫人、南希·里根、伦威克勋爵、尊敬的玛格丽特·罗德斯、约翰·理查德森、安德鲁·罗伯茨、蒙迪·罗伯茨、蒂姆·鲁克、席尔瓦·“拉齐”·罗斯福、肯尼斯·罗斯、陆军中校马尔科姆·罗斯爵士、索尔斯伯利夫人、理查德·塞蒙、琼·希顿、卡玛莱什和芭布丽·夏玛夫妇、索姆斯夫人、罗伊·斯特朗爵士、凯文·苏利文、马乔里·萨斯曼、莫妮卡·坦迪、大卫·汤玛斯、罗伯特·H.塔特尔、本内迪克特·瓦伦廷、弗雷迪·范·泽文伯根、西蒙·沃克、乔治·“弗洛里克”·韦茅斯、威尔森夫人、阿什·温厄姆、罗伯特·伍斯特、安妮·温德姆、大卫·维恩–摩根、艾米·赞廷格。

在女王访问百慕大期间：百慕大总督理查德·戈兹尼爵士、肯尼斯·巴斯坎贝、格雷厄姆·福斯特、艾德·哈里斯、费欧纳和马蒂·海特菲尔德夫妇、大卫·索尔博士。

在女王访问赫尔市期间：东约克郡首席治安官苏珊·坎利夫–李斯特、市长伊莱恩·加兰多、布莱恩·布拉德利、菲尔·布朗、阿兰·库克、桃瑞丝·吉根、玛利亚·瑞珀。

在巴尔莫勒尔庄园：房地产管理人马丁·莱斯利。

在桑德林汉姆庄园：退休男仆托尼·帕内尔。

在梅伊堡：詹姆斯·莫里（梅伊堡和梅伊堡公园主管）、克里斯蒂娜·莫里、谢莉·法奎夏、海伦·马克海姆、南希·麦卡锡、格兰特·纳皮尔、朱恩·韦伯斯特。

我还要感谢女王陛下允许我在书中引用了梅伊堡内的私人信件内容。

我要向白金汉宫新闻办公室的团队表示特别感谢，他们不厌其烦地答复我大量的问题，还好心替我做了很多采访安排，他们是：艾尔莎·安德森、萨曼莎·科恩、扎吉·库珀、梅丽尔·吉尔、尼克·劳伦、艾德·帕金斯、大卫·帕格森、科莱特·桑德斯、珍·斯蒂宾，还有女王的电视录像制作人彼得·威尔金森。

我还要向威尔士亲王和康沃尔公爵夫人的公关秘书佩蒂·哈瓦逊对我的帮助表示感谢。

在此，我要向那些给我支持、给我热情的招待以及给我建议的朋友和熟人表示感谢，他们是：皮尔斯·阿伦、苏琪·阿伦、菲利普·阿斯特、杰弗里和凯瑟琳·贝克夫妇、鲍勃·巴拉班和林恩·格拉斯曼、奥利弗·巴伦、达西·贝里斯、彼得和艾米·伯恩斯坦夫妇、琳达·布斯比、克里斯和温蒂·伯恩夫妇、约翰·博维斯·莱昂、格雷顿和安娜·卡特夫妇、维克托和伊莎贝尔·卡斯莱特夫妇、罗伯特·查特纳、珍·丘吉尔、卡洛琳·克莱格、科林和阿曼达·坎利夫夫妇、鲍勃·克拉塞罗、派特和比尔·考普顿夫妇、玛丽·考普兰、珍·考克斯、吉姆和苏珊·邓宁夫妇、约翰和朱迪·伊斯特曼夫妇、简·艾略特、迈克尔·埃斯特里克、芭芭拉·伊万斯–巴特勒、帕米拉·菲奥里、布莱恩和珍·菲茨杰拉德夫妇、艾普丽尔·福利、汤姆·福利、克里斯托弗·“吉普”·弗比斯、乔纳森·弗朗西斯科、玛丽·梅尔·弗林齐、亚历山德拉·高迪瑞、道格拉斯和苏·戈登夫妇、萨拉·戈登、安妮·戈林斯托克、黛比·哈德尔、鲁伯特和罗宾·汉布罗、凯瑟琳·哈密尔、大卫和凯思林·哈维夫妇、罗德和凯伊·海勒夫妇、罗伯特·席格顿和大卫·戴克波姆、派翠克和安妮·霍尔克罗夫特夫妇、霍华德勋爵及夫人、布里特和吉姆·休姆夫妇、布琳达·约翰逊、斯坦利和珍妮·约翰逊夫妇、安妮·琼斯、大卫·科尔、迈克尔–约翰·纳齐布尔、亨利·科勒尔、安妮·克里默、托尼·雷克、韦恩·劳森、马克·罗伊德、莎伦·洛伦佐、杰夫和伊丽莎白·路易斯夫妇、格兰特·曼海姆、罗兹·马科斯蒂恩、阿莱恩·马西、贝蒂·马蒂、麦克·密汉、克里斯托弗爵士和梅耶夫人、安妮–伊丽莎白·慕泰特、利兹·纽曼、佩吉·诺安、尊敬的詹姆斯先生和卡洛琳·奥格威夫人、茱莉亚·奥斯、莫琳·奥斯、克里斯托弗和金妮·帕尔默–汤姆金森夫妇、克里斯托弗和布琳娜·佩恩夫妇、海伦·菲尔普斯、贾斯汀·皮卡迪、奥尔加·普林齐、派特·罗伯茨、迈克尔·罗林斯、汉娜·罗斯查尔德、吉姆和辛迪·罗博瑟姆夫妇、玛莎·斯密尔吉斯、杰瑞米·索姆斯、鲍比·斯宾塞、纳迪亚·斯坦菲尔德、弗朗西斯卡·斯坦菲尔、克莱尔·斯泰普莱顿、威尔·斯威夫特、曼娜·沃纳、仙蒂和帕奇·沃纳夫妇、玛格丽特·韦斯特伍德、杰奎琳·威廉姆斯。

我要向我的朋友大卫·哈维表示由衷的感谢，他将其父亲曾任王太后私人秘书的托马斯·哈维少校所写的文字供我参考。其内容是“查尔斯王子诞生诸事”，日期是1948年11月14日。我的另一位朋友卡洛琳·迪弗让我看了她描写女王1981年访问加利福尼亚州的日记。我还要向其他给我看过女王给他们写的私人信件的朋友们表示感谢。

我还欠了一些人很大的人情，他们有传记作家、历史学家、回忆录作家、日记作家等，他们帮助我领悟到伊丽莎白二世在位期间是如何面对种种困难挫折的。其中对我帮助最大的是BBC纪录片的配套书籍《女王与国家》（*Queen and Country*），其作者是威廉姆·肖克罗斯，他还写了《伊丽莎白王太后：官方传记》（*Queen Elizabeth the Queen Mother: The Official Biography*）。另外还有萨拉·布拉德福德的《伊丽莎白》（*Elizabeth*）、格雷斯·布兰德瑞斯的《菲利普与伊丽莎白》（*Philip and Elizabeth*）、乔纳森·丁布比的《威尔士亲王》（*The Prince of Wales*）、罗伯特·雷西的《君权与君王》（*Majesty and Monarch*）、伊丽莎白·朗福德的《伊丽莎白女王》（*Elizabeth R*）、安·摩罗的《女王》（*The Queen*）、本·平罗特的《女王：伊丽莎白二世传》（*The Queen: A Biography of Elizabeth* Ⅱ）、格雷厄姆·特纳的《伊丽莎白：女人与女王》（*Elizabeth: The Woman and the Queen*），还有雨果·维克的《伊丽莎白王太后》（*Elizabeth the Queen Mother*）。

威廉姆·肖克罗斯同样是我灵感和鼓励的源泉，萨拉·布拉德福德、罗伯特·雷西、雨果·维克慷慨地与我分享信息，并给我提出建设性意见。我还要向许多新闻工作者和作家表示感谢，他们是：萨拉·巴克斯特、安妮·德·柯西、罗纳德·弗拉米尼、芙罗拉·弗拉斯特、罗伯特·哈德曼、瑞秋·约翰逊、阿兰·琼斯、瓦伦汀·洛、安妮·麦克埃尔维、马丁·伊文思、彼得·麦凯、乔恩·米查姆、西蒙·塞巴格·蒙特福罗里、查尔斯·摩尔、贾斯汀·韦伯。

在20世纪90年代我写作《戴安娜：她真实的故事》（*Diana in Search of Herself*）一书时，就曾采访过一些人，这里再次向他们表示感谢。他们是：简·阿特金森、已故艾尔莎·鲍克、已故迪兹伯爵、罗伯托·迪沃瑞克、乔纳森·丁布比、露西亚·弗莱夏·德·利马、安德鲁·奈特、安德鲁·尼尔、芭芭拉·沃尔特斯。

在此我要向南希·里根表示由衷的感谢，她不仅同意在与我于洛杉矶共进午餐时让我翻阅了她的回忆录，还将她及里根总统与英国王室的私人通信提供给我。罗纳德·里根总统基金会的受托管理委员会主席弗雷德·赖安给我很多指点。南希·里根的行政助理瑞恩·鲍威尔安排我到里根总统图书馆查阅资料，而图书馆的工作人员乔安妮·德瑞克和麦克·达根给了我无私的帮助，在此我也一并向他们表示感谢。

麦克·希尔已经是第三次因我写书帮我查找资料了。他一如既往地大量从图书馆里找来期刊和书籍，并从中查找有价值的信息。在弗吉尼亚历史协会，他在尼尔森·兰克福德的协助下自习翻阅了前美国驻英大使大卫·布鲁斯的日记。我还要向玛丽华盛顿大学的介绍人、人文学科馆员杰克·贝尔斯表示感谢，他查找信息的技巧给了我莫大的帮助。

负责在英国为我查找档案、期刊的人是安娜贝尔·戴维森，她将工作完成得很出色。除她之外，我还要向艾达·塔西姆卡表示感谢，谢谢她为我提供大量的剪报。

能拥有凯特·梅迪娜这样的编辑简直太幸运了。她耐心、聪慧、富有想象力、经验丰富。我感谢她从始至终的热情。在本书的出版过程中，编辑林德赛·思科瓦利对原稿提出了很多建设性问题和专业指导。凯特的助理安娜·皮托尼亚克性格开朗、工作卓有成效。出版编辑斯蒂夫·梅西纳的领导、文学编辑弗雷德·奇兹一丝不苟的态度都是我心怀钦佩的。

吉纳·森特雷洛在兰登书屋的出版团队是行业里的精英，从本书的各个方面都能体现出他们的智慧和创造力。我要感谢的人有：执行副总裁兼副社长汤姆·佩里、副总裁兼宣传主管萨利·马尔文、宣传工作人员布里奇特·菲茨杰拉德和亚历克斯·谢尔尼，谢谢他们在本书销售上的优秀创意。我要向以下几个人对我的关心和帮助表示感谢，他们是：安文德·比施拉德、凯利·吉尔迪、艾瑞卡·格雷博、丹尼斯·克罗宁、托比·恩斯特、朱莉·杜、肯·沃尔罗博。我还要感谢劳拉·戈尔丁、黛博拉·福利、美术编辑保罗·皮普、封面设计柏琳娜·休伊、内部设计苏珊·特纳，他们让我的书从里到外都非常美观。卡罗·波提尼又一次机智而执着地帮我寻找图片、相片。感谢网站设计师香农·斯文森，感谢托尼·赫兹、罗莎琳·兰道为本书创作提供了无可挑剔的语音录制。

我很高兴能让友善而才华横溢的马克思·西斯菲尔德负责本书作者照的拍摄，在他的妻子妮娜、造型师吉姆·斯蒂尔、助理麦克·琼斯的合作下，他们将我的拍照过程变成了一种享受。

阿曼达·厄班是我多年的代理人，也是我值得信赖的好友，他一直给予我坚定的支持和宝贵的建议。

在我准备本书的写作时，我的女儿丽萨与迷人而英勇的英国陆军军官多米尼克·克莱夫结婚了，他们的结婚地点选在了伦敦的卫兵教堂，就在离白金汉宫不远的地方。他们的婚礼选在了7月4日，前来参加婚礼的有英美两国的亲朋好友，这件事似乎又给本书添上了一份天命的色彩。丽萨与多米尼克以及我的两个儿子柯克和大卫一直是我爱与支持的源泉，在我一年的枯燥写作时期尤其珍贵无比。

我在过去的30年里共写了6部传记，我亲爱的丈夫斯蒂芬完全有理由对这些既耗时又耗精力的工作感到厌烦，但他始终理解我的工作，在我去伦敦做长时间调查时也是如此。他将英国的朋友介绍给我，而后者为本书提供了很多创意和素材。在我感觉沮丧时，斯蒂芬给我鼓励，逗我开心；每当我有所进展，他总能与我分享快乐；他对本书的内容和结构提出了很多高明的建议；他经营着一家报社，但即使是在下班后疲劳不堪的时候，他也能帮我修改书稿。当我为书名纠结时，他瞬间就帮我想到了本书的这个绝妙的书名，这已经是他第4次帮我起书名了。他甚至做出牺牲，同意我在本书序言中写上他接受女王接见时坏了规矩的搞笑场面。为了表达我对他的爱和感激，我将本书献给他。

萨莉·比德尔·史密斯

华盛顿

2011年7月

“这是不是说你就得当下一个女王了？”

“嗯，有一天吧。”伊丽莎白答道。“你真倒霉。”玛格丽特说。

1937年5月12日，刚刚加冕的乔治六世国王和伊丽莎白王后、玛丽王太后（中）、准王储伊丽莎白公主（左）、玛格丽特公主（右）一同站在白金汉宫的阳台上。

图像来源：Fox Photos/盖蒂图片社

她学会了在伦敦拥挤的车流中驾驶3吨重的卡车，更换车轮和火花塞，学习汽车点火系统的运行原理，更换刹车油，拆卸发动机，等等。

1945年，身为王储的英国皇家女子后方勤务部队伊丽莎白·亚历山德拉·玛丽·温莎少尉在英国皇家运输队汽车分队的训练中。

照片来源：帝国战争博物馆，Camera Press London

“我向你们所有人发誓，我要用我的一生——无论它是长是短，为你们服务，为我们伟大的帝国大家庭服务。”

1947年4月21日，伊丽莎白公主在南非开普敦市做21岁生日致辞。

照片来源：美联社

“这个重任太早地压在了我的肩上，我祈祷上帝能够助我履行好这一职责。”

1952年2月15日，伊丽莎白二世（左）在即位9天之后，与祖母玛丽太王太后（中）、母亲伊丽莎白王太后（右）在温莎堡的圣乔治大教堂出席乔治六世国王的葬礼。

照片来源：Ron Case/盖蒂图片社

在伊丽莎白二世的加冕仪式上，玛格丽特公主带着一种稍微迷醉的神情注视着她，她的“眼神从未从姐姐沉静的脸上移开过”。

1953年6月2日伊丽莎白二世的加冕典礼上，王太后（左）、查尔斯王子（中）与玛格丽特公主（右）在威斯敏斯特大教堂的皇家观礼台上。

图像来源：Topical Press Agency/盖蒂图片社

汤森被玛格丽特“惊人的情绪表现力”而吸引，她能从“圣徒似的近乎忧郁的镇静中一下子变得失控般欢闹起来”。

1951年6月13日，玛格丽特（左）、伊丽莎白（中）与空军上校彼得·汤森在阿斯科特赛马会的皇家包厢里。4年后，玛格丽特与汤森宣布了他们结婚的决定。

图像来源：Keystone/盖蒂图片社

女王对冷冻鸡肉馅饼尤其感兴趣，菲利普咬了一口供试吃的起司饼干，开玩笑说：“这可是老鼠的最爱啊！”

1957年10月19日，伊丽莎白二世在看完马里兰大学与北卡大学的橄榄球比赛之后，临时决定到马里兰州西海厄茨维尔的超市看一看。

图像来源：美联社

有一次，伊丽莎白跟几个好朋友聚会，她突然说：“我得去办公了。要是有一天不看，以后就很难再搞清楚那些事了。”

1959年1月25日，女王在白金汉宫的办公桌旁，阅读从红色皮箱里拿出的机密文件。

图像来源：TopFoto/The Image Works

得知玛格丽特爱上了安东尼·阿姆斯特朗-琼斯之后，女王深深地松了一口气，因为她是最希望妹妹能够幸福的。

1960年5月6日，玛格丽特公主和丈夫安东尼·阿姆斯特朗-琼斯（第1代斯诺登伯爵）在威斯敏斯特大教堂举行的婚礼上分别向伊丽莎白二世行屈膝礼和俯首礼。

图像来源：Bettmann/CORBIS

杰奎琳曾在宴会上抱怨在加拿大访问时的压力，女王朝她意味深长地瞥了一眼，含糊地答道："人在经历过困难之后就会变聪明了，也能学会应对的办法。"

1961年6月15日，女王夫妇在白金汉宫举办宴会招待美国总统约翰·F.肯尼迪及夫人杰奎琳。

图像来源：Popperfoto/盖蒂图片社

75岁的公爵夫人悲寂而沉郁，女王“一直把手放在公爵夫人的前臂或手背上，像母亲和保姆一般亲切地抚慰着她”。

1972年6月5日，女王与温莎公爵夫人在温莎堡的圣乔治大教堂参加温莎公爵，亦即前英王爱德华八世的葬礼。

图像来源：Reg Burkett/盖蒂图片社

军乐队奏起音乐，女王及家人与猎场看守人、狩猎仆役、男仆、女仆一起跳起了里尔舞和华尔兹——其声其景都仿佛是回到了19世纪。

1972年，在巴尔莫勒尔庄园举行的一年一度的“狩猎人舞会”上，伊丽莎白二世与菲利普亲王共舞。

图像来源：里奇菲尔德/盖蒂图片社

赛场的观众们高呼着“女王万岁”，而在稍后女王前去看望“海克莉”时，她几乎被人群包围了，在身边保护着她的只有珀切斯特、奥斯瓦德和几名宪兵。

1974年6月，在尚蒂伊举行的“戴安娜大奖赛”上，女王的赛马“海克莉”冲过终点赢得比赛。此刻女王双手合十做祈祷状，而她的赛马经理亨利·珀切斯特（左）和养马经理迈克尔·奥斯瓦德爵士（右）则跳起来振臂欢呼。

图片来源：迈克尔·奥斯瓦德爵士的私人相册

他会讲些奇闻逸事逗女王高兴，比如说，有一次他告诉女王，某次露天聚会上他发现一个甜面包，面包上嵌着一套完整的假牙。

第7代普朗凯特男爵帕特里克·普朗凯特，伊丽莎白二世亲密的顾问，从儿时起就是女王的好友。他从女王登基时起就负责她的社交生活，直到1975年51岁去世为止。

图片来源：肖恩·普朗凯特的私人影集

女王的信任是威尔逊的依靠。当他因为内阁成员在扯后腿而感到忧虑时，女王就是他倾诉的对象。

1975年9月，女王与哈罗德·威尔逊在巴尔莫勒尔庄园。此前威尔逊刚刚向女王表明自己打算在来年3月60岁生日时辞去首相一职。

图片来源：威尔逊夫人的私人相册

伊丽莎白二世从车上下来，眼睛红红的，乔安娜对她说："夫人，您想到楼上歇一会儿吗？""嗯，好的。"女王答道。

1979年9月5日，王室一家出席第1代缅甸蒙巴顿伯爵路易斯·蒙巴顿的葬礼。图中从左至右分别是：安妮公主、安妮的丈夫马克·菲利普斯上尉、伊丽莎白二世、查尔斯亲王、安德鲁王子、菲利普亲王、爱德华王子。

图片来源：美联社/TopFoto/The Image Works

身在苏格兰高地，女王才能体会到常人的生活，这里给了她自由的感觉。

1982年9月，伊丽莎白二世在巴尔莫勒尔庄园附近的布雷马运动会上。身边是王太后、戴安娜和查尔斯。

图片来源：Mirropix

“来，让我看看你的‘狮子笼’，”女王说道，“我需要鞭子和椅子吗？”

1989年4月10日，女王与来自美国加州的“马语者”蒙迪·罗伯茨在温莎堡的室内骑术学校。随后罗伯茨将向她展示自己驯服马匹的本领。

图片来源：派特·罗伯茨（Pat Roberts）

“这是美国人表达感情的方式，”弗雷泽后来解释道，“我忍不住这么做了。”

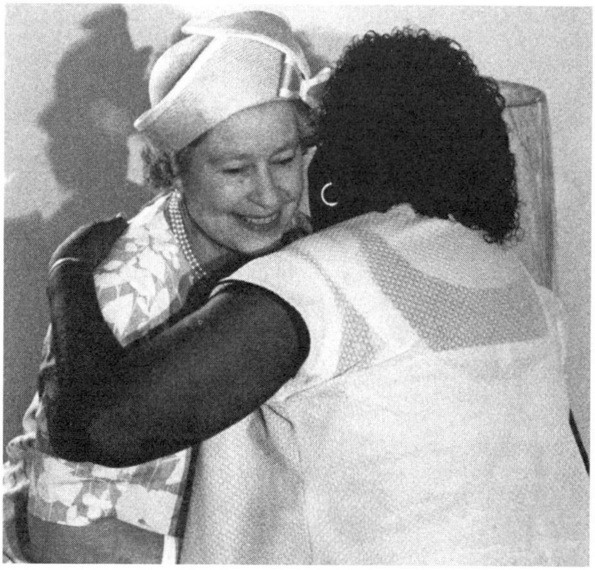

1991年5月15日，女王在美国华盛顿访问期间来到67岁的爱丽丝·弗雷泽家里，后者给了女王一个拥抱。

图片来源：美联社

威廉王子“不希望越过次序继位为王”。

2006年4月12日，查尔斯亲王与两个儿子——王位第二和第三顺位继承人威廉王子、哈里王子——在一起。哈里刚从桑德赫斯特的皇家陆军军官学校毕业，威廉亦在此接受培训。

图片来源：Ian Jones Photography

女王首次见到这位未来首相时，他才8岁，那时他与爱德华王子一起出演了学校舞台剧《蛤蟆庄园的蛤蟆》。

2010年5月11日，43岁的戴维·卡梅伦到白金汉宫觐见伊丽莎白二世，84岁的女王接见了她的第12位首相。

图片来源：Ian Jones Photography

“我要向那些因两国不愉快的历史而遭受苦难的人表达我真诚的思念和深切的慰问。”

2011年5月17日，伊丽莎白二世在都柏林的纪念花园敬献了花圈。这是她对爱尔兰的第4次国事访问。首个访问爱尔兰的英国国王是她的祖父乔治五世，时间是1个世纪之前。

图片来源：亚瑟·爱德华兹/AFP/盖蒂图片社

戴维·卡梅伦称威廉和凯瑟琳是“未来之星”。

2011年4月，剑桥公爵、公爵夫人在埃普索姆德比赛马会上。

图片来源：Ian Jones Photography

“女王目前的受欢迎程度丝毫不亚于当初刚刚登基时的辉煌岁月，那时大家都对新女王无比忠诚爱戴，连丘吉尔首相都禁不住羡慕之情。”

2011年6月11日，在纪念女王85岁诞辰所举行的皇家军队阅兵典礼过后，王室全家在白金汉宫的阳台上。

图片来源：Ian Jones Photography